余杭年鉴

2023

中共杭州市余杭区委党史研究室
（杭州市余杭区地方志编纂研究室） 编

方志出版社
Publishing House of Local Records

图书在版编目（C I P）数据

余杭年鉴. 2023 / 中共杭州市余杭区委党史研究室（杭州市余杭区地方志编纂研究室）编. — 北京 : 方志出版社，2023.11

ISBN 978-7-5144-5862-6

Ⅰ. ① 余… Ⅱ. ① 中… Ⅲ. ① 余杭区—2023—年鉴 Ⅳ. ① Z525.54

中国国家版本馆 CIP 数据核字（2023）第 218248 号

责任编辑：刘方圆
责任校对：张玉霞
责任印制：梅中英
出 版 者：方志出版社
地　　址：北京市朝阳区潘家园东里 9 号（国家方志馆4层）
邮　　编：100021
网　　址：http://www.zgfzcb.cn
发　　行：方志出版社图书营销中心（010-67110500）
印　　刷：杭州余杭人民印刷有限公司
开　　本：889 毫米 × 1194 毫米　1/16
印　　张：25.25 印张
字　　数：820 千字
版　　次：2023 年 11 月第 1 版
印　　次：2023 年 11 月第 1 次印刷
定　　价：268.00元

余杭年鉴

（2023）

编辑说明

一、《余杭年鉴》是中共杭州市余杭区委、杭州市余杭区人民政府主办，杭州市余杭区地方志编纂委员会办公室编纂的地方综合年鉴。《余杭年鉴（2023）》（以下简称“本年鉴”）是 1991 年首次编纂出版以来的第 32 卷。

二、本年鉴以马克思列宁主义、毛泽东思想、邓小平理论、“三个代表”重要思想、科学发展观、习近平新时代中国特色社会主义思想为指导，坚持辩证唯物主义和历史唯物主义的立场、观点和方法，记载 2022 年杭州市余杭区政治、经济、文化、社会、生态建设等方面情况。

三、本年鉴正文采用分类编辑法，设类目、分目、条目三级结构层次，条目为基本记事单元，根据条目内容穿插相关照片、表格。全书内容全面、资料翔实,为各级领导决策和区内外人士了解余杭提供可靠的参考资料。

四、本年鉴所采用的文字原稿和数据，均由区级机关各部门，各镇、街道和有关单位提供，文后署名，并经供稿单位审核。

五、本年鉴中凡涉及余杭国民经济和社会发展全局性数据，以区统计局提供的统计公报为准。

六、本年鉴所载之党、党的委员会（党组、党支部等）和党员，如非特别注明，均指中国共产党及其组织和成员。

七、本年鉴记载时间基本为 2022 年 1 月 1 日至 12 月 31 日，个别特殊事项适当上溯或下延。

八、本年鉴主体内容中，单位名称一般采用全称，如单位名称较长，第一次出现时使用全称并括注简称，后以简称行文。

九、本年鉴数字用法、标点符号用法均执行国家标准《出版物上数字用法》（GB/T 15835-2011），《标点符号用法》（GB/T 15834-2011），计量单位采用国家技术监督局 1993 年 12 月发布的《量和单位》系列国家标准。

十、本年鉴采用双重检索系统。书前有目录，书后有索引。索引采用分析索引法。

2022年
数字余杭

总面积**942**平方千米

户籍人口**72.91**万人

地区生产总值**2651.25**亿元

财政总收入**671.50**亿元，地方一般公共预算收入**352.93**亿元

固定资产投资比上年增长**9.7%**

消费品零售总额**801.10**亿元

进出口总额**376.75**亿元

实际利用外资**10.17**亿美元

常住居民人均可支配收入：**79422**元（城镇）、**51384**元（农村）

浙江杭州未来科技城全景（摄于2022年）

（未来科技城管委会 供图）

2022 年，“禅径寻农·径鸬”县域风貌样板区入选首批浙江省城乡风貌样板区

（区住建局 供图）

党建引领

2022 年 1 月 22 日，余杭区召开党史学习教育总结会议　　（区融媒体中心陈书恒 摄）

2022 年 10 月 16 日，余杭区收听收看中国共产党第二十次全国代表大会开幕会（区融媒体中心陈书恒 摄）

2022 年 5 月 31 日，“红领巾喜迎二十大 争做新时代好队员”余杭区少先队学习习近平总书记在庆祝中国共产主义青年团成立 100 周年大会上的重要讲话精神暨六一国际儿童节主题队日活动举行 （团区委 供图）

2022 年 9 月 21 日，余杭区举办清廉青年说宣讲大赛 （区纪委区监委 供图）

重要活动

2022年4月1日，余杭区以“你好亚运！余杭@未来”为主题，在杭州师范大学仓前校区体育场举行亚运筹办“决胜攻坚”誓师动员大会分会场活动

（区融媒体中心陈书恒 摄）

2022年6月14日，中央广播电视总台浙江总站共同富裕示范区观察点（余杭）揭牌

（区融媒体中心陈书恒 摄）

2022 年 2 月 18 日，余杭区"双千亿 新征程"高质量发展大会举行　　（区融媒体中心陈书恒 摄）

2022 年 2 月 28 日，余杭区社会治理中心（社会矛盾纠纷调处化解中心）揭牌仪式举行

（区融媒体中心陈书恒 摄）

创新引领

2022 年 11 月 26 日，2022 全球人工智能技术大会在未来科技城开幕　　（区融媒体中心陈书恒 摄）

2022 年 6 月 17 日，2022 余杭区“科技人才周”活动启动仪式举行　　（区科技局 供图）

2022 年 6 月，余杭鲲鹏人才之家正式启用　　（钱江经济开发区管委会 供图）

2022 年 12 月 16—18 日，由中国工程院、杭州市人民政府、浙江大学主办的 2022 世界生命科技大会在余杭区梦栖小镇举行。图为 12 月 17 日大会现场 （良渚新城管委会 供图）

2022 年 6 月 6 日，天目山实验室（航空浙江省实验室）成立。现场举行天目山实验室首席科学家、首席专家聘任仪式 （区融媒体中心陈书恒 摄）

城区新貌

美丽城镇建设省级样板五常街道（摄于 2022 年）

中泰街道（摄于 2022 年）

（中泰街道 供图）

（区住建局 供图）

良渚新城（摄于 2022 年 9 月）

（良渚新城管委会 供图）

2022 年 9 月 22 日，杭州西站投入运营 （区住建局 供图）

2022 年 8 月 2 日，杭徽高速余杭互通收费大棚投入运行 （区交通运输局 供图）

2022 年 1 月，良睦路正式通车 （区住建局 供图）

2022 年 5 月，绿汀路（文二西路—良睦路）竣工
（区住建局 供图）

2022 年 5 月，五常大道提升改造工程竣工
（区住建局 供图）

运溪高架文一西路互通实景（摄于 2022 年）　（区住建局 供图）

乡村振兴

瓶窑镇窑北村千亩良田（摄于 2022 年 9 月）
（冯柯柯 摄）

良渚街道新港村秋收（摄于 2022 年 11 月）（王珏 摄）

2022 年 7 月 30 日，余杭区漕雅线被评为 2022 年度浙江省首批“十大最美农村路”（区交通运输局 供图）

余杭街道永安村成片良田（摄于 2022 年 8 月）　　（市规划和自然资源局余杭分局 供图）

游客在麟海蔬菜现代农业科技示范园内采摘（摄于 2022 年 6 月）　　（良渚街道 供图）

社会治理

2022 年 11 月 2 日，余杭区平安创建宣传启动仪式举行　　（区委政法委 供图）

余杭区数智治理中心（摄于 2022 年）
（区融媒体中心 供图）

2022 年，杭州市公安局余杭区分局开展道路交通安全宣教　　（区委政法委 供图）

2022 年 6 月 14 日，“浙里办”余杭城市频道上线，打造 24 小时“不打烊”本地生活服务圈
（区融媒体中心 供图）

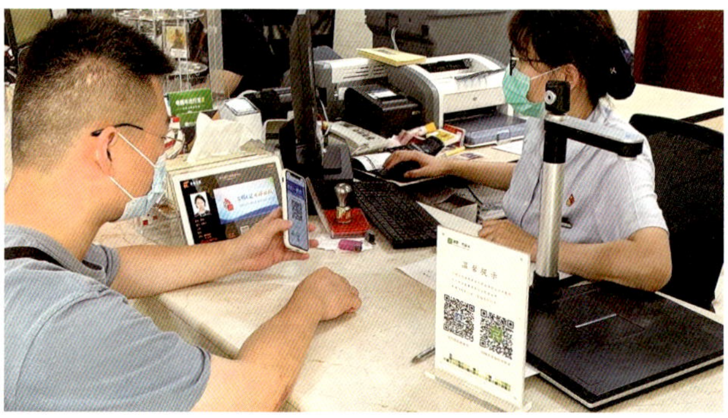

市民使用“余杭一码通”办理业务（摄于 2022 年）
（区融媒体中心 供图）

仓前街道葛巷未来社区数智平台（摄于 2022 年）　　（区融媒体中心 供图）

瓶窑镇凤都村应急安全体验馆（摄于 2022 年）　　（区应急管理局 供图）

民生实事

2022 年 10 月 10 日，余杭区政务服务中心启用
（区行政审批管理办公室 供图）

2022 年 12 月 22 日，浙江大学医学院附属第一医院良渚分院（杭州市余杭区第一人民医院）投入使用
（良渚新城管委会 供图）

2022 年 2 月，小洋坝家园小区获杭州市“最美安置房”称号　（良渚新城管委会 供图）

2022 年，利用杭瑞高速公路退让地块建成的中泰运动公园投入使用　（区融媒体中心吴一静 摄）

2022年9月，闲林中心小学上和路校区投入使用（区教育局 供图）

2022年9月，瓶窑镇第二幼儿园长命园区投入使用（区交通投资集团 供图）

瓶窑镇第三小学校内布置一新做好迎新准备（摄于2022年）（区教育局 供图）

五常街道文一社区老年食堂（摄于 2022 年） （王洪坤 摄）

位于“禹上稻乡”游客服务中心的“数智健康驿站”（摄于 2022 年） （区卫生健康局 供图）

以文兴城

2022 年 7 月 23 日，位于余杭的杭州国家版本馆（中国国家版本馆杭州分馆）正式落成
（杭州国家版本馆 供图）

余杭区新时代文明实践中心（摄于 2022 年）
（仓前街道 供图）

2022 年 7 月 6 日，老虎岭遗址公园正式面向公众开放
（区文化和广电旅游体育局 供图）

2022 年 11 月 29 日，“中国传统制茶技艺及其相关习俗”项目入选联合国教科文组织新一批人类非物质文化遗产代表作名录。径山茶宴作为其中的重要组成部分，共同入选。图为径山茶宴现场　　（径山镇 供图）

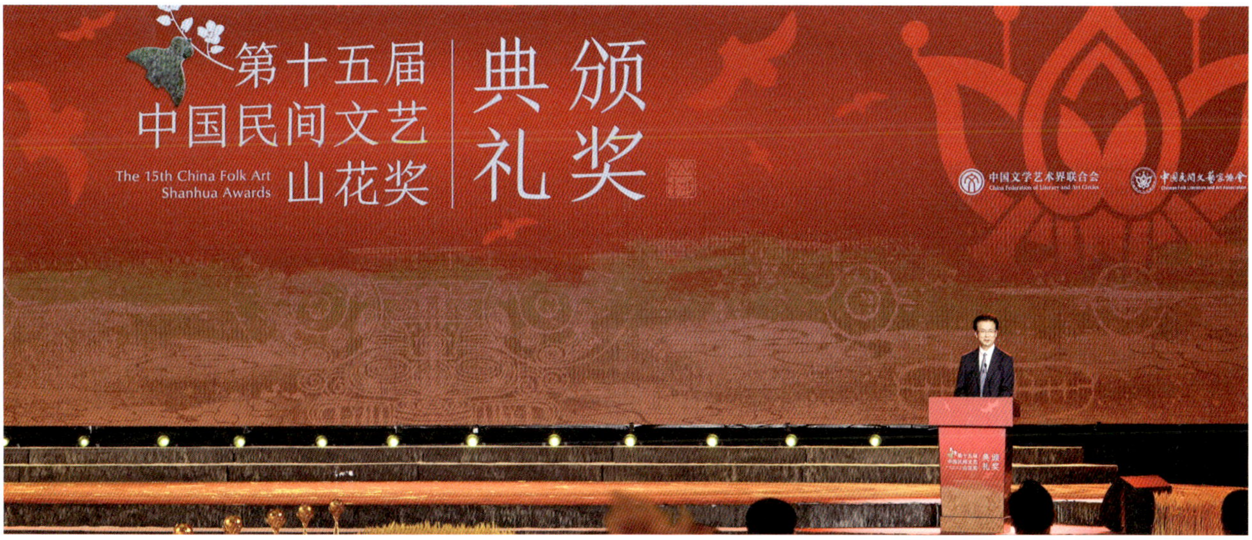

2022 年 9 月 15 日，第十五届中国民间文艺山花奖颁奖典礼在余杭区举行　　（区融媒体中心李雅兰 摄）

2022 年 9 月 29 日，盛世修典——“中国历代绘画大系”成果展在国家博物馆开幕。《余杭看山图》（左最上）参展　　（区融媒体中心赵永军 摄）

2022 年 11 月 15 日，情景音画《听见良渚》专场演出在苕溪大剧院举行　　（陈彦 摄）

余杭文化中心（摄于 2022 年 10 月）
（区文广旅体局 供图）

2022 年 6 月 25 日，2022 中国体育彩票“百村万帐 向野而战”首站在中泰街道紫荆村举行
（吴海平 摄）

2022 年 9 月 26 日，“同心共庆国庆节 携手喜迎二十大”—— 闲林街道“迎亚运”秋季健身跑活动举行
（闲林街道 供图）

目 录 CONTENTS

特　载

特　辑

大事记

余杭概览

中共杭州市余杭区委员会

政协杭州市余杭区委员会

中共杭州市余杭区纪律检查委员会 杭州市余杭区监察委员会

民主党派·工商联

群众团体

法　治

军　事

城乡建设与管理

自然资源管理·环境保护

交　通

邮政·电信

工　业

旅游业

金　融

财政·税务

经济管理与监督

科学技术

教　育

文化·传媒

良渚遗址

体　育

卫生健康

社会生活

产业平台

全区组织机构及负责人名录

先进人物·先进集体

附　录

索　引

特 载

Special Records

全面学习贯彻党的二十大精神
以建设杭州城市新中心争当“两个先行”排头兵
的奋进姿态谱写中国式现代化余杭篇章

——在区委十五届七次全体（扩大）会议上的报告

中共杭州市委常委、余杭区委书记　刘　颖

（2022年12月30日）

这次会议的主要任务是：高举习近平新时代中国特色社会主义思想伟大旗帜，全面学习贯彻党的二十大精神，认真落实中央经济工作会议和省委十五届二次全会、市委十三届三次全会决策部署，总结2022年主要工作，布置2023年重点任务，进一步动员全区广大党员干部群众，放大格局，奋勇争先，以建设杭州城市新中心、争当“两个先行”排头兵的奋进姿态，谱写中国式现代化余杭篇章。

一、全面回顾总结一年以来工作，在肯定成绩中增强信心、鼓足干劲

一年来，区委常委会团结带领全区广大党员干部群众，深入学习贯彻习近平总书记“疫情要防住、经济要稳住、发展要安全”的重要指示精神，认真落实中央和省委、市委决策部署，拼得努力、干得辛苦，各项工作取得新成效、实现新突破。余杭成为全省唯一的全国“新时代政法楷模集体”推荐对象、全市唯一的国家首批乡村振兴示范县和国家农业现代化示范区创建区县，勇夺全省平安建设最高荣誉“一星平安金鼎”，连续2年捧回全省科技创新最高荣誉“科技创新鼎”，先后荣获全省共同富裕示范区建设综合考评第一名、全省人才工作综合考评第一名、全市综合考评连续5年第一名、全市大党建考核连续4年第一名等佳绩，“径山茶宴”成功入选人类非物质文化遗产，建设杭州城市新中心、争当“两个先行”排头兵实现了精彩开局。

一年来，我们加强党建引领，贯彻全面从严治党新要求，奋进合力越来越强。坚持把学

习宣传贯彻党的二十大精神作为首要政治任务，深入开展“六学六进六争先”学习实践活动，先后召开全区领导干部大会、区委常委会会议、区委理论学习中心组专题学习会等，区领导率先垂范，赴联系镇街、村社、学校、企业等开展专题宣讲，带动全区上下持续掀起学习宣传贯彻党的二十大精神的热潮。实施“宇航先锋”“重塑变革能力·攻坚六大行动”等链条式干部培养计划，构建“定期比拼、年度考核、及时表彰”联动式干部考赛闭环，提拔区管正职领导干部 8 人、区管副职 50 人，转任重要领导岗位 11 人，平职交流 83 人，领导班子和干部队伍结构进一步优化。实施“争星晋位·全域建强”行动，推进城乡现代社区建设，完成 2 个超大社区规模调整，全区四星及以上村社占比达 64%，“共富工坊”建设、环杭州农副产品物流中心等党建联建成效明显。高质量全面落实意识形态工作责任制，圆满完成赴二十大主会场进行新闻报道的光荣使命（全省唯一区县），建立全国首个区县级网络生态监管平台，成功举办全国数字安全与法治高峰论坛。坚持以严的主基调正风肃纪反腐，开展全面从严治党“四责联述”、领导干部政治家访等，亲清政商关系“全周期管理”机制在全市推广，持续抓好上级巡视反馈问题整改，推动巡视巡察共性问题整改 89 个，立案 301 件、党纪政务处分 300 人，留置 11 人，移送司法 13 人，风清气正的政治生态得到持续巩固。

一年来，我们放大思路格局，开启建设杭州城市新中心，目标方向越来越明。牢牢把握时代进程新坐标、浙江发展新使命、杭州城市新格局、余杭历史新方位和人民群众新期待，强化顶层设计，拉高格局站位，主动谋篇布局，擘画了建设杭州城市新中心、争当“两个先行”排头兵的发展蓝图，同步启动创新策源、未来产业、文化地标、西站枢纽、碧水安澜、美好教育、舒心就医、交通畅达、社会智治、“五星幸福体”等“十大工程”，逐一细化任务、明确分工，建立领导领衔、专班攻坚、赛马晾晒、比拼推进等机制，搭建好推进工作的“四梁八柱”。区四套班子思想统一、以上率下，广大党员干部步调一致、担当作为，宏伟蓝图从“大写意”一笔一笔走向“工笔画”，各项工作全面破题起势，余杭大地展现出一派蒸蒸日上的新气象。

一年来，我们狠抓稳进提质，持续激发创新改革新动力，发展质效越来越高。扎实推进经济稳进提质八大攻坚行动，出台产业新政“黄金 68 条”“稳进提质 58 条”“助企纾困 36 条”和减负降本等政策，助力经济回稳向好。全年预计地区生产总值实现正增长，完成财政总收入 668 亿元、一般公共预算收入 350 亿元，主要经济指标继续位居省市前列。之江实验室纳入国家实验室体系，天目山实验室揭牌成立，浙大余杭脑机交叉研究院、浙江创新馆、杭州技术转移转化中心相继落户，入选全国科普示范县（市、区）创建名单，未来科技城成功创建省级高新技术园区，向着国家级高新区迈进。成功举办全球人工智能技术大会等活动，落地全球青年科技人才杭州之家，海外高层次人才超 5400 人，人才总量突破 35 万人。强化数字经济和制造业“双引擎”驱动，预计全年实现数字经济核心产业增加值 1600 亿元，获评省级数字经济创新发展试验区，入选全省首批人工智能“新星”产业群和未来产业先导区创建

2022 年 12 月 30 日，中共杭州市余杭区委十五届七次全体（扩大）会议召开　　（区融媒体中心陈书恒 摄）

名单。启动传统工业园区有机更新，实施项目103个，拓展空间230.9万平方米。入选科技部公示国家高新技术企业938家、其中新申报591家，认定国家级专精特新“小巨人”企业33家、省级专精特新中小企业24家，数量均列全省第一。新增市场主体4.4万余家，新增上市企业7家，增量均列全市第一。集中签约吉利科技半导体等重大项目270余个、总投资超1700亿元，集中推进润丰氢能源等重大项目121个、总投资831亿元。强化要素保障，出让土地56宗、出让金达400.8亿元，申报发行专项债14.7亿元，争取国家政策性开发性金融工具7.5亿元、相关做法获李克强总理批示肯定。以数字化改革牵引全面深化改革，实施“改革伙伴计划”，“城市安全运行CT智能服务应用”和“良渚遗址5000+应用”获评全省最佳应用，成为全省唯一捧获“双最佳”的区县，其中“良渚遗址5000+应用”在《领跑者》刊登、向全省推广。“大综合一体化”行政执法改革稳步推进，区行政执法指挥中心有效运作，“一支队伍管执法”全域铺开。改革重组区属国有企业，组建余杭区国投集团、城投集团、交投集团和文旅集团，推动国企聚焦主责主业、做优做强，与三大产业平台携手，更好发挥全区经济社会发展主力军作用。

一年来，我们推动以文兴城，努力放大文明圣地新优势，文化名片越来越亮。高站位谋划启动良渚文化大走廊建设，与城西科创大走廊和五千年发展轴构成“两廊一轴”空间新格局，实现古城与新城链接、历史与现代交汇、文化与科技融合，打造具有余杭辨识度和国际传播力的文化标识，为提升余杭文化软实力和国际影响力提供有力支撑，以实际行动践行习近平总书记提出的“向世人展示全面真实的古代中国和现代中国”的重要嘱托。良渚古城遗址列入中华文明探源工程，杭州国家版本馆落成开放，老虎岭遗址公园建成开园，径山省级旅游度假区创建扎实推进。余杭文化中心、新时代文明实践中心建成启用，全区1200余处健身场地向公众低免开放，打造“15分钟品质文化生活圈”58个，成立全省首个区级文艺发展基金，入选省级公共文化服务现代化先行区培育名单。荣获全省区县中唯一的全国优秀新闻作品最高奖“中国新闻奖”、全国社科组织先进单位称号。成功举办第十五届中国民间文艺山花奖颁奖盛典，群众文化生活更加丰富多彩。

一年来，我们强化城乡融合，全力推进区域品质新提升，美丽余杭越来越靓。加强规划引领，区国土空间“三区三线”划定取得重大成果，永农保护比例全市最低，城镇开发边界规模全市最高，有力保障了未来至少十年的发展空间。深入推进“美丽余杭迎亚运”行动，杭州西站建成投运，湖杭铁路和地铁3号线一期及北延、4号线二期、10号线一期及19号线开通运行，文一西路快速路、莫干山路高架、运溪高架沿线匝道、良睦路隧道、绿汀路隧道等建成通车，杭行路、余杭塘路、五常大道和杭徽高速余杭收费站等提升整治项目精彩亮相，文一西路西延、良睦路南北向延伸等重点工程筹建顺利，城西南排、西险大塘达标加固等重大水利项目开工建设，市区两级16条亚运道路建设和6条亚运通勤道路、2个比赛场馆及6个入城口整治提升工程相继竣工，未来科技城和良渚新城核心区域城市管理体制调整优化。瓶窑镇连续4年获评省级小城市培育试点考核优秀单位。五常、径山和中泰3个镇街获评美丽城镇省级样板，美丽城镇市级样板实现全域覆盖。6个社区获评省级未来社区，5个村获评省级未来乡村，“禅径寻农·径鸬”、瓶窑老街和梦想未来城市新区获评省级风貌样板区，数量均为全省第一。“径山茶溯源之旅”入选全国茶乡旅游精品线路。全国首发减污降碳协同增效企业指数，成功举办全国低碳日、国际生物多样性主题日等省市主场活动。

一年来，我们聚焦共富示范，不断扩大民生福祉新成果，生活品质越来越好。出台强村富民、强社惠民“双十条”，“三三三”共富治理体系、人才“双向双创”新模式等入选全省最佳实践和试点，农村居民人均可支配收入有望首次突破5万元，城乡居民收入比缩小至1.58 ：1，继续位居省市最优行列。建立全省首家灵活就业服务中心，新增就业3.8万人。引进和布局优质教育医疗卫生资源取得重大成果，公共服务短板逐步补强，全年新投用学校项目19个，杭州第二中学余杭学校（余杭第一中学）、杭州学军中学余杭学校（余杭中学）揭牌成立，瓶窑中学被授予中国美术学院生源基地，入选省义务教育阶段作业改革试验区；浙大一院良渚分院（余杭第一人民医院）顺利开张，全区基层就诊率和县域就诊率稳居全市第一，获评健康浙江建设先进区。全面完成年度民生实事项目，竣工安置房124.8万平方米，实施老旧小区改造提升18.5万平方米，新增示范型居家养老服务照料中心12家，新增社区婴幼儿成长驿站31家、托位1700余个，让余杭“朝阳”更艳，“夕阳”更红，“民心”更暖。

一年来，我们紧盯除险保安，加快构建基层治理新格局，社会大局越来越稳。深入开展除险保安百日攻坚行动，圆满完成党的二十大、北京冬奥会等重大维稳安保任务，全年未发生重大治安和安全事故，平安氛围日益向好。全省信访工作现代化示范区创建顺利推进，建成区社会治理中心，建立全省首个区县级大调解协会，2005件国家和省市交办的信访积案实现动态清零，信访总量分别下降14.8%。深化公共安全、社会治安、矛盾纠纷等重点领域专项整治，全区安全生产事故起数、死亡人数分别下降20%、25%，刑事警情、治安警情、纠纷警情分别下降36.5%、36.3%、16.9%，电信网络诈骗立案、案损分别下降39.7%、26.8%。小古城村基层民主协商“四议六步”工作法入选全国社会治理创新案例。开展法助共富、法护平安专项行动。成功承办“法治浙江”“平安浙江”两大论坛。

一年来，区委常委会大力加强自身建设。我们坚持绝对忠诚，带头学懂弄通做实习近平新时代中国特色社会主义思想，全面落实“第一议题”制度，建立贯彻习近平总书记重要指示批示精神工作闭环管理机制，带头领悟“两个确立”的决定性意义，增强“四个意识”、坚定“四个自信”、做到“两个维护”。我们坚持干字为先，带领干部领衔攻坚重点项目、化解信访积案、组织课题调研、开展“走亲连心三服务”，带动全区上下营造比学赶超、争创一流的干事创业氛围。我们坚持团结奋斗，全力支持人大、政府、政协、监委以及审判机关、检察机关依法开展工作，密切与各民主党派、无党派和非公有制经济人士团结合作，扎实做好民族宗教、侨务、对台、非公有制经济、新的社会阶层人士等工作，加强党管武装和国防动员体制改革，重视发挥工青妇等群团组织作用，建好“同心楼”、画好“同心圆”，有效汇聚起推动余杭发展的强大合力。

回顾一年来的工作，我们要为余杭干部点赞。一是格局大、有情怀。面对新征程、新形势，全区干部始终不忘初心、牢记使命，把坚持发展作为第一要务、民生福祉作为第一追求，适时提出了建设杭州城市新中心、争当“两个先行”排头兵的目标任务，构建了“城西科创大走廊、良渚文化大走廊与五千年发展轴”比翼齐飞的空间新格局，战略性思维、大格局谋划、高强度投入，从而凝聚了全区上下的共识和社会各界的力量，取得了一个又一个成果和喜讯。如今，干出一流业绩、造福一方百姓，已经成为余杭干部的政治自觉。二是信念强、有定力。面对新使命、新目标，我们始终认清复杂形势，敢于直面问题挑战，以顽强的信念攻克了一道又一道历史遗留难题，啃下了一块又一块“硬骨头”。比如仁和“3·9”、良渚“4·5”疫情防控阻击战，在当时那么苦、那么难、压力那么大的情况下，全区上下心往一处想、劲往一处使、智往一处谋，坚持“打一仗、进一步”，保持定力、顶住压力，及时复盘总结向前走，圆满实现了不发生疫情规模性传播的目标，也留下了一个个难忘的瞬间。如今，咬定青山不放松、敢教日月换新天，已经成为余杭干部的思想自觉。三是作风实、有办法。面对新任务、新要求，我们始终锚定方向不动摇，既坚持实干至上、行动至上，又以上率下、敢于担当；既稳扎稳打、久久为功，又比学赶超、互学互鉴，通过现场会、排行榜、美丽余杭竞赛群等载体，在全区上下营造“热起来、干起来、比起来”的良好氛围，从而把一个又一个美好蓝图转化为精彩亮相，今年以来余杭夺取的这么多国家级荣誉和“全省唯一”“全市第一”，就是对大家辛勤付出的最好回报。如今，想干事、能干事、干成事，已经成为余杭干部的行动自觉。

同志们，成绩来之不易，发展鼓舞人心。这是以习近平同志为核心的党中央举旗定向、领航掌舵的结果，是省委省政府、市委市政府坚强领导、亲切关怀的结果，是全区上下团结拼搏、实干争先的结果，是社会各界多方支持、悉心帮助的结果。在此，我代表区委常委会，向全区各级党组织、广大党员干部群众和社会各界人士，表示衷心的感谢！

在肯定成绩的同时，我们也清醒认识到工作中还存在一些薄弱环节和短板弱项，主要表现在：今年以来全区经济发展基本面承压明显；创新和人才对高质量发展的支撑还不够有力；区域治理现代化面临诸多新的挑战，城市管理精细化、品质化、智慧化、国际化水平还需提升；优质公共服务供给与人民群众的需求还有差距，推进共同富裕任重道远；少数干部干事热情和创业激情有待进一步激发，能力作风与新形势要求还不相适应等。对此，我们务必高度重视，采取有力措施切实加以解决。

二、深入学习贯彻党的二十大精神，在全面对标中锚定方向、继往开来

党的二十大报告系统阐述了新时代坚持和发展中国特色社会主义理论和实践问题，全面部署了未来5年乃至更长时期党和国家事业发展的目标任务和大政方针，是全面建设社会主义现代化国家、全面推进中华民族伟大复兴的纲领性文件和行动指南。省委十五届二次全会和市委十三届三次全会深入学习贯彻党的二十大精神，对“以‘两个先行’打造‘重要窗口’，奋力谱写中国式现代化浙江篇章”和“加快打造世界一流的社会主义现代化国际大都市，努力成为中国式现代化城市范例”作出了全面部署。对此，我们要提高政治站位，结合余杭实际，把纵深推进建设杭州城市新中心、争当“两个先行”排头兵，放到融入中国式现代化的宏大场景中谋划推进，放到实现中华民族伟大复兴的光明前景中创新实践，放到回应广大人民群众期待的美好愿景中再创辉煌，努力从区域层面积累实践素材，奋力谱写中国式现代化余杭篇章。重点要把握好6个方面：

（一）“两个确立”是谱写中国式现代化余杭篇章的最大政治，我们必须牢记嘱托、绝对忠诚

党的二十大取得的所有成果中最重要最根本的，是再次宣示了“两个确立”的决定性意义。余杭是拥有鲜明红色基因的城区，也是在习近平总书记关怀指导下发展起来的城区。习近平总书记在浙江工作期间和到中央工作后，先后8次亲临余杭考察调研，对余杭发展给予精准指导，对余杭工作作出系列重要指示批示。习近平总书记的掌舵领航、习近平新时代中国特色社会主义思想的科学指引，是余杭奋进新时代新征程的指路明灯。我们要争当守护“红色根脉”的先锋队，首先必须以更高站位、更强自觉、更深感情，坚定捍卫“两个确立”、坚决做到“两个维护”，不断提高政治判断力、政治领悟力、政治执行力，始终同以习近平同志为核心的党中央保持高度一致，始终不渝忠诚核心、拥戴核心、紧跟核心、捍卫核心，以实际行动彰显余杭广大党员干部群众紧跟习近平总书记、奋进新征程、建功新时代这一矢志不移的政治立场。

（二）“两个先行”和“城市范例”是谱写中国式现代化余杭篇章的使命担当，我们必须干在实处、走在前列

为全面学习贯彻党的二十大精神，省委提出了“两个先行”的奋斗目标，市委作出了“在‘两个先行’中展现头雁风采，为中国式现代化提供城市范例”的决策部署。余杭作为省市的经济强区和发展大区，必须展现大区的格局、扛起大区的担当、作出大区的贡献，努力成为排头兵。但是排头兵不是自封的，而是干出来、拼出来、争出来的。一要看懂“风云变幻、危机并存”的国际国内形势。当前，全球外部环境不稳定、不确定、难预料已成常态，我国经济发展虽面临需求收缩、供给冲击、预期减弱等三重压力，但韧劲强、潜力大、活力足，基本面持续向好的态势没有变。特别是随着国内疫情防控政策优化调整，中央和省市出台了一系列稳增长、稳经济、稳发展的重大政策举措，我们要抢抓机遇，牢牢把握经济社会全面复苏的窗口期，全方位参与国家“一带一路”建设，依托杭州西站深度融入长三角一体化发展，持续放大亚运综合效应，努力成为新发展格局的关键节点，进一步提升城市综合能级和国际化水平。二要看清“标兵渐远、追兵渐近”的区域竞争态势。行政区划调整后，我区部分主要经济指标，从全国看差距很大，与深圳南山区等相比，无论在经济规模还是科技创新等方面

已不是同一个量级；从省内看标兵渐远，不仅被反超且差距逐渐拉大；从市内看追兵渐近，有的传统优势指标已不相上下。我们只有进一步增强“没有走在前列也是一种风险”的忧患意识，全面“紧起来”、迅速“动起来”、加速“跑起来”，才能逼近“前方标兵”、甩开“后方追兵”、超越“左右强兵”，在新一轮争先比拼中再攀高峰、再造优势。三要看到“稳中有进、承压前行”的自身发展走势。余杭发展基础扎实、优势明显，具有数字经济先发、创新平台集聚、人才资源丰富、科技研发强劲、文化底蕴深厚、城乡发展协调、生态本底靓丽等多方面优势。但是也存在产业结构短板、工业基础薄弱、公共配套不足、矛盾风险多发等问题，在宏观经济下行压力、龙头企业发展放缓、多轮疫情持续冲击、区划调整指标分解等叠加因素影响下，今年以来全区经济增长、争先保位压力前所未有。优势是发展的信心和底气，弱项是奋进的压力和动力。我们要坚持自信自强、增强志气骨气，扬长补短、攻坚克难，集中精力办好自己的事，不断开辟干在实处、走在前列、勇立潮头的新境界。

（三）“建设城市新中心”是谱写中国式现代化余杭篇章的战略任务，我们必须保持定力、担当作为

区委十五届六次全会提出建设杭州城市新中心的目标定位，完全符合党的二十大精神和省委、市委的决策部署。我们要坚持将建设新中心作为贯彻落实党的二十大精神的核心载体和实践阵地，作为发展大局中的大局、中心工作中的中心，对标实施创新驱动发展战略加快建设创新活力之城的新中心，对标推进文化自信自强加快建设历史文化名城的新中心，对标促进人与自然和谐共生加快建设生态文明之都的新中心，对标提高人民生活品质加快建设最具幸福感城市的新中心，以建设新中心的实干实绩检验学习贯彻二十大精神的成色成效。要坚持将“十大工程”作为建设新中心的战略抓手和关键招数，瞄准靶心、有的放矢，以重点工作突破带动面上工作全面发力，真正做到牵一发而动全身、一子落而满盘活，努力从区域层面率先探索具有普遍意义的共同富裕和现代化路径，以一批批标志性成果，让社会各界在杭州城市新中心看到中国式现代化的生动图景。

（四）“创新驱动和人才引领”是谱写中国式现代化余杭篇章的制胜法宝，我们必须始终坚持、毫不动摇

党的二十大对实施科教兴国、人才强国、创新驱动发展战略作了全面部署。这十多年来，余杭从传统农业大县成为全省创新高地，其秘诀就是因创新而强、因人才而兴。我们要继续高举创新大旗，坚持“创新驱动和人才引领”一以贯之，抢抓新一轮科技革命和产业变革机遇，下好科研重器集群“先手棋”，打好人才创新“组合拳”，跑出高质量发展“加速度”。坚持“四个面向”，加强创新策源能力建设，集聚力量进行原创性引领性科技攻关，加快形成支持全面创新的基础制度和具有全球竞争力的创新创业生态，为杭州建设综合性国家科学中心作贡献；加强人才引育，构建近悦远来、才聚城兴的人才格局，加快打造世界重要人才中心和创新高地的关键节点。

（五）“文明圣地”是谱写中国式现代化余杭篇章的金字招牌，我们必须精心守护、赓续传承

五千多年前，我们的先民在余杭这片美丽的土地上打造了“中华第一城”，成为实证中华五千多年文明史的圣地。随着良渚古城遗址成功申遗、列入中华文明探源工程，中华五千多年文明史得到了国际社会广泛认可，也为文明界定的中国方案作出了余杭贡献。从这个意义上讲，良渚文化不仅属于余杭，也是杭州的、浙江的，更是属于中华民族的，这是余杭人民的无上荣光。我们要以良渚文化大走廊建设为战略抓手，有机串联良渚文化、运河文化、径山文化、苕溪文化以及红色文化等独特资源，以文化为纽带，推动城市、乡村、产业、生态协调发展，促进文化繁荣、文化兴盛、文化自信，实现以文铸魂、以文兴业、以文塑城。

（六）“自我革命”是谱写中国式现代化余杭篇章的力量源泉，我们必须大抓党建、重抓基层

“自我革命”是我们党跳出治乱兴衰历史周期率的第二个答案，也在警醒我们必须时刻保持奋斗姿态和斗争精神。新征程上，我们要全面落实新时代党的建设总要求，坚持以

习近平新时代中国特色社会主义思想为指引，坚持以党的政治建设为统领，健全完善自我净化、自我完善、自我革新、自我提高的制度规范体系，着力营造政治清明、政府清廉、干部清正、社会清朗、文化清新的良好生态，以不断深化自我革命引领社会革命的新成果展示“清廉，让余杭更美好”。

三、纵深推进杭州城市新中心建设，在砥砺奋进中开创新局、谱写新篇

2023年是全面学习贯彻党的二十大精神的开局之年，是深入贯彻落实“八八战略”20周年，是杭州亚运会的举办之年，也是建设杭州城市新中心的大干之年，做好新的一年工作意义重大。2023年工作的总体要求是：高举习近平新时代中国特色社会主义思想伟大旗帜，深入贯彻党的二十大精神，认真落实中央经济工作会议和省委、市委全会精神，坚持稳中求进工作总基调，完整准确全面贯彻新发展理念，更好统筹疫情防控和经济社会发展，更好统筹发展与安全，锚定建设杭州城市新中心、争当“两个先行”排头兵，以“十大工程”为抓手，坚守初心、坚定信心，踔厉奋发、团结奋斗，打好经济翻身仗，着力打造更多具有余杭辨识度的标志性成果，奋力谱写中国式现代化余杭篇章。

新的一年主要预期目标是：地区生产总值增长5.5%，规模以上工业增加值增长6%；财政总收入增长5%，一般公共预算收入增长5%；固定资产投资增长6%；社会消费品零售总额增长8%；R&D经费支出相当于生产总值比例达到4.51%左右；城镇和农村居民人均可支配收入与经济增长基本同步。完成省、市下达的节能减排任务。具体来说，要打造六大标志性成果：

（一）聚焦更高能级要素保障，全力打造创新策源标志性成果

坚持把教育、科技、人才作为基础性战略性支撑，实施“创新策源工程”，加快形成新的战略科技力量，让科技创新这一关键变量成为推动余杭未来发展的最大增量，打造与城市新中心相耦合的发展新引擎。一要强化平台牵引力。开工建设之江实验室二期，竣工投用湖畔实验室，保障北航中法航空学院招生运行，推动四大省实验室、超重力大科学装置、浙大余杭脑机交叉研究院和科技领军企业等更多承担国家科技创新重大项目、省级“双尖双领”攻关计划，赋能产业能级提升，争创综合性国家科学中心核心区，建设全球创新策源地。二要强化人才吸引力。实施更加积极、开放、有效的人才政策，深入落实“鲲鹏计划”，持续放大杭州人才日、科技人才周、国际人才月等赛会影响力，谋划建设国际人力资源产业园，建设青年发展型城区，造就一批科技领军人才、卓越技能人才、青年科技人才，全方位引育用好各类人才，持续为人才提供安居、医疗、子女教育等优质服务，打造创新人才蓄水池。三要强化成果转化力。深化科技体制改革，充分释放科研重器溢出效应，推动产业发展。大力支持以龙头企业为核心建设创新联合体，依托浙江创新馆、杭州技术转移转化中心，完善转化机制，畅通转化通道，全面提升知识产权创造、运用、保护、管理和服务水平，持续发行知识产权证券化产品，推动更多科技成果就地就近转化，构筑科技成果转化首选地。四要强化教育原动力。实施“美好教育工程”，开工建设教育项目16个、竣工投用22个，实施新名校集团化计划，推动名校领办、名校长领衔、名高校托管，加快更多名校资源落户余杭，打造一批社会公认度高的余杭名校，让余杭的孩子们在家门口就能享受优质教育资源，加快形成教育出人才、人才去创新、创新促教育的良性循环。

（二）聚焦更高质量经济发展，全力打造产业强区标志性成果

坚决把稳经济、稳增长、稳发展作为重大政治任务，坚持项目为王，实施“未来产业工程”，打造余杭特色现代化产业体系，夯实与城市新中心相匹配的经济压舱石。一要打造主导产业生态。聚焦打造智能物联、生物医药、高端装备、新材料、绿色低碳+新能源互联网“5+1”产业生态圈，深入实施链长制，推动产业链式布局、集群发展。注重发挥阿里巴巴集团总部等龙头企业和创新平台集聚效应，实施数字经济“一号发展工程”，加快信息软件传输、

人工智能等细分领域领跑，支持龙头企业产能恢复、产业回归、产值提升，实现数字经济二次攀登。加快推进元宇宙、量子科技、未来网络等产业布局，开辟新赛道，塑造新优势，打造未来产业引领地。坚持发展实体经济，构建以“产业大脑+未来工厂”为核心的新智造体系，加快传统制造业数字化转型升级，完成工业用地有机更新1500亩。加快提升三大产业平台能级，未来科技城要争创国家级高新区，钱江经济开发区要争创国家级开发区，良渚新城要全面提质增效。二要狠抓重大项目攻坚。持续开展季度“双集中”活动，瞄准主导产业头部企业、链主型企业和大好高项目，精准开展产业链招商，全力延链、补链、强链，推动项目早签约、早落地，力争引进10亿元以上项目50个、50亿元以上7个；开展“抓项目、扩投资、保增长”比学赶超活动，持续营造大抓项目、抓大项目的浓厚氛围，加快字节跳动等产业项目和“152”等重大项目建设，形成更多实物投资量，确保全年固定资产投资超1000亿元。三要提振市场主体信心。注重发挥政策综合效应，坚持服务围绕企业转、企业有事马上办，主动为企业纾困解难赋能，真金白银提信心，找回发展快节奏。抢抓后疫情时代机遇，推动餐饮、住宿、旅游等服务业加快复苏，支持企业出海抢订单、拓市场，进一步刺激消费、拉动内需、稳住外贸。打好“线上+线下”“店内+店外”“地上+地下”“白天+晚上”“节日+常态”组合拳，打造城市新商圈，繁荣夜间经济、国潮经济，提升人间烟火气。积极争取专项债和国家政策性开发性金融工具，进一步拓宽融资渠道、降低融资成本。加快雄鹰、凤凰、隐形冠军、单项冠军、专精特新“小巨人”企业梯次培育，支持企业做大做强，提升企业贡献度，力争国家高新技术企业总量突破2500家、新增上市企业5家以上，推动新时代民营经济新飞跃。四要推进全面深化改革。以营商环境“一号改革工程”为牵引，进一步打造“我负责阳光雨露、你负责茁壮成长”的具有余杭辨识度的一流营商环境品牌。推进西站未来枢纽建设、数据要素市场化、全域村社共富等牵一发而动全身的重大改革项目，积极争取新增一批标志性改革试点。深入实施“创景计划”“改革伙伴计划”，以实战实用实效为目标，不断提高场景应用的数据共享率、应用贯通率、使用活跃率。巩固国企改革成果，推动国企发挥更大作用。

（三）聚焦更高站位守护圣地，全力打造文化兴盛标志性成果

以中华文明圣地的格局担当，实施“文化地标工程”，推进文化自信自强，让余杭这个古老又年轻的城区展现文化兴盛图景，擦亮与城市新中心相辉映的文化“金名片”。一要建设良渚文化大走廊，推动文化走向世界。以良渚文化为龙头，将良渚古城遗址公园、瑶山遗址公园、老虎岭遗址公园、杭州国家版本馆、大运河文化国家公园（余杭段）、小古城遗址、良渚博物院、瓶窑古镇、安溪古镇、苕溪古韵，以及“径山茶宴”“余杭纸伞”等非遗资源串珠成链，推动良渚遗址管理区与钱江经济开发区、良渚新城产城人文融合发展，打造集中展示五千多年良渚文化、两千多年运河文化、一千多年径山文化、双千年古镇文化、苕溪文化和现代数字文化的“重要窗口”，提升中华文明圣地的国际辨识度和世界影响力。二要提升余杭文化感召力，推动文化走进人心。以喜迎杭州亚运会为契机，以全国文明典范城市创建为抓手，组织开展“讲文明、树新风、迎亚运”等活动，实施杭州城市新中心宣传计划，做深做透小古城村、花园村“红色根脉”溯源文章，不断打响“浙江有礼·文明圣地”品牌。推进千年古城复兴行动，加快良渚博物院二期、国际体育中心等建设，深入实施新时代文艺精品和文化惠民工程，让文化的力量更好滋养人心、引领风尚、促进发展。三要打造文创文旅新高地，推动文化走入市场。充分挖掘余杭优秀文化的市场价值，聚焦数字内容、影视文化、动漫游戏、创意设计等主导产业，加快头部企业、文艺大咖招引，推进文化艺术街区、文化产业集聚区建设，打造国际文化创意中心核心区。坚持农文旅融合发展，全力创建径山国家级旅游度假区，加快国际高端酒店等项目招引和建设，打造体验式文旅消费新业态，让余杭的世界遗产、绿水青山、湿地湖泊、美丽乡村成为说走就走的旅游目的地、触手可及的“诗与远方”。

（四）聚焦更高标准建设管理，全力打造一流城区标志性成果

对标一流中心城区标准，在优化城市形态、完善功能布局、产城人文融合上下功夫，乘势而上、后来居上，加快向大都市中心区蝶变。一要推动城市建设大提速。坚持规划引领，不断完善国土空间规划体系，做优各类专项规划和重点区块城市设计。加快未来科技文化中心、南湖科学中心规划建设，推动传统工业园区有机更新，打造未来城市样板地。实施“西站枢纽工程”，加强交通疏解，注入创新产业，完善公共服务，打造国际化轨道新城。聚焦良渚新城商务核心区，推进良渚文化中心、郁宅港提升、通运产业园等重大项目，打造活力宜居的科创文化新城。加快钱江经济开发区仁和南站 TOD 等项目建设，重塑城市界面，打造“最美开发区”。锚定土地出让金超 400 亿元目标，加大征迁清零、做地出让力度，促进房地产业平稳健康发展。积极探索推进职住平衡、共有产权房试点工作。二要持续攻坚交通大会战。实施“交通畅达工程”，进一步拉开城市框架，构建以高铁、城市快速路、轨道交通为核心的快速交通网络，加密支小路，打通断头路，丰富城市“毛细血管”，提升道路微循环能力，保障地铁 5 号线西延、10 号线二期三期、12 号线一期等地铁项目建设，加快文一西路西延、留祥快速路西延、杭州中环余杭段、良睦路南北向延伸、康良快速路、聚橙路北延等重大项目建设，统筹城乡交通一体化发展。三要加快环境品质大提升。持续推进“美丽余杭迎亚运”行动，加强亚运场馆周边、良渚古城遗址、杭州国家版本馆、入城口和主干道等参观点位、连接线路和重点区域环境整治，落实道路保洁、停车管理、绿化养护、垃圾分类等常态化机制，提升城市管理精细化、品质化、智慧化、国际化水平。实施“碧水安澜工程”，统筹推进治水治气治土治废治塑攻坚战，深入推进梦溪水乡、南湖、三白潭、北湖草荡等综保工程，扎实推进城西南排、西险大塘达标加固等重大水利和环境基础设施工程。四要构建城乡融合大格局。深化国家乡村振兴示范区、国家农业现代化示范区创建。抓好高标准农田建设，打好粮食安全保卫战。进一步做深径山茶系列文章，借助“径山茶宴”成功入选人类非遗的东风，将其做成流程标准化、项目产业化、运营市场化的农文旅融合特色项目，提升径山茶美誉度和影响力。做强鸬鸟蜜梨等特色农产品，促进竹产业健康发展，推进新时代美丽乡村建设，建设全域城市新中心。

（五）聚焦更高品质幸福生活，全力打造共富示范标志性成果

坚持问题导向、需求导向、效果导向，加快补齐公共服务短板，让老百姓看到变化、得到实惠、感到满意。一要强化均衡型有保障的服务。谋好办实新一轮年度民生实事。深化健康余杭建设，实施“舒心就医工程”，优化医疗资源布局，加大区属医院与省市优质医疗资源合作力度，开工建设浙大一院二期（国家医学中心）项目，高标准建设区级公共卫生中心，持续推进区级医院和社区卫生服务中心软硬件建设，实现医疗服务水平跨越式提升。构建共富型大社保体系，强化助残、救孤、济困兜底保障，探索新型慈善救助模式，实现应保尽保、应助尽助、应扶尽扶。二要建设友好型有温度的社会。探索制定“一老一小”系统解决方案，开工建设区级公办养老综合体，新增 12 家示范型居家养老服务照料中心，强化独居老人、失能失智老人关心关爱，打造家门口幸福养老示范样板；加快婴幼儿照护服务体系建设，启动建设区级托育综合服务中心，推进普惠型托育机构、社区婴幼儿成长驿站配建，探索公办幼儿园托幼一体化、引入社会力量办园、产业园区和企事业单位嵌入式办托模式，构建生得起、养得好的育儿友好环境。三要实现共富型有韧性的发展。持续攻坚共同富裕“十大支点项目”，全面实施扩中提低行动，加大重点人群就业帮扶力度，持续缩小“三大差距”。实施“五星幸福体工程”，加快打造未来社区、未来乡村和城乡风貌样板区等共同富裕现代化基本单元，构建与城市新中心相适应的幸福共同体。扎实推进东西部协作、对口支援、山海协作和区县协作，谱写新时代“山海情”。

（六）聚焦更高水平平安余杭，全力打造大区善治标志性成果

以平安护航杭州亚运会为主线，深化平安余杭创建，全面提升城市安全韧性水平。一要

径山尽美北苕溪（摄于2022年）

（市生态环境局余杭分局　供图）

构建大平安格局。以政治安全为根本，以安全生产、消防、道路交通、建筑工地、食品药品、危化品、出租房、网络安全、意识形态等领域为重点，推动除险保安全域全程全覆盖，守住不发生重大事故事件的底线。全面贯彻最新疫情防控政策，动态调整防控机制，把“保健康、防重症”与“保稳定、促发展”有机结合起来。健全社会治安整体防控体系，严厉打击电信网络诈骗等群众关切的违法犯罪，确保社会大局平安稳定。二要提升防风险能力。实施“社会智治工程”，迭代风险闭环管控机制，动态消除各领域风险隐患。深化全省信访工作现代化示范区创建，把信访作为送上门的群众工作，落实领导下访接访和包案化解、首访负责制、“双查三建议”等机制，加快推进信访源头治理和积案化解。三要树牢强基层导向。深化“县乡一体、条抓块统”和“上统下分、强街优社”改革，高水平建设三级社会治理中心，健全新型全科网格体系，发挥“瓶窑奶奶”等志愿服务组织作用，促进矛盾在基层更多解决、服务在基层更好实现。坚持“四治融合”“四源治理”，打造“众人的事情由众人商量”等全过程人民民主余杭品牌，深化法治政府、法治社会建设，深入推进“八五”普法教育，加快社会治理民主化、法治化。

四、坚定不移推进全面从严治党，在党建引领中凝心聚力、开拓进取

建设杭州城市新中心，党的领导是根本，干部队伍是关键。全区各级各部门和广大党员干部要把学习贯彻党的二十大精神激发出来的热情和干劲，转化为建设杭州城市新中心的强大动力，以实干担当展现新中心建设者、维护者、展示者的风采。

一要把牢思想政治的定盘星。坚持和加强党的全面领导，把新中心建设成最讲党性、最讲政治、最讲忠诚的地方。要感恩奋进，按照中央和省委、市委统一部署，把高标准开展主题教育与“八八战略”实施20周年系列活动结合起来，以最真挚的感情感悟习近平总书记殷殷嘱托、以最坚决的行动落实习近平总书记重要指示批示。要胸怀大局，自觉在大局下思考问题，找准自身工作与中心工作的结合点和切入点，努力干出为一域争光、为全局添彩、为百姓造福的优秀业绩；找准余杭在中国式现代化新征程中的城区定位和优势条件，谋划一系列示范引领举措，积极探索省会城市中心城区现代化实践范例。要敢于亮剑，打赢意识形态领域斗争主动仗，强化主流媒体的传播力和影响力，讲好余杭故事、传播余杭声音、展现余杭魅力，不断汇聚起建设杭州城市新中心的强大正能量。

二要锻造担当作为的铁肩膀。一代人有一代人的使命，一代人有一代人的担当。历史把建设杭州城市新中心的光荣使命交到了我们这一代人手中，唯有担当作为才能不负组织、不负人民、不负时代。要立说立行，只要是中央和省委、市委、区委明确的决策部署，就要坚决贯彻、果断执行，确保件件落到实处；只要是有利于余杭发展的重大机遇，就要准确判断、迅速出击，争取步步走在风口；只要是符合余杭实际的有益探索，就要放手大胆、先行先试，力争事事做出特色。要动真碰硬，一个支部就

是一座堡垒，一名党员就是一面旗帜，要抓深“争星晋位·全域建强”行动，做实党建联建机制。全区2900多个基层党组织、5万余名党员，都要关注新中心建设的任务是什么、思考我能为新中心建设做什么，尤其是党员领导干部要带头挑最重的担子、啃最硬的骨头。要团结奋斗，把人大、政府、政协、监察机关、审判机关、检察机关、民主党派、群团组织、辖区各单位等方方面面的资源统筹起来，发挥统一战线独特优势，形成共建新中心的磅礴力量。

三要练就善作善成的真本事。建设杭州城市新中心没有先例可参照，需要广大党员干部手中掌握真把式和硬功夫。要提升能力，开展“双争攻坚”活动，持续更新知识储备，及时充值“能力账户”，突出加强驾驭复杂形势的能力，多出新招、硬招、实招，努力使别人眼中的“危”变成我们手中的“机”。要敢闯敢干，当前，各项事业蒸蒸日上的余杭正是用人之际，每一位想干事、能干事、干成事的干部都有广阔舞台，要健全能上能下、容错纠错、关心关爱等机制，旗帜鲜明为敢于担当、踏实做事、不谋私利的干部撑腰鼓劲，带动干部敢为、地方敢闯、企业敢干、群众敢首创在余杭大地蔚然成风。要实践淬炼，实施“百名新星”“百名新苗”“百名新秀”培养行动，把基层一线、重点项目、重大改革作为培育干部特别是年轻干部的“磨刀石”“试金石”，哪里需要到哪里，哪里危急到哪里，着力培养一批敢打能拼、能谋善断、能打胜仗的尖兵、战将、帅才。

四要提振比学赶超的精气神。新一轮赛道已全面铺开，需要我们强化争先创优的行动自觉。要全面对标，各级各部门要既对总量、也对增量，既对点上、也对面上，既对领跑者、也对追赶者，哪里好就学哪里、什么好就学什么，全面比学赶超、争创更多亮点。要擂台比武，定期组织部门、平台、镇街和村社，对照年度工作重点、目标考核难点、百姓愁盼焦点、攻坚克难堵点开展比拼，在赛成果、比亮点、拼干劲中推动各项工作落实落地。要实绩评价，完善“四考合一”干部考核评价体系，突出日常考、季度评、半年述等方式，通过督导检查看实绩、走访群众听评价、观摩交流比先进，综合评价干部业绩实效，谁有本事谁来，谁有能力谁干，谁先干成谁先上。

五要严守清正廉洁的生命线。全面从严治党是建设杭州城市新中心的重要保障，要纵深推进清廉余杭建设，擦亮“玉琮杯”特色廉洁文化品牌，坚持把严的主基调贯穿管党治党全过程。要纪律严明，紧盯“一把手”和领导班子权力运行，全面落实“五张责任清单”，实施政治谈话、政治家访制度，完善纪律、监察、派驻、巡察“四位一体”监督体系，精准运用监督执纪“四种形态”，一体推进不敢腐、不能腐、不想腐，坚持无禁区、全覆盖、零容忍，始终保持高压态势。要作风过硬，持之以恒贯彻落实中央八项规定精神，持续深化纠治“四风”，深入开展漠视侵害群众利益等专项整治，永葆“时时放心不下”的责任担当，时刻把改革发展稳定责任扛在肩上，把百姓安危冷暖放在心头，将群众工作做实做深、做细做透。要亲清有为，在坚持“两个毫不动摇”中促进“两个健康”，既要用好亲清政商交往“三张清单”规范行为，也要坦诚同民营企业接触交往，特别是在民营企业遇到困难的情况下更要积极有为、靠前服务，帮助解决实际困难，真心实意支持民营经济发展。

同志们，建设新中心，奋进正当时。只要奔跑，梦想就不会遥远，只要奋斗，业绩就定会精彩。新的一年，新的起点，让我们更加紧密地团结在以习近平同志为核心的党中央周围，深入学习贯彻党的二十大精神，继续保持归零心态、战斗状态、奋进姿态，上下同欲、凝心聚力，扛起担当、勇毅前行，坚定不移建设杭州城市新中心，争当“两个先行”排头兵，奋力谱写中国式现代化余杭篇章！

政府工作报告

2023年2月2日在杭州市余杭区第十六届人民代表大会第三次会议上
杭州市余杭区人民政府区长　王华

2022 年主要工作和成效

2022 年是党的二十大召开之年，也是余杭发展史上极具考验和极不平凡的一年。一年来，我们坚持以习近平新时代中国特色社会主义思想为指导，认真落实上级党委、政府和区委的决策部署，在区人大和区政协的监督支持下，全区上下踔厉奋发、笃行实干，紧紧围绕“建设杭州城市新中心、争当‘两个先行’排头兵”的战略目标，统筹落实“疫情要防住、经济要稳住、发展要安全”三件大事，付出了最大努力，争取了最好结果，以优异成绩向党的二十大献礼。全年实现地区生产总值 2651.25 亿元；完成财政总收入 671.50 亿元、一般公共预算收入 352.93 亿元；城乡居民收入增速快于 GDP 增速，主要经济指标继续位居省市前列。余杭成为全省唯一的全国“新时代政法楷模集体”推荐对象、全市唯一的国家首批乡村振兴示范县和国家农业现代化示范区创建区县，勇夺全省平安建设最高荣誉“一星平安金鼎”，连续 2 年捧回全省科技创新最高荣誉“科技创新鼎”。

（一）平战转换迅速有力，疫情精准防控更加高效

在以快制快中打赢大仗硬仗。坚持“打一仗进一步”，“平战一体”运行质效优化升级，“一办十二组五专班”高效协同，实现全流程快速响应处置。迭代提升“七大机制”“五快循环”等打法，严格落实“五个一小时”要求，建强 DPTU 应急作战队伍，用最快速度打赢“3·9”“4·5”等疫情防控遭遇战、阻击战、攻坚战。

（二）科创矩阵厚植有形，创新创业成果更加硬核

创新能级持续攀升。之江实验室纳入国家实验室体系，天目山实验室顺利揭牌，10 家省实验室余杭占 4 席。中电海康获批建设全国重点实验室，脑机智能全国重点实验室入驻良渚实验室。浙大余杭脑机交叉研究院成功落户，北航中法航空学院主体工程完工。杭州未来科技城省级高新技术产业园区获批创建，全区实现“零”的突破。“创新指数”跃居全省第二，成功创建全国科普示范区。之江、湖畔实验室等 13 家单位 19 项成果获省科学技术奖，蝉联“自然科学”“技术发明”“科技进步”三大奖项大满贯。

创新活力不断释放。出台实施“黄金 68 条”产业扶持和“黄金 20 条”人才扶持政策，成功举办国际人才月、全球人工智能技术大会、世界生命科技大会等重大活动。引进及合作两院院士、海外院士 16 名，培育国家级海外高层次人才 14 名、省“鲲鹏行动计划”人才 1 名、省级海外高层次人才 25 名、市“西湖明珠工程”海外高层次人才 24 名，人才资源总量突破 35 万人，获全省人才工作综合考评第一。建成浙江创新馆，推进浙江人才大厦、国际人才园等载体建设。新增国家级孵化载体 9 家，数量位居全省第一。

创新质效日益彰显。新入选科技部公示的国家级高新技术企业 591 家，新增国家级专精特新“小巨人”企业 33 家，数量全省第一。新增上市企业 7 家，数量全市第一。入选省级研发机构 59 家。新增国家知识产权优势企业 5 家、有效发明专利 3230 件，其中高价值专利 800 件，

列入全国首批商业秘密保护创新试点区，获评国家知识产权强县建设示范县。强化亲企、亲橙、亲禾办服务对接，成立亲之办，落户之科智慧、量安科技等12家科创成果转化企业，引进杭州技术转移转化中心。

（三）稳进提质主动有为，产业发展动能更加强劲

纾企解困直达快享。“第一时间+最顶格”落实国家和省市稳经济一揽子举措，出台“助企纾困36条”“稳进提质58条”和减负降本等政策，强化赛马激励机制，为企业减负93.2亿元、办理出口退税30.74亿元，兑现各类惠企扶持资金114.27亿元，兑现资金总量全市第一。推出“余公助企贷”，发放金额11.55亿元，惠及企业212家。全区本外币贷款余额2132.95亿元，增长40.45%，增速全市第一，企业贷款利率创历史最低水平。有效稳住市场主体，全年新增市场主体44943家，数量全市第一。

调度保障及时高效。大力推进经济稳进提质“八大攻坚”行动，专项债券支付进度、社零增速等“月晾晒”指标位居省市前列。强化要素保障，出让土地58宗、2858亩，土地出让金首次突破400亿元。抢抓政策“窗口期”，争取新增建设用地指标4098亩，使用地方政府债35.55亿元、国家政策性开发性金融工具7.5亿元，实现西险大塘达标加固工程提前开工，有力保障仁和净水厂等重大项目建设，有关做法获李克强总理批示。多举措刺激消费回升，实现社会消费品零售总额801.1亿元、网络零售额1785.1亿元，分别增长10.2%、17.3%。全力稳外资稳外贸，实际利用外资10.17亿美元，实现出口总额351.88亿元。创新工业用地项目全生命周期管理、项目审批全流程管理等机制，推进润丰氢能源等重大项目121个，实现固定资产投资949.26亿元，增长9.7%。

主导产业集聚壮大。坚持数字经济和新制造业“双擎”驱动，实现数字经济核心产业增加值1698.7亿元，获评省级数字经济创新发展试验区，入选省数字化示范小微企业园2家，实现规上工业增加值242.62亿元，6家企业列入省级未来工厂、数字工厂培育名单。入选全省首批人工智能“新星”产业群、“万亩千亿”新产业平台和未来产业先导区培育创建名单。重启北京、上海、深圳驻点招商，签约科兴中维、爱康科技、中建三局等重大项目276个、总投资超1770亿元，其中50亿元以上11个、10亿元以上62个。实施工业用地有机更新三年行动，启动103个项目、230.9万平方米产业空间有机更新，出让工业用地894亩。

（四）城市建管提档有质，人居环境面貌更加靓丽

重大规划加速落地。国土空间“三区三线”划定顺利获批，自然资源开发保护格局全面优化，建设用地发展空间新增46%，城镇开发边界规模全市最高，有力保障未来至少10年发展空间。推进12个乡镇级国土空间总体规划编制，启动22个详规单元编制。深化“杭州城市新中心”“两廊一轴、一核三片”等空间概念规划，完成“梦溪水乡建筑风貌”等7个专项研究。实现32个工业区块有机更新实施方案编制全覆盖。建立余杭区—云城指挥部联席会议机制，强化规划联动和建设协同。

城市形态加快塑造。杭州西站建成投运，湖杭铁路和地铁3号线一期及北延、4号线二期、19号线开通运行，文一西路提升改造段、莫干山路高架等建成通车，余杭塘路、杭徽高速余杭收费站等精彩亮相，文一西路西延、良睦路南延北延等重点交通工程筹建顺利，城西南排等重大水利项目开工建设。完成征迁1975户，回迁安置1465户。启动良渚、勾庄老集镇提升改造。瓶窑镇连续四年获评省级小城市培育试点考核优秀单位。5个镇街获评美丽城镇省市样板，实现市级样板全域覆盖。获评省级风貌样板区3个、省级未来社区6个、省级首批“新时代富春山居图样板区”2个，数量均列全省第一。

精细管理加码升级。调整优化未来科技城和良渚新城核心区域城市管理体制，分级分类提升综合管养标准。深化“迎亚运”城市环境专项整治，处置环境问题43万余处，完成16条亚运通勤道路、2座比赛场馆、4条铁路两侧等区域环境提升。推动城市有机更新，完成二次供水改造小区15个，创建污水零直排小区37个，拆除违建73.23万方，改造提升无障碍设施2780处，新改建城市公园8个。

（五）文化弘扬多元有魂，文明圣地魅力更加彰显

文化传承成效明显。高站位谋划启动良渚文化大走廊建设，建成开放杭州国家版本馆、老虎岭遗址公园，良渚古城遗址列入中华文明探源工程，“世界遗产 + 文化地标”展示体系加快呈现。径山茶美誉度和知名度显著提升，成功冠名中华茶奥会等重大活动，“径山茶宴”入选人类非物质文化遗产。大运河文化国家公园（余杭段）、大运河省级文化传承生态保护区建设持续深化。“茶道之源”“中泰竹笛”分别获评省级传统工艺工作站、省级非遗工坊，新增市级非遗名录项目 6 个。余杭故城遗址入围浙江考古重要发现，文博事业发展水平评估指数位列全省第一。

文化产业持续壮大。设立全省首个区级文艺发展基金，引进补链强链企业 85 家，新增规上文化企业 18 家，实现文化产业增加值 1313.5 亿元、增长 4.1%，总量全市第一。实施重大文旅项目 38 个，投资超 43 亿元，以全省第一的成绩通过省文旅融合产业试验区验收。成功承办全省“百村万帐”露营首站活动，落户滑翔伞等户外基地 20 个，鸬鸟房车露营公园获评省运动休闲旅游优秀项目。瓶窑老街入列“浙江省旅游休闲街区”培育名单。组织发放文旅消费券，带动旅游出行破 700 万人次，实现文旅综合收入超 120 亿元。

文化惠民更富内涵。余杭文化中心投入使用，全省首发余杭文化保障卡，入选省公共文化服务现代化先行区培育名单。新增城市书房、文化驿站、余阅空间 37 个。打造“15 分钟品质文化生活圈”58 个，获评省级公共文化服务高质量发展典型案例。成功举办第十五届中国民间文艺山花奖颁奖盛典等省级以上活动 6 场。余杭入选浙江省戏曲之乡，黄湖青山村入选首批省美育示范村。文艺戏剧作品荣获“映山红奖”“群星奖”等省市奖项 90 余个，电视剧《问天》问鼎全国精神文明建设“五个一工程”奖。作为全省唯一区县，圆满完成党的二十大主会场新闻报道任务。《一条“机器鱼”遨游万米深海》荣获全国优秀新闻作品最高奖“中国新闻奖”。获评全国社科组织先进单位。

（六）生态治理推进有序，美丽余杭建设更加系统

督查整改见行见效。坚决扛起政治担当，整改上级巡视反馈、“七张问题清单”、经济责任审计涉及的饮用水源、非法石料行业、废弃矿山生态修复等问题 92 个，获评省长江保护修复攻坚战工作成绩突出集体。开展“绿色风暴”行动，整治突出生态环境问题 1619 个。严格落实耕地“两非”整治，分类处置非农化问题 2899 个、5503.18 亩。整治优化粮功区 8.4 万亩，总量全市第一。完成第一轮耕地功能恢复 4 万亩、启动第二轮 1.7 万亩整治行动。

低碳转型走深走实。率先上线“余杭碳眼”场景应用，全国首创发布减污降碳协同增效企业指数，成功举办“全国低碳日”浙江省主场活动，“企业总量减排与排污许可联动”入选生态环境部试点。打好污染防治攻坚战，市控以上断面水质Ⅰ～Ⅲ类比例 100%，PM2.5 和 PM10 平均浓度分别下降 5.3%、22.6%，建成区级以上“无废细胞”49 个。7 个单位入选省第二批低（零）碳镇街、村社试点。推进分布式光伏项目建设，新增并网装机容量 4.2 万千瓦。强化生物多样性保护，圆满承办国际生物多样性日杭州主场活动。

乡村富美提标提质。深化“西部富美”专项行动，实施建设类项目 122 个、总投资 60.8 亿元。全域推进未来乡村建设，启动创建未来乡村示范带 5 条、示范村 5 个，成功创建省级未来乡村 5 个，省级美丽乡村示范乡镇 3 个、特色精品村 3 个、水美乡镇 1 个。打造农文旅融合精品游线 2 条，“径山茶溯源之旅”入选全国茶乡旅游精品线路。全区粮食生产“九连增”，农业增加值突破 43 亿元，乡村振兴战略实绩考核蝉联全省优秀、全市第一。探索百丈泗溪村整村竹林流转，创新推进竹林碳汇开发试点。

（七）共富先行群众有感，民生服务保障更加暖心

共富示范成果进一步显现。创新实施“支点计划”，大力推进“10+N”行动，荣获全省共同富裕示范区建设综合考评第一。落户全省首个共富观察点，入选全市共富村、共富带、共富联合体 9 个。“三三三”共富治理体系、

"禹上稻乡"模式及"12345"乡创共同体模式等8项成果入选省市试点和最佳实践，数量全市第一。出台强村富民、强社惠民"双十条"，村均集体经营性收入超650万元，全面消除100万以下经营性收入薄弱村，农村居民人均可支配收入首次突破5万元，城乡居民收入倍差缩小到1.55。推进村级留用地安置清零三年行动收官，全年完成村级留用地安置924亩。

社会保障体系进一步完善。率先开展灵活就业服务应用试点，打造全省首个灵活就业服务中心，城镇新增就业3.79万人。基本养老保险、基本医疗保险参保率分别达99.77%、99.83%。开展全省常住老年人能力评估和长期照护保障制度试点，惠及14万余名老人，新增社区婴幼儿成长驿站31家、每千人拥有三岁以下婴幼儿托位数3.6个。坚持困难家庭和儿童"应保尽保"，发放各类救助补助资金1.64亿元、惠及困难群众30.2万人次。

公共服务短板进一步补齐。实施教育奋进计划，投用学校项目19个、新增学位1.38万个，引培区级以上名优教师547名，推动53所学校开展名校集团化办学，杭州第二中学余杭学校（余杭第一中学）、杭州学军中学余杭学校（余杭中学）揭牌运转，瓶窑中学被授予中国美术学院生源基地，成功通过国家学前教育普及普惠区省级评估，入选省义务教育作业改革试验区。提升现代医疗服务水平，浙大一院良渚分院（区第一人民医院）顺利投用，基层就诊率和县域就诊率居全市第一，复评通过国家级健康县，获评健康浙江建设先进区。开工公租房42.8万平方米、共有产权房1000套，筹集保障性租赁住房2.14万套，改造提升老旧小区18.5万平方米。

（八）除险保安精准有效，安全稳定基础更加牢固

深化改革迈向更大范围。全面深化数字化改革，新增国家级试点5个、省级试点58个，"构建平安风险预测预警防控体系"获评全省改革突破奖金奖，"城市CT""良渚遗址5000+"获评全省"最佳应用"，成为全省唯一获得改革突破金奖和"双最佳应用"的区县，数字化改革获全省五星最高评价。"大综合一体化"改革稳步实施，区级行政执法指挥中心实体运行，"1+8"行政执法队伍格局高效运转。完成新一轮镇街财政体制调整。改革重组区属国有企业，组建国投集团、城投集团、交投集团和文旅集团，推动国企聚焦主责主业、做优做强。优化社区治理，完成2个超大社区规模调整。推进西溪湿地管理体制改革调整。设立西站枢纽管委会，公安、综合执法、交通运输、市场监管等部门入驻。

基层治理迈向更高水平。圆满完成党的二十大、北京冬奥会、省党代会等重大维稳安保任务。高标准建成区社会治理中心，建立全省首个区县级大调解协会，运行"平安风险预测预警防控"应用，新建智慧监控等物联感知设备1.37万个，刑事警情、治安警情、纠纷警情分别下降39.38%、36.43%、16.89%。"法治浙江""平安浙江"两大省级论坛落户余杭，推进司法部行政执法协调监督工作体系试点建设，径山村成功创建全国民主法治示范村。召开全国自建房安全整治现场会，出租房基层治理、自建房安全整治工作获全国推广。动态清零信访积案，国家、省、市三级交办重复信访积案综合化解率达99.7%，列入全省信访工作现代化示范区试点。严厉打击新型犯罪，电信网络诈骗立案数、案损量分别下降39.73%、26.76%。

风险防范迈向更深层次。扎实开展除险保安专项行动，排查整治隐患6.8万余处，生产安全事故数、亡人数分别下降20%、25%，全年未发生重大治安和安全事故。夯实风险防范基础，整治危房232处、地质灾害点位7处、山塘水库14处。完善全区突发事件总体应急预案，提升防汛防台、森林消防、城市安全等专业应急救援力量，完成避灾场所规范化建设32处，成功抗击"轩岚诺""梅花"台风等自然灾害。深化电动自行车综合治理，补贴置换更新33万辆，数量居全市第一。

与此同时，我们积极支持工青妇、科协、工商联、文联等群团组织履行职能，统计、档案、邮政、气象、外事、老龄、公积金、地方志、国防动员、退役军人、双拥共建、民族宗教、港澳台侨事务等各项事业实现新发展。

各位代表，志不求易者成，事不避难者进。过去的一年，全区上下负重前行无惧，向上攀

登不止，取得的成绩极为不易。这是习近平新时代中国特色社会主义思想科学指引的结果，是上级党委、政府和区委正确领导的结果，是区人大、区政协监督支持的结果，是全区人民团结拼搏的结果。在此，我谨代表区人民政府向全区人民，向全体人大代表和政协委员，向民主党派、工商联、无党派人士、人民团体，向解放军、武警驻余杭部队和驻余杭各直属单位，向所有关心支持余杭发展的各界人士，致以崇高的敬意和衷心的感谢！

百舸争流、千帆竞发，不进就是退、慢进也是退。我们必须清醒地认识到，经济社会发展中还存在不少短板和挑战：在区域经济高质量发展方面，硬核科技研发、创新成果转化、产业集群集聚还需进一步补短补强；在现代城市高起点打造方面，公共设施配建完善、城市商圈串珠成链、市容市貌绣花管理还需进一步见行见效；在历史文化高水平兴盛方面，以文塑城润城、以文兴业兴产、以文惠民富民还需进一步强化优化；在生态文明高标准建设方面，保护生物多样性、自然环境美誉度、“两山”转化畅达性还需进一步扩展拓展；在民生福祉高品质普惠方面，社会保障精准、公共服务精细、基层治理精密还需进一步提标提质。对此，我们将直面问题、绝不回避，采取切实有效举措，认真加以改进解决。

2023 年目标任务和重点工作

2023 年是全面贯彻落实党的二十大精神的开局之年，是深入贯彻落实“八八战略”20 周年，是杭州亚运会的举办之年，也是建设杭州城市新中心的大干之年。做好今年工作，必须高举习近平新时代中国特色社会主义思想伟大旗帜，深入贯彻党的二十大精神，认真落实中央经济工作会议和省市区委全会精神，坚持稳中求进工作总基调，完整准确全面贯彻新发展理念，更好统筹疫情防控和经济社会发展，更好统筹发展与安全，锚定建设杭州城市新中心、争当“两个先行”排头兵，以“十大工程”为抓手，坚守初心、坚定信心，踔厉奋发、团结奋斗，打好经济翻身仗，着力打造更多具有余杭辨识度的标志性成果，奋力谱写中国式现代化余杭篇章。

建议今年全区经济社会发展主要预期目标为：地区生产总值增长 5.5% 以上；财政总收入及地方一般公共预算收入均增长 5%；固定资产投资总量超 1000 亿元，增长 6% 以上；R&D 经费支出相当于地区生产总值比例不低于 4.51%；城乡居民人均可支配收入与经济增长基本同步；完成上级下达的节能减排任务。

奋进新征程，建功新时代。为做好今年的工作，我们将冲锋在前、担当在前、实干在前，坚持以创新深化为战略核心、改革攻坚为强劲动力、开放提升为制胜法宝，大力实施数字经济创新提质“一号发展工程”、营商环境优化提升“一号改革工程”、“地瓜经济”提能升级“一号开放工程”，全面激发全社会干事创业活力，让干部敢为、地方敢闯、企业敢干、群众敢首创。着力做好以下八方面工作：

（一）聚焦“强策源、重承接”，奋力建设全周期的科技转化首选地

大力度培育创新集群。实施创新策源工程，推动城西科创大走廊高质量融合发展，推进之江实验室二期、南湖科学中心等项目建设，全力支持四大省实验室、临港国家实验室浙江基地和超重力国家科学装置等科研重器发展，推动“深时数字地球国际大科学计划”落户，争创综合性国家科学中心核心区，建设全球创新策源地。保障阿里全球总部、菜鸟网络总部、达摩院建成投用。强化“卡脖子”技术攻关，入选“双尖双领”等省级以上研发攻关计划项目 25 项。支持杭师大争创全国一流大学，保障北航中法航空学院招生运行。实施美好教育工程，打造省现代化学校等示范标杆学校 20 所，开展大走廊基础教育名校集团化办学行动，全年引培省市名师名校长 100 名，启动创建全国义务教育优质均衡区。

闭环化贯通创新链条。保障杭州技术转移转化中心建成运营，加快构建各类创新主体协同、线上线下结合的技术成果交易市场。推动建设之江实验室成果转化基地和概念验证中心，促进重大技术装备首台套、新材料首批次、软件首版次推广应用，实现技术合同交易额 200 亿元。推动产学研用深度融合，新增省级企业研究院等高端研发机构 50 家以上。设立首期 5

亿元的之科基金，积极探索吸引社会资本投入基础研究和成果转化。有效发明专利拥有量突破1万件，其中高价值专利拥有量达3600件以上。

全方位营造创新生态。办好全球开放科学大会、TR35等品牌活动，营造尊重科学、崇尚创新的浓厚氛围，为创新创业提供更有力支撑。保障创新创业空间，新增孵化载体30个、物理空间160万平方米，创建市级以上孵化器和众创空间20个以上。深化科技企业“双倍增”计划，新增国家高新技术企业500家、科技型中小企业900家。谋划建设国际人力资源产业园，筹建“长三角人才之家”，招引顶尖人才20名、领军人才200名、青年人才2000名、储备人才5万名，人才总量达40万名以上。

（二）聚焦“强招引、重项目”，奋力激活高能级的产业发展“双引擎”

打好招大引强组合拳。制定实施“强信心拼经济”36条实施意见，全力抓开局，实现开门红。坚持“一把手”招商、敲门招商、驻点招商，瞄准世界500强、补链强链、行业领军等企业招大引强，全年招引产业项目200个以上，其中10亿元以上项目不少于50个，50亿元以上项目不少于7个。加大外资外商招引力度，全年实际利用外资10亿美元。落实市政府与阿里巴巴集团战略合作协议，深化与阿里巴巴集团等头部企业全方位合作，加速数字消费、智慧物流等产业回归。开展“抓项目、扩投资、保增长”比学赶超活动，狠抓阿里巴巴全球总部、良渚好运产业园、杭北科创园等“千项万亿”、省市重点项目，形成更多实物投资量，全力打造固定资产投资超1000亿元的标志性成果。新增上市企业5家以上。推动后疫情时代消费反弹，完善支持优惠政策，实现社会消费品零售总额、网络零售额均增长8%。统筹土地“三个计划”，做地、储备、出让分别达3000亩、2800亩、2200亩以上，土地出让成交额再超400亿元。深入实施融资畅通工程，积极争取专项债券和国家政策性开发性金融工具等资金，进一步拓宽融资渠道、降低融资成本。

推动产业能级大提升。聚焦打造智能物联、生物医药、高端装备、新材料、绿色低碳+新能源互联网“5+1”产业生态圈，推动产业链式布局、集群发展。加快数字经济二次攀登。发挥阿里巴巴等龙头企业和创新平台集聚效应，支持平台企业在引领发展、创造就业、国际竞争中大显身手。实施数字产业化和产业数字化融合发展，创建省级以上工业互联网平台、服务型制造示范平台2家，实现数字经济核心产业增加值增长8.5%以上。建强数字健康产业园、数字文化社区等载体。推进“新制造业计划”。实施“雄鹰计划”、“双百计划”，打造全国专精特新企业培育（杭州）总部基地，新增省级以上专精特新企业45家、市级及以上智能工厂（数字化车间）8家以上，实现规上工业增加值增长6.5%、制造业投资增长20%。新增“品字标浙江制造”、政府质量奖企业等品牌企业10家以上。启动长三角数智经济产业园项目、未来科技城上市企业园等工业用地有机更新1500亩，新建产业空间150万平方米，出让工业用地1000亩。实施未来产业工程。抢占人工智能、智能计算、空天科技等新兴赛道，深化元宇宙、区块链产业园建设，实现战略性新兴产业增加值占规上工业增加值比重50%以上，打造全省未来产业高水平发展集聚区。

做强产业平台主阵地。联动城西科创大走廊、杭州云城，推动三大产业平台联动发展、跃升能级。未来科技城要加快25万方未来谷等重点项目建设，招引亿元以上重大项目80个，实现数字经济核心产业增加值1400亿元。加快朱庙、金星、永乐等园区有机更新，迭代升级梦想小镇、人工智能小镇，打造科技成果转移转化首选地第一站，加快创建省级高新区。良渚新城要重点推进CBD核心区、勾庄未来产业社区等项目，深化生命科技小镇、梦栖小镇建设，推进通运产业园、良渚都市产业园有机更新，争创国家文化进出口贸易基地服务载体。招引亿元以上重大项目60个，实现数字文化产业、生命科技产业增长10%以上，打造活力宜居的科创文化新城。钱江经济开发区要加快整合提升步伐，壮大特色产业集群和主导产业梯队，重点推进圣钘能源、仁和里数智产业园、仁和南站TOD等项目，招引亿元以上产业项目50个，实现产业投资20亿元以上，向省级经济开发区第一方阵迈进，打造“最美开发区”。

（三）聚焦“强品质、重管理”，奋力塑造国际化的未来城市新样板

高水平规划空间格局。高质量完成区、镇街两级国土空间总体规划，构建“两廊一轴、一核三片”国土空间总体格局。强化规划战略引领，编制22个单元、942平方公里详细规划，实现规划管控全覆盖。完成杭州城市新中心空间概念规划，推进编制云城18平方公里区域规划。拓展规划落地空间，新增建设用地指标2500亩，盘活批而未供、供而未用、低效用地13971亩。落实“先考古，后出让”机制，前置完成2500余亩土地文物勘探。

高品质推进城市建设。实施西站枢纽工程，保障高铁西站站房和综合配套设施建设，打造国际化轨道新城。实施交通畅达工程，启动康良快速路、聚橙路北延等项目建设，加快良睦路延伸、文一西路西延、杭州中环余杭段、留祥快速路西延等工程推进，保障地铁5号线西延、10号线二期三期、12号线一期等地铁项目实施。启动未来科技文化中心、市民公园等项目建设，打造环阿里、联创街等商圈，繁荣夜间经济、潮流经济、青年经济，提升城市烟火气。推进新一轮美丽城镇建设，建设省级未来社区8个、城乡风貌示范区4个，省级森林城镇实现全覆盖。

推动核心区高压线路上改下4条，新增新能源充电桩250个，建成综合供能服务站2个、5G基站300个。

高标准提升管理运营。动态推进城市化管理区域拓展、管养标准提档、数字城管扩面，着力在核心区块打造精品示范街区，全面提升城市管理国际化精细化水平。持续推进“美丽余杭迎亚运”行动，加强亚运场馆周边、良渚古城遗址、杭州国家版本馆、入城口和主干道等参观点位、连接线路和重点区域环境整治。强化渣土治理，消纳能力达800万吨以上。坚决遏制新违建发生，拆除违法建筑40万平方米。启动鸬鸟、百丈天然气管道建设，实现“镇镇通”。

（四）聚焦“强底蕴、重传承”，奋力擦亮世界级的文明圣地金名片

精致涵养文化品牌。实施文化地标工程，以良渚文化为龙头，加快区内各类文化资源串珠成链，打造集中展示5000多年良渚文化、2000多年运河文化、1000多年径山文化、千年古城文化和苕溪文化的“重要窗口”。加快良渚博物院二期等良渚文化大走廊项目建设，推动洞霄宫遗址保护和文化价值挖掘。编制实施千年古城复兴综合规划，推进余杭直街保护利用等项目建设。启动区级图书馆、美术馆、青少年活动中心等重点配套项目建设，营造高质量公共文化空间。

赋能驱动文旅产业。推进大径山区域保护利用开发建设，打造径山诗路，建成运营径山禅修酒店，启动建设径山九龙瀑嘉佩乐、鸬鸟温泉综合体等酒店项目，完成省级旅游度假区评定，启动国家级旅游度假区创建。抢抓旅游市场回暖复苏机遇，开发特色精品线路4条，举办专场推介、特色节庆等活动30场，接待来余游客740万人次、实现旅游收入127亿元以上。放大文艺基金和文创新政效应，加快影视传媒、动漫游戏等产业发展，新增规上文化企业20家以上，实现文化产业增加值增长5%以上。

全面激发精神力量。加快浙江省公共文化服务现代化先行县建设，组织“美丽洲”等系列文化惠民活动100场次，建成“15分钟品质文化生活圈”35个。持续推进社科强区建设，繁荣哲学社会科学。做深做透小古城村、花园村等“红色根脉”溯源文章，打造“八八战略”实施20周年、杭州亚运会、改革开放45周年等文艺精品项目5个。建设体育现代化区，服务保障橄榄球、排球等亚运会赛事活动，举办区人民运动会，人均体育场地面积达2.65平方米以上。推进文明典范城市创建，投入使用区新时代文明实践中心，深化212个“文明有礼”基本单元建设，持续开展“美丽余杭人”等“最美”系列活动。

（五）聚焦“强治理，重保护”，奋力打造更绿色的生态宜居好环境

深化生态文明建设。以高度的政治担当，落实中央和省级生态环保督察反馈问题整改，确保全部对账销号清零。深化蓝天保卫行动，升级改造挥发性有机物治理设施44个，PM2.5浓度维持在35微克每立方米以下，空气优良率稳定在80%以上。实施碧水安澜工程，推进梦溪水乡、南湖、三白潭、北湖草荡等综保工程，加快西险大塘达标加固、城西南排、仁和净水厂建设，市控以上断面水质Ⅰ～Ⅲ类比例达到

100%。强化净土专项整治，工业固体废物安全处理率达到100%，重点建设用地安全利用率达95%以上。坚持山水林田湖草沙系统治理，全面推进林长制、田长制、河长制工作，加强森林、湿地、野生动植物等自然生态保护，创新推进生物多样性保护。

加快绿色低碳转型。有序实施“6+1”领域碳达峰行动，完成市下达的单位GDP综合能耗下降目标，打好迎峰度冬度夏攻坚战。建成运行双碳数字管理平台，推进低碳试点和特色场景打造，完成4家省级低（零）碳试点单位验收评估。探索建立碳普惠交易机制，推动企业增设碳账户130家以上。建立林业碳汇交易机制，提升生态碳汇能力，精准提升森林质量3200亩，森林覆盖率达45.31%。持续推进城市光伏发电及储能设施建设，新增光伏装机容量3.0万千瓦以上。

推动城乡风貌蝶变。实施未来乡村示范带建设8条，创建省级未来乡村3个以上，创建省级美丽河湖2条。深化实施数智农业、“百园农业”，加快建设苕溪省级农业园区，全面推进国家乡村振兴示范县和国家农业现代化示范区创建。守好粮食安全底线，深化粮食生产功能区整治优化，新划定16.9万亩，高标准农田新建、改造提升1万亩。继续做好千年茶文化的展示与传播，打造“径山有礼”“径山茶宴”等品牌IP，实现径山茶区域公共品牌价值突破30亿元。推动竹产业发展，释放美丽经济新活力。

（六）聚焦“强民生，重供给”，奋力构建全覆盖的公共服务均衡区

提升惠民服务质感。实施舒心就医工程，保障浙大一院总部二期（国家医学中心）建设，强化基层医疗资源布局优化和统筹调度，高标准建设区公共卫生中心、区五院、区中西医结合医院、“一老一小”等项目，引进高层次、高职称、高学历卫生人才不少于100人，每千人床位数达5张以上。改善居住品质，安置房、公租房、人才房开工4600套，竣工1.2万套。促进房地产市场平稳健康发展，支持满足购房者的合理住房需求，推动区域职住平衡。

健全社会保障体系。建设高质量就业城区，完善高校毕业生、退役军人和农民工等重点群体就业支持体系，城镇新增就业3万人以上，城镇调查失业率控制在5%以内，确保“零就业”家庭动态清零。落实工资支付制度，有效防治新增欠薪事件。推进个人养老金制度试点，基本养老保险参保率稳定在99%左右。抓实社会救助动态精准兜底保障，构建“1+8+X”大救助工作格局。实施“五星幸福体”工程，关爱“一老一小”，全面实施养老服务提质行动，实体化运营三级未保体系，创建全国未保示范区。

打造共富标杆成果。持续攻坚共同富裕“十大支点项目”，全面实施扩中提低行动，居民人均可支配收入与经济增长基本同步。深入开展“1+5”山城协作、“5+5”镇企合作，全面消除经营性收入120万元以下相对薄弱村。提高困难群众保障水平，低收入农户人均可支配收入增长10%以上。着力推进人才“双向双创”省级试点和“3×N”共富行动、“乡创共同体”等市级试点，深化打造具有余杭特色的标志性成果。扎实推进东西部协作、对口支援、山海协作和区县协作，谱写新时代“山海情”。

（七）聚焦“强平安、重智治”，奋力推进新时代的社会治理现代化

全面推进疫情防控转段。认真贯彻新阶段疫情防控各项举措，突出“保健康、防重症、降死亡”。严格落实“乙类乙管”要求，全面加强3家区级医院重症床位建设，确保药品、抗原、口罩、呼吸机、监护仪等重点医药物资储备量不少于3个月。全力提高老年人疫苗接种率，突出做好养老院、中小学等重点场所防护工作。加强农村地区疫情防控，充分发挥222个村社健康服务专员作用，科学引导群众加强个人健康防护，最大限度保障人民群众生命安全和身体健康，确保疫情防控平稳转段和社会秩序稳定。

全域深化基层治理创新。以平安护航亚运会为主线，实施社会智治工程，深化三级社会治理中心、迭代基层治理四平台，全力打好平安领域“五场硬仗”，打造平安中国示范城市样板区。深化全省首家数智治理中心实体化建设，实现“余杭建设、全省复制”。强化社会治安综合治理，持续增强社会治安掌控力。启动“天网工程”三年行动。深化访源治理和积案化解攻坚行动，完善多元解纠体系，形成矛盾纠纷化解“136”格局，确保蝉联省级“无信

访积案区”。

全力抓好风险隐患管控。聚焦危化、消防、交通等重点领域持续开展“除险保安”专项行动，确保安全生产事故数、亡人数“负增长”。加强自然灾害监测预警，落实“五停”“五断”工作机制，规范化建设避灾安置场所20处。落实群众除险安居工程，完成危旧住房解危155处、地质灾害点整治9个。强化应急救援力量体系建设，健全区级专业队伍22支，规范提升镇街队伍12支，实现村社应急突击队全覆盖。持续推进网贷风险彻底出清，管控房产、教育、医疗等各领域风险，狠抓新业态衍生问题整治。落实食品安全“两个责任”，争创省级食品安全示范区。

（八）聚焦“强重塑、重变革”，奋力争当示范型的深化改革领跑者

强化数字改革实效。深入落实数字中国战略部署，迭代实施“创景计划”“改革伙伴计划”，全面推进跨部门、跨层级、跨领域的系统重构、流程优化、制度重塑，重点建设西站未来枢纽、数据要素市场化、全域村社共富等牵一发动全身重大改革项目，打造一批具有余杭首创性、全国影响力的改革项目，积极争创国家级、省级试点，总结提炼更多理论制度成果，推动更多改革项目在全国、全省推广。

推动重点改革攻坚。纵深推进“大综合一体化”改革，协调联动“上统下分、强街优社”“141”基层治理体系改革，加快攻坚15项改革任务，高质量运行区行政执法指挥中心。深化国有企业现代化改革，进一步厘清功能定位和主营方向，推动国有企业做大做强，更好发挥国企建设城市新中心的主力军作用。优化镇街行政管理体制，深化超大型社区治理，构建权责一致、扁平高效的基层管理体系。深入推进市区水务一体化改革，理顺体制机制，实现协同高效运转。

打造最优政务环境。深化“放管服”改革，高效整合行政审批事项，健全“网上一站办、大厅就近办、办事更便捷”的“一网通办”模式，实现政务2.0事项“一网通办”率95%以上，打造“政务服务综合体省级样板”。开展营商环境“市场准入效能评估”试点，健全商务出入境制度，帮助企业出境抢订单、拓市场。依托区级政务服务中心，高效运转228个镇街便民服务中心和村社便民服务站，下延社保、人才、置业等服务事项，方便群众办事就近跑一地。

各位代表，为民办实事是政府的重要职责，也是共同富裕的题中之义。我们将用心用情用力解决好群众“急难愁盼”，努力让全区人民早受益、能满意。在经过广泛征集、仔细遴选、充分论证的基础上，确定了13项民生实事候选项目，现提交大会审议。

1. 教育均衡项目。引进省市名校开展集团化办学；开工建设余杭区第三所九年一贯制学校等项目16个，新增班数330个，提供学位11500个；启用五常二小等学校项目22个，新增班数346个，提供学位12830个。（牵头单位：区教育局）

2. “一老一小”项目。打造村社嵌入式居家养老服务照料中心（“百岁幸福家”）12个；开展免费养老护理培训，培训专业人员300人以上，家庭照护者700人以上；新建普惠性托育机构8家，新增托位1000个，其中托幼一体化托位500个以上；新建社区婴幼儿成长驿站6家；新改建妇女儿童综合服务驿站12家；建成儿童友好实践基地5个。（牵头单位：区民政局、区卫健局、区教育局、区妇联）

3. 健康惠民项目。引进省妇保、省儿保等优质医疗资源，与区属医院开展合作办医；新改扩建社区卫生服务中心5家、社区卫生服务站15家；为全区幼儿园3万名在园生提供乳牙涂氟服务；开展医学影像人工智能辅助诊断服务，覆盖人群40万人次以上；组建青少年心理危机干预队伍12支，开展心理健康主题宣教活动200场；建设区域性民生药事服务站5家，覆盖人群20万人以上；组织应急救护培训240场，受训人数不少于7万人，其中救护员不少于1万人。（牵头单位：区卫健局、区教育局、区市场监管局、区红十字会）

4. 道路畅通项目。实施联网路工程，开工5条，完工8条；提升改造“四好农村路”50公里；新增、优化公交线路10条以上；新增公共停车泊位700个以上。（牵头单位：区住建局、区交通运输局、区综合行政执法局）

5. 居住改善项目。实施老旧小区综合改造提升18万平方米，其中竣工改造12万平方米；

完成老旧小区住宅加装电梯40台以上；完成30个住宅小区约1.5万户二次供水改造。（牵头单位：区住建局）

6. 住房保障项目。开工建设安置房10万平方米，竣工300万平方米；回迁安置3600户；开工建设公租房7.8万平方米；开工建设或转化共有产权房1000套；筹集保障性租赁住房5800套（间）；新增公租房货币补贴保障家庭1700户。（牵头单位：区住建局）

7. 就业创业项目。完成职业技能培训2万人次，新增职业技能人才6000人，其中高技能人才3000人以上；新增城镇就业3万人以上，帮助就业困难人员、失业人员实现再就业5000人以上；新增大学生初创企业500家以上，发放创业担保贷款5000万元以上。（牵头单位：区人力社保局）

8. 助残帮困项目。为全区140户以上低保、低边困难家庭提供居室环境改善救助，基本实现全覆盖；设立"防范因病致贫返贫专项基金"，减轻困难人员重特大疾病医疗费用负担，惠及人群约8000人；完成无障碍点位改造150个；新增残疾人就业150人；提供残疾人精准康复服务2000人次以上。（牵头单位：区民政局、市医保局余杭分局、区残联）

9. 公共安全项目。提升改造区域性微型消防救援站23个，配齐建强政府专职消防队5支；规范化建设镇街综合应急和消防救援队伍12支；规范化改造避灾安置场所20个；开展食品安全抽检5000批次以上。（牵头单位：区应急管理局、区市场监管局、区消防救援大队）

10. 文体设施项目。利用城市"金角银边"，建设嵌入式体育场地50个，总面积3.5万平方米以上；新增体育健身设施15处；打造旅游业"微改造、精提升"项目12个；新建余阅阅读空间20个。（牵头单位：区文广旅体局）

11. 农林水利项目。建成区域性农事服务中心2个；完成山塘综合整治4座，水库除险加固1座；提升改造机埠堰坝水闸30座；提升改造古树保护区50亩。（牵头单位：区农业农村局、区林水局）

12. 文化科普项目。开展文化惠民活动100场以上；开展科普惠民活动100场以上，科普电影下乡活动200场以上；老年人智能技术应用培训2万人次以上。（牵头单位：区文广旅体局、区科协）

13. 志愿服务项目。培育扶持志愿服务组织10个、志愿服务精品项目10个；组织开展"迎亚运、讲文明、创典范"主题志愿服务活动2000场，组织参与志愿服务35万人次以上；打造市级"亚运青年V站"10个；开展青少年阳光成长公益活动100场以上。［牵头单位：区委宣传部（区文明办）、团区委］

对于表决确定的2023年区政府民生实事项目，我们将细化目标任务、全面抓好落实。对于未通过表决的项目，也将一并纳入年度工作并抓好实施，确保每一件民生实事保质保量按时完成。

切实加强政府自身建设

重任在肩勇争先，走在前列敢担当。我们将全面贯彻习近平新时代中国特色社会主义思想，以"直挂云帆济沧海"的执着、"咬定青山不放松"的韧劲、"不破楼兰终不还"的决心，持续推进数字赋能、转变职能、提升效能，充分彰显建设杭州城市新中心、争当"两个先行"排头兵的余杭担当，奋力谱写中国式现代化余杭篇章，建设人民满意的政府。

（一）突出政治建设，筑牢"忠诚团结"之心

深入学习贯彻党的二十大精神，进一步廓清思想迷雾、淬炼政治忠诚、坚定信念信仰、强化责任担当，坚定捍卫"两个确立"、坚决做到"两个维护"。以强烈的政治自觉，坚决执行上级和区委重大决策部署，举一反三抓好中央环保督察、"七张问题清单"、省委巡视反馈问题整改，做到不折不扣落地见效。强化大局意识、协作意识和补位意识，凝聚一条心，拧成一股绳，形成政府系统强大工作合力。

（二）突出法治建设，夯实"依法行政"之基

坚持把依法行政贯穿于政府治理全过程，善用法治思维和法治规则想问题、作决策、办事情。认真执行区人大决议，支持区政协履行职能，高质量办好建议提案。依法接受人大法律监督，自觉接受政协民主监督，主动接受监察、

司法、群众、舆论等监督，加强审计和统计监督，全面强化行政执法协调监督，让权力在阳光下运行，确保人民赋予的权力始终为人民谋幸福。

（三）突出效能建设，弘扬“务实高效”之风

秉承“唯有干事，别无他求”理念，强化“定了就干、干就干好”作风。运用“攻坚专班制、任务清单制、例会推进制、责任闭环制”举措，落实“周调度、月通报、季督查”机制，做到能办的事不等、该办的事不拖、难办的事不放、配合的事不推。主动求新求变、勇于打破常规，变“路径依赖”为“模式创新”，变“事事找惯例”为“大胆创先例”。强化整体智治、唯实惟先，以数字化改革引领体制机制、方法手段、工具抓手变革性重塑，系统性推动政府效能提速、职能优化。

（四）突出作风建设，绷紧“清正廉洁”之弦

对照“五张责任清单”，落实全面从严治党主体责任和“一岗双责”，加强工程建设、项目招投标、土地出让等重点领域廉政风险防范，不断巩固风清气正的干事创业氛围。坚持政府过紧日子、群众过好日子，确保一般性支出、“三公”经费只减不增，集中宝贵财力促发展惠民生。开展“大走访大调研大服务大解题”活动，落实领导干部“九个一”联系制度，带头进企业、入基层、访群众，做到解难题“硬碰硬”、办好事“实打实”。

各位代表，余杭过去取得傲人的成绩是干出来、闯出来、拼出来的，今后要大发展快发展，干劲必须加持，闯劲必须加速，拼劲必须加力，唯有以坚如磐石的信心奋勇争先，以只争朝夕的劲头大干实干，以坚韧不拔的毅力奔跑逐梦，才能在上级的高要求中作好答、在区域的大竞争中赶好考、在群众的新期待中交好卷，才能再燃激情、再展雄风，再创新辉煌、再谱新篇章。

各位代表，敢闯敢干的余杭人民可亲可敬，能拼能胜的余杭干部可塑可为，广阔广大的余杭前景可期可成。让我们更加紧密地团结在以习近平同志为核心的党中央周围，在省市党委政府和区委的坚强领导下，紧紧依靠全区人民，以更加强烈的使命担当、更加开放的胸襟气度，团结拼搏、锐意进取，为坚定不移建设杭州城市新中心，争当“两个先行”排头兵，奋力谱写中国式现代化余杭篇章而不懈奋斗！

编辑：范雅君

牢记嘱托 感恩奋进
建设杭州城市新中心 争当“两个先行”排头兵

——在“杭州这十年·余杭”主题新闻发布会上的讲话

中共杭州市委党委、余杭区委书记　刘　颖

（2022年9月23日）

党的十八大以来，在党中央和省委、市委的坚强领导下，余杭深入贯彻习近平总书记对浙江、杭州和余杭工作的重要指示批示精神，全面贯彻新发展理念，忠实践行“八八战略”，奋力打造“重要窗口”，抢抓长三角一体化发展、城西科创大走廊建设以及杭州举办G20峰会和筹办亚运会等重大机遇，“创新余杭、品质之区、文明圣地”的知名度和影响力日益提升。

过去的十年是余杭大跨越、大发展、大进步的“黄金十年”，这十年的成就是历史性的、开创性的，这十年的变化是根本性的、深层次的，这十年一个又一个精彩瞬间，一个又一个难忘时刻，激励着我们奋勇向前：2012年，杭州未来科技城挂牌成立，已经成为省市乃至全国的创新高地；2013年，启动实施钱江经济开发区、良渚新城等重点产业平台建设，已经成为余杭经济发展的强大引擎；2014年，全面实施数字经济“一号工程”，如今余杭数字经济规模占全市1/3、全省1/5；2015年，建成梦想小镇，如今余杭的省级特色小镇数量位居全省第一；2016年，首次获得国家生态区荣誉称号，如今我们又获评国家生态文明建设示范区，余杭的天更蓝、山更绿、水更清；2017年，之江实验室挂牌成立，如今我们已经拥有四大省实验室；2018年，获评全国农村幸福社区建设示范单位和全省全面创新改革试验区，如今余杭的共同富裕示范区建设综合考评位列全省第一，全面深化改革（数字化改革）考核连续2年蝉联全市第一；2019年，圆满完成良渚古城遗址申遗、全国“双创”活动周服务保障两项重大任务，如今良渚遗址作为实证中华五千多年文明史的圣地得到国际广泛认可，双创氛围愈发浓厚，历史文化与现代文明在这里交相辉映；2020年，面对突如其来的新冠疫情，先行研发“余杭绿码”，为“杭州健康码”提供了余杭实践，如今我们疫情防控成果持续巩固；2021年，获评平安中国建设示范县，受到习近平总书记亲切会见，如今我们又夺全省“一星平安金鼎”，除险保安的基础更加稳固。昨天，高铁西站建成投用，必将助力我们开启下一个“黄金十年”。具体来说：

一、十年来，我们始终牢记殷殷嘱托，争当守护红色根脉的先锋队

牢记习近平总书记“把抓好党建作为最大的政绩”等重要指示精神，坚持以习近平新时代中国特色社会主义思想为指引，精心组织开展党的群众路线教育实践活动、“三严三实”专题教育、“两学一做”学习教育、“不忘初心、牢记使命”主题教育、党史学习教育等党内集中学习教育，特别是始终牢记习近平总书记在浙江工作期间和到中央之后8次莅临余杭调研指导工作的殷殷嘱托，坚定理想信念，提升政治“三力”，深刻领悟“两个确立”的决定性意义，切实增强“四个意识”、坚定“四个自信”、做到“两个维护”。着力构建大党建工作格局，落实党建统领“七张问题清单”工作机制，全力实施“红色根脉强基工程”，统筹推进“争星晋位、全域建强”行动，打响“党建聚力”系列品牌；坚持正确选人用人导向，迭代升级“宇航先锋”干部链式培养机制，广大党员干部在服务保障G20峰会、良渚古城遗址申遗、第五届全国“双创周”主场馆建设、疫情防控、亚运项目攻坚等大战大考中冲锋在前、担当奉献；深入推进清廉余杭建设，落实纪检监察体制改革，一体推进不敢腐、不能腐、不想腐，高标准落实中央八项规定及实施细则精神，连续4年蝉联全市大党建考核第一。

二、十年来，我们始终坚持人才引领，争做创新驱动发展的排头兵

牢记习近平总书记“惟创新者进，惟创新者强，惟创新者胜”等重要指示精神，坚定不移实施“人才引领、创新驱动”发展战略，综合实力实现大幅跃升。地区生产总值从2012年的1007.65亿元增长到2021年的2502.2亿元，增长148.3%，财政总收入从167.04亿元增长到745.31亿元，增长346.2%，地方一般公共预算收入从104.65亿元跃升到375.69亿元，增长259%，三大主要经济指标总量全市第一，位居“2021中国县域综合实力百强榜”全国第五、全省第一。一是创新活力持续迸发。以全国四大未来科技城之一的杭州未来科技城为龙头，梯度打造梦想小镇、梦栖小镇、人工智能小镇、数字·健康小镇、5G创新园、区块链产业园等创新创业平台，集聚之江实验室、良渚实验室、湖畔实验室、天目山实验室四大省实验室，以及中法航空大学（暂名）、中国美院良渚校区、杭师大仓前校区、超重力大科学装置、浙大高端装备研究院等名校名院名所和科研重器。这十年，全区R&D经费GDP占比从1.76%提升至3.96%，国家高新技术企业从157家增长到1678家；实施大孵化器战略，打造各类孵化载体158个、物理空间745.9万平方米，建成国家级科技企业孵化器8家、国家级众创空间25家；2020年、2021年两夺全省“科技创新鼎”，获评全国县（市）科技进步考核先进县（市）。二是产业结构不断优化。三次产业结构由2012年的4.4∶36.4∶59.2调整为2021年的1.6∶13.5∶84.9。全面实施数字经济“一号工程”，集聚了阿里巴巴集团全球总部、菜鸟网络总部、中电海康总部、vivo全球AI研发总部、OPPO全球研发总部、字节跳动杭州研发中心等数字经济领域头部企业项目，2021年实现数字经济核心产业增加值1605.7亿元，占GDP比重达64.2%，总量分别占全市全省的1/3、1/5左右。大力实施“凤凰行动”计划，上市企业达到26家。三是人才支撑不断强化。围绕构建“热带雨林式”人才生态，制定出台人才新政“黄金20条”，创新设立“招才局”，健全校地战略合作机制，与19所海内外重点高校建立校地合作联盟，擦亮“余您携手、杭启未来”人才工作金名片，累计引进海外高层次人才5360人，人才总量突破35万人，人才工作连续12年领跑全省。

三、十年来，我们始终坚守人民立场，争建共同富裕示范的先行区

牢记习近平总书记“必须把促进全体人民共同富裕作为为人民谋幸福的着力点”等重

要指示精神，坚持每年新增一般公共预算财力三分之二以上用于民生事业，扎实推进未来社区、未来乡村等共同富裕现代化基本单元建设，实施“扩中”“提低”改革，共同富裕考核评价位列全省第一。一是人民生活越来越富足。全区城镇居民人均可支配收入从2012年的36464元增加到2021年的77184元，农村居民人均可支配收入从20304元增加到48705元，城乡居民收入倍差从1.80缩小至1.58，位居省市最优行列。二是公共服务越来越优质。全面落实积极就业政策，全区社会保险参保率达到99.52%，全区低保标准由2012年的588元/月提高到2021年的1102元/月。教育、医疗、养老等公共服务持续改善，累计竣工学校项目94个，新增班级1614班，成功创建全国义务教育发展基本均衡区；深化健康余杭建设，医共体余杭模式入选全国“紧密型县域医疗卫生共同体实践案例”。实现镇街级居家养老服务中心全覆盖，建成120家村社级居家养老服务照料中心。实施人才、教育、卫生、交通、旅游、文化“六大西进”，以及“西部富美”行动，进一步优化城乡资源配置，连续4年获评全省实施乡村振兴战略专项考核优秀单位。三是民主法治越来越健全。加强和改进新时代人大和政协工作，落实民生实事项目人大代表票决制、街道“居民议事会”“请你来协商”等制度，持续打响“众人的事情众人商量”“同心楼”等党建引领基层民主协商工作品牌，推进全过程人民民主建设。深化法治余杭建设，全面开展“大综合一体化”行政执法改革，成功创建法治浙江（法治政府）建设示范区。四是社会环境越来越安全。坚定不移落实“外防输入、内防反弹”总策略和“动态清零”总方针，在全市率先开展“无疫单元”创建，坚决打赢疫情防控阻击战、遭遇战。圆满完成为期三年的扫黑除恶行动，全面开展除险保安行动，动态推进信访积案清零，迭代升级基层治理“141”体系，获评平安中国建设示范县。

四、十年来，我们始终推进文化兴盛，争创中华文明圣地的金名片

牢记习近平总书记“要加强文物保护利用和文化遗产保护传承，不断扩大中华文化国际影响力，增强民族自豪感、文化自信心”等重要指示精神，围绕举旗帜、聚民心、育新人、兴文化、展形象的使命任务，不断提升余杭文化的软实力、影响力和竞争力。一是持续传承历史文脉。全力推进良渚古城遗址申遗成功，中华五千多年文明史被国际社会广泛认可。同时，抓实二千多年运河文化、一千多年径山文化和双千年古镇文化的保护传承利用工作，办好“杭州良渚日”、中国茶圣节等活动，协助推进杭州国家版本馆建成开馆，非遗发展指数评估位列全省第一。二是持续做大文化产业。实施文化产业数字化战略，数字内容、设计服务、创意生活等文化产业不断壮大，文创产业增加值总量连续9年蝉联全市第一。在全国率先发布“文旅融合指数”，推进水乡人文、禅茶竹海、科创休闲、世遗非遗等资源串珠成链，成功创建浙江省全域旅游示范区。三是持续丰富文化生活。深入实施文化惠民工程、文艺精品工程，建成区融媒体中心，高星级社区文化家园数量全市第一，农村文化礼堂实现全覆盖，中国民间文艺最高奖“山花奖”、中国曲艺最高奖“牡丹奖”落户余杭。四是持续引领文明风尚。推动学习贯彻习近平新时代中国特色社会主义思想走深走心走实，理论宣讲“余杭好声音”创新做法在全国经验交流会上作典型发言。推进社会主义核心价值观落细落实，深入开展文明单位、文明村镇、文明校园、文明家庭等系列创建，累计选树“美丽余杭人”339人，打响“浙江有礼·文明圣地”实践品牌。

五、十年来，我们始终锚定绿色发展，争立落实“两山”理念的新样板

牢记习近平总书记“像保护眼睛一样保护生态环境，像对待生命一样对待生态环境”等重要指示精神，坚定不移推动“两山”理念在余杭的生动实践，获评“国家生态文明建设示范区”。一是持续改善生态环境。全面落实河湖长制，创建省级“美丽河湖”7条，加大湿地综合保护力度，实现“污水零直排区”创建全覆盖，三夺全省治水最高荣誉“大禹鼎”。推广清洁能源使用，加大扬尘治理力度，全区

PM2.5、PM10浓度累计下降超过50%，全年空气优良天数达到321天。全面推行林长制，森林覆盖率提高到45.7%，获评全国绿化模范县。二是着力提升城乡风貌。统筹推进靓城行动、美丽城镇、美丽乡村建设，未来科技城、良渚新城城市形象日新月异，高铁西站、运溪高架路、文一西路提升改造以及6条地铁线路等重大交通项目建成投用；成功创建小城镇环境综合整治省级样板、新时代美丽城镇建设省级样板19个，美丽乡村精品村建设实现全覆盖，获评全省小城镇环境综合整治工作先进单位、全省新时代美丽城镇建设优秀区（县、市）、全省新时代美丽乡村示范区（县、市）。"禅径寻农·径鸬"入选全省首批城乡风貌样板区。三是扎实推进"双碳"工作。我区被列为全省首批、全市唯一减污降碳协同试点创建单位，打造"余杭碳眼"特色场景应用，在全国率先发布企业减污降碳协同增效指数，相关工作获《人民日报》报道。全域开展"无废城市"建设，九峰垃圾焚烧发电项目入选联合国优秀宣教案例。

六、十年来，我们始终深化改革攻坚，争当数字化改革的领跑者

牢记习近平总书记"唯改革才有出路，改革要常讲常新"等重要指示，坚持以数字化改革为牵引，撬动各领域改革工作，圆满完成国家"双创"示范基地、全省全面创新改革试验区、"县乡一体、条抓块统"改革等重大改革试点，平稳有序完成行政区划优化调整。这些年来，6项改革获《领跑者》刊发推广，连续3年获评全省改革考核优秀。一是深入实施"创景计划"。全面落实"1612"体系，制订实施余杭区数字化改革"创景计划"。全省首创数字资源超市，成为一体化智能化公共数据平台的雏形；建立全省首个实体化运作的区县级数智治理中心，推动省级重大应用上下贯通；打造城市CT、平安风险预测预警防控、数智大市场、良渚遗址5000+、法治政府建设监督、政协"i履职"等一批特色应用，全省改革突破奖夺得一金二铜佳绩。二是全面打造数字政府。智能化方向升级，按照"未来大厅"标准推进数智政务建设，打造"三级联动"政务服务体系，推动168个高频民生服务事项"就近办""家门口办"，加快打造"15分钟政务服务圈"；在全国率先实现普通用户水电气网接入"零上门、零审批、零投资、一次办"；建成全省首个不动产登记"一件事"网上平台，实现不动产登记交易（网签）、税收、登记"一件事"全流程网办；引领示范机关内部"最多跑一次"改革，367项事项100%网上可办。三是持续放大改革裂变效应。落实"一把手"抓改革机制，建立重点项目区领导领衔推进制度。深化营商环境改革，贯彻"我负责阳光雨露、你负责茁壮成长"理念，制定实施创新余杭黄金68条等产业扶持政策，全面落实抗疫纾困政策，迭代升级"亲清余杭"平台，确保资金兑付"秒到账"，未来科技城成功入选浙江自贸试验区杭州联动创新区。全国首创道路交通事故纠纷网上处理"余杭模式"，获最高法院、公安部等部门联合发文向全国推广。推进人才"全生命周期"创业创新便利化改革，人才服务"一件事"实现一网通办。首创"多方协同+全链治理+市场化运作"的垃圾治理解决方案，生活垃圾"虎哥回收"模式获评2018年度浙江省民生获得感示范工程。

回望过去十年，余杭所取得的每一项成就、实现的每一次跨越，最根本在于习近平总书记和党中央的掌舵领航，靠的是省委省政府、市委市政府的坚强领导，靠的是历届区四套班子带领全区上下的接续奋斗，靠的是社会各界的鼎力支持。奋进新征程、建功新时代，我们将高举习近平新时代中国特色社会主义思想伟大旗帜，按照省第十五次党代会和市第十三次党代会的部署，加快建设杭州城市新中心、奋力争当"两个先行"排头兵，以实际行动迎接党的二十大胜利召开。

（区委办）

大手笔书写五美篇章 大格局擘画全域美丽

——余杭美丽城镇建设首轮三年行动（2020—2022年）总结

自全省美丽城镇建设三年行动（2020—2022年）启动以来，余杭区紧紧围绕省、市工作部署，以“五美”导向强化顶层设计，以项目带动助推高质发展，以查漏补短保障建设成效，以集群共建促进城乡共富，按照12个镇（街道）三年“4+6+2”步骤时序，全域推进美丽城镇省市样板创建，推动城镇环境综合提升、功能服务提质、生活品质提高、产业统筹提效和镇域治理提能。2022年，余杭区美丽城镇建设首轮三年行动收官，全区12个镇（街道）全部被评为市级样板，7个镇（街道）被评为省级样板，大径山片区美丽城镇集群入选浙江省2022年美丽城镇集群化典型案例培育名单，余杭区在2020年、2022年两次获评全省优秀县（市、区），2021—2022年度蝉联全市优秀县（市、区）。

一、优化机制，搭好“台子”，五美导向汇聚创建合力

一是强化顶层设计，完善政策保障。以省、市系列文件为引领，围绕“环境美、生活美、产业美、人文美、治理美”五美建设要求，以《余杭区区级美丽城镇建设行动方案》为方针，《余杭区美丽城镇建设工作年度考核细则》等为抓手，余杭区《美丽城镇建设专项扶持政策》等为保障，区风貌办（区住建局）牵头相关镇（街道）及区直部门合力推进美丽城镇建设，明确组织领导、项目资金、人才技术、考核督查等政策机制，强化美丽城镇建设要素保障，为镇（街道）创建省市样板提供支持。

二是创新建设机制，构建共创体系。创新落实美丽城镇建设“四师融合”机制，构建美丽城镇共建共治共享工作体系。发挥好首席设计师、驻镇规划师和发展师制度，为美丽城镇建设的实施方案出台、建设方案优化、长效运维管理等各项工作出谋划策。引入体验师制度，举办“体验师进美镇”“美镇摄影采风作品评选”等系列活动，邀请各行各业专家及市民代表参与美丽城镇建设、体验美丽城镇成果并提出建议。

三是强化专项融合，打好创建组合拳。将美丽城镇建设与城乡风貌整治提升、未来社区建设、老旧小区改造等重点专项相结合，打好建设整治组合拳。如径山镇、鸬鸟镇抱团将美丽城镇建设融入城乡风貌整治提升中，以“一库四措”（一个项目库及生态、产业、建设、管控四套举措）为抓手，打造“禅茶问径·山水寻鸬”意象，被评为全省首批城乡风貌县域样板区；瓶窑镇作为首批省级美丽城镇样板之一，开展集镇整治提升，导入文脉保护、非遗传承和文创产业项目，促进古镇复兴，打造瓶窑老街传统风貌省级样板区。

二、建管并重，夯实“底子”，发展为要提升城镇能级

一是加快补齐短板，助力高质发展。余杭区美丽城镇三年行动围绕“五美”“十个一”标准要求，安排项目278个，完成投资193.10亿元，其中补短板项目69个，完成投资6.97亿元。聚焦生活配套服务，持续完善15分钟生活圈，改建扩建医疗设施30个，新建居家养老服务中心41个，改造提升五常街道海创社区、黄湖小镇客厅等48个邻里中心；新建、改建绿道148千米，新增公园绿地75.1万平方米，提升特色历史街区9条，建成径山镜潭湖公园、黄湖大溪绿道等环境美项目；建成污水管网671千米，建成“污水零直排”区125平方千米，实施仁和街道云会商住区块配套道路、百丈镇竹城路、径山镇感塘路等道路改造提升。

二是创新投资机制，发挥带动作用。发挥美丽城镇建设撬动社会资本、扩大有效投资作用，

通过政府引导、政企合作、招商引资等方式，解决建设资金筹集问题，夯实美丽城镇项目落地基础。如五常街道探索新型集体经济“联盟联建”增收模式，通过优质市场主体联建、多村整合零星土地指标，将老旧工业园改造为涵盖商业、创新、文创等元素的多元业态园区，年集体经济租金从100万元增长至400万元；黄湖镇围绕“环境美”要求，以小于100万元的公益投资撬动近3亿元的社会资本参与生态经济，吸引自然教育、美学设计等生态研学创新业态的发展。

三是坚持因地制宜，打造发展特色。余杭区加强基础配套，融入文化内涵，加强产业培育，提升治理水平，尤其是在政府投资项目侧重上，根据各镇（街道）创建类型及自身资源禀赋，推进美丽城镇特色化、差异化、高质量发展。如仓前、良渚、余杭等街道发挥区位优势，以高新技术、数字产业、总部楼宇经济为重点，激活高质量发展新引擎；径山、鸬鸟、黄湖、百丈等西部四镇立足优质的自然资源和人文资源，促进农文旅融合发展。

三、多方联动，盘活“棋子”，集群共建促进城乡共富

一是强化功能配套互补，提升便民生活品质。开展不同特色类型美丽城镇集群建设发展的理论研究和具体实践，承接的市建委美丽城镇领域“揭榜挂帅”课题研究成果获得市风貌办肯定，大径山片区美丽城镇集群入选浙江省2022年美丽城镇集群化典型案例。聚焦西部5个镇不同特色，以瓶窑与径山为双核驱动，黄湖、鸬鸟、百丈为多点支撑，坚持错位发展，强化配套互补，促进共建共享，实现抱团效应。如通过瓶窑医院新院区、径山文体大楼、黄湖中学科技楼等项目建设及医共体、教共体改革，实现各集群镇对教育、医疗、养老、托幼等资源的共建共享。

二是坚持农文旅产业协同，发挥集群规模效应。加快推进大径山绿道网建设，打通5个国家级旅游景区（径山、双溪漂流、山沟沟、遇见鸬鸟、竹艺百丈等景区），串联“五镇”打造高规格精品游线，推动片区民宿产业集群化发展，构建大径山省级旅游度假区，实现农文旅产业互联互通；围绕径山茶品牌建设，以村企协作形式，集聚要素、整合资源，发挥规模效应，提高径山茶产业竞争力及品牌辨识度；构建数字经济协同，以云直播推介、绿色产业引入等方式，推动乡镇经济走出去、强起来。

三是强化数智集群引领，发挥数字赋能作用。坚持数智引领，推动杭州市风貌智汇通乡镇级子平台“乡村小脑”建设，将数字技术和智能化应用贯穿到美丽城镇集群化建设全过程，从数字服务、数字产业、数字管理等方面着手，破解传统治理局限，构建集“理念、规划、设计、项目、进度、监督、管理”于一体的“一张图”，围绕西部五镇教育、医疗领域短板，实施智慧教育、智慧医养及医疗共同体建设等数智改造项目。全区所有镇（街道）全部实现风貌智汇通公版安装和“上线”应用。

（区美丽城镇办）

2022年十件大事

【创新余杭“黄金68条”产业新政发布】 2022年2月18日，余杭区举行“双千亿 新征程”高质量发展大会，提出抓住城西科创大走廊建设机遇，力争3年时间，实现地区生产总值超3000亿元、财政总收入超1000亿元的目标。会上发布创新余杭“黄金68条”产业新政。“黄金68条”分为“全面构建现代产业体系”“积极营造创新创业生态”“持续增强科技创新能力”“精心培育壮大市场主体”“促进内贸外贸协同发展”“着力打造国际人才高地”六大板块、17个方面，共68条。在该政策体系下，余杭每年至少拿出100亿元支持企业和人才创新发展。

【未来科技城省级高新技术产业园区获批创建】 2022年3月，经省政府同意，省科技厅、省发展改革委联合发文批复，杭州未来科技城高新技术产业园区入选省级高新技术产业园区创建名单。余杭区省级高新区实现“零”的突破。杭州未来科技城高新技术产业园区规划面积23.66平方千米，依托未来科技城打造“一核一星”的空间格局，“一核”即核心区，东至绕城公路西线、南至凤新路、西至云联路、北至老的宣杭铁路，规划面积22.06平方千米；“一星”即义桥工业功能区块。园区重点发展新一代信息技术、生命健康、智能制造等产业，打造“人才逐梦谷·智慧科创城”。

【余杭获得“一星平安金鼎”】 2022年4月2日，全省建设平安浙江工作会议在杭州举行。会上，余杭区被省委、省政府表彰为2021年度“平安区”，获得浙江省平安建设的最高荣誉——“一星平安金鼎”。连续15年达到平安市、县（市、区）标准才能获得“一星平安金鼎”。余杭探索出因地制宜的“全域治理现代化”体系，坚持党建引领，全域推广“众人的事情由众人商量”，全区村（社区）民主协商议事会建设完成率为100%，打造“全域协商”品牌。推进矛盾纠纷化解“一件事”集成改革。打造智能化新型社会治安立体防控体系。生产安全领域依托企业安全码、安全状况图、效能指数表“一图一码一指数”，推行安全生产“30日工作法”。

【余杭获全省共同富裕示范区建设综合考评第一名】 2022年4月，全省高质量发展建设共同富裕示范区领导小组办公室公布2021年高质量发展建设共同富裕示范区工作考核评价结果，余杭区在全省90个县（市、区）居第一位，获得优秀等次。余杭区在全市率先成立区委社会建设委员会，成立共同富裕领导小组。建立共同富裕的工作体系、目标体系、评价体系。实施西部富美计划，推进未来社区、未来乡村建设，开展余杭—柯城山海协作工程升级版。扩大民生支出占财政预算支出的比例。推进“扩中”“提低”改革，实现居家养老全域覆盖。实施教育高质量发展奋进计划，深化“健康余杭”“安居余杭”建设。构建城乡一体交通网络，被评为“四好农村路”全国示范县。持续擦亮良渚文化、径山文化、运河文化等历史金名片。打造小古城村“樟树下议事”基层民主协商品牌。推进“碳达峰、碳中和”工作，做好“五水共治”“五气共治”“五废共治”。发展中泰竹笛、鸬鸟蜜梨、百丈竹制品等“生态+”富民产业。设立全省首个区级数智治理中心。承接数字化改革“1612”体系基层治理事务，城市安全运行CT智能服务应用入选全省数字化改革第一批“最佳应用”。完善风险闭环管控的大平安机制。

【余杭连续5年获市年度综合考评第一名】 2022年5月，杭州市委、市政府通报2021年度杭州综合考评结果，余杭获评优秀等次，考评总成绩居全市区县（市）第一位，自2018年度起，连续5年获得杭州市年度区县（市）综合考评第一位。余杭坚持以习近平新时代中国特色社会主义思想为指导，认真贯彻落实中央和省委、市委决策部署，统筹推进调区划、抓发展、优环境、惠民生、战疫情、保安全等工作，被评为平安中国建设示范县、国家生态文明建设示范区；获得全省“平安一星金鼎”、全省高质量发展建设共同富裕示范区考核第一；全市改革行动考核第一、文化兴盛行动考核第一，全市乡村振兴考核、大党建考评分别连续三年、连续四年居全市第一位。

【余杭连续2年获得省“科技创新鼎”】 2022年7月11日，浙江省科技创新大会在省人民大会堂举行，余杭区在会上获得浙江省“科技创新鼎”，连续两年获此荣誉。会上，余杭区还被评为全省人才工作综合考评优秀等次、2021年度市县党政领导科技进步目标责任制考核优秀单位。是年，余杭区创新指数居全省第二位，13家单位19项成果获省科学技术奖。人才资源总量超35万人。新增国家级孵化载体9家、国家级专精特新“小巨人”企业35家，均居全省第一位。

【杭州国家版本馆在余杭落成】 2022年7月23日，中国国家版本馆举行落成典礼，杭州国家版本馆（中国国家版本馆杭州分馆）正式在余杭落成，省领导袁家军、王浩、刘捷、陈奕君、王纲等在杭州分馆出席活动。杭州国家版本馆又名“文润阁”，核心功能为保藏、展示、研究和交流，是集图书馆、博物馆、美术馆、档案馆、展览馆等多种场馆功能于一体的综合性场馆，也是中央总馆异地灾备库、江南特色版本库及华东地区版本资源集聚中心。7月30日，中国国家版本馆开馆暨展览开幕式在中国国家版本馆总馆举行，杭州分馆同步举行分馆开幕活动。

【区委提出建设杭州城市新中心的总目标】 2022年8月1日，区委十五届六次全体（扩大）会议举行，审议并通过《中共杭州市余杭区委关于锚定“建设杭州城市新中心”总目标全力提升“五大能级” 深入实施“六大行动” 奋力争当“两个先行”排头兵的决定》。会议提出“建设杭州城市新中心，争当奋力推进中国特色社会主义共同富裕先行和省域现代化先行的排头兵”的目标，不断提升创新策源、产业发展、区域文化、公共服务和综合治理的“五大能级”，扛起新征程上率先高质量发展的使命担当。9月23日，余杭区委在“杭州这十年·余杭”主题新闻发布会上宣布启动创新策源、未来产业、文化地标、西站枢纽、碧水安澜、美好教育、舒心就医、交通畅达、社会智治、“五星幸福体”等“十大工程”，推动杭州城市新中心建设。

【杭州西站正式投入运营】 2022年9月22日，G9256次复兴号动车组从杭州火车西站首发驶上合杭高铁湖杭段（湖杭铁路），标志着位于余杭的杭州西站正式投入运营。杭州西站成为继杭州东站、萧山国际机场之后的杭州城市第三大门户交通枢纽。杭州西站是中国大型铁路枢纽站之一，是“轨道上的长三角”重要节点工程及杭州亚运会重大配套设施，对外连接湖杭、杭临绩、商合杭、杭温、杭黄、沪乍杭等干线铁路。

【“径山茶宴”入选人类非物质文化遗产代表名录】 2022年11月29日，由中国单独申报的“中国传统制茶技艺及其相关习俗”在摩洛哥举行的联合国教科文组织保护非物质文化遗产政府间委员会第17届常会上通过评审，入选联合国教科文组织人类非物质文化遗产代表作名录，径山茶宴作为其重要组成部分共同入选。径山茶宴兴于中唐，盛于两宋，是中国古代茶宴礼俗的存续，也是中国茶俗文化的杰出代表。

（区史志研究室）

编辑：范雅君

大事记

Chronicle of Major Events

1月

1日 省委书记袁家军调研杭州农副产品物流中心、杭州西站枢纽建设工程。

3日 余杭区数字化改革工作推进会举行，会上，区数智治理系统正式发布。

7日 区委十五届五次全体（扩大）会议召开，审议通过《深入学习贯彻党的十九届六中全会精神 纵深推进“创新余杭、品质之区、文明圣地”建设 奋力争当展示“重要窗口”和共同富裕示范区的排头兵》。

10日 四川省成都市新津区考察团到余杭区良渚博物院、良渚遗址公园考察。

11日 市委书记刘捷到位于余杭区的杭州师范大学、良渚古城遗址公园调研。

14—16日 由中国民间文艺家协会、浙江省文学艺术界联合会主办，浙江省民间文艺家协会、杭州市文学艺术界联合会、余杭区人民政府承办的第三届中国民间工艺精品双年展暨第十五届中国民间文艺山花奖优秀民间工艺美术作品终评活动在梦栖小镇举行。

18日 2021年中国十大科技进展新闻、世界十大科技进展新闻揭晓，由之江实验室等单位的研究人员组成的团队凭打破“量子霸权”的超算应用获得2021年度“戈登贝尔奖”，入选中国十大科技进展新闻。

21日 由之江实验室光电智能计算研究中心研究专家谭德志团队与浙江大学教授邱建荣团队合作完成的论文在《科学》发表，谭德志为该论文共同第一作者、共同通讯作者。

22日 余杭区举行党史学习教育总结会议，深入学习贯彻习近平总书记关于党史学习教育的重要指示和中央、省、市党史学习教育总结会议精神，认真总结和巩固拓展党史学习教育成果，激励广大党员干部和各级党组织以饱满的精神状态和奋斗意志，以科学的工作谋划和实际行动，奋力争当展示“重要窗口”和共同富裕示范区的排头兵，以优异成绩迎接党的二十大胜利召开。

26日 余杭区残疾人康复中心正式签约启用。

28日 余杭区社会矛盾纠纷调处化解中心瓶窑分中心揭牌仪式举行。

30日 良睦路（文二西路—02省道）、绿汀路（文二西路—良睦路）建成通车试运行。

是月 余杭区海辰小学、瓶窑镇第二小学、仓前云溪小学和禹航实验学校被评为浙江省2021年义务教育标准化学校。

是月 余杭区人工智能产业群入选第一批省级“新星”产业群培育名单。

是月 良渚文化入选省文化和旅游厅发布首批100个“浙江文化标识”培育项目名单。

是月 余杭区径山镇小古城村、鸬鸟镇山沟沟村、黄湖镇青山村入选省文化和旅游厅发布的首批浙江省美育村（社区）名单。

2月

8日 省委书记到之江实验室调研考察计算与数据中心、智能感知研究院实验室，了解触觉感知项目、激光通信等基础研究进展情况。

12—14日 中国人民政治协商会议第十二届杭州市余杭区委员会第二次会议举行。会议审议常委会工作报告、提案工作报告。委员列席区十六届人大二次会议，听取并讨论政府工作报告及其他报告。

13—15日 杭州市余杭区第十六届人民代表大会第二次会议召开。会议通报2021年区政府民生实事项目完成情况满意度测评结果，通过了2022年区政府民生实事项目、关于政府工作报告的决议、关于杭州市余杭区2021年国民经济和社会发展计划执行情况与2022年国民经济和社会发展计划的决议、关于杭州市余杭区2021年财政预算执行情况与2022年财政预算的决议、关于杭州市余杭区人大常委会工作报告的决议、关于杭州市余杭区人民法院工作报告的决议、关于杭州市余杭区人民检察院工作报告的决议和杭州市余杭区人民代表大会议事规则。

16日 2022年浙江省文化和旅游重大项目集中开工仪式在位于瓶窑镇的省考古与文物保护基地项目现场举行，10个设区市分会场以视频连线方式同步开工。副省长成岳冲出席并宣布开工。

是日 余杭区人民政府和杭州海关签订战略合作协议，双方将围绕长三角自贸试验区建设，在跨境电商、检验检疫等方面开展合作，为服务打造高水平、制度型对外开放格局，推动经济社会高质量发展提供支撑。

18日 余杭区召开“双千亿 新征程”高质量发展大会，会上正式发布创新余杭“黄金68条”产业新政。

21日 区纪委十五届二次全体（扩大）会议召开，审议通过工作报告《创新再跨越 护航新征程 奋力推进清廉余杭建设走在前列》。

是日 中国体育代表团在北京成立，余杭运动员李盼盼入选北京冬残奥会中国体育代表团，成为浙江省首次参加冬残奥会的3名运动员之一。

22日 浙江省委农村工作会议举行，余杭区被评为2021年度浙江省产粮大县。

28日 余杭区举行创建全省信访工作现代化示范区暨信访积案清零百日攻坚动员大会。

是日 余杭区社会治理中心（社会矛盾纠纷调处化解中心）揭牌。区人民来访接待中心、区公共法律服务中心、区诉讼服务中心、区劳动人事争议仲裁院、区“12309”检察事务服务中心整体成建制入驻。

是月 省发展改革委公布第一批服务和融入新发展格局最佳实践名单，余杭区的“‘人才特区＋科研平台＋企业集群’着力打造全域创新策源地”案例入选，并居16个案例之首。

是月 瓶窑镇被省治水办评为2021年度全省“五水共治”工作考核优秀乡镇（街道）。

是月 省委、省政府公布2018—2020年健康浙江建设先进市、县（市、区）和先进集体名单，余杭区被评为健康浙江建设先进县（市、区）。

3月

2日 省长王浩到余杭区调研浙江大学医学院附属第一医院总部。

是日 副省长王文序到余杭区调研未来社区建设工作。

是日 市政协主席马卫光到余杭区调研亚运会筹备保障工作。

5日 十三届全国人大五次会议在北京召开。全国人大代表、余杭区工商联（总商会）主席（会长）丁列明随浙江代表团到北京参会。

13—15日 市委书记刘捷到余杭区检查指导疫情防控工作。

18日 余杭区正式发布全国首个地方性《电动自行车充换电站建设及运营管理规范》，该规范的出台填补了电动自行车集中充换电领域地方技术性规范的空白。4月18日，该规范正式实施。

23日 省政协副主席周国辉到余杭区调研

省重点项目湖杭铁路工程。

是日 余杭区举行“美丽余杭迎亚运”城市环境品质提升推进大会，部署“美丽余杭迎亚运”城市环境品质提升行动。

30日 省政协副主席陈铁雄到余杭区调研推进保障性住房改革工作。

是日 余杭区举行2022年一季度重大项目集中签约暨重点工程现场推进会，签约重大项目60个，集中推进重点工程33个，总投资553亿元。

31日 余杭区举行争当共同富裕示范区排头兵工作推进大会暨“民心同向 余民共富”部署会。

是月 省乡村振兴局公布《关于公布2021年度山区26县结对帮扶考评结果的通报》，余杭区获得全省2021年度山区26县结对帮扶“双向赛马”考评优秀。

是月 经省政府同意，省科技厅、省发展改革委联合发文批复，杭州未来科技城高新技术产业园区正式入选省级高新技术产业园区创建名单。余杭区省级高新区实现“零”的突破。

是月 李盼盼在北京冬残奥会上获得越野滑雪女子长距离（坐姿）铜牌、越野滑雪女子短距离（坐姿组）铜牌，实现浙江在冬残奥会上奖牌“零”的突破。

4月

1日 市委书记刘捷调研杭州市防汛工程建设及城市防汛排涝工作，检查西险大塘及防汛物资储备情况，了解西险大塘达标加固工作情况。

是日 杭州举行市亚运筹办“决胜攻坚”誓师动员大会，余杭以“你好亚运！余杭@未来”为主题，在杭州师范大学仓前校区举行分会场活动。

2日 全省建设平安浙江工作会议在杭州举行，会上，余杭区被省委、省政府表彰为2021年度“平安区”，获得浙江省平安建设最高荣誉——“一星平安金鼎”。

12日 市政协主席马卫光到余杭区联系指导“美丽杭州迎亚运”城市环境品质提升行动。

是日 杭州市急救中心余杭分中心新调度指挥系统正式启用。

13日 市委农村工作会议举行，通报2021年度乡村振兴考核结果，余杭区连续3年获得考核第一名。

14日 省委书记考察杭州粮油物流中心批发交易市场、泰普森数字科技有限公司，调研服务业发展情况。

是日 良渚博物院（良渚研究院）院长聘任仪式举行，著名考古学家、北京大学考古文博学院教授徐天进受邀出任良渚博物院（良渚研究院）首位外聘院长。

19日 全省制造业高质量发展大会在杭州举行。会上，余杭20多家企业入选2021年度全省制造业高质量发展先进单位名单。

20日 余杭区第一家普惠托育中心——仓前街道葛巷未来社区橙享托育园正式投入使用。

是日 世界经济论坛公布2022全球青年领袖名单，余杭区企业曦智科技创始人兼首席执行官沈亦晨、浙江强脑科技有限公司创始人兼首席执行官韩璧丞入选。

22日 2022“为地球朗读”迎亚运全媒体互动暨百丈“小强公益书屋”启用活动在百丈镇半山村举行。省政协副主席周国辉出席活动。

25日 省人大常委会副主任梁黎明到余杭专题调研就业促进法贯彻执行情况。

26日 省经济和信息化厅公布2022年浙江省未来工厂试点企业名单，余杭区企业杭州益利素勒精线有限公司入选，是余杭区首家省级未来工厂试点企业。

28日 中华全国总工会在北京举行2022年庆祝“五一”国际劳动节暨全国五一劳动奖和全国工人先锋号表彰大会，杭州良渚遗址管理区管理委员会获得2022年全国五一劳动奖状。

29日 市政协主席马卫光到余杭区联系督导“美丽杭州迎亚运”城市环境品质提升行动和疫情防控工作，并调研政协“民生议事堂”建设等工作。

30日 文一西路提升改造工程地面道路正式全线通车。

是月 省委、省政府办公厅印发《关于2021年度实施乡村振兴战略实绩考核优秀单位的通报》，余杭区被评为2021年度实施乡村振兴战略实绩综合考核优秀省直单位。

是月 省高质量发展建设共同富裕示范区领导小组办公室公布 2021 年高质量发展建设共同富裕示范区工作考核评价结果，余杭区在全省 90 个县（市、区）中居第一位，获得优秀等次。

是月 余杭区获得 2021 年度杭州市大党建考核第一名。

是月 省商务厅公布《2021 年度省级直播电商基地名单》，余杭区现代优选直播电商基地、遥望直播电商产业园两家企业入选，入选数量居全省县（市、区）第一位。

5月

10 日 余杭区首期“浙江有礼·文明圣地”基本单元文明指数公布，全区 212 个村（社区）都被赋予一个综合文明指数。其中，指数最高的黄湖镇青山村等 10 个村和仓前街道葛巷社区等 10 个社区被确定为首批基本单元示范村（社区）。

12 日 余杭区举行“余您同行·助残共富”第 32 次全国助残日活动，活动现场，浙江首个高科技助残企业联盟正式成立。

13 日 副省长高兴夫调研之江实验室南湖总部，考察计算与数据中心、智能感知研究院实验室群、智能网络研究院。

14—15 日 全国医学人工智能高价值创新项目峰会暨第三届医学大数据与人工智能创新发展大会在未来科技城举行。会上举行人工智能医学装备联盟专家委员会和医学影像智能阅片及远程诊疗中心揭牌仪式。

15 日 余杭区康宏果家庭被全国妇联评为第十三届全国五好家庭，方华琴家庭被评为 2022 年度全国最美家庭，洪卫东家庭被评为 2021 年度浙江最美家庭。

16 日 余杭区运溪路与天目山西路交叉口和 320 国道地面项目文二西路至凤新路段西半幅通车。

18 日 杭州城西科创大走廊高质量融合发展打造创新策源地推进会在余杭区举行。会上发布《关于加快推进杭州城西科创大走廊高质量融合发展打造创新策源地的实施意见》、城西科创大走廊发展战略规划以及产业、人才、科技专项政策。

20 日 省委常委、组织部部长王成到中国（杭州）人工智能小镇、华立集团调研特色小镇建设、人才创业创新和党建工作情况。

24 日 余杭区女企业家协会成立大会举行。会上，“余杭巾帼共富训练营”品牌实施计划正式发布。

25 日 全国公安系统英雄模范立功集体表彰大会在北京举行，余杭公安新型犯罪侦查中队被授予“全国优秀公安基层单位”称号。

26 日 “众人的事情由众人商量”理论研讨会暨余杭区“共同富裕研究联盟”成立仪式在径山镇小古城村举行。

27 日 国务院“两稳一保”专项督查组到余杭调研。

是日 浙江省首批共同富裕现代化基本单元名单公布。余杭区良渚文化村社区、葛巷社区、翡翠社区被评为未来社区，“禅径寻农·径鸬”县域风貌样板区被评为城乡风貌样板区，入选数量位居全省各县（市、区）第一。

28 日 五常大道提升改造工程全线通车。

是日 余杭文化保障卡正式上线，市民凭卡可在影院、书店、旅游景点等文旅场所享受消费优惠。

29 日 余杭区青少年“关爱联盟阵地”在仓前街道揭牌启动。

是月 余杭区获得 2021 年度杭州市综合考评区县（市）优秀等次，考评总成绩连续 5 年位列全市区县（市）第一。

是月 位于余杭区的天目山实验室入选第三批浙江省实验室。余杭辖区内的省实验室增至 4 家，成为浙江省实验室布局最多的县（市、区）。

是月 五常大道提升改造工程完工。工程于 2021 年 12 月 23 日正式开工，是杭州亚运会的重要配套项目。

是月 浙江省文化和旅游厅公布首批浙江省美育示范村名单，黄湖镇青山村入选。

6月

1 日　副省长徐文光到余杭区调研乡村振兴和重大水利项目建设等工作情况。

6 日　天目山实验室（航空浙江省实验室）成立大会举行。

7 日　九三学社浙江省委员会主委叶正波到余杭区调研，考察企业家在落实“疫情要防住、经济要稳住、发展要安全”中的情况，以及城西科创大走廊科技服务联盟在推进中的问题。

是日　余杭绿产集团发行 7 亿元乡村振兴公司债券（第一期），这是杭州市首单乡村振兴公司债券。当天完成 7 亿元全额发行，最终票面利率为 3.2%。

8 日　市人大常委会主任李火林到余杭区开展乡村振兴“一法一条例”执法检查。

9 日　省高级人民法院院长李占国到余杭区调研。

是日　上城区党政代表团到余杭考察交流。

是日　余杭区正式出台稳住经济一揽子政策，整个政策体系分财政支持措施、金融支持措施、扩投资措施、促消费措施、稳外贸稳外资措施、保产业链供应链稳定措施、保粮食能源安全措施和保基本民生措施八大板块共 58 条。

10 日　由省文物局指导，省考古学会举办的“新时代浙江考古十大发现”“新时代浙江考古重要发现”评选活动揭晓结果，杭州余杭良渚古城外围大型水利工程、杭州良渚古城遗址入选“新时代浙江考古十大发现”。

是日　杭州地铁 3 号线后通段正式通车。其中，余杭境内设 7 个站点，分别为文一西路站、绿汀路站、创明路站、仝丰站、高教路站、联胜路站、洪园站。

10—11 日　余杭区党政代表团到衢州柯城区考察，对接交流山海协作工作，并召开余杭—柯城山海协作党政联席会议，探讨谋划深化两地交流合作。

12 日　连接余杭区和拱墅区的莫干山高架路（石祥路至绕城高速北线段）正式通车。

14 日　中央广播电视总台浙江总站共同富裕示范区观察点（余杭）揭牌仪式在径山镇径山村举行。

是日　余杭区公物仓、公益仓正式启用。

15 日　市委书记刘捷走访调研余杭区服务业企业。

是日　浙江省 2022 年“全国低碳日”主会场活动在径山镇径山村举行。活动中，浙江减污降碳协同增效指数和应用场景正式发布。

16 日　温州市政府考察团到余杭区考察调研居家养老服务工作。

17 日　余杭—柯城山海协作会议举行。

是日　“网聚力量 共绘清朗”余杭区自媒体专委会建设工作会议在径山举行，全省首个县域自媒体专委会成立。

23 日　省经济和信息化厅公布浙江省数字工厂标杆企业认定类和培育类名单，余杭区企业浙江核新同花顺网络信息股份有限公司、浙江菜鸟供应链管理有限公司入选数字工厂标杆企业（认定类）名单，杭州申昊科技股份有限公司、浙江华坤道威数据科技有限公司、中移（杭州）信息技术有限公司入选数字工厂标杆企业（培育类）名单。

24 日　余杭鲲鹏人才之家启动仪式在杭州钱江经济开发区举行。

28 日　余杭区现代社区建设领导小组第一次会议举行。区委书记、区现代社区建设领导小组组长刘颖出席会议并讲话。

是日　中共临余工委旧址纪念馆在径山镇揭牌，成为余杭区又一重要的红色教育主题展馆。

29 日　余杭区举行 2022 年度二季度重大项目集中签约暨重点工程现场推进会，共签约重大项目 67 个，集中推进重点工程 31 个，总投资 775 亿元。

30 日　科技部火炬中心公布 2021 年度国家备案众创空间名单，余杭区的梦想 E 商新零售孵化器、菁创汇、紫金港创客空间、良仓太炎众创空间、G5 Capital、I・STAR 众创空间 6 家上榜，新增数列全省县（市、区）第一位。

是日　文一西路隧道开通试运行，标志文一西路（东西大道—荆长大道）提升改造工程全线通车。

是日　区公安分局举行新大楼揭牌仪式。

7月

1日　区行政执法指挥中心挂牌暨镇街综合行政执法队统一揭牌仪式举行。

5日　省长王浩到余杭区专题调研良渚实验室、天目山实验室建设和科技创新工作。

6日　杭州良渚遗址管理区管委会与敦煌研究院战略合作签约暨老虎岭遗址公园开园仪式举行。老虎岭遗址公园正式面向公众开放。

11日　浙江省科技创新大会在省人民大会堂举行，余杭区在会上获得浙江省“科技创新鼎”，连续2年获此荣誉。会上，余杭区被评为全省人才工作综合考评优秀等次、2021年度市县党政领导科技进步目标责任制考核优秀单位。

11—15日　“玉琮杯”廉洁文化周活动举行。

13日　全省数字经济高质量发展大会举行。余杭区被评为全省发展数字经济成效明显督查激励县（市、区）、省级数字经济创新发展试验区，并连续3年被评为全国县域数字农业农村发展水平先进县（市、区）。

是日　余杭区首条清风公交开通，于谦清廉文化陈列馆开馆。

14日　全国商业秘密保护创新试点启动会在浙江省杭州市举行，会上公布了全国20个商业秘密保护创新试点地区（第一批）名单，余杭区入选。

18日　浙江省小微企业园工作联席会议办公室公布第九批省级小微企业园认定结果，余杭区中电海康海创园、浙江大学校友企业总部经济园、风尚智慧谷、杭州未来健康科创园、浙富科技园5家园区上榜，入选数量居全省第一位。

19日　市人大常委会主任李火林到余杭区督查中央人大工作会议和有关文件精神落实情况。

20日　在浙江省乡村旅游高质量发展大会暨万户农家旅游致富计划启动仪式上，余杭区的《“径灵子”带你游径山 禅村喫茶去》入选浙江省首批乡村旅游促进共同富裕案例名单。

21日　小康杂志社联合多个国家机构和部门发布“2022年度县市科技创新百家典范”，余杭区列榜单第二位。

是日　由中央网信办网络法治局、浙江省委网信办指导，中国网络空间安全协会、杭州市委宣传部主办的2022数字安全与法治高峰论坛在未来科技城举行。

21—22日　余杭区代表团到四川省甘孜州稻城县开展对口支援工作。

23日　中国国家版本馆举行落成典礼，杭州国家版本馆（中国国家版本馆杭州分馆）正式在余杭落成。

25日　全国人大常委会法工委副主任武增到余杭区调研良渚遗址保护立法及法规贯彻执行情况。

26日　余杭区党政代表团到宁波市鄞州区、北仑区考察学习。

28日　杭州全球青年人才中心城西科创大走廊分中心在未来科技城（海创园）正式启用。

30日　中国国家版本馆开馆暨展览开幕式在中国国家版本馆总馆举行。杭州分馆同步举行分馆开幕活动。

是日　杭州市余杭槽桥至雅城公路入选浙江首批“十大最美农村路”。

是月　西险大塘防汛道路维修基本完工。

8月

1日　区委十五届六次全体（扩大）会议举行，审议并通过《中共杭州市余杭区委关于锚定“建设杭州城市新中心”总目标全力提升“五大能级”深入实施“六大行动”奋力争当“两个先行”排头兵的决定》。

3日　余杭区生物医药行业协会成立大会暨“十链百场万企”系列对接活动之生物医药产业链专场活动在梦想小镇举行。

9日　农业农村部发展规划司、财政部农业农村司、国家发展改革委农村经济司公布2022年农业现代化示范区创建名单，余杭区入选2022年农业现代化示范区拟创建名单。

12日　百丈镇入选浙江省气候中心公布的第二批浙江省气候康养乡村名单。

16日 富阳区党政代表团到余杭考察交流。

17日 省工商联发布“2022浙江民营企业研发投入100强”榜单。余杭区企业阿里巴巴（中国）有限公司、华立集团股份有限公司入选，其中阿里巴巴位列榜单第一。

18日 国家体育总局、国家发展改革委带领17个省、市的相关领导到余杭径山调研环浙步道径山示范段建设情况。

22日 省经济和信息化厅公布第一批省级未来产业先导区培育创建名单，余杭区与城西科创大走廊联合创建的“杭州城西科创大走廊人工智能未来产业先导区”入选。

31日 2022浙江数字乡村“金翼奖”颁奖典礼在杭州举行。会上，瓶窑镇西安寺村、仁和街道云会村、中泰街道中桥村入选第一届“金翼奖”百优村。

是日 运溪路地面道路文二西路至站城南街段双向通车，成为杭州都市区国道联网提能工程（简称杭州中环）首段高架和地面全面通车的项目。

是月 余杭区被国家知识产权局评为国家知识产权强县建设示范县。

是月 省委、省政府健康浙江建设领导小组办公室公布2021年健康浙江建设考核结果，余杭区再次获得考核优秀等次，自2018年启动以来，连续4年获考核优秀。

是月 位于余杭区的浙江大学医学院附属第一医院总部一期国际保健中心正式开放。

9月

2日 浙江省强村富民乡村集成改革工作专班印发《关于公布强村富民乡村集成改革实践试点名单的通知》，余杭区入选“市场化改革+集体经济”试点。

7日 全国工商联在北京发布“2022年中国民营企业500强”榜单，位于余杭区企业阿里巴巴（中国）有限公司和华立集团股份有限公司上榜。阿里巴巴和华立集团分别进入服务业民营企业500强和制造业民营企业500强名单。

9日 余杭越剧、杭州摊簧、良渚玉雕、良渚陶器烧制技艺、茶筅制作技艺、传统食品腌腊技艺6个项目入选第七批杭州市非物质文化遗产代表性项目名录。

14日 余杭区“蔬菜大王”何林海在全国农业技术推广服务中心、山东省农业农村厅主办的星光杯“大国农匠”全国农民技能大赛（种植能手）上，作为浙江省唯一的选手参赛，取得全国第六名的成绩。

15日 第十五届中国民间文艺“山花奖”颁奖典礼在余杭举行。仪式现场，中国民间文艺山花奖优秀民间文艺学术著作、优秀民间艺术表演作品、优秀民间文学作品、优秀民间工艺美术作品等奖项揭晓。

16日 全省农业高质量发展大会举行，余杭区上榜省农业“双强”行动赛马激励名单，大径山省级现代农业园区、浙江蓝天生态农业开发有限公司分别被评为省十佳现代农业园区、省水产种业阵型企业。

22日 G9256次复兴号动车组从杭州火车西站首发驶上合杭高铁湖杭段（湖杭铁路），标志位于余杭区的杭州西站正式投入运营。

是日 连接杭州西站、杭州东站、萧山国际机场三大交通枢纽的杭州地铁19号线正式开通。

23日 中共杭州市余杭区委“杭州这十年·余杭”主题新闻发布会召开，回顾十年间余杭发展历程，会上发布创新策源、未来产业、西站枢纽、文化地标、碧水安澜、美好教育、舒心就医、交通畅达、社会智治、五星幸福体“十大工程”。

26—27日 余杭区党政代表团到四川省苍溪县对接东西部协作工作。

27日 市委书记刘捷到城西科创大走廊调研，考察北航杭州创新研究院天目山实验室及余杭区科技企业。

30日 余杭区举行2022年三季度重大项目集中签约暨重点工程现场推进会，签约重大项目71个，集中推进重点工程36个，总投资575亿元。

是月 余杭区华立·181社区和起梦跨境电子商务产业园入选浙江省级跨境电子商务产业园名单。

10月

8日 余杭区人民检察院举行新大楼揭牌仪式。

9日 市人大常委会主任李火林到余杭区调研并走访联系项目。

12日 余杭区“改革伙伴计划”恳谈会举行，会上正式启动“改革伙伴计划”。

14日 余杭区入选农业农村部、国家乡村振兴局评选的2022年国家乡村振兴示范县创建名单。

19日 闲林街道翡翠社区被国家卫生健康委、全国老龄办评为2022年全国示范性老年友好型社区。

24日 余杭区与浙江大学医学院附属第一医院医疗合作共建工作会议举行。会上，余杭区与浙大一院签订《余杭区人民政府与浙江大学医学院附属第一医院区院医疗共建合作框架协议》。

26日 余杭区人民政府与浙江证监局签订战略合作协议，双方将围绕强化实体经济服务、加强金融监管、防控资本市场风险等方面，健全联系协作机制，密切工作沟通和人才交流，利用多层次资本市场，推动余杭经济高质量发展。

27日 余杭区深化国有企业改革推进会暨区直属国有企业授牌仪式举行，新组建的区四大国企正式对外公布。会上宣布了杭州余杭国有资产投资运营集团有限公司、杭州余杭城市发展投资集团有限公司、杭州余杭交通投资集团有限公司、杭州余杭文化旅游投资集团有限公司等4家区直属国有企业有关人事任命，并授牌。

31日 余杭区第一个共有产权房项目闲林联荣片区21号地块领出施工许可证。

是月 全国首个农历主题乡村博物馆——杭州农历博物馆在余杭区百丈镇溪口村开馆。

11月

7日 “智汇巾帼 科创未来”长三角巾帼科技创新浙江行暨浙江省首届科技创新周活动在未来科技城开幕。

是日 余杭区举行“汇聚人才新动力 共建城市新中心”2022年国际人才月活动发布暨全力推进创新策源工程新闻通气会，标志余杭2022年国际人才月正式启动。活动持续至11月底。

是日 余杭时报社正式揭牌。

8日 以“侨智创未来筑梦新征程”为主题的“创业中华——2022侨界精英创新创业（中国·杭州）峰会”在余杭开幕。

是日 《余杭晨报》改版为《余杭时报》。

9日 宁波市象山县党政代表团到余杭区考察。

10日 余杭区人民法院举行新审判办公大楼揭牌仪式。

15日 中国红十字会总会发文表彰全国红十字模范单位，余杭区仓前街道葛巷未来社区被授予“全国红十字模范单位”称号。

是日 闲林街道联荣公寓加装电梯18台，成为余

杭州农历博物馆（摄于2022年）　　（区融媒体中心　供图）

杭首个成片加装电梯的小区。

17日 杭州第二中学余杭学校（余杭第一中学）、杭州学军中学余杭学校（余杭中学）、中国美术学院生源基地（瓶窑中学）揭牌。

18日 中国中小城市发展指数研究课题组和国信中小城市指数研究院联合发布2022年中国中小城市高质量发展指数研究成果，余杭区再度进入2022年度全国综合实力百强区，居榜单第四位。在同时公布的全国投资潜力百强区榜单中，余杭区居第九位。

19日 余杭区数智农业发展论坛举行，现场发布《推进余杭区现代数智农业高质量发展十条措施》。

20日 浙江省法学会社会治理研究会成立大会暨2022年“平安浙江”论坛在余杭区举行。会上，浙江省法学会社会治理研究会揭牌成立，余杭区平安风险监测预警防控应用正式上线运行。

24日 桐庐县党政代表团到余杭考察交流。

25—27日 由中国人工智能学会、杭州市人民政府主办，杭州市委人才办、杭州市科技局、杭州市余杭区人民政府承办的2022全球人工智能技术大会（GAITC 2022）在余杭区举行。大会以“交叉、融合、相生、共赢”为主题，邀请海内外院士、国内外学术界和产业界人工智能领域著名学者与产业精英，交流研讨人工智能前沿技术和热点问题。

29日 “中国传统制茶技艺及其相关习俗”入选人类非物质文化遗产代表作名录。径山茶宴作为其重要组成部分入选。

是月 径山镇径山村被评为第九批全国民主法治示范村（社区）。

是月 苕溪大剧院正式启用。

12月

1日 余杭区举行全国文明典范城市创建攻坚大会暨第五届余杭区道德模范发布活动。

是日 第十一届“浙江孝贤”揭晓，瓶窑镇获得“浙江孝贤”慈孝之乡称号。

7日 区委、区政府举行余杭区司法局（区行政复议局）、杭州仲裁委员会余杭仲裁分会新大楼揭牌启用仪式。

13日 余杭区党政代表团到上城区、拱墅区、滨江区、萧山区考察学习。

17日 余杭区社科联被评为2022年度全国社科组织先进单位。

是日 2022世界生命科技大会在良渚梦栖小镇开幕。

22日 浙江大学医学院附属第一医院良渚分院（余杭区第一人民医院）启用仪式举行。

29日 金昌路（勾阳路—莫干山路）工程建成通车。

30日 余杭区委十五届七次全体（扩大）会议举行，审议通过《全面学习贯彻党的二十大精神以建设杭州城市新中心 争当“两个先行”排头兵的奋进姿态 谱写中国式现代化余杭篇章》。

是日 余杭区举行2022年度四季度重大项目集中签约暨重点工程现场推进会，集中签约项目78个，重点推进重点工程21个，总投资697亿元。

是日 运溪地面路（文二西路至复地上城段）左幅建成通车，标志余杭区运溪地面路实现全线双向贯通。

是月 浙江省发展改革委公布2021年全省服务业发展综合评价结果，余杭首次作为Ⅰ类地区参评并获全省第一名，连续4年获得同类地区全省第一名。

是月 浙江省特色小镇规划建设工作联席会议办公室公布浙江省命名和创建特色小镇2021年度考核结果，梦想小镇连续3年被评为“浙江省命名特色小镇”优秀等级。

是月 省城乡风貌整治提升工作专班公布第三批城乡风貌样板区名单，余杭区梦想未来城市新区被评为省级城市风貌样板区。

（区史志研究室）

编辑：范雅君

余杭概览

General Introduction of Yuhang

自然环境

【地理位置】 余杭区位于浙江省杭州市、杭嘉湖平原南端，东临大运河，西倚天目山，南濒钱塘江，中贯东苕溪，是杭州通往沪、苏、皖的门户。区域总面积942平方千米。余杭在地理上介于北纬30°9′～30°33′、东经119°40′～120°8′，东西长约45千米，南北宽约44千米。东与临平区接壤，西与临安区为邻，西南与富阳区相接，北与德清县毗连，西北与安吉县相交。

【地形地貌】 余杭区地处杭嘉湖平原和浙西丘陵山地的过渡地带，地势由西向东倾斜，大致以东苕溪为界，西部多山地丘陵河谷，东部为平原。境内西北与西南部属天目山脉东麓和千里岗山脉之余脉，山体顺南、中、北3条苕溪谷地两侧，呈马蹄形展布，在鸬鸟、百丈、黄湖、径山等地。海拔1000米以上山峰有窑头山（1095米）和红桃山（1026米），分别位于鸬鸟西端与临安和安吉交界处。丘陵也分布于西南、西北两翼，包括中泰、闲林、径山、瓶窑、黄湖、鸬鸟、百丈等镇（街道）。境内平原属杭嘉湖平原，其中东部为水网平原，分布在京杭大运河流域；河谷平原分布在南、中、北3条苕溪谷口至东苕溪一带，北接低山丘陵，南连水网平原，三者呈渐变过渡。全区境内有河道567条、1348千米，其中，省级河道3条、市级河道3条、区级河道18条。东苕溪是贯穿余杭境内的骨干河道，长42.22千米，流经中泰、余杭、仓前、瓶窑、良渚、仁和等镇（街道）。水库有27座，多分布在西部山区的苕溪流域，其中，中型水库2座（四岭水库、直属杭州管理的闲林水库），小型水库25座，另有省级注册山塘80座。

（区统计局）

【自然资源】 余杭区内自然植被有常绿阔叶林、常绿落叶阔叶混交林、针阔叶混交林、针叶林、竹林和灌草6个类型，森林覆盖率为45.73%。有维管束植物183科、1326种（含亚种、变种、变型），有大型野生真菌95种，隶属3个亚门、36科。境内有野生动物140科、411种，其中有国家一级保护动物黑麂、白鹤、朱鹮、彩鹮等9种，国家二级保护动物小鸦鹃、苍鹰、雀鹰等 27 种，浙江省级保护动物豪猪、食蟹獴、大杜鹃等12种。

（区林业水利局）

【矿产资源】 余杭区储量上表矿种12种（不包括乙类矿产），其中，金属矿产4种、非金属矿产6种、能源矿产1种和矿泉水矿。查明矿产地近30处。膨润土分布于余杭街道仇山、良渚街道等地，矿床均产于中生代火山岩断陷—沉积盆地中。白云岩和水泥用灰岩主要呈北东向条带状分布于中泰街道、闲林街道等地。矿泉水分布于鸬鸟镇仙佰坑村施家边和全城坞，主要生产偏硅酸盐矿泉水。

（市规划和自然资源局余杭分局）

【气候特征】 2022年，余杭天气气候特征为气温显著偏高，降水偏少，镇（街道）差异明显。全区年平均气温在16.2℃（径山镇）~18.7℃（仓前街道），其中余杭城区（仓前街道，下称城区）为18.7℃，较常年（16.9℃）显著偏高；高温日（气温≥35.0℃）72天。全区各镇（街道）年降水量在918.5毫米（鸬鸟镇）~1717.2毫米（闲林街道），其中城区为1481.1毫米，较常年（1392.0毫米）增长6.4%，雨日155天。全区各镇（街道）暴雨日数（日降水量≥50.0毫米）在3天（五常街道、良渚街道、仁和街道、瓶窑镇）~6天（仓前街道、闲林街道），城区6天，日最大降水量103.8毫米（闲林街道），出现在4月13日。

【重要天气气候事件】 2022年，余杭年初雨雪纷飞、日照偏少，汛期雨量偏少、几近空梅，高温来得早去得晚、酷热异常，强对流多发频发、影响较大，对流寒潮轮番出现、气温骤降。

年初雨雪纷飞 2022年1月22日至2月23日，在冷空气连番影响下，余杭出现连续阴雨雪天气。据气象台统计，1月22日至2月23日，城区雨日28日，其中，1月22—30日、2月6—14日连续9天降水，日照时数异常偏少。城区总降水量258.8毫米，较常年同期（89.8毫米）增长188.2%。

汛期雨量偏少 2022年汛期（4月15日至10月15日）面雨量659.0毫米，城区降水量732.1毫米，较常年同期（954.2毫米）偏少两成。6月10日入梅（常年6月13日），6月26日出梅（常年7月7日），梅雨日数16天（常年26天），入梅时间正常，出梅时间明显偏早，梅雨期明显偏短；梅汛期全区面雨量54.0毫米，梅雨量异常偏少，几近空梅。台汛期先后受到“轩岚诺”“梅花”两个台风影响，全区面雨量75.6毫米，台风“轩岚诺”影响时段（9月2—5日）只有百丈镇仙岩村、闲林街道里项村雨量超50毫米，台风“梅花”影响时段（9月12—15日）只有仁和街道三白潭村、闲林街道里项村雨量超100毫米。

高温酷热异常 6月26日出梅后，气温迅速升高，至8月26日，城区出现59天高温日，其中7月8—17日连续10天、8月4—23日（除6日、17日）有18天出现气温≥40.0℃的酷热天气，7月13日白天最高气温达到43.7℃。全年高温日72天，极端高温43.7℃，均破2013年纪录（2013年全年高温日53天，极端高温41.6℃）。2022年高温极值、高温综合强度、高温持续时间均为2000年以来之最。

强对流多发频发 夏季气温异常偏高，强对流多发频发。6—8月出现强对流天气29次，发生频率明显偏高，其中7月21—28日（除22日外）、8月23—27日连续发生强对流天气。强对流主要以短时强降水及雷暴大风为主，只在7月27日出现局地小冰雹。短时暴雨出现18次，其中6月4日、7月19日、8月24—26日均出现较大范围的短时暴雨。雷暴大风发生频次明显偏多，6—8月出现雷暴大风（极大风速≥17.2米/秒）22次，其中7月27日仁和街道三白潭村极大风速33.2米/秒（12级）、7月21日余杭街道仙宅村极大风速28.8米/秒（11级）。夏季强对流多发、频发，灾害种类多，影响范围广，区气象台及时发布预警信息，提醒注意防范。

对流寒潮轮番出现 11月平均气温在13.9℃（百丈镇）~16.3℃（五常街道），城区气温16.2℃，较常年平均（13.2℃）异常偏高3.0℃。在冷空气和暖湿气流共同作用下，11月28日中午出现极为罕见的冬季对流，出现短时强降水、雷电和雷雨大风，全区面雨量20.0毫米，最大1小时雨强闲林街道华丰社区21.9毫米。下午起寒潮开始影响，11月28日下午起至12月2日平均气温过程降温幅度达12℃~14℃，局部超15℃，其中11月30日至12月1日出现大范围降雪，山区最大积雪深度5厘米~8厘米。在寒潮、强冷空气的影响下，12月平均气温3.3℃（百丈镇）~5.9℃（五常街道），城区气温5.5℃，较常年平均（7.3℃）偏低1.8℃。

说明：余杭现无国家气象站，常年同期及常年平均均为杭州国家气象站历史同期数据。气象要素实况采用镇（街道）代表站的气象要素实况。

2022年余杭区各镇（街道）气象要素情况表

表1

余杭区镇（街道）		仓前街道	闲林街道	五常街道	余杭街道	中泰街道	良渚街道	仁和街道	黄湖镇	瓶窑镇	径山镇	鸬鸟镇	百丈镇
气象代表站		太炎社区（K1418）	华丰社区（K1202）	荆丰社区（K1211）	上湖村（K1020）	泰峰村（K1201）	荀山村（K1210）	永胜村（K1203）	清波村（K1195）	瓶窑社区（K1037）	潘板桥村（K1196）	雅城村（K1415）	半山村（K1193）
气温	年平均气温（℃）	18.7	18.2	18.6	17.7	17.2	18.1	18	17.2	18.2	17.6	16.9	16.2
	极端最高气温（℃）	43.7	43	42.8	41.8	41.1	41.3	42.4	42	44.3	43.1	43.1	43
	出现日期	7月13日	7月13日	8月22日	8月13日	8月14日	8月19日	8月14日	8月14日	7月15日	8月19日	8月22日	8月22日
	极端最低气温（℃）	–3.1	–5.1	–2.5	–5.4	–5.4	–4	–5.6	–8.3	–4.6	–6.5	–8.6	–8.8
	出现日期	12月25日	12月18日	12月18日	12月18日	12月18日	12月18日	12月25日	12月25日	12月25日	12月18日	12月25日	12月25日
	≥35.0℃日数（天）	72	68	63	59	51	55	62	60	64	61	67	62
	≤0.0℃冰冻天数（天）	18	25	12	34	29	20	25	32	22	29	37	40
降水	年降水量（毫米）	1481.1	1717.2	1443	1434.2	1452.2	1350.3	1335.5	1276.8	1208.4	1259.3	918.5	1184.4
	雨日（天）	155	153	161	152	163	157	147	131	153	152	115	164
	雪日（天）	—	—	—	—	—	—	—	—	—	—	—	—
	暴雨日数（天）	6	6	3	4	4	3	3	4	3	4	4	5
	日最大降水量（毫米）	68.7	103.8	62.2	86.6	70.5	70.3	82.2	82.8	81.7	88.8	76.1	82.1
	出现日期	4月13日	4月13日	3月21日	6月4日	3月21日	4月13日	9月13日	4月13日	4月13日	4月13日	4月13日	8月25日
梅雨	入梅	6月10日	6月10日	6月10日	6月10日	6月10日	6月10日	6月10日	6月10日	6月10日	6月10日	6月10日	6月10日
	出梅	6月26日	6月26日	6月26日	6月26日	6月26日	6月26日	6月26日	6月26日	6月26日	6月26日	6月26日	6月26日
	梅雨期（天）	16	16	16	16	16	16	16	16	16	16	16	16
	梅雨量（毫米）	68.6	58.9	63.2	71.1	46.2	53.5	41.2	72	49.9	44.3	45.8	42.3

说明：1.余杭各镇（街道）气象代表站均为区域自动气象站

2.余杭城区以仓前街道太炎社区站为代表站

3.各镇（街道）代表站均无天气现象仪，无雪日记录

（徐海军）

历史文化

【建置沿革】 余杭之名，春秋时已见诸史籍，属吴、越领地，战国中期属楚；南宋时期，余杭作为京畿之地，成为全国经济文化最发达的地区之一。

余杭是文化古邑，是“实证中华五千多年文明史的圣地”——良渚遗址的所在地，拥有五千年“良渚文化”，两千年“运河文化”和一千年“径山禅茶文化”，是北宋大科学家沈括和近代民主革命先驱章太炎的故里，留下了唐代“茶圣”陆羽、北宋文学家苏东坡的踪迹。2007年，在余杭发现“中华第一城”——良渚古城。

秦王政二十五年（前222年），在今境内置钱唐（含现杭州其他城区）、余杭两县，属会稽郡。西汉时，余杭、钱唐两县仍属会稽郡，钱唐为会稽郡西部都尉治。元始四年（4年），改钱唐县为泉亭县。新莽始建国元年（9年），改余杭县为进睦县。东汉建武元年（25年），复名余杭、钱唐。三国时，余杭、钱唐均入吴国版图，属吴郡，隶扬州，钱唐县为吴郡都尉治。隋开皇九年（589年），废钱唐郡，改置杭州，州治初设余杭，次年移钱唐。大业三年（607年），又改杭州为余杭郡，钱唐、余杭仍为所属。唐武德四年（621年）复余杭郡为杭州，改钱唐为钱塘。五代后梁龙德二年（922年），置钱江县，与钱塘县同城设治。北宋太平兴国四年（979年），改钱江县为仁和县。南宋建炎三年（1129年），升杭州为临安府，属两浙西路。绍兴八年（1138年），正式定都临安，钱塘、仁和升为赤县，余杭升为畿县。元至元十五年（1278年），改临安府为杭州路，钱塘、仁和、余杭属之。至正二十六年（1366年），朱元璋攻下杭州，改杭州路为杭州府。明清延之。

民国元年（1912年）2月，废杭州府，以原钱塘、仁和县地并置杭县，与余杭县同属钱塘道。民国16年（1927年），废道制，实行省、县两级制，划杭县之城区、西湖、会堡、湖墅、皋塘、江干6个区建立杭州市。

1949年5月，两县解放，余杭、杭县建制未变。1958年4月，杭县被撤销，属杭州市郊区，1960年1月，建立钱塘联社（县级）。余杭县亦于1958年10月被撤销，并入临安县。1961年3月，从临安县析出原余杭县境与钱塘联社合并，4月，钱塘联社被撤销，恢复县建制，定名余杭县，县政府驻地临平镇。1994年4月，撤销余杭县，设立余杭市。2001年3月，撤销余杭市，设立杭州市余杭区。2021年3月，杭州市部分行政区划优化调整，撤销原余杭区，设立新的余杭区，区政府驻地仓前街道。

【名胜古迹】 余杭是美丽之洲，山水如画、钟灵毓秀，自然人文景观极为丰富。有良渚古城遗址公园、杭州国家版本馆，有国家AAAAA级旅游景区西溪湿地公园以及佛教圣地径山、日本茶道之源径山禅寺、“中国生物圈保护区”山沟沟风景名胜区、双溪竹海漂流、东明山森林公园、全国重点文物保护单位章太炎故居、于谦手植牡丹的普宁寺、良渚博物院、杨乃武与小白菜奇案展示馆等风景名胜和人文景观。

【历代名人】 余杭文化积淀深厚，自古以来，名士辈出。有英勇善战、屡建战功，被孙权封为偏将军的三国名将凌统；有才智出众、笔端超绝、气概非凡、以七言诗见长的唐代文学家罗邺；有在天文、数学、历法、地理、物理、生物、医学乃至文学、音乐、美术等方面有很深造诣，写成科学巨著《梦溪笔谈》的北宋杰出政治家和科学家沈括；有精通数学，与秦九韶、李冶、朱世杰同为“宋元四大数学家”的南宋数学家杨辉；有被奉为柔道“鼻祖”，被日本学术界誉为“介绍中国文化之功劳者”明末清初武术家陈元赟；有近代民主革命家、思想家和国学大师章太炎；有教育家马叙伦；有数学家孙光远、计算机科学家孙钟秀父子，生物学家蔡堡，社会学家陈达，方志学家魏桥等。

余杭还产生了一些著名家族，如洪氏家族，自南宋洪皓由江西鄱阳迁居杭州开始，历经宋、明、清三代，几百年来人才辈出，有“宋朝父子公侯三宰相，明纪祖孙太保五尚书”之说。著名的《长生殿》就是洪氏家族洪昇所著。晚年归隐于西溪湿地（五常街道）的明刑部尚书洪钟，在当地修建洪园，作为休憩吟咏之所，以诗书礼家，传承优秀家族文化、为官清廉而传世。

（区史志研究室）

区划及人口

【行政区划】 余杭区辖余杭街道、仓前街道、闲林街道、五常街道、中泰街道、仁和街道、良渚街道7个街道，以及瓶窑镇、径山镇、黄湖镇、百丈镇、鸬鸟镇等5个镇。余杭区人民政府驻仓前街道文一西路1500号。截至2022年末，全区有建制村116个、社区106个。

（区统计局）

【人口】 截至2022年末，全区户籍人口72.91万人，年末总户数22.68万户。全区人口出生率12.3‰，人口自然增长率为7.6‰。户籍出生婴儿性别比为105.30（女=100）。

2022年余杭区镇（街道）村（社区）一览表

表2

镇（街道）	社区	村
余杭街道	通济社区、南渠社区、山西园社区、南安社区、凤联社区、上文山社区、沈家店社区、文昌社区、大禹社区、凤栖社区、凤阳社区、锦银社区、云轩社区、毓溪社区、宝塔社区、凤凰山社区	中南村、竹园村、金星村、华坞村、上湖村、义桥村、仙宅村、溪塔村、下陡门村、永安村、洪桐村
闲林街道	方家山社区、北山社区、华丰社区、孙家坞社区、翡翠社区、山水社区、良睦社区、竹韵社区、闲创社区、静林山社区、闲湖社区、甄家湾社区、华溪社区	西溪源村、桦树村、云栖村、何母桥村、万景村、闲林村、民丰村、联荣村
仓前街道	太炎社区、仓南社区、宋家山社区、朱庙社区、葛巷社区、龙潭社区、向往社区、景腾社区、创景社区、万和社区	灵源村、高桥村、吴山前村、连具塘村、永乐村、苕溪村
中泰街道	石鸽社区、桃源社区、新明社区、幸福河社区、横溪社区、清水湾社区	岑岭村、紫荆村、南湖村、南峰村、白云村、枫岭村、新泰村、双联村、泰峰村、中桥村
五常街道	沿山河社区、横板桥社区、顾家桥社区、荆丰社区、文一社区、荆山社区、友谊社区、五常社区、永福社区、景盛社区、西溪风情社区、云创社区、洪园社区、海汇社区、海曙社区、邱桥社区、海创社区、宏湾社区、南滕社区、荆阳社区	—
良渚街道	施家湾社区、新桥社区、万年桥社区、亲亲家园社区、铭雅社区、棕榈湾社区、崇福社区、金家渡社区、管家塘社区、逸居城社区、良渚文化村社区、北秀社区、北宸社区、聚贤社区、通运社区、玉鸟社区、越秀社区、博园社区、西塘雅苑社区、吴家厍社区、长桥社区、昌运社区、玉泽社区、新溪社区	大陆村、东莲村、杜甫村、荀山村、良渚村、杜城村、行宫塘村、南庄兜村、良港村、小洋坝村、安溪村、勾庄村、七贤桥村、石桥村、纤石村、新港村、港南村、运河村、东塘河村、西塘河村
仁和街道	獐山社区、和庭社区、芳甸社区、和宸社区	永胜村、东塘村、葛墩村、永泰村、洛阳村、新桥村、东风村、东山村、云会村、栅庄桥村、三白潭村、平宅村、普宁村、渔公桥村、奉口村、花园村、双陈村、九龙村
瓶窑镇	里窑社区、杨梅坞社区、新窑社区、瓶窑社区、华兴社区、溪东社区、学府社区、羊山社区	窑北村、长命村、凤都村、西安寺村、彭公村、塘埠村、外窑村、大观山村、崇化村、南山村、奇鹤村、石濑村、张堰村
径山镇	径乐社区、桥头社区	小古城村、径山村、潘板桥村、漕桥村、长乐村、麻车头村、平山村、绿景村、双溪村、四岭村、求是村、前溪村、西山村
黄湖镇	吴四坊社区	赐璧村、青山村、王位山村、虎山村、清波村

续表 2

镇（街道）	社区	村
鸬鸟镇	秀山社区	前庄村、仙佰坑村、雅城村、太平山村、太公堂村、山沟沟村
百丈镇	镇东社区	半山村、百丈村、仙岩村、石竹园村、溪口村、泗溪村
合计	106 个	116 个

（区民政局）

【交通区位】 余杭区作为杭州市北部门户枢纽，位于浙江省域空中“1小时交通圈”及杭州都市圈1小时公路交通圈内，地理位置优越，交通便利。穿境而过的有两条铁路（杭宁高铁、湖杭铁路），杭州地铁2号线、3号线、4号线、5号线、10号线、16号线、19号线，5条高速公路（杭宁高速、杭徽高速、绕城高速、杭长高速、二绕西复线），6条快速路［运溪高架路、上塘高架路、莫干山路高架、文一西路（在建）、留祥快速路西延（在建）、天目山路（在建）］，4条国道（G329、G320、G235、G104），2条省道（S214、S305），2条主要河流（东苕溪、京杭大运河）。区内的杭州西站，是杭州铁路枢纽的西翼核心。

（区统计局）

共同富裕示范区建设

【共同富裕建设成果】 2022年，余杭以“争当奋力推进中国特色社会主义共同富裕先行的排头兵”为目标，制定“支点计划”，围绕“三个一批”，推进重点工作和重大改革，探索形成一批典型案例，营造共建共享的社会氛围，推进共同富裕示范区建设。余杭区在2021年全省共同富裕考核中获优秀等次，居全省90个县（市、区）第一位，获省政府督查激励。人才“双向双创”模式入选浙江省高质量发展建设共同富裕示范区第二批试点，“禹上稻香”和“乡创共同体”2个项目入选杭州市争当浙江高质量发展建设共同富裕示范区城市范例第二批试点；“三三三”共富治理体系入选浙江省高质量发展建设共同富裕示范区最佳实践（第一批），“双碳革新”生态共富新模式和未来社区可持续运营的“余杭模式”2个项目入选杭州市首批最佳实践。截至年末，余杭区有省级试点1个，市级试点4个，省级最佳实践1个，市级最佳实践2个，省、市试点和最佳实践总数量居杭州市首位。其中，人才“双向双创”模式相关做法在省共同富裕简报《浙里共富》第57期上刊登。农村职业经理人模式获省委书记袁家军批示；未来社区长效运营模式、“1+5”山城协作机制、“禹上稻香”模式、“舒心养老”等工作获多位省领导批示肯定。国家发展改革委肯定余杭区共富工作。全国人大常委会副委员长、全国妇联主席沈跃跃对余杭妇女投身共同富裕示范区建设给予肯定。是年，余杭区被评为健康浙江建设首轮3年先进县（市、区），连续4年获得健康浙江考核优秀。入选全省常住老年人能力评估试点区和全省长期照护保障制度试点区，余杭制定的《居家老年人送餐服务规范》上升为省级地方标准，翡翠社区创建为全国示范性老年友好型社区。良渚文化村社区、葛巷社区、翡翠社区等3个社区被评为全省首批未来社区，“禅径寻农·径鸬”县域风貌区、瓶窑老街传统风貌区被评为省级样板区，总数居全省各县（市、区）第一位。实施“强村兴业富农三十条”新政，城乡居民收入比持续居全省最优行列，入选国家乡村振兴示范县创建名录。

【共同富裕建设重大改革方案】 2022年，余杭区出台《余杭区“扩中”“提低”行动方案》《关于促进3岁以下婴幼儿照护服务健康发展的实施方案》《关于进一步推进“舒心养老”工作的若干意见》《余杭区推进面向共同富裕的教育改革发展工作实施方案》《关于落实新时代余杭产业工人队伍建设激励计划的实施意见》《余杭区城乡风貌整治提升行动实施方案》《余杭区未来乡村示范带创建实施方案》《“浙江有礼·文明圣地”余杭区“文明有礼”基本单元创建实施方案》《余杭区全面推进“大综合一体化”行政执法改革实施方案》等一批改革方案。

【人才“双向双创”模式】 2022年，未来科技城实施的人才“双向双创”模式入选浙江省高质量发展建设共同富裕示范区第二批试点。该模式按照人才“共建、共享、共富”理念，探索跨区域、跨领域的人才共建模式，推动科技成果转移支付体系和产业链山海协作机制创新。建设“人才共富协同体”，建立“三变三联”机制、投入共担和利益共享机制，建成浙江人才大厦，推动梦想小镇“双创”模式标准化推广。建立面向市场的人才评定体系，强化金融和知识产权服务。建设创新链、产业链、供应链对接通道，推动建立跨区域产业协作机制。实施“百千万”人才引培计划，建立国际化人才发展体系和人才成长培育体系。建立人才项目精准化管理系统，推广应用人才“一码通”，实现“关键小事”一键通办、一站统办。

【“三三三”共富治理体系】 2022年，径山镇实施的“三三三”共富治理体系入选浙江省高质量发展建设共同富裕示范区最佳实践（第一批）。该体系以“民主协商”“党建+”为基础，形成“三三三”（通过全主体参与、全领域覆盖、全过程规范的“三全”协商机制，实践破解治理共识不齐、治理统筹不均、治理效率不高三大问题，实现社会美、环境美、产业美的“三美”）。以小古城、径山、前溪3个村为核心，以“1+X”模式联动其他村建立3个乡村新社区。“云上径山”数字驾驶舱特色应用场景形成线上预警预判、流转处置、指挥调度、结果反馈的治理闭环。全领域覆盖协商，推出“径和指数”，包含党建引领、环境提升、平安护航、集体经济、民生工程五大方面，村（社区）、园区、企业均建立协商阵地，组建党组织为主，特邀专业嘉宾的议事团，分类分行业解决问题。完善民主议事目录，搭建民主议事平台，规范民主议事程序，全过程监督问效。实现工作由“群众提”，议题由“支部审”，方案由“网格议”，决策由“代表决”，过程由“专人督”，结果由“群众评”。

【“12345”模式】 2022年，“瓶窑镇实践的‘12345’模式，打造全省示范‘乡创共同体’”入选杭州市争当浙江高质量发展建设共同富裕示范区城市范例第二批试点。该模式以乡村创业创新体制机制改革为切入点，建设基于乡村、连接城乡的乡创服务网，推动“政、企、人”3类乡村创业主体协同，推进农业、科技、文创、旅游产业融合，实现党建共联、文化共育、要素共享、城乡共荣、善治共兴机制创新。推动南山村、窑北村、西安寺村、石濑村联合发展，从南山未来乡村省级试点扩展到瓶窑全域未来乡村示范带，深化“三权到人（户）、权随人（户）走”改革2.0版，搭建乡村资源、农村资产、城乡资本转化通道。实施农民持股计划、农民创业促进行动，推动四村近2万名常住人口就业增收。依托窑北桃园、满山红蔬果专业合作社、西安寺粮食生态园等农业资源，打造“乡耕创收旅游线”；依托乡村科创园、人力资本产业园、未来农业工厂等重点项目，打造“乡工创业旅游线”；依托石濑花灯、狮子山遗址及研学基地等非遗和遗迹资源，打造“乡遗创作旅游线”；串联瓶窑老街、南山造像、石濑火车站观光绿铁等区域内外旅游资源，打造“乡游创意旅游线”，推动形成乡村创业场景建设成果，辐射带动周边乡村发展。

【“禹上稻乡”共富模式】 2022年，余杭街道实施的“禹上稻乡”共富试点入选杭州市争当浙江高质量发展共同富裕示范区城市范例第二批试点。余杭街道以都市农业发展体制机制创新为切入点，探索都市农村共建模式。模式包括形成高附加值都市农业发展模式，创设农田云端管理新场景，推动农文旅融合发展，形成城乡互补、多村互助、多元互动的农村集体经济发展路径。

【未来社区长效运营模式】 2022年，区住建局实施的未来社区长效运营模式入选杭州市争当浙江高质量发展建设共同富裕示范区城市范例最佳实践。在该模式下，政府发挥统筹协调、监督考核、党建治理等职能；绿城物业服务集团统筹场景运营，指导运营商发挥市场专业能力。建立"政府主导—空间无偿使用—开发收益回馈"模式。借助未来社区数字化平台打造，实现社区数据智能分析，减少事件流转程序和办理时间，减少运营支出。统筹社区运营，以商业收费服务收入反哺公益普惠服务支出，实现资金收支平衡。其中良渚文化村社区由杭州万科物业服务有限公司统一运营，是全省唯一实现盈亏平衡的未来社区项目，良渚文化村的未来社区运营实践被评为浙江省未来社区场景运营"最佳实践"优秀案例。

【"双碳革新"生态共富模式】 2022年，市生态环境局余杭分局实施的"双碳革新"生态共富模式入选杭州市争当浙江高质量发展建设共同富裕示范区城市范例最佳实践（第一批）。在该模式下建设"余杭碳眼"减污降碳协同管理场景应用，促使环境污染防治从末端治理向源头预防和治理转变。通过搭建"碳普查""碳分析""碳管理""碳服务"4个子场景，开展区域、行业、企业3个层次的碳排放综合分析与减污降碳协同分析，分行业建立排放管理基准。研究并建立区域及企业减污降碳协同指数，指导区域及企业减污降碳工作。"余杭碳眼"场景应用可归集共享数据资源，实现区域减污降碳现状、重点管控行业与企业、减污降碳成果一屏可见。通过争取和引入绿色金融资源、社会碳普惠资源、绿色认证服务、减污降碳技术改造和咨询服务等，鼓励居民践行绿色消费方式，促进企业绿色低碳发展。

（张　扬）

经济建设

【经济总量】 2022年，余杭区实现地区生产总值（GDP）2651.25亿元，可比价增长1.0%。其中，第一产业增加值41.83亿元，增长2.2%；第二产业增加值339.25亿元，增长0.1%；第三产业增加值2270.16亿元，增长1.1%。全区三次产业结构由2021年的1.6∶13.5∶84.9调整为1.6∶12.8∶85.6。

【数字经济】 2022年，余杭区数字经济核心产业实现增加值1699亿元，比上年增长0.7%，占全区地区生产总值的64.1%。全区有规模以上数字经济企业334家，营业收入5660.67亿元。分企业类型看，规上服务业202家，实现营业收入5396.72亿元，下降1.8%，占规上数字经济核心产业营业收入总量的95.3%；规上工业企业132家，实现营业收入263.95亿元，增长7.1%，占规上数字经济核心产业营收总量的4.7%，占比比上年提高1.9个百分点。分产业细类看（交叉不剔重），数字内容和信息软件分别实现营业收入5364.88亿元、5409.75亿元，占全市的比重分别为54.1%、45.3%。全区数字经济主要集中在信息软件、数字内容等领域。

【农业发展】 2022年，余杭区实现农业总产值67.14亿元，增长3.0%，农林牧渔呈齐头并进态势。其中，种植业产值35.55亿元，增长2.6%；林业产值9.50亿元，增长6.2%；畜牧业产值3.92亿元，增长13.4%；渔业产值12.12亿元，下降0.6%；农林牧渔服务业产值6.05亿元，增长8.3%。

【工业发展】 2022年，余杭实现工业增加值294.44亿元，其中规模工业增加值242.62亿元，比上年下降0.4%。规模工业实现高新技术产业增加值205.48亿元，增长1.8%，占规模工业的84.7%。规模工业新产品产值率43.3%。装备制造业增加值143.19亿元，下降0.6%；战略性新兴产业增加值121.06亿元，增长4.0%。健康制造业增加值36.33亿元，增长2.8%。规模工业营业收入1073.69亿元，下降0.7%；利润总额

104.11亿元，增长19.2%。企业成本费用利润率为10.6%，比上年提高1.80个百分点。

【创新质效】 2022年，余杭区入选科技部公示的国家级高新技术企业591家，新增国家级专精特新“小巨人”企业33家，数量居全省第一位。新增上市企业7家，数量居全市第一位。新增省级企业研发机构59家，新增国家知识产权优势企业5家，有效发明专利3230件，其中高价值专利800件。余杭区创新指数居全省县（市、区）第二位，R&D经费占地区生产总值的4.51%，居全省第三位。余杭区入选全国首批商业秘密保护创新试点区，被评为国家知识产权强县建设示范县。

【惠企扶持政策】 2022年，余杭区出台创新余杭“黄金68条”“稳进提质58条”“助企纾困36条”和减负降本等政策。全年兑现各类惠企扶持政策资金114.27亿元。其中，兑现2021年新出台的纾困政策资金或上级要求配套支持的政策资金21.06亿元，兑现率100%。

（区史志研究室）

政治建设

【党的二十大精神宣讲】 2022年，余杭区根据党的二十大“六学六进六争先”学习实践活动要求，举办党的二十大报告精神座谈会、区委理论学习中心组专题学习会、党的二十大精神市委宣讲团报告会、党的二十大专题党课等宣讲活动，形成一级抓一级、层层抓学习的热潮，把学习贯彻党的二十大精神与“建设城市新中心”结合起来，将党的二十大决策部署落实到余杭的经济社会、民生建设、基层治理等工作当中，为建设杭州城市新中心提供坚强的组织保障。

2022年11月8日，市委常委、区委书记刘颖到瓶窑中学向师生宣讲党的二十大精神 （区教育局 供图）

【政治理论学习宣讲】 2022年，余杭区推动学习宣传贯彻党的二十大精神在全区开展。研究阐释习近平总书记在浙江工作期间对余杭的系列重要指示批示精神，开展径山小古城村“众人的事情由众人商量”溯源，扩大“樟树下议事”品牌影响力。建成全省首个理论宣讲空间总部。打造“新时代创客说”宣讲品牌，举办党的二十大、省党代会精神等专场宣讲活动3000多场，受众50多万人。

【党风廉政建设】 2022年，余杭区各级纪检监察组织共立案301件，党纪政务处分300人，留置11人，移送司法机关13人。制定《推进“以案四促”制度化常态化工作实施办法》，发出纪检监察建议书22份，召开警示教育会8场。开展亲清政商关系“示范先行”专项行动，推动整改突出问题34个。开展酒驾醉驾及其背后“四风”问题等专项治理，处理152人，查处“三不”问题44起，处理83人。常态化开展失实检举控告澄清正名28件。持续开展村级“监察联络日”活动，“一肩挑”人员全链条监督做法获得第三届浙江基层清廉建设创新经验奖。

【基层党组织建设】 2022年，余杭区实施“争星晋位·全域建强”行动，推进城乡现代社区建设，完成2个超大社区规模调整，开展

“共富工坊”建设、环杭州农副产品物流中心等党建联建。实施“党建聚力·余杭楼长”工程，建立网格（小区）党组织，配备微网格（楼道、楼栋）长。开展“党建聚力·百园百品”专项行动，打造30个集聚区党建品牌，梦想小镇“五创”工作法入选中央组织部案例。组建外卖骑手行业综合党委、快递行业党委、交通运输行业党委。成立全市首个流动党员综合党委，打造三级“暖流之家”213个，纳入管理的流入党员3400多人。

（区史志研究室）

2022年5月21日，第21届中国茶圣节开幕

（径山镇　供图）

文化建设

【精神文明建设】 2022年，余杭区打造“浙江有礼·文明圣地”品牌，一体推进“好家庭”“好邻里”“好家园”建设，《让现代村社成为“文明有礼”基层展示单元》入选全省宣传文化系统共同富裕最佳案例。在全市率先成立新时代文明实践“和润”基金，培育“伢伢习德”未成年人思想教育品牌，3人被评为“浙江好人”，2人被评为杭州市道德模范。健全“1+12+N”志愿服务体系，建成区新时代文明实践中心，招募志愿者30万人，总数居全市第一位。2022年杭州市志愿服务项目大赛获奖数量居各区县（市）第一位。

【文化事业发展】 2022年，良渚遗址保护作为中华文明探源工程成功案例，获中央媒体集中报道。《求是》杂志刊发良渚遗址保护研究利用经验做法，中国国家版本馆杭州分馆建成开放，“径山茶宴”入选人类非物质文化遗产，老虎岭遗址公园开园；余杭区举办“杭州良渚日”、中国茶圣节等活动。余杭区以全省第一的成绩通过浙江省文旅产业融合试验区建设验收，入选“浙江省文化传承生态保护区”，文博事业发展水平评估指数居全省第一位，文化事业和旅游产业稳进提质指数居全市第一位。举办第十五届中国民间文艺山花奖颁奖典礼。仓前街道创建为第六批全省“扫黄打非”进基层示范点，余杭街道创建为浙江省农村文化礼堂建设示范街道，永安村文化礼堂创建为浙江省特色文化礼堂。全省首发文化保障卡。开展文艺赛事、“美丽洲”“相约”等文化惠民活动近万场，惠及群众1460万人次。

【文艺精品扶持】 2022年，区委宣传部根据文艺精品扶持政策，项目申报总投资超50亿元，电视剧《问天》获得第十六届全国精神文明建设“五个一工程”优秀作品奖；获得省“五个一工程”优秀作品奖4部，《大浪淘沙》《问天》等获第32届浙江电视“牡丹奖”电视剧优秀作品奖，获国家艺术基金项目1个，省文艺基金扶持项目5个，国家及省、市级奖项21个。吸引杨丽萍、陈海飞、张勇等30多名文化领军人才签约入驻，引进文化企业85家，注册资本超15亿元。“文艺基金矩阵推动文化共享共富”被评为2022年杭州市宣传思想文化工作创新项目。截至年末，全区有规上文化企业135家。

（赵志博）

社会建设

【民生保障】 2022年，余杭区出台强村富民、强社惠民“双十条”，农村居民人均可支配收入首次超5万元，城乡居民收入比缩小至1.55：1。建立全省首家灵活就业服务中心，新增就业3.79万人。全年新投用学校项目19个，杭州第二中学余杭学校（余杭第一中学）、杭州学军中学余杭学校（余杭中学）揭牌成立，瓶窑中学被授予中国美术学院生源基地，入选省义务教育阶段作业改革试验区。浙江大学医学院附属第一医院良渚分院（余杭第一人民医院）投入使用，全区基层就诊率和县域就诊率居全市第一位，余杭区连续4年获健康浙江考核优秀。完成年度民生实事项目，竣工安置房124.80万平方米，实施老旧小区改造提升18.50万平方米，新增示范型居家养老服务照料中心12家，新增社区婴幼儿成长驿站31家，托位1700多个。

【社会治理】 2022年，余杭区建成区社会治理中心，建立全省首个县（市、区）级大调解协会。开展公共安全、社会治安、矛盾纠纷等重点领域专项整治。小古城村基层民主协商“四议六步”工作法入选全国社会治理创新案例。开展法助共富、法护平安专项行动。承办“法治浙江”“平安浙江”两大论坛。

【人才雁阵格局】 2022年，余杭区新增自主培养国家级海外高层次人才14人，省“鲲鹏行动”计划人才1人，市“西湖明珠工程”海外高层次人才24人，新认定市级C类以上人才52人。自主培育省领军型创新创业团队15个，省“海外工程师”15人。全球青年科技人才杭州之家落户未来科技城。举办全球人工智能技术大会等重大赛会30多场，组织企业赴武汉大学、浙江大学等开展校招活动50多场，全年招引35周岁以下大学生4.2万余人，全区人才总量超35万人。成立“人才引领、创新制胜”发展联盟，新增国家级博士后工作站2家，省级院士工作站7家、省级博士后工作站11家。打造全区“1+N”人才驿站综合服务矩阵，拓展“才金直通车”合作渠道，建立“人才飞地”高层次人才一体化互认机制，探索飞地人才享受同城待遇路径。

（区史志研究室）

生态文明建设

【生态文明建设目标责任制】 2022年，余杭区分解落实《杭州市2022年度生态文明（美丽杭州）建设目标责任书》、“美丽浙江”建设年度任务、“美丽杭州”建设年度任务，推进“新时代美丽杭州建设三年行动计划（2020—2022）”。出台《杭州市余杭区2022年度生态文明（美丽余杭）建设目标责任书及考核评分细则》，对12个镇（街道）和23个区级部门下达生态环保年度目标任务；制定《区直单位美丽余杭建设考核办法》，首次将部门生态文明建设工作纳入区综合考评。

【生态文明建设成果】 2022年，余杭区创建澄清港（下洋村—澄清闸站）、大世洋省级“美丽河湖”2条，创建生态文明教育基地区级4家，市级1家，省级2家，绿色学校区级18家，市级7家。开展全域28家企业“浙固码”试点，建成十三大领域50个区级“无废细胞”。探索“无废酒店”等余杭特色“无废细胞”类型，浙江虎哥环境有限公司“虎哥数字城市生活垃圾治理服务”入选生态环境部“无废城市”建设先进适用技术（第二批），农牧结合“畜禽—沼液—作物”区域大循环生态消纳模式入选2022年浙江省全域“无废城市”建设巡礼。6月15日，余杭区举办浙江省2022年“全国低碳日”主场活动，分享余杭区作为全省首批减污降碳协同试点单位的建设经验，活动被新华社等主流媒体报道。

【生态文明制度体系建设】 2022年，余杭区编制《余杭区生态文明示范区建设规划（2022—2030年）》，出台治水、治气、治土、清废等工作年度实施计划及专项考核办法。区政府及所辖12个镇人民政府（街道办事处）向同级人大报告辖区生态环境状况和环境保护目标完成情况。推进生态补偿机制，东苕溪流域横向生态保护补偿机制在全省“生态补偿 共富大美”主题活动上作为典型代表签约，全年向德清县拨付东苕溪流域饮用水源保护生态补偿资金600万元。继续实施闲林水库水源保护生态补偿机制，全年区财政转移支付闲林街道500万元。“青山村建立水基金促进生态富民”入选第三批全省生态环境系统共同富裕最佳实践，“余杭区青山村从‘一滴水’实现生态富民”入选杭州市第一批绿色共富和生态文明示范创建优秀实践名单。

“6·15”全国低碳日主题活动现场（摄于2022年6月）
（张 涛 摄）

【自然生态保护】 2022年，余杭区生态保护红线面积111.64平方千米，占比11.85%，新增国土绿化面积80.53公顷。实施“绿盾2022”专项行动，开展自然保护地遥感监测，发现并交办疑似问题线索清单48个，全部完成现场核查和问题整改，完成10例生态损害赔偿案件。开展生物多样性调查，记录到国家保护动物彩鹮、穿山甲、黑麂、中国瘰螈、豹猫等珍稀物种。加强生物多样性宣传，承办第29个国际生物多样性主题日杭州主场活动“良渚生物多样性大揭秘——千载良渚生物多样性探索”，活动被《浙江日报》、新浪、百度等10多家媒体、平台同步直播，观看超百万人次。

【数字赋能减污降碳】 2022年，余杭区在全国率先开展企业减污降碳协同增效指数研究，完成杭州市977家重点企业近3年得分测算，在浙江省“全国低碳日”活动上正式发布。发布“余杭碳眼”场景应用，通过碳普查、碳分析、碳管理、碳服务，实现污染物及碳排放情况动态监管、科学评估，形成与科技、金融等专业服务连通联动的减污降碳服务体系，建立636个工业企业排放账户。“数字赋能减污降碳，打造‘双碳革新’生态共富新模式”入选杭州市争当浙江高质量发展建设共同富裕示范区城市范例最佳实践（第一批）以及浙江省减污降碳协同创新区建设典型案例，被全省《数字化改革（工作动态）》录用，被《人民日报》等媒体报道。2022年，径山镇、黄湖镇青山村等7个单位入选浙江省第二批低（零）碳镇街（街道）、村（社区）试点。

（王木兰）

编辑：范雅君

中共杭州市余杭区委员会

Yuhang District Committee of the Communist Party of China

重要会议

【区委十五届五次全体（扩大）会议】 2022年1月7日召开。会议深入学习贯彻党的十九届六中全会精神和省委十四届十次全会、市委十二届十四次全会精神，回顾总结2021年工作，重点部署2022年任务，动员全区上下从党的百年奋斗历程中汲取智慧和力量，砥砺前行，接续奋斗，纵深推进“创新余杭、品质之区、文明圣地”建设，奋力争当展示“重要窗口”和共同富裕示范区的排头兵，以优异成绩迎接党的二十大胜利召开。

【全区“双千亿　新征程”高质量发展大会】 2022年2月18日召开。会议深入贯彻落实党的十九大、十九届历次全会、中央经济工作会议和省委、市委、区委全会精神，聚焦“奋战3年，实现地区生产总值突破3000亿元、财政总收入突破1000亿元”目标，纵深推进“创新余杭、品质之区、文明圣地”建设，奋力争当展示“重要窗口”和共同富裕示范区的排头兵。

【全区争当共同富裕示范区排头兵工作推进大会暨“民心同向 余民共富”部署会】 2022年3月31日召开。会议深入学习贯彻习近平总书记关于推进共同富裕的重要论述，认真贯彻中央和省委、市委的重大决策，进一步明确2022年余杭区推进共同富裕工作的相关部署，落实落细共同富裕工作。

【区委十五届六次全体（扩大）会议】 2022年8月1日召开。会议高举习近平新时代中国特色社会主义思想伟大旗帜，深入贯彻落实党的十九大和十九届历次全会以及省第十五次党代会、市第十三次党代会和市委十三届二次全会精神，总结2022年上半年工作，部署下半年任务，审议通过《区委关于锚定“建设杭州城市新中心”总目标 全力提升“五大能级” 深入实施“六大行动” 奋力争当“两个先行”排头兵的决定》，动员全区广大党员干部群众，凝心聚力，砥砺前行，全力以赴建设世界一流的社会主义现代化国际大都市新中心，争当奋力推进中国特色社会主义共同富裕先行和省域现代化先行的排头兵。

【全区深化国有企业改革动员会】 2022年8月29日召开。会议认真学习贯彻习近平总书记关于国有企业改革发展重要论述精神和中央、省、市关于深化国企改革的总体部署，进一步统一思想、坚定信心、明确路径，对全区全面深化国企改革工作进行动员和部署，为奋力“建设杭州城市新中心，争当‘两个先行’排头兵”提供强劲动力。

【全区领导干部大会】 2022年10月25日召开。会议传达学习党的二十大精神，明确宣传贯彻党的二十大精神是当前头等大事，也是一项极为重要而紧迫的政治任务，对全区组织开展学习宣传贯彻党的二十大精神作出相关部署。

【区委十五届七次全体（扩大）会议】 2022年12月30日召开。会议高举习近平新时代中国特色社会主义思想伟大旗帜，全面学习贯彻党的二十大精神，认真落实中央经济工作会议和省委十五届二次全会、市委十三届三次全会决策部署，总结2022年主要工作，布置2023年重点任务，审议通过《区委关于全面学习贯彻党的二十大精神 以建设杭州城市新中心 争当“两个先行”排头兵的奋进姿态谱写中国式现代化余杭篇章的决定》，进一步动员全区广大党员干部群众，放大格局，奋勇争先，以建设杭州城市新中心、争当“两个先行”排头兵的奋进姿态，谱写中国式现代化余杭篇章。

（过 琳）

重要决策和活动

【党的二十大精神宣讲】 2022年，余杭区认真落实党的二十大“六学六进六争先”学习实践活动要求，组织开展党的二十大报告精神座谈会、区委理论学习中心组专题学习会、二十大精神市委宣讲团报告会、二十大专题党课等学习宣讲活动，把学习贯彻党的二十大精神与“建设城市新中心”结合起来，将党的二十大决策部署落实到余杭的经济社会发展、民生建设、基层治理等工作中，为建设杭州城市新中心提供坚强的政治保障。

【全国科普示范区创建实施方案发布】 2022年1月13日，余杭区召开创建全国科普示范区动员部署会，发布《余杭区2021—2025年度创建全国科普示范区实施方案》，就加强党委政府对科学素质建设的领导，增强基层科普服务能力，提高重点人群科学素质，优化科普工作的社会环境等重点工作，制定涵盖52个考核项目的任务分解表。11月24日，经省、市两级实地验收后，余杭区作为浙江省15个创建单位内部排名第一的县（市、区）通过中国科协线上验收，创建为2021—2025年第二批全国科普示范区。

【创新余杭“黄金68条”产业新政发布】 2022年2月18日，余杭区举行“双千亿 新征程”高质量发展大会，发布创新余杭“黄金68条”产业新政。“黄金68条”分为“全面构建现代产业体系”“积极营造创新创业生态”“持续增强科技创新能力”“精心培育壮大市场主体”“促进内贸外贸协同发展”“着力打造国际人才高地”六大板块、17个方面，共68条，为余杭经济高质量可持续快发展提供重要政策支撑。

【全面贯彻新发展理念做好碳达峰碳中和工作的实施意见发布】 2022年8月25日，余杭区出台《关于完整准确全面贯彻新发展理念做好碳达峰碳中和工作的实施意见》，力争到2025年，全社会绿色低碳转型发展成效明显，能源结构进一步优化，能源利用效率走在全市前列；到2030年，高质量实现碳达峰，能源利用效率、碳排放水平达到国际先进，绿色低碳产业体系和现代治理体系基本建成，零碳、负碳科技创新策源能力显著增强；到2060年，实现碳中和目标，全面建立绿色低碳循环经济体系、清洁低碳安全高效能源体系及碳中和长效机制，整体能源利用效率达到世界领先水平。

【“十大工程”加快建设城市新中心工作方案发布】 2022年9月23日，“杭州这十年·余杭”主题新闻发布会上宣布启动创新策源、未来产业、文化地标、西站枢纽、碧水安澜、美好教育、舒心就医、交通畅达、社会智治、“五星幸福体”等“十大工程”，并发布《余杭区实施“十大工程”加快建设城市新中心工作方案》，推动杭州城市新中心建设。

（过 琳）

组织工作

【基层党组织】　截至2022年末，余杭区有基层党组织2916个。其中，党委215个，党总支132个，党支部2569个。在基层党委中，含镇党委5个，村党委98个，社区党委37个，独立核算的企业党委13个，机关党委16个，独立核算的事业单位党委12个。区委派出的党工委10个，分别是街道党工委7个及杭州未来科技城（海创园）党工委、杭州良渚新城党工委和杭州钱江经济开发区党工委。

【党员情况】　2022年，余杭区有党员51199名。其中，正式党员50474名，预备党员725名；女党员18813名，占党员总数的36.74%；少数民族党员345名，占党员总数的0.67%。是年，全区发展新党员592名。其中，女党员271名，占党员总数的45.78%；35岁以下党员396名，占总数66.89%；高中及以上文化程度的党员578名，占总数97.64%；工作在一线的480名，占总数81.08%；企事业、民办非企业单位聘任专业技术人员134名，占总数0.26%。

2022年余杭区党员年龄、文化结构一览表

表3

年龄	人数（人）	占比（%）	学历	人数（人）	占比（%）
35岁及以下	17053	33.31	研究生	4609	9.00
36岁至45岁	11002	21.49	大学本科	18961	37.04
46岁至55岁	6864	13.40	大学专科	9115	17.80
56岁至60岁	4351	8.50	中专	1494	2.92
61岁及以上	11929	23.30	高中、中技	5336	10.42
—	—	—	初中及以下	11684	22.82

【干部考核】　2022年，区委组织部建立“定期比拼、年度考核、及时性表彰”联动式干部考赛闭环。开展全区中层干部“季度之星”竞赛活动，表彰3批次1204人。完善“四考合一”干部考核评价体系，强化年度干部综合考核把关。整改落实省委选人用人工作专项检查“回头看”反馈意见。开展57名提任或转任重要岗位的区管领导干部“凡提四必”核查，随机抽查区管领导干部个人有关事项，对1名漏报干部予以诫勉处理。

【干部选拔任用】　2022年，区委组织部开展干部调配16批次，提拔区管正职领导干部8人、区管副职39人，转任重要领导岗位10人，平职交流65人。招录公务员64人、选调生8人。推进公务员工作联系点、示范岗创建，2家单位入选全市首批联系点名单。

【干部教育培训】　2022年，余杭区举行“重塑变革能力·攻坚六大行动”系列培训班，开展6个班次353人次项目领办比武。“宇航先锋”培养计划培训年轻区管干部、优秀科级以下干部718人次。实施“改革伙伴”计划，选派204名年轻干部到重大改革一线领办项目。选派52名中层干部到基层和产业平台锻炼，抽调26名年轻干部赴四川省甘孜州、广元市挂职交流，33人赴国家部委和上海、深圳等地交流学习、驻点招商。开展选调生“青苗”培养行动，经验做法在全市公务员工作推进会议上作交流发言。

【两新党建】　2023年，区委组织部开展“党建聚力·百园百品”专项行动，打造30个集聚区党建品牌，梦想小镇“五创”工作法入选中组部案例。打造“红领职业通”品牌，开发两新党组织书记“头雁”工程数字系统，实现全区924名两新党组织书记“选育考评”全生命周期管理、497名两新党务工作者资质认证全流程展示，相关做法在全市推广。组建外卖骑手综合党委、快递行业党委、交通运输行业党委等3个综合性党委。

【机关党建】　2022年，余杭区推进“双建争

先”工程，开展“双五一”系列活动，打造机关党建品牌70个，举办全区优秀机关党建品牌评选活动。开展“先锋领杭”双报到，推动“一机关一村社一企业”结对共建，选派101名机关中层干部担任社区党建指导员，服务1.50万人次，协助解决难题939件。慰问困难家庭2255户，发放慰问金144.24万余元，组织帮扶活动2327次。开展“破百难、助共富”活动，学前教育、特殊教育补短相关做法在全省“解百难 助共富”推进会上作典型发言。

【人才工作】 2022年，余杭区推行“领军人才+创新团队+人才项目”一体化引培模式，建设人才项目全生命周期管理系统，服务海内外高层次人才项目195个。举办《麻省理工科技评论》TR35全球—亚太榜单发布仪式等重大赛会30多场。全年招引35周岁以下大学生4万余人，全区人才总量超过35万人。

（范文哲）

宣传思想工作

【政治理论学习宣传】 2022年，余杭区举办区委理论学习中心组17次，邀请沈翔、戚海滨等领导专家作专题辅导报告。组织开展“六学六进六争先”学习实践活动，推动学习宣传贯彻党的二十大精神在全区开展。挖掘、研究、阐释习近平总书记在浙江工作期间对余杭的系列重要指示批示精神，开展径山小古城村“众人的事情由众人商量”溯源，扩大“樟树下议事”品牌影响力。建成全省首个理论宣讲空间总部。打造“新时代创客说”宣讲品牌，举办党的二十大、省党代会精神等专场宣讲活动3000多场，受众50多万人。

【新闻宣传】 2022年，余杭区选派记者到党的二十大主会场进行新闻报道，是全省唯一承担该项任务的县（市、区）。首获全国优秀新闻作品最高奖“中国新闻奖”，是全省唯一获此荣誉的县（市、区），也是全市首个有县级报刊获“中国新闻奖”的县（市、区）。

【媒体宣传】 2022年，余杭区合作设立中央广播电视总台浙江总站共同富裕示范区（余杭）观察点。全年，《人民日报》刊登余杭有关报道59篇，《新华每日电讯》刊登16篇，央视《新闻联播》播出28条，《浙江日报》头版刊登35篇，《浙江新闻联播》播出155条，广播电视各月用稿量均居全省县级融媒体第一位，媒体融合指数居全市第一位，“韵味杭州”国际传播量居全市第一位。开展统筹疫情防控和经济社会发展、“两廊一轴”发展空间新格局、杭州城市新中心建设等主题宣传。“影像24小时”新媒体作品获全国短视频大赛最佳短视频奖、“浙江新闻奖”一等奖等奖项。

【宣传文化数字化改革】 2022年，区委宣传部牵头建设数字文化系统，迭代系统架构，承接省“数字文化”系统改革县（市、区）试点场景，新增“余融数智通”“良渚遗址5000+”“理论学习慧”、一网打“净”数智在线、“文化出海直通车”、余杭文化保障卡6个省数字文化系统试点，数量居全市第一位。其中，“良渚遗址5000+”“余融数智通”为基层实践试点被评为全省数字化改革“最佳应用”；“构建良渚遗址保护传承和活化利用机制”获2022年度浙江省改革突破奖提名奖；“清朗网络智治系统”入选第二批全省宣传文化系统重点应用、第一批全省网信系统重点应用。

【社科联工作】 2022年，区社科联开展“余杭区推进未来乡村建设助推共同富裕的对策研究”等研究课题50项，相关研究成果获区级以上领导批示肯定20件次，其中，省领导7件次，市领导5件次，20多项课题成果在市级以上期刊发表。成立全省首个区级社科智库。举办“众人的事情由众人商量”理论研讨会暨余杭区“共同富裕研究联盟”成立仪式、余杭区2022年度“喜迎二十大 奋进共富路”社科普及启动仪式、共同富裕现代化基本单元建设研讨会、“亚运会与城市休闲”研讨会等。推出“空中社科”科普栏目。区社科联被评为全省首批、全市唯一的“重要窗口”建设社科调研基地，获全省“县社科联工作测评优秀单位”四连冠，余杭区作为全省唯一县（市、区）被评为全国社科组织先进单位。

（赵志博）

统一战线工作

【统战建言献策】　2022年，区委统战部以“做好‘663’，余杭见行动”为抓手，提升余杭统战工作品牌辐射面、公认度和影响力。刊发《同心汇·壹讯》12期，报送文字式重点建言60条，表格式建言75条，每期均获得区政府主要领导批示交办。

【自由职业人员统战工作】　2022年，区委统战部以全国首个“未来乡村实验区”在余杭区黄湖镇青山村落地为契机，由统战部门牵头，联合黄湖镇人民政府、青山村村委与青山同心荟持续开展月度基层民主协商议事会，让自由职业人员以青山同心荟会员身份参与民主协商基层治理，打造“议题征集—村民协商—共识提交—部门处理—结果公示”的闭环协商议事流程，将统一战线延伸到乡村，助力城乡融合发展和未来乡村实验区的建设。

【新的社会阶层人士培养】　2022年，区委统战部推荐新的社会阶层代表人士、党外知识分子和无党派人士24人次，参加省、市、区主体班、培训班，培养和任用优秀新的社会阶层代表人士28人。

【牧区学校学生营养改善计划】　2022年，区委统战部联合区慈善总会启动“同心童梦·爱在稻城——牧区学校学生营养改善计划”项目，发动7个民主党派开展爱心募捐，筹集善款50多万元，受益学生900多人。

【网联之家启用】　2022年1月12日，浙江省网络界人士联谊会、浙江知美画院、余杭民营经济人士之家、杭州市余杭区网络界人士联谊会在余杭区举行揭牌仪式，标志着浙江省网联会、浙江知美画院会址正式启用。

【“寻美·浙江”主题活动启动仪式在余杭举行】　2022年5月13日，“喜迎二十大 奋进新征程”——浙江省新的社会阶层人士“寻美·浙江”主题活动启动仪式在余杭区举行，省、市、区三级网联会签订会地合作框架协议。活动中，余杭区新的社会阶层人士创作摄影、文章、书画、诗歌朗诵等形式的作品，展现中国共产党领导下余杭区新的社会阶层人士同心向党的精神风采。

【“同心楼”揭牌启用】　2022年6月14日，余杭区首个综合性统战阵地“同心楼”揭牌。“同心楼”主要包含同心向党、同心数智、同心长廊、同心体验、同心画苑五大功能区块，以及7个民主党派和知联会、新联会、侨联等展示阵地，面积近900平方米，为各党派提供宣传展示、学习议政、联络等服务。

【区新的社会阶层人士“四大联盟”成立】　2022年8月2日，余杭区新的社会阶层人士“喜迎二十大·奋进新征程”主题教育活动暨余杭区新的社会阶层人士“四大联盟”成立大会在余杭街道永安村举行。区委统战部针对民营企业和外商投资企业管理技术人员、中介组织和社会组织从业人员、自由职业人员、新媒体从业人员四类群体，分别组建区级统战联盟组织，形成以“余杭区新联会”及各分会为基础的“一会四联盟”整体架构。以“一会四联盟”为平台，调动新的社会阶层人士的积极性，做大做强余杭新阶层“同心共富”“同心善治”“同心公益”三大服务品牌。

【区网络界人士联谊会成立】　2022年9月6日，杭州市余杭区网络界人士联谊会成立大会在梦想小镇举行。会上选举产生余杭区网络界人士联谊会第一届班子成员，成立中共杭州市余杭区网络界人士联谊会支部委员会。

（孙莎莎）

改革工作

【“创景计划2.0”迭代升级】 2021年4月，余杭区推动数字化改革“1512”体系架构迭代升级为“1612”，制订《关于深入实施“创景计划”全面推动数字化改革的工作方案》，强化项目三级联审制度，建立“项目单位申报—牵头部门初审—双周例会审核—月度例会审议—深改委会议审议”的立项审核准入机制。全年，数字化改革项目立项36个，压减项目32个，节约开发资金6000多万元。常态化落实数字化改革“三级例会”制度，通过“双周例会讨论—月度例会场景预演—双月会议演示发布”的形式培育打造标志性成果。1月4日、4月26日、7月6日、9月7日、12月8日，分别举行全区数字化改革双月推进会，听取数字化改革应用场景汇报24项，研究谋划改革思路举措。全年区领导举行各级例会、专题研究会10多次，领导小组办公室召开双周例会、工作研讨会100多次。围绕试点承接、场景开发、成果输出等维度对“6+1+1”系统（党建统领整体智治、数字政府、数字社会、数字经济、数字文化、数字法治、基层智治系统、一体化智能化公共数据平台）和领域各部门开展双月督查考评晾晒，全年编发《余杭区数字化改革督察通报》3期。

【全面深化改革工作】 2022年，区委改革办牵头谋划区级、镇（街道）、平台重点改革任务，谋划重大改革任务35项，其中，区级“牵一发动全身”重大改革项目20项，镇（街道）、平台15项。4月13日、12月8日，召开区委全面深化改革委员会第一次、第二次会议，审议通过文件4份，听取重点项目汇报5项。12月，区委改革办牵头召开区级重点改革任务绩效测度会，从项目完成情况、改革质效等维度评估各项改革任务。至年末，35项改革任务全部完成。全年新增国家级试点5个，省级试点58个，其中8个入选全省“一本账S2”，总结提炼理论制度成果64项。

【改革伙伴计划】2022年，区委改革办、区委组织部牵头实施“改革伙伴计划”，面向全区党政机关、企业、科研机构招募204名改革干部和企业家，组建“创新策源”“产业发展”“区域文化”“公共服务”“综合治理”五大战区，划分改革战队12支，以改革分享沙龙、改革协同攻坚、改革体验监督等形式开展活动，探索形成政、企、社、研一体联动的改革路径与模式。10月，举行余杭区“改革伙伴计划”恳谈会，“改革伙伴”代表9人交流发言。11月，《“改革伙伴”跨界合作 余杭创新机制赋能科创高地建设》专题片在浙江卫视《浙江新闻联播》“贯彻党的二十大精神特别报道”头条播出。

【数字化改革成果】 2022年，由余杭区牵头的“构建城市安全运行数智治理体系”获全省“改革突破奖”铜奖，参与的“‘县乡一体、条抓块统’县域整体智治”“电动自行车综合治理集成改革”等2项改革分别获全省“改革突破奖”金奖、铜奖。在全省数字化改革“最系列”评选中，牵头的城市安全运行CT智能服务应用、“良渚遗址5000+”应用被评为“最佳应用”，协同建设的“平安风险预测预警防控”“舆论引导在线”应用入选“最佳应用”，“发改大脑”作为基层贯通试点入选全省“最强大脑”。“浙警易网办”纳入全省“一地创新、全省共享”“一本账S0”。“平安风险预测预警防控”应用在全省8月数字化改革大会上获得省委主要领导肯定，“舒心养老”“数智大市场”等31项数字化改革做法获省级及以上领导批示肯定，“法治政府建设监督”应用场景被授予全省人大数字化改革创新优秀奖。“良渚遗址5000+”数智平台做法成效呈报中央改革办，在《浙里改（领跑者）》刊登，“减污降碳协同管理”“数智大市场”“以全民健身热，激发体育事业新动能”等6项做法在《浙里改（数字化改革）》专刊、《浙里改（竞跑者）》刊登推广，余杭“智慧服务 便捷居民生活”数字化改革成果在《人民日报》“建功新时代 非凡十年（浙江篇）”刊登，“特定行业准入”做法被《检察日报》刊载，“数字法治推动社会治理能力新跃升”做法在《法治日报》刊登，“云取证系统”理论成果在《人民检察》刊登。在6月、8月、10月全省数字化改革推进会上，余杭区数字化改革综合评价均获五星评价。

（全　凡）

机构编制工作

【机构情况】　截至2022年末，余杭区有行政机构79家（其中，纪检监察机关1家，党的工作机关10家，区委议事协调机构办公室8家，人大常委会机关8家，政府工作部门26家，政协机关1家，法院1家，检察院1家，群团机关4家，街道7家，镇5家，其他派出机构7家），事业单位336家。上级下达余杭区行政编制2297名，实有在编人员2066人；上级核定余杭区事业编制1.07万名，实有在编人员1.10万人。

【“大综合一体化”行政执法体制改革】2022年，区委编办继续开展“大综合一体化”行政执法体制改革。通过建立清单理事制度，梳理综合执法事项2347项，专业执法事项3432项，镇（街道）赋权清单877项，推进全区12个镇（街道）“一支队伍管执法”方案制定和全域赋权工作。精简整合执法队伍，推动区级层面撤销林业、住建等2支执法队，更名人力资源和社会保障、民政、发展改革等3支执法队伍，同步将740项执法事项、14名编制划转至综合行政执法部门，建立“1+8”［1支综合行政执法局（队）市场监管、生态环境保护、文化市场、交通运输、农业农村、应急管理、自然资源、卫生健康8支专业执法队］执法队伍体系。推行“县属乡用共管”制度，推动执法人员及执法辅助人员向基层“双下沉”，保障基层执法力量。“1+8”执法队伍有执法人员531人，派驻或辐射372人，占比69%；执法辅助人员192人，派驻或辐射124人，占比64.5%。

【基层管理体制改革】　2022年，区委编办出台《杭州市余杭区深化基层管理体制改革实施方案》，按照党建统领、经济生态、平安法治、公共服务4个领域，将全区镇（街道）分为特大型、较大型、一般型3种类型，差异化配置职能职责和机构编制资源；出台《杭州市余杭区行政事业编制周转使用管理办法》，统筹全区行政事业编制存量资源，应对急难险重任务需要。根据基层治理现代化和融合型大社区大单元工作需要，统筹镇（街道）约5%的编制，建立镇（街道）编制“周转池”，编制50名。

【科级事业单位调整】　2022年，余杭区新增科级事业单位15家，分别是杭州市余杭区农副物流管理服务中心、杭州市余杭区人大事务服务保障中心、杭州市余杭区政协事业发展中心、杭州市余杭区巡察保障中心、杭州市余杭区公共法律服务中心、杭州市余杭区工商联会员企业服务中心、杭州市余杭区国防动员服务保障中心、杭州市余杭区质量计量监测中心、杭州市余杭区天空之城小学、杭州市余杭区五常第三幼儿园、杭州市余杭区仓前云溢幼儿园、浙江开放大学余杭学院、杭州市余杭区医疗保障事务受理中心、杭州市余杭区中西医结合医院（筹）、杭州市余杭区第五人民医院（杭州市余杭区精神卫生指导中心）（筹）。

【机构编制保障】　2022年，区委编办开展各类人员编制保障工作，其中，医疗系统公开招聘人员265人，引进公共卫生领域人才100人；教育系统招聘中小学及幼儿园教职工423人，招录幼儿园合同制教职工453人，引进区外名优教师87人；公务员及参公招考95人，事业人员招聘72人。全年2274名编外教职工置换为合同制人员。

【事业单位法人登记管理】　2022年，区委编办受理完成事业单位设立11件，注销2家，变更212件，证书补换领36件，完成事业单位年度报告315件。全年完成475个中文域名续费。

【区社会治理中心设立】　2022年8月，经市委编委批准，同意组建杭州市余杭区社会治理中心，为区委直属正处级公益一类事业单位，由区委办统筹管理，挂杭州市余杭区综合信息指挥中心、杭州市余杭区数智治理中心牌子，负责上下贯通协调，统筹基层运行监测、矛盾调处、分析研判、协同流转、应急指挥、督查考核等功能。

（杨　琳）

效能监督和综合考评

【余杭区获杭州市综合考评第一名】 在杭州市2022年度区县（市）综合考评中，余杭区获得96.199分，居13个区县（市）第一位，连续6年位列榜首，获优秀等次。9项工作考核排名全市前三，其中"党建工作考核""全面深化改革""民生实事项目""文化繁荣兴盛""共性工作""满意度评价"等6项排名全市第一位；"美丽杭州建设""平安建设"等2项排名全市第二位；"高质量发展和共同富裕示范区建设"排名全市第三位；获得"高质量发展和共同富裕示范区建设""全面深化改革""美丽杭州建设""民生实事项目""文化繁荣兴盛"5个单项奖。2021—2025年度第二批全国科普示范县（市、区），"一星平安金鼎"等工作获市级综合考评国内影响加分。

【区级综合考评】 2022年度区级综合考评体系包括区直单位、平台、镇（街道）综合考评。考评架构体系以市级考评目标及区级六大行动为主要考核方向，辅以九大专项、日常履职、职能目标、满意度考评等考核维度；考核指标设置围绕省、市、区重点工作部署，区直单位、镇（街道）综合考评分别包括35个指标、74个指标，其中新增稳进提质、疫情防控、亚运筹备、共同富裕示范区建设、信访工作现代化示范区建设、现代社区建设、"亲清"助企、良渚文化研究等考核指标；大范围运用排名赋分法，在平衡各指标扣分力度的基础上激发区直单位、平台、镇（街道）的实干潜能。

【社会评价】 2022年，区大督查考评办围绕市级社会评价，分别于7月、11月对"两代表一委员"、基层干部、市场主体、群众代表等开展2次市级社会评价平时模拟测评，参评情况以点对点形式反馈各单位，测评结果以加分扣分形式纳入综合考评，引导各单位根据市级社会评价，形成快速反应机制。年终对71个区直单位、4个平台围绕"服务质量和工作效率""办事公正和廉洁自律""工作实绩和社会影响"等方面，12个镇（街道）围绕"物质生活""义务教育""医疗服务""养老服务""创业就业"等17个方面，通过"线上+线下"测评的方式开展区级社会评价。参评代表包括"两代表一委员"、基层干部、企业及社会各界代表、群众代表等，发送邀约参评短信2.6万条，反馈4409人。

【社会评价意见整改】 2022年，市、区两级社会评价收集纳入整改意见758条，其中，市级690条，区级68条。选取8条市级意见，28条区级意见作为年度重点整改意见，整改目标完成情况及时进行公示，年底对整改情况进行满意度测评。

【大督查工作】 2022年，区大督查考评办围绕区委、区政府中心工作，聚焦市级综合考评和重点工作任务，督查区委十五届五次全会、十五届六次全会重点工作任务和全区重大项目、民生实事项目、主要经济指标、征迁安置、土地出让、计划投用和开工教育项目等40多项工作。将督查与推动落实、破解难点、目标管理、服务反馈相结合，采取通报晾晒、"三单"交办、预警等方式，发挥督查作用。全年编发通报50期，专报1期，下发交办单37张，催办单10张，督办单1张，同步管理、统筹各类督查考核。

（邵王斌）

信访工作

【信访总量】 2022年，余杭区诉求类四级走访总量1121人次，比近3年平均值下降30.87%；受理诉求类网上信访2.83万件，比上年下降17%；受理诉求类来信500件，下降14.5%；受理来电135.5万件。收到信访事项复查复核申请

105件。区信访局被评为全省信访系统先进集体、人民网网上群众工作“民心汇聚单位”。

2022年5月11日，信访工作人员向来访群众宣传《信访工作条例》 （宛 琼 摄）

【全省信访工作现代化示范县创建】 2022年2月，省信访工作领导小组办公室同意在余杭区开展全省信访工作现代化示范区试点工作。余杭区召开创建全省信访工作现代化示范区动员大会，根据“系统重塑、迭代升级、示范引领”的总要求，推进信访工作法治化、系统化、专业化、数智化水平，形成《余杭区信访工作现代化探索与实践》《余杭区信访工作现代化“一镇街一品牌”》《信访十大领域经典案例汇编》等理论成果、制度成果和案例汇编，事迹被人民网、《浙江日报》、《杭州日报》等中央及省、市新闻媒体报道。

【人民建议征集】 2022年，区信访局开展人民建议征集，实行每月一征集制度，归集和提炼人民建议有效信息，推动群众意见建议转化为经济社会发展的政策举措，为政府决策提供参考。余杭区报送的6件人民建议案例，全部入围浙江省人民建议“金点子”评选活动，其中《直播电商助农》和《加强基层文化建设、构建“15分钟品质文化生活圈”》2件人民建议案例，被评为全省十大金点子案例，参评的人民建议数量、质量均居全省第一位。

【信访积案化解】 2022年，余杭区深化领导包案化解信访积案机制，区领导带头下访接访。152件由区领导包案的重点信访积案全部化解，其中15年以上的信访积案6件。区信访局常态化开展信访工作政策解释、宣传引导、思想疏导，促成“案结事了、事心双解”。截至年末，国家和省、市信访局交办的2005件积案全部化解，实现动态清零。

【信访工作数智赋能】 2022年，区信访局建立县域版“一图一指数”（信访工作“五色图”与“信访工作力指数”）应用场景，并延伸至镇（街道）、村（社区），形成即时感知、及时响应、数字赋能的信访工作模式。依托“12345”政务热线智能客服系统2.0，打造智能语音、智能辅助、智能派件、智能外呼平台，实现一次采集、多方共享，从源头上防止咨询建议件变为信访投诉件。开发“民呼我为·码上办”，回应群众诉求，强化信访源头治理，全年受理事项2.50万件，群众满意率98.8%。

【《信访工作条例》集中宣传月活动】 2022年5月，区信访局以“法治信访、以民为本”为主题，开展《信访工作条例》（下称《条例》）集中宣传月活动。邀请区领导及区直有关部门负责人集中参与接待群众来访、接听群众来电以及网上咨询答疑等活动，推动信访问题调处化解。举办微视频和主题征文以及《条例》知识竞赛等活动，推进《条例》进乡村、社区、学校、企业、单位，在全社会营造办事依法、遇事找法、解决问题用法、化解矛盾靠法的环境，相关活动被《杭州日报》等媒体报道。

（赵飞飞）

史志编研

【史志正本编研】 2022年，区委党史研究室（区地方志编纂研究室）（下称区史志研究室）完成《中国共产党余杭历史（1978—2002）》25章约60万字的评审稿改稿，研究实施2003—2012年内容编写工作。编纂《余杭年鉴（2022）》，增设“共同富裕示范区建设”“企业上市”等分目。编纂《余杭微村社志》第二辑、第三辑，收录全区12个镇（街道）约100个村（社区）的历史文化，聚焦展示余杭乡村的深厚底蕴和魅力，助力余杭“西部富美”党建联盟文化建设。

【史志喜迎党的二十大活动】 2022年，区史志研究室开展喜迎党的二十大系列活动。6月，与区档案馆联合举办“喜迎二十大·回望奋进路”主题征文活动，面向社会征集反映以伟大建党精神为源头的共产党人精神谱系在余杭的生动实践等事迹，活动评选出一等奖1名、二等奖2名、三等奖3名，文章在《余杭晨报》上刊出。9月26日至10月10日，联合区融媒体中心在“看余杭”APP举办“喜迎二十大·一起学历史”线上答题竞赛活动，吸引全区广大党员干部和群众1200多人参与，答题1.50万次。与企业联合开展“喜迎二十大·共赴新征程”结对共建活动，为企业党员干部上党课、赠书。

【红色资源保护利用】 2022年，区史志研究室向余杭抗日战争纪念馆、中共临余工委旧址、中国人民解放军8508铁道兵公墓等3处红色资源点下拨区级党史胜迹保护专项经费共约70万元。指导中共临余工委旧址提升改造，6月28日，中共临余工委旧址开放，相关信息在中央党史和文献研究院网站刊登。

【志书编纂指导】 2022年，区史志研究室对照全省“十四五”期间市县三轮修志和乡镇街道志编修计划目标要求，做好《五常街道志》《仓前志》《中泰街道志》编纂指导工作。截至年末，已出版《余杭镇志》《鸬鸟镇志》《瓶窑镇志》《良渚镇志》。

【史志数字化】 2022年，区史志研究室优化“红盟览胜”小程序，调整板块设置，丰富数据内容。完成第一批余杭方志古籍的数字化转换。

【史志宣教】 2022年，区史志研究室以手机短信推送方式，每周2次向全区约1300名党政领导干部推送党史、地方志信息，全年推送54期、108条。编撰《余杭史志》期刊4期。将“余杭史志”由订阅号调整为服务号，由每周一推改为每日一推；制作余杭红色资源、“跟着方志游余杭”、余杭古籍丛书推荐系列视频，被“学习强国”全国平台录用3条，省级平台录用2条，市级平台录用4条。开展史志“六进”工作，向机关、农村、社区、学校、企业、部队赠送《余杭史志》《风雅余杭》《余杭微村社志》《余杭通志》《改革开放以来中国共产党余杭历史专题集》等史志书籍3000多册。

【新时代余杭史志研究】 2022年，区史志研究室聚焦“八八战略”实施20周年，梳理“八八战略”实施以来余杭取得的显著成就，与高校合作开展“八八战略”专题研究及资政课题研究。参与全省《一张蓝图绘到底——忠实践行“八八战略”全纪录》项目，撰写余杭区内容。

【《风雅余杭》出版】 2022年6月，《风雅余杭》由西泠印社出版发行。该书聚焦行政区划优化调整后的余杭区的山水人文，记录余杭千年的历史沿革、秀丽的山水、爱国爱家的历代名人和最具余杭文化辨识度的历史故事等内容，是了解余杭的重要读本。

（刘雪萍）

党校教育

【干部教育培训】 2022年，中共杭州市委党校余杭区分校（杭州市余杭区行政学校、杭州市余杭区社会主义学校、余杭中华文化学院、杭州市余杭区干部教育培训中心）（下称市委党校余杭区分校）着力打造重塑干部变革能力的教学品牌，落实“宇航先锋”链式培养计划，举办“六大行动”专题研修班，学制45天的中青年干部“兴航计划”培训班，学制1个月的区管干部习近平新时代中国特色社会主义思想进修班等主体班次，全年完成主体班32期，培训3300多人次。邀请18名区委领导，47名部门主要负责人，92名省市党校专家讲授专题党课。

2022年余杭区干部教育培训情况表

表4

序号	培训时间	培训班名称	天数（天）	培训人数（人）
1	2月20—25日	新聘用事业人员和高层次人才“启航计划”培训班	6	120
2	2月25日至3月10日	区管领导干部党的十九届六中全会培训班	14	701
3	3月25日	党政领导干部“提升疫情防控能力”专题培训班	1	120
4	4月26—28日	第一期发展对象培训班	3	61
5	5月18—20日	第二期发展对象培训班	3	233
6	4月26日至5月6日	省委党校在职研究生考前辅导班	11	201
7	5月24—27日	区团干部培训班	4	48
8	5月27日、5月30日至6月2日	“发展大比拼”专题研讨班	4	54
9	5—12月	政协委员履职能力提升培训	全年	280
10	6月7—11日	区纪检监察干部综合业务培训班	5	57
11	6月8—11日	“城区大提升”专题研讨班	4	53
12	6月15—18日	“改革大攻坚”专题研讨班	4	77
13	6月20—23日	“民生大改善”专题研讨班	4	63
14	6月22—25日	“文化大兴盛”专题研讨班	4	53
15	6月27—30日	“社会大平安”专题研讨班	4	53
16	7月4—5日	基层妇女干部培训班	2	67
17	7月8—9日	“两新”党组织书记暨新生代企业家示范培训班	2	60
18	7月20—22日	省第十五次党代会精神宣讲骨干培训班	3	53
19	8月4日至9月19日	中青年干部“兴航计划”培训班	45	48

续表 4

序号	培训时间	培训班名称	天数（天）	培训人数（人）
20	8 月 22—28 日	“菁航计划”培训班	8	23
21	8 月 22 日至 9 月 2 日	选调生培训班	12	27
22	8 月 26—28 日	村（社区）书记培训班	3	230
23	9 月 13—19 日	新聘用事业人员“启航计划”培训班	7	67
24	11 月 2—3 日	镇局工会主席培训班	2	84
25	11 月 7—9 日	机关党组织书记培训班	3	74
26	11 月 14—18 日	各民主党派负责人、党外代表人士“同航计划”培训班	5	50
27	11 月 13—24 日	新录用公务员“启航计划”培训班	12	78
28	11 月 14 日至 12 月 14 日	区管干部习近平新时代中国特色社会主义思想进修班	35	33
29	11 月 18 日	党的二十大精神研讨班暨宣讲骨干培训班	1	110
30	11 月 24—25 日	政协委员履职能力提升培训	2	320
31	12 月 6—7 日	全过程人民民主培训班	3	70
32	12 月 14 日	基层党代表培训班	1	110
合计				3678

【教学科研】 2022年，市委党校余杭区分校完成科研课题立项20项，其中，地厅级课题4项，县处级课题16项。全年撰写理论文章10篇，其中获得地厅级奖项5项。全年公开发表期刊3篇，其中核心期刊1篇；入选杭州市党校系统精品课1个。

【党校宣讲宣传】 2022年，市委党校余杭区分校聚焦党的二十大、省第十五次党代会、市第十三次党代会精神学习宣讲宣传，组织开展集体备课会10多轮次，利用“追随足迹”现场学等活动形式，送课到基层40多场，覆盖5000多人。The Future Lies in “Qing Shan” 获全省党校系统“浙江外宣好故事”英文微党课宣讲交流会培育课程奖。

【决策咨询】 2022年，市委党校余杭区分校围绕省、市、区重大决策部署和发展热点、难点问题开展研究，全年完成决策咨询专报15篇，编发《领导参阅》12期。全年获省部级领导肯定性批示3件，区委主要领导肯定性批示6件，被区委、区政府采用2篇，获全省党校系统决策咨询成果一等奖1项，二等奖1项。

【党校分类建设】 2022年1月24日，区委召开常委会，专题研究党校分类建设工作，要求市委党校余杭区分校努力打造全省领先、全国一流的“标杆引领类”示范型党校。建立由组织部部长和常务副区长担任组长，相关部门主要负责人为成员的创建工作领导小组，制定《关于推进中共杭州市委党校余杭区分校（行政学校）分类建设的实施方案（试行）》。定期召开专题工作推进会，细化落实党校分类建设工作。

【现场教学基地建设】 2022年，市委党校余杭区分校开展干部教育培训现场教学基地矩阵建设，打造“追随总书记的脚步”精品教学基地矩阵发展模式，打造梦想小镇、良渚古城遗址公园、径山村、小古城村等省级精品教学基地和未来科技城、闲林街道、青山村等市级精品教学基地，省级精品教学基地数量居全省各县（市、区）党校第一位。

（凌文波）

老干部工作

【老干部情况】 截至2022年末，余杭区有离退休干部4004人，其中，离休干部14人，分别是本区级11人，杭州市托管2人，军队离退休干部休养所1人；退休干部（含行政、事业职工）3990人。在离退休干部中，县处级副职领导职务的7人，区委管理的正副厅级职务的257人。

【老干部思想政治工作】 2022年，区委老干部局组织老干部开展“喜迎党的二十大”主题征文、作品展示、文艺演出等系列活动；开展“建言二十大”访谈、“银领”建言助共富等活动12期，编印《翰墨颂党恩书画作品集》。组织老干部学习习近平新时代中国特色社会主义思想和党的二十大精神。组织开展支部书记上党课，并在微信公众号开设“银领书记有话说”专栏，刊登支部书记心得体会。

【“五型”党支部建设】 2022年，区委老干部局开展文化宣讲等“五型”党支部建设，建立功能型党组织，强化离退休党组织政治功能和作用发挥。全年创建“五型”老干部党支部122个，其中，社会治理型30个，关爱未来型35个，乡村振兴型20个，银龄互助型12个，文化宣讲型25个。相关做法在全市老干部工作者政策业务培训班作经验交流。

【金秋驿站建设】 2022年，区委老干部局出台《余杭区“12+X”离退休干部金秋驿站选培行动计划（2022—2025年）》《余杭区“12+X”离退休干部金秋驿站星级评定管理办法（2022—2025年）》。突出“学、研、整、融、特”五步工作法，建成第一批金秋驿站14个，形成“党建+文化”“党建+治理”“党建+共富”“党建+康养”等4条金秋驿站精品线路示范带，其中以良渚文化、运河文化、径山文化“三大文化”为主的“党建+文化”精品示范带得到省、市委老干部局肯定。环良渚遗址党建联建金秋驿站被评为省级“乐活驿站”；径山镇小古城村、禹上稻乡·夕禾、仓前街道太炎社区金秋驿站入选市级金秋驿站“银领”项目。

【“银领护杭”活动】 2022年，区委老干部局联合区委组织部、区委政法委、区司法局等单位开展全区老干部参与基层矛盾纠纷化解工作，在区社会治理中心成立区“银领护杭”老干部调解中心，推动老干部参与基层矛盾纠纷化解区、镇（街道）、村（社区）三级联动模式。截至年末，全区20多个老干部调解工作室化解案件纠纷650多件。老干部参与矛盾调解相关做法得到区委领导批示肯定，在全市“共富示范·银耀助力”专项行动推进会上作经验交流。

【老干部服务管理】 2022年，区委老干部局开展公务员集体荣退仪式、退休第一课、“光荣在党50年”纪念章颁发等活动。落实离休干部“一人一策”，发放居家养老服务券16份，安排医生建立“一对一”健康服务关系，为离休干部提供个性化康养服务。走访慰问离退休干部162人，离退休老干部遗属7人，困难老干部173人，完成离休干部住所适老化改造2户。

【文化养老】 2022年，余杭区新增良渚、径山等4个“家门口老年大学”，推进“智慧校园”建设，开辟老年大学云课堂，形成线上线下文化养老服务矩阵，开设“空中课堂”课程12门，开展活动16场次，惠及3000多人次。开展反诈骗宣传23次，参与2030人次；开展跨越

2022年1月12日，区委老干部局举办“初心永恒 薪火相传 银领护杭”余杭区公务员集体退休仪式（区委老干部局 供图）

数字鸿沟宣传20次，参与2067人次；“银耀之江”活跃志愿者2262人，志愿服务队81支，开展活动192次，服务市场5544小时。康烈华家庭被评为省级“银尚之家”。

【老干部宣传】 2022年，区委老干部局实施老干部宣传调研“三抓”机制，利用老干部工作网站、微信公众号、离退休党建杂志等宣传全区老干部工作、关心下一代工作的经验、做法和离退休干部先进事迹。全年推送信息300多篇，其中，省老干部局录用15篇，市老干部局录用29篇，在“学习强国”学习平台、人民日报客户端及《今日中国》《浙江法治报》《浙江老年报》等媒体刊登报道信息25篇；视频《一生良渚情》获省委组织部全省党员教育电视观摩交流活动二等奖、最佳摄影奖，点击量1.50万次。

（盛哲明）

保密工作

【保密宣传教育】 2022年，区委办（区国家保密局）开展保密宣传教育月、“4·15”全民国家安全教育日、“保密故事大家讲”主题讲述、保密教育线上培训等活动，为全区机关事业单位办公室工作人员讲授保密课程，推动保密宣传“进机关”，保密知识“进校园”，提升全民保密意识。在新任公务员培训班中设置保密教育课程，铸牢新任公务员保密观念和保密意识。向各单位传达关于做好保密管理的通知，打通保密宣传教育“最后一公里”。

【保密制度建设】 2022年，区委办（区国家保密局）下发保密管理工作通知，明确定密管理、涉密人员管理、涉密文件管理、网络保密管理等制度规范，压实各单位保密管理责任。开展全区各单位定密责任人和保密管理员定密工作培训，指导、督促各单位规范涉密文件定密程序，把控涉密文件源头；落实全区工作秘密管理，下发各行业、领域相关工作秘密清单，指导各单位按照工作秘密清单建立管理制度。

【保密行政管理】 2022年，区委办（区国家保密局）通过单位自查、进驻式检查等方式开展保密检查，建立常态化随机抽查机制，构建责任落实管理闭环。开展泄密专项整顿行动，规范微信、钉钉等社交软件保密管理要求。开展高考、中考保密检查，会同区教育局、市公安局余杭区分局等单位，检查全区高考和中考试卷存放的保密设备、制度、地点等，指导做好应对突发事件的应急预案，协助排查失密泄密隐患，确保高考、中考保密工作“条件达标、培训到岗、措施到位、责任到人”。

（林 昊）

编辑：刘雪萍

杭州市余杭区人民代表大会

People's Congress of Yuhang District

综　述

【人大常委会工作】　2022年，杭州市余杭区第十六届人大常委会举行会议6次，审议议题57项，开展执法检查、专项视察、工作评议等活动24次，提出意见建议函29件，依法作出重大事项决议决定12项。区人大常委会向区委请示报告重要事项和重要工作19次，区委常委会听取研究人大工作8次。通过人民代表大会选举或常委会表决任免国家机关工作人员49人次。落实法律知识考试、宪法宣誓等制度，组织宪法宣誓4次。

【决议决定】　2022年3月22日，杭州市余杭区第十六届人民代表大会常务委员会第六次会议作出《关于对区人大常委会各街道工作委员会工作报告的决议》。

5月31日，杭州市余杭区第十六届人民代表大会常务委员会第七次会议作出《杭州市余杭区人民代表大会常务委员会关于确定余杭区人民陪审员名额的决定》。

7月29日，杭州市余杭区第十六届人民代表大会常务委员会第八次会议作出《杭州市余杭区人民代表大会常务委员会关于批准杭州市余杭区2021年本级财政决算的决议》《杭州市余杭区第十六届人民代表大会常务委员会关于接受平宽祥辞去杭州市余杭区第十六届人民代表大会代表职务的决定》。

9月29日，杭州市余杭区第十六届人民代表大会常务委员会第九次会议作出《杭州市余杭区人民代表大会常务委员会关于助力“建设杭州城市新中心、奋力争当‘两个先行’排头兵”的决定》《杭州市余杭区第十六届人民代表大会常务委员会关于接受李晓琦辞去杭州市余杭区第十六届人民代表大会代表职务的决定》。

11月29日，杭州市余杭区第十六届人民代表大会常务委员会第十次会议作出《杭州市余杭区第十六届人民代表大会常务委员会关于接受刘忻辞去杭州市第十四届人民代表大会代表职务的决定》《杭州市余杭区第十六届人民代表大会常务委员会关于接受张中文辞去杭州市余杭区第十六届人民代表大会代表职务的决定》《关于调整闲林街道等4个镇（街道）杭州市余杭区第十六届人民代表大会代表名额的决定》《关于选举和补选举区第十六届人民代表大会代表的决定》《关于召开杭州市余杭区第十六届人民代表大会第三次会议的决定》《杭州市余杭区人民代表大会常务委员会关于部分变更2022年财政收支预算的决定》。

（何璐瑶）

重要会议

【区十六届人大二次会议】　2022年2月13—15日在余杭举行。出席会议应到代表296人，会议开幕式实到代表291人。2月12日下午举行大会预备会议，选举产生由43人组成的大会主席团，选举金国平兼任大会秘书长。区十六届人大二次会议举行全体会议4次，主席团会议6次。会议听取和审查政府工作报告，审查批准区发展和改革局受区人民政府委托提出的杭州市余杭区2021年国民经济和社会发展计划执行情况与2022年国民经济和社会发展计划（草案）的报告，审查批准区财政局受区人民政府委托提出的杭州市余杭区2021年财政预算执行情况和2022年财政预算（草案）的报告，听取和审查杭州市余杭区人民代表大会常务委员会工作报告，听取和审查杭州市余杭区人民法院工作报告，听取和审查杭州市余杭区人民检察院工作报告，审议并表决《杭州市余杭区人民代表大会议事规则（修订草案）》。会议审查和票决出教育均衡项目、“一老一小”项目、健康惠民项目、道路畅通项目、居住改善项目、住房保障项目、就业创业项目、助残帮困项目、公共安全项目、文体设施项目等10个项目为2022年杭州市余杭区人民政府民生实事项目。会议依法选举王犇为杭州市余杭区人民政府区长；依法选举唐小辉为杭州市余杭区监察委员会主任，依法选举鲍键为杭州市余杭区人民检察院检察长，依法选举产生出席杭州市第十四届人民代表大会代表38人。会议期间，组织召开财政预算审查委员会会议，专题审议政府部门预算、专项资金，提高大会审议质量。

会议期间，收到代表建议235件，全部予以受理。其中，城建城管类建议92件，占总数的39.2%，主要涉及基础设施建设、城建城管、交通规划和自然资源等方面；经济管理类25件，占总数的10.6%，主要涉及发展改革、科技创新、工信经济、商贸旅游等方面；社会事业类74件，占总数的31.5%，主要涉及教育、医疗卫生、社会保障、公共文化等方面；农业发展类32件，占总数的13.6%，主要涉及乡村振兴、农林水利、生态环境等方面；综合事务类12件，占总数的5.1%。建议反映的问题集中在：提质经济发展能级，主要包括推进产业升级、优化营商环境、加快平台发展等；提标城乡建设品质，主要包括道路交通建设、农村建房保障、基础设施配套等；提速公共服务供给，主要包括加快学校、医院、“一老一小”项目建设等；提升乡村振兴实效，主要包括农文旅融合发展、村级集体经济提升、农业专业人才培育等。

【人大常委会会议】 2022年1月26日，区第十六届人大常委会第五次会议举行。会议主要议程：听取和审议区政府关于2021年国民经济和社会发展计划执行情况及2022年国民经济和社会发展计划（草案）的报告、区政府关于2021年政府重大投资项目计划执行情况及2022年政府重大投资项目计划（草案）的报告、区政府关于2021年财政预算执行情况及2022年财政预算（草案）的报告、区政府关于2022年民生实事候选项目形成情况的报告、区政府关于2021年度环境状况和环境保护目标完成情况的报告，审议区十六届人大二次会议有关会议材料（草案）、区人大常委会代表资格审查委员会关于代表资格的审查报告（草案）、杭州市余杭区人民代表大会选举产生或表决通过的国家工作人员宪法宣誓办法（草案）、杭州市

2022年2月13日，杭州市余杭区第十六届人民代表大会第二次会议召开　　（区人大常委会办公室　供图）

余杭区人民代表大会常务委员会工作报告稿、杭州市余杭区人大常委会2022年工作要点（草案）、杭州市余杭区人民代表大会议事规则（修订草案），审议并表决人事任免事项，书面审议2021年区政府民生实事项目监督报告、杭州市余杭区人大常委会2021年度规范性文件备案审查情况的报告、杭州市余杭区人民代表大会监察和法制司法委员会工作报告、杭州市余杭区人民代表大会财政经济委员会工作报告、杭州市余杭区人民代表大会社会建设委员会工作报告。

3月22日，区第十六届人大常委会第六次会议举行。会议主要议程：全国人大代表丁列明传达十三届全国人大五次会议精神，听取和审议区政府法治政府建设工作情况及部分部门主要负责人依法履职情况的报告，审议并批准区人大常委会各街道工委关于2021年度工作情况和2022年度工作计划的报告，审议并表决2022年区人大常委会交办各人大街道工委“工作清单”（草案）。

5月31日，区第十六届人大常委会第七次会议举行。会议主要议程：听取和审议区政府关于区划调整后国有资产划分情况的报告、区政府关于《〈中华人民共和国节约能源法〉和浙江省实施办法》贯彻落实情况报告，审议区人大常委会执法检查组关于检查《〈中华人民共和国节约能源法〉和浙江省实施办法》实施情况的报告（书面），听取和审议区法院关于确定余杭区人民陪审员名额的报告，听取区人大常委会关于2021—2022年度区政府重大投资交通城建类票决项目监督情况的报告、区人大常委会关于2021—2022年度区政府重大投资教育学校类票决项目监督情况的报告，审议并表决人事免职事项。

7月29日，区第十六届人大常委会第八次会议举行。会议主要议程：听取和审议区政府关于2022年上半年国民经济和社会发展计划执行情况的报告；区政府关于2022年上半年政府重大投资项目计划执行及部分变更情况的报告；听取和审议区政府关于2021年本级财政决算草案和2022年上半年财政预算执行情况的报告，审查批准2021年区本级决算；听取和审议区政府关于区划调整后国有资产划分情况的报告、区政府关于2021年度区本级预算执行和其他财政收支审计情况的报告、区政府关于2020年度区本级预算执行和其他财政收支审计工作报告指出问题的纠正情况和处理结果的报告、区政府关于《浙江省综合行政执法条例》贯彻实施及“大综合一体化”行政执法改革推进情况的报告、区政府关于《中华人民共和国环境保护法》执行情况的报告、区政府关于《中华人民共和国乡村振兴促进法》和《浙江省乡村振兴促进条例》执行情况的报告、区政府关于稳定和促进就业工作情况的报告，审议并表决人事任职事项、代表辞职事项，审议区人大常委会执法检查组关于检查《浙江省综合行政执法条例》实施情况及“大综合一体化”行政执法改革推进情况的调查报告（书面）、区人大常委会执法检查组关于检查《中华人民共和国环境保护法》实施情况的报告（书面）、区人大常委会执法检查组关于检查《中华人民共和国乡村振兴促进法》和《浙江省乡村振兴促进条例》实施情况的报告（书面）。

9月29日，区第十六届人大常委会第九次会议举行。会议主要议程：听取和审议区政府关于全区工业用地有机更新情况的报告、区政府关于全区安置房项目推进情况的报告、区政府关于全区民宿（农家乐）产业发展情况的报告、2021—2022年度部分政府重大投资票决项目实施情况的监督报告，审议并表决《关于助力“建设杭州城市新中心 奋力争当‘两个先行’排头兵”的决定（草案）》、代表辞职事项、人事任职事项，区人大常委会代表资格审查委员会提交关于个别代表的代表资格自行终止的报告（书面）。

11月29日，区第十六届人大常委会第十次会议举行。会议主要议程：听取和审议区政府关于办理代表建议、批评和意见情况的报告，区监委关于廉洁文化建设情况的报告，区法院共享法庭建设工作情况并对部分法官开展履职监督评议，区政府关于调整2022年度部分预算收支情况的报告，关于数字化改革“创景计划”实施情况的报告，区政府关于全区公共卫生资源配置情况暨卫生基础设施建设情况的报告；审议并表决《关于召开杭州市余杭区第十六届人民代表大会第三次会议的决定（草案）》、代表资格审查委员会组成人员名单（草案）；

部分区人大代表辞职事项；审议并表决《关于调整闲林街道等4个镇（街道）区人大代表名额的决定（草案）》《关于选举和补选区人大代表的决定（草案）》；部分市人大代表辞职、补选事项；人事任免事项。

（何璐瑶）

主要工作

【意见建议】 2022年，区人大常委会听取审议国民经济和社会发展计划执行、财政预决算、审计工作情况等报告，提出强化收支管理、优化支出结构等建议，提高财政资金使用绩效。预审6个部门（镇街）预算及重点专项资金（重点项目）预算草案，收到52名代表107条意见建议。听取审议区划调整后国有资产划分情况报告。审议未来科技城资金运行情况，提出防范债务风险、消化征而未用土地、理顺与周边镇（街道）财务关系等建议。落实生态环境状况报告制度，审议工作报告，提出精准治气、综合治水等九方面意见建议。

【区重点工作助推】 2022年，区人大常委会出台代表助推共同富裕示范区建设、助力八大攻坚行动工作方案，开展优化营商环境和经济社会发展情况监督调研，宣传产业扶持“黄金68条”“稳进提质58条”（《余杭区贯彻落实国家、省、市稳住经济一揽子政策措施实施方案》）等政策，常委会领导走访企业70多家，收集意见建议，解决问题困难100多个。听取审议企业上市工作报告，加大企业上市培育扶持力度。关注工业用地有机更新工作，助推盘活存量工业用地，优化资源配置。开展国土空间规划编制及执行情况专项监督，组织代表提出建议20多条，推动规划编制完善。开展“迎亚运”城市建设、环境整治、交通保障等专项监督，关注城市公园和绿道建设。

【重大项目监督】 2022年，区人大常委会把38个总投资609亿元的政府重大投资票决项目作为重点，开展“一对一”“全流程”监督。围绕督开工、督进度、督质量、督管理的“四督”工作，发动人大代表实时跟踪领衔监督项目。166名代表参与调研和明察暗访200多次，发现问题38个，提出建议意见74条，协调解决问题28个。

【民生实事督办】 2022年，区人大常委会对票决产生的2022年度政府民生实事项目，成立专项监督组，通过视察调研、专题询问、“代表监督周”活动，组织1800多人次代表参与，提出意见建议1415条。跟踪监督拆迁安置工作，调查研究形成审议意见，助推回迁安置工作。专项视察区稳定和促进就业工作情况，助力构建共富型就业体系。听取审议公共卫生资源配置工作报告，提出加快镇（街道）卫生基础设施建设、加强公共卫生应急反应能力建设等建议。专题调研教育现代化区创建工作，提出加强名师名校长培养力度、注重优质教育均衡发展、健全特殊教育体系等建议。专题调研竹产业发展、农村“三位一体”改革、民宿产业发展、数字“农林水”建设、农村职业经理人引育工作情况，助力乡村振兴战略落地见效。

【法律执行规范监督】 2022年，区人大常委会与省、市人大常委会联动开展《中华人民共和国节约能源法》《中华人民共和国环境保护法》《中华人民共和国就业促进法》《中华人民共和国乡村振兴促进法》《浙江省乡村振兴促进条例》《浙江省综合行政执法条例》贯彻实施和“大综合一体化”行政执法改革情况的检查，坚持会前学法制度，提出针对性意见建议30多条。听取审议法治政府建设、政府组成部门主要负责人依法履职、廉洁文化、共享法庭、“四治融合”、区检察院贯彻落实加强新时代检察机关法律监督工作情况等报告，对部分法官开展履职评议，备案审查规范性文件15件，推动“法治余杭”建设。

【履职平台升级】 2022年，区人大常委会按照“区总站+镇（街道）中心站+选区联络站”架构，在全区范围优化布局站点65个，开展“我SHOW我的基层单元”活动，推动基层单元因地制宜创特色，仓前、闲林街道代表联络中心站入选全省首批人大践行全过程人民民主基层单元培育对象。推进国家机关、人大代表进站和人大核心业务下沉，省、市、区三级领导40多人次进站开展接待活动。完善“余事找代表”“余你共商议”“余法行”立法参与等机制。

【代表履职能力提升】 2022年，区人大常委会办公室组织代表参与“六访六促”“助力八大攻坚”主题活动，健全代表意见收集处理反馈机制。落实常委会领导重点督办、相关委办（专委）分工督办代表建议工作，区十六届人大二次会议的182件建议全部办结。开展代表“走基层、进选区、联网格、见选民”活动，组建民情联络员队伍，助力基层治理“四源”问题发现解决。创设“余悦”学堂，按照“一月一主题、一季一集训、一年一班次、一届两轮训”模式，“现场+线上”结合，实现代表培训全覆盖。开展2022年度代表履职积极分子、代表优秀建议考核，表彰代表27人、建议10件。

【代表表达渠道扩展】 2022年，区人大常委会制定直接联系区人大代表工作方案，常态化开展常委会议题征求意见工作，推进公民旁听常委会会议、网络电视直播人民代表大会会议和重大活动，邀请2200多人次代表、选民参加审议、视察、调研、走访等活动。开展“局长·代表面对面”“余你话共富”“余你共话新中心”“法检‘两长’走单元联民情”系列活动43次，通过网络和浙政钉直播，吸引代表群众50多万人次观看。

【人大工作数字化改革】 2022年，区人大常委会迭代升级法治政府建设监督应用场景，在省、市、区三级人大常委会听取和审议法治政府建设情况的报告中得到应用，区人大常委会获得“浙江人大工作与时俱进”优秀奖。促进财经综合监督系统投入使用，部署预算监督、审计监督、国资监督、重大项目监督等子场景，增量开发代表监督功能。推广使用民生实事项目监督应用场景，405人次代表线上提出建议1922条。承接市人大代表联络数字总站建设试点，形成数字总站“指挥协调”“云上互联”“民意大脑”“运行管理”4项功能模块，场景1.0版建成并在全市推广，余杭区“打造人大代表联络数字总站”被评为全省基层单元建设最佳实践案例。先行先试杭州人大数智门户，统筹管理数字化应用场景。搭建余杭数智人大全景视窗，集成监督工作、重大事项决定、人大动态等10个板块，集中展示全区人大工作信息，并链接至各镇（街道）人大数字化系统驾驶舱，实现人大工作“一屏掌控”。部署对接市人大数据舱，实现与杭州市一体化智能化公共数据平台的数据互通，实现数据资源“一仓集成”。

【基层人大工作】 2022年，区人大常委会办公室修订镇（街道）人大工作绩效评估办法，20项核心业务部署至镇人大、街道人大工委，清单化组织实施。执行区人大常委会领导联系镇（街道）、开发区人大和季度工作例会制度，主任会议成员走访调研镇（街道）、开发区，参加镇人民代表大会、街道居民议事会等会议活动64次，举行镇（街道）、开发区人大工作交流会7次，开展培训21次。指导镇人大、街道人大工委完善参与立法监督、联系接待人民群众、社情民意征集和分析研判等工作制度。

【人大影响力拓展】 2022年，区人大常委会办公室通过余杭区人大网、微信公众号发布信息407条，被省、市人大简报和微信公众号录用112篇，在省、市作经验交流4次，获省、市人大常委会及区委领导批示11件，《人大践行全过程人民民主基层单元的三维结构——以余杭区为例》获得浙江省人大工作研究会第九次理论研讨会二等奖。全年接待省、市和外地人大学习考察团135批次。

（何璐瑶）

编辑：郭贤松

杭州市余杭区人民政府

People’s Government of Yuhang District

重要会议

【区政府常务会议】　2022年召开区政府常务会议23次，讨论和决定事项201件。

1月5日，第十二次区政府常务会议讨论和决定事项：关于余杭区“十四五”商务发展规划、余杭区“十四五”商业网点规划、余杭区“十四五”青年发展规划、余杭区“十四五”人才发展规划、余杭区“十四五”城市基础设施建设规划、余杭区“十四五”城镇住房保障发展规划、余杭区“十四五”现代服务业发展规划、余杭区“十四五”人口发展规划、余杭区“十四五”科技创新发展规划事宜等。

1月11日，第十三次区政府常务会议讨论和决定事项：关于2021年余杭区“亩均论英雄”改革工业企业综合评价、杭州市余杭区城市地下市政基础设施数字化平台建设实施方案、余杭区公共投资项目审计办法、余杭区促进3岁以下婴幼儿照护服务健康发展的实施方案、提升全民科学文化素质行动实施方案、高桥工业园有机更新、2022年区财政收支预算事宜、设立杭州仲裁委员会余杭仲裁分会事宜等。

1月19日，第十四次区政府常务会议讨论和决定事项：未来科技城治水体制调整建议方案、关于加快中小企业专精特新培育提升实施意见、开展引导鼓励在杭外地员工留余过大年的活动方案、杭州余杭金融控股集团有限公司参与上海新通联包装股份有限公司并购华坤道威项目投资方案、“双枪科技—漫轩电商”项目、杭州·心血管医疗科技全球创新中心总部基地、《政府工作报告》和2022年民生实事初步候选项目有关情况、《余杭区2021年国民经济和社会发展计划执行情况与2022年国民经济和社会发展计划（草案）》、《余杭区2021年政府重大投资项目计划执行情况与2022年政府重大投资项目计划（草案）》、2021年环境状况和环境保护目标完成情况的报告、区政府与浙江证监局战略合作、南湖滞洪区整改方案、余杭文澜未来科技城学校后续托管资金承担方案事宜等。

1月20日，第十五次区政府常务会议讨论和决定事项：关于余杭区“十四五”应急管理规划、余杭区“十四五”法治余杭（普法教育）建设规划、余杭区“十四五”城市管理规划、余杭区“十四五”数字政府建设规划、余杭区“十四五”数字经济发展规划、余杭区“十四五”制造业高质量发展规划事宜等。

2月10日，第十六次区政府常务会议讨论和决定事项：关于余杭区“十四五”电力设施布局规划、余杭区“十四五”生态环境保护规划、余杭区“十四五”土地资源供需规划、余杭区“十四五”教育事业发展规划、余杭区“十四五”文化和旅游体育发展规划、关于进一步鼓励社会力量参与调解服务的实施方案、余杭区产业基金实施意见、余杭区餐饮用户推广燃气泄漏报警装置安装工作的实施方案、余杭区“双千亿　新征程”高质量发展大会筹备、进一步完善农村邮政普遍服务财政资金保障方式事宜等。

3月22日，第十七次区政府常务会议讨论和决定事项：关于杭州西站枢纽管委会筹备工作、2022年余杭区主要经济指标及工作任务分解情况、2022年全区征迁计划、余杭区新一轮制造业“腾笼换鸟、凤凰涅槃”攻坚行动方案（2022—2024年）、余杭区2022年第一批信息化项目、浙里平安风险监测预警防控应用等4个项目建设、科兴中维华东总部项目合作协议、爱康集团总部项目合作协议、南湖科学中心苕溪南路等5条道路下穿湖杭铁路工程委托代理代建、杭州师范大学附属实验学校工程项目投资调整、2021年度省海洋（湾区）经济发展专项资金分配方案事宜等。

4月21日，第十八次区政府常务会议讨论和决定事项：关于《加快推进社会治理现代化建设更高水平平安余杭的意见（审议稿）》、东苕溪瓶窑取水口取消、苕溪60号和87号水功能区水环境功能区调整、余杭区关于促进服务业等领域困难行业恢复发展的政策意见、吉利科技汽车半导体IDM项目合作协议、圣钘科技项目合作协议事宜等。

4月27日，第十九次区政府常务会议讨论和决定事项：关于余杭区城乡风貌整治提升行动相关工作，调整完善新一轮镇（街道）财政体制，进一步推进可回收物、大件垃圾、有害垃圾上门回收模式，赋权仓前街道等单位行使部分行政处罚权，建设“403健康驿站”项目，第二轮中央生态环境保护督察废弃矿山生态修复问题整改，开展集中配建公租房指标调剂试点，明确余杭区级医疗卫生机构规划发展定位，调整行政事业单位人员体检标准，教育人才政策实施，杭州余杭金融控股有限公司投资江苏爱康科技股份有限公司，区产业基金投资杭州灵伴科技有限公司，杭州市余杭区人民政府2022年度重大行政决策事项目录事宜等。

4月29日，第二十次区政府常务会议讨论和决定事项：关于调整区安委会（专委会）设置、规则及成员单位职责，杭州海关生物检测科研基地等项目合作框架协议，杭州未来科技城产业楼宇供楼实施办法，浙江脑机交叉研究院项目（临港国家实验室浙江基地）补充协议及浙大余杭脑机交叉研究院章程等，余杭区学校（幼儿园）合作办学项目管理办法，余杭区普惠性民办幼儿园经费补助，全区医务人员一次性核增绩效，2022年全区公务用车报废更新及新增指标使用，行政事业单位集中办公场所物业管理费用事宜等。

5月25日，第二十一次区政府常务会议讨论和决定事项：关于《余杭区绿道建设三年行动计划（2022—2024年）》及《余杭区绿道建设项目专项资金管理办法》，余杭区公共租赁住房筹建和管理实施细则，余杭区“5+4”稳进提质政策、鼓励备案非标电动自行车提前淘汰置换，开展根治欠薪专项治理行动，实施县以下事业单位建立管理岗位职员等级晋升制度，杭州钱江经济开发区整合提升工作方案，吉利迈捷投资合作协议，给予慧博云通高管财政贡献奖励，220千伏输变电配套电力隧道工程（良睦路）等项目重大工程变更事宜等。

6月9日，第二十二次区政府常务会议讨论和决定事项：关于余杭区未来乡村示范带创建实施方案，余杭区贯彻落实国家、省、市稳住经济一揽子政策措施实施方案，区划调整后国有资产划分，杭州百基水泥有限公司政策性关停淘汰，四岭水库饮用水源保护区农家乐整治专项经费安排，余杭区人才发展集团组建方案，杭州余杭传媒集团有限公司划分方案事宜等。

6月21日，第二十三次区政府常务会议讨论和决定事项：关于全区稳进提质八大攻坚行动，余杭区完整准确全面贯彻新发展理念做好碳达峰碳中和工作的实施意见，余杭区“五水共治”提质攻坚三年建设行动方案，进一步推进余杭区“舒心养老”工作，增发全区仅享受城乡居民基本养老保险待遇的老年人生活补贴和节日慰问费，余杭区规范民办义务教育发展专项工作，余杭区实行苕溪、京杭大运河干流余杭段禁渔期制度的实施方案，中法航空大学等项目投资调整事宜等。

7月14日，第二十四次区政府常务会议讨论和决定事项：关于杭州市余杭区“腾笼换鸟、凤凰涅槃”专项经费使用管理办法，进一步加强自然灾害类、安全生产类突发事件处置和信息处理工作，2022年余杭区购车补贴和数字消费券发放，余杭区2022年第二批信息化项目，北京航空航天大学委托余杭区人民政府设立登记天目山实验室，深圳市优必选科技股份有限公司拟延期申报上市，兴源控股集团有限公司股权回购，杭州利川生态农业开发有限公司纾困扶持事宜等。

7月25日，第二十五次区政府常务会议讨论和决定事项：关于2022年全区上半年经济形势分析与下阶段对策建议，2022年全区上半年国民经济和社会发展计划执行情况及政府重大投资项目计划执行情况，余杭区进一步完善田长制落实耕地保护制度的实施细则，赋权镇（街道）行使部分行政处罚权，2022年全区安置房项目建设和回迁安置计划，《2021年度余杭区本级预算执行和其他财政收支的审计工作报告》《2020年度余杭区本级预算执行和其他财政收支审计工作报告指出问题的纠正情况和处理结果的报告》，余杭区2022年第三批信息化项目、良渚街道施家湾社区创建未来社区，2021年全区本级财政决算草案和2022年上半年财政预算执行情况，使用无人机转运核酸检测标本，继续实施杭徽、杭长高速公路余杭至杭州路段差异化收费政策事宜等。

8月3日，第二十六次区政府常务会议讨论和决定事项：关于径山茶“三茶”融合“五化”发展行动计划（2022—2026年），杭州西站枢纽部分物资和服务招标采购，余杭区公办幼儿园劳动合同制教师管理办法（试行），调整余杭区教育系统事业单位非编人员工资经费标准，2022年一季度“开门红”专项奖励资金兑现方案事宜等。

8月31日，第二十七次区政府常务会议讨论和决定事项：关于2022年1—6月疫情防控集中隔离相关费用，杭州西站枢纽开通运营，余杭区2022年第四批信息化项目，余杭区驻点招商实施方案，中林鑫宙总部项目合作协议，杭州唯精医疗机器人项目合作协议，径山旅游集散中心和桐桥停车场机动车停放服务收费调整，2022年第二批省推进长三角一体化发展奖补资金分配方案，仁和净水厂及配套设施工程（二期）等项目采用EPC工程总承包方式，杭州余杭港华燃气有限公司民用售气补贴，“余杭慈善奖”评选工作事宜等。

9月5日，第二十八次区政府常务会议讨论和决定事项：关于2022年余杭区“亩均论英雄”改革工业企业综合评价，组建余杭区专业森林消防综合救援队伍，湖杭铁路项目涉河改造工程委托代建，文一西路（东西大道—荆长大道）提升改造工程等项目投资调整，杭州师范大学附属未来科技城学校资金补助，良渚街道启动打网村区块征地拆迁事宜等。

9月24日，第二十九次区政府常务会议讨论和决定事项：关于2022年余杭区征迁计划中期调整，杭州市余杭区推进人才“双向双创”新模式改革试点实施方案，区属国有企业“三定方案”，吉利迈捷项目补充协议，瓶窑镇良渚申遗鸽宝山安置点基础及其市政配套工程等项目投资调整，未来科技城余杭塘河流域水环境综合治理PPP项目余杭污水处理厂四期工程项目投资变更及PPP合同补充协议，党政机关综合办公园区改造、搬迁、调配事宜等。

10月21日，第三十次区政府常务会议讨论和决定事项：关于进一步完善余杭区农村公路“路长制”的实施方案，有序用电期间工业企业主动错避峰负荷电费补助，余杭区全国商业秘密保护创新试点三年行动方案（2022—2024年），杭州农副物流中心及杭州西站“一支队伍管执法”实施方案，余杭区2022年第五批信息化项目，艾及帝（LGD）电竞项目合作协议，申请2022年度径山茶产业发展专项资金，良渚博物院二期等项目采用EPC工程总承包方式，区政府与浙江大学医学院附属第一医院开展区院共建合作事宜等。

11月3日，第三十一次区政府常务会议讨论和决定事项：关于区城乡自建房安全专项整治工作资金保障，余杭区渣土码头规范管理，国家癌症中心早筛早诊早治南方基地框架合作协议，收购明盛酒店公司（西溪雷迪森酒店）股权，余杭区光伏绿色发展资金补贴办法，良渚医院整体迁建等项目投资调整，余杭区2022年财政收支预算调整事宜等。

11月17日，第三十二次区政府常务会议讨论和决定事项：关于《杭州市余杭区建立健全分层分级精准防控 末端发力终端见效工作机制推动食品安全属地管理责任落地落实的实施方案》，苕溪员工之家建设，方舱医院筹建，余杭区公租房租金标准制定，浙江省盐业集团有限公司项目合作协议，杭州灵伴科技有限公司项目投资变更事宜等。

12月8日，第三十三次区政府常务会议讨论和决定事项：关于杭州市余杭区突发事件总体应急预案，加强全区应急救援力量体系建设的实施意见，启动第二轮耕地功能恢复加快推进粮食生产功能区“非粮化”整治，推进氢能产业链发展，杭州JEMC（材部装）产业园区项目合作协议，收购平高置业（杭州）有限公司有关资产，之江实验室财政奖励政策，余杭区促进税源经济发展实施办法（修订），参股中电海康(杭州)股权投资合伙企业(有限合伙)(暂定名)，参股浙江之科创新发展投资合伙企业(有限合伙)（暂定名），收购浙江余杭德商村镇银行股份有限公司股权事宜等。

12月23日，第三十四次区政府常务会议讨论和决定事项：关于余杭区投资项目审批全流程管理实施细则（试行），余杭区新增工业用地项目全生命周期管理工作实施细则（试行），区政府、区政府办公室行政规范性文件清理工作，余杭区2022年第六批信息化项目建设，杭州技术转移转化中心项目建设，余杭区鼓励律师业服务高质量发展建设共同富裕示范区的实施意见（审议稿），浙江省未来科技城创新药物成药性评价公共服务平台、浙江省医疗器械检验研究院搬迁计划以及创新药物成药性平台新一轮合作政策，浙大校友总部经济园项目用地分割转让，浙江脑机交叉研究院装修，全区数字教育基础设施项目建设，江苏众旺农牧科技有限公司股权处置方案事宜等。

【区政府全体（扩大）会议】 2022年召开区政府全体（扩大）会议2次。

2022年5月17日，召开第一次区政府全体（扩大）会议。会议围绕深入学习贯彻习近平新时代中国特色社会主义思想，全面贯彻落实党的十九届六中全会和中央经济工作会议精神，以及省委全会、省政府全体扩大会议，市党代会、市政府全体扩大会议，区委全会和区两会部署，奋进新征程、建功新时代，全面研究部署全年各项工作，动员全区各级各部门进一步勇作为、强攻坚、抓落实，实现“半年红”“全面红”“全年红”。

2022年9月6日，召开第二次区政府全体（扩大）会议。会议围绕深入学习贯彻习近平新时代中国特色社会主义思想，全面落实党的十九届六中全会以及省第十五次党代会、省政府全体扩大会议，市第十三次党代会和区委全会精神，勇担新使命、奋进新征程、建设新中心，回顾盘点上半年成绩、研究部署下半年工作，动员全区各级各部门冲刺第三季度、奋战下半年，全力争当“两个先行”排头兵，以优异成绩迎接党的二十大胜利召开。

（许国栋）

主要工作和重大活动

【创新赋能发展】 2022年，之江实验室纳入国家实验室体系，天目山实验室揭牌。杭州未来科技城省级高新技术产业园区获批创建。之江、湖畔实验室等13家单位的19项成果获省科学技术奖，蝉联“自然科学”“技术发明”“科学技术进步”三大奖项。余杭区举办国际人才月、全球人工智能技术大会等活动，获全省人才工作综合考评第一。建成浙江创新馆，推进浙江人才大厦、国际人才园等载体建设。入选科技部公示的国家级高新技术企业591家，新增国家级专精特新“小巨人”企业33家，数量居全省第一位，余杭区被评为国家知识产权强县建设示范县。

【产业发展】 2022年，区政府坚持数字经济和新制造业“双擎”驱动，实现数字经济核心产业增加值1698.7亿元。重启北京、上海、深圳驻点招商，签约科兴中维、爱康科技、中建三局等重大项目276个，总投资超1770亿元，出台“助企纾困36条”“稳进提质58条”和减负降本等政策，强化“赛马”激励机制，为企业减负93.2亿元，办理出口退税30.74亿元，兑现惠企扶持资金114.27亿元，兑现资金总量居全市第一位。

【城市建设管理】 2022年，区政府深化“杭州城市新中心”“两廊一轴、一核三片”等空间概念规划，完成“梦溪水乡建筑风貌”等7个专项研究。瓶窑镇连续4年被评为省级小城市培育试点考核优秀单位。5个镇（街道）被评为美丽城镇省市样板，实现市级样板全域覆盖；被评为省级风貌样板区3个，省级未来社区6个，省级首批“新时代富春山居图样板区”2个，数量均居全省第一位。调整优化未来科技城和良渚新城核心区域城市管理体制，分级分类提升综合管养标准。

【文化根脉传承】 2022年，区政府谋划启动良渚文化大走廊建设，建成开放杭州国家版本馆、老虎岭遗址公园，良渚古城遗址被列入中华文明探源工程。“径山茶宴”入选人类非物质文化遗产代表作名录。余杭故城遗址入围浙江考古重要发现，文博事业发展水平评估指数居全省第一位。设立全省首个区级文艺发展基金，引进补链强链企业85家，新增规上文化企业18家，实现文化产业增加值1313.5亿元，增长4.1%，总量居全市第一位。

【生态环保建设】 2022年，区政府部署开展“绿色风暴”行动，整治突出生态环境问题1619个，被评为省长江保护修复攻坚战工作成绩突出集体。上线“余杭碳眼”场景应用，全国首创发布减污降碳协同增效企业指数，举办“全国低碳日”浙江省主场活动，承担生态环境部在杭州市的“企业总量减排与排污许可联动”试点。深化“西部富美”专项行动，实施建设类项目122个，总投资60.8亿元。全域推进未来乡村建设，启动创建未来乡村示范带5条，示范村5个，创建省级未来乡村5个，省级美丽乡村示范乡镇3个，特色精品村3个，水美乡镇1个。

【民生服务保障】 2022年，区政府实施“支点计划”，实施推进“10+N”行动，获全省共同富裕示范区建设综合考评第一。开展灵活就业服务应用试点，打造全省首个灵活就业服务中心，城镇新增就业3.79万人。实施教育奋进计划，投用学校项目19个，新增学位1.38万个，引进培育区级以上名优教师547人，推动53所学校开展名校集团化办学。提升现代医疗服务水平，浙江大学医学院附属第一医院良渚分院（区第一人民医院）投入使用，基层就诊率和县域就诊率居全市第一位，复评通过国家级健康县，被评为健康浙江建设先进县（市、区）。

▶链接 “10+N”行动：“10个专项行动”包括数字治理赋能行动、产业创新发展行动、文化引领强区行动、教育高质量发展行动、医疗卫生普惠行动、就业保障提质行动、西部富美振兴行动、生态环境提升行动、未来城市建设行动及住有宜居改善行动。“N项攻坚行动”包括“扩中”“提低”改革、“一老一小”服务等。

【除险保安】 2022年，区政府全面深化数字化改革，新增国家级试点5个，省级试点58个，“构建平安风险预测预警防控体系”获得全省改革突破奖金奖，城市安全运行CT智能服务应用、“良渚遗址5000+”被评为全省“最佳应用”，成为全省唯一获得改革突破金奖，获得“双最佳应用”称号的县（市、区），数字化改革获全省五星最高评价。建成区社会治理中心，建立全省首个县（市、区）级大调解协会。排查整治隐患6.8万余处，生产安全事故数、亡人数分别比上年下降20%、25%，全年未发生重大治安和安全事故。

（许国栋）

【建议提案办理】 2022年4月1日，区人大常委会、区政府、区政协联合召开人大代表建议、政协提案交办会议。全年区政府领导领办重点代表建议24件，重点提案10件。各承办单位办理代表建议182件、政协提案278件。建议、提案解决率100%，推动出台有关数字经济、科技创新、美好教育、交通畅行、西部富美、“一老一小”方面的政策举措。

（王小昕）

数据资源管理

【一体化智能化公共数据平台建设】 2022年，区数据资源管理局归集数据目录3283个，数据总量91.5亿条。提出数据治理工单140条，形成数据治理规则216类1836项，修复问题数据931项。实现43个部门82个应用41.55亿条数据共享，共享满足率100%。回流省、市数据278类、16.1亿条，支撑“余杭平安风险预测预警防控”等应用系统建设。

【区信息化项目全流程管控平台系统建设】2022年，区数据资源管理局加强信息化项目立项、建设、验收和运营全生命周期管理。通过项目规范申报、应用共建共享、绩效科学评价等全要素管理，全年受理项目179个，经评审后最终立项79个，批复预算8.42亿元，项目核减率55.9%，资金核减率48.0%，下架不达标应用20个。余杭区信息化项目全流程管控平台系统获得2022（第四届）数字政府特色案例“强基赋能示范奖”。

【首席数据官制度完善】 2022年，区数据资源管理局实施首席数据官制度，依托“数字学院”“星讲堂”等载体，培育数字化专业干部253人，涵盖部门、镇（街道）、平台86个，开展线上线下培训16次。

【余杭数字化改革企业联盟】 截至2022年末，余杭数字化改革企业联盟入驻企业231家，涉及大数据、云计算、物联网、智能制造、5G、人工智能、信息安全等领域。6月，区数据资源管理局组织31家余杭数字化改革企业联盟成员参加浙江省数据开放大赛，12支队伍进入市复赛，3支队伍进入省复赛，市赛获得奖项4个，获奖数居全市第一位。联合企业在省IRS平台上架区级特色组件18个，身份证识别、文本分类等10个组件被温州市、丽水市、浦江县、象山县等12个地区、39个应用共享调用，调用量超800万次。

【“护数2022”专项行动】 2022年，区数据资源管理局开展“护数2022”专项行动，起草《余杭区政务网络安全和公共数据安全管理办法（试行）》，发放安全工作手册550份，开展网络安全和公共数据安全培训18次，签订安全责任书972份，全年全区漏洞修复率为99.98%，比上年增长33.6%。

【《余杭区一地创新全省共享方案》发布】2022年4月27日，区数据资源管理局发布《余杭区一地创新全省共享方案》，编制应用共享复制手册，推动3个应用成为省市统建，4个应用跨区域共享，推进余杭区5个部门复制共享其他地区的11个应用。

【“浙里办”余杭城市频道省级试点建设】2022年6月14日，“浙里办”余杭城市频道上线，作为全省首批、全市唯一的县级城市频道，综合集成“余杭一码通”“健康余杭”“数智大市场”“入学早知道”“一键达海外”“幸福计算器”“家政一键通”等26个全区热门服务和典型场景，成为展现余杭区数字化改革成果的平台。

【“余杭一码通”应用建设】 2022年6月30日，区数据资源管理局出台全市首批3个《一码通应用规范》码标准之一，统一已建和在建项目的码规则，打通全区部门间的码壁垒。整合“助残助学”“筑巢安居”“乐学吧”等便民场景46个，总访问量超2300万次，服务超130万人，入选国家第八批社会管理和公共服务综合标准化试点，在浙江省数字社会系统2022年度“最系列”评比中获“最佳应用”“最优理论成果”奖项，相关工作被《人民日报》《浙江信息》报道。

【余杭数字市民队伍建设】 2022年10月10日，区数据资源管理局联合区政协举办“数据资源深度开发利用”专题请你来协商活动，邀请21名政协委员、市民代表成为“IRS特邀观察员”，授予其平台使用权限，收集反馈用户意见，逐步形成覆盖全域的可量化、可持续、有公信力的“全员数字市民体验官”。

（徐燕飞）

应急管理

【应急责任体系健全】 2022年，区应急管理局将安全生产工作纳入区委常规巡察。完善“安委会+专委会”“1+16”工作体系，梳理

"责任清单""履职清单"1.25万项。是年，余杭区生产安全事故起数、死亡人数分别比上年下降20%、25%。

▶链接 "安委会+专委会""1+16"工作体系是指由区安委办统筹协调工矿企业、商贸、特种设备、建设工程、城市运行、燃气、道路交通、交通运输、教育、卫生健康、文化旅游、消防、危险废物、农机渔业、民政、电力和油气长输管道等16个领域专委会的安全生产工作。

【安全生产防范】 2022年，区应急管理局以"七张问题清单"为牵引，"量化写实"部门、镇（街道）"赛马"指数，召开安全生产例会11期。组建"同心守安"助企服务队，打通"企业点单—需求领办—党员服务—专业保障"安全服务全链条，全年开展"互学互查互比"行动8次，助力企业排查整改隐患1517处，提升企业本质安全水平。在全市首个出台安全生产领域非事故类行刑衔接工作机制，查办行政处罚案件311起、行刑衔接案件5起，倒逼企业落实主体责任。创新除险保安风险隐患"双改双验双闭环"机制（以15天为整改周期，30天为全生命闭环周期，实行"交办问题企业整改、属地监改；督办问题专委主验、安委抽验"双闭环程序），全年发现并整改隐患6.8万处，被纳入省应急管理厅"除险保安1030"重大应用，获省改革突破奖铜奖。是年，余杭区获2022年度杭州市安全生产和消防工作目标责任制考核优秀等次。

2022年，区应急管理局组织开展安全生产检查

（区应急管理局　供图）

【应急预案体系健全】 2022年，区应急管理局牵头建立"区—镇（街道）—村（社区）"三级应急管理预案体系，12个镇（街道）均编制整体预案以及安全生产事故、自然灾害事故、防汛防台、火灾事故等专项预案，"多案合一"应急操作手册完成率100%。

【应急救援队伍建设】 2022年，区应急管理局出台《关于加强全区应急救援力量建设的意见》，组建区级综合和专业应急救援队伍22支，镇（街道）综合性应急救援队伍12支，村（社区）应急突击队217支，社会化应急救援队伍2支，共8600多人。

【应急救援队伍党建联建】 2022年，区应急管理局牵头成立全区应急救援队伍综合党委，推进"同心守安·余急先锋"应急救援队伍党建联建，汇聚全区33支应急救援队伍、377名党员力量，实施同心聚力红盟行动、社区应急助力行动等六大行动，提升"多灾种""大应急"综合性应急救援能力。

【应急消防管理站规范建设】 2022年，区应急管理局按照"站队融合、防救结合"的要求，深化"区级大脑+镇（街道）中枢+村（社区）手脚"改革，指导12个镇（街道）建立"1+2+X"组织架构，聚焦"标准+特色"创建全市达标应急消防管理站7个，达标率、达标数均居全市第一位。

【现代社区应急体系构建】 2022年，区应急管理局围绕现代社区应急体系建设，提出"1234"工作路径和"7个100%"建设目标，全区213个村（社区）全面完成"1+1+N"（1个应急消防管理工作组，1名应急消防管理员，N名网格力量）组织架构建设，应急突击队伍共

6644人，形成社区“135快速救援圈”和农村“15分钟快速应急响应救援圈”。

▶**链接** “1234”工作路径是指建立“1+1+N”一个责任体系，完善“平战结合”两大应急机制，建强“突击队、网格员、志愿者”3支队伍，夯实“微消站、避灾点、物资库、宣传口”四大基础。

余杭区防汛防台抗旱指挥部（摄于2022年）

（区应急管理局 供图）

【防汛防台】 2022年，区应急管理局完成基层防汛防台体系标准化“六张网”“55条标准”建设任务，出台《余杭区应对极端天气“五断”“五停”指导意见》等大灾应对机制，获2022年度基层防汛防台体系标准化建设省级优秀等次。推进建设西险大塘达标加固和城西南排2项重大水利工程，建成后防洪标准将提升至200年一遇，打通城西涝水直排钱塘江的通道，从源头上防控苕溪流域洪涝风险。

【防灾减灾】 2022年，余杭区开展避灾安置场所规范化建设，完成市级民生实事避灾场所规范化建设32处，新增区级避灾安置场所4处，避灾安置场所规范化率80%。10月13日，区应急管理局承办在余杭区举行的杭州市第33个国际减灾日暨应急安全宣传进现代社区活动。在中泰街道中桥村以“防灾减灾”为主题，打造全市首个“应急文化主题公园”。

【“城市CT”被评为全省数字化改革“最佳应用”】 2022年，城市安全运行CT智能服务应用构建“体检+复诊”监测“六大场景”风险，上线以来监测数据7000多万条，有效预警312次，准确率超90%，连续2年被评为全省数字化改革“最佳应用”。

【工伤事故大数据“省级统建”】 2022年，区应急管理局依托“浙里平安风险监测预警”平台，融合卫生健康、人力资源和社会保障、信访等部门工伤大数据，识别企业风险，该场景被纳入全省“工业企业安全在线”重大应用试点，并在省数据资源管理局一体化数字资源系统中提级省级统建。

【智慧应急指挥能力建设】 2022年，区应急管理局搭建综合应急指挥平台，打通“指挥中心—指挥车—前线单兵/布控球”指挥信息链条，全区12个镇（街道）单兵及布控球可视化设备配备完成率100%，实现指挥作战智能化、扁平化、一体化。

【区首届乡镇综合应急和消防救援大比武】 2022年9月28日，区应急管理局联合区消防救援大队举办的余杭区首届乡镇综合应急和消防救援队大比武在南湖公园举行，围绕综合体能、灭火救灾、应急救护、防汛抢险、森林消防、水上救援科目开展拉练比拼。12支镇（街道）代表队、120名参赛队员同台竞技。

（马 娜）

消防管理

【消防接警】 2022年，余杭区消防接警1507次，出动车辆2319辆次，出动警力1.43万人次，

2022年9月28日，余杭区首届乡镇综合应急和消防救援队大比武在南湖公园举行　　（区应急管理局　供图）

抢救被困人员122人，疏散被困人员89人，抢救财产545.47万元，保护财产253.86万元。其中，火警505起，出动车辆1402辆次，出动警力8258人次，抢救被困人员36人，疏散被困人员65人，抢救财产223.35万元，火警量比上年下降17.35%。

【消防安全隐患治理】　2022年，区消防救援大队瞄准火警多发领域，开展“两房”（民房和出租房）、“两电”（电气和电动自行车）、“两宅”（老旧住宅和高层住宅）等重点对象以及高层建筑、大型综合体、公共娱乐场所、工业企业、危险化学品企业、自建房、电影院、医疗机构、涉疫场所等重点领域专项整治，集中排查各行业领域火灾隐患，打击消防违法违规行为，受理开业前检查单位354家，检查单位5712家次，督促整改隐患3642处，责令改正1984家，行政处罚473家，临时查封75家，责令“三停”（停产停业、停止施工、停止使用）80家，处罚金623.55万元，拘留违反消防安全行为24人。

【消防宣传和培训】　2022年，区消防救援大队协调全区户外14块LED大屏幕、楼宇电视等全天候滚动播放消防安全公益广告。发动“一警五员”（派出所民警、消安办人员、基层网格员、微型消防站队员、专职消防队队员、高层建筑经理人及楼道长）580多人、消防宣传大使286人、楼长及“经理人”1042人、消防蓝翼志愿者5006人等基层力量开展巡查检查，对各类场所的重点岗位人员开展消防安全培训；针对电动自行车、用火用电等开展提醒性宣传；针对老弱病残等弱势群体，开展“敲门守护”和“三清三关”（清走道、清阳台、清厨房、关火源、关电源、关气源）工作。联合区委政法委、区邮政管理局，对4000多名快递从业人员进行线上消防安全培训；联合区教育局对全区264家区级直管学校、4家高校及5家专修学校员工进行消防安全培训；利用微信群、手机短信发送提示信息10万余条，发放宣传资料15万份。

（艾佳燕）

【建设工程消防审验】　2022年，区住建局开展建设工程消防审验工作，全年受理消防审验项目466个，其中，设计审核类项目137个，验收备案类项目264个，竣工验收类项目65个；完成现场竣工验收类（含抽中）项目107个，总建筑面积548.44万平方米。在全市率先提供民生实事项目选址消防现场踏勘服务。全年，为10个镇（街道）、平台的51家托育机构及4家养老机构提供消防现场踏勘服务。依托浙江政务服务网投资在线平台3.0系统实现线上办理。

（周　云）

机关事务管理

【办公用房管理】　2022年，区机关事务服务中心审批办公用房维修申报16批次。全年完成区政务服务中心、区社会治理中心、友谊综合楼等改造项目23个、面积22.14万平方米，缓解区划调整后办公用房及业务用房紧缺问题，解决37家区级部门办公及业务用房需求。

【公务用车保障】 2022年，区机关事务服务中心依规制定全年公车指标审批计划，审定公务出行经费额度。开展全区公务用车新增、报废和更新业务，购置车辆49辆，报废更新33辆。开展公车使用与停放情况检查32次。服务保障用车出行任务6200多次，行驶里程42万千米。加强全省公务用车管理平台贯通使用，优化数字通勤服务，制定《杭州市余杭区数字化通勤考核办法》，推进公务用车全生命周期管理。

余杭区公物仓（摄于2022年）

（区机关事务服务中心 供图）

【公务接待管理】 2022年，区机关事务服务中心打造大接待理念下的全域接待。全年接待县（市、区）级以上团组1600多批次、2.30万人次。其中，接待国家领导人3批次、中央及副部以上领导调研13批次、省市领导调研65批次、各地党政考察团77批次，接待客商90批次。保障会议活动233场，区领导外出考察8次。指导完成全区公务接待711批次、1.09万人次。是年，区机关事务服务中心被评为全省机关事务工作先进集体、全市机关事务工作成绩突出集体。

【公共资产管理】 2022年，区机关事务服务中心“区级公物仓”实现公共物资仓、应急物资仓、智慧档案仓、涉案物资暂存仓、浙里公益仓“五仓融合”集约化管理，入库物资1.71亿件次、出库物资1.54亿件次。覆盖58家社会生产企业产能，构建“区—镇（街道）—村（社区）”三级一体化的物资管理平台，在疫情防控、防汛抗台、大型会议活动、临时机构配置资产等重点任务中发挥重要作用。9月，中心牵头起草的《政府公物仓物资管理规范》市级标准，是全省地市机关事务部门牵头起草的首个关于公物仓物资管理的市级标准。

【后勤服务提升】 2022年，区机关事务服务中心增加办公用房、用车出行、物业保障、餐饮服务、生活配套等服务供给。各园区投入物业公司9家、700多人，开设机关食堂9家、会议室81间、停车位2551个、新能源汽车充电桩123个。新增文体社团、风味餐饮、快递驿站等个性化服务保障13项。举办传统节日、特色产品展销、爱心公益、节能宣传等主题活动22场次。

【后勤服务数字化建设】 2022年，区机关事务服务中心“餐卡互联互通”项目实现余杭、临平2个区59家机关食堂、82家机关事业单位、1.04万名干部职工的餐卡互联互通。网上商城入驻15个地区的80户商家，涵盖6个大类、2000多种商品和服务，完成与省机关事务管理局“一卡通”系统端口连接，围绕共富示范，共同探索省、市、区三级就餐权限及特色商品资源互通样板。“公物仓数智化管理系统”项目采用“线下集约化物资集中管理中心+线上智慧物资管理一张网”的模式，构建“四位一体”公物仓仓储管理体系，初步开发余杭区政府公物仓信息管理平台，公共物资管理从粗放式、分散式、传统式转型为精细化、智慧化、节约化，打造余杭特色智慧公物仓模式。

（陈 义）

外事工作

【外事接待】 2022年，余杭区接待来自加拿大、法国、比利时、日本、葡萄牙、奥地利、哈萨克斯坦、越南、西班牙、波兰、委内瑞拉、斯洛伐克、塞尔维亚、智利、马来西亚、基里巴斯莱恩和菲尼克斯群岛等国家和地区的境外来宾4批35人次，其中部长级外宾1批7人次，洽谈内容涵盖经贸合作、招才引智、文化交流等。全年受理外国人来华邀请核实单申请72批95人次。

【外事会议及活动】 2022年1月18日，中泰街道白云村与法国新阿基坦大区维埃纳省朗克卢瓦特尔村，通过“云签约”缔结姐妹友好村协议，旨在通过“旅游+”“贸易+”“文化+”等形式，提高村民生活质量，丰富村民文化生活，促进区域经济发展。这是余杭首个以农村基层组织为主体的国际友好村。

7月8日，良渚遗址管委会与英国剑桥大学遗产研究中心、英国威尔特郡博物馆的学者就世界遗产的考古研究、保护管理、阐释展示等相关经验开展线上对谈。

10月27日，余杭—莎拉巴特曼视频工作会议在余杭区举行。莎拉巴特曼常务副市长邬娜媞·丹尼尔斯（Unati Daniels）、杭州市外事办公室副主任杜士根、南非驻上海总领事馆商务领事马哈雷、浙江省驻南非（非洲）商务代表处首席代表陈伟航，区政协副主席张瑾以及区相关单位负责人及企业代表参加会议。

11月1日，为庆祝中日邦交正常化50周年，余杭文昌高级中学与日本福井县立足羽高等学校举行线上交流会，以促进两地青少年国际交流，加强两校联系。

11月14日，2022世界科技青年论坛暨《麻省理工科技评论》“35岁以下科技创新35人”全球—亚太区发布仪式在未来科技城举行。6—12月，由杭州市文化广电旅游局主办，余杭区文化和广电旅游体育局承办的“我的幸福茶生活”全球短视频大赛，通过线上线下结合的方式在余杭举办，吸引20个国家和地区的180多名外籍友人参赛。

12月，“以茶为媒 文化互鉴”2022年中日茶文化交流活动暨“中国传统制茶技艺及其相关习俗”申遗成功径山茶宴项目庆祝活动在径山寺举行。

【外事培训】 2022年11月25日，市外事办公室与区外事办公室、杭州师范大学外国语学院共同举办党的二十大精神宣讲会暨二十大中国特色政治理念翻译解析培训讲座，邀请外交部外语专家、中国翻译协会原副会长陈明明辅导授课。

（王蓓绮）

2022年12月，余杭区举行中国传统制茶技艺及其相关习俗（径山茶宴）入选人类非遗庆祝活动 （区政府办 供图）

侨务工作

【协会换届】 2022年，区委统战部指导各协会做好换届工作。1月24日，余杭区出国留学人员和家属联谊会第五届换届大会召开；4月26日，杭州市余杭区侨商协会第三届换届大会召开。

【"余侨同创、杭向未来"活动启动】 2022年6月22日，余杭区"余侨同创、杭向未来"系列活动启动仪式暨中国首个海归社区成立6周年庆典在未来科技城欧美金融城（EFC）举行。"余侨同创、杭向未来"是区委统战部围绕杭州市打造新侨创新创业城市之窗的实施方案开展的系列活动，旨在激发海外侨胞爱国、爱乡热情和参与国家建设的积极性，增强海外侨胞的向心力和凝聚力，促进杭州与世界各地友好往来。启动仪式上，EFC海归社区被授予余杭区首个新侨创新创业示范基地称号。

【"侨创苑"揭牌】 2022年8月18日，余杭区"侨创苑"揭牌暨新侨创新创业"三海一梨享"品牌发布会在未来科技城（海创园）举行。省委统战部副部长吴炳芳，市委常委、统战部部长朱建明等省、市、区委统战部领导出席。"侨创苑"以"三海一梨享"品牌为依托，聚焦优化服务水平，帮助新侨解决人才落户、购房、子女入学等问题，为新侨创新创业提供"一站式"全方位服务。是年，余杭区在海内外举行创新创业活动120多场，参加超5万人次，帮助500多家企业对接合作。

【侨界精英创新创业峰会在余杭开幕】 2022年11月8日，创业中华——2022侨界精英创新创业（中国·杭州）峰会在余杭开幕。中国侨联党组成员连小敏，省侨联党组书记、主席庄莉萍，市领导朱建明、刘颖、徐小林、胡伟、林革，侨界海外高层次人才、海外专业社团、海外侨领等参加开幕式。峰会以"侨智创未来 筑梦新征程"为主题。开幕式上，中国侨联为杭州城西科创大走廊、宁波国家高新区新材料科技城、温州国家大学科技园授予"中国侨联新侨创新创业基地"牌子；未来科技城向海外招商顾问颁发聘书；侨界人才项目、侨创基地项目、金融助侨项目等项目签约，其中余杭区与海创院等8个侨界人才项目签约。

（孙莎莎）

2022年11月8日，2022侨界精英创新创业（中国·杭州）峰会在余杭开幕 （区委统战部 供图）

港澳台事务

【台胞青年风采】 2022年，余杭区台胞青年余纪萱、许志宏、张右昇担任省台联第十届理事会特邀理事；区台胞台属联谊会理事许志宏当选全国台联第十一届理事会理事，区台胞台属联谊会副会长余纪萱被全国台联聘为名誉理事。

（沈 玥）

【港澳青年创意基地成立】 2022年6月12日，浙江省港澳青年创意基地在余杭区余杭街道的"禹上稻乡"项目成立。基地将推动港澳人才在禹上稻乡创意设计，留下乐农生活记忆、助农创意场景。

【区旅港同乡会第四届理事会就职典礼】 2022年7月15日，余杭区旅港同乡会第四届理事会就职典礼暨余港两地社区、学校结对仪式在余杭、香港两地同步举行。市委统战部副部长俞永明等领导出席。典礼上，余杭区良渚文化村社区与香港九龙城土瓜湾南区签署结对协议书，余杭第一中学与香港培侨中学签署教育交流合作意愿书。

（孙莎莎）

【全国台联第十九届台胞青年千人夏令营海外营茶文化研习营】2022年8月6日，2022年全国台联第十九届台胞青年千人夏令营海外营茶文化研习营启动仪式在余杭径山举行，日本、泰国、印度尼西亚等地台胞以视频连线的方式参加。研习营围绕中国茶文化主题，宣传中华传统文化，让海外的台胞青年体会中华茶文化的韵味与趣味，了解茶产业带动乡村振兴的案例。活动期间，与会人员体验宋韵点茶的制作过程。

2022年11月8日，“中华五千年 实证看良渚”海峡两岸新媒体联合采风团人员参观良渚博物院　　（朱成琪　摄）

【余杭区台胞台属联谊会换届】2022年9月8日，余杭区台胞台属联谊会换届大会召开，45名台胞台属代表参加会议，各镇（街道）、区对台工作领导小组成员单位分管领导以及台联界别政协委员代表、民革党员代表列席会议，市台办副主任、市台联会会长以及余杭区有关领导等出席会议。会议听取区台胞台属联谊会筹备工作情况，审议并通过《区台胞台属联谊会章程（草案）》《区台胞台属联谊会选举办法（草案）》，选举产生第八届理事会会长、副会长、秘书长及理事。

（沈　玥）

【余杭中学与香港优才书院缔结为姊妹学校】2022年9月28日，余杭中学、香港优才（杨殷有娣）书院姊妹学校缔结仪式举行。余杭中学与优才书院签署结对意向书，发布“禹志—优才”伙伴计划。双方将发挥两校办学优势，提供交流机会和优质教育资源，开展文化、国际国内视域深度融合的交流活动，形成特色文化活动体系，打造“禹志—优才”国际文化节，推动两校之间的实质性合作。

（孙莎莎）

【海峡两岸新媒体联合采风活动】2022年11月8日，“中华五千年 实证看良渚”海峡两岸新媒体联合采风活动在余杭区瓶窑老街启动。国台办新闻局副局长、新闻发言人朱凤莲，省台办副主任周晁利等领导以及海峡两岸20多家媒体、台湾青年自媒体等参加启动仪式，参观瓶窑老街、非遗文化馆和仲夏植物园以及良渚古城遗址公园、良渚博物院等。

（沈　玥）

编辑：刘雪萍

政协杭州市余杭区委员会

Yuhang District Committee of the Chinese People's Political Consultative Conference

综　述

【党的二十大精神系列学习活动】　2022年，区政协举办“学习贯彻二十大，聚力护航新中心”委员培训班，组织专委会党支部委员专题学习会6场，开展专题宣讲等活动。在数字政协“i履职”开设建党精神学习专栏；常态化开展“书香政协·我们读书”系列活动。完善机关党组织学习制度，落实专委会党支部“五同”（政治同向、思想同心、组织同建、能力同进、作风同抓）机制，机关党组“五个全程纪实法·青春修炼正当时”被评为杭州市政协系统首批党建工作精品案例。

【政协“三位一体”建设】　2022年，区政协实施“民生议事堂”、委员工作室、社情民意信息联系点“三位一体”建设，全年新建委员工作室20个，共57个；建成“三位一体”镇、街道、平台“民生议事堂”14个，推进村（社区）“协商驿站”建设。新建委员之家2个。瓶窑、中泰、仓前、仁和、鸬鸟、百丈等6个镇（街道）民生议事堂案例入选杭州市政协系统百佳优秀协商案例，径山、鸬鸟等案例入选20个精品案例，获得市政协大会表彰，径山小古城村作典型经验介绍。百丈镇联络工委在百丈溪口村打造“委员一条街”，推动乡村振兴和共同富裕；余杭街道联络工委委员工作室赋能履职、“四兴融合”提振发展等相关做法得到省、市政协领导批示肯定。

【统战协作】　2022年，区政协深化与各民主党派、人民团体、无党派人士的交流合作，畅通渠道、搭建平台，支持充分协商建言。全年走访委员2354人次。做好各地考察接待工作，加强协作交流。推进政协之友联谊会、政协企业家协会和政协书画院、茶文化研究会等换届工作，开展系列重点工作。

（黄奕鸣）

重要会议

【区政协十二届二次会议】　2022年2月12—14日在余杭举行。会议审议批准区政协常委会工作报告、提案工作报告。会议认为，区政协十二届一次会议以来，区政协及其常委会深入学习贯彻习近平新时代中国特色社会主义思想，认真落实中共中央和省、市、区委决策部署，不断强化自身建设，积极搭建协商平台，创新建设数字政协，扎实开展调研视察，广泛凝聚各界共识，实现新一届政协的良好开局。会议同意常委会提出的2022年工作总体要求和主要任务，要求常委会认真组织实施。委员列席区十六届人大二次会议，听取并讨论政府工作报告及其他报告。会议期间，提交发言材料25篇，其中12名委员发言。会议收到以提案形

2022年2月12日，中国人民政治协商会议第十二届杭州市余杭区委员会第二次会议召开　　（区政协　供图）

式递交的意见建议319件，初审通过299件。会议审议通过区政协十二届二次会议决议，听取提案初审报告。

【政协常务委员会会议】　2022年8月24日，区政协2022年上半年政情通报会暨十二届五次常委会会议召开，通报全区上半年经济社会发展情况及下半年主要工作安排，听取和审议区政协专委会人事事项。9月21日，区政协十二届六次常委会会议召开，审议委员人事调整有关事项。

（黄奕鸣）

主要工作

【重点专题视察调研】　2022年，区政协各专委会开展视察调研182次，其中，主席会议视察7次，重点视察调研32次，专委会视察36次，向区委、区政府提交视察意见和调研报告12篇，意见建议123条。经科委围绕经济高质量发展，提高土地资源节约集约利用、企业培育、数据开发利用等内容，开展“亩均楼均”论英雄、专精特新“小巨人”培育情况、“数据资源深度开发利用”等专题调研和视察活动，收集整理委员意见建议40多条。城建委开展城市建设重点项目大提升、推进“共同富裕现代化基本单元”建设、城市精细化管理、道路交通、安全生产等主题的视察调研活动，组织政协委员50多人次到各镇（街道）开展“城市环境提升”市、区两级联动民主监督，收集意见建议135条，提交相关部门限时办理。社法委开展科技助残和公益诉讼、慈善事业、未来乡村产业、政务服务三级联动体系建设等调研视察，建言献策助推省级医疗器械与康复辅具产业园落地。参与重点企业精准走访服务，助推余杭区汽车消费补贴政策出台。文史委开展千年古城复兴、名校集团化办学、发展公共卫生、社会力量办体育、径山茶宴非遗申报、新建道路命名等调研视察。提交调研报告3篇，整理委员意见建议60多条，建议新建路名10多个，获区委、区政府主要领导批示肯定。报告和意见建议被近20个部门、镇（街道）、平台采纳。

【建言资政】　2022年，区政协开展“请你来协商”活动41次，向区委、区政府提交协商意见11件，收到各部门反馈落实意见125件。开展“未来乡村产业化”“儿童之家建设”“数字经济和农文旅产业融合发展”“共话历史名人价值”“工信经济高质量发展”等协商活动，围绕共同富裕、民生保障、文化建设、数字经济等热点专题献计献策。开展助力共同富裕示范区专题协商议事月活动，吸引各界别群众180多人次参与，梳理形成意见建议110条。

【提案办理】　2022年，区政协提案二审立案278件，分为人才服务、商贸财税、城市建设、民生保障、文旅发展等18个专题项目。依托“请你来协商”“民生议事堂”和委员工作室等履职平台，开展集中面商，实施二轮督办，推进提案办理落地见效。在数字政协平台建立全体委员随机抽样赋分评价机制，提高提案办理成果评价的客观性。经过2轮督办评价，278件提案解决或基本解决。提案办理过程评价和结果评价满意率均为100%。余杭区政协提案办理项目化管理创新实践得到市政协肯定，并在全市政协系统推广。

【数字政协建设】 2022年，区政协综合性数字化政协履职平台“i履职”发布上线2.0和3.0版本，理顺“政协分管领导—专委会—界别活动组、镇（街道）联络工委—委员工作室、委员”纵向组织架构，串联起“请你来协商”、提案项目化、调研视察、民主监督、社情民意等横向业务。对接省、市“数字政协”系统，实现省市政协平台应用场景重要信息实时传导。接入IRS系统（一体化资源系统），实现数据多跨协同、资源共享。各层级可通过“i参与”“i议政”“i发布”等模块开启线上云会议、云参与、云履职、云议政。“i履职”上架10多个门类，900多项资源。“i议政”开展履职活动直播31次，吸引5005人次委员在线参与讨论议政。将委员在“i履职”平台上发布的意见建议转化为政协提案198件，社情民意57篇，其他150多个话题提交相关部门作为工作参考。截至年末，委员登录17.29万次，发布履职话题2958个。相关经验做法得到省政协主席批示肯定，在全省数字政协建设推进会上作典型发言，被《人民日报》、新华社、人民网、《联谊报》等媒体报道。截至年末，数字政协“i履职”被杭州西湖区、滨江区、钱塘区，舟山普陀区，山东日照市岚山区等区、县政协应用。区政协为余杭区对口支援的四川稻城县、苍溪县政协免费开发并上线符合县域特点的数字政协系统。

【政协委员履职】 2022年，韩琪、刘伟学、裘涵等近20名委员录制各类讲座视频66个，上架“i履职”后浏览量1.21万人次。科技界别活动组推动成立余杭政协产业生态联盟，全年合作金额近千万元，并形成年度产业联盟调研报告。农林界别活动组参与农业科技下乡活动，解决农业生产实际问题。工商联界别建立“亲清三服务”机制，开展“亲清九日谈”政企恳谈会系列活动，推进为民营企业纾困解难工作，相关做法得到省政协领导批示肯定。委员赵艳华录制有声委员生日诗卡，为委员送上生日的关心关怀；委员李卿成立赋能型公益驿站，以公益互助、助残直播等形式帮助残疾人融入社会。良渚新城联络工委委员工作室以及胡冰、虞洋、潘天鸿等委员分别创设“委员大讲堂”“委员E站”“余杭望远镜”等特色平台；委员叶振华承接的“数字社服，推动服务能力体系建设”试点项目被民进中央评为信息化建设优秀案例；委员刘松在数字化管理助力订单农业生产方面的工作被中央广播电视总台报道，并在全省政协读书会上作经验汇报。

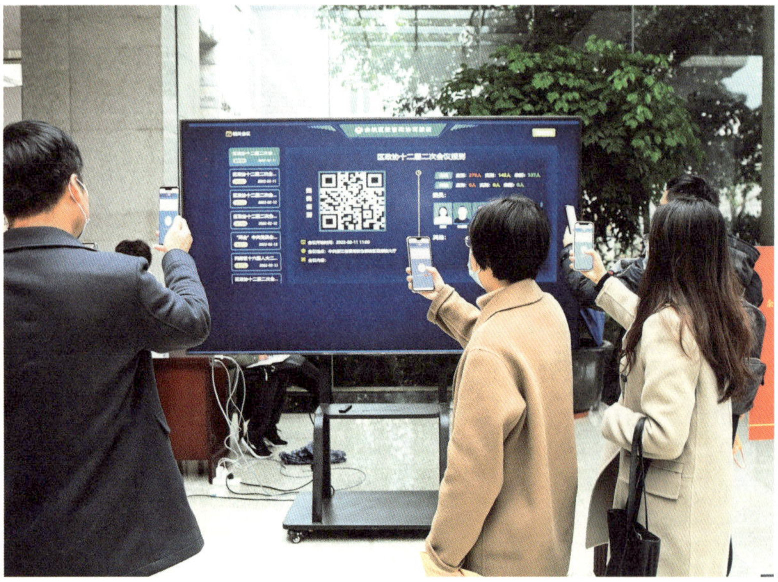

数字政协助力“两会”委员签到（摄于2022年）

（区政协 供图）

【文史宣传】 2022年，区政协常委会开展《未来有你——余杭区人才发展纪实》《余杭区政协志（2003—2022）》《余杭经济开发区志》的采访编纂。举行第二届“魅力光影 蝶变余杭”摄影存史工作，收

2022年9月30日，区政协农林界别活动组参与农业科技下乡活动　（区政协　供图）

录摄影作品2000件。开展“喜迎二十大”书画摄影艺术展和“幸福余杭艺术行”公益活动。以“筑创新之境 弘文明之光”为主题，创作展示反映城市新中心发展变化的书画摄影作品。打造政协全方位传播矩阵，提高政协工作影响力。中央及省、市、区媒体报道相关工作成效146篇，其中，中央媒体报道4篇，省级、市级主流媒体43篇。“浙江政协同心苑”微信公众号录用余杭政协信息20多条，“余杭政协”公众号发布信息153条。

【杭州城市新中心建设专题协商】 2022年9月21日，区政协举行建设杭州城市新中心“请你来协商”活动。市委常委、区委书记刘颖出席活动，围绕“建设杭州城市新中心”主题同政协委员交流协商。会上，区政协城建委汇报相关课题调研情况，部分政协委员围绕“建设杭州城市新中心”主题，聚焦创新发展、人才引进培育、文化传承、公共服务、生活配套、空间规划等方面提出建设性意见，区相关部门、平台负责人对政协委员提出的意见建议作出回应。

【复兴千年古城专题协商】 2022年10月14日，区政协围绕“打造金字招牌 复兴千年古城”主题举行“请你来协商”活动。区委副书记、区长王犖，区委常委、常务副区长梅建胜，区委常委、瓶窑镇党委书记汤丽玉，相关部门、平台、镇（街道）等负责人听取政协委员意见、查找问题、共商共促。活动开展，区政协组织委员围绕余杭区千年古城复兴开展实地考察和专题研讨，形成调研报告。专家、委员分别围绕“千年古城复兴”工作，提出整治和恢复北驿道肌理风貌，加强生活功能和商业功能融合，重现宋韵风格的建筑群等意见建议，区相关部门、平台、镇（街道）对政协委员提出的意见建议作出回应。

【名校集团化办学专题协商】 2022年11月2日，区政协围绕“推进名校集团化办学，推动优质均衡美好教育”举行“请你来协商”活动，区委副书记、区长王犖，副区长许玲娣及有关部门负责人就推进余杭教育高质量发展与委员开展协商。会上，区政协文史委汇报相关课题调研情况，部分政协委员围绕名校集团化办学的意义和实施路径、破题开局的重点和难点，健全职业教育体系、提升乡村教育质量、教育多样化发展、优质教研资源合作、强化优质师资力量等方面提出意见。相关部门对政协委员提出的意见建议进行现场回应。全体区政协委员通过数字政协“i履职”平台收看本场活动，并在线发表意见建议。

（黄奕鸣）

编辑：郭贤松

中共杭州市余杭区纪律检查委员会
杭州市余杭区监察委员会

Yuhang District Commission for Discipline Inspection of the CPC,
the Commission of Supervision of Yuhang District

纪检监察

【概况】 2022年，区纪委区监委围绕中心大局发挥监督保障执行、促进完善发展作用，推进全面从严治党、党风廉政建设和反腐败斗争，政治监督、腐败惩治、纠治“四风”、基层监督、巡视巡察、清廉建设等纪检监察工作取得新进展新成效。

【政治监督】 2022年，区纪委区监委开展“护航稳进提质”专项政治监督和除险保安督导检查，构建协同监督体系，推动整改问题46个。做好疫情防控监督，督促整改问题1742个，处理17人，制定平战转换监督实战指引30条。推动上级巡视巡察反馈问题、“七张问题清单”整改，整改问题74个。加强对“一把手”和领导班子监督，制定区级监督意见，开列任务清单26项。

【腐败惩治】 2022年，余杭区各级纪检监察组织立案301件，党纪政务处分300人，留置11人，移送司法机关13人，挽回直接经济损失2250.12万元。综合运用“四种形态”处理597人次。出台《余杭区推进“以案四促”制度化常态化工作办法》，发出纪检监察建议书22份。召开警示教育大会8场，组织“线上+线下”庭审旁听6场，受众超20万人。开展“清风护苗”专项行动，创设“青廉讲习所”等廉政教育平台13个；开展“清廉青年说”宣讲大赛、“编外不是法外”主题教育等特色活动。

【“四风”纠治】 2022年，区纪委区监委从严查处违规收送礼品礼金、违规接受宴请、违规发放津贴补贴或福利等问题，开展酒驾醉驾及其背后“四风”问题专项整治，查处享乐主义、奢靡之风问题32个，处理34人，党纪政务处分18人。整治形式主义、官僚主义，纠治工程建设、农村建房、“三资”管理等领域的“不担当、不作为、不落实”问题，查处问题44个，处理81人，党纪政务处分26人。探索开展亲清政商关系“示范先行”专项行动，推动整改突出问题34个。探索推进常态化澄清正名工作，为28件失实举报件澄清正名，创设“澄清让干部更担当”品牌，创建区级澄清正名基地，公布全区澄清地图。

【基层监督】 2022年，区纪委区监委制定村（社区）“一肩挑”人员管理监督意见，发布“廉脉指数”，构建村级议事决策全链监督体系，全年开展“监察联络日”活动2585场，解决问题1460个，获第三届“基层清廉建设（浙江）十大创新经验”奖。开展民生项目落地专项监督“百日攻坚”行动，重点监督纠治政策落实打折扣、搞变通等十大专项治理工作，保障民生实事项目落地，推动整改问题47个，完善制度7项。

【监督机制变革】　2022年，区纪委区监委开展“三不腐”一体推进“数字赋能”专项行动，开发“大余智水”“渣土廉运”“余纪有约”等应用场景13个，构建监督模型70多个，处置红色预警614条，推动挽回损失300多万元。协同省水利厅开发的“水利工程建设风险防范集成改革”获得全省改革突破奖铜奖，被评为省纪委公权力大数据监督“成绩突出建模单位”，“大余智水”被评为年度“最佳场景”。建立定期听取派驻（出）机构工作汇报机制；优化“片组协作”机制，深化“室组巡”联动监督、“室组地”联合办案、“组组”工作协同等机制，全区各派驻（出）机构参与监督检查、办信办案64次，发现并督促问题整改110个，提出监督建议18条。

【清廉建设】　2022年，区纪委区监委召开清廉余杭建设推进会，实施清廉余杭建设“十大工程”。培育全省清廉建设成绩突出或示范单位7个，全市清廉建设优秀案例10个。开展廉洁文化“品牌塑造”专项行动，筹办第四届“玉琮杯”清廉微电影微视频大赛，赛事被列入省委关于加强新时代廉洁文化建设的精品赛事；搭建廉洁文化精品矩阵，以“玉琮杯”为引领打造“良玉”“雄山笛音”“共富廉盟”等9个子品牌，发布清廉余杭主题宣传片。全年，创建清廉教育基地13个，接待参观学习600多场、5万余人次，“四无”粮仓陈列馆、杨乃武与小白菜奇案展示馆被评为省级廉洁文化教育基地。

（陈雨薇）

区委巡察

【概况】　2022年，区委巡察办（巡察组）深入学习贯彻党的二十大精神，以巡察上下联动“精准亮剑”专项行动为抓手，以“守定位、压责任、抓规范、促提升”为重点，做实规定动作，做优自选动作，努力推动巡察工作提质增效。

【巡察全覆盖】　2022年，区委巡察办分板块、分领域，以“一托二”形式，对镇（街道）、有关部门和重点平台等21个区管党组织开展3轮常规巡察，已巡察数占总任务数的27.6%，其中第一、二轮发现问题829个，移交问题线索27条，推动办理留置件2件，挽回经济损失3400多万元；基本完成第三轮对良渚街道、区住建局等9个单位的巡察。通过“巡上带下”方式，完成23个重点村（社区）的延伸巡察。3—4月，抽调派驻纪检组和区住建局、区交通运输局、区综合行政执法局等职能部门及巡察办干部8人，组建“亚运攻坚”专项巡察组，对余杭区杭州第19届亚运会筹办工作开展上下联动巡察；7—9月，对区民政局党委开展市县归口联动巡察。

【巡察整改和成果运用】　2022年，区委书记每轮至少参加2个被巡察党组织巡察情况反馈会，提出整改要求；纪委书记、组织部部长“包干”其他被巡察党组织。提升问题整改实效，梳理10个方面突出共性问题，列出整改清单、责任清单，明确区领导领衔责任，细化职能部门整改任务。采用巡察组交叉检查模式，对第一轮6个单位、12个村（社区）巡察整改情况开展“回头看”，发现整改不到位问题36个，督促落实整改。对8个单位开展“飞检”，推动整改销号清零。建立“四责协同”访谈机制，推出“书记谈巡察”报道18期，刊发体会感悟41篇。加强典型问题成果运用，入选全省“重大巡视问题清单”整改示范案例1个。

（唐仲康）

编辑：刘雪萍

民主党派·工商联

Other Parties and Federation of Industry and Commerce

综 述

【民主党派基本情况】 截至2022年末，全区有民主党派基层委员会7个、支部31个、民主党派成员400人；全年认定无党派人士22人。区内少数民族成分49个，超1.70万人。

【民主党派参与政治协商】 2022年，区委就全委会工作报告、工作总结，区政府就政府工作报告，以及区人大、区政协人事调整等重大事项，组织各民主党派、区工商联、无党派人士召开座谈会。全年各民主党派召开专题议政、征求意见会8次。全区政协委员中非中共人士186人，占比62%，符合规定的比例要求。民主党派和无党派人士174人，女性95人，平均年龄43岁。

【民主党派参政议政】 2022年，围绕杭州城市新中心、共同富裕示范区建设、数字化改革等重点工作，民主党派人士撰写建言，编印《同心汇·壹讯》12期，报送文字式重点建言60条，表格式建言75条，每期均获得区政府主要领导批示交办。建立建言“收集审核—成稿刊发—领导批示—建言转办—办结反馈”闭环机制，“发掘和打造城市新中心文化街角”“元宇宙发展”“提升产业园区污水管网”“承接南湖科学中心科研成果外溢”等建言得到落实。全年被中央、省、市有关部门批示录用参政建言236条。各民主党派组织实地调研33次，提出意见建议163条。《推动我省染色体优生检测全覆盖 打造“浙有善育”共富标志性成果》建言获得省委主要领导批示肯定。

【民主党派服务社会】 2022年，各民主党派围绕共同富裕示范区排头兵建设目标，民革余杭区基层委启动“同心·共富”服务中泰“五个一”系列活动；民盟余杭区基层委开展同心话共富论坛，开展建言献策；民进余杭区基层委发布“开明·银杏叶”社会服务品牌，首期设立“银杏叶”助学专项基金150万元；农工党余杭区基层委开展“禹你帮”社会服务项目，开展院士进校园活动。民进余杭区基层委员会承接建设民进中央“社会服务信息化”数字化改革建设任务，获民进中央来函致谢，在全国推广应用。

（孙莎莎）

中国国民党革命委员会余杭区基层委员会

【概况】 截至2022年末，中国国民党革命委员会余杭区基层委员会（下称民革余杭区基层委）下设3个支部，党员49人，其中，一支部18人，二支部14人，三支部17人。党员中市人大代表1人，市政协委员2人（其中常委1人），区人大代表1人，区政协委员10人（其中常委3人）。全年发展党员5人，其他地区转入1人。基层委设立组织学习工作组、宣传文秘工作组、参政议政工作组、祖统联谊工作组、“同心”系列活动组等5个专门工作组。民革余杭区基层委被评为2022年度民革全省宣传思想工作先进集体、2022年度民革全省社会服务工作先进集体、民革市委会“同心·博爱”社会服务工作先进集体；杭州市余杭区党员之家（和兴阁）被评为浙江省2022年度示范五好民革党员之家。邵政镓被评为2022年度民革全省祖统工作先进个人，曹林荣被评为2022年度民革全省社会服务工作先进个人；包晓云获2021—2022年度民革全省参政议政工作先进个人二等奖。汪爱娟被评为2022年第二季度“杭州好人”，获第十届“最美杭州人”提名奖。

【参政议政】 2022年，民革余杭区基层委提交政协建议21件。杭州市政协十二届一次会议，朱静撰写的《关于推动杭州都市圈与杭甬“双城记”融合发展的建议》作为民革市委会集体提案提交，并在市政协大会发言。全年撰写调研报告5篇，社情民意65篇，《同心汇·壹讯》收录48篇。其中《关于数字一体化推进杭州三大世界遗产联动保护利用的建议》《关于加强历史建筑保护管理的几点建议》《关于因势利导促进露营经济健康发展的建议》《关于通过“三化”综合改革促进预制菜产业规范发展的建议》《关于打造女性友好城市的建议》等5项调研成果入选民革全省参政议政研讨会材料。在“聚力乡村振兴助推共同富裕——第五届莫干山会议”上，包晓云作题为《推进数字乡村建设，积极助力乡村振兴——以杭州市为例》的报告，曹林作题为《以县域为中心，构建数字乡村的核心大数据服务体系实践》的报告。

【服务社会】 2022年，民革余杭区基层委开展“同心·博爱”品牌社会义诊、植绿护绿活动3次。开展关爱探望民革杭州市台属支部老党员活动。实施法律援助，开展法律咨询，举办法律知识讲座及普法活动2次。服务走访党员企业家3次，举办“成长之路——专精特新企业培育”沙龙，牵线专精特新企业培育服务平台，解读专精特新企业培育政策、知识产权、运营管理、成果转化等内容。

【对台交流】 2022年，民革余杭区基层委组织“台湾表妹”“台湾表哥”等台湾青年主播探讨余杭区相关产业政策，推动台湾青年到杭州、余杭创业；组织台湾青年主播到黄湖镇青山村，考察青山村“未来乡村”建设情况，助力青山村农副产品直播和乡村振兴。

【“同心·共富”活动】 2022年5月21日，民革余杭区基层委与中泰街道挂牌设立“同心·共富”服务基地，明确“同心·毅行”中泰、“同心·共富”调研、“同心·同行”论坛、“同心·公益”科普、“同心·博爱”服务等服务中泰“五个一”活动内容。“同心·公益”科普团开展公益科普，线上线下受众超50万人，事迹被《人民政协报》、《团结报》、光明网等20多家媒体报道。

（孙莎莎）

中国民主同盟余杭区基层委员会

【概况】 截至2022年末，中国民主同盟余杭区基层委员会（下称民盟余杭区基层委）下设3个支部，盟员36人。其中，教育文化支部13人，综合支部12人，海创园支部11人。盟员中有区人大代表1人（其中常委1人），区政协委员7人（其中常委3人）。全年发展盟员2人。民盟余杭区基层委被评为盟市委示范性基层组织、先进基层委，综合支部被评为五星级支部，教育文化支部、海创园支部被评为四星级支部。盟员俞珠花被评为民盟浙江省委会思想政治建设先进个人，方鹏被评为民盟浙江省委会宣传工作先进个人。

【参政议政】 2022年区“两会”期间，提交提案议案7件，其中，政协提案6件，人大议案1件。俞珠花撰写的《关于进一步讲好良渚文化发现人施昕更故事的建议》被评为优秀提案。全年提交调研课题3篇，社情民意信息73篇。俞珠花的《以数字化改革推动政协协商民主向基层延伸》课题获民盟省委会2022年度参政党理论研究课题优秀奖。俞珠花、方鹏、茹莎莎、陈慧君等盟员撰写的4篇社情民意被盟中央录用，俞轶凡撰写的1篇社情民意被省委统战部录用，27篇被盟省委录用。

【服务社会】 2022年，民盟余杭区基层委举办“新时代创客说”省党代会精神宣讲会。打造“黄丝带帮教服务”社会服务品牌，与临平区司法局、浙江省第六监狱、浙江省未成年人管教所、杭州市西郊监狱、杭州市南郊监狱等单位合作共建“光彩人生”社会帮教基地。参与东西部对口帮扶与山海协作服务，联合杭州中华职教社乡村振兴领航学院在四川省稻城县桑堆镇共建桑堆分院，参与四川省广元市中小学校数字化智慧校园和校园心理健康帮扶项目，帮扶学校一期基本建成。参与“同心童梦·爱在稻城——牧区学校学生营养改善计划”，全体盟员捐款3.5万元。联合杭州合唱艺术中心支教领航少年合唱团百丈分团，助力乡村发展、振兴乡村美育。由盟员杨燕飞、李燕红主讲的义务教育同心公益讲座，分别吸引5.85万名学生和12.8万名家长在线观看。开展“红围巾”快闪活动，事迹被《光明日报》报道。

（孙莎莎）

中国民主建国会余杭区基层委员会

【概况】 截至2022年末，中国民主建国会杭州市余杭区基层委员会（下称民建余杭区基层委）下设4个支部，会员83人。会员中副区级干部2人，副处级干部1人，科级干部11人，经济界会员54人，占比65%；市政协委员1人、区人大代表1人，区政协委员19人。开展“矢志不渝跟党走、携手奋进新时代”政治交接主题教育和“初心传递 使命接力”等活动。会员贾晋妍被评为省“人民满意的公务员”，吴莉琴被评为浙江省优秀女律师，崔剑获得省委会参政议政工作表彰，匡明的企业智云健康科技集团在香港联交所主板上市，杨林、茹方军入选第四届浙商青云榜。

【参政议政】 2022年，民建余杭区基层委组织会员提交理论文章、社情民意等70多篇，其中30多篇社情民意被民建中央，民建省委会、市委会，市委统战部等各级组织录用。撰写的《治理协同和社会服务模式转换推动探索数字政协新模式》《建议从国家层面为“因疫情而被困高速公路上的返家人群”类问题提供社会治理的托底方案》《关于紧抓亚残运会契机，打造辅具服务融合化闭环式发展的建议》等理论和调研文章。围绕杭州城市新中心建设、共同富裕示范区建设、经济稳进提质、数字化改革等重点工作开展调研12次。报送《同心汇·壹讯》建言30多条，建言录用数量居区内各民主党派首位。区两会上，会员王伟的提案《从西安“一码通”崩溃事件，谈数字经济时代线下场景应用中的数字化基础设施建设的几点建议》、沈士华的提案《将城区建在公园里，让我们生活在诗情画意中》、陈晓东联合妇联界别组的提案《关于加强余杭区家庭教育工作的提案》获优秀提案奖。

【服务社会】 2022年，民建余杭区基层委联合民建杭师大支部发起“余民共建·同心共富”活动，围绕“科技共富”“旅游共富”“文创共富”“教育共富”四大板块，助力乡村共同富裕示范镇建设，会员陈薇开设“趣味人工智能”课程。帮扶四川省稻城县6个结对少数民族村，捐款12万元。组织全体会员认购临安浪山村大米4吨。指导民建会员企业家联谊会余杭分会开展驰援内蒙古赤峰市林西县爱心物资捐赠活动。主动参与余杭区围绕杭州城市新中心建设谋划筹备，对接“十大工程”，贡献民建力量。

（孙莎莎）

中国民主促进会余杭区基层委员会

【概况】 截至2022年末，中国民主促进会余杭区基层委员会（下称民进余杭区基层委）有正式会员55人，考察期会员4人，民进之友4人。全年发展会员3人，新转入会员4人。会员中有省人大代表1人，市政协委员2人，区人大代表、区政协委员19人。开展“矢志不渝跟党走、携手奋进新时代”政治交接主题教育和“学会章、交会费、做民进人”主题教育活动。民进余杭区基层委员会被评为2022年度民进全国信息化建设先进集体、民进浙江省委会2017—2021年度先进基层组织、2022年度民进全省优秀基层组织、民进杭州市委会五星示范型组织，以及学习宣传、参政议政、社会服务等工作先进集体。3篇提案被评为优秀提案。

【参政议政】 2022年，民进余杭区基层委围绕中心工作和社会热点，完成调研报告2篇，社情民意信息96篇，《同心汇·壹讯》建言37条，其中被民进中央和省委会采用4篇，市委会采用12篇，区委统战部刊登14篇，获民进浙江省委会参政议政成果二等奖、省委会开明教育论坛征文二等奖和优秀奖。协助市委会在径山镇建立市政协民进界别委员工作室，举办“学习二十大 共话乡村富”民生议事庭院会，参与区委、区政府“迎亚运，大提升”、千年古城复兴、城乡共同富裕等专题（调研）协商座谈和民主监督，参与区委统战部组织的“同心论见”。区两会期间，提交大会发言材料3份、集体提案1件，代表委员会员提交建议案和提案21件。

【服务社会】 2022年，民进余杭区基层委开展省、市、区三级基层组织结对共建、会员企业联盟活动。依托余杭统战“同心楼”数字化基地，开展“民进之家”主阵地建设，组织开展议政沙龙、学习交流等活动16场次。依托浙江人才大厦建立浙江民进博士团服务示范基地，吸纳海内外重点产业领域博士研究生300多人。依托乡村振兴计划，建立政协民进界别委员联络站，定期开展送教、送文化、送医和帮扶等“同心助共富”活动。设立“开明·银杏叶”社会服务品牌，实施“12345”工程，开展瓶窑中学“爱心助餐”、中泰枫岭助学、仁和双陈助医等活动6次，捐款30多万元。联合30多家会员企业开展“喜迎二十大·同心献热血”活动。“开明·银杏叶”的做法得到中央统战部肯定，被《人民政协报》、人民网等报道。会同省、市支部开展“开明乡村养老关爱工程”，在“3·5”学雷锋纪念日联合开展送教、送医、送农技等社会服务，参加环境整治、垃圾分类宣传指导等活动。参与贵州省台江县、四川省稻城县、四川省苍溪帮扶，倡议发起“同心童梦·爱在稻城——牧区学校学生营养改善计划”。主动承接民进中央社会服务信息化系统试点建设任务，系统建成并在全国29个省推广使用，项目被评为民进中央“信息化建设优秀案例”。

（孙莎莎）

中国农工民主党余杭区基层委员会

【概况】 截至2022年末，中国农工民主党余杭区基层委员会（下称农工党余杭区基层委）下设3个支部，党员64人。其中，一支部22人，二支部21人，三支部21人。党员中有市人大代表2人，市政协委员1人，区人大代表4人，区政协委员14人，全年发展党员13人。由农工党余杭区基层委党员参与创作的越剧《却金亭》获“李渔杯”首届全国清廉戏曲优秀作品展演“十佳剧目”称号。

【参政议政】 2022年，农工党余杭区基层委以“禹你商”为抓手，建言献策，被市级以上社情民意平台录用的建言建议42篇，其中，被农工党中央录用3篇，被省委会录用5篇；完成调研报告7篇。被《同心汇·壹讯》录用建言10篇。

【“禹你”系列活动】 2022年，农工党余杭区基层委以“禹你帮”为平台，开展社会服务活动。“禹你救助”，在企业、学校、社区开展急救普及培训20多场，惠及群众400多人，线上观看1万人次。“禹你助农”，整合浙江大学教育资源，引入博士后1人，3名博士研究生等人才在鸬鸟镇驻村支农，提高蜜梨优果率，实现亩产增收，惠及农户100多户。“禹你启智”，在径山镇潘板中心小学开展“点亮梦想·开启智慧”工程，19名党员参与该工程，授课86次，受益家长、学生2600多人次，党员捐款10多万元在校内打造“梦想长廊”。以“禹你汇”故事讲堂作为载体，开展“同心同廉”系列活动，开展“禹你汇”清廉故事讲堂巡回60多场，听众6000多人次。

（孙莎莎）

中国致公党余杭区基层委员会

【概况】 截至2022年末，中国致公党余杭区基层委员会（下称致公党余杭基层委）下设3个支部，正式党员48人。其中，一支部17人、二支部15人、三支部16人；省政协委员1人，市人大代表1人（其中常委1人），市政协委员1人，县（市、区）人大代表3人（其中常委3人），区政协委员8人（其中常委2人）。全员发展党员11人，转入2人。致公党余杭基层委获致公党省委会“宣传思想工作”优秀集体和市委会“综合先进”“参政议政”“组织工作”“海外联谊”先进集体等称号。党员林丹琴被评为省委会组织工作先进个人，阮淼钎被评为省委会宣传思想工作优秀个人，王烨君被评为省委会侨海联络工作先进个人，姚晓燕被评为省委会侨海联络工作优秀个人、市委会宣传思想工作先进个人，李悦被评为市委会参政议政工作先进个人，潘杨欢被评为市委会海外联谊工作先进个人。

【参政议政】 2022年，党员郑攀在省两会上建议运用数字化技术、数字化思维、数字化认知，赋能宋韵文化传承发展，助力浙江加快打造新时代文化高地。李悦、楼寅在市两会上分别提交《关于加快打造南湖科学中心助推我市争创综合性国家科学中心的建议》《关于以产业协同为抓手助推区域协调发展的建议》。11名党员参加区两会，聚焦共同富裕示范区建设、经济高质量发展、科技成果转化、中心城区建设等建言献策，提交建议提案16件。完成专委会调研报告6篇。调研余杭区托育机构发展情况、文旅体工作等，与相关部门、镇（街道）开展座谈交流，助力企业发展。

【结对帮扶】 2022年，致公党余杭基层委与百丈镇结对交流，开展“六送”（送教育、送就业、送创新、送医疗、送绿色、送公益）服务，重点在医疗教育、产业发展、绿色创新等方面开展合作帮扶。组织党员通过“酉好货”电商平台认购重庆酉阳农产品。响应区委统战部“同心童梦·爱在稻城——牧区学校学生营养改善计划”，发动党员及党员企业捐款数万元，助力东西部协作。

【服务社会】 2022年，致公党余杭基层委依托“一带一路”杭州致公驿站，以数字化和智慧化服务助力中小微企业“出海”。党员刘波创办的泛鼎国际集团旗下出口物流服务品牌“一键达海外仓”及“海外智慧物流平台”覆盖全球多个国家和地区。创建跨境电商国际人才基地，与大专院校合作启动“eBay E青春”项目，培养电商人才。

（孙莎莎）

九三学社余杭区基层委员会

【概况】 截至2022年末，九三学社余杭区基层委员会（下称九三学社余杭区基层委）有社员68人。全年发展社员7人，十二届杭州市政协委员5人，其中常务委员1人。基层委16名市、区政协委员和人大代表提交议案4件，个人提案建议10件。社员华先胜带领的阿里巴巴达摩院医疗AI团队被评为全国科技系统抗击新冠肺炎疫情先进集体；宋宁获得国家卫生健康委出生缺陷干预救助基金会第五届科技成果奖一等奖，其企业杭州德适生物科技有限公司入选工业和信息化部人工智能医疗器械企业排行榜，本人被社省委评为参政议政工作先进个人，获得社市委参政议政工作特别贡献奖、“信息工作先进个人”称号；何林海被评为九三学社中央2021—2022年社会服务先进个人、杭州市劳动模范；邹卓成参与发明的信息安全查询装置获国家专利；黄步添参与的项目“高浓缩多方存证视频安全关键技术与应用”获浙江省科学技术进步奖二等奖，本人被社省委评为参政议政先进个人；霍志东参与的机械真空泵相关应用获省科技厅颁发的科学技术成果登记证书；谢如栋获“2022年度风云浙商”称号；罗建强、罗伟被社省委评为优秀社员；张洁被评为社省委社会服务先进个人，徐燕被社省委评为信息工作先进个人。官蓓蓓、薛晖带领的阿里巴巴云上会展项目组、阿里巴巴奥林匹克知识产权保障项目组收到来自2022年北京冬奥会和冬残奥会组织委员会的感谢信和证书；宋杰、江丽琴被评为杭州市高层次特殊支持计划人才；王东兴带领蚂蚁集团亚运项目组参与杭州亚组委“智能亚运一站通”打造，该项目被评为省数字化改革数字政府系统“最佳应用”。曹震羽的画作入选2022“万年浦江”全国中国画作品展；余飞辉被评为“杭州市青年人才大使”。

【参政议政】 2022年，九三学社余杭区基层委建言被全国政协、社中央、社省委、市委统战部录用11篇次，其中社员宋宁提交的《开展孕前染色体检测，降低出生缺陷，跑好共同富裕第一程》被九三学社中央录用，徐燕撰写的《关于新型城市化背景下加强铁路综合交通枢纽现代化规划的建议》被全国政协录用，李玉美提交的《完善城市大脑街道级数字驾驶舱建设，提高我省社区基层治理能力》，罗建强提交的《关于促进我国当前数字经济产业发展的建议》，何林海提交的《扶持新型集体经济，促进乡村共同富裕》，罗伟提交的《“政府采购扶持欠发达地区和少数民族地区”政策落实存在盲点》，黄步添提交的《关于促进浙江数字人民币产业布局的建议》，薛晖提交的《建议加快建立人工智能产业的多元协同治理机制》等建言被社省委、市委统战部录用。宋杰撰写的《关于推动数字孪生城市建设的建议》，何林海、范立慧撰写的《关于发挥农村职业经理人作用助推城乡共富的若干建议》等2篇调研课题被社市委列入参政议政招投标课题，完成调研报告。

【服务社会】 2022年8月3日，九三学社余杭区基层委副主委华先胜在教育部高校学生人工智能训练营作《人工智能——是风，是云，还是雨？》报告。张洁全年组织和参与社会公益活动65场。阿里巴巴集团数字减碳课题小组成员、一支社委员何逸东参与昆明市林业和草原局中国“数字植物·数碳链”建设。为“同心童梦·爱在稻城——牧区学校学生营养改善计划”项目捐款4.46万元。

【“同心论见”暨城西科创大走廊创新服务联盟余杭行活动】 2022年8月23日，九三学社余杭区基层委承办主题为“科技九三 共富余杭”的2022年度余杭区第一期“同心论见”暨城西科创大走廊创新服务联盟余杭行活动，九三学社浙江省委、市委主要领导，城西科创大走廊创新联盟专家团成员到场指导。来自浙江大学、西湖大学、杭州师范大学、南湖实验室的专家开展圆桌论坛交流，就“共促科技成果转化第一区”建设发出倡议。九三学社余杭区基层委社员、之江实验室的李振廷围绕科技成果转化参与交流。

（孙莎莎）

区工商联（总商会）

【概况】 2022年，区工商联加强民营企业家队伍建设，助力余杭区打造高质量营商环境。区工商联被评为全国工商联2022年度民营企业调查点工作先进示范单位，《创优“西部富美”亲清直通车工作品牌》案例、《守正创新“1233”纵深推进清廉民企建设》案例分别被评为2022年全省工商联系统第一季度、第三季度服务“两个健康”最佳实践案例。

【商会党建工作】 2022年，区工商联在全市率先落实商会党建全覆盖工作。5月，成立商会综合党委并开展全区商会党建工作座谈会，完成13个基层商会党组织建设，实现全区商会党组织全覆盖，形成“商会红色党建引擎”工作格局。8月12日，区工商联举办“建设杭州城市新中心、提升产业发展新能级”企业家创新能力提升班，引导民营经济人士学习领会习近平总书记关于非公有制经济和工商联工作的重要讲话精神。

【清廉民企建设】 2022年，区工商联在杭州申昊科技股份有限公司召开清廉民企建设推进会，印发《优化法治营商环境推进清廉民企建设工作协同机制》；指导华立集团股份有限公司、杭州申昊科技股份有限公司、顿力集团有限公司等4家民营企业创建清廉民企示范点。

【工商联助企服务】 2022年，区工商联通过“新春大走访 助企开门红”“亲清大走访”“亲清九日谈”等形式，邀请“亲清服务团”的26个职能部门人员为企业家解读最新政策。举办“余商大讲堂”“蔚蓝大讲坛”系列培训、政策宣讲、法律普及等活动12期，惠及非公有制经济人士1000多人次。分别以“西部富美”“全面落实减税降费 优化营商环境”“稳外贸、拓市场”和“助企纾困、亲清直达”为主题召开“亲清直通车 政企恳谈会”4场，与80多名企业家开展交流，现场收集并解答企业问题40多个。举办“亲清九日谈”瓶窑商会、五常商会、径山商会、黄湖商会4个专场政企恳谈会，帮助30多家企业解决疑难问题40多个。区工商联组织100多名执委企业参与免费健康体检。联合区法院建立4家共享法庭服务站，解决企业困难。以“检企联络办公室”“警企共建体”为载体，举办“合规助力企业发展”培训2期。

2022年7月19日，区工商联举办“亲清九日谈”政企恳谈会 （区工商联 供图）

【企业参与共同富裕建设】 2022年，区工商联以“融资+融智”的方式，发动企业与村（社区）开展“万企兴万村”行动，华立集团股份有限公司入选省工商联“浙江同心共富榜样企业”。径山、良渚商会响应推进“共富工坊”建设号召，分别募集共富基金750多万元、1000多万元，主要用于扶持当地农文旅产业发展、专项人才的招引培育等。探索“商会+”模式，推动商会与企业、镇（街道）、村（社区）等联合。

【企业参与结对帮扶】 2022年1月，区工商联举行“打造共同富裕西部富美企业家”座谈会，建立未来科技城商会与西部五镇商会协作机制，形成山城协作联合体，依托片区优势资源，实现资金、项目、人才、技术等领域联动。4月，区工商联执常委与未来科技城商会的高层次人才企业家与径山镇、百丈镇、黄湖镇的乡村建立“加强山城协作、助力西部富美”合作备忘录。7月，新生代企业家到四川省稻城县、苍溪县开展“青春同行 结对共建”活动，筹集价值15万元的钱款物资支援稻城县俄牙同乡建设，与苍溪县9个结对村签订“企村结对”协议并捐赠钱物，被授予“余杭·苍溪东西部协作共富顾问”称号。

【新生代企业家培育】 2022年，区工商联和新企联打造“青蓝接力向未来”工程。区工商联主席牵头结对新生代企业家代表，成立五大专委会，开展师徒结对共促模式，组建“新时代创客说”宣讲队，宣传党的二十大精神。

（陈镇刚）

编辑：范雅君

群众团体

Mass Organizations

杭州市余杭区总工会

【工会基本情况】 2022年，余杭区有镇（街道）、平台总工会14家，区直机关各部门和有关单位直属工会39家。截至年末，全区有下属基层工会1782家，其中，单建工会1522家，联合工会260家。全区有基层工会的单位8450家，职工30.70万人，工会会员30.60万人。

【职工建功立业工程】 2022年，杭州市余杭区总工会（下称区总工会）开展“建功‘十四五’奋进新征程”主题立功竞赛活动，杭州余杭航空航天小镇建设有限公司被评为2020—2021年度全省忠实践行“八八战略”奋力打造“重要窗口”立功竞赛先进集体，杭徽高速余杭互通接线改建工程被评为2022年度杭州市“三重一新”重点工程立功竞赛示范项目。

【职工素质提升工程】 2022年，区总工会开展“守好红色根脉·班前十分钟”活动1660场，参与职工3.50万人。开展党的二十大精神主题宣讲65场、“劳模工匠精神进企业宣讲”活动80场，参与职工7200多人。开展系列体育活动23场，参加职工3000多人。开展职工“双证制”工程，报名职工1280人。开展在读职工技能培训6期，参加职工350人。举办公益培训95期，参加职工2900多人。举办“云享悦读”线上直播课程5期，在线观看3000多人次。

【职工技能竞赛】 2022年，区总工会继续开展职工技能竞赛活动。承办市级大赛1场，举办区级精英赛9场，群英赛90场，参与职工8960人，1319名职工获职业证书。发挥区级技能带头人“传、帮、带”作用，帮助1000多名职工

2022年7月30日，区总工会在未来科技城梦想小镇举办集成电路芯片测试技能大赛　（区总工会　供图）

实现技能晋级。开展“五小”（小发明、小创造、小革新、小设计、小建议）竞赛活动，参与职工2000多人，6项建议被评为杭州市“五小”先进创新成果。

【困难职工帮扶】 截至2022年末，余杭区有建档困难职工家庭10户。全年，区总工会帮扶困难职工128人次，发放慰问补助款42.77万元。开展“冬送温暖助解困·留余温暖过大年”活动，设立16万元专项资金，慰问区内部分困难职工、劳模（先进）、工会干部及边缘困难外来创业（务工）人员家庭、重点项目施工人员、特殊岗位一线职工、防疫抗疫作业人员、生产经营困难企业职工、春节期间坚守岗位从业人员，以及快递员、外卖配送员、网约车司机、货车司机等新就业形态劳动者。设立2万元专项资金，为留余杭过春节的外来创业（务工）人员提供1000份电子快递关爱卡，1000份话费充值券，50份“共同富裕”年货礼包；设立4.50万元专项资金，为留余杭过春节的外来创业（务工）人员提供30张职工（劳模）疗休养基地的免费住宿体验券和1000副对联。开展“春送岗位助就业”活动，提供岗位6.65万个。开展“夏送清凉助健康”活动，区领导带队，慰问企业和重点工程项目33家（个），慰问一线职工2000人。开展“秋送助学帮圆梦”活动，区总工会联合区教育局，为30名优秀外来务工子女和建档困难职工子女发放助学补助款3万元。

【职工医疗互助】 2022年，区总工会帮助4257名职工申领医疗互助补助金399.19万元。启动2023年医疗互助保障工作，参保职工24.69万人，筹集资金771.34万元。

【服务职工】 2022年，区总工会组织1976名职工免费疗休养。申报市级职工（劳模）疗休养基地5家，认定区级职工（劳模）疗休养基地10家。关心关爱新业态劳动者，新评全国户外劳动者站点2家，创建市级爱心驿家9家，区级爱心驿家10家。区总工会划拨228万元为区内重点项目、重点工程、重点领域及特殊岗位工作的6165名一线职工提供体检服务。新建“妈咪暖心小屋”4家，开办“小候鸟班”85个，惠及职工子女2600多人。各镇（街道）、平台工会为职工开设国学、茶艺、舞蹈、跆拳道等特色课程。

【服务企业】 2022年，区总工会开展“亲清助企”专项工作，设置2名助企服务员，定期走访结对企业。开展小微企业工会经费全额返还工作，涉及企业1127家，返还938.73万元。加大企业工会经费缓减力度，缓减企业工会经费1.89亿元。开展“平安企业”创建活动，发放“平安生产”宣传海报1000多份，在企业厂区内张贴生产宣传横幅100多条；联合区应急管理局，举行“安全生产知识进企业”活动15场。全区各级工会开展平安巡查活动100多场，巡查企业600多家，2600多名工会志愿者参与，收集职工安全隐患随手拍等合理化建议500多条。

【劳模工作】 2022年，余杭区新创建省级高技能人才（劳模）创新工作室1家，市级职工高技能人才（劳模）创新工作室1家，区级劳模（工匠）示范创新工作室5家。评出区劳动模范50人，模范集体15家。由区总工会推荐的杭州良渚遗址管理区管理委员会获全国五一劳动奖

2022年4月29日，区领导与2022年余杭区劳动模范、模范集体合影
（区总工会 供图）

2022年9月26日，区领导与第五届“余杭工匠”合影

（区总工会 供图）

状，浙江杭州未来科技城管理委员会等12家单位被评为杭州市模范集体，江少辉等22名职工被评为杭州市劳动模范。

【“余杭工匠”认定和慰问】 2022年，区总工会开展第五届“余杭工匠”认定工作，认定“余杭工匠”20人。陈汉文等5名职工被授予“浙江工匠”称号，胡浩源被授予“杭州工匠”称号。开展劳模（工匠）日常服务，在春节、“五一”、“9·26”工匠日等节日，走访慰问各级劳模（工匠）315人次，赠送慰问款26.70万元。在未来科技城设立劳模工匠林，组织劳模工匠代表开展植树活动。全年为350多名劳模（工匠）提供免费健康体检，为228名市级以上劳模（工匠）发放余杭文化保障卡。

【工资集体协商】 2022年，区总工会开展工资集体协商“集中要约行动”，实现建会企业工资集体协商全覆盖。签订单建工会工资集体协商合同1002份，区域性、行业性协商合同227份，涉及企业2081家。依次推进能级工资集体协商工作，签订能级工资集体合同35份，省、市产改试点企业能级协商覆盖率100%，区级产改企业覆盖率超70%。

【和谐劳动关系建设】 2022年，区总工会制定《余杭区构建新时代和谐劳动关系三年行动方案（2023—2025年）》，实施“八大工程”，建立“和谐劳动关系推进指数”，推进各镇（街道）、平台构建和谐劳动关系。“余杭工会”微信公众号定期发布“以案释法”，全年发布24期，阅读量1.5万余人次。各镇（街道）、平台工会对辖区内劳动关系群体性事件、涉及职工人身（财产）安全的重大事件实行2小时快报制，其余欠薪和调解情况每月15日上报。全年接待职工来信、来访、来电207件，其中涉及欠薪来电、来访件48起，均按时、按规定处理和反馈。

【职工文化阵地建设】 2022年，区总工会分片开展职工活动阵地网络走访调查工作，发挥“四级”职工文化阵地作用，创建“全国工会职工书屋示范点”1家，区级职工活动服务阵地品牌点13家。依托区联谊会，举办区域性职工文化和职工文体骨干交流培训座谈2场，定期更新汇总职工文体骨干队伍信息。

【网上工会建设】 2022年，区总工会继续推进“职工竞技场”应用场景推广使用。截至年末，收到职工意见建议800多条，注册用户5300多人；线上培训视频点击量超8600人次，线上直播培训观看5000多人次；采集职工信息4000多条，描摹高技能人才画像1875条。该项目入选2022年浙江数字工会省、市、县（市、区）联建项目，被评为杭州市工会改革创新十佳成果。开发建设“余杭区数字工会驾驶舱”，设置“红色工会”“实干工会”“为民工会”“品牌工会”“数智工会”五大栏目，协同22个部门（单位）汇聚数据1187万条，实现信息一屏掌控。

【基层工会组织】 2022年，余杭区新建基层工会1074家，新发展会员1.02万人，其中新业态领域组建工会52家，发展实名会员4512人。新认定区级示范职工之家9家，职工之家对外展示点5家。成立余杭区数字经济产业行业工会、“数字健康小镇”联合工会、“贝达梦工厂”产业园区联合工会、良渚街道“小哥”联合工会等。

【工会改革】 2022年，区总工会制定《2022年度新时代余杭产业工人队伍建设改革实施方案和任务清单》，召开产业工人队伍建设改革工作推进会，总结余杭区产业工人队伍建设改革5年工作。余杭区“数字产改”工作受到全国总工会、全国“产改”协调小组、省总工会肯定，分别在省、市总工会简报上刊登工作介绍。

【工会宣传】 2022年，区总工会开展五一劳动节、“9·26”工匠日系列宣传活动。拍摄劳模工匠系列视频，在微信公众号和部分企业电子屏等处播放。《“一对一”出实招，为科技企业纾困解难》《技能竞技场，为高技能人才描摹画像》等工作报道在光明日报客户端和《浙江工人日报》《杭州日报》《杭州工运》刊登。全年，全国和省、市媒体发布余杭工会工作信息107条。

（张钰晨）

共青团杭州市余杭区委员会

【基层团组织建设】 2022年，余杭区有登记在册团员3.20万人。有直属团组织49家，其中，镇（街道）团委12家，平台、局（公司、系统）团（工）委37家。有35周岁以下青年户籍人口43.95万人，青年流动人口63.56万人。共青团杭州市余杭区委员会（下称团区委）开展非公有制企业团建数量和活力“双倍增”三年行动。完成海外人才创业园等重点园区和阿里巴巴集团等重点互联网企业建立团组织工作，区内市级重点互联网企业全部建立团组织。全年新建非公有制企业团组织127家，社会组织团组织18家。截至年末，有基层团委74个，团工委14个，团总支62个，团支部1353个。建立“五联五促”基层走访机制，制定团组织“五共协作”制度，协调召开团组织建设工作交流会27次。

【团干部队伍建设】 2022年，团区委召开共青团杭州市余杭区委员会第二十届四次、五次全体会议，调整、增补部分委员。推荐参加省团员代表大会代表5名，参加市团员代表大会代表26名。规范团干部协管制度，调整直属团组织书记12名、副书记20名。会同区纪委区监委启动“年轻干部‘清风护苗’专项行动”，实施“青春倡廉”“五个一”计划，建立区、镇（街道）两级“清廉讲习所”，举办“清廉让余杭更美好”——余杭区“清廉青年说”宣讲大赛，教育团干部廉洁从政、健康成长。

【建团百年主题活动】 2022年，团区委举办庆祝中国共产主义青年团成立100周年主题团日活动。5—8月，举办余杭共青团百年团史主题巡回展（图片展），2000多名团员青年到场观展。在鸬鸟镇、黄湖镇、余杭街道和未来科技城开展“党领导下的杭州青运史馆余杭分馆”百场巡展，拍摄《“青声述说”——老团干专访》主题微视频，观看团员青年16万余人次。

【青少年思想道德建设】 2022年，团区委组织全区青年开展“学习二十大 永远跟党走 奋进新征程”学习活动，成立市委团校首家县级分校——市委团校余杭分校，组织团员青年参与“红船杯”2022年杭州市共青团党团知识竞赛，获二等奖。实施“新时代创客说”“五讲六进”行动，依托余杭青年商会建立创新创业青年宣讲人才库，承办、参与宣讲活动13场，听讲团员青年2万余人。召开“青年大学习”“浙里潮音”座谈培训会，结合“青春悦读”“云上悦读”“悦读益站”等品牌工作开展“三读”活动，开设“青年学习大讲堂”，举办余杭区少先队“红领巾奖章”争章专题培训活动，推进少先队主题教育。

【青年理论宣讲】 2022年5月9日，团区委成立余杭区“新时代创客说”理论宣讲联盟，发布联盟标识，为首批12家联盟成员单位授牌。同日，余杭区举行“新时代创客说”青年理论

2022年3月5日，“我在窗口写青春 亚运志愿我先行”五大行动启动仪式举行（团区委 供图）

实习岗位1162个，浙江大学、杭州师范大学等高等院校的103名学生参与政务实习；招募300名高校学生参与“筑梦余杭 希望之旅青年开放日”活动。是年，全球青年人才中心城西科创大走廊分中心落户未来科技城（海创园）。

宣讲大赛暨“共同富裕·青年说”宣讲大赛总决赛。6月7日，阿里巴巴集团成为余杭区“新时代创客说”理论宣讲联盟成员单位。6月30日，首批浙江省理论宣讲名师工作室——“彩虹人生青年理论宣讲工作室”在仓前街道成立。余杭“新时代创客说”宣讲团被评为2021年浙江省基层理论宣讲成绩突出集体。

【优秀青年评选表彰】 2022年，团区委开展余杭区第九届“十大杰出青年”“十佳优秀青年”，第一届“十佳创业创新青年”“十佳农村青年致富带头人”的评选推荐（表彰）工作。树立40名青年为优秀青年典型。参与“青牛奖”暨杭州市“村村都有好青年”培养计划，推荐12名在乡青年人才加入“村村都有好青年”培养计划。团区委推选的之江实验室智能计算研究院智能超算研究中心获全省唯一的第二十六届“中国青年五四奖章集体”称号。

【青年就业创业服务】 2022年2月，团区委联合区人力资源和社会保障局举办有150家企业参加的余杭区“春风行动”专场招聘暨春季人才交流大会，采取线上直播带岗和线下招聘会相结合的方式，发布岗位4700多个，收到简历1207份，直播间访问6.98万人次。启动“菁英计划”大学生暑期社会实践活动，上线第一批

【青年商会工作】 2022年，团区委加强青年企业家队伍建设，组织部分青年企业家参加2022年余杭区新生代企业家“麒麟计划”研修班、“建设杭州城市新中心 提升产业发展新能级”暨企业家创新能力提升班、西湖大学民营企业家第二期创新能力提升班、“数智时代的战略创新与思维变革”培训班等培训。团区委推荐的16名青年企业家成为杭州市大学生返乡项目导师。

【志愿服务】 2022年，团区委首次招募杭州西站青年志愿者500多人，为旅客提供信息咨询、协助购票、秩序引导等便民利民服务；启动杭州亚运会社会赛会志愿者招募工作。截至年末，余杭区登记注册青年志愿者协会有注册志愿者16.10万人。年内，吴宁、鲍翔宇等314名余杭青年获共青团浙江省委、浙江省志愿者协会授予的2022年春节期间新冠肺炎疫情防控一线青年志愿者服务证书。

【未成年人保护和预防青少年违法犯罪】 2022年，团区委开展青少年维权岗“12355”热线品牌建设。吸收卫生和教育部门的相关专业人员130多人为青少年维权类志愿者，入驻余杭区社会治理中心，实行线上“初体验”和线下“深交流”相结合的服务模式服务青少年，全年开展志愿者活动100多场。

【网上共青团】 2022年，团区委智慧团建系统内新建团员电子档案1080人，其中，初中生团员661人，普通高中生团员185人，职业高中

生（职业中专生）团员136人，社会领域团员98人。截至年末，“青春余杭”微信公众号更新信息714条，阅读量13万余人次。青年人才服务、青年思政引领工作获区委主要领导批示肯定。余杭区共青团工作信息被央视《新闻联播》、新华社、人民网、《浙江日报》、《中国共青团》杂志等省级及以上媒体报道20多次。

【少先队工作】 2022年，团区委开展“争做新时代好队员”活动，举办余杭区少先队“红领巾奖章”争章专题培训活动，开展余杭区第34期、第35期火炬银奖少先队员考章挑战营活动，表彰200个优秀少先队集体，80名优秀少先队辅导员，良渚第一小学等10个集体（单位）获余杭区红领巾奖章集体三星章。制定《关于进一步加强余杭区新时代少先队辅导员队伍建设的通知》，开展余杭区第三届少先队辅导员风采大赛暨第三届少先队员争章技能展示活动。设计《余杭区少先队红色研学手册》，新四军随军被服厂旧址、浙江省云上公益服务中心、麻车头村农耕陈列馆被认定为“红领巾E站1013”阵地。在67个社区成立以社区党组织书记为主任的社区少年工作委员会。

（谢媛媛）

杭州市余杭区妇女联合会

【巾帼宣讲活动】 2022年，余杭区妇女联合会（下称区妇联）组织开展“学习贯彻党的二十大精神‘余杭巾帼说’”“我奋斗 家国美”等巾帼宣讲活动100多次。通过妇联主席带头讲、妇联执委广泛讲、先进典型示范讲、志愿者结合讲等形式，推动党的二十大精神进村（社区）、进家庭。

【“最美系列”选评】 2022年，区妇联常态化开展“最美系列”评选工作。通过推荐（评选），获全国、省、市、区“最美家庭”称号共109户，获市、区两级三八红旗手、集体43个，获省、市、区级巾帼建功标兵、巾帼文明岗共69个。

【基层妇联组织改革】 2022年，区妇联健全各级妇联组织网络，全区12个镇（街道）妇联完成换届工作，选举产生新一届镇（街道）妇联主席12名，专（兼、挂）职副主席66名，执委229名。新建“四新”领域妇联80多家，“示范妇女之家”15家；建设“乐巾帼”等“四新”领域特色工作品牌10个。

【儿童友好城区建设】 2022年，区妇联引入“1米高度看城市”儿童视角，编制《余杭区儿童友好村落建设指引》《余杭区农村（社区）儿童书房建设规范》，制定《余杭区儿童友好城区建设工作实施方案》，开展儿童友好城区建设。新（改）建区级儿童书房12个，创建区级儿童友好村落（社区）4个，市级儿童友好实践基地3个。联合区民政局等部门，创建示范儿童之家41个，基础型儿童之家6个。举办“绘就儿童新未来，童建杭州新中心”余杭区首批儿童书房授牌仪式。联合区教育局等部门发布“七色花”儿童友好暖心礼包。该项工作在浙江新闻客户端和《中国妇女报》等媒体上刊登。

【妇女儿童维权】 2022年，区妇联完善区、镇（街道）和村（社区）三级婚姻家庭矛盾纠纷调处机制，引入“陶大姐志愿服务站”等社会组织入驻区婚姻调解室，实行婚姻调解实体化运作。联合区检察院、市公安局余杭区分局、司法局等部门，制定《关于建立旅馆业涉妇女权益侵害案件主动报告工作机制的意见（试行）》《杭州市余杭区侵害未成年人案件强制报告制度的实施办法》，健全未成年人、妇女保护联动机制。发挥“五常洪嫂”“梦栖丽量”“瓶窑奶奶”等巾帼志愿者的调解作用，举办婚姻家庭纠纷调解业务培训班。继续开展“12338”热线接听和省妇联“和睦E家”家族暴力案件的调查处理。全年，区级层面调解（处理）涉及妇女儿童信访件83件，“和睦E家”流转案件435件。

【女性“双创”推动】 2022年，区妇联以“数智+服务”形式，帮助“全职宝妈”重新上岗就业，制作“136宝妈创业就业应用场景”

系统，提供创业、就业信息2万余条，收集梳理弹性工作制项目20项，服务“宝妈”3000多人次，该系统纳入省妇联“浙里家 连心桥”地方特色应用目录。建设“巧娘工坊”“厨娘工坊”等“巾帼共富工坊”15个，帮助妇女灵活创业就业。成立“余杭巾帼共富训练营”，为创业女性提供相关服务。举办女性“双创”大赛，参赛项目“AE抗菌抗病毒新材料及其市场应用”落地良渚新城。实施“护航春蕾”行动，提升女大学生自我保护意识。6月7日，余杭区妇联作为浙江唯一县（市、区）级妇联代表在全国妇联线上调研会介绍女性创业创新工作。

【家庭教育建设】 2022年，区妇联举办第九届家庭文化节暨“砥砺奋进新征程、和谐家风传万家”家风家教主题宣传活动，开展“五个一”家庭文化征集活动，通过最美家训展示、科学家教理念普及、特色家庭典范创建、家庭平安护航等活动，征集作品315件。评出区级平安家庭100户，绿色家庭200户，健康家庭2000户。《中华人民共和国家庭教育促进法》施行后，联合区教育局，举办“余杭好地方、women好家教”征文比赛；在“国际家庭日”，举办《中华人民共和国家庭教育促进法》解读直播，4.9万余名家长收看，在线点赞166万人次。制定《余杭区2022—2024年妇女儿童综合服务驿站建设实施方案》，新建省、市、区星级妇女儿童驿站40家。

【美丽家园建设】 2022年，区妇联坚持每月第一个周六开展“家庭焕新日”全民清洁行动，常态化开展“星级庭院考核”和“美丽家园大比武”活动。开展美丽庭院、垃圾分类主题实践，引导更多家庭践行绿色生活方式。全年创建美丽庭院示范带22处，美丽楼道33个，美丽庭院示范户200户，垃圾分类时尚户200户。

【基层妇女帮扶】 2022年，区妇联继续推进妇联执委“四必访”活动，坚持“我为群众办实事”，针对重点人群和家庭，增加上门频率和次数，增设联系人员，全年各级妇联执委走访困难妇女及留守儿童1.11万人次，发现并解决问题187个。举办区妇女儿童家庭公益服务项目创意大赛，实施妇女儿童领域公益服务项目11个，开展巾帼电商、收纳技能、民宿管理等创业就业培训25期，巾帼志愿者服务36场次，参加培训和接受服务2万余人。推出“小余姐妍学家”线上线下公益课程44期，服务全区妇女儿童10万余人次。

（陈晓红）

余杭区文学艺术界联合会

【文联组织建设】 2022年，杭州市余杭区文学艺术界联合会（下称区文联）在全区12个镇（街道）分别建立杭州市余杭区文学艺术界联合会镇（街道）分会［镇（街道）文联］。镇（街道）文联主席由镇（街道）党委宣传委员兼任，秘书长由镇（街道）党群服务中心主任或宣传干事兼任。镇（街道）文联按照“有班子、有经费、有活动、有队伍、有阵地、有考核”的“六有”标准建设，不单设法人代表、不单设经费账户，不占编制，不占职数。经费来源主要由政府拨款、社会资助、会员会费及其他合法收入。镇（街道）文联根据实际情况分设二级协会，全区有二级协会62家。2022年10月16日，《中国文艺报》刊发《建设城市新中心，文艺共富新助力》，介绍余杭区级文联及所属12个镇（街道）文联建设情况。余杭区文联工作及镇（街道）文联组织建设全覆盖事迹得到中国文联领导肯定、批示。

【获奖及参展作品】 2022年，区文联所属协（学）会及其会员个人创作的作品获国家级奖项或参展（入选）的有：余杭区作家协会会员张海龙担任总撰稿的纪录片《西泠印社》获第27届中国电视文艺“星光”奖、优秀电视纪录片奖，入围第31届中国电视金鹰奖；纪录片《松花江》入围第27届中国电视文艺“星光”奖，纪录片《生态环境》在中央广播电视总台纪录频道播出。

余杭区美术家协会会员沈国英的国画《雨

花满天》在中国美术家协会举办的中国画展中获优秀奖；谢建民的国画《梅花》参加中国美术家协会举办的展览；汪文斌的油画《众事众商——大樟树下谋共富》参加中央宣传部举办的中国共产党历史展览馆展览，油画《稻香小镇》入选“丝路海阔·亮丽青岛”中国大城市专业画院优秀作品联展；俞良的国画《溪山清韵》参加“丝路海阔·亮丽青岛”中国大城市专业画院优秀作品联展；王蓓蕾的中国画《山醉含秋》参加2022年“万年浦江”全国中国画美术作品展、中国画《风和日丽》参展第四届“陆俨少奖”全国中国画展、第五届“朝圣敦煌”全国美术作品展；张靓亮的国画《甦》参展第七届全国画院作品展，《有仙则灵》参加“万年浦江”全国中国画作品展；杨力的国画《山村谱新曲》获第四届陆俨少奖；曹震宇国画《松林的回响》参加“万年浦江”全国中国画美术作品展；谢水火的国画《湘湖岁月》参加“艺起迎亚运”中国书画大赛。

余杭区书法家协会会员翁燕平的书法作品《陆游诗选》获中国书坛第六届“兰亭七子”奖，书法作品《缙云诗选》参加全国首届“李阳冰”杯书法篆刻展，书法作品《古剡诗选》参加第二届“卫夫人”杯全国书法大赛，书法作品《赵孟頫诗选》参展第三届“赵孟頫”杯全国书法篆刻展；张军的书法作品《明·王思任古文三则》获全国第二届“卫夫人”杯书法篆刻展优秀作品奖，书法作品《清·袁枚游仙都峰记》获全国首届“李阳冰”杯书法篆刻展优秀作品奖；徐建敏、王华锋的书法作品参加“赵孟頫”杯书法篆刻展、“李阳冰”杯书法篆刻大赛。

余杭区民间艺术家协会会员梁易的故事作品《爱如星空》获中国故事节第二届爱眼故事会推荐好故事，故事作品《岁月留香》获映山红奖；徐永忠的故事作品《叫一声妈妈泪直流》获中国故事节第二届爱眼故事会推荐好故事；周春美的散文《光》获长三角网络征文大赛一等奖；王国瑛的文学作品《秋韵里的乡村》获长三角网络文学征文大赛二等奖。

余杭区陶艺协会会员吴立君的陶艺作品《凝视》、侯红美的陶艺作品《孪生》参加景德镇国际陶瓷艺术双年展；罗洪文的陶艺作品《春山》、吴建芳的陶艺作品《敦煌系列》净瓶获第十届中国（浙江）工艺美术精品博览会金奖；虞旭铖的陶艺作品《亚运之歌（之二）》、马兰英的陶艺作品《山水间》获第十届中国（浙江）工艺美术精品博览会银奖；沈佳俊的陶艺作品《有白（之五）》、刘国俊的陶艺作品《钱潮涌动迎亚运》获第十届中国（浙江）工艺美术精品博览会铜奖；刘国俊陶艺作品《良渚文化青瓷璧》分别获第十届中国（浙江）工艺美术精品博览会银奖和“中国青·上林杯”国际青瓷艺术双年展铜奖，陶艺作品《颜如玉》获中国创意设计年鉴银奖。

【文艺题材作品扶持】 2022年，区文联所属学（协）会会员获国家、省级、市级、区级文艺类奖项（展览）和扶持的作品150多件，其中，获国家级扶持16件，省级扶持35件。区作协会员杨丽萍的报告文学《中国外卖》入选余杭区首届文艺基金扶持项目；会员张海龙创作的广播剧《施昕更1937》获杭州市文艺基金，撰稿的纪录片《江南有苕溪》获余杭区首批文艺基金。会员陈海飞创作的长篇小说《昆仑海》、方国平的视觉艺术作品《南山造像》获浙江省文艺发展基金扶持项目；区曲艺家协会会员徐宁的歌曲作品《月桂》获国家艺术基金2022年度项目。

【文艺赛事和文艺展览】 2022年5月，区文联举办“麦田里的守望者——良渚诗歌朗诵会”、“人间青山、烟火黄湖”诗文采风活动、“一带诗溪迎宋韵”首届苕溪文化诗词诵读活动、“百心群像——共富摄影展”等活动。8月，余杭区代表杭州市在丽水市参加“首届世界摄影大会暨浙江摄影周”活动。8月，区文联组织区摄影家协会参与“百名飞手瞰杭州”活动，展示位于区内的杭州西站、云城等地景观。11月，组织区级协会和镇（街道）文联开展“礼赞二十大 喜看共富新变化”系列文化主题展览、“礼赞二十大”新（廉政）故事演讲比赛、“天下径山美”百名画家画径山油画作品展。全年12家区级协（学）会和12个镇（街道）文联开展活动、讲座、展览等100多场。

【文艺志愿活动】 2022年，余杭区12家协会先后开展摄影、书画、诗歌、曲艺等疫情防控宣传20多次，参与会员318人次。全年全区1000名区级会员和2000名镇（街道）文联会员，开展文艺志愿服务近万人次。

【中国民间文艺山花奖在余杭举行】 2022年1月，由中国民间艺术家协会、浙江省文联主办，浙江省民间艺术家协会、杭州市文联、余杭区人民政府承办的第三届中国民间工艺精品双年展暨第十五届中国民间文艺山花奖优秀民间工艺美术作品最终评奖活动在余杭区梦栖小镇举行。活动主要对2020—2021年全国民间文艺工作成果进行集中展示和评奖，入围最终评奖的作品80件（组），包括木雕、石雕、竹刻、陶瓷、蜡染、泥塑等门类。区融媒体中心对活动启动仪式进行网络直播。展览期间，“新浪大V”和新媒体主播开展“网上观展”。9月，第十五届中国民间文艺山花奖颁奖典礼在杭州未来科技城学术交流中心举行，公布中国民间文艺山花奖优秀民间文艺学术著作、优秀民间艺术表演作品、优秀民间文学作品、优秀民间工艺美术作品等获奖作品名单，表彰中国文联终身成就民间文艺家。活动被中央广播电视总台、《中国艺术报》等9家国家级媒体报道。

（王　萍）

2022年11月25日，余杭区“礼赞二十大”新（廉政）故事演讲比赛（决赛）在闲林街道桦树村举行　（区文联　供图）

杭州市余杭区科学技术协会

【科协基本情况】 截至2022年末，余杭区有镇（街道）科协12家，特色小镇科协3家，区级学（协）会13家，院士专家工作站（指导站）及博士创新站41家。由杭州市余杭区科学技术协会（下称区科协）推荐的杭州鲁尔物联科技有限公司董事长胡辉被评为2022年杭州市首届“最美科技工作者”。

【全国科普示范区创建】 2022年，余杭区继续推进2021—2025年度第二批全国科普示范区创建工作，区科协做好（协调做好）各项创建工作和相关特色活动，8月18日、9月28日分别通过市科协、省科协的验收。11月24日，中国科协对余杭区的创建工作开展线上验收。

【科协民生实事项目】 2022年，区科协完成民生实事项目3项。新建村（社区）科普活动室等科普阵地32个；开展科普惠民活动355场，惠及21.30万人；推进“银龄跨越数字鸿沟”科普专项行动，培训2.50万人次。

【院士之家建设】 2022年，余杭区新增省级院士工作站7家，其中省级重点院士工作站1家；新增市级院士工作站3家，市级专家工作站6家，市级博士创新站12家。市级院士工作站新增数居全市区县（市）第一位。在杭州市“一家三站”工作交流会上，区科协作为院士工作站建设先进代表介绍工作经验。

【“院士专家余杭行”活动】 2022年，区科协常态化开展院士专家余杭行活动20多场次，包括中国工程院副院长何华武带队的土木、水利与建筑工程学部院士专家余杭行，院士周卫出席的余杭区农业绿色低碳发展论坛，院士柴天佑的智能制造专题报告会，院士雷清泉的电力线路除冰机器人技术对接会等。开设“余科技同行”科学家TALK系列品牌活动，邀请相关院士、专家以访谈、讲座、报告、圆桌会等形式开展交流。

【“走进科学·公益科普”活动】 2022年，区科协推出“走进科学·公益科普”活动，首批活动组织高校和企业的科普志愿者50多人到浙江强脑科技有限公司等4家准独角兽企业，解读科学知识。在“看余杭”APP发布“城市安全保卫”等科普小视频，观看1.30万人次。

【反邪教宣传】 2022年反邪教宣传月期间，区科协联合区委政法委开展线下宣讲、比赛、文艺演出等形式的反邪教宣传活动387场，到场观看（听讲）6.50万人。由区科协推荐的余杭街道塔山反邪教主题公园被评为杭州市“平安反邪、为亚运献力”十佳反邪教阵地。

【区农村专业技术联合会成立】 2022年，在区科协指导下，余杭区农村专业技术联合成立。7月8日，余杭区农村专业技术联合会成立暨第一次会员大会在仓前街道举行，50多名会员参加。大会选举产生联合会第一届理事会，审议通过《余杭区农村专业技术联合会章程》。联合会下设蔬菜、畜牧、茶叶、水产等16家涉农产业分会。全年，联合会开展蜜桃种植培训、红茶评审研讨会以及有院士参与的“现代农业发展”讲座等活动。联合区农业农村局开展农民高级技师申报工作。

2022年7月8日，余杭区农村专业技术联合会成立大会暨第一次会员大会举行 （区科协 供图）

【区“全国科普日”科普宣传周活动】 2022年9月，区科协开展以“喜迎二十大，科普向未来”为主题的2022年全国科普日暨余杭区第36届科普宣传周活动，全区开展宣传、演讲、展览和接受咨询等活动355场次。区科协被中国科协评为2022年度“全国科普日”活动优秀组织单位。

（苏鑫赋）

杭州市余杭区残疾人联合会

【全区残疾人基本情况】 截至2022年末，余杭区有持证残疾人1.97万人，其中，视力残疾1943人、听力残疾3607人、言语残疾230人、肢体残疾9635人、智力残疾1925人、精神残疾1646人、多重残疾762人；二级以上重度残疾人5213人。全年新增残疾人1150人、注销602人。

【残疾人按比例就业】 2022年，杭州市余杭区残疾人联合会（下称区残联）为998家在2021年度安置残疾人就业的单位办理确认登记，完成用人单位残疾人用工审核，核准残疾人就业2400人，残疾人就业保障金入库2.50亿元。为280家落实残疾人按比例就业的用人单位发放岗位补贴177.30万元，为163家超比例安置残疾人就业的用人单位发放超比例安置补贴292.70万元。

【残疾人社会保障】 2022年，余杭区有1.97万名残疾人享受每人每月50元的残疾人津贴，发放津贴1168.30万元。有453户“一户多残”困难家庭享受生活补助，发放补助金166万元。区残联为349名残疾学生、1401名残疾人困难家庭子女提供教育援助和助学补助，发放补助资金372万元。为204辆残疾人机动轮椅车提供补助，发放燃油补贴16.20万元。

【残疾人保险】 2022年，区残联落实城乡居民养老、医疗保险补助4929人、326万元；发放职工基本养老保险补助4382人，职工医疗保险补助4652人，共3100万元。全年办理赔付残疾人意外伤害险427人，赔付265.62万元。

【助残民生实事项目】 2022年，区残联超额完成省、市助残民生实事项目，提升规范化儿童康复机构1家、规范化残疾人之家3家；完成重要公共服务场所无障碍改造11处，均通过省级验收。

【残疾人之家建设】 2022年，余杭区12个镇（街道）有五星级残疾人之家3家、四星级残疾人之家9家，安置残疾人庇护性就业250人，其中余杭街道、瓶窑镇的残疾人之家被命名为市级综合性、示范性残疾人之家。径山镇残疾人之家推荐的“径善径美”共富茶礼参展浙江省农业博览会。

【无障碍建设】 2022年，区残联参与未来社区、现代社区和美丽乡村无障碍环境建设，改造社区道路和公共场所坡道、盲道、扶手等无障碍设施，完成仓前街道仓南社区和瓶窑镇瓶窑社区2个省级无障碍社区创建工作。完成位于闲林街道、中泰街道等11处公共服务场所无障碍点位设施标准化提升建设。投入63万元，完成122户困难残疾人家庭无障碍改造；为区内61个重点新建（改建）项目提供无障碍建设咨询、督导体验等。

【残疾人康复服务】 2022年，余杭区残疾人精准康复服务率90.3%，基本康复服务率100%，残疾人辅助器具适配率100%。全年区残联免费配发大额辅具464件，其中，假肢21条，助听器204台，轮椅、护理床239台，小额辅具59件。为207名残疾儿童发放基本康复服务补贴356.70万元。审核发放孕产妇产前筛查、儿童残疾诊断、白内障复明手术、人工耳蜗植入等残疾预防专项补贴835人，共112.90万元。

【残疾人文化建设】 2022年全国助残日和国际残疾人日期间，区残联分别在梦想小镇和余杭区高科技辅具展示体验中心举办第32次“全国助残日”活动、第31个“国际残疾人日”活动暨高科技企业助残先行区创建周年巡礼活动。联合区委宣传部（区文明办）开展“最美系列”评选，5名残疾人被评为2022年“美丽余杭人·最美残疾人”，6户残疾人家庭被评为2022年“美丽余杭人·最美残疾人家庭”。宣传在第13届冬季残疾人奥林匹克运动会上获2枚铜牌的运动员李盼盼、火炬手郭百岭及第4届亚洲残疾人运动会火炬形象官方书法作者王渊鹏、共富领路人沈兴连等余杭典型人物的事迹，弘扬社会正能量。

2022年5月12日，余杭区第三十二次全国助残日活动在梦想小镇举行 （区残联 供图）

【残疾人体育运动】 2022年，区残联重点发展柔力球、羽毛球、旱地冰壶等残疾人体育项目。全年开展文体活动49场，承办省级大型残疾人体育赛事2场；组队参加杭州市第11届残疾人运动会，18名残疾人运动员获5枚金牌、3枚银牌、2枚铜牌。3月，余杭籍残疾运动员李盼盼参加13届冬季残疾人奥林匹克运动会，分获越野滑雪女子长距离坐姿组、短距离坐姿组2项比赛铜牌，实现浙江省运动员在“冬残奥会”上奖牌“零”的突破。

【残疾人权益维护】 2022年，区残联对残疾人来信来访做到件件有回音、件件有落实，维护残疾人合法权益。全年接待处理残疾人信访件145件次。利用全国助残日、法制宣传日等时机，开展残疾人保障法、省残疾人保障条例等法律法规宣传活动17场。

【社会助残】 2022年，区残联强化社会福利救助和公益助残工作。开展弱有所扶行动，发布“助残e+1”小程序，开展“助残e+1”“为老为小”微心愿项目，为1048名18岁以下的残疾青少年和60岁以上的困难残疾人实现“微心愿”。培育助残社会组织，成立六合助残社会组织服务中心、阿里公益幸福团、乡音公益中心等助残公益组织。

【高科技企业助残联盟成立】 2022年，区残联继续推进余杭区高科技企业助残先行先试工作，联合杭州程天科技发展有限公司、浙江强脑科技有限公司等20多家高科技助残企业，成立全省首个高科技企业助残联盟。制定《余杭区打造“高科技企业助残先行区”实施办法》《余杭区“高科技企业助残先行区”奖补实施细则》等专项政策，相关经验做法在全省残联工作会议、长三角残疾人辅具服务一体化交流会、第16届中国残疾人事业发展论坛上作经验介绍，被残疾人事业发展研究会收录为地方案例。余杭区高科技企业助残项目被评为全省首批促进残疾人共同富裕先行先试项目。

（叶梦雨）

杭州市余杭区红十字会

【全区红十字会基本情况】 2022年，余杭区有镇（街道）、村（社区）、医疗卫生单位、学校、企业等基层红十字会293家，成人会员2.62万人、志愿者3.03万人。全区所有村（社区）均成立红十字基层组织。余杭区2022年红十字工作在省、市考核中均居县（市、区）第一位，杭州市余杭区红十字会（下称区红十字会）被评为2022年度浙江省红十字会工作先进单位、杭州市优秀单位，获2022年度中国红十字会办公室报刊宣传先进集体二等奖。

【网络筹资】 2022年，区红十字会开展“5·8”人道公益日网络众筹活动，其间，上线“余杭区救在身边——为器官捐献者子女助学”“余杭区应急救护驿站”2个筹资子项目，动员基层红十字会会员、志愿者3523人次参与公益行动，筹款119.54万元，筹款数居全省红十字系统首位。开展“9·9”公益日网络众筹活动，动员杭红公益联盟余杭子联盟单位和区内金融机构，参与以救助困境儿童为核心的“云帆计划”公益项目行动。该项目与“应急救护驿站”项目共筹款68.4万元，筹款数居全省红十字系统第三位。

【博爱帮困】 2022年，区红十字会继续开展“新春博爱送温暖”“红十字送医送药”“中秋博爱行动”“生育关怀”及“情暖余杭 医路有爱”等系列博爱救助项目，全年救助慰问困难对象1182户，发放救助金、慰问品（折价）共156.35万元。向结对的四川省稻城县、苍溪县捐赠筹集的专项款234万元，用于帮扶乡村振兴、贫困助学等项目。全年，通过微信、支付宝等平台和线下方式，接收企业、个人零星捐款和捐物（折价）3700万元。

【救护培训】 2022年，区红十字会继续开展救护培训“六进”（进机关、进学校、进企业、进农村、进社区、进家庭）活动，全年开展应急救护培训916场，其中，普及性培训14.66万人，救护员培训1.99万人。开启救护员转为“急救侠”同步流程，招募“急救侠”1.1万人，施救成功3人。8月，联合区人力资源和社会保障局、区卫生健康局、区总工会举办余杭区红十字应急救护师资大赛，12支镇（街道）

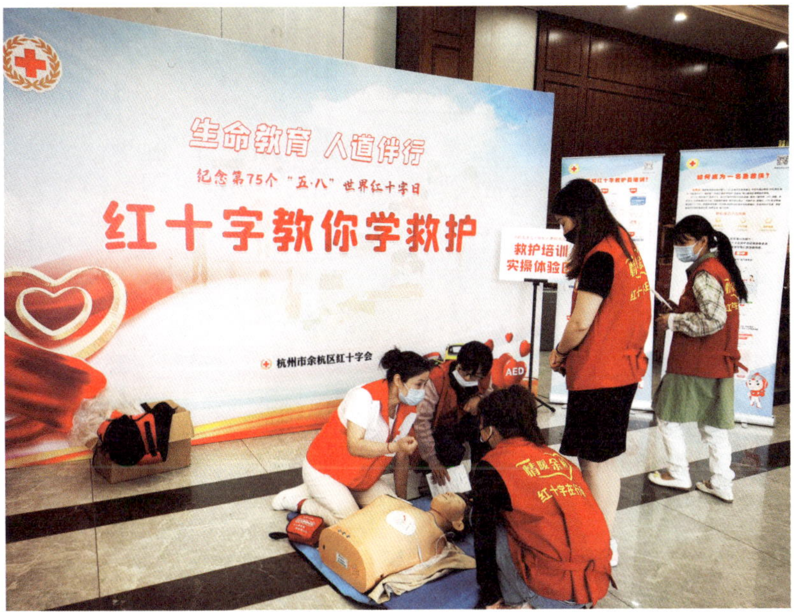

2022年5月8日，区红十字会在五常街道举办纪念第75个“5·8”世界红十字日活动。图为心肺复苏培训现场

（区红十字会　供图）

参赛代表队的36名应急救护师资参加比赛。9月，组织部分会员参加市红十字应急救护培训师教学技能大赛，获团体一等奖，会员朱敏丽获创伤救护之止血（含手掌离断伤操作）一等奖，被授予“杭州市职业经济创新能手”称号，会员曾玮获创伤救护之包扎（含单肩伤包扎操作）一等奖，被授予“杭州市职业经济创新能手”称号。

【培训阵地建设】　2022年，余杭区新建应急救护实训基地1处（良渚街道文化村社区市民客厅），新增应急救护考点1个（瓶窑镇窑北村），新建仓前街道葛巷社区、径山镇径山村、百丈镇百丈村、海创园党群服务中心、闲林街道闲湖社区、人工智能小镇、区政府医务室、区残联高科技辅具展示体验中心8个应急救护实操体验点，超额完成民生实事项目。建成余杭区中小学红十字生命教育体验馆——长乐基地教学点，内设生命教育体验、生命安全体验、生命关爱讲习等3个功能板块。推进鸬鸟山沟沟、径山双溪漂流、梦想小镇等国家AAAA级旅游景区救护站建设。

【红十字会数字化改革】2022年，区红十字会被省红十字会列为2022年全省红十字系统数字化改革重大场景应用试点单位，纳入全省重大改革（重大应用）“一本账S2”。区红十字会调整优化“浙里急救”系统中的“救在身边”应用；优化“生命髓缘”造血干细胞捐献全流程应用场景，“造干一件事”场景应用上线“浙里办”系统。推进“数字红会”建设，构建“互联网+红十字会+社会治理”格局，提高红十字工作信息化管理水平。

【造血干细胞捐献】　2022年，余杭区造血干细胞成功捐献5例（红十字会会员马海建、袁一玮、沈佳磊、祝纬、张泽南），累计捐献32例。全年，入库登记造血干细胞志愿者4667人。造血干细胞捐献者何云东、盛燕飞、陈夏侃、商华琴分别冠名成立红十字志愿服务工作室。余杭区首例造血干细胞捐献者柴立见被评为中国红十字会“会员之星”。

【器官遗体捐献】　2022年，余杭区新增遗体捐献志愿者3人、器官捐献志愿者6人、角膜捐献志愿者9人，累计遗体捐献29例、器官捐献49例、角膜捐献70例。

【红十字志愿服务】　2022年，区红十字会依托余杭区博爱家园志愿者服务中心，建立志愿服务平台，开展志愿活动。招募红十字志愿者2000多人，组成生命“髓”缘造血干细胞、红十字应急救护师资、“余爱同行”亲子、无偿献血暨造血干细胞宣传、“生命之舟”器官遗体捐献宣传、红十字海豚应急救援、红十字“急救侠”、阿里巴巴“急救侠”、造血干细胞捐献9支志愿服务队，坚持“一队一品”，开展志愿服务101场次，服务时长3812小时。

博爱家园志愿者服务中心被评为“杭州市最美志愿服务组织”，阿里巴巴“急救侠”志愿服务队“13520”应急救护志愿服务项目在第三届浙江省志愿服务项目大赛中获银奖，“余爱同行”亲子志愿服务队被评为省红十字会工作成绩突出志愿服务团队。区红十字会推荐的献血志愿服务队员孙建成被评为余杭区十大杰出青年；“余爱同行”亲子志愿服务队队员张燕萍被评为余杭区十佳农村青年致富带头人，该服务队的项玲玲家庭、刘斌家庭、潘丽丽家庭和应急救护师资志愿服务队朱敏丽家庭被评为2022年余杭区“最美家庭”。

2022 年，仓前街道葛巷社区被评为 2022 年全国红十字模范单位

（区红十字会　供图）

【红十字基层组织建设】　2022年，余杭区12个镇（街道）、206个村（社区）、18家医疗卫生单位的红十字基层组织完成换届。区红十字会在径山镇小古城村建成省级博爱家园，在余杭街道下陡门村等地建成区级博爱家园示范点12个。

【红十字宣传】　2022年，区红十字会拍摄宣传片《红十字志愿者》。区红十字工作信息被《中国红十字报》《博爱》等国家级媒体（平台）录用24条（则），被省、市红十字会微信公众号，《浙江红十字》等省级媒体（平台）录用76条（则）。余杭区红十字志愿者冯宇专的服务事迹被浙江电视台和新华网专题报道。区红十字会组建由21名志愿者组成的红十字精神宣讲团，全年进基层文化礼堂宣讲233场。

【葛巷社区应急救护培训驿站】　2022年，仓前街道葛巷社区被评为2022年全国红十字模范单位。葛巷社区建成社区应急救护培训驿站，实现“5分钟急救圈”和“每户家庭至少有1人学会急救”目标。该驿站使用面积120平方米，集教学、培训、急救知识普及和体验于一体，全天候免费开放，配备能够开展心肺复苏、创伤包扎等实际操作学习的硬件设备及自助式多功能救护一体机、造血干细胞捐献自助登记一体机。

（崔航菁）

编辑：李景苏

法　治

Rule of Law

政法委及综治

【概况】　2022年，区委政法委组织开展“除险保安百日攻坚行动”，建设平安余杭、法治余杭。余杭区被省委、省政府表彰为2021年度“平安区”，被授予“一星平安金鼎”。2022全省数字法治系统现场教学活动（浙江数字法治成果展）、2022年法治浙江论坛、浙江省法学会社会治理研究院成立大会暨2022年“平安浙江”论坛在余杭举行。12月12日，新时代政法楷模评选表彰工作领导小组将余杭区委政法委作为全国“新时代政法楷模”集体拟正式推荐对象予以公示。

【基层治理】　2022年，余杭区加强基层治理“四治”融合工作体系，持续深化“1+5+N”系列实施方案，发动“五常洪嫂”“径山前溪大妈”“中泰银龄护卫”等志愿服务队群防群治力量，打通政策宣传、除险保安、帮扶群众、信息采集等基层社会治理“最后一公里”，打造“人人有责、人人尽责、人人享有”的社会治理共同体。优化调整网格1496个，细分微网格9547个，创建“网格学院”教育训练品牌，提升专职网格员队伍能力素质。以“樟树下议事”为载体，将“众人的事情由众人商量”延伸为基层民主协商模式，推动实现网格治理与村民自治相融合、共促进。

【平安创建】　2022年，区委政法委开展贯穿全年的“五大领域”平安建设专项行动，推动城郊接合部、安置房小区整治，推进打击整治电信网络诈骗、养老诈骗工作；深化平安村（社区）建设，挂牌整治3批33个突出问题村（社区）；建立常态化立体督查体系，强化“四单督办”机制、形成闭环处置流程，全年发现、处置各类隐患问题1.33万个；打造“平安余杭”宣传品牌，形成“平安余杭我参与”的

2022年，仓前街道进行反诈直播宣教

（区委政法委　供图）

群防群治氛围，全区群众安全感为98.01%。强化“数字赋能”，依托全省首家县（市、区）级数智治理中心，建成“一屏观全区、一网治全城、一键管应急”的区域数智治理体系，汇集数据22.60亿条，探索建立“平安风险预测预警防控”应用，聚焦平安建设“五大领域”突出风险隐患，构建11个风险子模块，形成全域感知、分类归集、多维分析、协同处置、闭环管理机制。

【社会治理】 2022年，区社会治理中心揭牌成立。整合19个部门力量设置十大功能区，打通“访—调—仲—诉”矛盾化解链条，实现群众诉求“只进一扇门、事务一站清”。优化3个分中心、12个镇（街道）中心、215个村（社区）中心、1496个全科网格的矛盾纠纷调处组织体系，推进共享法庭建设，构建区、镇（街道）、村（社区）三级矛盾纠纷调处“136”式工作格局。在全省首创成立区级大调解协会，打通调解地域、行业、条块壁垒，实现信息、人员、资源互动，调解工作从单线作战向调解协办的转变。基于统一地址库建设成果，将人口、房屋、企业、事件等治理要素入格上图，打造社会治理一张图。围绕“一中心四平台一网格”基层治理体系，开发“一总四分”驾驶舱，横向设置党建统领跑道、经济生态跑道、平安法治跑道、公共服务跑道4条跑道，纵向贯穿区、镇（街道）、村（社区）、网格4级，集成贯通10个省级重大应用、19个区级特色应用。打造全量归集的数据底座，梳理形成社会治理全量数据汇总表格，汇总标签数据226项，获取标签数据123项。

▶**链接** “136”式工作格局即六成纠纷消解在村（社区）网格，三成纠纷消化在镇（街道），一成纠纷收口在区级的社会矛盾纠纷调处化解工作体系。

【执法监督】 2022年，余杭区全面推进8个多跨制度在政法系统落实，提出7个大项29个小项任务清单。推动常态化扫黑除恶斗争工作，宣传《中华人民共和国反有组织犯罪法》，开展线上线下答题竞赛8次，发布宣传信息49条，张贴横幅海报5000多张，全年核查上级交办、移交线索5条，办结5条。推进化解省交办涉法涉诉信访积案24件，促进社会和谐稳定。

（石　文）

法治政府建设

【概况】 2022年，余杭区推进法治政府建设工作，“大综合一体化”行政执法形成新格局，行政复议纠错率、行政诉讼败诉率实现“双下降”“三连降”，重大行政决策目录化管理、行政规范性文件和行政机关合同合法性审查率、行政机关负责人出庭应诉率均为100%。镇（街道）合法性审查质效提升项目被评为全省2021年度县乡法治政府建设“最佳实践”，“重大项目全生命周期法治化管理”项目通过2022年度省级“最佳实践”复评并被评为杭州市2022年度有辨识度有影响力法治建设成果，“‘大市场功能区’一支队伍管执法”“余杭区构建全域协同行政执法协调监督体系”“重大项目全生命周期法治化管理”等3个项目入选市级法治政府建设“最佳实践”项目培育名单，“平安风险预测预警防控区县级”应用“‘小古城村式’法治保障全过程人民民主”项目入选杭州市2022年度有辨识度、有影响力法治建设成果。

【法治政府数字化改革】 2022年，余杭区建设“重大项目全生命周期法治化管理”应用，对政府投资项目及重大招商引资项目进行法治风险管控，全流程防范预警法治风险。建设公平竞争审查应用，实现对涉市场主体经济活动的文件应审尽审，确保政府出台的政策公平有效。建设区级统一执法办案平台及“综合查一次”场景，统筹协调执法工作，实现常规事项移动端便捷式执法。建设互联网投诉举报AI智审和可信云调解应用，构建行政复议智慧审理模式，打造开放式新型纠纷调解服务，化解行政争议和各类矛盾纠纷。“浙里平安风险监测防控重大应用”“城市安全CT智能服务应用”“法护知产”“特定行业准入数字系统”等项目被评为全省数字化改革、全省数字法治

“最佳应用”。

【营商环境法治优化】 2022年，区司法局持续推进“减证便民”改革工作，动态调整证明事项告知承诺制清单，开展落实情况专项督查，告知承诺办件率100%。推进公平竞争审查，全面应用政务平台“公平竞争审查”模块，增量措施文件应审尽审，全年增量审查文件45份，其中经审查修改调整4份，降低出台文件违规率。出台《余杭区重大政策措施公平竞争审查会审制度》，推进国家市场监督管理总局会审试点工作。开展破除地方保护和市场分割专项行动，清理政府及所属部门文件280份，其中，无排除限制竞争问题217份、修改4份、废止59份。常态化开展公共法律服务为企为民，市场主体法律顾问服务网格化实现全覆盖，开展入驻式助企纾困，为257家园区企业、1000多名企业家开展专题法律培训，创新研发法律服务产品50项。引进并运行杭州仲裁委员会余杭仲裁分会、杭州金融仲裁院，为全区法治建设发挥仲裁作用。

【重大行政决策机制】 2022年，区司法局落实重大行政决策目录化管理制度，开展事项征集，召开重大行政决策事项目录专家论证会，规范决策行为。2022年度重大行政决策事项目录中纳入重大行政决策事项5个；组织指导部门、镇（街道）同步开展工作。启动2023年度区政府重大行政决策事项建议项目征集。履行公众参与、专家论证、风险评估、合法性审查、集体讨论决定等程序要求，提高依法、科学、民主决策水平。

【行政规范性文件管理】 2022年，余杭区建立行政规范性文件定性预审制，确保所有行政规范性文件纳入管理范围。严格合法性审核，区司法局全年审查区政府行政规范性文件16份，出具合法性审查意见书16份，提出审查意见60多条。落实涉企文件公开征求公众意见不少于30天、公平竞争审查等制发程序。落实备案要求，应备尽备，备案率100%。对2007—2021年区政府及区政府办公室制发的829份行政规范性文件进行全面清理，废止、宣布失效区政府规范性文件361份，停止适用区政府规范性文件110份，向社会公布清理结果，确保法制统一、政令畅通。

【行政机关合同管理】 2022年度，区司法局审查区政府行政机关合同36份，出具合法性审查意见书36份，针对歧义性条款、违约性条款等提出审查意见建议110多条，未发生合同争议。

【行政执法水平提升】 2022年，区司法局落实行政执法“三项制度”，组织全区各行政执法单位调整编制本单位行政许可、行政处罚、行政强制等4张执法事项清单，在区政府门户网站专栏公示。编制区级行政许可事项清单，涉及290个行政许可事项，在权力事项库和浙江省政务服务网上动态调整权力事项。清理和规范全区行政执法主体信息、委托执法证件，开展全区行政执法资格考试报名与培训，全区执法人员持证率超95%，为“县属乡用”下沉镇（街道）执法人员申领、换发“双执法主体”证件342张。对执法人员开展法治政府建设工作培训、行政执法资格考试培训，提高参训人员运用法治思维和法治方式推进法治政府建设的能力。发挥公职律师与法律顾问作用，提升行政执法水平。

【行政执法监督】 2022年，区司法局开展线下线上行政执法案卷评查，线下对全区行政执法、行政许可、行政处罚、行政强制案卷7件进行集中评查，提出意见建议60多条，线上通过“浙江省行政执法监督信息系统”抽取11个行政执法单位的33件行政执法案卷进行重点评查，制发行政执法监督通知书，要求限期整改。组织行政执法监督专项行动，联合区综合行政执法局、各派驻镇（街道）司法所开展镇（街道）行政执法专项监督，全面检查镇（街道）执法情况。强化行政执法监督的结果运用，将依法决策情况、行政执法“三项制度”落实情况、执法文书规范性情况等纳入年度法治余杭（法治政府）建设工作考核评价，发挥考核“指挥棒”作用，倒逼严格规范公正文明执法。

【复议质效提升】 2022年，区司法局深化与区法院的复议审判联席会议机制，在重大案件协调、规范行政行为等方面形成“府院合力”，提升行政复议案件办理质效。全年全区行政复议案件与行政诉讼案件量比为6.81：1，未发生复议后败诉案件。

【行政应诉能力提升】 2022年，区司法局编制年度全区行政案件败诉案例解读，逐个分析案件败诉原因，总结应诉实务经验，指导重点执法部门执法工作。组织开展行政案件庭审观摩，增强“少数关键”运用法治思维推动工作的意识，提高通过法治方式开展工作的能力。发挥败诉风险案件督办机制作用，健全联动衔接机制，开展行政诉讼诉中化解。推动行政负责人出庭应诉工作常态化，全区部门、镇（街道）行政诉讼负责人出庭率实现100%，形成行政机关负责人“愿出庭、敢出庭”新常态。

【行政争议实质化解】 2022年，区司法局推进重大案件领导包案化解机制，点对点化解重大行政争议。深化复议纠错风险预警和败诉风险案件督办机制，调处成效获杭州市中级人民法院宣传推广。开展专项治理，聚焦网络消费领域编写案件工作指引，从源头规范和指导行政行为。发挥专家咨询委员会实效，组织特邀专家论证会、疑难复杂案件专题讨论会7场，化解行政争议堵点，提供专业保障。

（徐佳璐）

公 安

【概况】 2022年，市公安局余杭区分局开展除险保安、夏季治安打击整治“双百日”行动，维护全区社会治安大局。全年接警59.51万起，受理刑事案件3954起、治安案件1.26万起；刑事拘留796人次，移送起诉1162人次；破获“五类”案件6起。办理全省首例企业妨害传染病防治案，获得省委主要领导等批示肯定。年内，市公安局余杭区分局被评为浙江省2021年度平安建设工作先进集体、2021年度全市公安机关综合实绩评估优秀单位，刑侦大队新型犯罪侦查中队被评为全国优秀公安基层单位。全年1个集体获二等功，7个集体获三等功，1个集体受到嘉奖；2名民警获二等功，28名民警获三等功，68名民警受到嘉奖；民警马浩然被评为全省模范人民警察，吴建强被评为全省优秀人民警察。

【社会稳定维护】 2022年，市公安局余杭区分局开展涉稳风险“大排查、大起底、大整治”行动，落实情报会商、包案化解等工作机制，推进P2P网贷平台追赃挽损，“米庄理财”平台完成净本金全覆盖。

【治安整治百日行动】 2022年，市公安局余杭区分局总结推广“十大机制”（领导协调机制、警源治理机制、矛盾纠纷多元预防调处化解综合机制、电信网络诈骗等新型犯罪防范机制、重大刑事案件防控机制、派出所巡防处突机制、派出所办理刑事案件“负面清单”机制、派出所数字赋能机制、派出所常态化练兵机制、派出所民警心理危机干预机制），对全区14处治安复杂区域开展集中挂牌整治，开展集中清查148次，抓获在逃犯罪嫌疑人3人，行政处罚1045人，成效获省公安厅肯定。开展集中行动，检查出租房15万余户，排查纠隐患1.8万余处，隐患抄告3200多起，处罚责任主体2175起；检查涉危物品从业单位1221家次，督促落实整改78家次；现行抓获违法犯罪嫌疑人581人。

【“黄赌毒”打击】 2022年，市公安局余杭区分局查处涉黄赌案件196起，打处813人；查处吸毒人员101人，查获高纯度冰毒900多克。摧毁跨境赌博团伙3个。

【公安基层治理】 2022年，市公安局余杭区分局发挥区反诈联席办统筹协调作用，完善反诈工作格局，全区电信诈骗立案数比上年下降39.73%，案损额下降26.76%。扩大“萤火虫”“红衣卫士”“马帮”等群防群治品牌影响力，开展“百万警进千万家”活动，走访3.2万余户，召开警民恳谈会、房东大会500多次，推广下载“国家反诈中心”APP软件72万人次，消除治安消防隐患5400多处。化解有激化苗头、可能引发案件的突出矛盾60多起，矛盾纠纷警情镇（街道）、部门现场到达处置率超90%，全年“110”非警务警情数比上年下降20.8%。

【公安领域数字化建设】 2022年，市公安局余杭区分局揭榜省公安厅“公安大脑”建设项目8个，研发“舒心安居”社会协同治理一件事平台，其中，以“以房管人”为突破口，突出租客、房东、社区、物业等自主申报，通过微信、支付宝、浙里办、浙政钉等报送形成“一房一档”，确保人来即登记。通过房屋“二维码”集成住房、人口、单位、隐患标注等基础信息，即时预警群租房多人居住等问题。“浙警易网办”远程办案取证系统入选全省“一地创新、全省共享”“一本账S0”。

【警务运行机制改革】 2022年，市公安局余杭区分局推进“情指勤舆”一体化实战变革，优化“135”快速反应作战圈布警格局，PTU警力5分钟到达率近90%，推行“警网协同”机制，分流非警务报警2.1万起。落实“刑事案件办理负面清单”，推进执法办案管理中心建设。发现整改执法问题1025个，推进执法规范化建设。

【公安政务服务优化】 2022年，市公安局余杭区分局推进“一窗通办”“一网通办”改革，公安高频政务服务事项全部实现掌上办理，网办服务事项50多万件。改善道路交通环境，改建、新设智能红绿灯和绿波带等2000多处，整改农村隐患道路500多条，设置绿色停车场120个、限时停车位2950个。在交通里程增加情况下，全区交通事故比上年总量稳中有降，亡人事故下降3.1%，安全畅通指数提升。

【部督特大假冒注册商标水泥案】 2022年1月6日，市公安局余杭区分局根据市局统一部署，对余杭区闲林、仁和、良渚等地假冒注册商标水泥窝点开展集中收网行动，抓获犯罪嫌疑人26人，查获假冒注册商标水泥包装袋5万余个，涉案价值2000多万元。该特大销售假冒注册商标水泥案，获公安部、省公安厅、市公安局通令表扬。

【“7·6”跨省贩毒案】 2022年7—10月，市公安局余杭区分局经过3个月的侦查，打掉一个涉及浙江、广西、贵州三省（区、市）等地，集毒、黄、赌等多种违法犯罪活动于一体的团伙，抓获违法犯罪嫌疑人32人，其中采取刑事强制措施12人、行政处罚20人，查获超70%高纯度冰毒900多克，摧毁一条省外渗透杭州市的贩毒通道。

【部督“7·1”特大跨境网络赌博案】 2022年8月1日，市公安局余杭区分局出动100多名警力，在河南安阳、福建福州、福建宁德、安徽合肥三省四地对公安部督办“7·1”特大跨境赌博专案进行统一收网，抓获涉案人员23人，涉案资金4.3亿元，捣毁一个全链条跨境赌博团伙。

（李春远）

检 察

【概况】 2022年，杭州市余杭区人民检察院（下称区检察院）办理提请批准逮捕案件165件235人、审查起诉案件748件985人，获得最高人民检察院荣誉表彰7项，省、市级荣誉表彰22项，办理的2起案件入选最高人民检察院指导性案例。区检察院被评为全国检察宣传先进单位，连续11年被评为全省先进基层检察院。

【刑事检察】 2022年，区检察院依法适用“少捕慎诉慎押”刑事司法政策，全年对轻微刑事犯罪不批捕93人、不起诉341人，诉前羁押率16.4%，对880名犯罪嫌疑人适用认罪认罚从宽制度，适用率87.7%，量刑建议采纳率96.2%，一审服判率96.9%，提升司法效率、化解社会矛盾。对刑事侦查不规范、不到位等问题，提出书面纠正意见7件次。推动侦查监督与协作配合办公室实体化运行，建立健全联席会议、轮岗派驻等机制，提前介入、引导侦查重大疑难案件65件，立案监督17人，追捕追诉12人。与区监委建立健全监察与司法衔接机制，办理监委移送审查起诉职务犯罪12人。起诉全市首例粮食购销领域腐败案件，采取书面建议与实地指导相结合的形式推动完善“浙江粮仓”数字化平台建设，确保全区粮库实现智能物流作业，该检察建议被评为全国职务犯罪类十佳检察建议。加强社区矫正检察监督，列席社区矫正重大事项评议240多人次，检查社区矫正人员档案500多人次，提升社区矫正工作质效。

【公益诉讼检察】 2022年，区检察院开展公益诉讼专项监督，办理民事公益诉讼21件、行政公益诉讼32件，推动相关行政机关在水资源、耕地资源、医疗美容等8个领域开展全区性行业治理。针对部分镇（街道）粮食生产功能区存在抛荒闲置、违法搭建等“非粮化”问题发出检察建议，督促整改“非粮化”耕地93.3公顷。开展古树名木保护专项行动，联合职能部门建立林业领域公益诉讼工作协作配合机制，对全区在册的1949棵古树及后备资源建立“一树一策”数字化管护方案。发挥公益诉讼对生物多样性司法保护的功能作用，在最高人民检察院统一部署下，督促电商平台全面下架电捕蚯蚓设备，工作做法被中央广播电视总台《法治在线》报道。办理的2起生产、销售不符合安全标准的食品刑事附带民事公益诉讼案，对当事人判处惩罚性赔偿金540万元。

【民事检察】 2022年，区检察院开展民事生效裁判监督，与市公安局余杭区分局分解、余杭区人民法院合力惩治虚假诉讼，办理虚假诉讼案件20件。以数字赋能助推审判执行活动监督，重点开展涉公积金、车辆执行等专项行动，移送拒不执行判决、裁定线索12条。成功办理一起薪资纠纷支持起诉案，帮助勤工俭学大学生讨回被拖欠的报酬。

【行政检察】 2022年，区检察院办理行政检察监督案件16件。常态化开展行政争议实质性化解工作，参与协调某土地出让协议纠纷案，促成持续3年的矛盾得到化解。推进行政非诉执行监督专项行动，督促拆除违章建筑8900多平方米。探索开展司法行政强制隔离戒毒检察监督，在辖区2家强制隔离戒毒所试点设立检察官办公室，推进强制隔离戒毒工作规范运行。

【未成年人检察】 2022年，区检察院加大对“隔空”性侵等犯罪打击力度，批捕、起诉侵害未成年人权益犯罪33人。针对监护人存在监护不当、履责不力等问题，制发监护令8份，督促监护人履行保障未成年人权益义务。聚焦“事实无人抚养儿童”权益保障，邀请区人大代表、区政协委员和区教育局、区民政局等部门代表，以“樟树下议事”方式决定开展司法救助、心理疏导、教育保障、医疗保障等4项帮扶措施。开展未成年人普法宣传，举行防性侵防欺凌防诈骗“法治进校园”活动，覆盖全区1000多名中小学生。

【检察工作服务保障“两个先行”】 2022年，区检察院深化落实检察机关助力共同富裕17条意见，着力打造检察实践标志性成果。助力宋韵文化传承，融入特色产业发展大局，首次出台“径山茶”知识产权保护意见，推动加强“径山茶”地理标志知识产权保护。发挥司法救助的兜底保障作用，办理司法救助案件44件，发放救助款70.3万元。

【检察工作服务保障营商环境】 2022年，区检察院打击严重危害民营经济发展和侵犯企业财产权等犯罪，办理破坏市场经济秩序案件涉案80人，其中非国家工作人员受贿、职务侵占等民营企业内部贪腐案件27人。重视市场主体经营稳定，依法对22名涉企人员作出不批捕、不起诉处理。针对履职中发现的市场主体冒名登记问题，对17名出售业主房产信息用于虚假登记的中介公司人员提起公诉。办理侵犯知识产权案件涉案43人，其中侵犯“中华老字号”企业“五芳斋”知识产权案，被评为省级知识产权协同保护典型案例。推进涉案企业合规改革，制定符合余杭实际的企业刑事合规工作意见，对3家涉案企业启动合规程序。举办“合规助力企业发展”系列活动，向60多家企业宣讲检察机关合规政策。

【检察助推基层社会治理】 2022年，区检察院办理非法吸收公众存款等破坏金融管理秩序案件涉案13人，联合区金融办制定《关于促进我区金融产业健康发展的合作意见（试行）》，开展拟上市企业培育法律支持等四方面合作。撰写法律监督年度报告和刑事案件综合分析报告，针对履职中发现的社会治理问题提出建议，得到区委主要领导批示肯定。

【数字检察建设】 2022年，区检察院成立数字检察领导小组，出台推进数字检察实施意见，构建数字检察指挥中心。推进全过程人民民主法律监督数字系统研发，对检察公开听证等六大引入外部监督的工作进行流程再造，初步实现与区人大、区政协数字系统互联互通。建立随迁子女权益保护数字系统，比对义务教育适龄人员数据与教育部门学籍数据，发现并分类移送辍学失管、非法用工等线索，督促刑事立案2人，办理行政公益诉讼案件3件，打造随迁子女综合保护体系。聚焦高耗水行业违法取水问题，研发“数字护水”应用场景，根据企业实际用水量存在异常现象，推动职能部门对6家偷取河道水企业罚款31万余元。

【网络生态空间治理】 2022年，区检察院打击电信网络诈骗犯罪，办理利用网络实施的诈骗案件涉案213人，涉“两卡”（电话卡、银行卡）案件81人，审查起诉以新业态为“幌子”的新型网络诈骗犯罪。优化电信网络诈骗犯罪追赃挽损工作，探索推行在量刑建议书中提出附条件量刑建议的工作机制，促进涉案人员退赃，为被害人追回经济损失450多万元。注重在办案中总结“余杭经验”，出台电信网络诈骗及关联犯罪证据收集审查指引，建立涉网犯罪“暗语黑话”词库，均得到省检察院推广。联合承办中国刑法学研究会“实务刑法论坛”，研讨侵犯公民个人信息司法实务问题。开展防范电信网络诈骗法治宣传，在门户网站设立“反诈”“个人信息保护”界面，访问量97万余人次，组织杭州师范大学近100名学生全程观看涉罪大学生不起诉公开听证直播，面向电商平台商家开展《中华人民共和国反电信网络诈骗法》普法直播，在线观看超12万人次。

【“检察长送法进企业”宣讲会】 2022年3月2日，由区检察院、区工商联共同举办的企业法律风险防控暨检察机关企业合规工作宣讲会在中泰街道甲楠智创中心举行，区检察院、区工商联领导，区政协委员和企业家代表等40多人参加。区检察院就服务保障民营经济过程中办理的相关案件进行法治宣讲。

【“检司律”联席会议】 2022年3月3日，余杭区召开2022年第一次“检司律”联席会议。会前，区检察院、区司法局人员走访浙江裕丰律师事务所、浙江诺力亚律师事务所。会上，来自浙江诺力亚律师事务所、浙江裕丰律师事务所、浙江高朋律师事务所的10名律师代表就深化检律关系，推动法律职业共同体建设等进行交流。会议要求检察、司法、律师三方深化协作共识、创新协作模式、提升协作层次，为构建法律职业共同体，维护司法公正而努力。

【检察工作服务保障杭州亚运会】 2022年3月3日，区检察院出台《服务保障2022年杭州亚（残）运会的工作意见》，围绕打击危害公共安全犯罪、破坏亚运场馆及配套设施等严重影响亚运会安全和社会稳定的犯罪，发挥民事支持起诉职能，依法维护残疾人等弱势群体合法权益，建立涉亚运会和亚残运会案件快速办理工作机制等12项重点任务，为杭州亚（残）运会举办提供司法保障。

【特邀检察官助理和特约检察员聘任】 2022年4月14日，区检察院举行特邀检察官助理和特约检察员聘任仪式，聘请区教育局、区人力资源和社会保障局、区住建局等12家行政机关的13名专业人员为特邀检察官助理，聘请7名民革、民盟、民建、民进、致公党等民主党派成员和无党派人士为特约检察员，通过借力“外智”“外脑”，深化执法司法协作配合，促进严格规范公正文明司法。

2022年4月14日，区检察院举行特邀检察官助理和特约检察员聘任仪式（区检察院 供图）

位置、联系方式以及儿童面部识别特征、声音识别特征等个人敏感信息。在未再次征得儿童监护人明示同意的情况下，运用后台算法，向具有浏览儿童内容视频喜好的用户直接推送含有儿童个人信息的短视频。该APP未对儿童账号采取区分管理措施，默认用户点击“关注”后即可与儿童账号私信联系，并能获取其地理位置、面部特征等个人信息。2018年1月至2019年5月，徐某某收到该APP后台推送的含有儿童个人信息的短视频，通过私信功能联系多名儿童，并对其中3名儿童实施猥亵犯罪。2020年12月2日，区检察院向杭州互联网法院提起民事公益诉讼。2021年2月7日，杭州互联网法院公开开庭审理此案。某公司对公益诉讼诉求均予认可，对检察机关依法履行公益诉讼职责、促进企业完善管理表示感谢。2022年3月7日，区检察院对某公司侵犯儿童个人信息权益提起民事公益诉讼案入选最高人民检察院第35批指导性案例。

（龚 棋）

【《“检护企业、检惠民生”实施意见》出台】 2022年9月，区检察院出台《“检护企业、检惠民生”实施意见》，部署开展“案前+案中+案后”全流程企业合规建设，建立适用小微企业的简化合规程序；加大力度惩治各类侵犯企业财产、损害企业利益的犯罪；加大劳动者权益保障和司法救助工作力度等10项重点任务，服务保障经济稳进提质重大政治任务，助企纾困、改善民生。

【区检察院新大楼揭牌启用】 2022年10月8日，区检察院举行新大楼揭牌仪式。市委常委、区委书记刘颖和市检察院党组书记、检察长叶伟忠为新大楼揭牌。市检察院党组副书记、常务副检察长张哲峰，市检察院党组成员、政治部主任章仕才，区领导以及有关部门主要负责人等参加。

【检校合作签约揭牌】 2022年11月1日，区检察院与浙江工业大学法学院举行检校合作签约揭牌仪式。区检察院和浙江工业大学法学院签订法治人才培养与理论研究合作协议，企业法治化营商环境研究基地、实践教育基地揭牌。

【全国首例未成年人网络保护民事公益诉讼案】 某APP是某公司开发运营的一款知名短视频应用类软件。该APP在未以显著、清晰的方式告知并征得儿童监护人明示同意的情况下，允许儿童注册账号，收集、存储儿童网络账户、

法 院

【概况】 2022年，杭州市余杭区人民法院（下称区法院）受理案件2.03万件，办结案件1.93万件，一线法官年人均结案387件，高于全省平均值115件。区法院获全省法院系统集体三等功。

【法院助力创新策源能级提升】 2022年，区法院审结涉“盒马生鲜”“五芳斋”等知识产权案件1788件。涉“抖音直播数据权益”“仿制绫致服装款式”2起不正当竞争纠纷案，入选杭州法院知识产权司法保护十大案例。与杭州市市场监督管理局、未来科技城管委会共建知识产权多元解纷合作机制，诉前化解纠纷4653

件，99.30%的案件在和解后主动履行。支持数字经济发展，调处成功涉淘宝直播数据权益不正当竞争等案件。探索个人债务集中清理工作，为陷入严重财务困境但诚实守信的自然人提供债务重组机会。

【法院助力产业发展能级提升】 2022年，区法院加强对企业全生命周期和产业全链条司法保护。审结与公司有关的纠纷151件，标的额1.10亿元。审理杭州溪上鼎园置业有限公司股东资格确认纠纷案，通过示范判决化解系列纠纷。发布全市首份公司类纠纷审判白皮书及十大典型案例，引导公司规范内部治理。平等保护中外市场主体权益，“韩国某公司诉杭州某公司居间合同纠纷案”入选杭州法院涉外民商事审判十大典型案例。探索买卖合同纠纷案件集中审理，试行诉前文书送达机制，平均审理天数减少38.60%。发挥破产审判的市场拯救和出清功能，立案受理杭州泰峪房地产开发有限公司破产清算案，审结杭州百居易地板制造有限公司、杭州华达房地产开发有限公司等破产案件54件，释放土地2.33公顷、出清房产7.60万平方米、盘活账面资产10亿元，促进生产要素优化和企业转型升级。

【法院助力区域文化能级提升】 2022年，区法院依法保护茶产业发展，化解涉茶叶商标侵权纠纷。训诫隐瞒恶意清偿行为的程某某，树立“守信激励、失信惩戒”司法导向。认定发布虚假信息的商家构成商业诋毁。判决故意延长出资期限、试图逃避公司债务的股东承担清偿责任。“余音回亭”宣讲团到村（社区）、校企开展培训宣讲、法治课堂等2894场次，参与19.90万人次。

【共享法庭建设】 2022年，区法院迭代升级共享法庭238个，覆盖全区全部镇（街道）、98%的村（社区），以及商事、金融、数字经济等14个行业和领域，形成党委领导、多部门联动、基层组织和社会组织广泛参与的共享法庭建设工作格局。发挥共享法庭工作室联络管理功能，指导调解矛盾纠纷1.72万件次，化解8330件，办理网上立案、协助执行等3282件次，提供法律咨询5764人次，发布典型案例18个。“纠纷发生当天在共享法庭当地化解、当场履行”的案例，被最高人民法院微信公众号报道。小古城村共享法庭入选全省示范共享法庭，良渚街道共享法庭、涉网知识产权共享法庭入选全市示范共享法庭。

【法院助力综合治理能级提升】 2022年，区法院立案和诉前调解团队分别入驻区矛调中心和3个分中心，依托“基层治理四平台”，对矛盾纠纷进行分流、指导，诉讼案件总量比上年下降2.60%。开展“除险保安”行动，护航党的二十大。通过示范审判，批量化解涉北湖绿洲房地产项目纠纷。围绕涉房涉市场类企业风险防范化解处置、公司类纠纷化解、集体土地征收等提出分析建议，被区主要领导批示肯定。发送司法建议7份，规范行业自治。

【刑事审判】 2022年，区法院新收一审刑事案件415件654人，审结348件523人。常态化开展扫黑除恶斗争，贯彻实施《中华人民共和国反有组织犯罪法》。打击“黄赌毒”“盗抢骗”“食药环”等犯罪，审结132件240人。依法惩治集资诈骗、非法吸收公众存款等犯罪，审结6件11人，审理“铜掌柜”等P2P案件，提前介入追赃挽损。打击治理电信网络诈骗、养老诈骗等犯罪，审结12件41人。推进“断卡”行动，审结涉“两卡”犯罪案件19件29人。“冒充公检法工作人员实施诈骗”“利用办理高额信用卡名义实施诈骗”两案，入选全省法院打击治理电信网络诈骗犯罪典型案例。审结职务犯罪案件8件8人。

【民商事审判】 2022年，区法院新收一审民商事案1.35万件，审结1.24万件。审结金融案件333件，标的额1.80亿元，适用“凤凰金融智审”后平均审理天数下降68.00%。实施民间借贷协同治理，民间借贷案件收案量比上年下降。贯彻实施家庭教育促进法，审结婚姻、继承、抚养等案件719件，维护妇女儿童权益。加大对外卖骑手等劳动者权益的保护力度；审结劳动争议等案件224件，标的额631.10万元。审结房屋买卖、建设工程、物业服务等案件1214

件，诉前化解物业纠纷684件。加大对困难当事人的司法救助，依法减、免、缓交诉讼费933.10万元，发放司法救助款57.80万元。

【行政审判】 2022年，区法院新收一审行政案件93件、审结107件、诉前化解18件。发送行政案件败诉风险预警告知书11份，调撤率36.5%。落实行政机关负责人出庭应诉制度，行政机关负责人出庭应诉率100%。兼顾支持监督行政机关依法行政和保护行政相对人合法权益，办结非诉行政执行案件96件。出台《集体土地征收工作操作指引》，助力规范政府征收行为，化解房屋拆迁安置补偿系列案12件。参加政府决策研讨会等25次，提供法律咨询55次，从源头上预防和化解行政争议。

【执行工作】 2022年，区法院新收执行案件5851件，执结5782件，执行到位5.30亿元。办理涉“途购”等P2P执行案件，为32.30万名受害人发放案款8754.80万元。出台规范财产保全案件工作指引，对135件案件采取“活封活扣”措施。督促到位金额2963.20万元，生效裁判自动履行率提升至50.3%。开展“助企纾困保民生”专项执行行动，制定落实十项举措，执结涉企、涉民生案件1056件。依法适用失信惩戒4759例、限制消费措施7123例，利用抖音、微信等曝光失信人员，阅读量超10万人次，对诚信履行的被执行人予以信用修复。持续开展打击拒不执行裁判专项行动，对23名被执行人移送公安机关追究拒执刑事责任。

【司法责任制度改革】 2022年，区法院以全面深化司法责任制改革为核心，细化审判权力和责任清单，将118件案件纳入“四类案件”实质化监管。推进人员分类管理，院长、庭长带头办案9824件，开展法官考评，实行员额动态管理。打造全覆盖的案件质量管控体系，常态化开展专项评查、随案评查。开展“奋战四个月、绩效大提升”活动，深化长期未结案清理，改善改判发回瑕疵率等核心指标。

【法院数字法治建设】 2022年，区法院针对信息网络传播权案件的全链条要素式审判，开展技术攻关和应用创新，被最高人民法院确定为试点法院。深化“全域数字法院”建设，被省高级人民法院确定为个人债务集中清理重点突破法院，5个试点项目入选省高级人民法院“育苗造林”项目清单。上线“涉网知识产权纠纷智审系统”，构建诉前调解、智能审判、督促执行、行业治理全链条司法保护闭环，协同研发的“法护知产”应用被评为全省第6批“数字法治好应用”。审结个人债务集中清理案件10件，涉及债权人105家，清理债务976.20万元；打造全国首个“个人债务集中清理智审平台”，运用大数据为债务人“数字画像”，辅助法官、管理人判断债务人的诚信度和偿债能力。研发道交一体化2.0智审模块基本流程，制定智审图谱、探索路救追偿。推进共享法庭集成应用2.0中“群体性纠纷”“AI助手”2项子场景建设。

2022年7月11日，区法院召开余杭法院个人债务集中清理智审平台启动仪式新闻发布会 （区法院 供图）

【司法服务提升】 2022年，区法院启用新审判办公大楼，整合线上线下司法资源，为当事人提供“一站式”诉讼服务。出台《民事案件分流实施办法》，适用小额诉讼程序审结案件2185件；联合18家单位出台执行“一件事”综合改革方案，建立住房公积金执行协作机制，推进执行“一件事”子场景建设，线上协作4442件；司法网拍成交746件，总成交额6.20亿元。联合区司法局在全省率先推行申诉案件律师代理制度，依法维护申诉人的合法权益。开展打击虚假诉讼、扰乱诉讼秩序等专项行动，建立滥诉联合甄别机制，查处虚假诉讼117件，维护诉讼秩序。

【法院工作接受监督】 2022年，区法院依法接受人大监督，配合区人大常委会对诉源治理、共享法庭建设等工作开展专项监督和法官履职监督。走进人大代表联络站听取意见建议，办理政协委员提案，走访联络省、市、区人大代表、政协委员，邀请人大代表、政协委员旁听庭审、见证执行。邀请检察长列席审委会9件次。开展律师与法官互评，举办公众开放日9次，线上庭审旁听超20万人次，召开“助力营商环境建设”“助企纾困保民生”等新闻发布会4次，微信公众号推送201期，阅读量102万人次，“全省法院微信影响力20强”月榜单全年在榜，最高排名居全省基层法院第一位。

（庞楚楚）

司法行政

【概况】 2022年，余杭区以全省第八、杭州第一的成绩被评为法治浙江（法治政府）建设优秀单位，区司法局连续5年在全市区县（市）司法局综合督导中被评为优胜单位。

【法治余杭建设】 2022年，区司法局组织习近平法治思想学习宣传贯彻“八进”活动，实现全区党政主要负责人学习全覆盖。出台司法行政系统“法治新十条”，发布全区“7+7”体系“法助共富、法护平安”专项行动方案，打造小古城村式法治保障全过程人民民主，取得阶段性成效。召开区委全面依法治区委员会会议，发布年度法治余杭建设工作要点，修订法治量化评估体系，推进全区镇（街道）法治化综合改革。”

▶**链接** “7+7”体系：“法助共富”七大行动和“法护平安”七大行动。“法助共富”七大行动包括习近平法治思想学习宣传专项行动、小古城村式全过程人民民主法治保障专项行动、“大综合一体化”行政执法改革专项行动、高质量发展网络空间清朗专项行动、法院执行“一件事”实施专项行动、公共法律服务“三率”提升专项行动、公平竞争营商环境建设专项行动；法护平安七大行动包括共享法庭高质量建设专项行动、大调解体系深化专项行动、“浙里平安”风险监测防控应用［区县（市）版］建设专项行动、警源治理有效提升专项行动、法律监督促社会治理专项行动、风清气正政治生态营造专项行动、重要节点维稳安保专项行动。

【现代公共法律服务】 2022年，余杭区建成并运行新公共法律服务中心，被省司法厅评价为城区公共法律中心建设“标杆”。引进杭州仲裁委员会余杭仲裁分会、杭州金融仲裁院，在各镇（街道）全覆盖投放自助设备35台，为特殊群体打造“小绿花”法律援助绿色通道，全年全区三级法律服务平台提供法律服务4.80万件次。出台新一轮律师行业扶持政策，发布律师行业“黄金20条”。截至年末，全区有律师事务所41家，执业律师383人，律师万人比超3.5。统筹城乡法律服务资源，实现村（社区）法律顾问全覆盖。

【普法与依法治理】 2022年，余杭区实施“八五”普法规划，召开区委全面依法治区委员会守法普法协调小组会议，推进全区公民法治素养提升工程，未来科技城（海创园）、良渚文化村社区分别被确定为首批省级、市级公民法治素养观测点。组建“八五”普法讲师团，深化“两人一户”培育，截至年末，余杭区有村（社区）“法治带头人”426人、“法律明白人”1278人、“学法用法示范户”426户。

开展“12·4”国家宪法日系列宣传活动，推出“非凡四十年，‘宪’启新征程”线上学宪法直播，播放量17万人次。径山村创建为全国民主法治村示范村，鸬鸟镇山沟沟村等7个村（社区）创建为省级民主法治村（社区）。

2022年12月，区司法局瓶窑司法所联合相关部门在里窑街茧站博物馆门口开展“12·4”国家宪法日宣传活动

（区司法局　供图）

【市场主体法律服务】　2022年，区司法局推动市场主体法律服务网格化全覆盖，组建企业普法宣讲团及风险防范法律服务专家团，探索覆盖企业生命全周期的多维法律服务模式，向社会发布50项法律服务产品，开展企业法治体检2828次。开展“千所联千会”活动，设立驻商会法律服务站，走访商会企业156家，出具法律意见书、风险提示函15份，开展企业法治宣讲113次，提供法律咨询570次。

【法护平安】　2022年，区司法局巩固深化10年监地协作“四点十二路”工作机制，被省司法厅列为全省监（所）地协作观察点。区社区矫正中心承接全省地方标准《智慧矫正区块链存证应用规范》试点，实现社区矫正对象“零脱管、零漏管”。完善多元矛盾纠纷化解体系，构建六成纠纷消解在村（社区）网格、三成纠纷消化在镇（街道）、一成纠纷收口在区级的“136”梯次纠纷化解体系。打造“可信云调解”场景，处置新类型纠纷。全年全区各级人民调解组织受理矛盾纠纷1.22万件，调处成功1.16万件，成功率95.08%。余杭司法所创建为全省“枫桥式”司法所，全区“枫桥式”司法所创建成功数居全市第一位。良渚街道丰平调解室被评为省级金牌调解工作室。

【“数智司法”改革】　2022年，区司法局数字化改革工作在全省司法行政系统数字化改革综合评价中被评为五星。余杭区重大项目全生命周期法治化管理“一件事”、“可信云调解”、互联网消费投诉举报AI智审系统3个项目入选2022年全省重大改革（重大应用）“一本账S2”。“可信云调解”入选区数字化改革“一地试用、全区共用”场景，余杭区成为全省调解数字化建设唯一试点县（市、区）。

（韩瑞雪）

编辑：刘雪萍

军 事

Military

区人民武装部

【概况】 2022年，区人民武装部坚持以习近平强军思想为引领，紧盯备战打仗核心要务，聚力援战谋打赢、担当作为抓落实。各项工作取得新成效、实现新发展，全区党管武装和国防动员建设稳步推进。

【区委议军会议】 2022年2月21日，中共杭州市余杭区委召开议军会议，区委书记、区人民武装部党委第一书记刘颖主持会议。会议传达学习全国民兵建设“十四五”规划任务部署会议精神，省委、市委议军会议精神。会议强调要深入贯彻习近平强军思想和党的十九届六中全会精神，全面落实省委、市委部署要求，持续推动全区党管武装工作和国防动员后备力量建设高质量发展。要坚持党管武装，把牢政治方向；聚焦能打胜仗，全力练兵备战；深化双拥共建，巩固军政民团结。

【征兵工作】 2022年，区人民武装部按照“两季征兵、全年准备，突出重点、高效征集”的要求开展征求工作。经目测初检、上站体检和政治考核后，确认“双合格”人员，完成年度征兵工作。征兵期间，余杭区征兵工作信息被“浙江征兵”微信公众号录用15则（条）。

【民兵整组】 2022年，区人民武装部编实编强民兵应急分队和基干民兵力量。召开全区后备力量队伍协调对接会，完成各类潜力数据核查，完成所有基干民兵分队整组任务，新质队伍占比比上年提高。区人民武装部—街道—编兵单位三级联动，组织编兵单位和相关企事业单位签订预征预储协议，落实装备。

【训练演练】 2022年，区人民武装部组织辖区战场和重要目标现地勘察，完善平时、战时各种方案。完成保障省军区机动过境演练、一级区域保障点演练、重要目标防卫演练，组织实施国防动员指挥所演练等任务。全区基干民兵完成年度共同课目、专业课目和任务行动训练。组织部分专武干部、民兵，参加警备区参谋业务比武考试，余杭区获单位总评第三名，2名民兵获个人单课目第一；参加警备区岗位练兵比武，获安保警戒课目第二名、单位总评第五名，余杭区人民武装部被评为区域保障训练优胜单位；组织专职民兵教练员参加警备区教练员比武，获单位总评第四名。组织军训教官集训和资质认定，完成学校学生军训任务。

【双拥共建】 2022年，区人民武装部开展为驻军和余杭籍军人军属办实事、解难题活动。协调区文化和广电旅游体育局推出全省首张“文化拥军卡”，该卡向驻余杭部队和余杭籍立功受奖的现役军人发放，持该卡可在购书、观影、看剧、健身、旅游等文娱消费时享受折扣优惠。会同区退役军人事务局等单位，举办退役士兵返乡欢迎仪式暨就业推介会，开设专场招聘会。协调区政府面向退役军人和随军家属定向招聘专职社区工作者。

【国防宣传教育】 2022年7月，区人民武装部联合区文化和广电旅游体育局等单位，承办浙江省庆祝中国人民解放军建军95周年文艺演出。9月19日，全国第22个全民国防教育宣传日，全区开展国防宣传教育活动，12个镇（街道）发放国防教育宣传手袋1000份，辖区12个镇（街道）及太炎小学、仁和小学、五常中学开展国防教育宣传展活动。

【国防信息宣传】 2022年，区人民武装部调整优化全区信息员骨干队伍，组织集中培训2次、现场办公3次。全年全区上报民兵预备役相关信息2000多则（条），被省军区及以上军事媒体采用270多条。要讯上报、刊用数居全省县（市、区）第一位。

（毛俏燕）

2022年“5·12”防灾减灾日期间，区人民防空办公室在校园内通过电子屏幕播放宣传视频 （区住建局 供图）

人民防空

【人防演练】 2022年，区人民防空办公室健全人民防空指挥部常态化运行机制。年内，分别组织仓前中学师生等100多人参加全市人民防空指挥、通信综合演练。“5·12”防灾减灾日，区人民防空办公室按要求开展防空警报试鸣和人员疏散演练。

【人防建设】 2022年，区人民防空办公室规范人民防空项目行政审批服务，加强人民防空工程维护管理和监督检查。全年办理应建防空地下室的民用建筑项目报建审批78个、竣工验收备案46个。随机抽查48个人民防空地下室工程的平时使用及维护管理情况。开展在建人民防空工程质量监督240次，对存在问题的单位，开具整改通知单，责令建设单位整改问题。

【人民防空数字化改革】 2022年1月26日，区人民防空办公室对上年启动建设的人民防空疏散信息系统项目，组织竣工验收并获通过。该系统具有预警推送及人员疏散引导功能，当空袭事件发生时，系统可通过电信、移动、联通短信、微信公众号、小程序向事件影响范围内的居民发送疏散信息，并提供距离最近的掩蔽路径。可实时显示疏散进程，实现一键疏散功能。

（周 云）

编辑：李景苏

城乡建设与管理

Urban and Rural Construction and Management

城乡规划

【城乡规划编制】 2022年，余杭区国土空间规划“三区三线”（“三区”：城镇空间、农业空间、生态空间三种类型的国土空间；“三线”：与“三区”相对应划定的城镇开发边界、永久基本农田、生态保护红线三条控制线）划定成果获得自然资源部批复同意，全区建设用地发展空间增长46%，城镇开发边界规模居全市第一位，保障全区至少10年的发展空间。完成12个乡镇级国土空间总体规划编制中间稿，启动22个详细规划单元编制。完成“综合交通”“产创空间”“生态修复”等专项研究7个，深化“杭州城市新中心”“余杭东部片区”“南湖科学中心”等重点片区城市设计研究。完成98个地块选址论证审查工作。

【城乡规划审批】 2022年，余杭区核发建设项目用地预审和选址意见书201件、用地规划许可证（划拨供地）160件、出让地块及集体土地用地规划许可证68件、建设工程规划许可证257件、市政建设工程规划许可证41件。全年上报农转用审批项目113个，报批面积居全市各区县（市）第一位，比上年增长26.76%，占全市报批总面积的21.42%，用地指标备案完成率100%。9个工作日完成西险大塘达标加固工程用地预审，创造全省用地预审从组件到自然资源部批准的时效新纪录。

【城乡规划监督】 2022年，余杭区加强规划和土地批后管理监管，把好建设工程放样验线检查、正负零检验、竣工规划核实、土地复核验收等环节。全年完成竣工规划核实项目130个，总建筑面积735.98万平方米。其中，房产项目30个，建筑面积401.94万平方米；工业项目43个，建筑面积125.83万平方米；公建及其他项目57个，建筑面积208.22万平方米。完成土地复核验收项目55个，验收土地面积208.78万平方米，总建筑面积431.10万平方米。

（冯柯柯）

城乡建设

【“全域美丽”建设】 2022年，区全域美丽办统筹12个专项工作，制订全域美丽工作计划，建立全域美丽工作联络机制；举办2022年全域美丽摄影（短视频）征集活动，收到约1000件摄影（短视频）作品。其中，《余杭全域美丽摄影（短视频）采风活动顺利举行》《夏日余杭 全域美丽》等报道在浙江新闻客户端、天目新闻等媒体刊播。策划《美丽印记》宣传画册；筹办“2022年余杭城乡建设美丽印记”展，在余杭街道等镇（街道）展出。

【城乡风貌整治提升】 截至2022年末，余杭区“禅径寻农·径鸬”县域风貌区、瓶窑老街传统风貌区、梦想未来城市新区风貌区、云上科创特色产业风貌区、“闲居林下·古埠新韵”传统风貌区、“良渚遗韵”县域风貌区、“立体云城”城市新区风貌区7个风貌区被纳入省级创建名单，其中梦想未来城市新区风貌区、瓶窑老街传统风貌区、“禅径寻农·径鸬”县域风貌区等3个风貌区被评为省、市级城乡风貌样板区，数量列省、市第一位，瓶窑老街传统风貌区、“禅径寻农·径鸬”县域风貌区被评为“新时代富春山居图样板区”，相关经验做法被纳入省级案例库。6月，余杭区在全市共同富裕现代化基本单元推进会上以“长效管控呈大美 风貌提升促共富”为主题作经验交流；8月，在市级城乡风貌整治提升半年度会议上以“高位协同新目标 精耕细作出实效”为主题作经验交流。

浙江省首批未来社区——葛巷社区（摄于2022年5月）

（区住建局　供图）

【靓城行动】　2022年，由区住建局牵头实施靓城行动“1466”计划，全年实施相关项目303个。统筹“三生”空间（生产空间集约高效、生活空间宜居适度、生态空间山清水秀），形成大都市建设体系；开展永久基本农田核实整改补足工作，助推余杭未来发展腾挪用地空间，仓前高桥工业园区、闲林工业园区、五常都市工业园、瓶窑风都工业园区被确定为工业用地有机更新试点区块。全年，处置违法建筑1396宗、73.23万平方米。城中村征迁拆除农户99户。编发专报11期、简报26期、《亚运专刊》3期、微信推文100多篇，新华社、浙江新闻客户端、中国蓝新闻、《杭州日报》、《余杭晨报》等媒体专题报道20多篇。其中，新华社发布的《杭州余杭以靓城行动撬动域内高质发展》新闻报道阅读量超115万次。开展“闪靓新中心·富美向未来——2022余杭区城市建设摄影大赛”等活动。

【美丽城镇建设】　2022年，区住建局实施美丽城镇创建“四师融合”（首席设计师、驻镇规划师、发展师和体验师全过程共建共治共享）及“一对一”［往年已完成创建样板镇（街道）结对服务指导当年计划创建样板镇（街道）］双联系机制，与城乡风貌、未来社区、小区旧改等专项联动推进。建立美丽城镇项目库，落地“基础优化”“品质改善”“配套提升”等三大类补短板项目69个，完成投资6.97亿元。推进大径山美丽城镇集群省级案例培育。是年，余杭区完成美丽城镇建设首轮三年行动计划，五常、径山、中泰等3个镇（街道）被评为省级样板，余杭、仁和2个街道被评为市级样板，全区累计有省级样板7个、市级样板12个，余杭区再次被评为全省、全市美丽城镇建设工作优秀县（市、区）。

【未来社区建设】　2022年，余杭区完成《余杭区城镇社区建设专项规划》、城镇公共服务设施调查、《余杭区未来社区建设三年行动计划（2023—2025年）》等。截至年末，全区16个社区入选省级未来社区创建名单，其中良渚文化村社区、葛巷社区、翡翠社区、太炎社区、里窑社区和南滕社区6个社区被评为全省未来社区样板，凤联社区等14个社区场景入围全省共同富裕现代化基本单元“一老一小”服务场景名单，“创新里窑3X模式打造共富基本单元里窑样板”等5个案例入选浙江省未来社区典型案例库，余杭区连续2年被评为城乡风貌整治提升（未来社区建设）全省优秀县

（市、区）。

（周　云）

【美丽乡村建设】 2022年，余杭区全域推进未来乡村建设，7个村入选省级未来乡村试点村创建名单，10个村入选市级未来乡村试点村创建名单，其中径山镇径山村、瓶窑镇南山村、黄湖镇青山村、余杭街道永安村、良渚街道新港村5个村通过省级考核验收。出台《余杭区未来乡村示范带创建实施方案》，启动余杭街道、中泰街道、良渚街道、瓶窑镇、黄湖镇第一批5条未来乡村示范带和闲林街道西溪源村、仁和街道三白潭村、径山镇前溪村、鸬鸟镇前庄村、百丈镇溪口村5个未来乡村示范村创建。推进美丽乡村扩面提升工程，实施扩面提升项目243个。截至年末，“一核三线”（大径山美丽乡村核心、西部访茶寻幽线、中泰慢谷风光线、良渚文化风情线）基本完成项目建设。推进市级美丽乡村特色精品村建设，完成良渚街道纤石村和鸬鸟镇前庄村2个2021年度市级特色村创建任务，启动仁和街道三白潭村和径山镇前溪村2个2022年度市级特色村创建工作。闲林街道、中泰街道、仁和街道被评为省美丽乡村示范乡镇，中泰街道枫岭村、仁和街道云会村、百丈镇半山村、余杭街道永安村、闲林街道西溪源村、仓前街道苕溪村被评为省美丽乡村特色精品村。

（周尔露）

【“五水共治”专项行动】 2022年，余杭区新建改造污水管网9.23千米，城市污水处理率98.75%，再生水利用率21.46%。创建“污水零直排”生活小区30个；完成农村生活污水终端改造8个，农村生活污水处理站点标准化运维660个，创省级节水型小区9个、节水标杆小区1个。

【城区绿化建设】 2022年，余杭区实际完成新增（改造）绿地124.35万平方米，其中，公园绿地46.43万平方米，其他各类绿地77.92万平方米。完成绿道项目建设9个、全长31.05千米。全年办结新建项目绿化验收83件，确认绿地面积90.14万平方米。

【老旧小区综合改造提升】 2022年，区住建局牵头老旧小区改造工作，实施老旧小区“综合改一次”（以“一次改造、长久保持”为目标，以城镇老旧小区改造为统领，统一组织实施停车泊位、电梯加装、养老托幼、安防消防、无障碍设施、内涝治理、长效管理等内容），打造“有整洁环境、有配套服务、有长效管理、有特色文化、有和谐关系”的“六有”宜居小区。全年，全区实施老旧小区改造11个，建筑面积18.5万平方米，惠及居民1800多户，其中，完工7个，建筑面积8.2万平方米，提前、超额完成省、市民生实事任务；建成绿色社区16个，覆盖率72.2%，排名全市第三位。是年，余杭区被评为“杭州市老旧小区改造工作考核优秀单位”，区住建局被评为杭州市“最美旧改集体”，良渚街道花苑新村北区、余杭街道宝塔公寓被评为杭州市老旧小区综合改造提升工作最佳（典型）案例。

【地下空间及综合管廊】 2022年，区住建局配合上级部门开展留祥路西延综合管廊工程方案研究。截至年末，良睦路综合管廊工程投入使用，杭行路综合管廊工程完工，之达路综合管廊和文一西路综合管廊主体基本完工。余杭区管线综合信息系统累计录入区内各类管线数据8100千米。

（周　云）

【公共停车场及充电桩建设】 2022年，区住建局牵头完成良渚街道金家渡小学项目、瓶窑镇崇化安置房一期项目、良渚新城小洋坝农居点二期工程等停车场项目10个，泊位8699个；续建华润地块公共停车场、良渚新城第一中学停车场等项目2个。全年完成新能源充电设施建设项目备案46个，完成公用充电枪建设392个。建成并投入运营径山绿景村站、良渚杜甫村站、黄湖王位山站3座集加油、充电、汽服于一体的综合供能服务站，累计投入运营加油加气站8座。

（周　云　陈馨宜）

【余杭智慧停车三期、四期项目】 2022年，余杭智慧停车三期、四期项目完工，完成3724

新能源充电桩（摄于2022年）

（杭州余杭交通投资集团有限公司　供图）

个道路泊位和35个停车场的升级改造工作。截至年末，杭州余杭停车有限公司自主运营停车泊位1.44万个，其中道路泊位9339个、停车场泊位5059个。公司打造的“智慧停车云平台”累计接入197个点位与1.43万个泊位数据。

（陈馨宜）

【“海绵城市”建设】 2022年，余杭区完成海绵城市重点示范项目建设9个。全年完成海绵技术审查项目301个，做好对老旧小区改造等非基本程序类项目海绵城市建设技术指导工作。

【民用建筑项目节能评估审查及房屋建筑工程施工图图审】 2022年，区住建局完成工程规划许可阶段节能审查项目96个，施工许可阶段完成民用建筑节能许可项目103个。截至年末，全过程图纸数字化管理系统受理联审项目1285件次。

【燃气行业管理】 2022年，区住建局开展余杭区城镇燃气安全排查整治和城镇燃气安全整治“百日攻坚”专项行动，全年检查燃气场站200多次，发现隐患问题350多处。在全区推动餐饮场所燃气泄漏报警装置安装工作，通过政府、企业、用户多方承担资金的方式完成全区6000多户餐饮场所报警器安装。余杭区燃气专业安全生产委员会成立，牵头开展联合检查4次，排查燃气用户端100多家，落实问题整改。全年发布燃气方面微信公众号推文及其他媒体宣传报道30多篇，发放宣传折页2.4万余份，组织播放燃气安全宣传片230多场，在万达广场、海创社区、仓前实验小学等地开展燃气安全宣传活动10多场。开展余杭区燃气从业人员培训考核工作，完成全区203名燃气从业人员考核发证工作。

【管道燃气改造】 2022年，余杭区推进天然气利用工程建设，扩大燃气管网覆盖面。落实“零投资”（用户红线至市政燃气管道建设工程由燃气企业承担，区政府给予一定补助，用户不承担费用）方案，开发公建、工业用户。推广餐饮单位使用管道燃气，探索农村区域发展天然气。截至年末，新建市政燃气管线59千米，新增民用配套2.4万户，工商用户320户，累计建设燃气管线1915千米，居民用户30.7万户，工商用户1700多户，年供气量1.5亿立方米；天然气汽车加气站3座，年供气量1439万立方米。

【住房和城乡建设“最多跑一次”改革】 2022年，区住建局实现全部123项权利事项“零次跑”，55项行政许可事项全部实现即办。投资项目审批实现全程网办和电子证照全覆盖。开展政务服务“好差评”追溯整改行动，提高政府服务主动评价率，限期整改差评事项，做到“以评促改”，提高政务服务质效。

【安置房建设】 2022年，余杭区开工安置房项目75.63万平方米，续建安置房项目856.62万平方米，完成竣工备案127.81万平方米，完成回迁安置1465户。修订《余杭区安置房建设指导性意见》，规范统一安置房建设标准。按照“50平方米安置房+30平方米货币化”（共80平方米/人）安置模式，全区完成安置674户。

【城建档案管理】 2022年，区住建局出具建设工程档案验收意见书155份，其中，房建土建项目120个，约640万平方米；市政项目35个。接待档案查询利用人员972人次，调档7.87万卷，复印文字及图纸资料1.43万页，刻录光盘494份；网上查询1350人次，调档4454卷，调取文字及图纸资料1.30万页；接待信息公开138人次，调档794卷，调取文字及图纸1.42万页。数字化项目整理完成165个，新增扫描量文书116万页，图纸13万页。

省级绿化美化示范路——良睦路（摄于2022年3月）

（区综合行政执法局　供图）

【农房管理】　2022年，区住建局新增杭派、中式农村建筑图集120套。开展余杭区农村建筑工匠的培训和管理，全年完成2294名小额工匠实操考评工作，完成778人次农村建筑工匠继续教育工作。

【城乡危旧房屋治理改造】　2022年，区住建局完成城乡自建房排查16.64万处，其中经营性自建房1.07万处。发现C级危房81处、D级危房4处，采取整治管控或工程措施处置；全年完成C级、D级危房实质性解危239处。承办全国自建房安全整治工作现场会观摩点，余杭经验做法获得住建部简报刊发，在全国推广，并在全省工作视频会上做经验交流。余杭区被评为杭州市2022年度房屋使用安全管理工作重点任务完成情况优秀区县（市）。

（周　云）

城市管理

【城市精细治理】　2022年，区综合行政执法局调整未来科技城和良渚新城2个核心区块城市管理体制，上收未来科技城和良渚新城核心区块的综合管养职责。制定新的余杭区道路综合管养标准，提升精细管养水平，核心区块全面执行精细化养护作业，打造可“席地而坐”的示范道路11条、街容示范街6条，以“和‘荷’同心”为主题的立体花坛被评为2022年杭州市“国庆”立体花坛一等奖。推进空满载传感器、RFID芯片等物联感知设备在全区街面点位、出土工地、消纳场地、渣土运输车、环卫车和城市小区的布点建设。

【亚运环境保障】　2022年，余杭区整治提升亚运通勤道路6条、比赛场馆2个、铁路4条、跨亚运建筑工地6个、入城口6个，“最后一公里体验区”建设等城市环境保障任务13项，提升改造环境点位7.57万处。重点整治亚运场馆、配套服务场所、通勤路线、火炬传递道路等周边环境，全年发现处置环境问题54万余处。整改提升城市家具、户外广告（招牌）、车容车貌、电子走字屏及宣传设施等五大类城市部件20.14万处，整治不规范箱体、亭棚1825处。

【固废垃圾治理】　2022年，余杭区创建区级及以上生活垃圾分类示范点204个，打造精品点位12处，全年生活垃圾进场量41.68万吨，比上年下降1.77%。拓展渣土消纳场地117个，消纳容量438万吨，全年通过码头调度处置渣土819.5万吨。全年查处在建工地99个、运输车辆1291辆。

雨水井安全隐患排查（摄于2022年）

（区综合行政执法局　供图）

【停车治理】 2022年，区综合行政执法局通过改造桥下空间、优化现有场库等方式，新增锦银巷、西塘河等5个停车场公共停车泊位881个，共享泊位455个。结合地铁3号、4号、10号线站点开通工作，新建好运路、逸盛路等11个地铁站口3070个非机动车泊位。

【城市基础设施提升】 2022年，余杭区提升改造“最后一公里”体验区、城市公园、城乡公厕、地铁站及观赛空间等五大类重点区域2780个无障碍环境点位。落实全区57条道路修缮，37条平路整治，326千米城市道路地下隐患检测以及21座桥梁“桥头跳车”问题修复。

【“大综合一体化”行政执法改革】 2022年，余杭区完成省、市综合执法事项划转，梳理构建“1+3”执法清单［执法事项总目录，综合执法目录、专业执法目录、镇（街道）赋权指导目录］，并实行动态管理。全面运行“1+8”行政执法队伍体系。完成全区12个镇（街道）的差异化赋权，14支综合行政执法队开展综合执法活动1707次，整改问题2.14万个，以镇（街道）名义立案查处案件3919件。搭建以“区—镇（街道）—村（社区）—网格—责任主体”为基本框架的区级指挥体系，制定《余杭区行政执法指挥中心运行实施意见（试行）》等制度。挂牌成立区、镇（街道）两级行政执法指挥中心，落实24小时值班值守工作，交办并处置案件（问题）25.49万件。在杭州农副产品物流中心组建“1+8+公安（交警）”综合行政执法队，在全省首次实现“大综合一体化”改革在“大市场功能区”的基层创建，该模式获副省长批示肯定。

【综合执法依法行政】 2022年，区综合行政执法局办理行政处罚案件4.12万件（含简易、违停案件）。成立法治保障中心，指导镇（街道）执法队开展案件法制审核、案件质量评判、执法质量提升、法制员培训等工作。形成局级案件办理要求及规范35条，规范执法全过程记录、电子送达等内容。开展以“强科技、赛技能、大练兵”为主题的实践活动，组织执法业务培训30多场，覆盖执法人员、协辅力量超1150人次。

（宁李莉）

编辑：王宇歌

自然资源管理·环境保护

Natural Resources Management and Environmental Protection

自然资源管理

【概况】 2022年，余杭区自然资源部门聚焦“两统一”职责（统一行使全民所有自然资源资产所有者职责，统一行使所有国土空间用途管制和生态保护修复职责），守牢耕地保护红线和粮食安全底线。开展国土变更调查，完成全民所有自然资源类型的实物量清查和土地价格体系建设。保持打击违法用地高压态势，推进“非农化”问题整治。完成土地整治、耕地功能恢复、废弃矿山生态修复等具体工程项目。推进永久基本农田保护“田长制”，出台耕地保护制度实施细则，举办耕地保护集中宣传月活动暨田长制公示牌揭牌仪式，“田长制”工作成效被人民网、《中国自然资源报》、《杭州日报》报道，得到自然资源部实地考察和立法调研。落实自然资源节约集约利用理念，优化用地审批、不动产登记等领域服务质效，以土地要素保障稳经济、促发展、保民生。不动产“交房云办证”做法得到省自然资源厅肯定并予以推广。青山村建立水基金，实现市场化、多元化生态保护补偿变现的做法被评为全省自然资源系统改革创新优秀案例。

【耕地保护】 2022年，余杭区出台《关于进一步完善田长制落实耕地保护制度的实施细则》，在“田长制”基础上推进“耕地智保”应用场景，强调耕地数量、质量、生态“三位一体”保护。全年完成垦造耕地（含旱田改水田）41.33公顷、建设用地复垦13.60公顷、耕地功能恢复2667公顷，径山、瓶窑两个“千亩方”永久基本农田集中连片整治项目通过省级验收。落实“区、镇、村”三级田长360人，安装“耕地智保”场景高位视频探头，覆盖耕地7630公顷。

【用地保障】 2022年，余杭区新增建设用地指标273.20公顷，比上年增长25.32%，总量居全市各区县（市）第一位。用地指标优先支持基础设施、民生项目、农业农村发展项目，全年保障教育项目5个、15.73公顷，市政道路项目39个、29.73公顷，乡村振兴项目24个、16.80公顷。攻坚存量“三块地”盘活利用，全年消化批而未供土地542.13公顷，开工供而未用土地636.67公顷，再开发低效用地263.47公顷。

【土地市场管理】 2022年，余杭区优化土地供地结构，支持重大产业、城市建设、民生配套等项目用地需求。编制年度经营性地块做地、收储、出让“三个计划”，做优出让地块预期价值，实现“优地优出”。全年成交土地51宗、179.20公顷，其中，经营性用地成交34宗、130.07公顷；工业用地成交16宗、48.73公顷；协议出让成交1宗、0.40公顷。

【违法用地整治】 2022年，余杭区完成自然资源部土地卫片（利用卫星遥感遥测技术手段制作的叠加遥测信息及有关要素后形成的专题影像图片）执法检查违法图斑整改24宗。查处土地违法案件40宗，其中，违法用地30宗，矿山盗挖10宗。规划资源部门向区法院申请强制执行案件6宗、移交财政8宗。完成耕地“非农化”问题整改144宗，土地例行督察反馈问题整改160宗，部级卫片发现违法用地整改24宗。

【土地征收】 2022年，余杭区完善房屋重置价、货币补偿指导意见、征地农民参保等征迁配套政策，编制年度土地征收成片开发方案。完成征迁项目138个、483.93公顷，其中，征迁住宅1630户，征迁非住宅203家。完成征地启动公告195个、388.4公顷；安置补偿方案公告239个、404.33公顷；发布土地征收公告386个、528.20公顷，提前完成全市“双清”（征迁和安置“双清零”）考核目标任务。

【测绘管理】 2022年，余杭区完成1∶500地形图动态更新90平方千米，完成实景三维底图数据采集与更新130平方千米，更新全域范围0.20米高分辨率影像图2期、航空航天影像数据19期，实现数字余杭地理信息公共服务平台应用接入单位20家。核查24家企业测绘资质申请材料，抽检19家企业32个测绘地理信息成果，办理测绘作业证46件，对外提供测绘数字成果1539件、纸质图纸6442份。

【地质灾害防治】 2022年，余杭区制定《杭州市余杭区2022年度地质灾害防治方案》，全年发布预警短信15批，2万余条；组织地质灾害巡查22次，出动3000多人次，完成33宗建设项目的地质灾害危险性评估和成果备案，完成地质灾害综合治理任务6处，完成余杭区地质数据汇交及三维建模工作。开展地质灾害自动化监测项目建设，全区梅汛期和台风“梅花”“轩岚诺”影响期间地质情况平稳。全年拨付地质灾害治理项目补助1034.10万元。

【矿政管理】 2022年，余杭区完成“迎亚运”山体生态修复项目166处，完成第二轮中央生态环境保护督察废弃矿山生态修复问题整治项目12处，完成余杭区历史遗留矿山图斑核查136处、恢复治理45处。全年拨付废弃矿山治理工程补助资金640.60万元。

【不动产登记服务】 2022年，余杭区不动产登记服务中心在全市率先实行“无差别受理”和“交房云办证”，首推二手房“掌上快办”，实现线上“带押过户”。设立企业服务专窗，整合涉企涉税转移、变更和首次登记等22个事项，实现“一人受理、一窗进件、一套资料、并行审核、同窗出证”。“交房云办证”在全市“空间智治”数字化改革应用场景比武中获得第一名，相关经验和做法得到省自然资源厅肯定并刊文予以全省推广。全年办理业务11.8万件，其中，网办、掌办等在线办理7.40万件，网办、掌办率增长40.1%。“余杭不动产智慧登记化解房地产开发项目群体信访”案例入围“市级重大信访问题清单”示范案例。余杭不动产登记窗口被评为2022年全省便民利民服务成绩突出集体，为全市各区县（市）唯一获此荣誉的单位。

（冯柯柯）

余杭区中泰街道老虎山岑岭矿坑修复后的山体（摄于2022年）

（市规划和自然资源局余杭分局　供图）

余杭区不动产登记服务中心的工作人员为企业提供“卡座式受理服务”（摄于2022年）

（市规划和自然资源局余杭分局　供图）

环境保护

【生态环境状况】　2022年，余杭区PM2.5浓度为30.4微克/立方米，PM10浓度为54.1微克/立方米，环境空气质量优良率84.5%，PM10改善降幅居全市各区县（市）第一位。全区12个镇（街道）PM2.5浓度算术均值为29微克/立方米，空气质量优良率算术均值为86.8%。余杭区市控以上水质断面均达Ⅲ类及以上水质。余杭区两大水系水质总体状况为：苕溪水质总体为Ⅱ类，运河水质总体为Ⅲ类。余杭区县级以上饮用水水源地、乡镇级饮用水水源地和“千吨万人”饮用水水源地水质均达到水功能区要求。

【生态环境保护督察】　2022年，余杭区制定《余杭区生态环保督察整改落实情况“回头看”专项行动方案》，组织全区镇（街道）、部门“回头看”3轮，发现并整改问题64个。组建专班并完成2022年省委生态环保督察迎检工作，受理信访13件。排查整改“七张问题清单”生态环境问题，完成5个省级、33个市级交办问题整改销号，“七张问题清单”重大生态环保督察清单指数居全省第五位。落实长江经济带暗访组督察和交办问题整改工作，余杭区人民政府被评为浙江省长江保护修复攻坚战工作成绩突出集体。

【环境监管执法】　2022年，余杭区生态环境保护行政执法履职效能居全市第一位。全年开展环境专项执法行动，检查企业2900多家次，发现问题600多个，查处160件，处罚2100多万元。依法办理余杭区首例非道路移动机械超标案件、杭州市近5年来首例大气类按日计罚案件，典型案例被省、市录用6篇、生态环境部1篇，杭州海煌实业有限公司粉尘按日计罚案获杭州市综合执法案卷质量一等奖，被评为浙江省执法优秀案卷。启动并完成生态环境赔偿工作10件，办理全区首例简易程序损害赔偿案，实现损害赔偿与环境违法行政处罚衔接。杭州市生态环境局余杭分局完成杭州市第一批环境执法规范化建设创建，被评为全国2022年生态环境保护执法大练兵县级表现突出集体。

【环境应急管理与信访处置】　2022年，余杭区平安创建生态环境安全风险闭环管控工作在全市排名第三，风险源排查整治单项工作排名全市第一。余杭区重新修编辐射环境突发环境应急预案、生态环境信访突发事件应急预案等，制定各专项预案应急工作手册，开展1次区级突发环境事件应急演练、2次区级突发环境事件应急拉练，全年未发生突发环境事件。完成67家重点企业应急预案备案管理，实现镇（街道）应急物资及应急救援队伍全覆盖，加强环境应急物资储备管理，在杭州市大地海洋股份有限公司筹建市级环境应急物资库，并组建一支社会专业环境应急救援队伍。开展迎亚运环境风险隐患排查、饮用水源地环境安全、辐射环境安全管理、危险废物等领域安全专项整治、“除险保安、护航二十大”、重点环保设施安全风险辨识与排查整治等检查整治行动，

余杭区突发环境事件应急演练（摄于2022年9月）
（市生态环境局余杭分局　供图）

检查风险源、危险废物等企业720多家次，发现并整改问题927个，均落实闭环管控。全年全区收到涉及生态环境的“110”报警应急联动受理电话29个。全年受理环境信访869件，比上年下降50.69%，16件领导包案的重点信访件全部化解。

【水污染防治】　2022年，余杭区制定新一轮《余杭区“五水共治”提质攻坚三年行动方案》，计划实施项目数377个，总投资344.69亿元，其中2022年启动项目179个，年度投资19.6亿元。开展“多维联动智慧治水”平台建设，并入选省级“五水智治”数字化建设试点。完成黄湖镇、径山镇、百丈镇、鸬鸟镇“污水零直排”提质扩面，悦湖花苑、上文山农居点、南湖景秀湾、钱潮花园、西溪郡庐、翡翠湾、润和西溪郡、溪悦宸府、良景学府、柳映坊等10个小区“污水零直排区”生活小区创建，瓶窑镇长命港羊城路市政雨水排放口智能雨污分流井“反复治、治反复”试点建设。启动仁和净水厂建设，实施余杭污水厂污水泵房改造，建设科技大道、东西大道主管网，为污水处理系统连通成网奠定基础。制定余杭区“总河长令”和“河湖长”履职手册，规范编码入河排污口4个。深化饮用水源保护，苕溪60、87水功能区水环境功能区划分方案调整通过专家论证，完成县级以上饮用水水源地（东苕溪、闲林水库）勘界定标、立标工作，完成县级以上和“千吨万人”饮用水水源地基础环境调查报告编制，完成亚运场馆周边河道信息排查，落实京杭运河“河长制”工作。

【大气污染防治】　2022年，余杭区整治重点VOCs（挥发性有机物）企业53家次、突出问题18个，完成铸造行业企业深度治理2家，8吨工业燃气锅炉低氮燃烧改造1台，完成448家经营性和149家非经营性餐饮油烟在线设施安装。检查非道路移动机械217台、柴油车288辆，淘汰营运柴油货车22辆。强化亚运环境保障，编制实施亚运环境质量保障总体方案和水环境、大气环境、“无废亚运”3个专项方案，排摸630家涉气企业，组织460多家企业填报杭州市大气污染源信息“多表合一”系统及浙江省大气污染源调度清单，开展强化应急管控措施41次，完成359家重点行业企业应急减排绩效评级。联合区政协开展“迎亚运·道路扬尘治理”民主监督、“裸土覆盖”专项整治等行动，推动道路扬尘、裸土扬尘、施工扬尘管控，实现干线公路机械化清扫全覆盖，完成裸土整治约85万平方米。

【土壤环境监管】　2022年，余杭区开展67个用地性质变更地块土壤污染状况调查评审，出具环保意见66个，全区重点建设用地安全利用率100%。完成508.13公顷受污染耕地“源解析”（开展“耕地土壤重金属污染成因排查”工作，可以全面查摆污染高风险点位和解析农用地土壤污染源头，推动土壤污染精准防治）。落实耕地“两非”（非农化、非粮化）整治，分类处置非农化问题2899宗、366.88公顷，整治优化粮食生产功能区5600公顷。完成第一轮耕地功能恢复2666.67公顷，启动第二轮1130公顷整治行动，受污染耕地安全利用率100%。加强农业面源污染治理，推进农业清洁生产，深化“肥药两制”（化肥农药实名制购买、定额制施用）改革，完成畜禽“两化”（兽用抗菌药减量化试点建设和饲料环保化试点建设）试点场建设4家，化肥利用率41.04%。实现主要农作物测土配方施肥技术1.46万公顷，覆盖率93.13%，主要粮食作物病虫害统防统治覆盖率84.58%，农作物秸秆综合利用率96%。

【固体废物监管】 2022年，余杭区实施《余杭区“十四五”工业固体废物污染防治规划》《余杭区2022年“清废行动”实施方案》《杭州市余杭区突发辐射事故应急预案》等方案，全区工业固体废物统一收运体系覆盖率100%。市生态环境局余杭分局牵头组织开展重点危险废物规范化管理专项检查和危险废物处置单位专项检查，全年转移危险废物1.65万批次、8.69万吨，危险废物规范处置率100%。推进工程渣土管理，审批区内陆地消纳场所117个、总容量437.6万吨。通过临时渣土码头中转外运工程渣土819.5万吨，协调消纳渣土261.6万吨。开展专项整治行动，约谈相关项目负责人79人，查处99个在建工地和1291辆运输车辆。

【污染物总量控制】 2022年，余杭区完成市级下达的污染物减排任务。对杭州鹤见南方泵业有限公司年产水泵28万台、电机2万台技改项目等4个新改扩项目实施排污权交易，交易金额15.01万元；对杭州盈江机械制造有限公司喷塑线燃油改燃气等3个项目实施排污权回购，涉及金额9.10万元；对排污权指标到期的杭州高明印染有限公司等67家企业开展新一轮排污权有偿使用续费工作。全年编制《2021年余杭区温室气体清单报告》，审核光大环保能源（杭州）有限公司等11家企业非纳入碳交易企业碳排放数据。

【企业总量减排与排污许可联动试点】 2022年，余杭区承接生态环境部“企业总量减排与排污许可联动”杭州试点的先行先试工作，开发工业污染源总量数据库、建设项目环境准入、总量许可一体化、服务惠企数字化平台。实施《杭州市生态环境局余杭分局固定污染源主要污染物总量控制与排污许可内部联动工作规程（试行）》并在全市推广。

【生态环境行政审批】 2022年，余杭区办理建设项目环境影响评价报告书（表）许可160项（其中，审批类98项、备案类62项）、建设项目登记表备案333项；核发辐射安全许可证82件；核发固定污染源排污许可证156家。开展固定污染源排污许可证质量复核和交叉检查105家，限期完成问题整改92家，完成率100%。开展环评审批代办服务企业160家；落实重大项目环评审批“一对一”专人服务机制，服务保障西险大塘达标加固工程等重大基础设施27个，服务保障杭州益湖生物技术有限公司等重大工业项目4个；反馈部门征求意见270多份。

【环境数智监管】 2022年，余杭区依托平安风险监测预警防控应用平台，搭建空气质量监测预警、扬尘监测预警、视频AI发现焚烧秸秆（垃圾）预警、饮用水源水质监测预警、视频AI发现水面污染预警、河流水质监测预警、风险源监测预警七大类预警模型。自9月试运行以来，通过区基层智治综合应用平台推送相关信息212条，完成闭环212条，处置率100%。机动车检验机构在线抽查车辆1.26万辆，发现问题339个，全部完成整改。安装和整改20家重点排污单位在线设施，校准在线点位设备60台，形成“巡查、交办、处置、反馈、结案”闭环工作机制。全年识别、交办、整改全区在线监测单位问题606个，整改率100%。

【生态环境监测】 2022年，余杭区完成国控断面塘栖大桥及3个市控断面木鱼岭、通济桥、师母桥泵站水质自动站和五常噪声自动站建设和验收工作，全区有17个空气自动站、15个水质自动站和1个噪声自动站，保障全区环境质量监测。开展201条河长制河道、29个湖库的水质监测及通报。跟踪监测全区12个重点断面，每月监测全区41条主要河流、67个镇（街道）交接考核断面水质，余杭区各镇（街道）主要河流交接断面水质总体有所改善。

【环保服务】 2022年，杭州市生态环境局余杭分局和浙江大学环境与资源学院签订战略合作协议，围绕共建红色党建高地、绿色项目阵地、成果转化窗口、教育实践基地等四大方面开展合作，校地合作经验被《杭州日报》报道。打造“党建领航 生态聚力”党建品牌，帮扶企业2352家，发现并整改问题575个。对拟上市企业、重点企业开展环保法律法规、处罚案例、固定污染源“一证式”排污管理等培训30多场，发环保宣传册上万份。实行生态环境领域监督执法正面清单管理制度，将全区36家上市、拟上市企业纳入正面清单管理，开展非现场检查768家次。依法依规开展企业信用修复工作，办理信用修复54家次；办理不予处罚案件13件，涉及金额240多万元；从轻处罚企业70家，涉及金额350多万元；受理15家企业处罚金分期缴纳申请，涉及金额280多万元。

2022年6月3日，“余小青”生态环境志愿者在闲林老街向游人科普生态环保知识　（市生态环境局余杭分局　供图）

【生态环境宣传教育】　2022年，余杭区举办“共建清洁美丽世界”、“6·5”环境日主题活动、“浙江生态日”主题活动、“大美余杭 生态画卷”小学生绘画大赛等系列生态文明宣教活动。建设禹上生态文明教育馆，培育生态文明教育基地及环保设施向公众开放单位，开发卡通手绘《余杭生态研学导览》，开展两期“向绿出发‘余’你同行”生态文明实践研学活动。《人民日报》、新华社等中央、省、市、区各级媒体刊发报道180多篇，“余杭生态环境”微信公众号编发稿件506篇，推出“美丽杭州”专栏4期，拍摄《喜迎二十大 云游“大花园”》，制作的《共富路上我们在“碳”索》《山水常在 脚步不停》等作品入选“学习强国”全国、省、市平台。

（王木兰）

编辑：王宇歌

交 通

Traffic

综 述

【交通安全管理】 2022年，区交通运输局排查安全隐患2400多个，出具隐患整改通知单220多份，查获危险化学品运输车辆违法行为67起。台风影响期间，组建24小时应急道路抢险队伍130人，出动2380人次，排查整改安全隐患120多处，安全转移1621人。开展两路两侧路域环境整治行动，下发14批次955处问题点位，整改完成率超85%。开展运溪路24小时不间断整治，打击交通违法行为，立案查处建设工地案件9起，办结处罚案件2365起。

【交通数字化建设】 2022年，区交通运输局开发、运用区重点车辆一网通查系统，承接省级试点“浙路智富”场景应用建设，建设区、镇（街道）、村（社区）三级“路长制”管理体系，提升基层公路交通治理能力。推广道路运输从业人员资格“跨省通办”，审批32件。

【维修驾培行业】 截至2022年末，余杭区有机动车维修企业658家（其中，一类企业14家、二类企业139家、三类业户348家）、快修业户149家、摩托车维修业户8家，年度产值约11亿元，从业人员5444人。机动车驾驶员培训机构10家、教练车332辆、教练员419人，全年培训机动车驾驶员9421人。

【维修驾培行业诚信体系建设】 2022年，区交通运输局开展维修驾培行业信用考核政策宣传工作，运用年度信用质量考核、驾培学员评价、汽车电子健康档案系统服务评价和在线投诉等信用系统数据，提供政策咨询服务，受理信访投诉，全年回复信访件280多件，满意率98%。

（查凯迪）

交通运输

【概况】 截至2022年末，余杭区普通运输企业404家（含国际货运代理97家）、普通运输车辆2299辆（含挂车238辆）；冷链运输企业24家、车辆37辆；重点监管道路普通货物运输企业（在册车辆数大于50辆）2家；道路危险货物运输企业7家、车辆133辆（其中罐车9辆）。客运企业2家、车辆29辆。巡游出租车企业1家、出租车312辆，注册网约车企业13家、运营9家。对巡游出租车行业发放补助91.35万元。

【公交线路优化】 2022年，杭州市余杭公共交通有限公司运营车辆1548辆，运营全区线路152条、2579.45千米，年客运量5655.89万人次，城区公交站点500米半径覆盖率97%。全年新增公交线路18条，新增、优化33条，新增优化地铁接驳线14条、农村公交线5条。首次推出

“小莲清风廉运”专线2条，串联全区各清廉文化阵地。在578路公交线试运行响应式停靠，提高行车效率。

【出租车“爱心助考”活动】 2022年5月31日至6月10日，由区委文明办、区交通运输局、区教育局、杭州市公安局余杭区分局主办，区道路运输协会、区红十字会承办的“直通考场 为梦护航”爱心助考公益活动举行。活动参与出租车及网约车40辆，其中9辆出租车在3个高考考点驻点为考生提供服务，其余车辆随机在考点周边为有需要的考生提供服务，接送考生1人。

（查凯迪）

“迎亚运”城市基础设施建设百日攻坚行动样板示范道路——文一西路（荆长大道—东西大道）（摄于2022年）

（区住建局 供图）

交通建设

【概况】 2022年，余杭区完成交通投资68.41亿元，交通投资指数在全市赛马激励中连续10个月居第一位。全年运溪地面路实现双向通车，运溪高架文一西路互通C、D、E、F匝道，仁和互通上下匝道，良睦路互通建成通车，杭徽余杭入城口荆航街以南段及景观工程完工通车。“迎亚运”相关整治提升工程、运溪路下穿杭徽高速段工程、运溪高架花箱、景观亮化主线工程、运溪高架配套电力廊道、天目山西路联胜路高教路交叉口改建工程、县道小交线零东线综合整治工程等完工。推进涉及西部五镇的国道、省道、县道及农村公路提升改造，全年完成“四好农村路”提升改造146.50千米，其中漕雅线入选2022年浙江省首批“十大最美农村路”。

【亚运会城市交通建设】 2022年，区住建局完成市、区两级16条“迎亚运”道路建设、市级清单12项“工完场清”、市级清单15条道路“建管移交”（建设单位建设完成后移交给管养单位）等任务。在全市“迎亚运”道路“赛马”月度评比中，余杭区连续4次被评为优秀责任主体；杭行路、景腾路、五常大道（良睦路—天目山路）01标、五常大道提升改造工程02标、文一西路提升改造等5个项目先后被评为优胜项目；文一西路（荆长大道—东西大道）提升改造工程一标段、白池路（古墩路—玉鸟路）工程、文一西路（荆长大道—东西大道）提升改造工程二标分别被评为迎亚运重点道路建设快速路项目、断头路项目、质量提升项目立功竞赛优胜项目。

【轨道交通建设】 2022年，区住建局配合杭州市地铁集团有限责任公司，完成杭州市轨道交通建设涉及余杭区的2022年度全部征迁及其他任务，完成杭州地铁3号线一期及北延、4号线二期、10号线一期、机场快线4条线路开通运营，里程40.14千米。

【湖杭铁路开通运行（含杭州西站）】 2022年，区住建局推进湖杭铁路保开通工作，完成隔声窗安装、外部环境整治、消防验收及电力迁改等任务，保障湖杭铁路（含杭州西站）建成投运。区铁办（余杭区配合铁路建设协调服务中心）被评为2022年度浙江省铁路建设成绩突出集体。

（周 云）

2022年余杭区开通的交通工程一览表

表5

开通时间	工程名	位置
1月28日	运溪高架良睦路互通仓前方向匝道试开通	良渚街道七贤桥村南，起点为邑浪桥路，终点为规划良睦路
3月	320国道杭州至富阳公路（余杭良渚至老余杭段）改建工程余杭塘河大桥西半幅梁板	北接207省道，南临余杭塘路
3月31日	运溪高架良睦路互通临平方向上匝道	—
3月31日	运溪高架104匝道良渚方向下匝道	—
4月26日	运溪地面道路余杭塘河大桥右幅桥梁	—
4月27日	杭州运溪高架路良睦路互通A匝道（良渚方向下匝道）	—
5月16日	320国道杭州至富阳公路（余杭良渚至老余杭段）改建工程文二西路至风新路段西半幅道路	—
6月1日	下穿杭徽项目02省道以北段地面道路	—
7月11日	运溪地面路104国道古墩路至莫干山路段	—
7月31日	文一西路互通E匝道（下匝道北往东方向）	—
8月31日	运溪地面路文二西路至站城南街段	—
9月1日	祥彭线互通上匝道	—
9月19日	运溪地面路（104国道）	—
9月26日	运溪路地面道路西站枢纽—吴山南—吴山北—瓶窑互通	—
12月	良祥路交改路（美学街至东西大道段）	—
12月28日	运溪高架路文一西路互通C匝道	—
12月30日	运溪地面路文二西路至复地上城段左幅	标志余杭区运溪地面路实现全线双向贯通
12月31日	运溪高架路文一西路互通D匝道	—

2022 年 1 月 28 日，运溪高架良睦路互通仓前方向匝道开通

（区交通运输局　供图）

【余杭区崇贤至老余杭连接线（高架）工程】 余杭区崇贤至老余杭连接线（高架）工程是浙江省一次性建设里程最长的城市高架桥梁，也是杭州中环（杭州都市圈中环）首个启动开工、首个通车的项目。2022年1月，该工程被评为2021年度“平安工地”省级示范工程；4月，该工程获市交通运输局评选的2021年度杭州市交通工程西湖杯奖（优质工程）；7月，获2021年度“中国钢结构金奖”推荐奖（浙江省钢结构金钢奖）。

（金佳卉）

【杭徽高速余杭收费站启用】 2022年7月，杭徽高速余杭（新）收费站建成并投入使用。新收费站由原址向北移动10米，收费车道由原先设置的三进四出7个车道扩建为五进五出10个车道，其中ETC车道三进三出，混合车道二进二出。配置潮汐车道（可入口改出口的车道）1条、出口匝道自由流设备2套和自主发卡设施2套。作为余杭区交通路网的重要节点，该收费站收费大棚整体采用钢结构镂空设计，造型如大鹏展翅。车站以互通形式与东西向快速通道相接，实现高速公路与快速路之间的快速交通转换。

（章宏昱）

【良睦路道路工程开工】 余杭区良睦路道路工程（一期、二期）全长7900米，项目总投资45.28亿元，连接云城、未来科技城和良渚街道，是余杭区2022年度重点民生实事工程。2022年9月，项目一期开工，北起规划泰闲路以南，南至里东路；12月，项目二期开工，南起大蔡园路，北至东西大道。

【凤都路南延二期开工】 2022年12月，瓶窑镇凤都路南延二期（蒿山路—东西大道）工程开工。项目南起东西大道，北至蒿山路，全长1.48万米，项目投资概算2.38亿元。凤都路是瓶窑镇“四横三纵，十字放射，方格网布局”框架路网中最东边的一纵，项目建成后将提升瓶窑与仓前、良渚的通行环境，优化余杭综合交通枢纽布局。

（陈馨宜）

公路养护与管理

【农村公路数据库调整】 2022年，区交通运输局排查全区农村公路情况，制定数据库调整方案。全年农村公路数据库里程比上年减少87.65千米，其中，县道减少18.95千米，乡道新增7.14千米，专用公路减少3.22千米，村道减少72.61千米。调整后余杭区农村公路数据库里程为1469.34千米。

【普通国道养护大中修工程】 2022年5月15日，该工程开工。工程主要是对104国道（京岚线）、235国道（新海线）、320国道（沪瑞线）及329国道（舟鲁线）实施路面养护，全长20.12千米，工程概算7172万元，8月14日完工。全年修复国道、省道、县道路面共14.3万平方米。

【县道大中修及县道危桥改造工程】 2022年6月，该工程开工。项目主要对毛潘线、祥彭线、彭彭线、彭余线、双后线、石茶线、荆余线、安上线、临余线、良上线、良塘线、长连线实施路面养护，全长24.09千米。项目概算5362万元，其中工程费4945万元，由区财政出资。11月完工。

2022年，区交通运输局开展普通国道桥梁维修加固工程通航防撞墩桩基浇筑施工现场 （区交通运输局 供图）

【迎亚运道路“三化一平”综合整治工程】 2022年7月8日，该工程开工。该工程主要是对104国道（京岚线）、102省道（杭昱线）、235国道（新海线）、320国道（沪瑞线）4条道路进行路面平整度提升、标志标线修复提升、公路绿化补植景观提升、桥下空间整治等工作。路面平整度提升工程全长8.11千米（含积水点修复），标志标线修复59.76千米，景观提升、桥下空间整治12.41万平方米。工程概算3098万元。9月7日完工。

【普通国道桥梁维修加固工程】 2022年8月10日，该工程开工。该项目主要是对前庄湾桥、西塘河桥设置桥梁防撞墩，更换前庄湾桥桥面铺装层，修复梁板底，涂刷水泥基防水材料，安装梁板支座等，工程总概算507.28万元，12月31日工程完工。

【道路交通隐患排查治理】 2022年9月，余杭区道路交通隐患市级挂牌治理17处点位路段通过市级验收。10月，区级挂牌治理27处点位通过区道路交通专委会办公室验收。12月，59处人行道隐患治理点位，通过区道路交通专委会办公室验收。

【余杭公路应急保障基地开工】 2022年11月18日，余杭公路应急保障基地开工。该项目位于余杭区瓶窑镇，依托104国道旁瓶窑公路服务站的用地进行改扩建。项目总建筑面积9318.58平方米，其中新建建筑面积9240平方米，保留原建筑面积78.58平方米。建设工期16个月。该基地建成后，将具备公路应急装备物资储备、维修保养、值班备勤、人员演练及应急指挥等功能。

（查凯迪）

编辑：王宇歌

邮政·电信

Posts and Telecommunications

邮　政

【概况】　2022年，余杭区邮政行业完成服务电商企业出港业务量2.28亿件，服务保障民生进港投递量1.65亿件。优化提升“四好农村路”物流服务点位127个，黄湖镇“青山驿·共富驿站”项目申报省级四星共富驿站，设置196组快递柜，2000多个残疾人爱心格口，推进智能快递柜进工地项目。

【邮政行业监督检查】　2022年，区邮政管理局开展快递末端网点备案核查170家次，开展机要通信专项检查3批次，邮政普遍服务和快递市场监督检查209家次，督促整改问题隐患367处，约谈警告企业43家次，停业整改69家次，行政处罚35家次。

【邮政行业质效提升】　2022年，区邮政管理局指导杭州省心快递有限公司等3家快递企业完成自动化分拣设备升级；推进企业购买快递员人身意外险单险种参保全覆盖、完善派费政策；围绕“送温暖、送清凉、送健康、送知识”开展主题活动近20场，惠及3000多人。开展学历提升计划，5名快递员被国家开放大学录取。开设“余”快小哥业务技能提升课程，完成线上培训7000多人，190人考取救护员证，指导企业申报中级职称75人，朱红强被评为浙江省“最美快递员”、杭州市“最美快递员”和“余杭区道德模范”，时斌被聘任为余杭区职业技能带头人，获得2022年度“杭州工匠”提名和2022年度“余杭工匠”称号。

（龚芳芳）

【余杭邮政分公司】　2022年，余杭邮政分公司完成业务收入3.58亿元，业务规模居全省县（市、区）第八位，营业利润同比增长率居全省县（市、区）第六位。余杭邮政分公司推进电商扶贫，打造惠农生态圈，截至年末，达成“农品交易额”“寄递业务收入”两项合作的合作社28家，达成“农品交易额”“寄递业务收入”“金融对公业务”三项合作的合作社6家。落实省、市分公司绿色邮政要求，推广轻装箱和易封箱，实现电商快件不再二次包装，营业揽投网点包装废弃物循环利用实现全覆盖。截至年末，余杭邮政分公司新建特快揽投部2个，划转特快揽投部人员110人。入驻公检法司小邮局2个（瑞鸿大厦余杭行政服务中心小邮局、友谊小邮局），全区累计建成小邮局8个。邮储银企对账单项目回收率100%。闲林揽投部场地新址投入使用自动分拣机交叉带直线分拣设备，缩短生产时限。推进三级物流体系建设，完善农村寄递物流体系，建成青山村、虎山村等标准化村级服务站点，打通投递“最后一公里”问题。

（叶瑜婕）

数字电视

【概况】 2022年，杭州余杭华数科技有限公司（下称余杭华数）主要承担全区数字电视运营、广播电视网络建设、广播电视节目传输、数据专网运营、美好余杭、4K智+、未来社区、数字乡村、社会治理“余智护杭”平台、智慧城市运营、广电物联网、广电5G运营等职能。余杭华数下设13个属地站和营业点，为全区数字电视、宽带等个人用户和政企用户提供服务。全年，全区5027户广电低保户可享受优惠减免政策。数字电视播出及传输网络方面整体稳定，未发生安全播出事故。

【数字电视“三进”服务】 2022年，余杭华数开展进企业、进园区、进机关“三进”服务活动。全年，开展现场服务活动274场，推广华数电视宽带及广电5G、智家业务，开展企业品牌宣传。余杭华数在未来社区服务大厅开设大厅办事窗口。全年，为用户办理电视和宽带新装、过户、移机、暂停等业务；全区268台综合自助办事服务机办件2.69万件。

【“余智护杭”平台建设】 2022年8月，余杭华数配合区政府进行区基层智治综合应用平台——“余智护杭”平台建设。建成平台四级［区、镇（街道）、村（社区）、网格］、三端（大屏端、PC端、移动端）的系统界面，以数据管理、事件流转、任务派发、应用贯通四大模块为主线拓展使用人群、使用场景。

【区舒心养老平台】 该项目覆盖余杭区12个镇（街道）的养老综合服务平台，面向在余杭区生活的老年人提供就餐补助及送餐服务。包含针对老龄人口的食、居、享、乐、安、行、游、医、养等9个方面。2022年，余杭华数完成全区70多个老年食堂的数字化改造，主要涉及“阳光厨房”监控125套、点餐机62套、软件平台1套，缓解老年人就餐不方便、结算不及时等问题。

【区政务网络项目承建】 2022年，余杭华数完成余杭区独立的政务网络中心机房、电子政务外网体系建设，对区数据资源管理局现有状态进行差距比对和需求分析，针对薄弱项进行重点建设，实现向上连接市级节点，向下延伸至各镇街、村（社区），助力全区网络安全工作开展，实现全链路监管，实现对安全运营资源的统一管理、调度、监控。

（沈瑜敏）

通信业

【5G基站建设】 2022年，区住建局牵头指导全区5G基站建设工作，与铁塔公司及移动、电信、联通等通信运营商对接，以“清单制”形式梳理全年5G建设点位，并将任务清单下发至各镇（街道）、平台。全年，新建5G基站660个，建设任务完成率194.12%，居全市各区县（市）第一位。

（周　云）

【中国电信股份有限公司杭州余杭区分公司】 截2022年末，中国电信股份有限公司杭州余杭区分公司（下称余杭区分公司）5G基站建设累计建成1293个，实现全域连片、连续覆盖，重点加强杭州西站，地铁5号线、3号线沿线等区域的无线网络信号覆盖，解决余杭天空之城、杭州西站、余杭昆仑华府等40处区域信号问题。主干纤芯增长至25.6万千米，纤芯接入能力56.29万线，全光覆盖率99.8%，城域网上联扩容200G，总带宽1460G，上联流量利用率下降至40%。建设XGPON端口1.1万个，XGPON占比64%。新增OLT设备27套，完成4套老旧交换机设备退网，建成千兆覆盖网格321个、千兆用户5.8万户，千兆渗透率18%。完成五常大道，中泰石鸽高泰线路，地铁3号线、5号线，10号线三期线路，闲林东路等电信线路迁改工程36个。完成OLT设备双路由改造19套、中继链路组双上联改造5个、IPRAN B设备环路整治3个，管线安全隐患整治266处，重点施工项目监护区域18处，全年故障发生率下降12%。全年，余杭区分公司参与医保网络改造、检察院办公“两房”信息化建设、环城智慧检查站、司法局智慧楼宇信息化建设、未来大厅数智化项目、12345“码上办”、“96110”、良渚遗址智能安防平台等项目。完成区卫生健康局视频专网改造、KTV公安监控接入、市智慧医保改造、交警监控裸纤改造等项目。应急开通427条临时电路，完成亚运誓师大会、杭州国家版本馆落成典礼、之江实验室五周年庆典、2022年杭州户外休闲旅游节、杭州西站投运仪式、防汛防台应急演练、“双11”等重大活动的通信保障工作。开展防范打击通信诈骗、护网行动、涉诈涉骚扰电话整治。核查DCN网实名制，处理DCN违规搭建热点、外联公网等事件，核实网络备案信息，协助客户完成备案。

（黄伟中）

【中国移动通信集团浙江有限公司余杭分公司】 2022年，中国移动通信集团浙江有限公司余杭分公司（下称余杭移动）收入超10亿元，其中政企信息服务收入超1亿元，手机通信客户超100万人，通话用户份额超75%，家庭宽带用户、集团用户均超20万户。推进双5G基建、提供信息科技服务。余杭移动被评为全省一类县（市、区）分公司，获得杭州移动“优秀创新工作室”“年度十大创新成果”“创新优秀奖”“十大最佳实践案例”等荣誉，项目课题“关于研究校园5G To C专网的新方法”获2022年浙江省优秀QC成果二等奖。在全区累计建成5G移动网络基站2028个、第一期5G 700M站点552个，实现全区域建制村5G覆盖，在区智慧文旅、城管、安防、园区、小区、工业互联网等10多个领域开展近百项5G场景应用。推进F5G全光网建设，完成“双10GE”OLT升级109台，累计建设千兆宽带信息点41万个、千兆小区597个。累计在全区建成70个5G汇聚机房在网运行，支持新型算力中心和骨干节点建设。做好杭州西站投运仪式、杭州国家版本馆落成典礼等重大事件的通信保障。推进政务云扩容建设，提升灾备云和信创云能力。联合中国信息通信研究院、未来科技城管委会、中国移动通信集团浙江有限公司举行第五届“绽放杯”5G应用征集大赛云XR专题赛。建设智慧城管应用等平台；试点基于光纤的地下空间监测。探索5G政务专网应用，提升政府办公的移动性和高效性。

（高子雅）

【中国联合网络通信有限公司余杭区分公司】 2022年，中国联合网络通信有限公司余杭区分公司主营收入比上年增长19.5%。全年新建新国标小区45个，完成99个商务楼宇宽带接入，配合政府完成9个小区综合整治工作。投放1192.7万条公益短信，协助政府防灾、防诈工作。与中国电信余杭区公司合作，完成310处基站、150套室分信源竞合工作，拆除站点5个。全年参与重大通信保障活动12起。完成智慧校园、美丽乡村等项目148个，涉及金额4000多万元。

（丁家佳）

编辑：王宇歌

供电·供排水

Electricity Supply and Water Supply

供　电

【概况】 截至2022年末，余杭区境内有35千伏～500千伏变电站38座，容量1388.40万千伏安。其中，500千伏变电站3座（由浙江省电力公司直接管辖）、主变8台，容量815万千伏安；22千伏变电站5座（其中1座由杭州市电力公司直接管辖）、主变12台，容量270万千伏安；110千伏变电站26座、主变58台，容量288.90万千伏安；35千伏变电站4座（含1座临时变）、主变7台，容量14.5万千伏安。110千伏输电线路90条，线路长802.32千米。35千伏输电线路20条，线路长164.96千米。10千伏公用线路565条，其中，架空线路总长1746.10千米，电缆线路总长3934.60千米；10千伏公变7312台，容量421.60万千伏安。

全年，余杭区电网最高负荷177.00万千瓦，比上年增长12.81%；全年社会用电量80.20亿千瓦时，增长12.93%；全口径售电量70.83亿千瓦时，增长9.91%；用户52.71万户；固定资产投资2.72亿元；营业收入44.45亿元，增长28.73%；线损率3.1%；电费回收率100%。全年城市供电可靠率99.9975%，比上年提高0.0012个百分点；城市电压合格率99.999%，与上年持平。农村供电可靠率99.9929%，比上年提高0.0038个百分点；农村电压合格率99.998%，与上年持平。截至年末，国网浙江省电力有限公司杭州市余杭区供电公司（下称区供电公司）实现安全生产日5600天。是年，区供电公司被评为2022年度浙江省守合同重信用AAA企业、市公司精神文明建设和迎峰度夏功臣先进集体，2家单位分获省青年文明号和省工人先锋号。

【电网建设】 2022年，区供电公司动态修编“十四五”电网发展规划，纳入政府规划。配合开展城西科创大走廊各项规划编制，促成市公司与大走廊管委会达成战略合作，统筹推进土地、廊道、资金等资源落地。全年，全区完工科创220千伏输变电工程、科创220千伏变电站110千伏送出工程、师大110千伏输变电工程、湖杭铁路浙江杭州西牵引站220千伏外部供电工程、黄湖110千伏输变电工程、金星（梅家）110千伏输变电工程等6项输电迁改工程。完成主变增容工程3项，新增变电容量83万千伏安、输电线路114.9千米。完成电力迁改103条次，实施配网增容布点和老旧配变升级178项。按期完成白浙特高压及其配套送出工程政策处理，开展良睦路和304省道大型隧道工程。完成5座变电站整站综合自动化改造。

【电力服务】 2022年，区供电公司促成电力分担机制政策出台，建立“政府部门统筹、做地主体负责、供电公司实施”的工作模式，推动政府预付款拨付超600万元。承接“网上国网”水电气网联动试点，完成全省首例联合报装服务。企业微信用户超1万户，建成电力驿站3座。上线“浙里办”表后服务微应用，实现抢修帮与表后“e电通”小程序贯通，受理表后服务工单2000多件。开展电力助企大走访，走访镇（街道）、平台及企业22家，发放优化用电建议书73份，帮助解决实际问题51项。促成余杭区光伏补贴发文，推动成立政企合资光伏公司，完成自投光伏75.2兆瓦。挖掘区域商业楼宇等空调负荷资源，推进负荷“千瓦可控、度电可调”，安装空调负荷控制装置124户，容量3.8万千瓦。

【电力行业创新】　2022年，区供电公司成立融合创新余杭分中心，攻坚17项重点项目。首次应用绝缘平台、履带式带电作业车开展全地形作业，提升带电作业能力。建成全省首个智能箱变监控运维一体化平台，实现箱变全寿命周期资产管理。综合能源科普教育基地获中国电机工程学会认定。论文、专利等创新成果获省部级奖项3项、行业级6项，首次获得浙江省科学技术奖二等奖。1项“一体四翼”（以电网业务为主体，以金融业务、国际业务、支撑产业、战略性新兴产业为四翼）案例作为省公司优秀案例上报国网公司。

【电力安全管理】　2022年，区供电公司安全生产专项整治三年行动结束，25项问题隐患全部整改完成。落实全面强化安全责任50项措施，组织开展春季、秋季安全大检查，完成自查立改问题158条。实施可靠性提升专项攻坚，完成配网运维负面清单治理693项，电缆线路自动化实现全覆盖。开展“青安岗”、无违章班组创建等系列活动，提升全员自主安全意识能力。开展外包队伍全过程“建档画像”和“负面清单”管控，实施配网施工转型三年行动。组织跨区域联合应急演练，建成应急基干队伍实训基地。加强新兴业务同质化管理，完成电化储能电站隐患排查整治。电力智能安全工器具柜配置实现基层单位全覆盖。联合组建电力负荷管理中心与保供专班，在全省率先实施错避峰和需求响应激励，保障全区电力供应安全可靠。组建空调负荷管控专班，建成124户、3.8万千瓦空调负荷资源池。完成党的二十大、杭州西站投运等重大保电任务17次，推进亚运保电各项工作。

【电力经营管理】　2022年，区供电公司建立客户受电工程领域三级联动核查整改体系，主产协同实现32类整改任务应改尽改。建成4家供电所智能专业仓，完成废旧物资处置3990万元，拆旧再利用收益360万元。实施远“杭”无忧民宿充电桩覆盖计划，新增28座公共充电站、72个民宿站点，年充电量3282万千瓦时。深化“达立电管家”智慧运维和绿色低碳服务，与杭州西站、杭州阿里巴巴西溪五期、菜鸟网络科技有限公司等重大项目达成综合能源合作。建立电力隧道全过程施工技术标准，开拓电力管廊业务。

（项文阔）

供排水

【概况】　2022年，杭州余杭环境控股集团有限公司、杭州余杭水务控股集团有限公司［下称“区环境（水务）控股集团有限公司”］下属仁和水厂（供余杭区20万吨/日）、獐山水厂、径山水厂、石门水厂、馒头山水厂、龙坞水厂、南坞水厂合计制水能力29.26万吨/日，另杭州趸售16万吨/日，临安趸售5万吨/日，合计供水能力50.26万吨/日。污水处理能力29.9吨/日，其中余杭污水厂、良渚污水厂、径山污水厂3座污水厂自有污水处理能力26.4万吨/日，输送至杭州城西污水处理厂3.5万吨/日。全年，区环境（水务）控股集团有限公司污水处理量7835.02万吨，比上年增长15.99%。自来水出厂水质合格率和污水厂出水水质合格率均为100%，省、市、区各级监管部门水质抽检合格率保持100%。

【供排水体制改革】　2022年，区环境（水务）控股集团有限公司在巩固供排水体制改革“三水合一、五位一体”的基础上，配合区委、区政府推进市区水务一体化改革。优化、完善集团化管理制度体系和内控机制，全面梳理各项工作制度，建立风险防控预警及内控检查、评估常态化机制。

【供排水基础设施建设】 2022年，仁和净水厂项目一期、二期工程全面开工建设。区环境（水务）控股集团有限公司启动良渚自来水厂项目并完成设计招标工作，完善、优化设计方案。推进良渚新城污水泵站工程、南湖小镇供水加压泵站工程、南湖小镇污水提升泵站工程。同步推进全区供排水主干管网建设，瓶仓大道供水管道工程、科技大道污水管道工程完工。

【二次供水改造】 2022年，区住建局制定《余杭区居民住宅二次供水改造两年行动计划（2022—2023年）》，明确改造范围、改造目标和改造政策。组建以区长为组长的区级二次供水专班，以专班例会协调解决问题、推动工作开展。每个小区成立由镇（街道）、水务、社区、业委会、物业等组成的攻坚小组。全年，完成二次供水改造小区15个，惠及居民9700多户。区环境（水务）控股集团有限公司联合区住建局、各镇（街道），完成9个小区、4000多户高层住宅二次供水改造工作。

【农村污水改造】 2022年，区环境（水务）控股集团有限公司开展区级农村生活污水治理项目7个，完成总工程量的45%；开展市级“污水零直排村”建设任务1个，完成市级农村污水终端改造建设考核任务8个、终端改造竣工验收考核任务27个，完成2个绿色处理设施评定工作。是年，余杭区处理设施出水达标率88.34%，标准化运维设施660座。结合运维单位变更，排查农村污水设施实际情况。

【供排水服务】 2022年，区环境（水务）控股集团有限公司深化水务办事“零次跑”服务。按照企业水电气联合报装“零上门、零审批、零投资、一次办”的要求，助力全区营商环境优化，全年受理业务申请4237件，办理满意率99.92%。全区农村饮用水安全饮水保障工作人口覆盖率100%，全年核发企业取水许可证3家。

【“污水零直排”创建】 2022年，区环境（水务）控股集团有限公司围绕53条重点河道治理系统推进“污水零直排”改造，加快整改重点河道周边市政雨污水管网。配合镇（街道）、平台开展住宅小区雨污水管网改造项目的委托实施工作，和属地镇（街道）协议明确项目12个。

【水务精细化管理】 2022年，区环境（水务）控股集团有限公司启动“工程质量管理提升年、生产运营管理提升年、营业运维管理提升年、内控提升年”专项行动，从管网端、用户端两方面夯实基础数据，推动技术控漏，强化管网运维考核；排查供排水用户端系统，完成管理员、监督员、巡查员、服务员、信息员、宣传员、营销员、送货员角色赋能，降低产销差率。全年节能降耗污水、自来水“三耗”成本分别下降18%、15%。落实工程质量全面追溯追责机制，打造“三查三考”监督体系。全面铺开小区一表一码，实现表务全生命周期数字化管理。

▶链接 “三查三考”：“三查”指日常督查、专项督查、第三方排查三种督查方式并存的监管模式，“三考”指每月印发《工程建设质量月报》小考、每季督查评比排行大考、每年年底考核终考三种考核模式。

【水务安全生产】 2022年，区环境（水务）控股集团有限公司集团与各子公司签订年度安全生产责任书，开展安全生产月活动和重大节日、重大专项安全检查活动，定期召开集团公司安全生产工作会议，下属子公司开展安全生产标准化创建工作。开展亚运供排水保障工作，采取工程性措施和管理性措施，确保党的二十大、用水高峰时期用水安全。

（陈虎宏）

编辑：姚　敏

农业·水利

Agriculture and Water Conservancy

综 述

【农业发展基本情况】 2022年，余杭区实现农业增加值43.93亿元，比上年增长2.4%，农业总产值67.14亿元，增长3.0%，居省、市前列，农林牧渔呈齐头并进良好态势。其中，种植业产值35.55亿元，增长2.6%；林业产值9.50亿元，增长6.2%；畜牧业产值3.92亿元，增长13.4%；渔业产值12.12亿元，下降0.6%；农林牧渔服务业产值6.05亿元，增长8.3%。

【国家乡村振兴示范县创建】 2022年10月14日，农业农村部、国家乡村振兴局公布2022年国家乡村振兴示范县创建名单，余杭区入选，成为全国首批乡村振兴示范县创建县。余杭区将通过为期3年（2022—2024年）的创建，推动乡村产业基础高级化、产业链现代化，培育高素质乡村人才队伍，推进农村生态产品价值转化。重点是健全乡村治理体系，完善县乡村一体、网格化管理服务，构建共建共治共享的乡村治理格局，提升乡村治理体系和治理能力现代化水平；创新农村精神文明建设有效平台载体，增加高品质公共文化产品供给；加快县域城乡融合发展，健全城乡基础设施统一规划、统一建设、统一管护机制，基本实现农业农村现代化。

【市共富村、共富带、共富联合体申报】 2022年，区农业农村局组织12个镇（街道）申报杭州市首批和第二批共富村、共富带、共富联合体，首批6个村、2条带、1个联合体和第二批5个村、2条带、1个联合体入选。

【省乡村振兴示范村申报】 2022年，区农业农村局组织镇村申报浙江省乡村振兴示范村，余杭街道永安村、瓶窑镇南山村、黄湖镇青山村、良渚街道新港村等4个村入选浙江省乡村振兴示范村创建名单。

【西部富美“1355”行动】 2022年，余杭区实施西部富美建设类项目124个，其中，新建类项目64个、续建类项目60个，总投资61.2亿元，完成年度既定目标任务。未来科技城与西部五镇围绕“1＋5”山城协作机制，重点推进产业需求、存量空间、农产品进城、劳力导入承接、企业专场人力招聘等协作项目，全年，全区开展各层级招商活动137次，接待客商2019人，引进高层次人才36人，落户项目54个，其中投资超3000万元的项目15个、落地7.1亿元。

【农产品质量安全监管】 2022年，余杭区建立农产品质量安全基层管理体系，实现11个涉农镇（街道）和114个涉农村（社区）全覆盖，组建由镇（街道）监管员11人、村（社区）协管员109人组成的队伍。推进“一证一码”监管工作，优化“农安监管”和“禹上农安”应用，继续完善实名购买、合格证出具和主体库实时动态更新等监管平台功能，生产主体赋码登记6624家，实现规模主体赋码和合格证出具全覆盖，完成“浙农码”赋码3.47万个。推进“农安码”合格证赋能创新，针对径山茶、鸬鸟蜜梨、大观山蜜桃、杭州良渚麟海蔬果专业合作社等名特优产品企业开展特色合格证设计、个性化合格证展示，全年全区出具承诺达标合格证27.80万张。

【两个“三品一标”融合发展】 2022年，余杭区聚焦“一标一品一产业”，推动两个“三品一标”融合发展（一个指绿色食品、有机农产品、地理标志农产品和食用农产品达标合格证；另一个指品种培优、品质提升、品牌打造和标准化生产），发展绿色优质农产品。推进余杭区全国绿色食品原料（茶叶）标准化生产基地、径山茶国家现代农业全产业链标准化示范基地等重点项目，做特做优地理标志农产品产业。截至年末，全区有绿色食品认定农产品165个，申报面积0.21万公顷，绿色优质农产品占比61.33%。开展标准化生产绩效评价工作，分级评价规模生产主体标准化水平，新增A级主体1个、B级主体2个、C级主体12个，累计有A级主体3个、B级主体7个、C级主体34个。

【农产品质量安全检测】 2022年，区农业农村局到60多个速测点开展快速检测技术上门指导服务。建成基层快速检测点197家，建成“区级定量+镇（街道）快检+基地自检”的三级检测监管全覆盖系统。全年完成200批次的农产品快速检测对公众免费开放服务，完成180批次的区级农产品风险监测，覆盖12个镇（街道）、95家生产主体，合格率99.44%。

【农业科技项目建设】 2022年，区农业农村局联合区财政局出台《余杭区农业科技合作项目和现代种业发展项目实施细则》《余杭区农业“三新”技术试验示范推广项目实施细则》等文件，加大财政对农业科技项目的支持力度。

【基层农技推广体系改革与建设项目】 2022年，余杭区连续11年实施全国基层农技推广体系改革与建设项目，全年示范推广主推品种106个、主推技术33项。以粮油、蔬菜、水果、茶叶和畜牧等五大产业为主线，遴选确定44名农业技术指导员和200名科技示范户。建设省级高品质绿色科技示范基地3个，组织十大农业产业技术创新与推广服务团队开展农业先进适用技术和品种的试验示范及推广应用。

【“三农”人才】 2022年，余杭区农村实用人才新增2139人，累计2.50万人。当年度新增区级E类人才1人。新评定农民高级技师18人、农民技师18人、农民助理技师12人、农民技术员6人。新评定“土专家”10人，累计101人。培育农创客346人，成立杭州市余杭区农创客发展联合会。加强与浙江省农业科学院、浙江农林大学等科研机构、院校合作，组织92人次农技人员参加培训。良渚街道新港村等8个村招录农村职业经理人8人。何林海获“大国农匠”称号。陈洁瑾被评为第二届省级乡村振兴实践导师，宋莹、洪波获“杭州市技术能手”称号。汤柏青、杨琪峰等10人获2022年度区级“乡村振兴优秀人才”称号。

【农民素质教育培训】 2022年，余杭区培训农民9334人，其中市级“1256”重点项目1296人（其中，高素质农民837人，农创客100人，“土专家”90人，其他269人），农村实用人才一般项目培训1300人，农民专项技能2399人，农村文明素质4339人。录取大学本科生24人，8人达到省厅标准线，招收中专生34人，在校中专生89人。田间学校举行培训班78期，培训4359人。发挥“土专家”特长，拍摄测土配方施肥技术与推广、径山茶加工工艺技术及沼气利用等视频8期，开展视频教学推广。杭州径山书院有限公司入选首批全国共享农民田间学校名单，“‘茶二代’续写‘新茶经’”项目入选第一批省级农民培训促富品牌名单。

【国家农业现代化示范区创建】 2022年，余杭区申报创建“竞争性”农业现代化示范区，入选2022年国家农业现代化示范区创建名单，为全省唯一的书面审查推荐对象。示范区以都市农业、智慧农业为依托，以“米袋子”“菜篮子”及“金叶子”（茶叶）产业为主导，以大径山国家现代农业产业园与苕溪省级现代农业园区为引领，做好“三链”（产业链、价值链、供应链）协同、五区联动，振兴“百园农业”经济，争创都市农业和智慧农业的全国示范典型和国际展示窗口。是年，开工重点项目20个、完成投资10.11亿元。

【苕溪省级现代农业园区创建】 2022年，余杭区苕溪农业园入选省级现代农业园区。园区以永安“稻香小镇”为核心区，聚焦粮食产业发展，打造余杭区优质农产品供给地、农业科技创新高地、农民创业致富阵地。截至年末，园区投资5.25亿元，其中，财政资金投入1.28亿元、社会投资3.97亿元，完成重点项目6个。

【百园农业工作】 2022年，区农业农村局实施《余杭区扶持现代农业园区提升发展项目实施细则》，从项目申报、建设、调整和验收等全过程强化监督管理，提升项目建设成效。开展提升发展项目14个，验收区级农业园区项目8个、市级农业产业景观廊道主题精品农园项目1个（宇航梦园），拨付财政资金2152.46万元。新增园区13个、调整8个、退出3个。截至年末，全区有20公顷以上现代农业园区109个。

【农业农村电商建设】 2022年，区农业农村局建设“网上农博”余杭馆，吸引全区名特优新农产品经营主体及民宿（农家乐）、乡村旅游精品线路等入驻，全年销售额2833万元。全年全区农产品网络销售额11.5亿元，拨付4个农副产品线上销售项目奖补资金55万元。

【数字农业和数字乡村创建】 2022年，区农业农村局开展市级数字农业示范园区建设，完成首批建光黑鱼养殖场数字园区和第二批灯塔种猪有限公司数字园区、利丰种业科学研究院数字园区认定。实施省级第二批数字农业工厂、未来农场项目建设，认定数字农业工厂4家、未来农场1家。完成第一批14个数字乡村样板镇村建设，推进第二批12个数字乡村样板镇村创建。瓶窑镇西安寺村、仁和街道云会村、中泰街道中桥村入选浙江数字乡村“金翼奖”百村优秀案例。“禹上径山茶”“禹上蔬菜”数字系统入选全省农业农村系统重大改革（重大应用）场景第一批“先行先试”名单。

【农业综合行政执法】 2022年，余杭区农业综合行政执法队开展执法检查812次、出动1926人次、检查生产经营单位983家次。行政处罚立案66起、结案54起，罚款16.15万元、没收违法所得3468.40元。落实“大综合一体化”行政执法改革农业综合行政执法体系规范化发展。

（李佳月　王　莹　温　昕　楼　玲
金　琎　顾万帆　周尔露　高素珍
胡灵颖　金　玮　肖　依　钟增凯）

种植业

【概况】 2022年，余杭区粮食总面积1.52万公顷，其中，小麦0.56万公顷，早稻0.02万公顷，晚稻0.78万公顷，旱杂粮0.16万公顷。完成稻麦规模种植1.47万公顷。通过推广稻麦轮作模式，提高土地复种指数，实现粮食播种面积、产量“九连增”。蔬菜播种面积1.38万公顷、产量39.50万吨。茶叶种植面积0.43万公顷、产量7143吨。水果种植面积0.23万公顷、产量3.93万吨。是年，余杭区入选浙江省开展“粮补直达”应用试点地区，被评为杭州市2021年粮食安全责任制考核优秀单位。区农技推广中心被评为杭州市劳动模范集体，满山红蔬果专业合作社入选国家级生态农场名单。

【农田建设任务】 2022年，区农业农村局实施新建项目3个66.73公顷（含高效节水灌溉33.33公顷），投资预算564.39万元。立项实施改造提升项目6个366.93公顷，投资预算2655.59万元，通过认定等方式补划3130公顷。创建市级高标准农田示范区项目1个，投资预算2150万元，完成粮食生产功能区整治优化5600公顷。

【测土配方施肥】 2022年，余杭区推广应用配方肥7198.98吨、按方施肥2073.8吨，主要农作物应用配方肥和按方施肥面积1.46万公顷，测土配方施肥技术覆盖率93.13%。全区采集土样390个，完成计划任务的102.6%。所有取土化验检测结果录入测土配方施肥系统和“浙样施”平台，实现数据上图入库。发放施肥建议卡、测土配方施肥宣传册等技术资料5000份，农资店施肥建议卡上墙78份，主推配方村上墙116个。在仁和、瓶窑、良渚、余杭等镇（街道）开展试验9个，其中，生物有机肥肥效试验3个，土壤调剂试验3个，新型肥料试验1个，化肥利用率试验1个、商品有机肥不同用量试验1个。

【耕地质量保护和提升】 2022年，余杭区继续对118个耕地质量监测点开展耕地地力和环境质量监测，实施垦造耕地后续管护项目63个，管护面积（开发总面积）354.11公顷。其中，新增耕地278.92公顷（包括水田236.54公顷、旱地42.37公顷）、“旱改水”25.66公顷，涉及余杭、良渚、瓶窑等10个镇（街道）及杭州余杭文化旅游投资集团有限公司，继续对508.13公顷受污染耕地开展安全利用工作，实现受污染耕地安全利用率99.34%。

【耕地功能恢复】 2022年，杭州余杭文化旅游投资集团有限公司承接余杭区耕地功能恢复任务，实施2866.67公顷耕地功能恢复整改工作。全年完成施工2722.20公顷，交地2683.93公顷，其中验收通过耕地516.73公顷。

【应用商品有机肥推广】 2022年，余杭区继续推广应用商品有机肥，通过财政补助，推广1.66万吨，主要应用作物为果树、蔬菜、茶叶、竹笋等经济作物和少量粮油作物。涉及余杭、良渚、仁和、瓶窑、径山等11个镇（街道）和杭州余杭文化旅游投资集团有限公司，使用用户107个，主要为农业粮食生产功能区、农产品生产保护区和蔬菜基地的种植大户、专业合作社、农业企业。

【肥药定额制试点】 2022年，余杭区建立省级化肥定额制示范方2个、面积34公顷，分别为瓶窑镇西安寺村水稻化肥定额制示范方和余杭街道上湖村水稻化肥定额制示范方。建立省级农药定额制示范方2个、面积41.33公顷，分别为余杭街道永安村农药定额制示范方和径山镇麻车头村农药定额制示范方。

【绿色防控技术示范推广】 2022年，余杭区建立绿色防控及统防统治与绿色防控融合发展示范区6个，包括水稻绿色防控集成技术示范项目2个，实施地点为瓶窑镇张堰村和西安寺村，面积41.20公顷；统防统治与绿色防控融合发展项目4个，实施地点为仁和街道永泰村，良渚街道纤石村、西塘河村以及径山漕桥农场，面积179.33公顷。示范区内主要示范应用稻纵卷叶螟食诱剂、太阳能杀虫灯、二化螟性诱剂、种植蜜源植物等绿色防控措施，辐射面积2618.67公顷。在仁和、良渚、瓶窑、径山、余杭、中泰等6个镇（街道）实施植保美丽工程，涉及21个村的43个田畈，覆盖面积1145.47公顷。

【植保社会化服务】 2022年，余杭区内6家备案的服务组织在11个镇（街道）和杭州余杭文化旅游投资集团有限公司下属农田开展粮油植保社会化服务，水稻服务面积0.83万公顷，油菜服务面积0.01万公顷，小麦服务面积0.62万公顷，覆盖101个村（农场）的279户农户。

【余杭入选“统防统治百强县”创建名单】 2022年，余杭区加大水稻、小麦和油菜的统防统治力度，经确认的面积超1.43万公顷，超省、市下达任务，提升小麦赤霉病、水稻二化螟等粮油作物重大病虫害的防控能力，控制化学农药用量。是年，余杭区首次入选全国农作物病虫害专业化“统防统治百强县”创建名单。

【市级“菜篮子”基地（蔬菜类）建设项目】 2022年，余杭区推进杭州市“菜篮子”基地（蔬菜类）建设项目，下达“宇航梦园叶菜功能区建设项目”等项目5个，打造叶菜生产功能区5个。

【农业农村系统重大改革（重大应用）场景】 2022年，余杭区“禹上蔬菜”“禹上径山茶”2

个应用入选全省农业农村系统重大改革（重大应用）场景第一批先行先试名单，“禹上径山茶”嵌入“浙茶香”，完成“禹上蔬菜”开发。

【余杭茶叶获奖】 2022年5月，在杭州市第四届名优茶评比活动中，杭州银泉茶业有限公司、杭州余杭车坑坞茶厂、杭州余杭区黄湖云顶农庄、杭州余杭区径山名叶茶厂、杭州余杭区中泰乡张家山茶场、杭州余杭区径山绿神茶苑、杭州余杭径山镇一味茶厂选送的径山茶获得名茶金奖。杭州银泉茶业有限公司、杭州余杭区黄湖云顶农庄、杭州余杭区径山绿神茶苑、杭州来缘茶业有限公司、浙江远圣茶业有限公司选送的红茶，获得红茶金奖。杭州来缘茶业有限公司、杭州余杭区中泰乡张家山茶场选送的龙井茶获得龙井茶金奖。9月，在“浙茶杯”优质红茶推选活动中，杭州余杭车坑坞茶厂“径心”牌红茶连续3年获金奖，获得“浙江名红茶”称号。杭州余杭王位山茶叶园区有限公司红茶获银奖，杭州余杭区径山古钟茶厂、杭州余杭区黄湖云顶农庄、杭州径山五峰茶业有限公司红茶获优胜奖。

【径山茶品牌提升】 2022年6月，余杭区成立区委书记、区长任双组长的径山茶发展领导小组，形成领导小组、区茶办、部门/镇（街道）、国有公司、协会、企业共同推动的组织体系。出台径山茶发展第一个五年计划《径山茶“五化十条”行动计划（2022—2026年）》，确定径山茶发展方向。成立杭州径山茶发展有限公司，注册资本5000万元，承接“径山茶”区域公用品牌管理、运营、维护，推进品牌形象建设。是年，径山茶品牌价值为27.34亿元。

【部级粮食绿色高质高效行动示范县项目】 2022年7月，余杭区连续三年被确定为部级粮食绿色高质高效行动实施县。继续推进2022年部级粮食绿色高质高效行动，在全区创建绿色高质高效示范区0.67万公顷，其中，创建粮食绿色高质高效建设万亩示范片3个、千亩示范片11个。建设、完善优质稻产加销一体化稻米加工中心2个，引进稻米加工设备及配套设施1套、全自动真空包装机1套、色选机1台、米仓1个。推广水稻机插秧叠盘出苗“1+N”育供秧技术，引进水稻机插精准条播设备3套。建设早稻、优质稻生产示范、晚稻高产示范基地6个，肥药双减示范基地4个，引进“空天地”一体化水稻遥感技术，促进病虫害统防统治与绿色防控融合发展，实现“肥药两制”全覆盖。项目创建区水稻良种覆盖率100%，化肥和农药施用量比上年减少2%，节本增效增长5%。创建区优质稻比例和耕种收综合机械化率提高5%，单产提高2%。项目区水稻每公顷产量超10.20吨，每公顷节本增效超2250元。

【全国耕地质量信息化工作推进现场会在余杭举行】 2022年7月29日，全国耕地质量信息化工作推进现场会在余杭区举行，农业农村部耕地质量监测保护中心总农艺师以及来自各省（区、市）耕保土肥站（总站、中心）分管负责人等60多人参加。现场会展示了余杭区信息化服务耕地质量监测保护工作，为农业绿色发展、耕地保护与提升提供了创新思路和建设成果。

【径山茶专用品种】 2022年9月，区农业农村局与中国农业科学院茶叶研究所合作选育的径山1号、径山2号完成农业农村部茶树新品种登记，获登记证书，实现径山茶专用品种“零”的突破。

（方文英　汪　群　朱徐燕　卢　健　方淑丽）

养殖业

【概况】 2022年，余杭区生猪存栏6.16万头，其中，能繁母猪存栏0.56万头，生猪出栏6.97万头。家禽存栏98.6万羽，家禽出栏235.51万羽。羊存栏1.83万只，羊出栏2.21万只。创建国家级畜禽养殖标准化示范场1家、省级数字牧场1家。完成国家级湖羊种质资源场异地迁建，推动畜禽遗传资源保护利用，完成湖羊种质资源保护和种猪性能测定工作。全区建成兽用抗菌药减量化示范场1家、试点场9家、饲料环保化试点场4家。完成畜禽遗传资源性普查任务，指导企业做好湖羊种质资源保护和种猪性能测定。

【畜禽粪污资源化利用数字化】 2022年，“畜禽生态管理一件事”应用场景升级，打通畜禽粪处理的“最后一公里”。4月，余杭区畜禽粪污资源化利用模式入选浙江省畜禽养殖废弃物资源化利用与减臭典型案例。

【重大动物疫病防控和畜产品质量安全】 2022年，余杭区开展重大动物疫病集中免疫行动，做到“应免尽免，不留漏洞”。强化预警机制，开展动物疫病风险评估，全年完成血清学和病原学样品检测1万余份，完成风险监测152批次，病死动物及病害产品无害化处理率100%。

【动物卫生监督】 2022年，余杭区有屠宰场（点）7个、报检点4个。全年实施定点屠宰生猪33.39万头、羊0.94万头、家禽82.16万羽，实施产地检疫生猪8.5万头、家禽25.82万羽、羊925头、犬猫135只、马12匹。开展外来动物及产品备案报验工作，全年从区外调入生猪27.81万头、羊0.65万头、家禽77.16万羽，调入畜禽产品7.61万吨。

（曾　玲　孟祥军　郁建明　张勇敏）

水产业

【概况】 2022年，余杭区水产品总产量4.03万吨，比上年增长0.3%，渔业总产出13.78亿元，增长3.22%。其中，养殖产量3.79万吨，比上年减少618吨，下降1.6%；捕捞产量2372吨，比上年增加750吨，增长46.24%。稻渔产量1.41万吨，比上年增加200吨，增长1.43%。池塘产量2.37万吨，比上年减少732吨，下降2.99%。其他（牛蛙）产量36吨，比上年减少85吨，下降70.25%。涉渔工业等产出4550万元，增长2.25%。

【稻渔综合种养基地创建】 2022年，余杭区推广新型稻渔综合种养模式，组织仁和、良渚、瓶窑、径山和中泰等5个镇（街道），开展市级新型稻渔综合种养基地创建，确定杭州良加米业有限公司等7家为市级新型稻渔综合种养基地，实施面积79.67公顷，种养模式有稻鱼、稻鳖、稻虾，预拨资金85.5万元。

【渔业资源增殖放流】 2022年，余杭区在京杭大运河（余杭段）和苕溪流域增殖放流鱼种522.8万尾，投入资金38万元，其中，夏花鱼种433.6万尾、冬片鱼种89.2万尾（39.4吨）。品种有鲢鱼、鳙鱼、青鱼、三角鲂等。

【渔业生产设施项目建设】 2022年，余杭区验收市级水产“菜篮子”项目7个，创建市级水产“菜篮子”项目3个。对全区16家市级“菜篮子”水产基地，开展“菜篮子”水产养殖基地饲养成本纾困补助工作，拨付补助金85.58万元。验收水产养殖尾水处理设施项目2个，其中自主建设和集中建设类各1个，补助50.08万元。新建省级用药减量示范基地2家、省级渔业共富主体2家、未来渔场1家、数字渔场1家、市级水产良种场2家。浙江蓝天生态农业开发有限公司被评为国家水产种业阵型企业和浙江省水产种业阵型企业。

（姚伟峰）

林　业

【概况】 2022年，余杭区森林保有量4.32万公顷，森林蓄积量149.04万立方米，森林覆盖率45.73%、林木绿化率48.40%，古树及后备资源1959株，保存较完整的古道7条，全年林业总产值85.64亿元。是年，余杭区获得“省级特色产业示范县”“全省护林员先进单位”“浙江省湿地保护修复工作成绩突出集体”等称号。创建省级自然保护地融合镇2个、省级森林城镇2个、省级生态文化基地2个，新建省级“一村万树”示范村6个、省级森林人家5个、浙江森林氧吧10个、省级“一亩山万元钱”高质量基地1个。

【林业项目建设】 2022年，余杭区立项实施区级林业建设项目涉及绿化造林、产业发展、林道古道、森林消防等9类48项，总投资1.41亿元。下达健康森林建设、林业有害生物防治、林道提升工程等林业项目8类40个，投资估算3431.73万元。全年新建林业基建项目2个，续建2020—2021年森林古道、骨干林道、古树公园项目10个，完工基建项目10个。

【生态廊道建设】 2022年是余杭区林道网建设的第4年，新建骨干林道3条，包括上高至大麓寺骨干林道、中泰街道骨干林道（一期）和全城坞至九东山骨干林道项目；续建骨干林道6条，包括百丈镇高塘骨干林道、平天堂森林古道仙岩村延伸段、鸬鸟镇后观线骨干林道、百丈镇郎荞线骨干林道、瓶窑镇白鹤山森林古道和鸬鸟镇锡径骨干林道；实现贯通的林道网9条，长度88千米。

【竹产业转型升级】 2022年，杭州余杭文化旅游集团流转竹林权证面积381.41公顷，流转期限33年。余杭区百丈镇泗溪村380多公顷土地完成全面流转，受益群众超400户，合同签约率超99%。百丈镇泗溪村竹材集中物理分解点基本完工，黄湖镇赐壁村竹材集中物理分解点完成选址。区林业水利局完成“全省林业碳汇先行试点县”和“林业碳汇先行基地”申报。

【国土绿化行动】 2022年，百万亩国土绿化行动余杭区新增80.53公顷，千万亩森林质量精准提升行动新增3500亩（233.33公顷），完成率分别为121%和109%。12个镇（街道）均获得省级“森林城镇”称号，余杭区成为全市第一个实现省级“森林城镇”全覆盖的区县（市）。

【森林资源保护】 2022年，余杭区开展迎亚运山体生态修复项目自查整改，检查项目14个。核查杭州市下发审计图斑90个，查处违法图斑9个。核查省林业局下发的第一轮森林督查图斑480个，查处违法图斑10个；第二轮森林督查图斑97个，初步判定疑似违法违问题图斑24个。全年，查验涉林审批项目122个，占用林地103.20公顷，其中，占用征收林地75.57公顷，临时占用林地3.14公顷。林业生产服务设施24.49公顷，追加林地定额13公顷。径山镇、鸬鸟镇创建为第二批“浙江省自然保护地融合发展镇”。

【公益林管理】 2022年，余杭区实行国有天然林停伐面积116.47公顷。结合智慧林长公益林板块，重点解决管护责任区块和资金发放到户两大问题，对区内0.79万公顷省级公益林、1.77万公顷区级保护林下达补助金2100多万元。

【森林火灾防控】 2022年，余杭区森林防火形势总体平稳，未发生森林火灾，无人员伤亡和重大财产损失。出动巡护车辆180辆，在进山主要出入口和公墓入口设立固定执勤点350多个，安排值守、巡护人员1.6万余人次，督查105次（含自行督查），排查森林火灾隐患85处、整改85处。区“森林智眼”项目初步建成，97个森林防火高空瞭望前端感知系统搭配无人机巡视，形成全域覆盖的森林火情识别预警系统，实现森林火灾全过程闭环管理。全年制作横幅200条、森林防火短视频2个、宣传海报12张，在各镇（街道）、村（社区）、自然保护地利用公益LED屏、电视墙、微信公众号、抖音平台等开展森林防火教育主题活动；制作森林防火登记本3000本、森林防火宣传牌800块，智能语音警示设施29个，营造森林防火全民参与的氛围。

【林业有害生物防治】 2022年，余杭区完成松材线虫病除治面积193.33公顷，清理枯死松树2667吨，打孔注药松树10.15万株。开展死松树除治专题培训和全区林技员工作暨公益林护林员专项培训，全年召开松材线虫病防控工作会议9次。制订“两路两侧”枯死松树常态化监测除治方案，组织监测防治队伍，落实定期巡查工作。成立督查组，分组开展督导检查9轮，出动检查143次，发现问题2153个，下发整改通知书和通报28件，全部整改到位。制定《余杭区松材线虫病疫木除治钢丝网罩打包工作管理办法》，规范整治标准，明确疫木打包处理技术要求、验收标准和资金测算，提升除治工作效率。

【古树名木保护】　截至2022年末，余杭区有古树638株，其中，一级古树资源24株，二级古树资源89株，三级古树资源525株，后备资源1321株。全区建成古树公园21个，编印《余杭古树及古树公园画册》160册。百丈镇半山村古树公园和黄湖镇赐璧村古树公园被列入政府投资项目，已进场施工。11月16日，余杭在全省古树保护培训班上作典型交流发言。

【野生动物保护】　2022年，区林业水利局完成长乐、东明山、山沟沟3个自然保护地生物多样性调查，记录维管束植物139科487属862种、陆生脊椎动物202种。4月，在径山镇首次发现国家二级保护植物六角莲和金兰、球果假沙晶兰等珍稀植物，浙江卫视等媒体专题报道。完成北湖鸟类保护与研究项目，收录鸟类294种，其中，一级保护8种、二级保护49种，首次记录到国家一级保护动物黑脸琵鹭、蓝铜鹟。出版袖珍版"北湖鸟类"丛书。联动"110"平台，实行野生动物救助24小时值班制。全年全区救助受伤野生动物266起，其中，国家一级保护动物1起、国家二级保护动物45起。在南湖、北湖设置鸟类疫源疫病监测点2个，疫源疫病监测总时长653小时，全球定位系统巡查监测总里程超1400千米，监测鸟类11.13万只。开展野生动物保护宣传月、"爱鸟周"、"湿地知识进校园"等主题宣传活动，鼓励群众自觉参与候鸟和湿地的保护，发放宣传资料400多份，展出展板300张，抖音视频播放量超百万次。

（刘　龑）

农业机械

【概况】　2022年，余杭区有农机总动力24.12万千瓦。其中，耕作机械1531台（套）、3.00万千瓦；种植机械291台（套）、5817千瓦；收获机械174台（套）、9860千瓦；植保机械1707台（套）、3254千瓦；排灌机械7638台（套）、1.04万千瓦；农产品初加工机械759台（套）、9061千瓦。全年完成机耕作业1.63万公顷、粮食机械化收获1.44万公顷、水稻机械化播种5074公顷、油菜机械化收获184公顷。

【农机购置补贴】　2022年，余杭区使用各级农机购置补贴679.18万元，其中，中央资金431.58万元，省级资金15.98万元，区配套资金220.57万元，中央报废更新补贴11.05万元。补贴机具708台（套），受益农户416户。

【农机作业环节补贴】　2022年，区农业农村局审核确认2021年水稻机械插秧与精量穴直播作业面积4334.25公顷，发放作业环节补贴636.49万元，其中，水稻机械插秧作业环节补贴616.03万元，精量穴直播作业环节补贴20.46万元。

【新型农机设备引进】　2022年，余杭区浙江骆驼九宇有机食品有限公司、杭州银泉茶叶有限公司、杭州三叶青农业科技有限公司分别引进乘用型复合摘采机、远红外线混合提香机、秸秆发酵处理机，推进农业机械化发展，推进农业领域"机器换人"。

【农业机械项目与服务组织建设】　2022年，余杭区组织开展省级农业"双强"项目立项3个、投资339万元。浙江骆驼九宇有机食品有限公司入选国家茶叶全程机械化生产典型案例。

【智慧农机建设】　2022年，区农业农村局利用北斗农机精细化管理系统开展重点补贴机具核查与作业补助审核，全年安装北斗农机176台，拥有无人驾驶拖拉机、收割机、插秧机各1台，植保无人飞机141台。

【农机免费实地检验】　2022年，区农业农村局组织开展四大类农业机械免费实地检验工作，检验农机524台（套），其中，农田拖拉机109台，联合收割机78台，插秧机139台，烘干机198台，提高农业机械安全技术状态，确保农业机械生产作业安全。

2022年，沐竹民宿入选2022年省五星级农家乐

（区农业农村局 供图）

【农机监理】 2022年，余杭区开展农机事项办理下沉服务、农机质量调查、农机安全生产专项检查等活动，排查检查监管对象51家，消除隐患点32个，解体报废收割机6台、拖拉机2台、水稻插秧机4台。举办拖拉机驾驶员培训班1次、培训19人。办理相关业务61件次，其中，办理农田拖拉机业务注册12台，联合收割机业务注册5台，办理拖拉机驾驶证申领30本、补换证14本。

【余杭入选全省农业“双强”行动“赛马”激励名单】 2022年，余杭区实施农业科技强农、机械强农行动。制定新一轮农业“机器换人”政策实施细则，重点围绕粮油、茶叶、蔬菜等主要产业，提升农业机械化整体水平。对首次引进的新农机，补助价款的70%，优化区级补贴产品目录，对未纳入上级补贴目录但适合余杭的先进农林机具列入区补产品目录予以推广。建成农艺农机融合示范基地2个、农机综合服务中心1个。购置补贴农机具708台，受益农户416户。

（宋继鸿）

农业产业化经营

【政策性农业保险“扩面提标增品”】 2022年，余杭区开办农业险种33个，含区级地方特色险种9个，保费收入近7800万元，为全区农户提供风险保障8亿元，保险密度792.84元/人，保险深度1.61%。各级财政补贴6600万元，其中，区级财政补贴3200万元，市、区两级财政保障水平达82%。赔付金额6700万元，简单赔付率84%，其中生猪价格指数保险成为全市政策性农业保险首个理赔案例。

【家庭农场培育】 2022年，余杭区培育家庭农场258家，其中新培育家庭农场59家，开展家庭农场项目建设15家。培育区级示范性家庭农场15家、市级示范性家庭农场5家、省级示范性家庭农场5家，规范化提升培训60家，示范性评级资金奖励10家，财政扶持资金1500万元。

【村级集体经济发展】 2022年，余杭区村级集体经济总收入13.77亿元，经营性收入9.44亿元，村均集体经济总收入660万元，比上年增长11.5%，全面消除经营性收入低于100万元的村（社区）。

【农村宅基地管理】 2022年，区农业农村局完善农民建房“一件事”联办系统，优化建房服务。全区农民“建房一件事”联办系统收到建房申请1272个，受理审批949个，完成办件860个。

【农业龙头企业认定】 2022年，双枪科技股份有限公司等4家企业被认定为省级农业龙头企业，杭州三叶青农业科技有限公司等8家企业被认定为市级农业龙头企业，杭州亿玖实业有限公司等7家企业被认定为区级农业龙头企业。截至年末，全区有农业龙头企业92家，其中，国家级2家、省级15家、市级44家、区级31家。

【休闲观光农业发展】 2022年，区农业农村局制定《关于推进余杭区农文旅融合发展的实施意见》，围绕民宿（农家乐）改造提升、参与省级荣誉评比、民宿集聚村建设、鼓励三产融合延伸发展等10个方面开展重点扶持。推进1个省级休闲乡村、3个省级农家乐集聚村和6个区级重点培育村项目建设，7家民宿入围2022年浙江省等级民宿及非遗主题民宿培育名单，6家农家乐入选省五星级农家乐名单，18家农家乐入选省四星级农家乐名单，“禅茶一味·品茗问道之旅精品线路”“瓶窑老街·非遗体验之旅”入选2022年“浙里田园”休闲农业与乡村旅游精品线路。

【现代农业产业化打造】 2022年，余杭区推进径山茶、瓶窑种植业、仁和渔业3条农业三产融合全产业链项目建设，其中径山茶全产业链创建实施方案完成并开展创建。引导农业企业引进先进技术设备，在农产品加工环节实施设备技术改造、新产品开发，完成新增年产2000吨茶叶技改、食用油加工及冷链技改项目2个，新立项年产200吨“知味观食品”产品技改等项目5个，完成恒泽水产产业联合体、满元农业果蔬智能化分拣储存2个省、市级项目。

【“禹上田园”区域公用品牌培育】 2022年，余杭区委托第三方专业机构，开展企业资质、产品质量、生产安全等“禹上田园”三产融合区域公共品牌综合评价准入工作，完成200家农业种植（养殖）企业、民宿（农家乐）、农业加工企业、农村电商等经营主体评价，通过“禹上田园”区域公用品牌准入评价161家。

（夏　天　刘　坚　沈富明　金　玮　康佳宁　顾双燕）

农村经营管理

【清廉乡村建设】 2022年，余杭区推动清廉村居示范点建设，新认定区级示范点村（社区）7个，累计9个。南山村、普宁村被认定为市级示范点，累计4个。径山村、良渚街道创建为省级示范点。召开清廉村居建设现场会，发布“廉脉指数”，该指数由余杭区在全省率先设立。“廉脉指数”工作机制获中国新闻网、《新民晚报》、《杭州日报》等媒体报道。

【省集体经济数字系统上线】 2022年，余杭区推进“浙农经管”新增应用模块上线，启用统计分析模块，完成2021年度农经年报统计数据输入和审核上报。推广资产管理、资源管理、合同管理、会议管理、监督预警等新功能模块，提升农村集体经济数字化、规范化、阳光化、集成化水平。

【农村产权网拍交易】 2022年，余杭区在网拍平台总上拍标的94件，成交标的70件，总成交款2.58亿元，平均溢价率18%。

【“三资”专项整治】 2022年，余杭区在全区143个村（社区）开展专项治理。制定《余杭区村经济合作社运行问题专项治理方案》，督促各村（社区）自查自纠，组织督导检查13次，形成问题清单，制定整改计划。村经济合作社运行问题专项治理梳理问题175个，基本整改到位。结合年度审计和政治巡察问题清单，对整改情况进行“回头看”。完成村级财务“每年一审”工作，组织镇（街道）开展组级财务3年轮审，配合区纪委对中泰街道白云村开展信访专项审计，召开听证会通报审计情况。11月11日，区纪委到五常街道专题调研村经济合作社专项治理工作，肯定前期经济合作社专项治理的成绩。

【村级集体资产巡察问题整改】 2022年，经区委巡察发现的全区四镇“村（社区）集体资产管理不规范”的共性问题被纳入省委重大巡察问题清单库，区农业农村局牵头，联合各职能部门协同推进，落实整改。10月26日，举办落实省委重大巡察问题整改工作专项部署会。11月，全区143个村（社区）开展自查自纠，12个镇（街道）开展交叉检查。举行重大巡察问题整改工作推进座谈会，通过专项检查收回拖欠租金3111.64万元，落实整改措施421条。出台《村级集体资产资源租赁逾期处理的若干意见》《村经济合作社监督委员会履职指南》《村级集体资产租赁操作指南》等，推动村级“三资”监管规范化、制度化。11月19日，人民日报客户端报道余杭区巡察整改成效。12月，上报整改工作报告，完成办结销号。

（张正良）

水　利

【概况】　2022年，余杭区以西险大塘达标加固工程为代表的重大水利建设项目、以“数智防汛”为依托的水利数字化改革、以重点工程为基础的“区级集中管养”等多项工作实现突破，获得2022年度全省水利工作综合绩效考评优秀。

【水利重大项目建设】　2022年，西险大塘达标加固工程成为浙江省级水网先导区首个开工的重大水利项目，总投资58亿元。2个月内完成用地预审和规划选址省、市两级论证，可行性研究行业报审，勘察设计招标，先行段施工准备等工作，9天完成规划选址与用地预审报部审批，30天完成5亿元国家政策性开发性金融工具落地投放，经验做法被纳入《浙江通过数字赋能有效提升投资审批效率，推动重大项目尽快形成实物工作量》，获国家领导人批示。

【水雨汛情】　2022年汛期，余杭区平均降水量659.2毫米，较多年均值偏少40%。汛期全区干旱少雨，各河道水位普遍偏低。梅雨期为16天，平均降雨天数8天。与常年相比，入梅与出梅时间均偏早。梅汛期全区平均降雨55.2毫米，比多年平均梅雨量偏少80.1%（多年平均梅雨量284.0毫米），比上年偏少82%。

【防汛防台】　2022年汛期，余杭区平均降水量659.2毫米，较多年均值偏少40%，整体防汛形势较为平稳。台风“梅花”影响期间，对全区小流域山洪所在镇（街道）分管负责人进行主动叫应，138个重要村落小流域山洪防御相关责任人开展“六问”电话抽查，确保各级责任人到岗到位，电话抽查282人次。根据区防指危险区管控信息，下发《关于要求立即转移小流域山洪风险区人员的通知》，落实小流域山洪高风险区所在重点村落人员转移工作，应转移人员1641人，实际转移1885人，风险过后，人员全部安全返回。

2022年8月31日，杭州市重大水利工程现场调度推进会暨东苕溪防洪后续西险大塘达标加固工程开工活动举行

（区林业水利局　供图）

【防洪排涝工程建设】　2022年，余杭区实施防洪排涝项目26个，完成闸站、机埠等提升改造工程7个，完成堤防加固工程、山塘水库除险加固工程和护坡提升等工程14个。

【河道综合整治项目】　2022年，余杭区实施河道综合整治项目26个。全年创建省级美丽河湖2条、市级美丽河湖2条。径山镇获得杭州市“水美乡镇”称号。

【水资源保护】　2022年，余杭区建成节水标杆小区1家，节水型小区9个，节水型企业4家，节水型机关12家。开展重要饮用水源地安全保障达标建设，完成东苕溪饮用水源地安全保障评估。全年，全区水土流失治理面积1.5平方千米。针对水利部下发疑似图斑151个，浙江省下发疑似图斑68个，完成现场复核和未批先建项目查处工作。全区生产建设项目水土保持方案审批88个，录入全国水土保持信息管理4.0系统。

【水利工程建设管理】 2022年，区质安监站监督新建水利工程项目15个，续建工程29个，累计受监在建工程44个。开展现场监督检查活动320人次，提出工程质量、安全整改事项336项；对20个工程核定工程质量意见并出具监督报告。

【水利工程运行管理】 2022年，余杭区完成小型水利工程（山塘、泵闸站）标准化创建116个。建立余杭区小型水利工程项目库，实施动态管理，落实小型水利工程的第三方物业养护，形成区级水行政主管部门监管、区级水管工程引领、镇（街道）级水管工程提标的管护体系。建立水利工程运行管理平台，实现对水利工程运行管理按照标准化流程进行数字固化，构建区水行政主管部门、水利工程管理单位、物业养护单位3个层级，明确每个层级职责、权限。

【涉水违法建筑巡查】 2022年，区林业水利局出动380多人次，完成区级以上河道及镇（街道）级主要河道巡查2000多千米。结合河湖“四乱”问题督查，现场查处并责令整改完成涉水问题14起。

【水文测站建设】 2022年，区林业水利局开展水文测站改造三期工程建设，按计划完成新建、改建水文测站任务。其中，新建雨量站2个，水位站6个；改建水位站13个；北斗通信改造18个；改造水文缆道3处。

【水利审批】 2022年，区林业水利局办理水利审批241项，其中，涉河设堤70项，水土保持报告书37项，水土保持报告表21项，水土保持登记表103项，取水许可新办10项。参与审批杭长高速公路桥下道路（荆九线至长连线）工程、南湖小镇供水加压泵站工程、闲林水厂配套管网项目等民生交通工程。全年水利审批工作做到全流程网上申请、签章、办结、取件，当日完成办理审核程序，精简非必要材料事项。对接亲清在线平台、省权力运行系统2.0的建设工作，提出系统对接要求，完善后台数据信息。

【水利信息化】 2022年，余杭区多跨协同水利、气象、应急管理、综合行政执法等部门，迭代升级“数智防汛”系统，相关做法被省委全面深化改革委员会办公室推广。参与“浙里平安”、城市安全运行CT智能服务应用建设，城市安全运行CT智能服务应用被评为建设浙江省数字化改革“最佳应用”；参与“最强大脑”（“水利大脑”）建设，建设创新小流域山洪风险管控模式，打通省级平台和基层智治平台。联合区纪委区监委开发“大余智水”应用场景，针对水利工程行权轨迹，排摸风险点51个，构建监督模型31个，3个模型在全省推广，居杭州市区县（市）首位。

【水利宣传和水情教育】 2022年，区水利工作在浙江水利网站（微博、微信、视频号）发布稿件35篇；全年省级及以上媒体发布报道97篇，其中，中央媒体34篇，省级媒体63篇。面向社会公众开展水情教育5次，包括防汛防台安全教育、水文化宣讲大课堂等。开设“美丽东苕溪”抖音号、“美丽东苕溪”微信视频号，申请潮新闻“浙里潮音”宣讲专栏，通过短视频推广东苕溪文化。

（刘　奕）

编辑：姚　敏

工 业

Industry

综 述

【工业基本数据】 2022年，余杭区有规模以上工业企业698家，规模以上工业增加值242.62亿元。营业收入1073.69亿元，利润总额104.11亿元，比上年增长19.2%。完成工业投资56.66亿元，增长9.3%，其中制造业投资51.94亿元，增长12.0%，完成杭州市下达的目标任务。数字经济核心产业增加值总量1699亿元，增长0.7%，占全区地区生产总值的64.1%。6家企业入选省级未来工厂、数字工厂培育名单。余杭区人工智能产业群入选全省首批人工智能“新星”产业群、未来产业先导区培育创建名单，未来网络新产业平台入选省级“万亩千亿”新产业平台。

【产业发展】 2022年，余杭区10个行业大类中，5个行业增加值正增长。其中，高新技术产业增加值205.48亿元，增长1.8%；装备制造业增加值143.19亿元，下降0.6%；战略性新兴产业增加值121.06亿元，增长4.0%；高端装备制造业增加值79.88亿元，下降2.0%，环保制造业增加值48.47亿元，下降7.8%，时尚制造业增加值15.37亿元，增长22.7%；数字经济制造业增加值56.17亿元，下降0.1%；健康制造业增加值36.33亿元，增长2.8%；文化制造业增加值3.24亿元，下降16.4%；高技术制造业增加值82.65亿元，增长6.9%。

【工业投资】 2022年，余杭区263个在库项目中，计划总投资1亿元以上的63个，完成投资38.05亿元，占制造业投资总量的73.3%。协调推进杭州盛良造科技有限公司、杭州和顺科技股份有限公司等重大制造业项目。全年，5个10亿元以上重大制造业项目完成投资5.82亿元。完善43个“千亿技改”项目的系统管理，完成投资15.39亿元。新增工业机器人177台。推荐上报省生产制造方式转型项目8个，产业链协同创新项目3个。

【工业企业效益评价】 2022年，余杭区以“企业+宗地”双线并行的方式，对规模以上工业企业、宗地分别进行亩均评价计算。采用数字化手段，开展用地综合评价。709家规模以上企业参评，其中，A类企业199家，占比28.07%；B类企业394家，占比55.57%；C类企业105家，占比14.81%；D类企业11家，占比1.55%。全面梳理区内33个工业区块（集聚区）的工业用地，逐步向零星工业用地拓展，提升工业用地亩均效益。杭州未来健康科创园被评为制造类省级小微园。

【工业用地有机更新】 截至2022年末，余杭区33个工业区块（集聚区）均开展有机更新规划方案编制，其中，钱江经济开发区、仁和工业园等20个工业区块的方案通过区级审核，华立科技园、顿力集团等7个重要企业项目有机更新方案通过区级评审，良渚大陆工业园、百丈木桥头工业园、余杭义桥工业园3个工业区块通过区有机更新领导小组办公室审核。全年，余杭区启动工业用地有机更新用地面积200.7公顷，其中重新出让10.3公顷。实施长三角数智经济产业园、杭州新良科技有限公司等103个工业用地有机更新项目。全年改扩建产业空间230.9万平方米。

【企业培育】 2022年，华立集团股份有限公司入选省级首批“雄鹰计划”企业，浙江菜鸟供应链管理有限公司入选第二轮“雄鹰计划”培育企业，全区认定大企业大集团24家，培育成长型优势企业22家。建立健全“专精特新培育企业—省级专精特新—省级隐形冠军—工业和信息化部专精特新‘小巨人’”的梯度培育体系。全区33家企业入选工业和信息化部公布的第四批专精特新“小巨人”名单，数量居全省县（市、区）第一位（除单列市宁波的鄞州区）。截至年末，全区有国家级专精特新“小巨人”企业44家、省级专精特新中小企业154家、隐形冠军企业7家。余杭区专精特新工作居全市第一位。

【企业自主创新】 2022年，余杭区18家企业入围2022年度浙江省首版次软件产品名单。9家企业入围省级以上首台（套）项目名单，其中，国内首台（套）装备2项、省内首台（套）装备4项、省内首台（套）标准认定3项。入围2022年度浙江省首版次软件产品名单企业18家。

【服务企业】 2022年，余杭区贯彻落实减负降本和惠企政策，全区涉及欠款27件，上报金额774.9万元，年内全部清偿完毕。全年为企业减负降本93.2亿元。建立“一企一策”贴身服务机制，选派260名助企服务员，服务全区671家规模工业企业特别是营业收入亿元以上企业及专精特新企业，解决企业困难，兑现惠企政策。全年服务企业9312家次，收集诉求4388件、办结4388件。

（郑安安 李景苏）

【品字标浙江制造企业】 2022年，区市场监督管理局围绕质量品牌提升工程，开展“品字标浙江制造”产品及其企业认证工作。“品字标浙江制造”新增20家企业的21个产品。

2022年度获“品字标浙江制造”认证工业产品及其企业一览表

表6

序号	认证企业	产品名称	标准	证书号、状态	发证日期	所属镇（街道）
1	华立科技股份有限公司	低压电力用户集中抄表系统集中器	T/ZZB 2176-2021	CZJM2022P1137001ROM	2022 年 12 月 28 日	五常街道
2	杭州优尼克消毒设备有限公司	工业用环氧乙烷灭菌器	T/ZZB 2701-2022	CZJM2022P1132101ROM	2022 年 12 月 26 日	仁和街道
3	浙江日风电气股份有限公司	工商业用组串式光伏并网逆变器	T/ZZB 1425-2019	CZJM2022P1131001ROS	2022 年 12 月 23 日	仓前街道
4	杭州沃德水泵制造有限公司	智能分压箱式供水系统	T/ZZB 2649-2022	CZJM2022P1131201ROS	2022 年 12 月 23 日	仁和街道
5	浙江川崎茶业机械有限公司	双人抬式采茶机	T/ZZB 2510-2021	CZJM2022P1126901ROS	2022 年 12 月 21 日	瓶窑镇
6	杭州万全金属软管有限公司	燃气输送用非埋地不锈钢波纹软管	T/ZZB 2700-2022	CZJM2022P1126001ROM	2022 年 12 月 21 日	仁和街道
7	杭州普安科技有限公司	单相多表位工程塑料电能计量箱（配电板）	T/ZZB 1194-2019	CZJM2022P1119501ROM	2022 年 12 月 06 日	仓前街道

续表 6

序号	认证企业	产品名称	标准	证书号、状态	发证日期	所属镇（街道）
8	杭州诚品实业有限公司	湿巾用水刺非织造布	T/ZZB 0357-2018	CZJM2022P1100501ROM	2022 年 10 月 17 日	余杭街道
9	杭州雅妍化妆品有限公司	梵琳舒缓保湿精华水	T/ZZB 2717-2022	CZJM2022P1094901ROM	2022 年 9 月 29 日	径山镇
10	杭州联发管业科技有限公司	燃气输送用非埋地管件、燃气输送用非埋地不锈钢波纹软管	T/ZZB 2700-2022	CZJM2022P1086601ROM、CZJM2022P1086501ROM	2022 年 9 月 9 日	闲林街道
11	杭州科林爱尔气源设备有限公司	鼓风加热再生吸附式压缩空气干燥器（零气耗）	T/ZZB 0582-2018	CZJM2022P1083701ROS	2022 年 9 月 5 日	良渚街道
12	杭州三星工艺玻璃有限公司	化妆品用包装品	T/ZZB 2708-2022	CZJM2022P1076601ROM	2022 年 8 月 15 日	径山镇
13	双枪科技股份有限公司	聚苯硫醚复合筷（合金筷）	T/ZZB 0471-2018	CZJM2022P1073601ROM	2022 年 8 月 5 日	百丈镇
14	浙江德洛电力设备股份有限公司	电动汽车交流充电桩	T/ZZB 0230-2017	CZJM2022P1063101ROS	2022 年 7 月 26 日	仁和街道
15	浙江顺豪新材料有限公司	纳米改性丁基橡胶衬里	T/ZZB 1010-2019	CZJM2022P1043301ROS	2022 年 4 月 19 日	仓前街道
16	杭州径缘新型墙体材料有限公司	蒸压加气混凝土砌块	T/ZZB 0909-2018	CZJM2022P1034001ROS	2022 年 3 月 9 日	径山镇
17	杭州通宇实业有限公司	建筑排水用硬聚氯乙烯（PVC-U）管材	T/ZZB 0766-2018	CZJM2022P1020701ROM	2022 年 1 月 18 日	余杭街道
18	杭州威仕达机电科技有限公司	交流转直流静音开合帘电机	T/ZZB 0688-2018	CZJM2022P1011801ROM	2022 年 1 月 6 日	仁和街道
19	杭州西湖生物材料有限公司	正畸用滑盖式自锁托槽（自锁托槽Ⅱ型）	T/ZZB 1924-2020	CZJM2022P1008501ROS	2022 年 1 月 3 日	仁和街道
20	杭州程天科技发展有限公司	车式电动移位机	T/ZZB 2329-2021	CZJM2022P1003801ROM	2022 年 1 月 4 日	仓前街道

【标准制（修）订】 2022年，区市场监督管理局参与制订国际标准1项，主导制订国家标准6项、行业标准制7项、省级地方标准4项。发布全国首个地方性《电动自行车充换电站建设及运营管理规范》。辅导重点产业、重点企业、重点产品，鼓励企业参与“浙江标准”制（修）订。全年“浙江制造”标准发布15项，累计56项。推进国家级、省级、市级标准化试点项目7项。组织规模以上企业开展标准化统计监测工作，48家企业开展对标达标活动，检查企业自我声明公开的标准、自我声明公开的团体标准。区市场监督管理局的调研报告《杭州市余杭区以数字化改革纵深推进标准强区战略》在《中国标准化》（杭州数字标准化专刊）刊发。

余杭区2022年“浙江制造”标准制（修）订情况汇总表

表7

序号	申请单位	标准名称	发布日期	标准编号
1	杭州雅妍化妆品有限公司	《舒缓保湿化妆水》	2022年3月28日	T/ZZB 2717—2022
2	杭州三星工艺玻璃有限公司	《化妆品包装用玻璃瓶》	2022年3月28日	T/ZZB 2708—2022
3	杭州优尼克消毒设备有限公司	《工业用环氧乙烷灭菌器》	2022年3月28日	T/ZZB 2701—2022
4	杭州联发管业科技有限公司	《燃气输送用非埋地不锈钢波纹软管及管件》	2022年3月28日	T/ZZB 2700—2022
5	杭州奥拓机电股份有限公司	《散装水泥螺旋卸船机》	2022年3月28日	T/ZZB 2668—2022
6	浙江开创环保科技股份有限公司	《聚偏氟乙烯中空纤维超滤膜》	2022年3月28日	T/ZZB 2663—2022
7	杭州沃德水泵制造有限公司	《智能分压箱式供水系统》	2022年3月28日	T/ZZB 2649—2022
8	浙江恒强科技股份有限公司	《针织圆纬机数控系统》	2022年3月28日	T/ZZB 2646—2022
9	杭州五星铝业有限公司	《锂离子数码电池用铝及铝合金光箔》	2022年3月28日	T/ZZB 2638—2022
10	杭州山立净化设备股份有限公司	《压缩热再生吸附式压缩空气干燥器》	2022年6月15日	T/ZZB 2743—2022
11	杭州新世纪混合气体有限公司	《高纯氮气》	2022年12月8日	T/ZZB 2828—2022
12	杭州新坐标科技股份有限公司	《往复式内燃机用液压式气门挺柱》	2022年12月8日	T/ZZB 2829—2022
13	浙江东辰阀门科技有限公司	《减温减压装置》	2022年12月8日	T/ZZB 2830—2022
14	浙江开创环保科技股份有限公司	《膜生物反应一体化生活污水处理设备》	2022年12月8日	T/ZZB 2831—2022
15	浙江瑞银电子有限公司	《非车载充电机用电能表》	2022年12月8日	T/ZZB 2832—2022

（朱 浙 凌 丽）

【国家级众创空间新增6家】 2022年7月，科技部火炬中心公布2021年度国家备案众创空间名单，余杭区梦想E商新零售孵化器、菁创汇、紫金港创客空间、良仓太炎众创空间、G5 Capital、I·STAR众创空间6家入选。

梦想E商新零售孵化器，成立于2016年，主要以“孵化器＋平台＋基金”模式扶持逆向创新，帮助大型企业实现转型升级。

菁创汇，创建“平台化、信息化、专业化、国际化”的孵化服务体系，为中小企业提供资金支持、经营资源、人才引进、推荐上市等专业服务。

紫金港创客空间，由深圳浙江大学校友会发起，2015年10月23日在梦想小镇成立，为创业者提供“六大服务体系＋投资基金”的创业服务体系。

良仓太炎众创空间，位于未来科技城梦想小镇创业大街，2016年9月成立。该众创空间依托区域科技资源，建立“产业＋资本”创新孵化模式及“众创空间—孵化器—加速器”的全科技孵化产业平台。

G5 Capital是专注科技创新与双向跨境投资的孵化平台，主要为早期项目提供跨境风险投资和办公场地，重点关注并投资与商业综合体相关的科技升级行业，联合全球跨境创投生态系统（G5 InnoNet），共同打造企业从“IDEA”（开市）到“IPO”（上市）的创新、投资、共享、协作平台。

I·STAR众创空间主要为企业在基础起步、创业辅导、投资融资、知识产权等方面提供支撑服务。

【市级科技企业孵化器新增17家】 2022年7月，市科技局公布2022年度杭州市科技企业孵化器认定名单，余杭区17家市级孵化器入选，比上年增长183%，新增数居杭州市各区县（市）第一位。17家孵化器中，浙江数智引擎创新园、鼎创智投孵化器、米贝创工场、兰亭润世孵化器等15家被认定为市级标准化科技企业孵化器，树兰SATOL孵化器、浙江省创新器械孵化器2家被认定为市级专业化科技企业孵化器。截至年末，全区有孵化载体154个，新增孵化物理空间723.53万平方米，有市级以上孵化器41家、市级以上众创空间38家，累计引进培育科技型中小微企业6773家。

【5家园区被评为第9批省级小微企业园】 2022年8月，浙江省小微企业园工作联席会议办公室公布第9批省级小微企业园认定结果，余杭区未来健康科创园、风尚智慧谷、浙富科技园、中电海康海创园、浙江大学校友企业总部经济园一期（浙大智源）5家园区入选，入选数量居全省第一位。截至年末，全区有省级小微企业园40家。

【24家企业入选省专精特新中小企业名单】 2022年8月，省经济和信息化厅公布2022年度第一批浙江省专精特新中小企业名单，余杭区的杭州蓝然技术股份有限公司、杭州云象网络技术有限公司、浙江东辰阀门科技有限公司等24家企业入选，入选数量居全省第一位。

【2家企业获“创客中国”浙江赛区二等奖】 2022年8月29日，由省经济和信息化厅组织的第七届“创客中国”浙江赛区暨“浙江好项目”中小企业创新创业大赛总决赛在杭州举行。余杭区企业杭州灵西机器人智能科技有限公司、杭州杰毅生物技术有限公司获全省企业组二等奖。

【2家企业入选中国民营企业500强】 2022年9月，全国工商联发布“2022年中国民营企业500强”榜单，余杭区企业阿里巴巴（中国）有限公司和华立集团股份有限公司上榜。阿里巴巴和华立集团分别进入服务业民营企业500强和制造业民营企业500强。

【2家园区入选省数字化示范小微企业园名单】 2022年12月，省经济和信息化厅公布2022年省数字化示范小微企业园评定名单，余杭区的北京大学—杭州双创示范基地和千年舟科技文化创意园入选省数字化示范园区，数量居全省县（市、区）第一位。

（郑安安　李景苏）

装备制造业

【概况】 2022年，余杭区装备制造业规模工业增加值143.19亿元，占全区规模工业增加值的59%。涉及通用设备、专用设备、交通运输、电气机械及器材、电子及通信设备制造等行业。装备制造业企业主要集中在钱江经济开发区和未来科技城。形成杭州西湖比亚迪新能源汽车有限公司（新能源汽车及零部件产业），南方泵业股份有限公司（高效节能环保装备产业），杭州沪宁电梯部件股份有限公司（现代物流装备产业），杭州申昊科技股份有限公司、杭州炬华科技股份有限公司（智能装备领域），杭州博拓生物科技股份有限公司、浙江诺尔康神经电子科技股份有限公司、归创通桥医疗科技股份有限公司（高端医疗器械领域），杭州五星铝业有限公司、杭州钱江制冷压缩机集团有限公司（装备重要基础件、关键零部件）等产业链各端龙头企业示范领跑的发展局面。有国家级制造业单项冠军企业（产品）1家（南方泵业股份有限公司），上市企业4家。

【制造业数字化改造】 2022年，余杭区构建以“未来工厂”为引领，智能工厂（数字化车间）为主体的新智造体系。杭州益利素勒精线有限公司被评为省级“未来工厂”试点企业，杭州余宏卫生用品有限公司、杭州新坐标科技股份有限公司被评为省级智能工厂（数字化车间）。

【南方赛珀产品获省级工业新产品认证】 2022年10月，位于钱江经济开发区的杭州南方赛珀工业设备有限公司研发的2项新产品——RX液压隔膜计量泵和三腔絮凝加药装置获浙江省工业新产品认证。三腔絮凝加药装置增加了流量开关，能够形成热水保护，可以减少断水产生的故障，防止断水情况下配比浓度变化。RX液压隔膜计量泵采用蜗轮蜗杆结构减速，保证机械传动部件连续平稳工作，设备整体结构更为简单，操作更加便捷，使用寿命更长。该产品相关技术获多项技术专利。

【中国设计智造大奖佳作展在余杭举行】 2022年11月11—25日，2022中国设计智造大奖（简称DIA）佳作展在良渚新城梦栖小镇举行。展出获奖作品300多件，作品来自44个国家和地区，涉及文化创新、生活智慧、产业装备、数字经济四大领域。

【杭州炬华科技股份有限公司】 该公司是从事能源物联网设备和服务研发、生产与销售的高新技术企业，拥有浙江省能源需求侧物联网信息平台重点企业研究院、省级高新技术企业研发中心和省级企业技术中心。公司是中国仪器仪表行业协会电工仪器仪表分会理事单位，参与多项电能计量仪表标准起草和修订工作，是国际DLMS协会会员。主要业务包括智慧计量与采集系统、智能电力终端及系统、智能流量仪表及系统、智能配用电产品及系统、物联网传感器及配件等泛在物联网产品及解决方案。产品和方案应用于轨道交通、水务公司、学校、医院、商业综合体、科技园区及厂矿企业等领域和行业。截至2022年末，公司取得授权专利88件，其中发明专利26件。取得软件著作权81件，获得省科学技术奖4项。

杭州炬华科技股份有限公司（摄于2022年）

（区经信局　供图）

【杭州宇泛智能科技有限公司】 该公司成立于2014年，是中国视谷“国家视觉智能创新中心”发起股东单位之一，国家专精特新“小巨人”企业，为未来社区、智慧社区、数智建造、智慧校园、智慧酒店、智慧商业、数智防疫等智慧城市重点建设场景提供“端边云”协同解决方案。相关方案入选国家人工智能创新应用先导区“智赋百景”目录和杭州市第二批重点建设人工智能应用场景清单。

（郑安安　李景苏）

数字经济产业

【概况】 2022年，余杭区数字经济核心产业实现增加值1699亿元，比上年增长0.7%，占全区地区生产总值的64.1%。全区有规模以上数字经济企业334家，营业收入5660.67亿元。杭州阿里妈妈软件服务有限公司、浙江天猫技术有限公司、淘宝（中国）软件有限公司等6家企业数字经济领域营业收入超百亿元。新创建钉钉产业互联工业互联网平台、电瓦特碳计量工业互联网平台等省级工业互联网平台4家。

【华是科技在创业板上市】 2022年3月7日，余杭区国家级专精特新“小巨人”企业浙江华是科技股份有限公司（股票代码：

301218）在深圳证券交易所创业板上市。发行价为33.18元/股。

【钉钉被评为省级中小企业公共服务示范平台】 2022年5月，省经济和信息化厅公布2022年度省级中小企业公共服务示范平台名单，余杭区钉钉（中国）信息技术有限公司入选，成为余杭区第二家省级示范平台。省级中小企业公共服务示范平台实行动态化管理，有效期3年，旨在通过线上线下结合的方式，集聚服务资源、规范服务行为、完善服务机制、创新服务模式、提升服务能力，服务区域中小企业及重点培育企业。

【11家企业入选市重点建设人工智能应用场景】 2022年5月，市经济和信息化局公布2022年杭州市第一批重点建设人工智能应用场景名单，余杭区11家企业的项目入选，分别是泰昌科技（杭州）有限公司的基于数字云数据服务和低空飞行智能平台、浙江图维科技股份有限公司的基于大数据的城市地下管网数据中台和公共服务关键技术研发及应用、杭州远眺科技有限公司的基于车路协同驾驶行为分析的人车路企风险治理平台、同盾科技有限公司的沪杭甬智慧高速、杭州智诺科技股份有限公司的智慧心理服务平台、杭州魔点科技有限公司的基于人脸识别上下学数字化管理平台、杭州祐全科技发展有限公司的胜利河美食街阳光街区、杭州百聆科技有限公司的基于AI数字人的智能获客平台、浙江力石科技股份有限公司的基于人工智能的游客智能服务平台、杭州深睿博联科技有限公司的基于多病种人工智能的区域医疗影像云平台、华立集团海外园区的数字驾驶舱，项目涉及智慧城市、智慧交通、智慧教育、智慧商贸、智慧文旅、智慧医疗、智慧园区7个领域，余杭区入选企业数居全市区县（市）第一位。

【4家企业被评为省数字工厂标杆企业】 2022年7月，省经济和信息化厅公布浙江省数字工厂标杆企业认定类和培育类名单，余杭区有44家企业入选。其中，浙江核新同花顺网络信息股份有限公司、浙江菜鸟供应链管理有限公司被评为2022年数字工厂标杆企业（认定类）；杭州申昊科技股份有限公司、中移（杭州）信息技术有限公司被评为2022年数字工厂标杆企业（培育类）。

【芋头公司获省级专利预警项目立项】 2022年9月，省市场监督管理局发布2022年浙江省知识产权预警分析项目立项，余杭区企业芋头科技（杭州）有限公司获数字经济领域的“AR增强现实产业人机交互关键技术专利预警分析”立项。公司创立于2014年，2018年被评为国家高新技术企业。以人机交互技术，开展AR眼镜等软硬件产品的研发及以Yoda OS操作系统为载体的生态构建，产品在全球80多个国家和地区投入使用。

【2022全球人工智能技术大会在余杭举行】 2022年11月，2022全球人工智能技术大会（GAITC 2022）在余杭区举行。其间，举行主题报告7场，尖峰对话1场，专题论坛26场，同期活动2场，展示人工智能科技当下创新进展和产业状况。开幕式当天，举行中国人工智能学会工业人工智能专业委员会、智能融合专业委员会授牌仪式及科创综合服务平台——“天堂e创”发布仪式。

（郑安安　李景苏）

健康制造业

【概况】 2022年，余杭区健康制造业增加值36.33亿元，比上年增长2.8%。余杭区重点在创新药研发、先进医疗设备及器械制造、“互联网+”专业健康服务三大生物医药产业方向，做强生物技术与数字技术融合，集聚一批生物医药头部企业研发总部项目。华立医药集团有限公司入选“中国医药工业百强企业”名单，杭州华安医疗保健用品有限公司、微泰医疗器械（杭州）股份有限公司等6家企业被评为省级专精特新企业，归创通桥医疗科技股份有限公司、杭州博拓生物科技股份有限公司等4家生物医药企业上市。

【良渚新城杭北科创园开工】 2022年2月26日，良渚新城杭北科创园项目开工建设。项目东至杭行路，北至规划支路一，西至规划支路一，南至新华河。总用地面积4.22公顷，总建筑面积18.5万平方米，预计2025年竣工。

【医学影像智能阅片及远程诊疗中心落户余杭】 2022年5月14—15日，全国医学人工智能高价值创新项目峰会暨第三届医学大数据与人工智能创新发展大会在未来科技城举行，国家级平台——人工智能医学装备联盟专家委员会和医学影像智能阅片及远程诊疗中心同时揭牌。

【94家企业成为杭州独角兽（准独角兽）企业】 2022年6月，第六届万物生长大会在杭州国际博览中心举行，中国投资发展促进会创投专委会、杭州市创业投资协会联合微链共同发布“2022杭州市独角兽（准独角兽）榜单”。余杭区有94家“独角兽”和“准独角兽”企业入选。

【智云健康科技集团在香港证券交易所上市】 2022年7月6日，智云健康科技集团股票“智云健康”（股票代码：9955）在香港证券交易所主板上市。首次公开发行新股数量1900万股，每股发行价格30.50港元，募集资金净额5.80亿港元。

（郑安安）

环保制造业

【概况】 2022年，余杭区环保制造业完成规模工业增加值48.47亿元，比上年下降7.8%。环保制造业企业主要分布在未来科技城、钱江经济开发区及余杭街道、仓前街道、瓶窑镇等地。重点推动新能源及储能、节能环保装备、资源循环利用等细分产业发展。培育绿色能源产业规模工业企业77家，其中，8家企业被评为工业和信息化部专精特新“小巨人”企业，1家企业被评为省级隐形冠军企业，7家企业被评为省专精特新中小企业。22家规模以上工业企业实施清洁生产审核，通过率100%；354家规模以上工业企业被评为企业碳效评价等级1级。

【新能源发电系统变流器成为省级装备】 2022年5月，省经济和信息化厅公布第一批浙江省工业节能降碳工艺、技术、装备名单，涉及27项工业产品，余杭区企业浙江日风电气股份有限公司产品“新能源发电系统变流器”入选。

【2项企业标准获全国企业标准“领跑者”称号】 2022年6月，经中国膜工业协会评估，余杭节能环保水处理企业浙江开创环保科技股份有限公司的企业标准Q/ZKC 003-2021《MBR-S2-F-56 型膜生物反应器组器》、杭州海纳环保技术有限公司的企业标准Q/HNM 03-2021《BW 8040 LP反渗透膜元件》获2021年企业标准“领跑者”称号。企业标准“领跑者”制度经国务院批准，由国家市场监督管理总局、国家发展和改革委员会、财政部等部门联合发布，旨在通过高水平标准引领，增加中高端产品和服务供给，是支撑高质量发展的鼓励性政策。

【15家企业入选市级绿色低碳工厂（园区）名单】 2022年11月，市经济和信息化局公布2022年市级绿色低碳工业园区（工厂）名单，余杭区有浙江日风电气股份有限公司等15家企业入选，数量居全市区县（市）第一位。

（郑安安 李景苏）

编辑：李景苏

建筑业·房地产业

Construction Industry and Real Estate Industry

建筑业

【概况】 2022年，余杭区建筑业企业产值232.86亿元，比上年增长11.1%，建筑业增加值45.08亿元，增长4.0%，增加值指标居全市第一。完成建筑业入库税收18.28亿元，建筑业发展总体形势保持良好。全年核发建筑工程施工许可证200件，其中，房屋土建169件，新增建筑面积约1160万平方米；市政31件，合计造价约7亿元；全年办理竣工验收备案157件（房屋土建131项、市政26项），房屋土建项目建筑面积689.36万平方米。截至年末，全区有在建工程303个，其中，房屋土建项目282个，建筑面积2826.7万平方米；市政工程26个，总投资9.3亿元。

【建筑企业资质管理】 2022年，区住建局动态核查建筑业企业资质。新引进施工总承包一级企业2家，通过重组分立，引入高等级资质52项。截至年末，全区具备资质的建筑业企业461家，其中，特级企业1家，一级总承包企业23家；监理企业20家，其中，综合资质企业1家，双甲级资质企业4家。

【民工工资支付保障】 2022年，区住建局加强在建项目实名制管理、拖欠工程款和拖欠农民工工资日常巡查监管，参与组建区除险保安百日攻坚根治欠薪专项行动工作专班，建立房产项目预售资金监管账户撤销联审制度，推进建设领域根治欠薪工作。截至年末，协调处理农民工工资投诉、纠纷90多起，涉及金额约1亿元。

【建筑市场规范管理】 2022年，区住建局完善建筑市场定期巡查机制，加强工程项目施工许可前的现场踏勘，正式启用施工企业浙江省信用分，完善现场主要管理人员考勤规则。全年开展季度综合执法大检查4次，建筑市场定期巡查100多次，检查项目近700个次，下发限期整改通知单300多份，约谈企业30多家，给予主体信用扣分74分。

【建设工程质量与安全】 2022年，区住建局启用余杭区智慧五色监管平台，强化建筑工地安全监管，开展“质量月”、“安全生产月”、现场观摩会等系列活动，落实“瘦身”钢筋、管桩、钢筋金相组织、城市地下隐患、全装修等专项检查行动，加强保障性住房及商品住房的监管。委托第三方检测机构实体检测混凝土强度、钢筋保护层厚度、板厚等，全年检测混凝土强度3977组、钢筋保护层厚度1901组、板厚1542组。全年出具工程质量监督报告143份，工程安全评估报告162份。

【工程质量检测管理】 2022年，区住建局实施检测单位信息入库、检测数据实时上传、检测报告附带二维码制度，杜绝检测数据弄虚作假。要求对桩基检测过程全过程摄录并实时上传，实现对桩基检测的实时抽查。区内备案的87家检测机构完成全覆盖检查，抽取相关工地实施联动检查，签发责令整改通知单15份，约谈5家检测机构负责人。

【建筑工地标准化建设】 2022年，区住建局结合“最美工地”“标化工地”“无废工地”等创先评优活动，以点带面提升全区建设工程管理水平，41个项目被评为余杭区标准化样板工地。

【建筑工地起重机械安全监管】 2022年，区住建局建立余杭区建筑起重机械网上备案平台，落实建筑起重机械特种作业人员刷脸考勤制度，强化建筑起重机械特种作业人员持证上岗管理。全年办理建设工程起重设备产权登记147项（其中，塔式起重机17项，施工升降机91项，物料提升机35项，其他机械4项）；办理安装告知1090项（其中，塔式起重机478项，施工升降机447项，物料提升机165项）。截至年末，全区在用塔式起重机511台，施工升降机约440台，物料提升机75台。

【建设工程招投标管理】 2022年，区住建局办理直接发包项目审查备案149个，合同金额206.55亿元；完成招标项目358个，中标金额237.97亿元，查处招投标违法违规行为11起，其中，2家企业信用扣分，9家企业相关案件移送区综合行政执法局。

【建筑工业化】 2022年，余杭区完成装配式项目建筑面积397.1万平方米，其中，住宅面积349.4万平方米，钢结构装配式住宅面积4.8万平方米，新开工装配式建筑面积占新建建筑的39.3%。

【工程建设项目审批制度改革】 2022年，区住建局建立健全工程建设项目审批“一件事”服务机制，按照“一阶段一件事”原则，推出“开竣工一件事”服务场景，形成开工竣工事项线上全流程办结的闭环机制。开展施工图审查改革，依托全过程图纸数字化管理系统，实现“审查—变更—竣工—归档”全过程管理。优化审批流程，实行容缺受理和并联审批，将施工许可办结时限压缩至3小时内。建立工业项目开工服务保障机制，动态跟踪工业项目建设进度，按项目进度推进联合竣工验收事项并联办理。

【建筑行业党建】 2022年，区住建局开展“党建聚力·助企无疫”专项行动，推进全区工地功能型党组织全覆盖。截至年末，全区建立工地临时党支部115个，党员316人，开展教育187次，参与党员3222人次；开展支部活动255次，参与党员5351人次。7月，杭州文一西路提升改造工程EPC总承包项目、年产2000万套微型计算机数字式处理部件项目（阿里巴巴达摩院南湖园区）获得浙江省“红色工地”称号。

【建筑业惠企政策】 2022年，区住建局完善《余杭区促进建筑业持续健康发展财政政策实施细则》，从企业晋升资质、产值税收上规模、创优夺杯、技术研发和优质企业引进等方面，对符合条件的14家企业下达奖补资金385万元。统筹杭州市建委和市财政局下达余杭区的新型建筑工业化奖补资金，对12个装配式建筑项目建设单位下达市级奖补资金66.47万元。

【建筑业“双碳”工作】 2022年，区住建局完成高星级绿色建筑示范立项4个，超低能耗建筑示范立项3.51万平方米，“零能耗”建筑示范项目1个，高比例可再生能源建筑应用示范立项31.80万平方米，公共建筑能效提升示范立项24.55万平方米，既有居住建筑节能改造2.43万平方米。申报省级绿色施工示范项目8个。其中，杭州市第二水源千岛湖配水工程闲林水库取水口管理区配套建筑（1号水利展馆）、绿色建筑全生命周期管理系统2个项目被评为浙江省2022年度建筑领域碳达峰相关工作优秀案例，余杭区年度考核得分居全市区县（市）第一位，被评为浙江省建筑节能与绿色建筑工作优秀县（市、区）。

（周 云）

房地产业

【房产交易管理】 2022年，余杭区受理房产业务12.24万件，其中，限购查档2.58万件，普通查档2.29万件，协助查档1.13万件，网签合同审核2.98万件，购房入户269件，办理在建工程抵押27件，楼盘表确认332件，租赁备案2.94万件，租赁积分和自购房积分397件，自行交易存量房网签2213件。升级房屋网签系统，实现房产交易“全程网办”，房产交易业务实现由“最多跑一次”到“零次跑”的转变。

【房地产市场监管】 2022年，区住建局落实购房公证摇号新政，整顿房地产市场乱象，重点打击投机炒房、虚假信息、虚假房源发布等行为，治理房地产开发企业、中介企业违法违规问题。全年，检查房产企业74家、中介企业96家，约谈房产企业31家、中介企业24家，下发整改通知19家。会同中国人民银行余杭支行专项检查商品房预售资金监管账户，核对商品房预售资金监管银行对账单3102份。区二手房交易被纳入杭州市二手房交易监管服务平台。全年，审核全区挂牌二手房4.45万套，涉及门店970家。

【既有住宅加装电梯】 2022年，区住建局坚持“业主主体、社区主导、政府引导、各方支持”的原则，以符合条件的既有住宅实现“愿装尽装”的工作思路，以点带面，推动电梯加装。全年完工加装电梯30台，累计完工65台，惠及全区11个小区的800多户居民。

【物业行业管理】 截至2022年末，余杭区有物业小区362个，其中，实行物业管理的小区322个，实行准物业管理的小区40个。全区备案物业公司180家，物业领域从业人员2万余人。全年，受理物业类信访5784件，归集物业专项维修资金3.06亿元、物业保修金3.62亿元，使用物业专项维修资金1585.9万元、物业保修金272.6万元。

【白蚁防治】 2022年，区住建局签订新建房屋白蚁预防工程合同123份，完成预防施工450万平方米，发放预防证明109张。完成预防质量监督施工交底79个，现场检查120个，基础验收80个。完成白蚁治理项目1032个，回访复查面积2000万平方米。

【非商品住宅类项目监管】 2022年，区住建局（区非商办）联合公安、规划资源、市场监管、综合行政执法等职能部门以及属地镇（街道）、平台，对区内商业办公类项目开展联合督查。开展联合检查12次，召开现场协调会8次，约谈项目负责人10次，发放整改通知书6份、交办单3份。

【住房保障工作】 2022年，余杭区新开工集中建设公租房42.8万平方米，完成实物配租90套，新开工共有产权保障住房1001套，筹集保障性租赁住房2.1万套（间）。发放住房补贴3万余人次、4.3亿元。通过创新机制与数字赋能，依托“余杭一码通”数字平台，简化新就业无房市民、稳定就业外来务工人员公租房补贴申请流程，实现申领全流程“零次跑”“立审核”，惠及区内企业，缓解新就业青年、企业员工住房困难。

（周　云）

【闲林联荣地块共有产权房项目开工】 2022年10月，余杭区首个共有产权房项目——闲林联荣21号地块共有产权房项目开工，该项目由区交通投资集团有限公司建设，总用地面积4.11万平方米，总建筑面积13.49万平方米。12月，余杭区第二个共有产权房项目——闲林联荣12号地块共有产权房项目开工，该项目由区交通投资集团有限公司建设，用地面积1.64万平方米，总建筑面积4.25万平方米。

（陈馨宜）

编辑：姚　敏

商贸流通

Commercial Circulation

商贸管理

【概况】 2022年，余杭区实现社会消费品零售总额801.10亿元，比上年增长10.2%。全区限额以上单位零售额657亿元，增长17.7%，占社会消费品零售总额的82%。68家企业入选亿元以上社会消费品零售总额骨干企业名录库，全年零售额612.6亿元，占全区社会消费品零售总额的76.5%，增长20.6%。

2022年6月30日，2022未来城市·数智消费IN余杭暨第二届完美生活节在余杭区瓶窑老街启动 （区商务局 供图）

【消费促进】 2022年，余杭区制定稳经济的一系列政策措施，涉及社会消费品零售总额贡献补助、新零售、夜经济、首店经济、租金减免、保费贴息等方面（领域）。截至年末，发放惠企资金和各类消费券共1.2亿余元。开展“未来城市 数智消费IN余杭”暨第二届完美生活节主题促消费活动，包括“仲夏消费月”“完美生活狂欢季”“活力暖冬”等子活动，活动内容包括购车补贴、数字消费券、百场主题直播、汽车嘉年华展、国风大典主题跨年畅购等。组织部分企业参加第11季“舌尖上的杭州”金牌宋韵美味东坡系列预制菜争霸赛活动，助力全区餐饮业（预制菜行业）发展。区商务局被评为全省2022年度促消费成绩突出集体。

【市场体系建设】 2022年，区商务局编制《余杭区“十四五”商业网点规划》《杭州市农贸市场布局专项规划（2021—2035年）》《余杭区县域商业体系建设试点方案》。制定《余杭区大型商业综合体商贸领域综合评价实施方案（试行）》，评价大型商业综合体的消费促进、综合体提升改造、安全生产等工作，促进大型商业综合体整体品质提升。全年，创建省级商贸特色镇

5个，商贸发展示范村3个，省、市高品质步行街各1条，杭州市夜间经济集聚示范区1个。成立余杭区商业商圈提升工作领导小组，推进余杭商业商圈提升工作。

【商贸领域数字化改革】 2022年，区商务局建设的“家政一键通”入选2022年全省商务系统数字化改革“典型案例”名单，被评为省、市数字化改革门户优秀应用；“一键回收”数智低碳应用惠及余杭区近30万户居民，该应用作为子场景建设样板，接入全国首个省级碳普惠平台——省发展改革委的“碳普惠”应用，被评为2022年度全省绿色低碳转型典型案例、杭州市十大低碳应用场景。

（张思奇）

对外经济贸易

【概况】 2022年，余杭区实际利用外资10.17亿美元。货物贸易进出口总额376.75亿元，比上年增长7.48%。其中，进口24.88亿元，增长2.46%；出口351.88亿元，增长7.85%，出口占全国和省、市份额保持稳定。服务贸易出口总额14.59亿美元，增长127.16%。

【利用外资】 2022年，余杭区实际利用外资10.17亿美元，其中，高技术产业实际利用外资6.98亿美元，制造业实际利用外资1.6亿美元。重点引进信息传输、软件和信息技术服务业、科学研究和技术服务业等产业项目。新设外商投资企业109家，其中投资总额3000万美元以上企业8家，投资总额11.3亿美元，占总数的83.55%。新增注册资本外资企业70家，其中增加注册资本3000万美元以上项目4个，占所有增资项目的48.78%。开展外商投资企业年度报告工作，参检企业776家，参检企业合格率100%。

【外贸出口】 2022年，余杭区外资企业出口25.92亿元，比上年增长3.84%；自营生产型企业出口224.59亿元，增长2.05%；外贸流通企业出口89.74亿元，增长12.48%。全年高新产品出口38.91亿元，增长16.14%。机电产品出口154.47亿元，增长8.69%；纺织品出口40.04亿元，下降0.65%；化工医药出口81.93亿元，下降6.68%；家具休闲用品出口45.33亿元，增长4.11%。全区对美国出口61.43亿元，增长4.32%；对欧盟出口110.61亿元，下降16.64%；对金砖国家出口28.98亿元，增长38.11%；对“一带一路”共建国家出口108.17亿元，增长18.65%。

【外贸公共服务】 2022年，区商务局组织企业申报国家进口贴息项目48个；组织11家企业参与省、市两级出口名牌认定，其中2家获得省级出口名牌认定，其余均通过复核。组织企业线上参与中国进出口商品交易会152家次，参与2022年浙江出口网上交易会40多家次。与省商务厅共建的“海外智慧物流在线”应用在全省推广，“一站式”解决企业海外供应链的问题。

【境外投资与服务外包】 2022年，余杭区办理境外投资项目备案52个，新增境外投资1.09亿美元。完成“一带一路”投资项目32个，涉及境外投资7580.40万美元；完成并购项目4个，涉及境外投资3210.33万美元。承接离岸服务外包合同4.89亿美元，比上年增长10.88%。新增入库服务外包企业26家，累计192家。

【区贸促会工作】 2022年，中国贸易促进委员会杭州市余杭区支会为区内出口企业签发一般原产地证350份，比上年下降45.57%；由杭州市贸促会签发的余杭区企业区域性优惠原产地证927份，增长2.21%。

（张思奇）

国内经济协作

【国内招商主要活动】 2022年，余杭区常态化开展季度“双集中”签约活动4次，签约项目276个，总投资1770亿余元。坚持“一把手”招商，全年在7个省14个市开展“敲门招商”150多次。重启驻点招商，派遣招商人员驻点北京、上海、深圳三地，与当地企业及机构建立常态化联系机制。8月，余杭区组织招商人员参与CAAI第七届全国大数据与社会计算学术会议，开展招商推介；9月，参与第二十二届中国国际投资贸易洽谈会，展示余杭营商环境并对接13家企业和机构。11月，余杭区的梦栖之眼·良渚数字设计产业创新港等项目在全市招商引资暨项目促进大会上签约；浙江艾思孚科技有限公司等8个侨界人才项目在2022年侨界精英创新创业（中国·杭州）峰会签约；12月，余杭区的叮叮鲜食总部等3个重点项目在首届全球数字贸易博览会上签约，海康智联总部项目在第六届世界浙商大会上签约。是年，余杭区被评为2022年度浙江省十佳招大引强县（市、区），区商务局被评为全省2022年度招商引资成绩突出集体。

（张思奇）

【山海协作】 2022年，余杭区继续深化与衢州市柯城区的合作，助力柯城区建设“乡村振兴共同体”，落实援建资金660万元；探索乡村协同发展“共富经”做法，推进柯城区余东村、碗窑村等4个村乡村振兴示范点建设，工作经验在“中国乡村振兴”微信公众号上发布。提升“5026”山海协作商城建设，建成农文旅融合的“一站式”新型电商平台，拉动农特产品消费额2610万元，该项工作入选全省山区26县高质量发展典型案例。区发展和改革局对口和区域合作科获2022年全省推进山海协作工程成绩突出集体奖。

【对口帮扶】 2022年，余杭区对口帮扶工作综合考评居全市区县（市）第一位。助力四川省苍溪县、稻城县乡村振兴，落实东西部协作帮扶资金1.54亿元，推进东西部协作项目22个。选派党政干部4人，专业技术人员26人到苍溪县、稻城县挂职，开展支医、支教、支农工作。帮助苍溪县、稻城县建成2个乡村振兴示范村。开展消费帮扶，帮助结对地实现农畜牧产品、特色手工艺品销售1.60亿元。发动余杭区社会组织和个人向苍溪县、稻城县捐赠资金和物资共计1242.60万元。承接全国东西部协作培训示范班现场教学；“‘浙数西送’组团式助力数字苍溪建设”案例入选全国东西部协作培训班典型案例汇编；助力苍溪县笋子沟村打造数字乡村振兴示范村被评为省东西部协作典型案例。

（朱志发）

电子商务

【概况】 2022年，余杭区实现网络零售额1785.1元，比上年增长17.3%，分别高出省、市10.1个和11.8个百分点，规模、增速均居全市区县（市）第一位。实现跨境电商交易额14.1亿美元，其中跨境电商出口额9.39亿美元，增长23.40%。引进跨境电商企业60多家。

起梦跨境电子商务产业园（摄于2022年）

（区商务局　供图）

【跨境电商产业集群】 2022年，杭州跨境电商综合试验区余杭园区总建筑面积14.4万余平方米，集聚跨境电商企业1000多家。华立创客云立方、起梦跨境电子商务产业园等重点跨境电商产业园区和产业集聚区，企业入驻率均超90%。余杭区华立181社区、起梦跨境电子商务产业园、乐富海邦跨境电商产业园入选杭州市跨境电商品牌出海基地，其中华立181社区、起梦跨境电子商务产业园入选浙江省级跨境电子商务产业园名单。

【电子商务领域营商环境优化】 2022年，区商务局从电商企业的地方贡献、标准建设、研发投入、电商转型和电商人才等方面制定政策，服务电商企业高质量发展。全年举办镇（街道）政策宣讲活动10多场。联合阿里巴巴全球速卖通、谷歌、Shopee、有赞等跨境电商平台、服务商开展跨境电商线上线下培训20多场次，2000多人次参加。余杭产业集群跨境电商项目新增合作跨境电商讲师5人，合作跨境电商服务商23家。全区认定电商人才62人，其中D、E、F类人才56人。

【电商直播式“共富工坊”建设】 2022年，在浙江省首届电商直播式“共富工坊”短视频大赛中，黄湖镇“溪上播坊”共富工坊获金奖，中泰街道“紫荆笛音”共富工坊获银奖。黄湖镇、中泰街道、余杭街道和径山镇的4个“共富工坊”案例入选全省首批百家电商直播式“共富工坊”典型案例。

（张思奇）

中泰街道“紫荆笛音”共富工坊（摄于2022年）

（中泰街道　供图）

粮食流通

【粮食订单与收购】 2022年，余杭区对小麦和稻谷的收购继续实行浙江省最低收购价格政策，实行订单粮食价外补贴和奖励政策。小麦每50千克收购价格115元，对种粮大户，每交售50千克订单小麦，奖励30元；早籼稻谷每50千克收购价格128元，对种粮农户，每交售50千克早籼稻谷，奖励30元；中晚籼稻每50千克收购价格133元，粳稻谷每50千克收购价格135元，对粳稻谷订单合同内的粮食，每交售50千克粳稻谷给予奖励25元。全年落实粮食收购和补贴奖励2.52亿元。向47户种粮大户发放政府贴息粮食预购订金274万元。开展为农烘干粮食服务，全年为农烘干粮食0.7万吨。

【储备粮油管理】 2022年，余杭区按照“一符”（账实相符）、“三专”（专仓储存、专账记载、专人管理）、“四落实”（数量、质量、品种、地点）的工作要求，做好储备轮换工作。参加杭州市粮油仓储规范化管理评价，余杭区中心粮库、径山中心粮库被评为优秀等级。

【粮食流通监管】 2022年，区粮食和物资储备局在仓前街道太炎社区、灵源村，仁和街道花园村等地，举办放心粮油进社区活动。发放粮食法规宣传册2000多份。在粮食收购季加强全区粮食收购秩序检查、收购备案行政检查，规范粮食收购秩序。

【粮食企业安全生产管理】 2022年，区粮食和物资储备局制订安全生产工作计划，完善安全员管理网络，落实安全生产责任制。开展“安全生产月”活动，定期开展安全生产大检查，全年检查粮食仓库的安全设施、配电设备、管道线路、机械设备等重点部位和药剂库、出租用房等重点场所12次，排查隐患37条，完成督促整改。组织安全生产培训334人次，开展安全演练10次。开展安全生产“百日攻坚”行动。全年安全无事故发生。

【“四无”粮仓陈列馆】 2022年，余杭“四无”粮仓陈列馆开展第42个世界粮食日、全国爱粮节粮宣传周、科普宣传周等系列宣传活动，开展线下主题宣讲活动4次，开展粮食安全主题宣传活动7次，参加1.8万余人。全年到馆参观3万余人次，团队200个 。

（张思奇）

烟草专卖

【概况】 2022年，区烟草专卖局（分公司）统筹推进企业管理和卷烟经营，总体运行平稳有序。截至年末，余杭区和临平区共有持证零售户8342户，其中电子烟零售户83户。建成多功能“香溢红色驿站”（便民服务站点）35家，全年开展“香溢”志愿服务120多人次，服务350小时。

【卷烟打假】 2022年，区烟草专卖局查获案件1092起，比上年增长31%；私、假烟案件868起，增长71%。总查获10.59万条，增长40%，其中私、假烟4.33万条，增长131%。查获专车运假案件5起，卷烟1.2万条。在办网络案4起，刑事拘留42人。

【烟草行政许可】 2022年，区烟草专卖局优化许可服务，为特殊群体提供上门服务。全年办理行政许可4004件，其中，新办1374件、准予许可606件，网上申请率99.97%、移动端申请率85.2%。烟草办证窗口被评为2022年度区优秀窗口。

（本分目所有数据按照余杭、临平两区口径统计）

（肖霏霏）

盐业经营

【概况】 2022年，杭州市盐业有限公司余杭分公司（下称分公司）主要承担杭州市盐业有限公司分配的杭州市部分主城区大型商场超市、流通渠道及余杭全区的配送任务。主要产品有亚运系列中高端精品盐，G20系列精品海盐、矿盐等。全年，分公司销售盐产品8231吨（包括销售到杭州主城区部分）。

【小包装盐及高端精品盐销售】 2022年，分公司推进“雪涛”精品海盐销售，调整优化产品结构，利用“5・15”碘缺乏病宣传日和电商“双11”等时机，开展健康用盐宣传和活动促销，设立专柜4个，开展“食盐放心盐”活动25场，宣传推广亚运系列新品和“浙食链”产品。全年销售小包装食用盐3600多吨（包括销售到杭州主城区部分），其中销售高端精品海盐2200吨，保证小包装和高端新品盐的正常供应。

【食盐网络配送】 2022年，分公司按照杭州盐业公司总体部署，优化配送网络，缩短配送时间，提高配送效率，提升市场占有率，服务客户1000多家，满足市场、消费者的各类食盐需求。

（金向群）

供销合作商业

【概况】 2022年，余杭区供销系统总经营收入41.02亿元，商品销售总额37.27亿元，农产品交易额13.56亿元，利润2028万元，完成全年计划的124.30%。区供销联社被杭州市供销社评为2022年度综合业绩考核优秀单位。下属瓶窑基层社、良渚基层社被评为全省百强基层社。

【供销社服务农业】 2022年，余杭区开展1家区级和6家镇（街道）级“农民之家”提升建设，改造杭州市级农事服务中心2家。区农民合作经济组织联合会的“产业农合联”增加到4个，区供销联社申报的“车坑坞”牌红茶被评为浙江省名红茶，获世界红茶产品质量推选活动金奖。

【供销系统农产品销售】 2022年，区供销联社投入400万元，建设禹上田园·良渚品牌展示体验中心。制定抹茶米糕、抹茶吐司、径山寺月光棒棒糖、抹茶巧克力橙片、桃花鸡等产品的制作方案，完成产品打样，抹茶吐司投入生产销售，“禹上田园”全年销售农产品6500万元。区供销联社开设的7家农产品销售门店，年销售额1000多万元。

【供销系统金融信用服务】 2022年，区供销联社授信区农民合作经济组织联合会会员28人次，授信额度7450万元，实际放贷会员27人次，放贷7050万元。

【供销系统农资供应】 2022年，区供销联社储备化肥3135吨、农药92吨、农膜80吨；销售化肥1.46万吨、农药302吨、农膜177吨；回收废弃农药包装物60.05万只，兑付53.88万元。下乡送农资价值30万元。开展农技培训2次，接受咨询服务500多人次，惠民让利农资价值50万元。

【大田托管】 2022年，区供销集团注册1000万元资金，成立杭州嘉润农业开发有限公司，全面托管全区征而未用土地。截至年末，完成托管70多公顷。参与全区“非粮化”农田改造工作，完成改造470多公顷。通过整理、复绿播种和养护，美化城市环境。

【区农合联换届暨第二次会员大会】 2022年6月22日，杭州市余杭区农民合作经济组织联合会换届暨第二次会员大会在仓前街道召开。市供销社领导、区有关领导及会员等150多人参加会议。大会审议通过《余杭区农民合作经济联合会章程》《余杭区农民合作经济组织联合会第二届会员大会选举办法》，选举产生第二届理事会理事28人、监事3人及理事会理事长、常务副理事长、秘书长和监事会监事长。区供销联社领导班子成员被聘任为新一届联合会执行委员会委员。

（李雅丽）

编辑：李景苏

旅游业

Tourism

综　述

【旅游业基本情况】　2022年，余杭区接待游客790.6万人次，旅游收入119.9亿元（游客及旅游总收入数据根据省文旅厅预测算）。截至年末，全区有A级旅游景区10家，其中国家AAAA级以上旅游景区5家。星级旅游饭店1家，“白金宿”民宿2家、“金宿”民宿1家、“银宿”民宿17家，星级旅行社3家，省级旅游风情小镇2个。省A级景区村庄84个，其中省AAA级景区村庄40个。市社会资源国际旅游访问点3家，纳入市旅游咨询体系的咨询中心6家。全年未发生旅游安全责任事故。

【余杭文旅新视觉形象】　2022年，区文化和广电旅游体育局推出余杭文旅新视觉形象，并衍生运用到各类宣传载体、文创、伴手礼当中，指导余杭各大文旅IP在宣传推介活动中展示露出，打出“余杭好物”品牌形象。

【旅游配套设施】　2022年，余杭区开展无废景区、无障碍景区建设，亚运品质提升等工作，全区更新完善旅游导识牌、旅游标牌超300块。开展中泰竹笛展示馆、青山村游客中心等96个微改造精提升项目。

【文旅企业扶持】　2022年，区文化和广电旅游体育局修改《余杭区支持全域旅游发展财政政策实施细则》，纳入全区“黄金68条”产业政策，扶持文旅企业发展。落实纾困政策，将“文旅四条”专项政策纳入《余杭区关于促进受疫情影响困难行业恢复发展的政策意见》，对48家文旅企业发放营收规模补助880万元。

（沈怡静）

旅游产业发展

【概况】　2022年，余杭区前溪村、雅城村等8个村被命名为浙江省AAA级景区村庄。中泰街道、闲林街道被认定为2021年度省AAAA级景区镇（乡、街道），余杭街道、黄湖镇被认定为2021年度省AAA级景区镇（乡、街道）。余杭区被评为省文旅融合产业试验区验收优秀单位。径山村入选省首批金AAA级景区村庄培育名单。西溪宋韵演艺、瓶窑老街被认定为宋韵杭式生活体验基地，径山禅村被认定为宋韵杭式生活体验点。朱小奎被文化和旅游部评为乡村文化和旅游带头人。双枪科技股份有限公司被评为2022年浙江省工业旅游示范基地，浙江力石科技股份有限公司被评为省文化和旅游企业梯度培育计划新锐企业。

【茶旅路线入选全国茶乡旅游精品线路】　2022年5月，在中国农业国际合作促进会茶产业委员会和中国茶产业联盟联合征集的全国茶乡旅游精品线路中，余杭区报送的“禅茶一味·品茗问道之旅”和“径山茶溯源之旅”分别入选“春季踏青到茶园”“夏季避暑到茶乡”全国茶乡旅游精品线路。

2022年11月，杭州户外休闲旅游节举行

（区文化和广电旅游体育局　供图）

【文旅消费券发放】 2022年8月20日至11月10日，区文化和广电旅游体育局通过“飞猪旅行”“高德地图”“口碑”三大平台，发放总额100万元的余杭“文明圣地，余你相约”文旅消费券，适用范围涵盖景区景点、酒店、书店、体育场所，带动实际消费672万元，实际消费拉动比为1∶6.72。

【省级“百县千碗”餐饮单位创建】 2022年12月17日，经省文化和旅游厅、省商务厅复核，余杭区窑山食府、渔羊宴等14家餐饮单位被列为省级“百县千碗”美食体验店，君禧·锦上花被评为省级“百县千碗”美食旗舰店。

（沈怡静）

旅游宣传推广

【余杭区伴手礼作品获奖】 2022年10月25日，“韵味杭州·游礼相伴”2022年杭州市伴手礼创意设计大赛举行，由区文化和广电旅游体育局申报的良渚文化书签、鳌鱼宝盒、径山有礼·三味径山茶、断桥遇见—手工皂伴手礼获铜奖，宋韵点茶套装、“宋韵千里”丝绸桌垫获最受市场欢迎的宋韵杭式伴手礼奖，剪纸竹被评为“Dream亚运”特色伴手礼。11月23日，“竹筒灯”“鸬梨爱运动”“蓝晒扇子”获得浙江省第三届乡村民宿伴手礼大赛综合奖，“成功茶”获传承奖，“径山有礼·茶点”获共富奖。

【第21届中国茶圣节】 2022年5月21日，第21届中国茶圣节在径山镇陆羽文化街区开幕，活动以“茶乡径山·宋韵生活”为主题，活动贯穿全年，集合径山茶俗、民俗、非遗与美食推出径山集市，举办“陆羽说论坛”“陆羽雅茶会”“陆羽游径山”“陆羽茶赛事”4个环节的活动。

【余杭美食登上《美食中国》】 2022年，中央广播电视总台《美食中国》在余杭拍摄径山毛腌鸡、七味咸茶、百丈特色竹筒饭、笋壳粽和草荡鳝片等美食，宣传余杭区“百县千碗·余杭至味”美食品牌，节目于6月9日在央视中文国际频道播出。

【杭州户外休闲旅游节在余杭举行】 2022年11月4—6日，由区文化和广电旅游体育局承办的2022年杭州户外休闲旅游节在中泰街道入坑艺术公园举行。主会场设“野趣大杭州”“阳光运动趴”“越野俱乐部”“野营先锋派”“稻田大玩咖”“灯火音乐会”“房车实验室”“自然理想国”8个主题现场展示板块。同期举行线上户外休闲旅游节，并发布野趣大杭州户外休闲旅游地图、2022年度杭州户外休闲旅游人气榜单等内容。

（沈怡静）

编辑：陈　林

金　融

Finance

综　述

【金融经营】 2022年，余杭区有银行机构35家，全年新增8家。全区本外币贷款余额2132.95亿元，比上年增长40.45%，增速居全市区县（市）第一位，企业贷款利率创历史最低水平。全区保险机构保费收入23.96亿元，赔付支出10.72亿元。区内企业通过银行间市场新增发行债务融资工具186.50亿元。

【金融政策扶持】 2022年，余杭区修订创新余杭“黄金68条”“助企纾困36条”“稳进提质58条”金融部分政策内容，出台新一轮金融产业和企业利用资本市场政策细则，全年下达金融与资本市场扶持资金超1亿元。

【企业上市】 2022年，余杭区有上市企业29家（其中境外上市12家），新增上市7家，新增数居全市各区县（市）第一位。在会排队审核企业4家，辅导备案企业23家，动态培育后备企业300家。余杭区企业上市培育体制机制创新案例被评为杭州自贸片区市级优秀改革试点经验。

（陈　丽）

【银行业保险业监管】 2022年，中国银保监会浙江监管局余杭监管组搭建银企对接平台，引导银行机构加强与重点产业平台和产业项目的合作。以科技金融和产业金融为核心，扩大科技信息贷、人才贷、人才险等产品覆盖面。推广“农户家庭资产负债表融资模式”，加大新市民金融服务供给和创新力度。“双保”助力贷、“连续贷+灵活贷”等机制在余杭区实施，督促银行机构落实好延期还本付息政策。推动“电子证照、电子签章”改革试点落地。

（胡琼月）

【长三角资本市场服务基地杭州分中心在余杭成立】 2022年3月，由余杭区政府、上海市浦东新区金融工作局举办的“资本市场服务实

2023年10月13日，慧博云通科技股份有限公司在深圳证券交易所创业板上市 （区融媒体中心　供图）

体经济高质量发展——长三角资本市场服务基地走进杭州”活动在未来科技城（海创园）举行，长三角资本市场服务基地杭州分中心揭牌成立。活动现场举行长三角资本市场服务基地联盟成员签约仪式，分会场举行企业上市问诊活动，解读企业上市最新政策，就企业上市专项问题进行答疑。数字化应用场景“上市一点通”在活动现场发布，“上市一点通”将基于“人工智能+大数据”技术，构建分析预测模型和应用场景，服务上市培育企业、产业链和生态圈，为企业上市培育提供全周期、全方位、全链条服务。

【数字人民币试点】 2022年7月，余杭区政府建立区数字人民币试点工作领导小组，推进全区数字人民币试点工作。7月13日，浙江首笔数字人民币惠企资金在亲清在线分平台——余杭区企业综合服务平台支付成功，金额9.5万元。8月，制定《余杭区数字人民币试点工作方案》。协调推动各成员单位围绕“六大主题13类应用场景”推进余杭区数字人民币试点工作，构建支撑数字经济发展的数字人民币金融基础设施，加快形成具有余杭特色的数字人民币应用生态圈，提升服务实体经济的适应性、竞争力和普惠性。

【余杭区与中国证监会浙江监管局开展战略合作】 2022年10月26日，余杭区人民政府与中国证监会浙江监管局战略合作签约仪式活动举行。根据战略合作协议，双方将在强化实体经济服务、加强金融监管、防控资本市场风险等方面，健全联系协作机制，开展工作沟通和人才交流，利用多层次资本市场，推动余杭经济高质量发展。

（陈　丽）

中国人民银行余杭支行

【货币政策运用】 2022年，中国人民银行余杭支行运用央行支小再贷款向3946家小微企业发放低息贷款61亿元。运用普惠小微贷款支持工具激励比例上调至2%的政策，撬动地方法人银行新增普惠小微贷款64.29亿元，推动全区小微企业贷款增速保持37.90%。运用普惠小微阶段性减息支持工具，减轻小微市场主体利息支出压力，指导辖区法人机构第四季度为普惠小微企业减息7022万元。开展“三服务”工作，全区银行机构相关负责人走访民营和小微企业3456次，为民营和小微企业解决融资需求128.67亿元。

【金融助力共同富裕示范区建设】 2022年，中国人民银行余杭支行重点加大对科创、基础设施、乡村振兴等重点领域的金融支持力度，全区科创、基础设施、制造业、涉农等重点领域贷款分别新增31.76亿元、182.55亿元、75.72亿元、97.10亿元，比上年分别增长24.50%、41.00%、36.90%、32.80%。

【“贷款码”推广】 2022年，中国人民银行余杭支行通过大数据匹配，生成小微企业和个体工商户无贷户“两张清单”，推广“贷款码”。全年全区7622家企业通过扫码，线上申请贷款，发放贷款87.74亿元，小微企业、个体工商户首贷户分别新增1410户、1207户，发放首贷资金分别为47.08亿元、24.19亿元，新增跨境人民币业务首办户425户。

【科创金融】 2022年，中国人民银行余杭支行联合区财政、科技、经济和信息化等部门，制定科技金融融合发展服务方案，形成全区科技企业名录库，建立区域银行机构科技贷款数据统计监测制度，运用央行科技创新再贷款，推动全区科技企业贷款总量增长、贷款结构优化。截至年末，全区科技企业贷款较年初增加31.76亿元，科技创新专项再贷款名录企业中有61家获得10.83亿元贷款支持，科技企业信用贷款余额31.10亿元，占科技贷款余额的19.2%，比年初提高4个百分点。

【重点领域融资保障】 2022年，中国人民银行余杭支行指导银行机构加快推动央行政策性开发性金融工具、设备更新改造再贷款落地，全区2个基础设施建设项目获政策性开放性金融工具基金支持7.50亿元，配套融资授信5亿元；

13个设备更新改造项目完成授信审批，涉及金额7.74亿元。

【房地产融资】 2022年，中国人民银行余杭支行推动房地产金融平稳运行，支持房地产企业合理的融资需求，保障购房者合法权益。12月末，全区住房开发贷款余额170.80亿元，较年初增加26.65亿元，同比增长18.49%；全区个人购房贷款余额362.68亿元，比年初增加91.82亿元，同比增长33.90%。

【金融生态维护】 2022年，中国人民银行余杭支行加强重点领域风险防控，全区不良贷款率保持低位。12月末，全区不良贷款余额8.42亿元，较年初增加2.25亿元，不良贷款率0.39%，较年初下降0.02个百分点；关注类贷款余额6.69亿元，比年初增加2.69亿元，关注类贷款率0.31%，比年初提高0.05个百分点。

【外汇管理服务】 2022年，中国人民银行余杭支行重点推进汇率避险服务，动员各外汇指定银行开展线上线下政策宣讲40多次，筛选并建立全区市场主体清单，"一对一"落实开户行摸排小微企业汇率避险需求。

（朱楚禹）

商业银行

【中国工商银行股份有限公司杭州余杭支行】 截至2022年末，工商银行杭州余杭支行实现拨备前利润4.1亿元，中间业务收入6084万元，对公存款日均增量48.78亿元，储蓄存款日均增量5.61亿元，普惠贷款净增6.19亿元，制造业贷款净增8.70亿元，民营企业贷款净增4.00亿元，个人贷款净增3.28亿元。配合余杭区政府实施绿色贷款政策，保障区域重大绿色项目融资需求，全年为余杭区耕地项目、北部区域城市有机更新项目、管网建设项目等主要项目审批贷款近80亿元，实现投放15亿元。拓展"农户e贷"近百户，为21个村的2000多人授信总额超2亿元。全年，代发农民工2万余人工资4.28亿元。

（梅 琳）

【中国农业银行股份有限公司杭州余杭支行】 截至2022年末，农业银行杭州余杭支行各项存款267.43亿元，比年初增加139.11亿元，增长108.41%；各项贷款144.94亿元，比年初增加20.09亿元，增长16.09%；营业收入4.69亿元，增加0.91亿元，增长24.07%；净利润2.84亿元，增加0.6亿元，增长26.79%。在未来科技城新开网点2家，辖内网点共8家。全年落地城市有机更新项目、城市综合体、城市基础设施等重点项目15个，授信超100亿元，投放杭州农业银行系统内首笔开发性政策性金融工具配套贷款。加大对民营企业特别是高新技术企业、绿色企业的支持力度，出台差异化信贷政策，放宽信用贷款准入条件，提升中长期贷款配比等，全年支行新增制造业贷款8.49亿元，增长121.11%，高于全部贷款增长105.02个百分点。推出"留抵税e贷""增享e贷"等信用类小微产品。与余杭政策性融资担保公司开展"见贷即担""见担即贷"批量担保业务合作。全年支行普惠小微贷款净增163户，发放4.59亿元，其中新增首贷户101户，发放6.19亿元，首贷户占比61.96%。开展农户建档、信用村建设，配合区农业农村局在余杭农村地区加大数字货币推广力度，将永安村打造为全区首个数字货币应用示范村。加入鸬鸟共富竹园绿色金融林认养项目、余杭街道永安村"稻田认养"项目、"环南湖科学中心共富红盟"党建联盟体，助力共同富裕。

（沈秋芬）

【中国建设银行股份有限公司杭州余杭支行】 截至2022年末，建设银行杭州余杭支行人民银行口径本外币一般性存款时点余额180.53亿元，较年初增加93.11亿元；本外币各项贷款余额151.41亿元，较年初增加90.42亿元。成立稳经济一揽子工作领导小组，发放科技创新再贷款13笔3.17亿元。构建"党建+"银政合作模式，与五常街道办事处、区退役军人事务局、区综合行政执法局、黄湖镇人民政府、区机关事务服务中心签订党建共建暨全面战略合作协议。全年“五常云贷”投放374笔、8.40亿元，中泰“竹笛贷”投放7笔、350万元，事迹被新华财经、《建设银行报》等媒体报道。打造“快付”数字货币商户应用场景，活跃账户4000多个。上线亲清在线分平台——余杭区企业综合服务平台成为全区首家实现“数币+传统模式”双渠道的金融机构。上线“余杭一码通”扫码取号功能，覆盖杭州分行全辖150个营业机构，打通公共出行、办事咨询、入园入馆、助残助学、未来社区等35个应用场景。截至年末，“共富贷”余额8.10亿元，新增5.63亿元，“裕农通卡”发卡1.07万张，民生缴费场景交易4437笔，裕农通服务点存款1.24亿元。开展“3·15”消费者权益保护日、“6·14”征信记录关爱日、“普及金融知识，守住‘钱袋子’”主题宣传、“金融知识教育宣传服务月”、“金融知识下乡”及反假币、反洗钱等专项宣传活动100多场。全年成功堵截诈骗3起，为客户挽回损失10万余元。

（王　涛）

【中国银行股份有限公司杭州市余杭支行】 截至2022年末，全行本外币时点存款余额150.00亿元，比年初增加53.23亿元，增长55.01%；日均存款余额115.26亿元，比年初增加29.33亿元，增长34.13%；本外币贷款时点余额132.76亿元，比年初增加36.04亿元，增长37.26%；贷款日均余额117.81亿元，比年初增加29.21亿元，增长32.97%。实现营业收入3.54亿元，比上年增加9904万元，增长38.92%；拨备前利润3.07亿元，比上年增加7854万元，增长34.44%；实现净利润9586万元。6月9日，支行正式开业。全年落地北控环境工程有限公司等重大项目14个，批复资金67.45亿元，投放资金10.94亿元；公司贷款四大行市场份额增长3.52%。联动总行理财子公司向杭州余杭交通投资集团有限公司发放1.2亿元公司债，联动中国人保资产管理有限公司为杭州余杭城市发展投资集团有限公司落地30亿元保债计划。投放系统内全国公司条线首笔设备更新改造再贷款项目。中标定期存款9.75亿元。全行普惠业务比年初增加6.42亿元，民营贷款余额比年初增加9.67亿元；服务科技类企业账户347户，比年初增加33户，科技金融贷款余额6.70亿元。支行新开对公账户973户，净增账户757户，增长21.61%。千元以上有效客户增加5600户，增长率11.40%，其中中高端客户增加681户，增长率13.50%。手机银行月活客户4.44万户，个人钱包新增2.00万户，公司钱包新增1058户，交易金额3.5亿元。

（林丹艳）

【浙江杭州余杭农村商业银行股份有限公司】 截至2022年末，余杭农村商业银行总资产1920.63亿元，比年初增加309.95元，增长19.24%；各项存款余额1623.58亿元，比年初增加228.63亿元，增长16.39%；各项贷款余额1122.44亿元，比年初增加200.35亿元，增长21.73%。贷款总户数12.74万户，比年初增加6992户，其中小微企业贷款户数1.97万户，比年初增加3280户。不良贷款率0.87%，控制在预期水平。拨备覆盖率412.28%，比年初提高0.72个百分点。实现各项收入77.29亿元，实现拨备前利润30.05亿元。截至年末，与余杭区内120个镇（街道）、村（社区）建立战略合作关系，向区内51家村级股份经济合作社发放贷款9.50亿

2022年3月，余杭农商银行客户经理走访田间（夏梦玲　摄）

元。参与认养共富竹园绿色金融林，捐赠“善美青山”社区基金会，推出排污权抵押贷款等，助力林下经济、农文旅融合等绿色发展。对接区农业农村局，推进“农创客”培育工程，落实“1+3”金融服务机制，支持农村新业态。推出“共富惠民贷”系列产品，满足种粮大户、劳模工匠等人群的金融需求。全年，发放共富惠民贷2782户、14.61亿元。与浙江衢州柯城农村商业银行股份有限公司建立金融山海协作关系，推动落地七大共建机制，助力柯城乡村振兴。推出“普惠助企 服务实体”12条举措，升级小微融资畅通工程，助力实体经济。推进金融支持百万市场主体等专项行动。运用转贷资金及减费让利等政策，助力企业降本减负。全年减费让利超1亿元。推广“丰收企业管家”APP、小微/科创数贷、人才科创融资担保贷等特色业务，推出“订单e贷”“订单e融”等供应链贷款产品。推出“远期增信宝”汇率避险产品等，提升跨境业务服务能力。与人力资源和社会保障、医保部门合作，增设业务办理种类和经办网点数量，助力打造“15分钟民生服务圈”。截至年末，余杭区有20家网点可提供社保业务68项、医保业务14项。与区市场监督管理局合作，推进放心消费工程。全年为390户放心消费单位发放贷款28亿元。以社保卡金融账户为载体，推广老年食堂助餐项目，全年签约老年人1.9万人，日均交易量7000多笔。在五常街道打造“和润之家·丰收驿站”，为周边科技企业、创业创新人才、公务人员等提供集智交流平台及综合配套服务，全年举办活动225场。余杭农村商业银行在2022年度浙江省万家民企评银行活动中被评为“民企最满意银行”，下辖余杭支行营业部被评为全国巾帼文明岗，“和润”服务品牌案例被评为全国农村金融品牌创新年度案例。

（胡　奕）

保险公司

【中国人民财产保险股份有限公司杭州市余杭支公司】 2022年，中国人民财产保险股份有限公司杭州市余杭支公司服务全区近1万家企业、5万余辆机动车辆，全年保费规模6.16亿元。全年公司赔付案件1.13万件，支付赔款4.66亿元。农业保险承保全区8106.67公顷水稻；全年农业保险理赔案件数1651件，赔付2951.53万元。人才创业险为全区19家企业的95名人才提供风险保障，安全生产责任险为212家建筑工地提供风险保障。成立余杭区首家保险行业共享法庭。

（孙晓宇）

【中国太平洋财产保险股份有限公司杭州市余杭支公司】 2022年，中国太平洋财产保险股份有限公司杭州市余杭支公司拓展车险、非车、农业保险领域。设立全辖首个新业态保险项目“骑手保”，是余杭区首家且独家对接“余杭一码通”的保险公司。参与风险治理“天使计划”项目独家试点，年末，实现区内全覆盖。与浙江驿公里智能科技有限公司、鸬鸟镇人民政府、区工商联等签订战略合作协议，推动服务民生、科技创新、人才创业、新市民等项目。

（甘芬芳）

编辑：范雅君

财政·税务

Fiscal and Taxation

财　政

【概况】　2022年，余杭区预算收支情况良好，财政收支平衡。财政总收入671.50亿元，比上年下降9.9%，其中一般公共预算收入352.93亿元，比上年下降6.1%，占财政总收入的52.6%。税收收入占一般公共预算收入的95.2%。一般公共预算支出334.49亿元，其中区本级一般公共预算支出322.18亿元。

【组织财政收入】　2022年，余杭区完成非税收入542.15亿元，其中纳入一般公共预算收入管理的非税收入16.78亿元，土地出让金收入518.18亿元。新增政府债券25.55亿元，其中，专项债券12.55亿元，一般债券13亿元。获批政策性开发性金融工具授信7.50亿元。

【财政保障改善民生】　2022年，余杭区民生支出239.13亿元，占一般公共预算支出的71.49%。投入教育资金50.49亿元，支持余杭科技职业高级中学、杜甫二小、许家村幼儿园等中小学及幼儿园新建续建，保障教师工资待遇，助推教育高质量发展。投入卫生健康资金30.38亿元，保障落实医疗设备采购、新建医院人才储备等经费。投入社会保障和就业资金30.98亿元，落实民生帮扶政策，保障安置房、公租房项目建设，提升就业服务水平，支持社会保障事业发展。牵头制定"骑手保"财政扶持政策。投入66.82亿元实施新农村建设等西部富美行动，深化大都市区建设，推动城乡区域协调发展。推进村级公益事业"一事一议"财政奖补项目，拨付27个项目奖补资金3094万元，助力打造共同富裕"余杭样板"。

【财政服务经济发展】　2022年，区财政局牵头或参与出台创新余杭"黄金68条""助企纾困36条""稳进提质58条"等政策，助力经济稳进提质。兑现惠企扶持政策资金114.27亿元，其中，兑现2021年新出台的纾困政策资金或上级要求配套支持的政策资金21.06亿元，兑现率100%。投入科技创新资金29.13亿元，拨付人才专项资金8.21亿元。减免房屋租金2.24亿元，惠及小微企业和个体工商户2340户。开展应急转贷业务2963笔，节约中小企业和个人资金4663万元。

【财政改革】　2022年，区财政局理顺区与镇（街道）、平台的财政分配关系。打通行政事业资产向社会捐赠通道，开放个人、企业、社会闲置资产捐赠，带动社会力量捐赠超291.21万元。实施重大政府投资项目事前绩效评估试点工作，审核项目36个，直接审减财政资金19.03亿元。

【财政工作数字赋能】　2022年，余杭区企业综合服务平台上线惠企政策577条，服务企业9.78万家次、4.65万人次，兑现47.17亿元，该平台提级复用为省级数据产品。构建公共物资仓、智慧档案仓、应急物资仓、涉案物资暂存仓、浙里公益仓“五仓融合”管理模式，利用智慧管理系统实现多单位分环节监管，做法被中央广播电视总台、浙江卫视、《杭州日报》等媒体报道。开展省财政厅“浙里报”项目试点，220家预算单位上线“浙里报”应用一般报销、公务接待、工资发放等10个应用场景，全年报销4.05万笔，报销45.96亿元。

【财政监管】 2022年，余杭区收到中央直达资金15.62亿元，拨付15.62亿元。全年压减非刚性非重点支出2370万元。开展“财巡联动”，专项监管财政专项资金管理、国有资产管理、基层财政管理等领域。建立政府投资项目预算资金预算、拨付审核、动态进度、预算审核、结算审核、财务决算全生命周期管理，完成招标控价审核项目294个，审减资金13.21亿元；完成结算评审项目142个，审减资金4.46亿元。在财政预算一体化系统设置预警规则103条，重点监控“三公”经费等支出。全年触发预警信息3.2万条，涉及金额61.82亿元；止付773条，涉及金额4422万元。实现余杭区隐性债务清零，提前完成5年化债任务。

（许茜茜）

税　务

【概况】 2022年，余杭区各项税费收入1320.2亿元，比上年增长49.0%。其中，税收收入674.9亿元，下降7.3%；还原口径税收收入733.7亿元，下降2.7%；非税收入495.4亿元，增长1866.0%（土地出让金划转导致）；社会保险费收入147.3亿元，增长12.4%；其他收入2.0亿元，增长42.7%。办理出口退税51.7亿元，增长74.6%。

【减税降费】 2022年，区税务局落实减负降本政策100.73亿元，其中增值税留抵退税58.81亿元，生产、生活性服务业增值税加计抵减26.82亿元，“六税两费”［资源税、城市维护建设税、房产税、城镇土地使用税、印花税（不含证券交易印花税）、耕地占用税和教育附加、地方教育附加］减免4.46亿元，继续实施阶段性降低失业保险费率政策，新增降费3.47亿元，提高制造业研发费用加计扣除比例减免企业所得税1.75亿元，办理阶段性缓缴企业社会保险费7.33亿元，办理制造业中小微企业缓缴2.96万笔，缓缴税费12.11亿元。

【税务领域营商环境优化】 2022年，区税务局升级智慧办税，全面启用一手房“云办证、云缴税”，全年受理1.32万件，网办率96%，在8个镇（街道）建设11个下沉式便民办税点，纳税人可就近办理业务35项。优化二级集中处理中心，开发5个RPA（机器人流程自动化）智能机器人，确保后台业务日清日结，完善“云呼叫”中心，依托“数智接线员”、“热线”转“网线”等，咨询坐席接通率由年初的47%上升至年末的99.21%。全覆盖开展“电话+实地”走访，走访10.40万户次，走访园区84个，辅导企业500多家，收集解决问题意见887个。

【税收征管改革】 2022年，区税务局开展平台经济税收征管对策研究，支持平台企业健康规范发展。组建重大项目服务专员团队，从政策支持、风险排查、退税审核等维度为“走出去”企业提供全流程服务，对21户拟上市企业开展税收辅导。推进土地增值税清算，完成清算审核项目125个，补缴税款26.68亿元。全年，新划转的4项非税收入数据互联互通率为100%。

（蔡奇翰）

责任编辑：姚　敏

经济管理与监督

Economic Management and Supervision

经济体制改革

【概况】 2022年，余杭区全面实施10个方面101项杭州市首批营商环境创新试点改革事项举措，落实10个方面52项杭州市首批营商环境创新试点特色改革事项，提升营商环境便利化、数字化、市场化、法治化、国际化水平，持续深化营商环境各领域改革。

【余杭案例入选省十大知识产权金融创新典型案例】 2022年4月26日，浙江省“4·26”知识产权宣传周活动启动。活动期间，通报2021年度十大知识产权金融创新典型案例，“杭州余杭发行全省首单知识产权证券化产品案例”入选。该项目作为浙江省首单知识产权证券化项目，在深圳证券交易所发行。首期发行1.1亿元，票面利率3.9%，较普通贷款利率低约40%；入池高新技术企业12家，授权专利195件，实现浙江省知识产权证券化“零”的突破。

【区中小微企业知识产权援助创新试点项目通过验收】 2022年5月，省市场监督管理局通报2020年知识产权创新试点项目验收结果，余杭区中小微企业知识产权援助及公共服务体系建设创新试点项目通过验收。2020年3月，余杭区入选省级创新项目“中小微企业知识产权援助及公共服务体系建设”试点地区。两年试点期内，区域知识产权发展环境得到优化，知识产权创造能力逐步提升，知识产权保护资源持续下沉，知识产权质押、转让等知产运用更加活跃。

【“余杭一码通”入选国家标准化试点】 2022年8月，“余杭一码通”应用入选国家标准化委员会第八批社会管理和公共服务综合标准化试点。“余杭一码通”通过赋予市民唯一数字“身份码”，破解码数量多、码标准不一、数据管理难等问题，实现公共出行、创业办事、入园入学、就医就餐等领域43个场景的一码通行。全年，领码134.79万人，总访问2497万次。

【余杭入选国家知识产权强县建设试点示范县】 2022年8月，国家知识产权局公布首批国家知识产权强县建设示范县名单，全国有48个县（市、区）入围，浙江省共有6个县（市、区）入围，余杭区是杭州市唯一入选的区县（市）。

【未来科技城入选国家级知识产权强国建设试点示范园区】 2022年8月，国家知识产权局公布国家级知识产权强国建设试点园区名单，全国有64个园区入围，浙江省有3个园区入围，未来科技城是杭州市唯一上榜的园区。

（陈华晓）

计划管理

【区级政府投资项目】 2022年，余杭区安排区级政府投资项目304个，总投资1594.25亿元，年度计划投资271.53亿元。其中，新建项目118个，总投资460.23亿元，年度计划投资63.09亿元；续建项目186个，总投资1134.02亿元，年度计划投资208.44亿元。

【镇（街道）投资项目】 2022年，余杭区安排镇（街道）投资项目238个，总投资301.82亿元，年度计划投资81.57亿元。其中，新建项目103个，总投资57.58亿元，年度计划投资18.46亿元；续建项目135个，总投资244.24亿元，年度计划投资63.11亿元。

（高　越）

价格管理

【价费改革】 2022年，余杭区开展定调价项目的成本监审、评估、稳评、实地调研、意见征求等工作。对燃气配气成本、良渚古城遗址公园、部分民办学校开展定调价前成本监审。制定良渚瑶山和老虎岭遗址公园门票方案，径山景区差别化停车收费、公租房租金等政策。清理规范全区建设项目红线外的水电气接入费用，厘清部分领域价费矛盾，改善营商环境。

【价格服务】 2022年，余杭区开展价格监测和成本调查工作。落实定点价格监测点布局和指导工作，上报监测报表300多份。对农户种植意向、农资购买情况、农户存售粮情况开展专项农本调查，发挥价格杠杆作用，优化市场资源配置。

【低收入群体价格浮动补贴发放】 2022年，余杭区落实低收入群体价格浮动补贴政策，对低保困难家庭、失业人员、重点优抚对象等困难群众发放价格补贴1000多万元。在上游购气价格大幅度上涨的背景下，通过“企业贴一点、政府补一点”的方式，保障居民用气价格不上涨。

【区市场价格异常上涨事件应急预案修订】 2022年3月24日起，《余杭区市场价格异常上涨事件应急预案》（下称《预案》）经区政府同意施行。《预案》分总则、组织指挥体系及职责、事件分级、监测和预警、应急响应、应急保障、善后处理和附则8章，对全区范围内受突发公共事件影响造成市场价格秩序混乱和消费者心理恐慌，对经济秩序、人民群众生活、社会稳定产生或有可能产生较大影响和危害的市场价格异常上涨等事件明确应急处置方案。

【径山风景区国有停车场停车费调整】 2022年9月26日，《关于径山旅游集散中心和桐桥停车场机动车停放服务收费调整的批复》（下称《批复》）经区政府同意，自2022年11月1日起施行。《批复》对径山风景区两大国有停车场的停车费进行阶梯式差别化收费改革，配套免费接驳车接运，通过“一升一降一免”的方式，发挥价格杠杆作用，优化径山风景区的交通出行。

【余杭公租房租金标准公布】 2022年11月30日，《关于余杭区公租房租金标准的通知》（下称《通知》）经区政府同意，自2023年1月1日起施行。《通知》明确公租房租金标准，针对不同地段和承租人，实行差别化租金标准，规范余杭区公租房项目租金收费行为。

（沈寅峰）

国有企业监督管理

【概况】 2022年，余杭区完善国有企业资产监督管理，深化国有企业改革。截至年末，全区有一级国有公司9家，区国资办直接监管杭州余杭国有资本投资运营集团有限公司、杭州余杭城市发展投资集团有限公司、杭州余杭交通投资集团有限公司、杭州余杭文化旅游投资集团有限公司4家一级国有企业，平台和有关部门受托监管其他5家一级国有企业。国资统计报表汇总资产总额为2996.92亿元，比年初增加539.52亿元，增长21.95%；营业总收入160.35亿元，比上年增加11.38亿元，增长7.64%。

【国有企业改革】 2022年，余杭区落实《浙江杭州区域性国资国企综合改革试验实施方案》，推进国有企业改革。重点打造资本投资类、城市建设类、交通市政类、文化旅游类等四大区属国有公司，推进国有企业市场化转型，提升国有企业资产运营能力和自身“造血”功能，实现国有资产保值增值。8月，余杭区召开深化国有企业改革动员会，成立区深化国有企业改革领导小组，组建综合、资产、机构人事、督查4个工作专班，开展改革工作。9月，资产专班配合拟定各涉改国有企业“三定”方案，提交第29次区政府常务会议、十五届区委常委会第42次会议研究讨论。10月，区深化国有企业改革领导小组及各专班完成涉改国有企业班子成员任命、股权变更等工作，召开深化国有企业改革推进会，举行区直属国有企业授牌仪式。12月，资产专班协助杭州余杭国有资本投资运营集团有限公司完成AAA信用预评级工作、研究国有公司薪酬管理体系。

【清廉国企提升行动】 2022年，区国资办制订《中共余杭区国资委委员会关于印发深入开展国企反腐倡廉全覆盖无盲区“零容忍”专项行动工作方案》。7月，区国资办会同区纪委区监委对杭州钱江开发区投资发展有限公司、杭州余杭金融控股集团有限公司（改革后更名为杭州余杭国有资本投资运营集团有限公司）、杭州余杭区粮食收储有限责任公司开展全区国企反腐倡廉全覆盖无盲区零容忍专项行动检查，促进完善相关制度12项。通过数字赋能防控廉政风险，区国资办协助区纪委区监委“不敢腐、不能腐、不想腐”数字化监督系统建设，开发“智廉招采”应用系统，构建常态化预警处置机制。11月，杭州余杭交通投资集团有限公司的《“三不腐”一体推进是理念建设清廉国企文化的“交通样本”》入选清廉杭州建设优秀实践案例并被通报表扬。

【国企党建归口管理】 2022年，余杭区提出余杭区国有企业党建归口管理实施方案，将国有企业党委（党组织）在形式上转隶区财政局党委，日常党建指导、年度综合考评、大党建考核等工作保持原有模式不变。

【国有企业监管】 2022年，余杭区完成区属国有企业2022年度年报工作，全年纳入年报统计范围的国有企业126家，涉及企业年度决算报表、财务情况说明、汇编范围企业户数等报表，资产共2996.9亿元。依据国有企业负责人经营业绩责任书，对区国资办监管的12家国有企业2021年度经营业绩开展专项审计，完成国有企业领导班子业绩考核。

【国企房屋减租政策】 2022年4月7日，区国资办出台《余杭区国资办关于做好国有企业减免服务业小微企业和个体工商户房屋租金工作有关事项的通知》，对承租国有企业房屋的小微企业和个体工商户实行当年免除3个月租金、再减半收取3个月租金的房租减免政策。全年减免国有企业房屋租金1.84亿元，惠及实际承租户1577户。

【国企高质量发展培训班】 2022年12月12—16日，区财政局（国资办）举办的2022年国有企业高质量发展培训班举行，全区国有企业中层干部90多人参加。培训学习贯彻党的二十大精神，讲解国有企业党建和清廉国企建设、国有企业招标采购、国企改革及账务处理等内容。

（张　煜）

【杭州余杭国有资产投资运营集团】 2022年，杭州余杭国有资本投资运营集团有限公司（下称区国投集团）以资本运作为核心主业，围绕资本运作、金融服务、资产运营、数字信息、人才引育5个产业集群，做大做强国有资本，打造竞争性国有资本运营平台。全年区国投集团对接区外项目60多个，协助区直单位、产业平台尽调重点招引项目55个。围绕信息经济、高端装备制造、生物医药、新材料、新能源等区重点布局产业新增直投项目8个，总投资4.30亿元。新增子基金4只，总规模85.5亿元，其中产业基金认缴10.05亿元。新增子基金对外投资项目96个，总投资33.06亿元；新增子基金投资区内项目22个，总投资3.38亿元。完成浙江余杭转型升级基金转型为国投集团市场化母基金。调整“双保”（保就业、保市场主体）保费从1%至0.8%，提升小微企业贷款获得率，服务企业188户，在保金额6.10亿元。转贷资金费率下浮20%，为企业转贷3450笔，周转资金156.86亿元。发放小额贷款业务9笔，共6070万元。运用市场化手段开展消薄工作，完成全区54个薄弱村消薄款1747.30万元。开展供应链金融服务，落地卖好车车辆贸易、泛捷国际货运代理、铭安潮居光伏贸易3个新业务。启动余杭信息化项目30多个，新增运维项目5个。

（杨　敏）

【杭州余杭城市发展投资集团有限公司】 2022年杭州余杭城市发展投资集团有限公司（下称区城投集团）统筹推进项目建设、做地出让、资金筹措、资产管理等工作。集团总资产1204.92亿元，净资产372.38亿元，经营收入46.82亿元，利润9.51亿元。区城投集团接续未来科技城管委会相关职能，开展政府投资项目42个，国有产业投资项目14个（其中，新建项目16个，续建项目40个），总投资545.59亿元，当年计划投资75.01亿元，实际年度完成投资61.90亿元；全年出让土地22.42公顷；负责管理园区33个，共222.39万平方米。

（杨皓洁）

【杭州余杭交通投资集团有限公司】 2022年10月，杭州余杭交通集团有限公司正式更名为杭州余杭交通投资集团有限公司（下称区交通投资集团）。区交通投资集团打造“3+N”战略格局（聚焦“重大基础设施建设、重要公共交通保障、重点区域投资运营”主责主业，打造“大宗贸易及供应链服务、新材料、新能源、新科技、新基建、泛物业”等综合交通产业链）。截至年末，集团总资产693亿元，净资产396亿元，营业收入40.29亿元，净利润12.91亿元，公司主体信用等级保持AAA。全年实施政府投资项目、产业投资项目54个，总投资316.68亿元，完成年度投资65.45亿元。实施道路项目26个、公园和绿化项目6个；实施教育类项目19个，总建筑面积147万平方米。实施保障房项目20个，建筑面积275.70万平方米。全年对瓶窑镇、闲林街道及五常街道完成投资29.10亿元，其中项目建设24.80亿元，征迁做地4.30亿元。全年完成土地出让48.53公顷，实现出让金94.10亿元。发行2022年第一期非公开发行公司债券，发行规模10亿元，债券期限3+2年，发行利率2.7%。

（陈馨宜）

【杭州余杭文化旅游投资集团有限公司】 2022年，杭州余杭文化旅游投资集团有限公司（下称区文旅集团）组建，整合全区国有农业、林业、旅游产业，融入文化发展的业务职能，推动余杭区农文旅融合高质量发展。集团下属全资子公司杭州余杭旅游开发有限公司、杭州西溪国家湿地公园西区经营管理有限公司、杭州余杭文投产业发展有限公司、杭州市种猪试验场、杭州径山茶发展有限公司、杭州余杭绿产再生资源有限公司、浙江绿产商贸有限公司、浙江绿产经营管理有限公司、杭州茶叶试验场有限公司、浙江绿产农业发展有限公司10家。截至年末，区文旅集团总资产170.11亿元，净资产62.11亿元，国有土地4520公顷，建筑物43.56万平方米。是年，区文旅集团收购创鑫时代广场。发行7亿元乡村振兴公司债券（第一期），成为杭州市首单乡村振兴公司债券，最终票面利率为3.2%。开展竹林流转工作。

（徐志鹏）

行政服务

【概况】 2022年，区政务服务中心进驻30个行政审批服务部门，6个公共服务部门，400多名工作人员，集中办理审批服务事项1653个。全年，区级政务大厅受理业务212.4万件，其中网办掌办件193.7万件，网办掌办率91.2%。公共资源交易中心余杭分中心完成交易项目809个，交易额288.34亿元；小额公共资源交易项目2321个，交易额23.31亿元。

【“三级联动”体系建设】 2022年，杭州市余杭区行政审批服务管理办公室（杭州市余杭区公共资源交易管理委员会办公室）（下称区审管办）下沉各项便民服务事项，推动村（社区）试点落地，打造“15分钟政务服务圈”。梳理明确114项进驻中心例外事项，实现人力资源和社会保障、医保、市场监管、综合行政执法等部门162项高频便民服务事项基层窗口可办。

【政务服务数字化改革】 2022年，区审管办研发“未来大厅”数智化应用系统，打造“在线咨询+远程受理”的“屏对屏”受理模式。3个区级中心、12个镇（街道）便民服务中心、213个村（社区）便民服务站、64处农商行营业网点开通“一网通办”线下站点，认领政务服务2.0事项1656个，开通受理人员权限账号1522个。

【公共资源交易规范管理】 2022年，区审管办完善公共资源交易管理制度38项，形成《交易平台管理制度汇编》。制定开评标室内设施设备定位存放标准和开评标巡查工作规范，建立现场管理曝光制度，提升现场管理水平。建设数字见证系统示范应用项目，完善开标云直播系统项目，推广特色交易通用模块，保障余杭区18个参加省集中开工项目以及66个重点项目交易完成。

【“清廉交易”品牌建设】 2022年，区审管办成立清廉交易护航联盟，发布“联盟十条”，签订廉洁交易承诺书，建立清廉交易联动监督机制，完善清廉交易退出管理机制，畅通清廉交易监督渠道。

【政务服务新中心启用】 2022年10月10日，余杭区政务服务新中心启用。新中心设置8个“一件事”办事主题单元，实现“一站式”闭环服务，新中心面积1.3万平方米，进驻行政审批部门30个、公共服务部门6个，设置窗口80个，可集中办理审批服务事项1653个。

（余审欣）

审　计

【概况】 2022年，区审计局实施审计项目19个，实施跟踪审计项目37个，查出管理不规范资金26.8亿元、违规资金3354.21万元，促进增收节支和挽回损失4488万元。推动被审计单位制定整改措施151项，健全规章制度30项，向区纪委区监委等移送案件线索13起。编发审计专报36期，获批示53次。对杭州市余杭区人民政府闲林街道办事处实施的闲林街道2019年国有资产清查及管理专项审计、杭州余杭环境（水务）控股集团有限公司实施的供水、污水管网、加压泵站（泵房）运维服务合同专项审计项目被评为省级优秀内审项目；《“研究式审计”在投资审计转型发展中的探索与实践——以余杭区投资审计实践为例》获省优秀调研文章二等奖；“云监管”平台助力投资审计整体智治、Y区综合性产业政策绩效情况审计大数据案例入选2022年度杭州市优秀大数据审计案例。

【财政资金审计】 2022年，区审计局开展区本级预算执行和决算草案情况审计，对行政区划调整后资产划分、产业发展专项政策执行等专题同步开展审计，促使资金及时上缴国库纳入预算管理，避免财政存量资金“二次沉淀”。

【经济责任审计】 2022年，区审计局对五常街道办事处、鸬鸟镇人民政府、区农业农村局、区应急管理局4个单位9名领导干部开展经济责任审计，出具报告3份，发现公共资产资源、民生事业、财政资金管理等方面问题110个，提出审计意见建议93条，审计结果为干部管理提供依据。

【固定资产投资审计】 2022年，区审计局围绕政府投资项目财政资金绩效使用情况，对总投资规模536亿元的37个重大政府投资项目开展跟踪审计，发现问题800多个，直接节约资金超3200万元，基本实现对全区重大基础设施、重点民生工程监督全覆盖。

【专项审计调查】 2022年，区审计局开展重点村（社区）共同富裕专项审计调查，揭示粮食补助资金申报、基层民主决策、农村土地承包经营权流转等51项问题风险提示清单63个问题案例。开展楼宇经济专项审计调查，推动《余杭区产业发展财政专项资金管理办法（修订）》等10项办法建立。开展镇（街道）疫情防控经费支出情况专项审计调研，厘清镇（街道）防疫资金总账，剖析人员费用、酒店费用等五大方面16个问题。

【审计整改成果转化运用】 2022年，区审计局与区统计局联合出台《关于加强统计监督与审计监督协同配合的合作备忘录》，落实“问题清单”“整改清单”对账销号，实行审计发现问题集中动态管理。全年，提出整改意见建议144条，落实问题整改销号140个，整改率97.23%。推进重大审计问题清单工作，主动上报已采纳重大审计问题19个。推动举一反三和建章立制工作，被市审计局采纳举一反三整改举措10项，纳入市级示范案例1项。

【“数字审计”应用】 2022年，区审计局上线政府投资项目审计云监管平台。通过“一核两库三场景”系统架构建立审计疑点、审计整改“双预警”机制及重大投资项目三色赋码模式，初步搭建起审计分析体系。截至年末，预警7个项目59起，查改发现问题398个。区审计局入选浙江省“审计大脑”首批试点任务单位及省审计厅领导干部自然资源资产离任审计试点单位，其中“审计大脑”承接试点任务数居全市区县（市）首位。

【经济责任审计办法创新】 2022年，区审计局在全省率先出台《杭州市余杭区乡镇（街道）党政主要领导干部经济责任审计履职“画像”实施办法（试行）》，总结梳理32个层次的评价表述，以“250个字”解决“审计报告看不懂”问题。

【“三风”监督员机制】 2022年，区审计局建立党政群团联动的“三风”（勤廉有为的政风、求真务实的作风、客观公正的行风）监督员机制，聘任人大、政协等7名人士担任“三风”监督员，召开季度会议2次，对6个审计项目实施方向征求意见。

（黄　凌）

统　计

【概况】 2022年，区统计局坚持精准统计服务，强化统计监测与调研分析，助力经济稳进提质；坚持创新驱动，助推统计数字化改革，统计“数字员工”、“最多报一次”、共富试点工作稳步推进；坚持单元管理，创新统计基层管理与智治模式；坚持依法治统，把好督查整改、学习教育、信用建设、普法宣传、数据检查5道关，提升统计数据质量。是年，余杭区统计局获全区综合考评优胜等次，并连续22年被评为全市统计工作综合评价优胜单位。

【统计法治】 2022年，区统计局制定《余杭区统计造假不收手不收敛问题专项纠治实施方案》《余杭区统计局系统贯彻落实国家统计督察反馈意见整改方案》，落实有效监督和国家督察整改。制定《余杭区2022年统计法治建设（依法行政）工作要点》，明确四大方面14项法治内容。制定《2022年全区统计法治宣传教育工作计划》，结合统计业务培训开展普法培训38场，培训4500多人次，实现镇（街道）、平台全覆盖。编印统计法工作周历，下发至全区规模以上工业企业、资质等级建筑业企业、限额以上批零住餐企业、限额以上服务业企业等规模以上企业。向领导、统计人员、企业等发放统计法宣传折页3500份。向全区镇（街道）、平台、村（社区）和“四上”企业发放普法三折页4000份，到结对村、企业开展普法宣讲。区统计局居2022年度杭州区县（市）统计法治考核第一位。

【统计分析】 2022年，区统计局根据余杭产业结构特点开展针对性统计监测，落实月度分析制度，定期召开部门、镇（街道）、平台经济分析例会。全年撰写分析调研57篇次，获区领导批示37篇次。开展幼托服务、居家养老、春节期间用工情况、人口发展情况等专项调查并撰写调查报告6篇次。完成《余杭区2022年生产经营状况预期及政策诉求调查报告》《科技创新重大突破 指数排名摘得“榜眼”——2021年余杭区科技进步统计监测分析》《城市青年住房情况调研报告》《论数字化改革在统计工作领域的实践运用与思考》等调研报告及课题。其中，《论数字化改革在统计工作领域的实践运用与思考》在省级刊物《统计科学与实践》刊载，调研成果《余杭区人口发展与转变经济发展方式研究》获浙江省第七次全国人口普查系统内部课题评审一等奖。

【统计服务】 2022年，区统计局编写《统计月报》《余杭概览》《余杭统计年鉴（2022）》等，优化版面设计，调整指标设置，创新数据发布和解读方式，全年发放统计产品2万余册。通过“余杭统计调查”微信公众号发布统计人物、改革成果、经济发展情况、统计知识等内容，全年发布推文210篇，总阅读量超5万次。开展“9·20”统计开放日活动，通过组织广场宣传、知识竞赛等形式，提高群众知晓度，提升统计公信力。开展“千名干部助千企”精准服务活动，全年走访企业200多家，为企业解决问题30多个。

【统计工作助力共富建设】 2022年，余杭区作为全省共同富裕基础数据库建设试点地区，区统计局出台《余杭区进城务工人员数据库建设试点工作实施方案》，在全省各试点县（市、区）中率先完成2773名调查对象数据采集并撰写报告。共同富裕基础数据库建设和“最多报一次”改革被纳入省统计局共同富裕统计监测应用，该应用被评为2022年浙江省数字化改革“最佳应用”。区统计局在黄湖镇青山村建立共同富裕统计监测点。完成共同富裕基础数据库建设试点理论成果，在《浙江统计信息》刊登《基于“共同富裕”的杭州市余杭区进城务工人员工资收入分析》。区统计局获浙江省委、省政府授予的“2022年新时代产业工人队伍建设改革成绩突出集体”称号。

【统计数字员工】 2022年，数字员工“余统小智”完成开发并投入使用，相关技术和成果被云南、广西、安徽、上海等省（区、市）借鉴，多篇理论研究分析报告被省、市录用转发，《AI+RPA技术在经济普查中的探索应用》在国家统计局和省统计局内网、杭州市统计学会编发的《统计实践与研究》等媒体上刊载。形成《AI+RPA用户操作手册》等制度及实践成果，研究成果《论数字化改革在统计工作领域的实践运用与思考》获区长批示，并在省级刊物《统计科学与实践》刊载。

【统计“最多报一次”试点改革】 2022年，区统计局作为全省“最多报一次”改革试点，自主设计开发余杭“最多报一次”企业端，在辖区规上企业试运行，形成可复制、可推广、规范化的体系，参加省统计局“最多报一次”运用推广经验介绍会并发言，多项改革成果被省统计局采纳或借鉴。

【统计监督】 2022年，区统计局开展统计巡查、信用评价工作以及执法检查。落实掌上核查和“双随机”执法检查，检查单位78家，对214家企业或投资项目开展掌上数据核查，实现专业全覆盖；办结统计违法案件6起，处罚金11.13万元。

【统计信用建设】 2022年，区统计局开展统计信用承诺活动，与2150家单位签订承诺书。38个村（社区）和105家企业被评为2022年度余杭区统计诚信单位，13家企业被评为2021年度杭州市统计诚信单位。

【统计基层单元智治建设】 2022年，区统计局印发《关于深化余杭区基层统计网格智治工作的通知》，明确总体要求、工作目标、重点任务、组织保障，构建基层统计单元智治，将2036家单位纳入统计单元管理，其中，“四上”企业1823家、村（社区）213家，划分为111个统计单元，建立25个“统计之家”。发挥“统计e家”数字平台在基层单元智治中的作用，全年开展统计单元活动410次，走访调研143次。

（张雁飞）

市场监督管理

【质量强区建设】 2022年，区质量强区领导小组与中国计量大学合作，总结余杭质量发展经验，出版《余杭质量发展报告》。在杭州市对区县（市）政府质量工作考核评价中，余杭被评为A级。在省市场监督管理局组织的“五新月赛、五星月晒”竞赛中，余杭区标准、质量发展工作连续10个月获得满分。加大对获奖企业的政策扶持力度，资助标准化、质量品牌企业2000万元，鼓励企业改进内部质量管理、引进推广先进质量管理方法。围绕新一轮制造业“腾笼换鸟、凤凰涅槃”攻坚行动，制定质量提升攻坚方案，余杭节能环保水处理产业被列为省质量提升行动重点支持的项目之一。建立节能环保水处理产业质量基础设施“一站式”服务平台，采取线上线下结合的方式开展培训、走访服务活动，帮助企业开展质量技术攻关，“一对一”帮扶企业58家次。全年，发布浙江制造标准16项，余杭节能环保水处理企业浙江开创环保科技股份有限公司的企业标准《MBR-S2-F-56 型膜生物反应器组器》（Q/ZKC 003-2021）和杭州海纳环保技术有限公司的企业标准《BW 8040 LP 反渗透膜元件》（Q/HNM 03-2021）被评为2021年企业标准“领跑者”，新增品字标企业16家、产品18个。

【政府质量奖】 2022年，余杭区授予杭州一楠五金工具有限公司、浙江瑞银电子有限公司、浙江力石科技股份有限公司、浙江振丰建设有限公司4家企业“2022年度余杭区人民政府质量奖”，授予杭州叙简科技股份有限公司、杭州图软科技有限公司、常升建设集团有限公司3家企业“2022年度余杭区人民政府质量管理创新奖”，授予宇航交通建设集团有限公司、杭州天创环境科技股份有限公司2家企业“2022年度余杭区人民政府质量管理鼓励奖”。

（凌　丽）

【特种设备安全监管】 2022年，区市场监督管理局开展全区特种设备安全监察。全年检查特种设备使用单位1716家，发现并整改隐患679条、立案46起，处理特种设备类举报投诉258件，比上年减少755件。全区注册登记特种设备3.48万台（套）。特种设备使用单位亚运会安全保障承诺书签署率99%，叉车司机应用扫码作业率98%，推进电梯检测试点776台，完成电梯鼓式制动器安全隐患排查7606台，完成率100%；电梯规范维保率99%。25家重点特种设备使用单位安全责任人完成线上培训。处置浙江特种设备在线预警的高风险隐患288个，处置率和处置及时率均为100%。“阳光工厂”接入27家，接入率100%；燃气、压力管道定检率100%。2939家特种设备使用单位启用自查自纠应用日志排查功能，排查率97%。

（柯春晖）

【网络市场监管】 2022年，区市场监督管理局网监分局摸排平台5家、MCN（多频道网络）机构5家、直播基地2个，直播间经营户1.5万余家，建立动态数据库。依托数字化平台，分析研判2021年1月以来的4962件涉及网络直播营销投诉举报数据，建立风险预警库，逐一走访直播平台企业、MCN机构，督促企业自查整改。对辖区直播平台、MCN机构及80多家自播电商开展集中行政指导及合规培训。办结一批直播违法大案要案，入选省、市典型案例库，立案44起，大案要案15起，罚没款146万元，在杭州市各区县（市）中居第一位。与公安余杭分局对某网络直播销售店铺开展联合执法。7月20日，在浙江省网络直播营销违法行为专项治理工作现场推进会大会上作典型经验交流。

（王振宇）

【电动自行车综合治理】 2022年4月25日，区市场监督管理局启动备案非标电动自行车淘汰置换活动。至9月底，出台工作方案2个。建立每周例会制度，召开全区淘汰置换专项工作推进会14次。截至9月30日，全区淘汰置换电动自行车约33万辆，占应淘汰置换总数的94.96%。出台《余杭区鼓励备案非标电动自行车提前淘汰置换财政补贴方案》，以“先垫后补”方式对更新电动自行车发放补贴，共补贴4.06万辆，发放财政补贴近900万元，补贴到位数和旧车置换数均居全市各区县（市）第一位、全省第二位。

（徐庭巧）

【“浙江外卖在线”建设】 2022年，区市场监督管理局围绕“浙江外卖在线”应用项目，建设网络餐饮“阳光厨房”3751家，建成率超90%，“阳光厨房”在线率87.35%，超过在线率达到85%的要求。督促餐饮单位履行好主体责任，发布网络餐饮单位食品安全和反对餐饮浪费“红黑榜”16期。规范“外卖封签”使用，每月巡查比率超30%，线下责令1328家网络餐饮单位完成整改，立案调查网络餐饮单位312家，约谈482家，取缔无证经营23家，改造提升84家，培训从业人员990人。设立200万元资金池，对2885家加装“阳光厨房”并接入“浙江外卖在线”的外卖商家给予500元/家的补助。

（茹莎莎）

【消费举报投诉化解】 2022年，区市场监督管理局接收投诉举报咨询67.77万件，比上年增长35.78%，其中网络消费纠纷投诉举报60.35万件，占总量的89.05%。5月初，实现积案化解动态清零，获区长批示肯定。《余杭以优化网络消费纠纷处理机制为抓手助推市场秩序信访问题化解“提质增效”》案例被纳入“市级重大信访问题清单”示范案例库。11月，建立与淘宝（中国）软件有限公司、浙江天猫网络有限公司、浙江飞猪网络技术有限公司、浙江森马服饰股份有限公司、杭州小电科技股份有限公司、认养一头牛控股集团股份有限公司等15家企业的消费维权绿色通道，促进源头化解纠纷。截至年末，创建放心消费单位5602家，其中，无理由退货单位2249家，放心工厂637家，放心商圈3个。选育5家直播电商企业参与第一批放心消费直播间创建。

（陈娅菁）

【公共检测服务】 2022年，区食品药品监测中心申报省市场监督管理局科技项目2项，分别为装备类科研项目“农产品中植物生长调节剂残留监控能力提升”和雏鹰计划培育项目“可降解外卖食品包装材料中有害物质的迁移规律及健康风险控制研究”。通过省、市市场监督管理局组织的全省食品承检机构工作质量监督检查。全年，参加省级和国家级的检测能力验证和盲样考核工作18次。“浙里检”平台承检818批次，实验室开放服务605批次，完成1.15万份CMA（中国计量认证）检测报告上传“浙里检”平台。完成物流园区蔬菜全检全测13.87万批次。为辖区内10家食品企业20人次提供免费技术培训，组织食品安全知识科普宣讲8次。

（李 岗）

【计量合格评定】 2022年，区市场监督管理局依托杭州市民生计量公共服务平台，登记备案强制检定计量器具12.05万台件。开展“优化计量、提质增效”企业帮扶行动，帮扶企业143家，测量管理体系培训40家。全年，全区智能电表产业营业总收入超50亿元，比上年增长16.95%。鼓励企业开展高端品质认证，将支持企业开展绿色产品认证、“浙江制造”产品国际认证、丽水山耕产品认证等纳入创新余杭“黄金68条”产业政策，新增绿色产品认证产品3个、丽水山耕认证产品4个。6月24日，余杭区节能环保水处理行业小微企业质量管理体系

2022年11月25日，浙江省计量科学研究院噪声测量仪器远程智控方舱计量实验室在杭州市余杭区挂牌（区市场监督管理局 供图）

认证提升行动启动，帮扶18家小微企业导入质量管理体系。全区获得CMA资质认定证书的检验检测机构58家。11月25日，浙江省计量科学研究院噪声测量分析仪器远程智控方舱计量实验室揭牌仪式在杭州爱华仪器有限公司举行，全国首个噪声测量分析仪器远程智控方舱计量实验室落户余杭。

（沈国金）

【商品市场规范化建设】 2022年，区市场监督管理局以便利化、智慧化、人性化、特色化、规范化“五化”和食品安全放心、消费环境放心、价格计量放心、诚信经营放心、管理服务放心“五个放心”为标准，加强商品市场规范化建设。3月，召开“五化”商品市场、放心农贸市场和星级文明规范市场创建动员培训会，确定创建名单。12月，全区入选创建名单的1家商品市场、9家农贸市场、12家市场均通过省市场监督管理局验收。

（余 洋）

【知识产权保护】 2022年，余杭区新增国内专利授权1.51万件，其中发明专利3505件，比上年增长61%。高价值发明专利3706件，比上年增长64%，每万人高价值发明专利30.2件，居全省县（市、区）第七位。PCT国际专利申请394件，增长111%。商标申请3.76万件，注册3.35万件，年申请量和注册量均居全省第一位。余杭区被国家知识产权局评为首批国家知识产权强县建设示范县，是杭州市唯一获此荣誉的区县（市），未来科技城同步入选国家级知识产权强国建设试点园区。全年，新认定国家知识产权优势企业5家，为杭州申昊科技股份有限公司、杭州博拓生物科技股份有限公司、杭州沪宁电梯部件股份有限公司、杭州绿洁环境科技股份有限公司、杭州新坐标科技股份有限公司，全区有省知识产权示范企业17家。在杭州爱华智能科技有限公司与杭州爱测科技有限公司专利侵权纠纷案件中，首次引入技术调查官制度，实现全区专利侵权纠纷行政裁决口头审理“零”的突破。全省首单知识产权证券化（ABS）项目首期发行1.1亿元，为区内12家成长型科创企业提供低成本大额融资，该案例入选2021年度浙江省知识产权金融创新十大典型案例。余杭区“中小微企业知识产权援助及公共服务体系建设”省级创新试点项目通过省局验收，被编入项目汇编。杭州思看科技有限公司的外观设计专利“扫描仪”获第23届中国外观设计银奖。余杭区市场监督管理局与浙江省知识产权研究与服务中心共同申报的“浙江数据知识产权管理与服务标准化试点”，入选第8批社会管理和公共服务综合标准化试点项目。余杭区浙江华正新材料股份有限公司、杭州大康腌腊食品有限公司、千年舟新材科技集团股份有限公司、华立科技股份有限公司、杭州钱江制冷压缩机集团有限公司、杭州市余杭区径山茶行业协会、南方泵业股份有限公司等单位的7件商标入选第一批杭州市重点商标保护名录。

（俞奇平）

余杭区入选“第一批杭州市重点商标保护名录”的商标一览表

表8

序号	商标名称	类别	注册号	产品	商标注册人
1	WAZAM 华正新材	9	44955545	印刷电路、集成电路、电子芯片	浙江华正新材料股份有限公司（余杭）
2	新大康	29	3804477	肉、火腿、香肠、腌腊肉、腌制鱼	杭州大康腌腊食品有限公司（余杭）
3	千年舟	19	1548723	三合板、胶合板、制家用器具用木材、半成品木材、铺地木材、木板材条、贴面板、已切锯木材、狭木板、建筑用木材	千年舟新材科技集团股份有限公司（余杭）

续表 8

序号	商标名称	类别	注册号	产品	商标注册人
4	HOLLEY	9	1181383	电度表、电工仪表及仪器、电压表、安培表、计算机、停车计时器、量具、电唱机、光学仪器、电站自动化装置	华立科技股份有限公司（余杭）
5	WANSHENG	7	950248	冰箱压缩机	杭州钱江制冷压缩机集团有限公司（余杭）
6	径山茶	30	2016451	茶	杭州市余杭区径山茶行业协会（余杭）
7		7	1911649	泵（机器、发动机或马达部件）及计量泵、离心泵、气液混合泵、润滑油泵、旋涡泵、液压泵、真空泵（机器）	南方泵业股份有限公司（余杭）

（俞奇平）

【商业秘密保护】 2022年，区市场监督管理局完善《余杭区全国商业秘密保护创新试点三年行动方案（2022—2024年）》，完成余杭区商业秘密领域专家人才库建设，开展商业秘密保护管理与服务规范系列宣传贯彻工作，指导企业执行《企业商业秘密保护管理规范》。针对60家重点企业开展重点提升和贯标工作，新建市级商业秘密保护示范点6家。7月，余杭区入选由国家市场监督管理总局公布的首批20个全国商业秘密保护创新试点地区。同月，国家市场监督管理总局副局长、国家反垄断局一行到余杭考察商业秘密保护工作，走访浙江（杭州）知识产权创新产业园、杭州同盾科技有限公司和之江实验室，肯定余杭区有关商业秘密保护工作。

（陈　强）

【食品安全监管】 2022年，余杭区制订食品安全属地责任落实工作方案，成立领导小组，推动分层分级包保工作落实，全区2427名包保干部与2.33万家食品生产经营主体确定包保联系关系，责任清单完成率100%，包保干部承诺书签订率100%。开展星级镇（街道）食安办建设，建成五星级镇（街道）食安办1家、四星级镇（街道）食安办8家、三星级镇（街道）食安办3家。深化抽检分离改革，全年完成食品监督抽检5802批次，合格率97.54%。成立区食品安全风险综合治理中心，完善食品安全风险闭环管控机制，全年完成不合格核查处置549件，办结率100%。调整区食品安全监督协会，开展“四个你我”等群众性监督活动，推进食品安全责任保险、食品安全金融征信体系建设，构建食品安全社会共治格局。

（吴晶晶）

【市场监管数字化改革】 2022年，区市场监督管理局制订《余杭区市场监督管理局推进数字化改革实施方案》。数智大市场项目得到副省长批示肯定，在省数字化改革推进会和省数字政府建设专班例会上被省领导肯定。“余冷链”“GM2D——浙食链”二维码在物流仓储的应用、余杭化妆品电商平台数治在线项目被推荐纳入2022年全省重大改革（重大应用）“一本账S3”。牵头建设的企业经营风险监测预警防控应用，成为全省最佳应用“平安风险预测预警防控应用”的核心子模块之一。

（姚　骞）

【市场主体发展】 2022年，余杭区实施“住所承诺制”“智慧秒批”“分钟制审批”等改革举措，全区通过“企业开办一件事”全流程网办率95.03%，个体户全流程网办率95.48%，通过“准入准营一件事”联办市场主体140家。全年，全区新增市场主体4.49万户，比上年增长

19.87%。其中，企业1.90万户，增长15.94%；个体2.60万户，增长22.92%。全区迁入企业5876家，迁出企业4481家，注销企业6506家，企业净增1.39万家。市场主体总量23.93万家，市场主体总量、增量以及新设企业增量均居杭州市各区县（市）第一位。

（何赛飞）

【冷链物防监管】 2022年，余杭区进口冷链食品经营户激活“浙冷链”系统1948户，赋码702.9万个，入库782.5万笔，出库636.7万笔。在全省范围内率先建成公共集中监管仓和专业核酸检测站，检测车辆1.03万辆，货物17.08万吨。加强部门、镇（街道）联动联查，建立7日内复查整改反馈机制，检查冷链食品生产、经营、仓储单位296家次，发现“三证一码”、“三专”物防问题350项，发放督查整改反馈单78份，全部完成闭环处置。

（李　杰）

【企业联动服务】 2022年，区企业联动服务专班通过市场主体提质增量、非在册企业协税护税、重点企业安商稳商、招引项目驱动发展、西部乡镇共同富裕等工作举措，服务企业。开展全域企业大排查，通过实地核查“地在税不在”非在册企业名单，发现全区“非在册企业”256家。截至年末，224家企业完成工商、税务关系登记转入，转入率87.5%。修改重点企业标准，完善对企业服务流程。全年走访重点企业75家，收集重点企业诉求、意见建议80个，组织相关部门答疑解惑。

【企业管理事中事后监管】 2022年，区市场监督管理局开展企业异常名录移出网上受理、申报引导和审核工作，通过微信公众号等媒体开展宣传。会同镇（街道）对商住两用楼宇、一址多照厂房等区域开展经营异常核查，引导虚拟地址企业集中进驻服务平台或园区，统一管理。推进长期未经营企业清理吊销、个体工商户依职权注销、吊销未注销企业强制注销工作。制订关于“撤销冒用他人身份信息取得商事登记工作”流程和分工方案。开展企业信用修复，修复21家。开展企业信用查询，查询5000多家。向省市场监督管理局推荐信用示范申报企业10家，向市市场监督管理局推荐7家。

（陈　霖）

【“小个专”党建】 2022年5月17日，区市场监督管理局牵头成立杭州市余杭区小微企业个体工商户专业市场综合党委，发布杭州农副物流中心市场党建联建五大行动、六大运行机制。6月，成立杭州市余杭区食品配送行业协会。9月，全省小微企业、个体工商户和专业市场党建工作现场会上，区市场监督局在会上就网络电商党建工作作经验交流。

（章倩汝）

【个体工商户服务驿站成立】 2022年9月，区市场监督管理局开展以“送服务、办实事、促发展”为主题的“全国个体工商户服务月”活动。是月，区市场监管局在径山所授牌成立全省首个个体工商户服务驿站，方便个体工商户和小微企业就近就地反馈经营中存在的困难。

【径山茶直播运营培训和座谈会】 2022年9月，区市场监督管理局牵头召开“育鹰腾飞 共富有我”径山茶直播运营培训和座谈会，30家径山茶小微企业、个体工商户和小型企业参加。培训会主要针对茶叶线上直播带货模式进行线上运营供应链孵化指导，提供直播运营新方法和销售新思路。在径山茶企座谈会上，参会人员为共同推动径山茶产业经济发展，助力构建直播生态、打造流量阵地、树立产业标杆、打造特色产业直播电商建言献策。

（陶　栩）

海关监管

【概况】 2022年，钱江海关驻余杭办事处促进外贸保稳提质。全年，余杭区实现进出口总值379.90亿元，与上年比增长8.60%。其中，出口355.20亿元，增长8.80%；进口24.70亿元，增长4.80%。

2022年10月21日，钱江海关驻余杭办事处海关关员到辖区电动大巴企业开展上门服务　（赵　瑾　摄）

【企业进出口问题帮扶】　2022年，钱江海关驻余杭办事处参与地方助企纾困工作专班，引导企业用足用好惠企政策。发挥统计预警作用，向区政府报送进出口分析专报10篇、快报12篇，多篇信息专报获区领导批示肯定。制订帮扶方案，组建服务团队，开展调研70多次，收集业务问题30个，全部解决或报送上级海关，10多条服务案例被上级海关采用。解决比亚迪汽车有限公司出口电动大巴车查检抽批率较高等问题。

【企业进出口营商环境优化】　2022年，钱江海关驻余杭办事处对商品首次出口的20多家企业开展政策辅导，引导企业规范经营。成立AEO（经认证经营者）工作组，定制“一企一策”培育方案，联合AEO专班，审核企业AEO材料，现场指导企业18次，并取得高级认证。试点远程视频查检，实施远程视频查检100多件次，查检作业时间缩短至45分钟以内。指导企业开展原产地证书网上审核、自助打印。举行企业宣讲会2次，讲解RCEP（区域全面经济伙伴关系）原产地规则和关税减让政策。全年，16家企业申请RCEP证书513张，金额1676.97万美元。

【进出口检验检疫】　2022年，钱江海关驻余杭办事处专题研究辖区进出口动植物产品、特殊物品、危险化学品、食品等行业风险，形成日常监管“关注清单”。加强出口危险化学品企业安全生产管理，组织危险化学品线上政策宣传贯彻会，督促出口高毒易燃高风险品企业落实安全生产主体责任。排查辖区内26家具有较高风险的出口农药产品企业，实施跟踪管理。查检异常转综合处置产品52批、出口危险品包裹查检不合格11批，“口岸危险品综合治理”百日专项行动录用典型案例1个。

（庄泽南）

编辑：姚　敏

科学技术

Science and Technology

综　述

【研发机构】　2022年，余杭区R&D经费占地区生产总值比重为4.51%，居全省县（市、区）第三位。新增省级新型研发机构2家，省级企业研发机构59家。首次实现规上制造业企业研发“两清零”，新增市级研发中心68家，居全市第二位。截至年末，全区有省级重点企业研究院18家，省级企业研究院85家，省级研发中心319家，市级研发中心421家。

【孵化器提质扩面】　2022年，余杭区新增孵化载体53个，包含国家级科技企业孵化器3家、国家级众创空间6家，新增国家级孵化载体数居全省第一位，其中，杭州师范大学科技园发展有限公司和奕玄通（杭州）信息科技有限公司2家国家级孵化器2021年度考核评价结果为优秀（A类）；新增省级孵化器2家、省级众创空间1家；新增市级孵化器17家、市级企业创新联合体6家，新增数均居全市第一位。截至年末，有孵化载体180个，其中，市级以上孵化器41家、市级以上众创空间41家。新增物理空间194.89万平方米，累计物理空间835.37万平方米。

【科技企业培育】　2022年，余杭区新增国家高新技术企业585家，居全省第一位；新增国家科技型中小企业1270家，1602家企业入选2022年度省科技型中小企业备案名单，数量居全省县（市、区）第一位；新增杭州市“雏鹰计划”企业194家。截至年末，全区有国家高新技术企业2179家，浙江省科技型中小企业3823家，杭州市“雏鹰计划”企业1121家，全年实现高新技术产业增加值205.48亿元，占规模工业增加值的84.7%。

【科技人才引育】　2022年，余杭区7人入选国家级高层次人才，海外优青人才项目实现“零”的突破，新入选省级海外高层次人才17人，市级海外高层次人才11人。45个项目入选市“115”引智计划，项目数量并列全市第一位。主办、协办“科技人才周”“人才日”“国际人才月”“人才话共富 科技促发展”等科技人才活动；围绕共同富裕示范区“经济高质量发展先行示范”主题，编写《余杭区“扩中”“提低”科研人员激励计划》；助力人才“双向双创”省级共富改革试点，探索区域人才协同新模式的科技实践。

【科技工作荣誉】　2022年，余杭区创新指数居全省县（市、区）第二位，连续2年获得全省科技创新工作最高荣誉“科技创新鼎”，再次被评为全省党政领导科技进步目标责任制考核优秀单位并获全市创新发展专项考核优秀等次，获2019—2021年度全省科技工作成绩突出集体、2021年度全市区县（市）创新发展专项考核优秀单位称号。入选小康杂志社发布的“2022年度县市科技创新百佳典范”榜单第二位。相关工作经验被《人民日报》宣传报道4次，获市领导肯定批示3次，区主要领导表扬性批示6次。

（董震海）

科技管理

【概况】 2022年，区科技局强化科技政策供给，落实国家和省、市稳经济一揽子举措，推动科技惠企政策应享尽享，争取国家、省、市科技扶持资金1.9亿元。实施创新余杭“黄金68条”产业扶持政策、“黄金20条”人才扶持政策，优化研发补助、高企奖励、服务券等实施细则。全年，区本级科学技术支出29.13亿元，比上年增长15.41%。向3719家企业推送政策套餐。全年，拨付区级科技与人才专项资金6.40亿元，惠及科技人才企业超1800家次。

【园区运营管理】 2022年，区科技局坚持“科技+党建”，累计建立孵化器和众创空间党组织56个，管理园区党员1000多人，科创载体党组织覆盖率100%。11月16—26日，2022 年度余杭区双创平台运营管理人员孵化技能提升研修系列班开班，该研修班分4期，分别为双创精英班（1期）、双创精英班（2期）、双创管理实务班和双创领航班，旨在提升创业孵化管理人员的业务能力和服务水平。

【区高新技术企业协会成立大会】 2022年4月29日，余杭区高新技术企业协会成立大会暨第一次会员大会举行，杭州华光焊接新材料股份有限公司等6家发起单位负责人参加现场会议，263家会员单位线上参会。会议审议通过协会章程、财务管理办法，表决通过会费标准，选举产生第一届理事会理事和监事。

【区科创园区协会成立大会】 2022年7月8日，余杭区科创园区协会成立大会暨第一次会员大会举行。省科技厅、市科技局相关领导，未来科技城、良渚新城、钱江经济开发区三大平台分管负责人，杭州师范大学国家大学科技园等近100家会员单位参加会议。会议审议通过协会章程、代表选举办法和财务管理办法，表决通过会费标准，选举产生第一届理事会理事。

（董震海）

科技服务

【概况】 2022年，区科技局联合12个镇（街道）、平台、下属区高新技术企业协会及区科创园区协会，通过线上线下培训会、实地走访服务等方式，宣讲涉企政策，指导项目申报，推动企业交流合作。落实深化“千名干部助千企”精准服务活动，指派2名亲清助企服务员，“点对点”定期上门服务，排摸企业诉求，深化科技“三服务”。坚持“科技+金融”，打造科技金融服务圈，组建科技金融专员队伍，走访服务科技企业超1200家次，提供科技贷款超148亿元。

【高企专利申请及产业化项目申报线上培训会】 2022年4月18日，区科技局联合区高新技术企业协会举办高企专利申请及产业化项目申报培训线上直播会，线上直播浏览量近500人次。会上，知识产权代理事务所专家、区科技局相关科室人员以及宁波银行股份有限公司杭州海创园小微企业专营支行工作人员围绕知识产权申请、发明专利产业化项目政策、科技金融服务案例等内容为企业讲解专利申报工作。

【研发费用加计扣除和财务数据归集培训会】 2022年5月13日，区科技局和区高新技术企业协会联合举办研发费用加计扣除和研发费用财务数据归集线上培训会，活动旨在落实区企业研发费用税前加计扣除等政策，降低企业研发成本，激励和支持企业技术创新，在线观看学习超600人次。

【“国高企”专家预评审】 2022年6月，区科技局联合区高新技术企业协会及未来科技城、良渚新城、钱江经济开发区开展“专家门诊”

活动，邀请技术和财务专家71人次，通过4次专场辅导企业近千家次，为申报企业把关国家高新技术企业认定条件，规范申报材料。全年联合平台、镇（街道）开展余杭“科创学堂”等线上线下宣传培训18场，培训人员超3000人次，开展“一对一问诊”服务7场。

2022年8月26日，余杭区高新技术企业科技创新再贷款银企对接会举行（区科技局 供图）

【科技人才金融专项服务活动】 2022年6月17日，余杭区2022年度“科技人才周”活动启动，由区委组织部（人才办）、区科技局、中国人民银行余杭支行联合开展的“百名行长科企行”科技人才金融专项服务活动同日启动，12名科技人才金融服务专员代表被授予余杭区科技人才金融服务专员聘书。活动旨在推动人才链、创新链、资金链、产业链深度融合，落实全省“万名干部助万企”、全市“千名干部助千企”精准服务活动。

【区高新技术企业科技创新再贷款银企对接会】 2022年8月26日，由区科技局和区高新技术企业协会联合举办的余杭区高新技术企业科技创新再贷款银企对接会在中国（杭州）人工智能小镇举行。活动旨在推动创新链与金融链融合联动，缓解科技企业“融资难”“融资贵”等问题。区科技局、中国人民银行余杭支行、区高新技术企业协会理事长单位华光焊接新材料公司有关领导以及区内22家银行机构业务负责人和80多家高新技术企业相关负责人参加会议。会上88家企业获得11.31亿元的科技创新再贷款支持。

【余杭区人才日活动】 2022年9月29日，2022年余杭区人才日活动举行。活动期间，为首批“青年人才引才使者”颁发聘书，为余杭区“人才发展优秀服务单位”“科技进步优秀单位”“人才创业优秀单位”“人才引育优秀单位”和“国际友人突出贡献奖”获奖单位和个人颁奖；“共建杭州城市新中心、打造人才创新核心区，争当两个先行排头兵”实施意见发布；余杭区“人才引领 创新制胜”发展联盟正式成立。

【杭州数智产业论坛在余杭举行】 2022年11月24日，“贯彻二十大 赋能新智造”杭州数智产业论坛在杭州钱江经济开发区举行。活动由区委人才办、区科技局、杭州钱江经济开发区管理委员会主办，旨在推动制造业转型升级，实现高质量发展，为新一代信息技术与制造业融合发展和落地实践提供思路和指引。

（董震海）

科技成果

【概况】 2022年，天目山实验室挂牌成为余杭第四家省实验室，“深时数字地球国际大科学计划”落户余杭，浙大余杭脑机交叉研究院成立，良渚实验室“脑机智能实验室”入选标杆全国重点实验室，之江实验室基于高性能人工智能训练芯片的智算集群获世界互联网领先科技成果提名，湖畔实验室研发的CT影像新冠AI辅助诊断系统获科技部全国科技系统公开表彰。杭州未来科技城高新技术产业园区获批，实现余杭区省级高新技术产业园区“零”的突破。通过“揭榜挂帅”发布“卡脖子”技术榜单100张，总榜额1.06亿元。涵盖生命健康、“互联网+”、智慧体育等领域的25个项目入选省“尖兵”“领雁”研发攻关计划，比上年增长78.6%。23个项目入选市人工智能重大科技攻关项目，9个项目入选第19届亚运会智能应用项目，居全市区县（市）第一位。之江实验室、湖畔实验室等13家单位19项成果获浙江省科学技术奖，其中一等奖6项，数量为2021年的126%，再度获得自然科学奖、技术发明奖、科学技术进步奖三大奖项。

【之江实验室研究成果获“戈登贝尔奖”】 2022年1月3日，由之江实验室等单位研究人员组成的团队凭借基于中国新一代神威超级计算机的应用“超大规模量子随机电路实时模拟”（SWQSIM）打破“量子霸权”，获2021年度“戈登贝尔奖”，并入选中国十大科技进展新闻。

【之江实验室研究成果登上《科学》期刊】 2022年1月，由之江实验室光电智能计算研究中心研究专家谭德志团队与浙江大学教授邱建荣团队合作完成的论文《玻璃中稳定的钙钛矿纳米晶体三维直写》发表在国际期刊《科学》上，该成果聚焦光量子计算，用超快激光微纳制造赋能智能计算领域的发展，三维极端制造实现新突破。

【“科技企业培育”应用被省科技厅推广】 2022年7月，由区科技局牵头建设的“科技企业培育”应用在浙政钉上线。8月29日，省科技厅发布《关于反馈科技创新数字化改革试点评估结果的函》，该应用作为省科技厅科技创新数字化改革重点工作在全省推广，实现数据驱动业务流程再造，贯通“省—市—区—平台（镇、街道）—网格员”五级网络，打通企业服务“最后一公里”。

【天目山实验室挂牌成立】 2022年6月6日，天目山实验室成立大会举行，此前，浙江省人民政府批准命名该实验室为第三批省实验室，至此余杭辖区内的省实验室增至4家，成为浙江省实验室布局最多的县（市、区）。天目山实验室致力于在航空航天领域探索前沿基础科学理论，实现航空领域核心技术创新，构建全球航空领域的创新源头和人才高地，打造国内领先的航空科研平台，支撑余杭区产业高质量发展、杭州城西科创大走廊高质量融合发展和浙江航空制造强省建设，打造国家在航空领域新的战略科技力量。

【外籍专家获“钱江友谊使者”称号】 2022年9月28日，首届“杭州人才日”启动。余杭区澳大利亚籍专家克朗姆·大卫·史蒂芬（Cram David Stephen）获杭州市外国专家“钱江友谊使者”称号。克朗姆·大卫·史蒂芬从事肿瘤筛查方面的研究，在肿瘤筛查方面具有国际影响力，他带来的肿瘤液体活检技术，与临床上常用的组织活检相比，具有微创、方便、经济、无放射性污染等优点，广泛应用于肿瘤早期筛查。截至年末，余杭区有中国政府“友谊奖”获得者1名、浙江省“西湖友谊

天目山实验室（摄于2022年）（区委办 供图）

奖”获得者3名、杭州市“钱江友谊使者”6名。

【市碳达峰碳中和领域重点科技研发计划项目立项】 2022年10月19日，市科技局发布2022年度碳达峰碳中和领域杭州市重点科技研发计划项目清单，余杭区由浙江东南未来建筑设计有限公司承担的“城乡建筑有机更新低碳化关键技术研究与应用”项目，由千年舟新材科技集团股份有限公司承担的“碳汇资源高效利用及加工剩余物综合应用技术开发”项目获得立项。

2022年12月，中法航空大学项目中心组团大屋面完工

（杭州余杭交通投资集团有限公司　供图）

【高新技术企业培育先进单位创建】 2022年11月30日，杭州市科技创新大会暨科技成果转移转化首选地推进会在未来科技城举行。余杭区被评为2019—2021年度高新技术企业培育先进单位，之江实验室、湖畔实验室、良渚实验室、中国电子科技集团公司第五十二研究所等被评为“优秀新型研发机构”，浙江天猫技术有限公司入选“高新技术企业技术交易十强”（2020—2022年），之科控股先进制造工艺与装备概念验证中心入选杭州市首批15家概念验证中心。

【余杭创新成果参与人才创新成果展】 2022年11月12日，2022杭州国际人才交流与项目合作大会开幕，“十年硕果·杭向未来”人才创新成果展同日举行，余杭区之江实验室智能低空飞行器、杭州申昊科技股份有限公司开关室操作机器人参展。智能仿生手、外骨骼机器人、植入式闭环神经刺激器、智能文本处理超脑平台、人工耳蜗系统、扫描光场显微系统等以“智慧医疗”为主题的余杭创新创业成果展出。

【国家重点研发计划重点专项项目立项】 2022年12月，科技部公布2022年国家重点研发计划立项资助名单。由北航杭州创新研究院（余杭）教授周苗主持、高级研究员于振鸿主要参与的“高灵敏度大动态范围微电流计”项目入选国家重点研发计划重点专项项目，项目经费1100万元（参与单位含中国科学院空天信息创新研究院、浙江省生态环境监测中心、山东省鲁南瑞虹化工仪器有限公司等研究机构和企业）。

（董震海）

【中法航空大学项目主体完工】 2022年12月，亚洲最大的悬链线结构——中法航空大学项目中心组团大屋面完工，标志着中法航空大学项目主体完工。该项目于2020年11月开工，总用地面积66.73公顷，规划建筑面积约77万平方米，包括3个学院组团、2个生活组团、2个科技创新平台、1个中心组团以及体育馆、操场、河道等工程。中法航空大学项目获“2022年度杭州市绿色建筑与建筑节能示范工程”“2022年度浙江省智慧工地示范项目”“2022年度余杭区十佳红色工地”等称号。

（陈馨宜）

编辑：陈　林

教 育

Education

综 述

【学生全面发展】 2022年，余杭区实施“润玉未来”思政德育工程，举办首届“润玉”班主任论坛。余杭中学“禹志青年”德育案例入选浙江省、教育部《中小学德育工作指南》典型案例。实施“阳光”体育工程，开展中小学生体育赛事12项，中小学生体能素质居全市区县（市）第二位，新增省市级以上足球特色学校9所。余杭区被评为杭州市校园足球工作先进区。实施“点亮”美育工程，举办余杭区第22届中小学生艺术节，省、市中小学生艺术节获奖128项，获杭州市中小学生艺术节优秀组织奖。开展科创地域特色教育，建成中小学科技活动室701个，8所学校入选省“人工智能+教育”试点学校，余杭区入选浙江省“人工智能+教育”试点区。

【教育资源供给优化】 2022年，余杭区修编《余杭区教育项目布点规划（2021—2035）》，出台《教育项目建设管理办法》《余杭区中小学、幼儿园设计导则》《2022—2024年新建类教育项目建设计划》。余杭径山中学、余杭科技职业高级中学等19个项目开工，未来科技城第六小学、未来科技城第八小学等58个续建项目启动，天空之城东区幼儿园、天空之城小学等19个项目投入使用，新增学位1.38万个。

2022年，余杭区人工智能教育基地面向全区中小学生开设科创课程 （区教育局 供图）

【教育治理能力提升】 2022年，区教育局健全校外培训机构常态化检查机制，推广“安心培训”应用平台，防范校外培训消费风险。落实“二次压减”工作，实现学科类校外培训机构“清零”目标。制订《余杭区规范民办义务教育发展工作方案》，落实规范“公参民”学校、民办义务教育学生占比5%的控量目标，优化义务教育阶段教育结构。区教育局被评为浙江省规范民办义务教育发展专项工作成绩突出集体。完善“互联网+政务服务”，开通网上申请、双向快递等办理服务，实现54个权力事项“零次跑”；落实“减证便民”行动，推进学校代办制，实现区级教育民生事项就近办、及时办，全年区教育局办结政务服务事项2.09万件。

【教育投入】 2022年，余杭区国家财政性教育经费54.05亿元，其中，教育事业费45.22亿元，教育费附加4.57亿元。全年安排学校项目建设77个，其中，新建项目19个，续建项目58个，投用项目19个。新建项目新增建设用地26.06公顷，投用项目新增班级350个。

【名校集聚化办学】 2022年，余杭区推动西部五镇中小学、幼儿园与区内17所优质学校组建“西部富美”教共体；推进城西科创大走廊的9所中小学、幼儿园与杭州名校集团化办学；依托“山海协作”，开展区内6所学校与衢州柯城区“跨地区”教共体结对交流，推进区内外优质教学资源共建共享。引进高校、科研机构和优质民办学校等19个合作办学项目，通过挂牌、托管、领办、分校等形式，加快名校集聚化办学进程。实施义务教育“公民同招”政策。径山镇中学、径山镇长乐幼儿园被评为杭州市合格资源教室，杭运幼儿园被评为杭州市示范资源教室。推进杭州第二中学余杭学校（余杭第一中学）、学军中学余杭学校（余杭中学）优质办学，强化瓶窑中学与中国美术学院、杭州师范大学体育学院，文昌高级中学与浙江工商大学东方语言学院的合作办学。余杭中学与浙江大学教育学院开展项目化合作办学。

【校园安全保障】 2022年，区教育局建立并完善“一校一案”风险隐患底数清单即查即改、逐一销号工作机制。制定《关于进一步做好“无疫学校” 建设工作的方案》，完成教育系统“无疫校园”创建。推进“健康促进学校”建设，新增金牌浙江省健康促进学校2所、银牌学校6所、铜牌学校13所，全区健康促进学校创建率100%。落实92个中小学校区“安澜”工程建设，提升校园安全防范能力。完成257个学校食堂智能“阳光厨房”建设，实现全区全覆盖。

【“西部富美·共育未来”教共体签约】 2022年1月5日，余杭区教育优质均衡推进会暨“西部富美·共育未来”教共体签约仪式在黄湖镇中学举行。仪式上，34所中小学、幼儿园以“1所核心校+1所成员校”的方式组建成17对“西部富美”教共体。教共体旨在推动各成员校在办学理念、学校管理、教育教学等各方面实现共生发展，加快实现城乡教育优质均衡一体发展。

【教育领域数字化改革创新试点】 2022年9月，省教育厅公布“2022年教育领域数字化改革创新试点项目名单”，余杭区“艺术互联网学校”及“入学早知道”应用入选。通过云上备课、云上课堂、云上作业等方式，实现省内

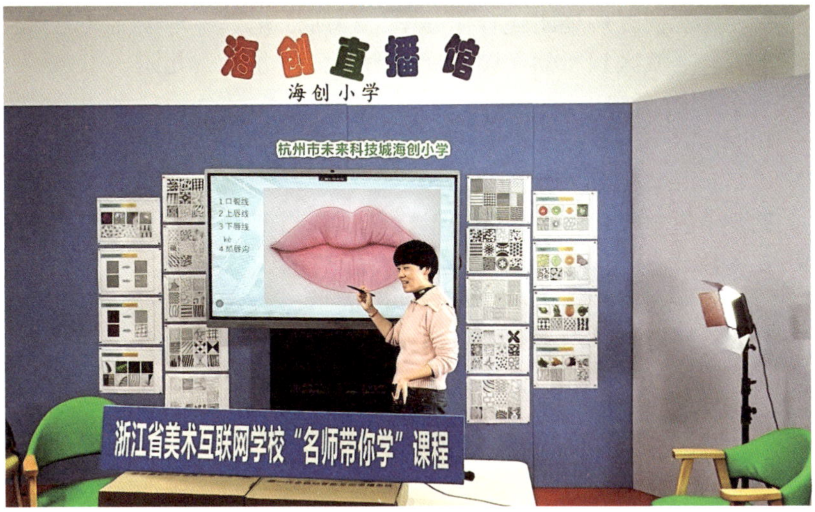

余杭区“艺术互联网学校”直播教学现场（摄于2022年）
（区教育局 供图）

师资循环与区内师资循环的双向打通、共建共享。“艺术互联网学校”应用旨在破解西部、山区学校艺术师资短缺、美育课程资源不足、区域内美育教育发展不均衡的现实短板。截至年末“入学早知道”累计访问量80万人次。

【区名校集团揭牌仪式】 2022年11月17日，杭州第二中学余杭学校（余杭第一中学）、杭州学军中学余杭学校（余杭中学）、中国美术学院生源基地（瓶窑中学）揭牌。区教育局通过引进用好区外名校、高校优质资源，强化品牌学校示范辐射效应，助推全区基础教育水平整体提升。

【省首批现代化学校创建】 2022年12月，闲林职业高级中学、瓶窑中学、中泰中学、仁和中学、太炎小学、云会中心小学（西山校区）、苕溪幼儿园（苕溪园区）、瓶窑镇第一幼儿园（凤溪园区）、杭运幼儿园（北宸园区）、径山镇教育指导和社区教育中心学校等10所学校创建为浙江省首批现代化学校。

【余杭学校加入城西科创大走廊名校集团化办学深化行动】 2022年12月，杭州市教育局公布城西科创大走廊区域内学校开展名校集团化办学名单，余杭区4所高中加入杭州市2所直属高中教育集团，11所初中（含九年一贯制学校）和13所小学与主城区1所直属高中和21所义务教育学校开展集团化合作办学，14所幼儿园分别与主城区14所幼儿园开展集团化合作办学，另有1所高中、2所小学、1所幼儿园和高校合作办学。

【市级绿色学校创建】 2022年12月，杭州市市级绿色学校名单公布，余杭区文昌高级中学、蕙兰未来科技城学校、英特外国语学校、未来科技城海曙小学、未来科技城海创小学、良渚杭行幼儿园、径山镇中心幼儿园等7所学校入选。

（刘　纯）

学前教育

【概况】 2022年，余杭区有幼儿园103所。招生1.40万人，较上年增加993人；在园幼儿4.40万人，较上年增加2879人；3周岁～5周岁幼儿入园率99.80%。幼儿园专任教师3719人，较上年增加192人。幼儿园占地面积94.42万平方米，较上年增加3.74万平方米，生均占地面积21.47平方米；校舍建筑面积83.66万平方米，较上年增加11.24万平方米，生均校舍建筑面积19.03平方米。全年全区新增省一级幼儿园7所，省二级幼儿园20所。全区幼儿园省一级28家，省二级135家，3周岁～5周岁幼儿入园率和等级幼儿园在园幼儿覆盖率分别为99.8%与100%，公办园在园幼儿数占比75.51%，优质学前教育覆盖率98.64%。

【省级幼小衔接推进会余杭区专场】 2022年5月24日，浙江省幼小衔接余杭区专场在余杭区未来科技城海创幼儿园举行，全国30多个省、市的教师同步线上观看，直播点击量5.2万人次，幼小衔接视频案例《携手共创@未来》送教育部参展。

【“伢伢习德”品牌发布】 2022年7月25日，“文明有礼 强国有我——余杭区‘伢伢习德’品牌发布暨活动展演（幼儿园专场）”举行，现场活动直播点击量10.44万人次。闲林中心幼儿园、未来科技城海云幼儿园、中泰中心幼儿园、良渚云华幼儿园、良渚西塘雅苑幼儿园、瓶窑镇南山幼儿园等6家单位被认定为首批“伢伢习德”实践基地。“伢伢习德”品牌为余杭区在全省首创，该项目聚焦幼儿品德启蒙教育，将培育和践行社会主义核心价值观融入保教全过程，在潜移默化中培养传承红色基因，会生活、爱家乡、爱党爱国的新时代余杭好儿童。

【9所新园（区）投入使用】 2022年9月，仓前云帆幼儿园吴山园区、瓶窑镇第二幼儿园长命桥园区、勾庄中心幼儿园南庄兜园区、勾庄中心幼儿园勾庄园区、良渚向阳幼儿园和美园

区、良渚云华幼儿园玉周园区、杭运幼儿园小洋坝园区、杭行幼儿园运河园区、五常第三幼儿园等9所新园（区）建成并投入使用。

【全国学前教育普及普惠区省级评估】 2022年11月22—24日，省教育督导委员会对余杭开展全国学前教育普及普惠区省级现场评估。余杭区学前教育普及普惠水平、政府保障情况、幼儿园保教质量等通过全国学前教育普及普惠区省级评估。

【省一级幼儿园创建】 2022年12月，余杭区未来科技城海曙幼儿园、五常文福幼儿园西溪北苑园区、勾庄中心幼儿园金家渡园区、安溪幼儿园新星园区、仁和第一幼儿园东风园区、径山镇双溪幼儿园、中泰中心幼儿园跳头园区等7所幼儿园被评为浙江省一级幼儿园，数量居杭州各区县（市）第一位。

（刘 纯）

义务教育

【概况】 2022年，余杭区有小学37所，比上年增加1所。招生1.31万人，比上年增加124人；在校学生7.05万人，比上年增加4539人；小学适龄儿童入学率100%，女童入学率100%，小学巩固率100%。小学专任教师4037人，比上年增加198人；专任教师学历高标率99.98%，比上年提高0.08个百分点。全区初中（含九年一贯制学校）22所。招生8259人，比上年增加627人；在校学生2.33万人，比上年增加1492人；初中阶段入学率100%，初中巩固率100%，初中毕业生升学率99.97%。初中专任教师1989人，比上年增加46人；专任教师学历高标率99.45%，较上年提高0.07个百分点。全区小学占地面积146.32万平方米，较上年增加21.00万平方米，生均占地面积27.42平方米；校舍建筑面积121.93万平方米，比上年增加27.69万平方米，生均校舍建筑面积23.12平方米。全区初中占地面积112.96万平方米，生均占地面积42.87平方米；校舍建筑面积89.74万平方米，生均校舍建筑面积32.21平方米。数字终端拥有量，小学1.40万台，初中8354台。

【“五育并举”特色学校培育】 2022年，区教育局开展余杭区“五育并举”星级特色学校评比创建活动。经学校申报、辅导站初审、专家复审，确定云会中心小学等首批德育特色学校10所，中泰中心小学等首批体育特色学校10所，仓前中心小学等首批艺术特色学校8所，绿城育华亲亲学校等首批科创特色学校10所，未来科技城海创小学等首批“劳动特色学校”8所。

【区首届小学生男子甲组校园足球超级联赛】 2022年3月，余杭区首届小学生男子甲组超级联赛举行。比赛首次采用主客场单循环赛制，全区26支公办民办小学足球队参加，历时2个半月，180多场比赛，良渚第一小学、绿城育华亲亲学校、瓶窑镇第一小学分获首届超级联赛冠军、亚军、季军。

【区第22届中小学生艺术节】 2022年3—5月，余杭区第22届中小学生艺术节举行。该届艺术节包括校级选拔、片区预赛、区级决赛3个环节。比赛项目包括音乐类项目5个（声乐、合唱、器乐、舞蹈、戏剧曲艺）、语言类讲故事比赛和美术类项目9个（字体设计、海报设计、绘画、书法、篆刻、个人工艺、集体工艺、摄影、动漫）。111所中小学的8320名学生参加决赛，决赛评出单项一等奖322个、二等奖436个、三等奖638个、优秀指导教师261人、团体奖40个。

【余杭区与首都师范大学实验学校合作办学】 2022年9月7日，区教育局、首都师范大学实验学校教育集团、瓶窑镇人民政府三方进行合作办学签约。三方将建设共同体学校4所（首都师范大学附属实验学校共同体瓶窑镇第一中学、首都师范大学附属实验学校共同体瓶窑镇第一小学、首都师范大学附属实验学校共同体瓶窑镇第二小学、首都师范大学附属实验学校共同体瓶窑镇第三小学），成立以首都师范大学附属实验学校总校长曲建华命名的名校长工作

2022年，余杭区第二十二届中小学艺术节音乐类选拔赛举行
（区教育局　供图）

室，选派首都师范大学2名执行校长进驻共同体学校，在北京总部提供“互联网+”教育教学网上指导，实现优质师资力量共享。

【区第52届中小学生田径运动会】 2022年11月4—6日，余杭区第52届中小学生田径运动会在瓶窑中学举行，85所公办、民办中小学参加，参赛运动员1013人。比赛分小学甲组、小学乙组、初中甲组、初中乙组、高中组等5个组别。瓶窑中学获得高中组冠军，太炎中学、中泰中学分获初中甲、乙组冠军，蔚澜学校、杭行路小学分获小学甲、乙组冠军。4项径赛成绩打破区纪录。

（刘　纯）

高中教育

【概况】 2022年，余杭区有普通高中（含十二年一贯制学校）13所，比上年增加1所。招生3605人，增加414人；在校学生9421人，增加1366人，毕业生2260人。普通高中专任教师973人，增加146人。普通高中占地面积82.65万平方米，增加4.19万平方米，生均占地面积46.52平方米；校舍建筑面积73.97万平方米，增加10.70万平方米，生均建筑面积49.43平方米。拥有数字终端6000台。

全区职业高中2所。招生1162人，在校学生3464人，比上年增加129人，毕业生1037人。职业高中专任教师241人，增加22人。全区职业高中占地面积9.66万平方米，生均占地面积42.21平方米；校舍建筑面积7.34万平方米，生均建筑面积24.23平方米。拥有数字终端1486台。

全区本科上线率超省平均水平20%，超300名学生被“985工程”“211工程”大学及其他省重点高校录取。

杭州第二中学余杭学校（余杭第一中学）、杭州学军中学余杭学校（余杭中学）揭牌，瓶窑中学成为中国美术学院生源基地。开展中高职一体化人才培养改革和长学制人才培养模式探索工作，全区中高职一体化招生占中高职招生总数的38%，本专科上线率90.3%，其中升入本科55人，全省前10名7人、前100名41人。毕业生就业率99.33%。闲林职业高级中学和良渚职业高级中学被评为全国“职业院校服务全民终身学习”项目第一批实验校，良渚职业高级中学被评为浙江省示范性继续教育（社会培训）基地。

【2项成果获省教学成果奖】 2022年2月，良渚职业高级中学的“千年文化宴：烹饪传创型人才培养模式的构建与实践”、闲林职业高级中学的“全科画像·能力进阶·课园融合：中职幼儿保育人才培养创新”分别获浙江省教学成果奖一等奖、二等奖，其中良渚职业高级中学的课题同时入围国家教学成果奖评选。

（刘　纯）

成人教育

【概况】 2022年，余杭区12所教育指导和社区教育中心学校培训26.35万人次，其中，社区教育培训17.22万人次，企业职工培训1.21万人次，农民素质培训0.81万人次，老年人、青少年等其他人群培训7.11万人次。继续推进社区教育进农村文化礼堂（文化家园），开展老年人智能手机应用培训、职业技能培训、校外实践学习、闲暇教育、现代生活教育、非遗传承等学习活动。全年开展活动809场，惠及7.25万人次。闲林“虎跑龙井”手工棋枪茶产业产学研一条龙服务培训项目、五常街道荆丰社区民族舞蹈培训项目被评为杭州市终身学习品牌项目，中泰博远太极队、瓶窑镇同心艺术园、余杭街道武术辅导站、余杭区书法家协会石城书画社被评为杭州市示范社区学习共同体，大华西溪风情皮划艇队被评为杭州市最佳社区学习共同体，西溪风情社区被评为全国共学养老实验基地，余杭区社区学院、良渚职业高级中学被评为全国首批“职业院校服务全民终身学习”项目实验学校。径山镇教育指导和社区教育中心学校被评为2022年浙江省现代化学校（社区学校）。

【市老年教育推进现场会在余杭举行】 2022年11月，杭州市老年教育高质量发展专题培训暨示范性共学养老基地建设现场会在余杭区五常街道举行，西溪风情社区“共学养老基地”作为示范样板进行展示。

【“双证制”教育学员毕业】 2022年，余杭区开展成人高中“双证制”教育培训，设良渚街道教育指导和社区教育中心学校等12个教学点，实际毕业2395人，其中181名学员被评为余杭区成人“双证制”优秀学员。

（刘　纯）

教师队伍建设

【概况】 2022年，余杭区教育系统在职教职工1.53万人，其中，普通高中1407人，职业高中251人，初中2336人，小学4121人，幼儿园7173人，其他学校52人。全区普通高中专任教师973人，职业高中专任教师241人，初中专任教师1989人，小学专任教师4037人，幼儿园专任教师3719人。区教育局联合区委人才办等5个部门，成立区教育人才工作领导小组，出台《余杭区教育高层次人才激励办法》等5项人才相关政策。全年开展新教师招聘2批次，招录309人，其中硕士及以上学历占38.4%，北京大学等“双一流”高校毕业生占23.6%。招引名优教师76人，比上年增长26%。其中，省特级教师5人，市级以上名优教师53人，青年教育人才18人。

【教育对口帮扶】 2022年，余杭区选派教育对口帮扶老师18人，其中，仁和中学陈香强等4名教师赴四川省甘孜州稻城县支教，文昌高级中学陈丽君等4名教师赴四川省广元市苍溪县支教，大禹小学江萍等10名教师赴杭州市临安区开展对口帮扶工作。

【浙江省特级教师评定】 2022年9月，省教育厅公布第13批浙江省特级教师名单，余杭第一中学蔡晓佳、杭州师范大学附属未来科技城学校许宇伟、育海外国语学校郭进贵被评为省特级教师。

（刘　纯）

编辑：陈　林

文化·传媒

Culture and Mass Media

综 述

【省公共文化服务现代化先行区创建】 2022年，区文化和广电旅游体育局开展现代化先行区创建工作，实施余杭区公共文化服务高质量发展“1510”计划，出台《余杭区高质量创建浙江省公共文化服务现代化先行区创建方案》，组建创建领导小组，保障创建经费，面向镇（街道）下达创建任务，开展创建中期答辩汇报。

【“五品四有”“15分钟品质文化生活圈”】 2022年，余杭区围绕“一圈一品，一圈一韵；圈圈有景，圈圈有韵”“15分钟品质文化生活圈”建设目标，推进“15分钟品质文化生活圈”建设，基于“五品四有”（“五品”即具备品质空间、品质服务、品质团队、品质导师、品质活动。“四有”即有精准配送机制、有培养培训机制、有考核评价机制、有激励表彰机制）余杭模式，完善设施网络，充实文化生活圈。全年建成品质文化生活圈58个，省市级城市书房5个，文化驿站2个、余阅书房3家、余阅书舍8家、余阅书吧20家。余杭区文化馆、余杭街道永安村、瓶窑镇南山村被评为省公共文化场馆功能拓展先行先试单位。瓶窑老街入选全省首届最美公共文化空间（跨界）。黄湖镇青山村被评为浙江省首批美育示范村。《余杭区构建“五品四有”“15分钟品质文化生活圈”的探索与实践》入选省文化和旅游厅公共文化服务高质量发展典型案例。

【“浙江文化标识”打造】 2022年，区文化和广电旅游体育局围绕良渚文化、径山茶文化、古镇文化、苕溪文化、沈括故里等，打造“浙江文化标识”，提升“中华文明圣地”的国际辨识度、世界影响力。“径山禅茶”“良渚玉雕”“章太炎故居”被评为省文化和旅游厅“文化基因解码工程”解码成果评审“优秀解码项目”，“良渚文化”入选首批100项“浙江文化标识”培育项目，“余杭区径山文旅IP转化利用项目”入选浙江省首批文化基因解码成果转化利用示范项目。

【文化保障卡发放】 2022年，区文化和广电旅游体育局在全省首发文化保障卡，依托“看余杭”APP、“余杭一码通”平台，整合支付宝、志愿汇、文明帮帮码等平台数据，打通线上线下消费场景。该卡具有志愿积分兑换、消费积分累积等功能。截至年末，文化保障卡发放近万张，发放120万元。“余杭文化保障卡多跨应用场景”入选省文化和旅游厅数字化改革第二批试点。

【区群众文体等级团队评定】 2022年，区文化和广电旅游体育局评定2022年余杭区群众文体等级团队74支，区级文化示范户10户，乡村文化能人53人。举办省公共文化服务现代化先行区创建、全区宣传文化员、“三团三社”（“三团”即艺术团、合唱团、民乐团，“三社”即书画社、摄影社、文学社）、文艺骨干、文化志愿者等培训班330多期，培训5万余人次，提升基层文化人才队伍水平。

【余杭文化中心启用】 2022年9月，余杭文化中心启用。余杭文化中心集区图书馆、文化馆、非遗馆、小百花越剧艺术中心、余杭苕溪大剧院、文旅大数据中心等功能场馆于一体，设有24小时自助图书馆、文化驿站等公共文化空间，满足群众阅读、看戏、观展、艺术欣赏等文化需求。

（沈怡静）

群众文化

【概况】 2022年，区文化和广电旅游体育局举办第七届余杭艺术节等文艺赛事、演出展览等活动800多场次，参与群众500多万人次。

【“余韵飞扬 艺秀星空”街头演艺品牌打造】 2022年，区文化和广电旅游体育局建立“文艺星火·余韵飞扬·艺秀星空”工作体系。重点打造闲林老街、梦想小镇、万达商圈等主题演艺街区（园区）试点，主题演艺嵌入城区、景区、社区、园区等地，以多点、高频、流动的舞台，打造城市艺术景观，形成民间艺术普及生态圈。

【“相约”“美丽洲”系列文化活动】 2022年，区文化和广电旅游体育局举办“美丽洲”大舞台、“美丽洲”故事会35场，“相约你我他 文化进万家”惠民演出190场，惠及群众50多万人次。莲花落表演艺术家翁仁康、浙江交响乐团、杭州滑稽艺术剧院、杭州新青年艺术团、小百花越剧艺术中心等到余杭基层开展表演。

【新春系列文化活动】 2022年元旦、春节期间，区文化和广电旅游体育局组织开展2022年“文化迎新春‘余’你过大年”主题活动，开展云上村晚、云上汇报、云上送福、云上佳宴、云上团圆、云上春晚等六大主题线上活动。

【全民迎亚运誓师活动】 2022年4月1日，杭州市亚运筹办“决胜攻坚”誓师动员大会举行，余杭区分会场活动——“你好亚运！余杭@未来”全民迎亚运誓师活动，在杭州师范大学仓前校区体育场举行。

【第七届余杭艺术节】 2022年5月28日至2023年1月9日，余杭第七届艺术节举行。艺术节期间，面向群众开展文艺赛事、演出展览等活动上百场，包括浙江省群文摄影名家邀请展暨余杭区苕溪文化静态创作大赛、浙江省第十六届新故事比赛、余杭区全国原创歌词征集大赛、第七届余杭艺术开幕式暨余杭区特色体育舞蹈大赛、余杭区新（廉政）故事征文及交流会、2022“蒲公英计划”书法美育班教师作品交流展等全区性活动。

【省庆祝建军95周年文艺演出在径山镇举行】 2022年7月31日，“军旗飘扬 红心向党”浙江省庆祝中国人民解放军建军95周年文艺演出在径山镇举行。区文化馆、余杭小百花越剧艺术中心、余杭区中泰武术学校艺术团、余悦合唱团、杭州市闲林职业高级中学等演出合唱《中国人民解放军军歌》、歌舞《好男儿就是要当兵》、音乐快板《看见你们格外亲》、歌曲串联《我的祖国》、武术与合唱《就为打胜仗》等节目。

（沈怡静）

文艺创作

【概况】 2022年，余杭区文化馆业务干部创作、辅导的作品在市级以上获奖、发表111件次，其中，国家级及以上3件次、省级56件次、市级53件次。

【文学创作】 2022年2月，区文化馆辅导选送作品《岁月留香》获第八届浙江民间文艺映山红奖·优秀民间文学作品。8月，辅导选送故事作品《穿越时空明信片》《村委啥时给我发老婆》等6篇被评为共富共美·第四届浙江省民间故事会征文成人组“浙江年度好故事”，故事《古镇百匠艺人》被评为少儿组“浙江年度优秀少儿故事”。诗歌《老街》获得浙江省第十三届“中国梦 故乡情”乡村诗歌大赛一等奖，诗歌《大运河·我水草般生长的灵性》获二等奖，诗歌《万家灯熄你还在》获三等奖。故事《赊猪风波》获浙江省第十六届新故事作品征文大赛一等奖，辅导选送故事作品获一等奖1篇、二等奖7篇、三等奖8篇。9月，辅导选送故事《吞不掉的灵魂》获全国麻城杯红色故事征文三等奖。10月，选送的余杭街道文体中心杂志《苕溪》获2022年度浙江省群众文化报刊评比金奖，瓶窑镇文体中心杂志《窑山》获银奖。11月，故事《范建三斗无赖汉》获杭州市第十三届网络故事大赛一等奖，辅导1篇故事作品获一等奖。

【声乐创作】 2022年2月，区文化馆辅导选送径山器乐《盛世花鼓》在“庆建党百年 享美好生活”浙江省“三团三社”示范交流系列活动中获表演艺术类银奖。7月，选送钢琴曲《侏儒之舞》获第三届杭州市青少年大赛（音乐专场）暨2022年浙江省青少年艺术大赛（音乐专场）——“追梦之声”浙江省青少年声乐和器乐选拔赛西洋乐组一等奖。8月，辅导选送歌词《歌唱径山》获浙江省“歌颂新时代·喜迎二十大”歌词大赛一等奖。12月，歌曲《返乡青年》获浙江省第二十一届群众音乐大赛声乐金奖。12月，歌曲《良渚》获杭州市第十五届精神文明建设“五个一工程”优秀作品奖。

【理论调研创作】 2022年5月，区文化馆论文《县级文化馆在全民艺术普及中工作中的新作为——以余杭区文化馆为例》获2022年浙江省新时代文化馆理论体系构建征文活动一等奖。9月，论文《文化礼堂走亲助推村落文化建设——以余杭区为例》获2022年第四届全国文化馆年会征文二等奖。10月，论文《文化礼堂走亲助推村落文化建设——以余杭区为例》获浙江省第二十四届公共文化论坛一等奖。10月，论文《县级文化馆在全民艺术普及中工作中的新作为——以余杭区文化馆为例》获2022年浙江省新时代文化馆理论体系构建征文活动一等奖，《群众文艺创作与全民艺术普及策略探析》获二等奖。11月，论文《文化礼堂走亲助推村落文化建设——以余杭区为例》《曲艺艺术的传承与保护》获第二十九届杭州市群文论文比赛二等奖，辅导选送《基层文化馆在全民艺术普及中的新作为》获一等奖。

【戏剧曲艺创作】 2022年5月，区文化馆越剧小戏《一张化验单》获2022年浙江省“群星奖”（戏剧类），入选第十九届群星奖复赛。9月，越剧小戏《遥远的印记》获“喜迎二十大 同走共富路”浙江省第十一届群众戏曲小戏大赛金奖。11月，小品《天衣无缝》、越剧小戏《遥远的印记》获2022年“杭州有戏”戏剧大赛暨首届杭州乡村戏剧大赛表演金奖、创作金奖。12月，《遥远的印记》被评为“戏剧中国”2022全国小戏小品优秀作品线上展演入围剧目。

【舞蹈创作】 2022年7月，区文化馆辅导选送作品《高头竹马》被评为第八届浙江民间文艺映山红奖·优秀民间文艺表演作品。8月，选送舞蹈《大陆花灯》获省“非遗薪传”传统舞蹈（灯舞）项目展评活动优秀展演奖。9月，选送舞蹈《炉窑踏歌》获杭州市第十一届“风雅颂”民间舞蹈展银奖。

【视觉艺术创作】 2022年8月，区文化馆书法作品“喜迎二十大”入展“同心庆回归、喜迎二十大”——中外名家书画线上展。10月，选送组照《南山印象》获第十九届浙江省摄影艺术展（艺术类）银质珍藏奖。12月，马登峰书法作品《登山过门联》入展浙江省群星书法临摹展，马登峰获浙江省群星书法大展铜奖。

（沈怡静）

非物质文化遗产

【大运河省级文化传承生态保护区创建】 2022年，区文化和广电旅游体育局编制《余杭区创建省级文化传承生态保护区专项规划》《径山茶文化保护综合体规划》，对径山镇径山村、中泰街道紫荆村、鸬鸟镇山沟沟村等区域实施整体保护，保存运河非物质文化遗产。举办余杭区大运河“非遗衍生品”设计大赛，助力大运河文化传承生态保护区创建。是年，余杭区被评为大运河省级文化传承生态保护区。

【“茶非遗”系列活动】 2022年，区文化和广电旅游体育局启动“茶非遗”衍生品设计比赛，举办“我的幸福茶生活”全球短视频征集大赛、“诗出有茗 非遗杭茶”全球最美茶诗大赛等活动，提升“茶非遗”项目影响力。

【区级数字非遗馆】 2022年，区文化和广电旅游体育局推进区级综合性非遗馆布展设计和音视频拍摄等工作，围绕余杭区非物质文化遗产代表性项目，以余杭良渚文化、运河文化、径山文化三大文化保护传承工作为脉络，通过数字、影音、体感等展陈手段，展示“五常龙舟胜会”“余杭纸伞”等具有余杭区江南水乡地域特色的非遗项目。

【非遗传承人群素质提升工程】 2022年，区文化和广电旅游体育局开展非遗传承人群综合素质提升工程，举办余杭区“融与拓”非遗保护培训班和非遗工坊创建培训班，构建传统工艺创作、交流、展示平台和技能培训平台，重点解决设计、技术与材料问题，提高传承人群的传承发展能力。

【余杭区第17个“非遗保护月”系列活动】 2022年5—6月，余杭区第17个“非遗保护月”系列活动举行，其间，举行“宋韵余杭”非遗展，征集并表彰余杭区“最美非遗年度人物”“优秀非遗体验点”，承办浙江省传统工艺工作站和非遗工坊首场创建会商活动，举办传梭博物馆开馆及非遗旅游线路体验活动。

【省级传统工艺工作站和省级非遗工坊创建】 2022年6月6日，省文化和旅游厅公布省级传统工艺工作站、省级非遗工坊创建名单，“茶道之源”余杭传统工艺工作站被列入省级传统工艺工作站创建名单，中泰竹笛非遗工坊入选省级非遗工坊创建名单。

【市级非遗项目创建】 2022年9月9日，第七批杭州市非物质文化遗产代表性项目名录公布，余杭6个非遗项目入选，分别是余杭越剧、杭州摊簧、良渚玉雕、良渚陶器烧制技艺、茶筅制作技艺、传统食品腌腊技艺。

【市级非遗体验基地、非遗酒店、民宿创建】 2022年10月26日，市文化广电旅游局发布首批杭州市非物质文化遗产特色酒店、民宿名单，瓶窑蚕桑文化馆入选市级非遗体验基地，杭州陆羽君澜度假酒店入选市级非遗特色酒店，杭州五峰山房入选市级非遗民宿。

茶筅制作技艺（摄于2022年）　（区文化和广电旅游体育局　供图）

【径山镇入选中国民间文化艺术之乡建设典型案例名单】 2022年11月21日，文化和旅游部公布“中国民间文化艺术之乡”建设典型案例名单，“径山镇：以中国民间文化艺术之乡建设为契机助力文旅融合出实效”入选。径山镇以镇文体大楼为中心，融入禅茶元素，多点位布局提升文化设施效能。举办研学课程进学校、进景区、进礼堂，中国茶圣节等活动，引导社会力量参与建设。推出大径山祈福之旅、茶研学之旅等热门游线，搭建径山茶宴数字化体验展示传播平台和虚拟互动场景，培育扶持“陆羽泡的茶”“浙抹牛”等新式茶饮品牌。是年，径山茶品牌价值27.34亿元。

【“径山茶宴”入选人类非遗】 2022年11月29日，联合国教科文组织新一批人类非物质文化遗产代表作名录公布，由中国单独申报的“中国传统制茶技艺及其相关习俗”项目入选。径山茶宴作为该项目的重要组成部分，共同入选人类非遗。径山茶宴是径山寺接待贵客上宾时的大堂茶会，包括张茶榜、击茶鼓、恭请入堂、上香礼佛、煎汤点茶、行盏分茶、说偈吃茶、谢茶退堂等10多道程序。径山茶宴是日本茶道之源，对杭州地区民间饮茶礼仪习俗的存续也有重要影响。

（沈怡静）

文化市场管理

【概况】 2022年，区文化市场行政执法队出动执法人员1.45万人次，检查经营单位6688家次，查获并纠正违规经营行为212起、立案处罚42件，其中重大行政处罚案件5起，罚没款29.3万元。

【文旅市场和安全专项检查】 2022年，区文化市场行政执法队对网吧、歌舞娱乐、电影院、游泳馆等人员密集型场所和景区等旅游场所开展安全生产检查。在端午、中秋、“十一”等重点节假日前，以及党的二十大召开期间，开展文化娱乐场所及景区、星级宾馆安全检查。

【文化市场“护校安园”专项行动】 2022年寒暑假和开学季等时段，区文化市场行政执法队检查校园周边文化经营场所和出版物经营场所580多家次，出动执法人员1800多人次。巡查淘宝店铺338家，下架违规商品1100多件。暑假期间，检查游泳场所146家次，立案查处相关案件11起。全年参加50多所小学的护校安园会议、10多所学校护校安园专项检查，联合属地镇（街道）组织校园周边文化市场专项检查12次，定期参与区级专项督查。

（沈怡静）

图书馆

【概况】 2022年，余杭区图书馆新馆建成。全年，图书馆新增文献25.84万册，馆藏文献总量61.33万册，其中少儿文献15.44万册，征订报纸期刊1.47万种。区图书馆在余阅公共阅读空间和镇（街道）分馆开展活动1987场次，其中，讲座480场、展览（含线上）224场、培训583场、阅读推广活动700场。为全区208个农家书屋（社区图书室）送书35万余册，开展“送展下乡”活动。区图书馆被授予“大运河阅读基地”称号；选送的作品《良渚的诗》获“书说浙里 共读共富”讲书大赛浙江省决赛一等奖，领读人张海龙获“书说浙里 共读共富”讲书大赛十佳领读人称号；选送的作品《火焰上的辩词》获“天籁浙江”朗诵大会浙江省决赛二等奖，区图书馆获“天籁浙江”朗诵大会杭州地区优秀组织奖。

【“美丽洲”故事会】 2022年，余杭区“美丽洲”故事会品牌活动以“献礼二十大，百姓讲述身边事”为主题，设非遗故事专场、廉政故事专场、红色故事专场、少儿故事专场、余杭民间故事专场等，讲述故事近百个，受众近万人。

【区图书馆总馆】 2022年，余杭区图书馆新馆建成，馆功能面积1.18万平方米，书架约430组，座位约800个。图书馆集数字化阅读与传统阅读于一体，设置少儿绘本区、少儿文学区、

余阅书房·小强公益书屋（摄于2022年）

（区文化和广电旅游体育局　供图）

少儿主题区、成人红色主题区、成人自修区、特色主题区、休闲主题区，为市民提供图书借阅、文艺活动、亲子活动等文化活动。

【区图书馆分馆】 2022年，余杭区基本形成以区图书馆为总馆，12个镇（街道）图书馆为分馆，余阅空间、农家书屋、社区图书室等为流通服务点，图书流通服务车为补充的公共图书馆三级服务体系。系统内实现资源共享、协同采编、统一检索、一卡通用。

【“智慧+图书馆”服务模式】 2022年，区图书馆建立资源线上线下互动体验服务模式。开发7个便民便捷软件系统，引进13种智能设备共29台，引进“智能资讯导览机器人”作为馆内“引导员”。

【汽车图书馆】 2022年，区汽车图书馆到12个镇（街道）近300个点位，提供图书免费流通服务。全年出车240多次，借还图书7.1万册，服务读者8.1万人次。

【杭州书房建设】 2022年，区图书馆指导建成并开放杭州书房3个，为百丈鑫藏修书屋、闲林林下书院和良渚安溪玲珑书屋。

【“大运河阅读行动计划·杭州站”活动】 2022年5月31日，“大运河阅读行动计划·杭州站”活动在余杭区莲美术馆举行，通过大运河故事分享会、大运河主题朗诵、大运河阅读行走、大运河主题展览等形式，共读运河诗篇，共赏运河之美。

【区第九届群众文艺刊物评比】 2022年10月31日，余杭区第九届群众文艺刊物评比决赛在余阅书房·五常街道南滕社区举行，五常街道的《五尚书》、余杭街道的《苕溪》、瓶窑镇的《窑山》获得最佳群众文艺刊物奖；良渚街道的《良渚》、闲林街道的《闲林埠》、中泰街道的《南湖》获得优秀群众文艺刊物奖；五常街道的《龙首：五常龙舟长镜头》、径山镇的《径山文化研究论文集》获得特色群众文艺刊物奖。

（沈怡静）

电视广播

【概况】 2022年，余杭区有广播电视节目制作经营单位191家，新增30家。继续实施“广电低保”惠民工程和农村应急广播体系运维。全年广播电视安全播出正常。在杭州市2022年度广播电视安全播出工作考核中，区文化和广电旅游体育局总分居第二位，被评为2022年度广播电视安全播出考核优秀单位。非法卫星电视地面接收设施整治工作考核，余杭区总分居全市第一位。

【低保户有线电视基本收视维护费减免】 2022年，余杭区为5027户（不含集中供养的）低保户减免基本收视维护费，为32户低保户减免入网费。另有不予（需）办理和集中供养低保家庭372户。

【广播电视安全播出保障】 2022年度，区文化和广电旅游体育局及运维单位对3个区级平台、11个街道平台、127个村（社区）平台，358个应急广播终端开展巡查巡检24次，在迎接党的二十大、省第十五次党代会广播电视安全播出重要保障期增派巡查力量。巡查中发现故障78起，均全部修复。

【线路迁改】 2022年，区文化和广电旅游体育局配合完成沿线弱电线路迁改或上改下约60千米，包含应急广播网络线路10千米，迁改终端音柱15个，保证应急广播网络传输安全，设备终端状态良好。

【卫星电视传播秩序管理】 2022年，区文化和广电旅游体育局制定《余杭区2022年非法卫星电视接收设施整治工作方案》，整改非法点位75个。全年召开专题研究或部署整治工作会议5次；发出整改通知书（含检查告知书）7492份；开展联合执法267次，出动执法人员2542人次，立案查处2起；检查辖区内企事业单位、宾馆饭店、生产企业、家电市场、电器销售门店、网络电商等979次；用户自行拆除非法卫星电视接收设施137座，强制拆除20座。

【广播电视节目制作经营机构业绩审核】 2022年，余杭区191家广播电视节目制作经营单位通过国家广播电视总局“政务服务平台”完成年度业绩审核。其中，国有独资1家，民营190家。

（沈怡静）

文　物

【概况】 2022年，余杭区居浙江省文博事业发展水平评估第一位，2022年度杭州市文物工作综合考核全市第一位，考核等次为最佳。全年巡查文物博物馆单位91处602人次。

【“先考古、后出让”制度落实】 2022年，区文化和广电旅游体育局审查列入出让、储备和做地计划的经营性用地326宗，出具考古意见的地块103宗。全年完成63宗地块的考古勘探，总面积约212万平方米；完成发掘项目10处，发掘面积2万平方米。保障余杭区成交经营性用地35宗130.53公顷，工业用地22宗59.60公顷，全区土地出让超400亿元，推动圣钘能源有限公司、东方基因生物制品股份有限公司、日立电梯（中国）有限公司、科兴中维华东项目等企业落地。

【文物“三防”落实】 2022年，区文化和广电旅游体育局将2处全国重点文物保护单位和20处市级文物保护单位的安防工程纳入2022年度余杭区文物保护专项资金项目投资计划，共投资445万元。实现全区89个文保单位（点）安防设施全覆盖，监控率100%，确保“人防、物防、技防”三防到位。全国重点文物保护单位“南山造像安防工程”通过浙江省文物局验收。

【文物保存评估、普查】 2022年，区文化和广电旅游体育局开展文物保存状况评估、第三次全国文物普查登录文物（简称“三普”）复核工作，梳理全区715处“三普”文物信息，拍摄文物照片千余张。完成径山镇陶村桥等10处市级文物保护单位“四有”档案编制工作。杨乃武墓、径山寺遗迹（含宋孝宗御碑、径山钟楼、明代铁香炉）入选杭州市第七批文物保护单位。

【乡村博物馆建设】 2022年，鸬鸟镇太公堂村余杭抗日战争纪念馆、山沟沟村新四军随军被服厂旧址陈列馆和仁和街道花园村中共西镇区委旧址3家场馆被评为浙江省乡村博物馆。12月，余杭乡村博物馆汇聚乡村振兴文化力量项目入选省文化和旅游厅促进共同富裕最佳实践案例。

【文物修缮】 2022年，区文化和广电旅游体育局完成良渚街道纤石村粮仓、仓前街道登瀛桥、中泰街道胡家祠堂、百丈镇釜托寺大殿和

修缮后的纤石村粮仓（摄于2022年）
（区文化和广电旅游体育局　供图）

径山镇双碑园5处农村乡土建筑修缮。

【“宋韵文化”宣传】　2022年，区文化和广电旅游体育局打造“寻梦苕溪”宋韵研学线路，突出“径山”“沈括”“苕溪”等宋朝文化标志，包含径山寺遗址、沈括墓等两宋文物，获杭州市宋韵精品研学线路征集活动二等奖。推出“余杭宋诗之路”品牌，整理发布含余杭元素的两宋诗词116首。

【太炎文化教育】　2022年，章太炎故居纪念馆创建《章太炎研究》集刊，启动《晚清民国报刊中的章太炎史料辑录》编纂项目；举办“刀与笔——姚思铨与浙江抗日救亡展”等展览9个，展览展品赴重庆、广东，韩国交流展出；开展文化讲座等社会教育活动21项，接待团队132批次、游客近9万人次。

【大运河整体保护】　2022年，区文化和广电旅游体育局开展大运河日常巡查和实时监测，消除遗产本体安全隐患，控制遗产核心区块项目建设。履行大运河保护区划内余杭区东西大道运河大桥改造工程报批手续，获得国家文物局批复。指导镇（街道）整治大运河沿岸环境，增设沿岸慢行系统、城市小品休憩设施，加强运河文化环境营造。对运河水系范围内的桥梁、水井、古民居等不可移动文物进行维护保养及提升改造。

【良渚遗址文物安全巡查网格智治模块入选省“揭榜挂帅”项目】　2022年1月，余杭区以良渚遗址为试点，推进文物安全巡查网格智治，实现文物安全巡检、管理、预警、处置、监管的网格化、全流程闭环管控。“良渚遗址文物安全巡查网格智治”应用场景入选全省“文物安全”应用场景建设试点“揭榜挂帅”项目名单。

【省文化和旅游重大项目开工仪式在余杭举行】　2022年2月16日，浙江省文化和旅游重大项目暨浙江省考古与文物保护基地建设项目开工仪式在余杭举行，其他10个地级市以视频连线形式参加。仪式上，余杭区启动径山禅茶文化交流中心、良渚博物院二期项目、省考古与文物保护基地等项目。

【余杭故城遗址项目入选省考古重要发现】　2022年12月，余杭直街区块考古发现的余杭故城遗址项目入选2022年度浙江考古重要发现。余杭故城发现了从战国延续至今的古今重叠型城址，结构清晰、保存较好。作为中央控制越地的重要枢纽，汉六朝余杭城的发现是研究中央王朝视野下制海与备越的样本，余杭故城与南苕溪、南湖、西险大塘、运河等构成有机整体，上连良渚古城、小古城，下启杭州城，对研究古代城市选址、人地关系变迁具有重要意义。

（沈怡静）

档案工作

【概况】　截至2022年末，区档案馆馆藏档案全宗90个，48.80万卷（件）。全年接待利用者1507人次，提供档案7720卷（件）次，复印

3200页，其中，馆室共享查阅735人次，提供档案2356卷（件）次；长三角地区跨馆查询9次，涉及档案41卷（件）次。

【档案业务管理】 2022年，区档案馆牵头开展档案年检工作，掌握行政区划调整后全区档案工作情况。结合“双随机”行政检查，对立档单位、档案服务公司、重点项目进行行政检查。完成“双随机”事项、“互联网+”监管事项覆盖率、跨部门执法检查比例和掌上执法率等指标要求。6月，举办余杭区档案业务培训班，采用“网络学习+视频会议”相结合的教学模式，培训222人。

【档案接收】 2022年，区档案馆征集到《龙头》《风雅余杭》《塘栖史上廿五家》等地方文献9种12册，征集鸬鸟镇庙湾里的变迁老照片和四岭水库老照片（电子版）各10多张。以行政区划调整为契机，以“我们这十年”为主题，拍摄余杭重点项目工程8处，照片15张，视频6个，丰富馆藏储备。接收党史学习教育专项档案750卷（件）。参与之江实验室新园区“人工智能开源平台建设与应用项目”档案专项验收。

【档案信息化建设】 2022年，区档案馆上线“掌上查档”应用。利用浙里办的身份认证系统实现查档服务，打造覆盖“查档申请、身份验证、业务办理、档案出证”的一体化利用体系，实现婚姻、户籍、农村建房、出生医学证明等查档事项“掌上办”。全年出证数263人、申请人数1175人，应用访问人数2070人次。开发建设“查档直通车”平台。依托浙政钉实名用户体系，构建“村（社区）—镇（街道）—部门—档案馆”四方档案数据利用互查网络体系。开发建设数字档案智慧管理应用。以业务监督管理系统以及“查档直通车”平台为数据支撑，实现档案数据利用、档案业务监督掌上办。以“掌上查档”和“查档直通车”为依托，建设数字档案共享利用平台，实现一网申请、一键查阅数字档案功能。

【档案文化宣传】 2022年，区档案馆在“余杭档案”微信公众号发布《1952—1954，这里曾创造一项全国先进》等原创文章9篇，录用、发布优秀投稿1篇。编著《云会乡事》。推送《脚底下的记忆》《富不丢书》等文章参加“我的人世间故事”征文并被“学习强国”杭州平台录用。结合“6·9”档案日和“喜迎二十大”两大主题，联合区委党史研究室（区地方志编纂研究室）开展“喜迎二十大·档案颂辉煌”征文活动。开展线上档案、党史知识竞赛，参与2200多人。

（周军宽）

融媒体

【概况】 2022年，区融媒体中心开展贯彻党的二十大精神、疫情防控、共同富裕、建设杭州城市新中心、亚运攻坚、高质量发展等重大主题宣传，推出专栏专题40多组，评论60多篇。实施移动优先战略，超80%的稿件实现新媒体首发。“看余杭”APP客户端累计下载量28万人次，日活跃量超5000人次，接入各项服务应用28项。发布全省首个县级融媒体中心广播级真人数字人。电视新闻在中央广播电视总台央视播出84条（其中《新闻联播》22条），浙江卫视播出641条；广播新闻在中央广播电视总台央广中国之声播出101条，浙江之声播出348条，继续保持全省新闻协作县融体排名第一位。“杭州之窗”供稿排名全市第一位，优质国际传播短视频原创用稿1748篇次，排名全市第一位；县级融媒体中心“五力提升”考核居全市第一位。全年获得国家和省、市级新闻奖作品30多项。余杭短视频创作经验在全省媒体融合专题研讨班暨舆论引导在线深度贯通推进会作经验交流。

【《一条“机器鱼”遨游万米深海》获“中国新闻奖”】 2022年，余杭区新闻作品《一条“机器鱼”遨游万米深海》获第32届“中国新闻奖”三等奖，为该年全省唯一获该奖项的县级媒体作品。作品刊于《余杭晨报》，记录之江实验室与浙江大学的最新研究成果——一项深海探测机器发明的事迹。

【融媒体中心作品获“学习强国”奖项】 2022年，区融媒体中心创作的短视频作品3次获“学习强国”全国县级融媒体中心优秀作品季赛奖项。其中，作品《是谁路过我的相机》讲述年轻人参与生物多样性保护，获春赛全国二等奖；作品《我愿为你上晴空》讲述之江实验室的年轻科研团队克服困难，完成首次低空载人飞行的故事，获夏赛全国一等奖；作品《阿向的生活》展示余杭对口帮扶县四川省稻城县少数民族地区人与人、人与大自然和谐相处的生活氛围，获秋赛全国一等奖。

【“网友互动求助平台”开通】 2022年1月14日，余杭区融媒体中心在“看余杭”APP客户端开通“网友互动求助平台”。工作人员实时在线接收居民咨询和求助，交办反馈，回应民情民意。

【区融媒体中心获全省新闻协作特等奖】 2022年4月22日，在浙江省广播电视新闻融合传播协作会上，区融媒体中心电视、广播、新媒体均获2021年度全省新闻协作特等奖，广播新闻获中国之声发稿前十强等多个奖项。至此，余杭区融媒体中心连续5年居全省电视新闻协作县级融媒体第一位。

【《我不是牛肉西施》获“看见美丽中国”短视频大赛奖项】 2022年5月30日，区融媒体中心作品《我不是牛肉西施》获“看见美丽中国”全国短视频大赛最佳短视频奖。《我不是牛肉西施》记录直播经济下，年轻人努力刻苦、敢于面对挑战、勇敢做自己的故事，为观察和解读浙江年轻一代的创新创业精神提供案例。

【余杭传媒集团正式划分】 2022年5月31日，余杭区、临平区两区召开联席会议，确认《杭州余杭传媒集团有限公司划分方案》和《余杭、临平两区融媒体中心合作备忘录》内容，明确人员划转、资产分配等情况。经余杭区第22次区政府常务会议和余杭区十五届区委常委会第37次会议研究，《杭州余杭传媒集团有限公司划分方案》和《余杭、临平两区融媒体中心合作备忘录》通过。6月30日，余杭传媒集团正式划分。

【《余杭时报》启用】 2022年6月10日，国家新闻出版署批复同意《余杭晨报》（CN33-0113）报纸更名为《余杭时报》，新编国内统一连续出版物号为CN33-0117，出版单位由余杭晨报社变更为余杭时报社（事业单位）。11月8日，《余杭时报》启用。改版后，报纸版面常态设置新闻、周刊、副刊、专题4类。

【区融媒体中心到北京现场报道党的二十大】 2022年10月，由浙江省委宣传部指定，余杭区作为全省县级融媒体中心唯一代表，派出记者赵永军到北京参加党的二十大现场报道。余杭区组建前、后方宣传工作组，推出“二十大时光”“提问党代表”等系列报道。

【融媒体校企产学研合作】 2022年11月2日，余杭区融媒体中心与浙大城市学院传媒与人文学院举行产学研基地签约揭牌仪式。双方在传媒产业发展、传媒人才培养等方面建立合作，打造校企产学研合作示范案例。

【广播级真人数字人启用】 2022年11月8日，浙江省县级融媒体中心首个广播级真人数字人启用。真人数字人主播“常小行”由区融媒体中心与浙江核新同花顺网络信息股份有限公司历时7个月共同研发。依靠AI技术，“常小行”能够快速播报新闻资讯。

（伍智东）

编辑：陈　林

良渚遗址

Liangzhu Site

综　述

【良管委获全国五一劳动奖状】 2022年4月28日，全国总工会召开2022年庆祝“五一”国际劳动节暨全国五一劳动奖和全国工人先锋号表彰大会，杭州良渚遗址管理区管理委员会获2022年全国五一劳动奖状。良管委成立于2001年，是良渚遗址保护管理的专门机构。围绕打造文物保护标杆地、中华文明展示地、文旅融合样板地和共同富裕示范地“四个地”工作目标，推动良渚遗址的保护研究传承利用工作。

【良渚博物院】 2022年，良渚博物院获得“一星级全国青年文明号”“浙江省关心下一代教育基地”等荣誉。良渚博物院署名文章《实证中华五千多年文明史的圣地》在《求是》杂志刊登。

【良渚志愿者队伍建设案例入选全国典型】 2022年，良渚博物院（良渚研究院）“传播良渚文化”志愿者队伍建设案例被国家文物局、中央文明办评为2022年度全国博物馆志愿服务典型案例。该志愿队成立于2010年，是中国博物馆协会志愿者专业委员会的会员单位。截至年末，志愿者超500人，核心志愿者近300人，累计为社会公众服务50多万人次，其中讲解5000多场次，服务观众10万余人次。志愿者从事博物馆内的文明劝导、访客咨询、博物馆预约指导、定时讲解等工作，参与良渚博物院的进社区、进学校、进乡村、进企业活动，参与新媒体宣传、小志愿者培训等工作。根据志愿者特长，推出外文讲解、非遗课程研发、摄影宣传、医疗急救等特色服务。

（肖　丹）

良渚遗址保护与研究

【《反山》《瑶山》修订出版】 2022年3月26日，由省文物考古研究所编著，良渚博物院参与的《瑶山》《反山》考古报告修订出版，各发行1000本。《瑶山》《反山》考古报告作为良渚遗址群考古报告之一、之二，分别于2003年、2005年由文物出版社出版发行，为反山墓地、瑶山祭坛及良渚文化的研究提供了资料。在组织翻译两书英文版时，因涉及重新校勘且原报告近乎绝版，有关方面决定重新修订《瑶山》《反山》报告。

【“良渚遗址5000+”数智应用】 2022年4月，“构建良渚遗址文物智慧体系”入选余杭区牵一发动全身重大改革，“良渚遗址5000+”应用启动。应用聚焦大遗址“发掘—保护—研究—利用”全生命周期，建设空间管治、网格智治、价值共享、“文物+”4个场景，推动形成“功能共用、协同共治、研究共享、生态

2022 年 3 月 26 日，《反山》《瑶山》修订本出版

（杭州良渚遗址管理区管理委员会　供图）

共创”的文物保护传承和活化利用智治体系。是年，该应用被评为浙江省2022年数字化改革“最佳应用”，相关经验做法在省委改革工作专刊《浙里改（领跑者）》上刊发，向全省推广。

【良渚遗址被写入“十四五”考古工作重点任务】　2022年4月22日，国家文物局印发《“十四五”考古工作专项规划》，良渚遗址入选《“十四五”考古工作专项规划》2项重点任务：在重点任务“中华文明起源与早期发展综合研究”中，以黄河中下游、长江流域及西辽河流域地区的良渚等核心遗址为工作重心，深入研究重点遗址所在流域及区域在文明演进中的形成过程、基本态势和发展流变的时空框架、区域差异、文明演进道路差异的表现与动因；在重点任务“考古报告出版工程”中，编辑出版良渚等20部～30部重要大遗址考古报告。

【国家古代壁画与土遗址保护工程技术中心东南分中心揭牌】　2022年7月6日，杭州良渚遗址管理区管理委员会与敦煌研究院签署战略合作框架协议，成立国家古代壁画与土遗址保护工程技术中心东南分中心。双方将以“以保护为基础、以研究为核心、以弘扬为目的”的理念，围绕潮湿环境土遗址保护技术、土遗址遗产监测、数字再现等内容，共同开展项目建设、课题研究、人才培养等工作，还将建章立制，为常态化开展文物保护实验、研发文物保护技术、交流共享理论方法成果等实体化运行国家古代壁画与土遗址保护工程技术研究中心东南分中心提供保障。

【世界遗产保护管理专题研讨会】　2022年7月8日，杭州良渚遗址管理区管理委员会与英国剑桥大学遗产研究中心、英国威尔特郡博物馆开展世界遗产保护管理专题研讨会。中英双方成员以线上交流的形式，分别介绍欧洲和中国良渚在世界遗产保护、研究、传承、利用等方面经验，就推动中华文明探源研究的国际化要求展开讨论。

【良渚遗址项目入选省文物保护科技项目】　2022年7月28日，“良渚遗址病害调查与病害关系模型研究”项目、“良渚遗址老虎岭水坝土遗址保护策略和技术研究”项目被列入浙江省文物保护科技项目。“良渚遗址病害调查与病害关系模型研究”项目将为后续的病害防控和遗址保护提供科学依据和技术支撑。“良渚遗址老虎岭水坝土遗址保护策略和技术研究”项目将为南方潮湿环境土遗址的保护研究提供理论与技术支撑。

【“考古遗址的发展与未来”活动】　2022年9月12—25日，由杭州良渚遗址管理区管理委员会、联合国教科文组织亚太地区世界遗产培训与研究中心（北京）和北京大学考古文博学院共同举办的良渚讲堂之2022纪念《保护世界文化和自然遗产公约》缔约50周年系列活动——“考古遗址的发展与未来”举行，该次活动分为线上讲座与线下沙龙两部分，邀请国内外专家围绕考古遗址的保护、管理、建设等方面，讨论考古遗址的未来发展。

【良渚古城遗址监测年报被评为省优秀】 2022年11月3日，在由省文物局主办，省文物考古研究所（省世界文化遗产监测中心）承办的2022年度浙江省世界文化遗产监测培训班上，《良渚古城遗址2021年度监测年度报告》被评为浙江省世界文化遗产2021年度优秀监测年度报告，报告通过记录申遗承诺履行情况、机构与能力建设、遗产本体保护、遗产影响因素、保护项目及相关研究等五大块内容，展示和体现良渚古城遗址遗产保护、管理、监测等工作。

【老虎岭、南城墙遗址保护工程初步竣工】 2022年11月8日，与敦煌研究院合作开展的老虎岭、南城墙遗址保护工程完成初步竣工验收。该保护工程修复了老虎岭、南城墙考古剖面在展示过程中因水、风、温度、湿度等环境因素影响出现的裂隙、冲沟、孔洞、表面风化、掏蚀、地下水管涌、坍塌及微生物生长等病害，分别通过开放环境干燥保护和封闭环境高湿保护的环境控制法最大限度恢复了南城墙和老虎岭遗址出土状态，为潮湿环境土遗址保护提供了案例。

【《良渚墓葬》出版】 2022年12月22日，“杭州全书·良渚丛书”系列《良渚墓葬》出版。该书收集整理良渚文化墓葬材料，总结良渚文化墓地和墓葬，为认识和复原良渚社会提供了材料。

（肖　丹）

遗址公园建设与运营

【良渚古城遗址公园上榜浙江文旅总评榜】 2022年4月18日，由省文化和旅游厅、省旅游协会、浙江日报报业集团指导，浙江日报、钱江晚报、浙江在线、“天目新闻”客户端共同主办的2021年浙江文化和旅游总评榜结果公布，良渚古城遗址公园入选“浙江省旅游协会特别推荐文旅企业纾困典范”，良渚古城遗址公园文旅数字化改革项目入选“2021浙江十大文化和旅游数字化改革优秀案例”。

【良渚古城遗址公园获省科普教育基地认定】 2022年4月，省科协、省委宣传部、省教育厅、省科技厅联合下发《关于认定第八批浙江省科普教育基地的通知》，良渚古城遗址公园入选。

【良渚古城门互动演艺】 2022年6月11日，良渚古城遗址公园推出文化和自然遗产日特别活动“与水记忆——寻城之旅”良渚古城门互动演艺。在陆城门至南城墙区域，演员通过扮演良渚王、王后、制玉工匠、良渚先民等角色，展现五千多年前良渚古城先民的生活情境。

【良渚古城外围水利工程遗址及瑶山遗址基础设施提升工程】 2022年6月30日，该项目完工。该项目主要对良渚古城外围水利工程遗址（老虎岭遗址等）及瑶山遗址核心区实施本体保护和环境风貌提升，包括老虎岭遗址坝体保护、保护棚改造、游步道完善和景观绿化、瑶山遗址出入口建筑改造、内部游步道优化、周边环境景观提升等，利用现状山体界面，整合景观功能定位，融入良渚文化元素，打造可游、可憩、可学的遗址公园。

【老虎岭遗址公园开园】 2022年7月6日，老虎岭遗址公园正式开放。老虎岭遗址是良渚古城遗址中唯一展示水利系统剖面结构的遗址点。老虎岭遗址公园开放后，包括城址区、瑶山遗址、外围水利系统遗址区块的良渚古城遗址全部以遗址公园的形式实现对外开放，形成了良渚博物院和良渚古城、瑶山、老虎岭三大遗址公园在遗址公园“1+3”展示体系。

（肖　丹）

良渚文化宣传与推广

【“发现良渚”特展】 2022年1月26日，“发现良渚”特展在广州南越王博物院王墓展区开幕。展览由南越王博物院、浙江省文物考古研究所、良渚博物院主办，广东省文物考古研究院协办，展览包括“文明之邦”“神王之国”“古今之路”3个单元，展出文物296件（套），其中一级文物10件。

【良渚动物世界展】 2022年5月1日，良渚动物世界展举行，通过展示钟家港古河道遗址的动物遗存、钟家港遗址出土的骨制品、良渚文化动物群等内容，介绍良渚文化时期动物遗存、动物考古、稻作文明等知识。展览被中国新闻社、“人民日报”客户端、中国新闻网等媒体报道。

【良渚文化刻画符号虚拟体验展】 2022年5月18日，由良渚博物院联合吉林大学考古与艺术博物馆举办的“鸟迹虫文：良渚文化刻画符号虚拟体验展”在“良渚古城”微信公众号等平台上线，通过数字化手段展现刻画符号。该展览入选2022年度文博行业100个热门展览。

【特殊儿童艺术展】 2022年5月18日至6月20日，“文明之光的折射”特殊儿童艺术展举行。展览以特殊儿童的艺术创作为线索，展出来自视觉障碍、心智障碍两类群体的百余件艺术作品，包括版画、丙烯画、油画、水彩画、绒绣、泥塑、超轻黏土等创作形式。

【“杭州良渚日”系列活动】 2022年7月，为庆祝良渚古城遗址申遗成功三周年，在杭州“良渚良渚日”期间，良渚古城、瑶山、老虎岭三大遗址公园连续一周免费开放，邀请敦煌研究院院长苏伯民等学者开展“良渚讲堂”“良渚沙龙”等学术活动以及“走进五千年”等公众体验活动。

【陶寺遗址考古成果精华展】 2022年7月7日至10月9日，“巍巍如天——陶寺遗址考古成果精华展”在良渚博物院举行。展览包含“表里山河”“煌煌都邑”“礼制甫成”“文明承继”4个单元，展出陶寺遗址出土文物百余件，展览内容以良渚文化的展品和图片作为参照，通过视频解说、声音体验等手段，展现陶寺文明的重要成就以及黄河流域与长江流域文明的差异和联系，表现中华文明“多元一体”的特质。

【良渚博物院陈列入选百大陈列展览精品】 2022年8月，中国博物馆协会和中国文物报社联合开展“新时代博物馆百大陈列展览精品展示推介系列活动”，良渚博物院“良渚是实证中华五千多年文明史的圣地”陈列被评为新时代博物馆百大陈列展览精品。该陈列依托“水乡泽国”“文明圣地”“玉魂国魄”3个展厅，重点展出良渚文化玉器、石器、陶器和漆木器等珍贵文物，展示良渚遗址和良渚文化的考古成果、遗产价值，体现良渚文明在中华文明“多元一体”历史发展进程中的地位和贡献。展览还融入数字化、场景复原、3D打印新技术等方式，丰富观展体验。

2022年5月18日至6月20日，“文明之光的折射”特殊儿童艺术展举行　（杭州良渚遗址管理区管理委员会　供图）

【“玉见礼仪·良渚文明的精髓”展】 2022年9月16

2022年12月6日，“郁郁乎文哉——西周晋国玉器精品展”举行　（朱成琪　摄）

日，由良渚博物院、盐城市博物馆主办的“玉见礼仪·良渚文明的精髓”展在盐城市博物馆开幕，展期为期3个月。该次展览采用展出和文化产品结合的模式，举办展览的同时还将文创产品、科普读物、社教和研学课程带到盐城交流。

【西周晋国玉器精品展】 2022年12月6日，由山西省文物局、杭州良渚遗址管理区管理委员会主办的“郁郁乎文哉——西周晋国玉器精品展”在良渚博物院开展。本次展览展出170多件（套）文物，以玉器为主，辅以少量青铜器和金器。展览分为“玉之美”和“礼之玉”两大主题，旨在通过玉器呈现西周玉文化的整体面貌，诠释以“文”为特征的西周礼乐文明。让公众在感受西周时期玉器之美的同时，了解周“监于二代”“文质彬彬”的时代风貌。该展览在中博热搜榜博物馆十大热搜展览Vol.30中排名全国第三，并被评为2022年度文博行业100个热门展览。

【良渚文化主题展在全球数字贸易博览会展出】 2022年12月11—14日，首届全球数字贸易博览会在杭州举行。其间，良渚遗址推出“良渚文化主题展”。主题展由玉琮、玉璧、玉钺实物仿制品、AR智能导览系统、良渚古城智慧宣传片等组成，通过平台互动、场景体验、现实虚拟融合等方式，展示良渚文化的价值内涵和文化成就。

【“寻找文明之光”计划获全球世界遗产教育创新案例奖】 2022年12月13日，亚太遗产中心（WHITRAP）公布2022全球世界遗产教育创新案例奖获奖名单，良渚博物院“一起：寻找文明之光”计划获卓越之星奖，是全球十个获奖案例之一。该计划由良渚博物院在2022年“5·18”国际博物馆日发布，以“平等、互爱、携手”为核心理念，以遗产地与群体的相互赋能为指导方针，致力于推动全民化、无差别化的遗产教育服务。

【“良渚之光”在杭州文博会展出】 2022年12月30日，第16届杭州文化创意产业博览会在杭州国际博览中心开幕。良渚文化展厅“良渚之光”在博览中心展出。展区内放有良渚文创年礼、丝巾箱包、良渚美服等多款自主研发的文创产品，专门设置3D文物打印体验区，参观

2022年12月11日，良渚文化主题展在首届全球数字贸易博览会展出　（杭州良渚遗址管理区管理委员会　供图）

者可现场3D打印良渚文物模型。

（肖　丹）

良渚文化文创产业

【概况】 2022年，杭州良渚古城遗址管委会建立健全良渚文化品牌授权机制，与百泰精工、周大福、知味观等知名品牌合作，推出联名产品102款。完成刻画符号、良渚风光、良渚小鹿等系列自主研发文创产品113款。良渚博物院入选第二届全国文博百强文创产品单位。良渚古城文旅集团全年实现营收3997.15万元，比上年增长18.58%。

【良渚文化与百泰精工合作】 2022年3月4日，“良渚文化&百泰精工”IP授权仪式暨新品发布会在良渚博物院举行。发布会以“来自远古的福佑”为主题，举行IP授权、新品发布、馆藏捐赠、主题论坛等活动，发布“尊琮”“渚梦”“玉鸟”等5个系列70多款产品。

【“良渚MEI”生活美学联盟成立】 2022年7月6日，由良渚博物院、中国美术学院与北京服装学院联合发起的“良渚MEI”生活美学联盟成立。成立仪式暨作品发布会现场通过2场展示，发布联盟首批成果作品——23款以良渚文化为主题的青少年服装、46款20套良渚文化与周大福联名合作的黄金配饰。

【良渚文化联名产品入选文旅特色伴手礼】 2022年11月21日，2022年中国（杭州）文旅赋能高峰论坛暨第十七届杭州·浙西旅游合作峰会在临安召开，良渚文化和张小泉联名产品神纹咖啡杯入选2021杭州·浙西文旅特色伴手礼。该咖啡杯以良渚文化元素——刻画符号为灵感，配色为红黑。

【良渚王国系列盲盒获省博物馆文创大赛金奖】 2022年12月，由省文物局、省博物馆学会主办的“2022年浙江省博物馆文创产品大赛暨全国百佳文创展”在浙江自然博物院杭州馆举行，“良渚王国系列盲盒”“良渚古城贡米”在该次文创展中展出，分别获得金奖、银奖。“良渚王国系列盲盒”以潮流玩具的形式，融合玉琮、玉鸟、神人兽面纹等良渚元素，表现良渚文化时期的玉器、陶器等经典器物。“良渚古城贡米”将良渚古城遗址内种植的稻米，用创意礼盒包装，将良渚稻作文明与良渚典型玉器元素融入其中，展现良渚先民希望风调雨顺、民和年丰的美好期盼。

（肖　丹）

编辑：范雅君

良渚王国系列盲盒（摄于2022年）

（杭州良渚遗址管理区管理委员会　供图）

体 育

Sports

综 述

【体育活动承办】 2022年，余杭区被评为首批全国县域足球典型，2021年度杭州亚运会、亚残运会筹办工作突出贡献集体，承办国家步道体系建设工作现场会、浙江省青少年武术散打（乙组、丙组）锦标赛、浙江省舞龙锦标赛、浙江省棒垒球锦标赛等活动，实施《余杭区全民健身实施计划（2021—2025年）》，启动浙江省体育现代化区创建工作。

【体育设施建设】 截至2022年末，全区有运动场地3273个，室外运动场地2560个，室内运动场地713个。其中，镇（街道）级公共体育服务中心4处（闲林体艺馆、瓶窑文体中心、径山文体中心、良渚文体中心），村（社区）级公共体育服务设施包括健身苑点1046个，篮球场610片（含学校），足球场121片（含学校），排球场89片（含学校），乒乓球场599片（含学校），羽毛球场170片（含学校），其他各类球场127片（含学校），各类健身步道66条（总长474.34千米），覆盖全区的健身步道网络初步成形。全年，余杭区新增体育场地23万平方米，总面积316.45万平方米。全年建成体育设施32处，嵌入式体育场地134个，面积6983平方米，居全市第二位，其中，中泰街道运动公园、仓前街道欧美金融城南侧健身广场被评为杭州市2022年嵌入式体育场地标志性成果。

【户外运动经济产业链打造】 2022年，区文化和广电旅游体育局培育户外运动社会组织与产业，形成配套齐全的户外经济产业链。落户露营基地13处，山地摩托车（全地形车）基地

闲林体艺馆（摄于2022年）

（区文化和广电旅游体育局　供图）

3个，滑翔伞基地2个，创设包括帐篷、天幕、折叠桌椅、桨板等户外用品品牌。承办浙江省“百村万帐”启动仪式，扩大余杭区“露营+体育”特色发展模式在全省的影响力。

【“泳池一件事”入选省局“揭榜挂帅”项目】 2022年，区文化和广电旅游体育局的智慧场馆建设民生实事项目“泳池一件事”入选浙江省体育局数字化“揭榜挂帅”重点项目，被列入省体育局《2022年全省体育工作要点》，并写入浙江省与国家体育总局签署的《关于支持浙江省体育领域高质量发展建设共同富裕示范区的合作协议》，被浙江省体育局推介申报国家体育总局“2022年度国家体育总局科技创新项目（科技成果推广项目）”和智能体育典型案例。“泳池一件事”核心技术入选浙江省2023年“尖兵”“领雁”研发攻关计划。

（沈怡静）

群众体育

【亚运场馆惠民开放】 2022年，区文化和广电旅游体育局推进亚运场馆惠民开放、场馆扩面提质建设、走进场馆服务深化、场馆开放数字赋能等工作。协助杭州师范大学“一场一馆”上线“亚运场馆在线”。新增中泰体育公园、踏悦体育等社会场馆上线“亚运场馆在线”应用，推动良渚体育公园等体育公园上线，“亚运场馆在线”平台使用近10万人次。

【中小学校体育场地（馆）低收费或免费开放】 2022年，余杭区实施《余杭区推进中小学校体育场地（馆）向社会开放的实施方案》，推动全区68片中小学校体育场地、44片中小学体育场馆、1291处健身场地面向公众低收费或免费开放。

【环浙步道建设】 2022年，余杭区举办环浙步道径山段启用体验赛、迎亚运线上打卡挑战赛等活动，吸引近万人参与。承办国家发展改革委、国家体育总局联合组织的国家步道体系建设工作现场会，就环浙步道径山示范段建设经验作汇报发言。实施《余杭区步道建设规划（2022—2025年）》，启动环浙步道主线建设。是年，完成区内74千米环浙步道主线建设，建成环浙步道西线零起点和6.8千米的径山示范段。

【余杭特色群众体育赛事活动】 2022年，区文化和广电旅游体育局举办余杭区第三届传统武术比赛、“全民健身·相约余杭”“凯普体育杯”2022余杭区首届篮球公开赛、第三十四届杭州市余杭区足球协会杯赛、第二届“奋进杯”足球赛、第七届余杭区体育特色舞蹈大赛、“‘余’你一起 乐跑不停”520瓶窑老街荧光接力赛等70场群众体育赛事活动。

【科学健身公益大讲堂】 2022年，区文化和广电旅游体育局开展全民健身公益大讲堂活动，通过送课“进机关、进企业、进学校、进社区”，举办健身讲堂60场次，线上线下受益

2022年5月20日，“‘余’你一起 乐跑不停”520瓶窑老街荧光接力赛举行　（区文化和广电旅游体育局　供图）

超10万人。组织592场课后服务专项体育课进校园，672场亚运城市行动赛活动和科学健身指导活动、社区（村）赛事活动和科学健身指导活动，完成文体惠民活动100多场、文化体育公益培训80多场。

【基层体育组织建设】 2022年，余杭区成立区棒垒球、篮球、足球、武术、体育舞蹈等9个社会体育组织，评定一级群众体育团队4支，二级群众体育团队7支，三级群众体育团队10支。

【基层体育工作】 2022年，区文化和广电旅游体育局完善以“三员”（基层体育委员、社会体育指导员、健康生活指导员）为骨干的基层体育治理体系。印发《余杭区基层体育委员工作实施方案》，配套制定指导办法与考评细则，在全省首创“行业+区域”双副站长制度，聘任首批284名基层体育委员，构建“纵向到底、横向到边”的基层体育委员网络，在浙江省基层体育委员工作机制现场推进会上作典型发言。截至年末，全区有社会体育指导员3231人，履职6.40万次，激活率、履职率均居全市前列，健康生活指导员村（社区）覆盖率100%。

（沈怡静）

2022年5月20日，2022余杭区全民健身公益大讲堂开课仪式在鸬鸟镇举行 （区文化和广电旅游体育局 供图）

竞技体育

【竞技体育赛事成绩】 2022年4月，余杭区运动员陈莎莎获得2022年全国帆船冠军赛银牌；区文化和广电旅游体育局组队参加第十七届省运会，获得金牌58.5枚，奖牌111.5枚，总分1093分，创造历史最好成绩；组队参加第二十届市运会，获得金牌105.8枚，奖牌221枚，总分2333.75分，奖牌和总分均居全市区县（市）第四位。

【省市体育赛事承办】 2022年7月15日，余杭区在闲林街道体艺馆承办浙江省青少年武术散打（乙、丙组）锦标赛，设4个大项、16个小项，332人参赛。7月，举办浙江省舞龙锦标赛线上赛，全省83支龙狮队伍参加比赛，设2个大项、26个小项。11月19日，在仓前街道举父棒球场举行浙江省棒垒球锦标赛，10支队伍参赛。

【区队联办】 2022年9月6日，区文化和广电旅游体育局出台《余杭区“区队联办”体育后备人才基地管理办法》，研究拟定《余杭区青少年竞技体育发展规划》，确定11个区队联办项目。截至年末，“区队联办”各项目注册运动员157人，获得省市级体育比赛金牌48枚。新注册余杭籍青少年运动员1029人。

（沈怡静）

编辑：陈　林

卫生健康

Hygiene and Health

综　述

【卫生健康基础资源】　2022年，余杭区有医疗卫生机构471家。其中，省级、市级医疗机构4家，分别为浙江大学医学院附属第一医院一院总部、浙江康复医院（浙江省中医院西溪院区）、浙江省立同德医院（闲林院区）和杭州市公安局安康医院；区属医院3家、卫生单位4家，社区卫生服务中心12家、社区卫生服务站99家，民营医院15家。全区设置医疗床位6242张，区内执业医师4436人。区卫生健康系统所属医疗卫生单位拥有床位1442张，实际在编3144人。

【优质医疗资源合作】　2022年，余杭区与浙江大学医院学院附属第一医院（下称浙大一院）签订医疗合作共建协议，余杭区第一人民医院增挂“浙江大学医学院附属第一医院良渚分院”牌子，由浙大一院全面托管，书记、院长、业务副院长由浙大一院委派。12月22日，良渚分院启用。每周有50名浙大一院专家到良渚分院坐诊。余杭区第二人民医院与浙江大学医学院附属妇产科医院合作，成立浙江大学医学院附属妇产科医院余杭分娩中心。余杭区第三人民医院与杭州市第一人民医院集团开展全面合作，与浙江大学医学院附属口腔医院结对合作，成立浙江大学医学院附属口腔医院余杭诊疗中心，强化特色专科建设发展。

【智慧健康应用】　2022年，余杭区围绕卫生健康数字化改革，探索数字化健康管理场景应用。在余杭区第一人民医院试点开展电子病历、智慧服务、智慧管理“三位一体”的智慧医院建设，打造全民全程服务体系。推进“两

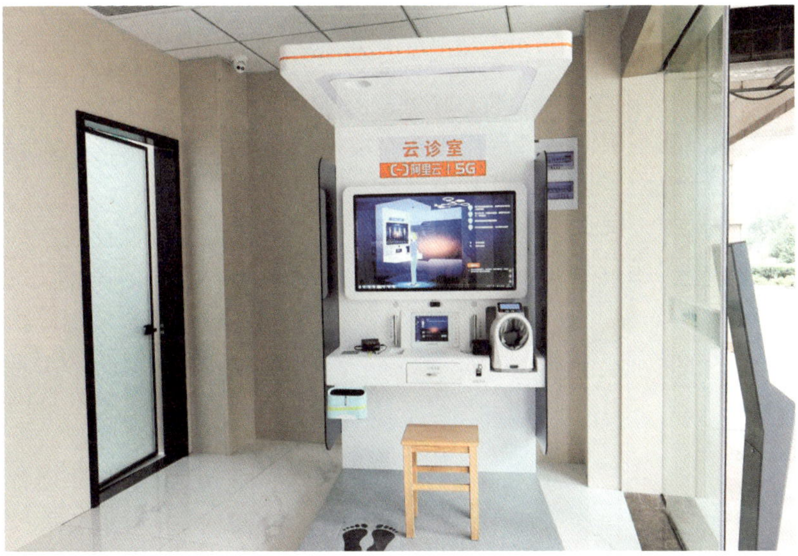

葛巷社区智慧健康站（摄于2022年）（区卫生健康局　供图）

慢病”（高血压、糖尿病）数字化管理、数字家医、双向转诊、远程会诊等应用，葛巷社区、七贤桥村智慧健康站被评为五星级智慧健康站，翡翠社区智慧健康站被评为四星级智慧健康站。推进“健康余杭”微应用，向居民推送个性化全生命周期医疗健康管理服务。扩大家庭医生签约和线上转诊服务范围，年度线上转诊1.98万次，比上年增长140%。“5G+医共体医疗标本运送”项目入选杭州市5G+医疗健康应用试点，并被市委改革办列为2022年重大改革试点项目。“上车即入院”应用被评为第一批全省卫生健康数字化改革优秀案例。完成急救任务1.73万次，患者“上车”后数据实时传输到院内成功率100%。全年，远程会诊调用40次，医生接触患者病情时间平均提前8分钟～12分钟。

（潘亚权）

2022年，区卫生健康局举行健康素养进农村文化礼堂活动

（区卫生健康局　供图）

【浙大一院良渚分院（区第一人民医院）启用】　余杭区第一人民医院（浙大一院良渚分院）前身是始建于2014年5月的余杭区良渚医院，2017年5月医院整体迁建项目正式获批立项，选址位于良渚街道康良街1260号，占地5.67公顷，总建筑面积17.40万平方米，总投资12.40亿元，核定床位600张。2018年3月开工建设，2022年8月正式更名为杭州市余杭区第一人民医院，同年9月完成竣工验收，10月与浙江大学医学院附属第一医院签订合作协议，增挂“浙江大学医学院附属第一医院良渚分院”牌子，正式成为浙大一院良渚分院并由浙大一院全面负责医疗服务能力提升和日常运行管理，12月22日正式启用。

（孔中华）

健康余杭

【大健康共建体系】　2022年，区卫生健康局推进健康余杭三年行动（2020—2022年）。发布《2021年健康余杭建设进展状况报告》（健康余杭白皮书）。完成《余杭区生态文明建设规划（2022—2030年）》《关于支持绿色生态畜牧业高质量发展财政扶持政策实施细则》2个政策文件健康影响评价。余杭区连续4年获得健康浙江考核优秀等次，被评为健康浙江建设首轮3年先进县（市、区）、2018—2021年健康杭州建设示范标杆区。

【健康创建】　2022年，余杭区完成全国健康县（市、区）复评。余杭街道、中泰街道、仁和街道、瓶窑镇、黄湖镇、鸬鸟镇、百丈镇等7个镇（街道），义桥村、永安村等49个村创建为首批浙江省健康镇（村）。创建健康促进学校金牌2所、银牌6所、铜牌13所，区级健康单位45家，健康支持性环境13个，评选区级健康家庭2000户，余杭区健康企业建设行政推广优秀案例入选国家健康企业建设优秀案例名单。推选郎慧骏家庭参加第三届杭州市健康家庭大奖赛，获综合奖一等奖，代表杭州市参加浙江省健康家庭大奖赛获一等奖。

【健康知识普及】 2022年，区卫生健康局开展健康宣讲“五进”和健康素养进农村文化礼堂活动，全年开展健康讲座、健康活动、健康服务、中医药进文化礼堂等活动987场次。开展健康教育技能比武，2名健康讲师入选新一轮杭州市金牌健康讲师团成员名单。余杭电视台每2周播出1期《健康余杭》电视节目，余杭之声广播每周播出2期健康节目，开展公交车健康公益宣传项目。

（潘亚权）

卫生健康监督执法

【卫生健康监督执法案件】 2022年，区卫生健康局受理投诉举报案件181起，行政处罚283件，罚没款253.95万元。办结非现场执法案件10件，轻微违法行为不予处罚11件。

【监督执法规范】 2022年，区卫生健康局开展“双随机、一公开”工作，接收国家和省级“双随机”任务344家，执行率100%，掌上录入率100%。监督抽检126家，完成率100%。动态更新浙江省行政执法平台、浙江省卫生监督综合管理系统。推动非现场执法和轻微违法行为不予处罚工作。依法行使卫生健康行政执法检查事项，做到行政检查事项全覆盖。

【医疗乱象专项治理】 2022年，区卫生健康局按照省医疗乱象治理专项自查内容清单开展医疗乱象治理专项自查，签订并上传依法执业承诺书；督促医疗机构落实依法执业主体责任，及时整改自查中发现的违法违规行为。实现辖区内医院、医养结合机构、其他类型医疗机构自查全覆盖。确定多部门联合工作机制，结合疫情防控监督检查、“双随机”监督抽查等开展集中治理行动。监督检查医疗机构486家，发现问题80多条。对发现的问题，责令限期整改。查处医疗乱象相关案件27起，罚没款47.05万元。

【无证行医打击】 2022年，区卫生健康局继续依托余杭区大联动和网格智治模式，强化多部门联动和联合监督执法机制，完善联席会议制度，落实行政执法与刑事司法的衔接移送机制，保持打击无证行医的高压态势。以良渚、仓前、余杭等流动人口聚集的街道为重点区域，以民营医疗机构和生活美容场所为重点监管对象，开展打击非法医疗美容执法。受理非法医疗美容（含非法行医）相关投诉举报88起，办结非法医疗美容（含非法行医）处罚案件19件，罚没款80.06万元，没收强脉冲光治疗仪等医疗美容器械13台。

【环境卫生监督】 2022年，区卫生健康局开展游泳场所夏季保健康专项行动，监督、检测游泳场所74家，开放游泳场所的监督抽检覆盖率100%，游泳场所自查系统完成率100%。行政处罚17件，罚没款14.24万元。对3家集中式供水单位进行监督检查12次，监督覆盖率400%。对10家二次供水定点监测单位进行监督检查20次，监督覆盖率200%。抽检水样本32份，合格率100%。

2022年，区卫生健康局开展游泳场所夏季保健康专项行动

（区卫生健康局　供图）

【消毒产品和餐饮具集中消毒企业监管】 2022年，区卫生健康局开展抗（抑）菌制剂专项整治，实施全覆盖抽检，合格率100%；对一类、二类消毒产品抽检11件，合格率90.9%；立案查处1件，罚款1200元。每季度对辖区内的4家集中消毒餐饮具单位进行全覆盖的监督检查。全年抽检餐饮具19件，合格率100%，抽检结果按要求公示，立案查处1件。

【学校与托幼、托育机构监管】 2022年，区卫生健康局监督检查托幼、托育机构35家，对13家未备案的托育机构给予行政处罚。抽取11家学校作为“双随机”监督检测对象，对检查中发现问题的4家单位下发卫生监督意见书，责令整改，给予警告处罚学校2家；作出轻微违法行为不予行政处罚决定学校2家。

【职业健康、放射卫生监管】 2022年，区卫生健康局开展职业健康分类监督执法试点，余杭区职业健康在线系统有企业287家，审核完成152家，完成率52.96%；自查完成241家，完成率83.97%。对职业健康体检机构出具的职业健康检查报告书进行书面质量监测，全面审核职业健康检查报告874份。对1家职业卫生技术服务机构开展专项治理，对15家非医用放射工作单位开展职业健康专项治理。

【“数智卫监”应用覆盖面拓展】 2022年，区卫生健康局在重点住宿场所中推进“透明保洁”工作。3家卫生信誉度等级A级宾馆旅店完成率100%；政府定点接待宾馆酒店完成12家，完成率86%，营业面积1万平方米的宾馆旅店完成17家，完成率89%。辖区内80%的县级及以下公立医疗机构、50%的社会办医疗机构、10%的村卫生室接入省“诊疗行为监督在线”，全部实现诊疗行为风险管控项目实时监测。4家餐饮具集中消毒企业接入省集中消毒餐饮具企业智能监管系统，14家民营医院接入省医疗废物智慧监管系统，97家口腔诊疗机构接入省口腔诊疗机构监督在线，15家单位安装游泳池水质在线监测设备。

（潘亚权）

疾病预防控制

【传染病报告】 2022年，余杭报告传染病18种，2.16万例，发病率为1728.54/10万，较上年（1.02万例）增长111.55%。无甲类传染病报告；乙类传染病14种、2600例，占总病例的12.02%，发病率为207.80/10万，较上年（1804例）增长44.12%；丙类传染病4种、1.90万例，占总病例的87.98%，发病率为1520.74/10万，较上年（8419例）增长126.00%。乙类传染病发病数居前10位的病种为新型冠状病毒感染、梅毒、肺结核、淋病、痢疾、百日咳、肝炎、艾滋病、猩红热及布鲁氏菌病。

【免疫规划管理和预防接种服务】 2022年，区卫生健康局继续组织实施70周岁以上老年人流感疫苗免费接种民生项目，接种1.05万剂次。落实疫苗全冷链管理和信息化管理。是年，区内产科预防接种（产科）门诊、狂犬病预防处置（犬伤）门诊纳入信息化系统，区内的预防接种全部实现扫码接种，疫苗全程电子可追溯。实行疫苗代表定期接待制度，规范疫苗代表销售行为，提高工作人员廉洁自律意识。全年应急接种免费水痘疫苗609剂次、接种九价人乳头瘤病毒疫苗6.27万剂次，免疫规划疫苗25.94万人次，“10苗”（甲肝、乙肝、卡介、脊髓灰质炎、百白破、白破、麻腮风、A群、A群C群多糖、乙脑）单苗接种率均超98%；接种非免规疫苗39.14万人次。

【结核病防治】 2022年，余杭区新登记结核病人435例，其中，肺结核374例，单纯性结核性胸膜炎19例，肺外结核41例。筛查密切接触者2239人。对33所高中及寄宿制初中新生开展结核菌素试验筛查，筛查2.87万人，发现结核病患者3人。

【艾滋病防治】 2022年，余杭区本地报告68例，其中，男性64例，女性4例。截至年末，全区累计管理病人364例，其中，死亡38例，存活326例。结合医疗检测诊疗，开展干预和抗体检测，监测术前、产前、性病门诊就诊者，在医疗卫生单位对重点人群干预的基础上，与社会组织合作扩大干预检测覆盖面，全年检测6.43万人次。

【血吸虫病防治】 2022年，余杭区查历史流行村12个，投入人力2477工，查螺面积100万平方米，未检出钉螺。12个镇（街道）抽检流动人口血样843份，结果均为阴性。1名晚期血吸虫病病人在余杭区第一人民医院接受免费检查和治疗。

【疟疾防治】 2022年，由于疟疾流行区入境人口减少，余杭区疟疾感染情况相对减少，全年新发病例3例，均为境外务工或出差感染后回国确诊，其中恶性疟疾3例，无重症及死亡病例。

【布鲁氏菌病防治】 2022年，余杭区新增布鲁氏菌病6例，散发在仓前（4例）、余杭（1例）、仁和（1例）3个街道，病例按规范进行个案调查和现场处置。随访表明，经规范治疗所有病例基本康复。

【健康教育及控烟】 2022年，余杭区围绕结核病防治日、世界无烟日、全民健康生活方式日、高血压日、糖尿病日等卫生日开展宣传义诊活动161场次，受益8.73万人。进文化礼堂、学校、社区、机关、企业等开展慢性病、健康生活方式、急救、传染病、中医养生、新冠接种及防控等健康讲座680场，受益2.73万人。全区15岁及以上人群吸烟率17.97%（标化），其中，男性吸烟率40.03%（245/612）,女性吸烟率为0.50%（3/588）。15岁～24岁人群吸烟率4.70%（2/43）。

区卫生健康局（区控烟办）联合区控烟联席会议成员单位开展余杭区公共场所控烟专项行动 （区卫生健康局 供图）

【万名初中生青春期健康教育工程】 2022学年是连续实施“余杭区万名初中生青春期健康教育工程”项目的第七年，累计受益学生6.67万人。2022学年，工程覆盖人群为余杭区13所公办初中、12所民办初中，共25所初中177个班级7884名初二学生。公办学校青春期健康教育课堂授课结束后，学生总的青春期健康知识知晓率为62.00%，比授课前提高24.20个百分点；总的青春期健康态度持有率为59.70%，比授课前提高10.00个百分点；健康行为规范率为63.90%，比授课前提高1.10个百分点。民办学校青春期健康教育课堂授课结束后，学生总的青春期健康知识知晓率为68.70%，比授课前提高30.00个百分点；总的青春期健康态度持有率为56.9%，比授课前提高9.40个百分点；健康行为规范率为62.10%，比授课前提高2.20个百分点。慢性病和青春期健康知识知晓率在初二学生中分别增长27.70%和19.00%。民办中学的传染病知识知晓率提升幅度较大，其中艾滋病防治知识知晓率提高32.70%，结核病防治知识知晓率提高28.8%。学生对该次工程的总体满意度98.04%，认为此次青春期教育收获大的学生占89.63%。

【居民健康素养监测】 2022年，余杭区监测人群的健康素养水平为41.34%（标化），比上年提高2.15个百分点，其中男性健康素养水平34.5%，女性健康素养33.7%。居民基本知识和理念46.3%，健康生活方式与行为36.4%，基本技能健康素养水平28.2%。6类健康问题健康素养水平：安全与急救素养62.4%，科学健康观素养58.3%，传染病防治素养30.6%，健康信息素养43.4%，基本医疗素养26.2%，慢性非传染性疾病防治素养35.2%。其中，基本技能健康素养水平比上年度提高3.3个百分点，传染病防治素养提高2.8个百分点，安全与急救素养、健康信息素养也有所提升。25岁～34岁年龄组健康素养水平最高，为62.6%，65岁～69岁人群的素养水平最低，为2.8%，与上年相比，15岁～24岁人群健康素养水平提高9.7个百分点，为53.5%。除不识字/少识字、小学人群健康素养水平略低外，其余人群受教育程度越高，健康素养水平越高。不同职业人群健康素养水平不同，机关事业单位人员51.4%、学生71.4%，为最高的两类人群，农民健康素养水平最低，为6.0%。

【慢性病监测】 2022年，区卫生健康局组织各级医疗单位开展重点慢性病监测工作：收到医疗单位恶性肿瘤报告卡4735张，糖尿病报告卡3162张，心脑血管病报卡2656张，均整理汇总。对网络上报的病人定期审核、监测，剔除重复卡，督促各社区卫生服务中心将病例下发到辖区卫生服务站进行分级随访管理。

【职业卫生】 2022年，区卫生健康局指导和培训辖区内职业健康检查机构15次，培训和督导覆盖率100%。健康危害因素监测和管理卡上报率100%（1/1）、个案信息上报率100%（81/81），准确率100%。协助辖区职业健康检查机构通过2022年省疾控中心和市职业病防治院对职业健康检查机构质量控制考核评估。全年完成重点职业病主动监测647人，其中接触粉尘（矽尘、煤尘、电焊烟尘、水泥尘、石棉尘）112人，接触噪声311人，接触苯224人，个案信息上报647人，上报率100%。全年度随访调查职业性尘肺病患者292人，随访覆盖率100%。完成48家工作场所的职业病防治基本情况调查、现场监测、监测数据和报告出具，监测结果录入浙江省工作场所职业病危害因素监测管理平台38家，录入国家工作场所职业病危害因素监测系统并通过市级审核10家。有机溶剂成分定性分析4家，完成现场复核4家。

【学校卫生监测】 2022学年，区卫生健康局监测学生饮用水26份，监测指标为菌落总数、总大肠菌群、耐热大肠菌群、游离余氯、浑浊度、色度、pH值、肉眼可见物、嗅和味、氨氮、耗氧量、铁、锰、锌等。自来水14份，合格率100%；直饮水42份，合格率100%，总体合格率100%。全年开展学校餐饮具消毒质量监测1次，采用专用的大肠菌落快速检验纸片法检测。监测7所学校样品140件，合格率100%。

完成7所国家级综合监测点学校因病缺课监测，因病缺课总人数1.18万人，缺课天数8308.50天，高中缺课总人数5884人，天数5346天；初中缺课总人数3647人，天数637.50天；小学缺课总人数2305人，天数2325天。根据病因追查记录，病因为感冒、肠道传染病、意外伤害、耳鼻喉疾病等。

对全区110所学校开展学生健康检查，参与学生8.42万人，其中男生4.41万人，女生4.01万人。结果显示：全区中小学生营养不良率7.01%、肥胖率28.51%，身高上等率24.79%、下等率0.79%，视力不良率61.65%、沙眼率0%，恒牙龋齿率27.63%。

在7所中小学校开展学生近视、脊柱弯曲异常等常见病监测，3所幼儿园开展学生近视监测。筛查2777人，检出近视1498人，近视率53.94%。幼儿园5.5岁～6.5岁儿童近视率5.91%，小学生近视率34.25%，初中生近视率79.54%，高中生近视率84.36%。脊柱弯曲异常筛查10.68万人，检出脊柱弯曲异常205人。

【地方病监测】 2022年，区卫生健康局对非住校学生家庭食用盐碘含量、尿碘含量开展调查：5个监测点的210份学生家庭盐样中，碘盐206份，碘盐食用率98.10%，合格碘盐197份，合格率95.63%，碘盐中位数26.57毫克/千克。仁和街道碘盐食用率、合格率均为100%。210份学生尿样中，尿碘中位数148.50微克/升，达到儿童尿碘中位数≥100微克/升的控制目标，5个监测点尿碘中位数达到要求。107份孕妇家庭盐样中，碘盐107份，碘盐食用率100.00%，合格碘盐107份，合格率100.00%，达到合格碘盐食用率≥90%的控制目标，碘盐中位数26.07毫克/千克。107份孕妇尿样中，尿碘中位数151微克/升，达到孕妇尿碘中位数≥150微克/升要求，除仓前街道（130微克/升）外其他监测点尿碘中位数达到要求。每季度对瓶窑盐站开展碘盐监测，于次季度首月5日前上报市疾控中心，5项统计指标均合格。

监测2个病区村径山镇四岭村馒头山、径山镇四岭村千岱坑的基本情况，均正常运转，水氟均未检出，患病人数分别为2个和1个。检查当地出生并居住的8岁～12周岁儿童氟斑牙患病情况均为0人。

【水质卫生】 2022年，区疾控中心在全区12个镇（街道）均设置监测点，丰水期、枯水期各采集水样50份，每份水样的检测指标为33项。全区自来水覆盖率100%。全年监测水样100份，总水样合格率100%；其中城市饮水监测水样合格率100%，农村饮水监测水样合格率100%。

【院感消毒监测】 2022年，区疾控中心主动监测3家区级医疗机构和4家社区卫生服务中心，7份水样符合《医疗机构水污染物排放标准》（GB18466—2005）排放要求。随机抽取辖区内10家幼儿园进行消毒质量监测，监测采样300件，合格294件，合格率98.00%。其中，空气微生物合格率100%，物体表面合格率100%，教职工手卫生合格率90.00%，使用中消毒液合格率100%，饮用水合格率100%，餐具合格率100%，紫外线灯管合格率94.00%。

在3家区属医院监测样品79件，合格74件，总合格率93.67%。8项监测内容的合格率如下：空气微生物100%，手卫生86.67%，物体表面100%，反渗水100%，漱口水100%，使用中消毒液100%，无菌包100%，内镜洗脱液92.31%，医院污水100%，其中手卫生、内镜洗脱液合格率偏低。

在12家社区卫生服务中心监测40件，合格37件，合格率92.50%。6项监测内容的合格率如下：空气微生物100%，手卫生81.25%，物体表面100%，漱口水100%，无菌包100%，医院污水100%，其中手卫生合格率偏低。随机抽取辖区内7家养老院、1家足浴店进行消毒质量监测，监测采样81件，合格71件，合格率87.65%。

【食品安全风险监测】 2022年，区疾控中心监测食品样本979批次，检出食源性微生物或超标食品24批次，问题发现率2.45%。其中，用于理化常规指标检测274批次，发现问题样品21批次，问题发现率7.66%。用于理化专项指标检测219批次，未发现问题样品。用于微生物指标检测486批次，发现问题样品3批次，问题发现率0.62%。

【精神卫生】 2022年，余杭区成立儿童青少年诊疗中心（余杭区第一人民医院），开展老年健康服务专项行动。落实监护责任，明确监护看护对象、补助标准和依法认定有效监护的流程，下拨奖补资金126万元。为5000多名严重精神障碍患者提供免费药品74万元，为困难严重患者住院减免住院费约10万元。

（潘亚权）

妇幼保健

【全区产妇儿童情况】 2022年，余杭区户籍产妇5769人，活产数5889人，系统管理率96.86%，住院分娩率100%。孕产妇死亡率为零。各监测医院出生5845人。全区3岁以下户籍儿童2.34万人，系统管理2.29万人，系统管理率97.87%。7岁以下儿童6.54万人，其中接受保健儿童6.50万人，保健覆盖率99.43%。全区受理“出生一件事”申办3724件，开展出生医学证明邮寄服务1644件。

【3岁以下婴幼照护服务】 2022年，余杭区出台《余杭区促进3岁以下婴幼儿照护服务健康发展的实施方案》和《余杭区婴幼儿照护服务机构质量评估办法》，打造以家庭为基础、社区为依托、机构为补充的多元化婴幼儿照护服务体系，综合推进婴幼儿照护服务工作。截至年末，全区注册登记托育机构99家（其中幼儿园托育部25家），备案托育机构37家，可提供备案托位1770个，其中普惠托位1443个，可提

供托位4716个，每千人口拥有3岁以下婴幼儿托位3.6个，实现12个镇（街道）普惠托育机构全覆盖。全年，全区新增杭州市示范性托育机构2家，社区婴幼儿成长驿站45家，其中，示范型21家、基础型24家。余杭区“舒心育儿”样板工作被《健康报》报道。

【母婴安全保障】 2022年，余杭区落实母婴安全“五大行动”重点工作任务，高危孕产妇实行首诊负责，妊娠风险评估为“橙色”“红色”和“紫色”的孕产妇作为重点人群纳入高危孕产妇专案管理，保证专人专案、全程管理、动态监管，规范危急重症转诊救治流程。全年组织开展全区孕产妇、新生儿死亡和危重孕产妇评析会议2次。全区管理高危孕产妇8099例，其中，重度高危（橙色）管理3043例，危重孕产妇（红色）管理197例，流动占比约60%。

【消除艾滋病、梅毒、乙肝母婴传播试点项目】 2022年，余杭区艾滋病母婴传播率、先天梅毒发病率均为零，乙肝母婴传播率0.29%。艾滋病感染孕产妇所生儿童早期诊断检测率100%；梅毒感染孕产妇所生儿童出生采血率及预防性治疗率均为100%；乙肝感染孕产妇所生儿童区内分娩检测率89.45%，社会化服务系统检测率94.71%。

【产前筛查和无创DNA】 2022年，余杭区开展国家免费孕前优生健康检查8705人，全区产前筛查8656例（包括早筛、中筛和早中孕联合筛查），筛出高风险1043例（其中年龄高风险803例）。参加产前诊断158例，确诊18—三体综合征2例，其他染色体异常6人，确诊中治疗性引产25例。

【新生儿疾病筛查】 2022年，余杭区助产医院分娩活产5836人，新生儿遗传代谢疾病筛查5827例，筛查率99.85%，筛查出可疑儿童238例，确诊新筛异常儿童24例，其中，先天性甲状腺功能低下症（CH）患儿12例，红细胞葡萄糖六磷酸脱氢酶缺乏症（G6PD）7例，苯丙酮尿症（PKU）1例。24例儿童均在省疾病筛查中心遗传代谢科治疗随访。全年听力筛查儿童5831例，筛查率99.91%；免费新生儿听力筛查服务5347人次，筛查出可疑儿童339例，其中确诊听力异常儿童8例，均跟踪随访。免费开展新生儿先天性心脏病筛查接受双指标法新生儿5834人，筛查率99.97%；筛查阳性79人，阳性率1.35%；阳性新生儿开展心超诊断79人，诊断率100%。

良渚文化村白鹭郡东成长驿站（摄于2022年）
（区卫生健康局　供图）

【儿童发育监测筛查】 2022年，余杭区监测0岁～3岁儿童发育2.29万人，发育筛查1.98万人，筛查率94.16%。筛查出可疑、异常228例，上级医院做进一步评估93例，确诊72例，其中开展干预康复52例。

【疑似残疾儿童监测】 2022年，余杭区结合浙江省发育筛查工作以及杭州市0岁～6岁新发疑似残疾儿童工作，在家长自愿基础上进行转介、诊断和康复服务。社区卫生服务中心承担辖区内0岁～6岁儿童残疾初筛工作，全年全区监测儿童3.37万人，上报疑似残疾儿童54例。

【托幼机构保健管理】 2022年，余杭区已持卫生保健合格证单位168家，比上年增加6家。其中，托幼机构卫生保健工作达到省一级标准21家，省二级标准123家，省三级标准5家，基本合格标准19家。卫生保健验收合格率100%。在园儿童贫血患病率、营养不良患病率、视力不良率均控制在较低水平。

【浙大医学院附属妇产科医院余杭分娩中心成立】 2022年9月8日，浙江大学医学院附属妇产科医院与余杭第二人民医院签订合作协议，浙江大学医学院附属妇产科医院余杭分娩中心揭牌。该中心将承接浙江大学医学院附属妇产科医院优质医疗资源，定期开展名医专家团队坐诊、业务指导、人员培训等。双方还将探索完善合作机制，提升余杭区妇女儿童保健工作的综合实力。

（潘亚权）

基层卫生

【“两慢病”全周期健康管理和数字化应用】 2022年，余杭区开展“两慢病”全周期健康管理和分级诊疗改革，新增慢性病一体化门诊5家。探索“两慢病”绩效评价机制，建立以信息化支撑为主的慢性病指数化绩效考核办法。截至年末，高血压管理6.03万人，规范管理率66.86%，控制率68.95%；糖尿病管理1.41万人，规范管理率65.10%，控制率64.67%。径山镇慢性病一体化门诊及余杭区第三人民医院医共体全专融合“两慢病”改革作为参观学习点，向全省基层医疗卫生系统作经验介绍。9月，国家卫生健康委基层司调研余杭区“两慢病”改革工作，肯定余杭“两慢病”路径化管理和指数化评价工作。

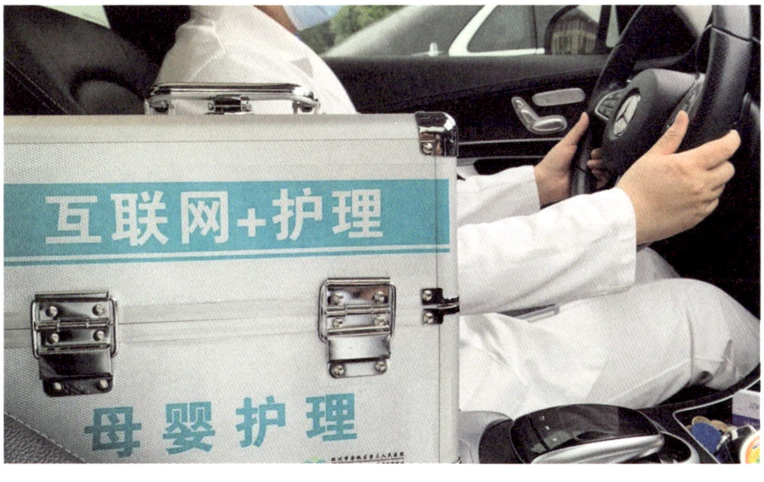

2022年，余杭区县域医共体“互联网+医疗服务”二级联动模式在余杭区第三人民医院启动　（区卫生健康局　供图）

【医共体建设】 2022年，余杭区医共体总院派驻专家5000多人次下沉基层分院，为分院提供临床诊疗、临床检验、病理诊断等服务。医共体分院推进“优质服务基层行”和“社区医院”创建活动，提升基本医疗服务能力和公共健康管理能力，实现与综合性医院互补发展，全区基层就诊率和县域就诊率居全市第一位。在全省基层医疗机构绩效考核结果中，余杭区第三人民医院、余杭区第二人民医院医共体在全省医共体排名分别居第九位和第二十九位，杭州市第一位和第二位，径山医共体分院、黄湖医共体分院首次被评为A+级。

【家庭医生签约服务】 2022年，余杭区完成家庭医生签约33.24万人，10类重点人群签约26.06万人，覆盖率84.76%。落实签约居民就医便捷措施，为慢性病患者提供慢性病长处方23.95万份，建立家庭病床981张，经由双向转诊平台在区内医院转诊7.56万人次，大型仪器设备预约检查1341人次，预约住院284人次。签约医生为辖区居民提供上门代配药和健康咨询服务。

【急救体系建设】 2022年，区卫生健康局全面升级急救指挥调度系统，实现精准定位并自动分析患者基础数据，缩短交接时间，实现“上车即入院”。平均出车时间1分04秒，比上年整体减少30秒。“1个分中心4个急救站8个急救点”院前急救网络全面建成。全年全区新增负压救护车12辆，配备院前救护车辆44辆，重点公共场所覆盖AED（自动体外除颤器）800多台。

（潘亚权）

人才队伍与医学科研

【卫生健康系统人才结构】 2022年，余杭区卫生健康系统采用分批招聘计划，招引人才571人，比上年增长113.9%。其中，择优签约53人，公开招聘265人，带编引进中高级人才47人，编外招聘206人。截至年末，区卫生健康系统有高级职称433人，其中，卫技专业正高职称87人，副高职称346人。分类人才124人，其中，D类人才18人，E类人才106人。

【医疗人才体系建设】 2022年，区卫生健康局招引高级职称和硕研及以上高学历人才162人，比上年增长194.5%，接收清华大学、北京大学毕业生2人，招录首位博士研究生公务员；完成缺岗位人才招引57人，比上年增长470%；招引医学检验人才96人，保障基地建成投用。强化与高校的“双向对接”。全年E类及以上人才分类认定65人；选派10名专业技术人才到四川甘孜、广元参与医疗援助；“名医名护名科”培育行动首次评出名医人；选派200多名骨干到美国、国内三甲医院进修深造；与杭州师范大学合作培养55人，模块化培训8406人次。

【医疗服务技能提升】 2022年，区卫生健康局开展“人人当能手”专业技能竞赛活动，全系统1.55万名专业技术人员参加24项竞赛活动，提升业务素养。全年招引专业技术人员571人，缓解医务人员紧缺的局面。

（潘亚权）

爱国卫生运动

【爱国卫生运动活动】 2022年，区卫生健康局组织全区开展爱国卫生月活动和元旦、春节、中秋、国庆等节日期间爱国卫生运动，常态化开展“月末周五大扫除”，开展余杭区“人人讲爱卫”爱国卫生技能竞赛活动，营造“爱国卫生人人参与，健康生活人人共享”的氛围。

【卫生创建复审】 2022年，黄湖、鸬鸟、百丈镇通过国家卫生乡镇复审，24个村通过省级卫生村复审。径山镇径山村禅茶新村被评为2021年度省级除“四害”样板村。全区获市“无烟党政机关”示范单位称号5家，市“无烟餐厅、宾馆、娱乐场所”示范单位称号10家。

【病媒生物防制】 2022年，余杭区印发《余杭区亚运病媒生物防制工作实施方案》，落实全域“三圈三级”病媒生物防制亚运保障任务。推进春季、秋季除“四害”工作，利用第三方监测手段，每月监测12个镇（街道）公共环境“四害”防制效果。提高技防设施建设要求，推进全区各镇（街道）技防设施建设。

（潘亚权）

编辑：范雅君

社会生活

Social Life

人口监测与家庭发展

【概况】 2022年，全区上报户籍出生人口5873人，其中，一孩3563人、二（多）孩2310人，二孩及以上占39.33%。全区人口出生率12.3‰，比上年下降0.3个千分点；人口自然增长率7.6‰，比上年提高3.13个千分点。全年全区总出生人口9908人（含流动人口），其中，男孩5088人、女孩4820人，总出生人口性别比105.30。全员人口数据库户籍人口覆盖率94.91%，主要信息字段完整率与准确率95%。

【生育政策落实】 2022年，余杭区审核通过生育补助7559例，发放生育补助金907.08万元。实行生育登记服务制度，申请人可在浙江政务服务网、“浙里办”办理生育登记。全年审核生育登记8243例，其中，一孩5105例、二孩2918例、三孩220例。完善公共场所母婴设施，督查区内45个公共场所母婴室，为母婴出行提供友好环境。

【计划生育帮扶政策落实】 2022年，余杭区审核通过农村部分计划生育家庭奖励扶助对象1.14万人，发放奖扶金1097.57万元；审核通过计划生育家庭特别扶助对象992人，发放特扶金890.48万元；审核通过农村独生子女家庭成员参加城乡居民医保奖励对象2.34万人，发放奖励金475.50万元；审核通过独生子女父母奖励对象1.20万人，发放奖励金18.27万元；审核通过退休农村独生子女父母参加农村居民养老保险补贴对象2693人，发放补贴269.3万元；审核通过市级公益金对象15户26人，转发市级公益金6.5万元；审核通过区级公益金对象11户16人，发放区级公益金8万元。计划生育特殊家庭双岗联系人、家庭医生签约服务和失独家庭就医绿色通道工作三项制度落实率100%。

【生育关怀行动】 2022年，余杭区为3.86万户独生子女及其父母、1007名计划生育特殊家庭成员购买保险，投保64.30万元，获得理赔60人，理赔金额79.47万元。联合中国人寿保险股份有限公司杭州市余杭支公司开展“生育关怀—圆梦微心愿”活动，兑现微心愿54个。对71户困难计划生育特殊家庭开展春节及“5·29”计划生育会员日慰问，发放慰问金7.1万元；救助出生缺陷儿童家庭1户，发放救助金5万元。

【计划生育特殊家庭“暖心行动”】 2022年，余杭区有在册49周岁以上计划生育特殊家庭管理对象335户535人。对全区49周岁以上失独人员落实生日、重要节日、重大疾病和突发事件等4种情形下“四必访”服务，按2000元/人·年标准（市、区两级按1∶1配套）下拨暖心慰问资金103.8万元。各镇（街道）开展集中暖心慰问走访1560次，慰问2140人次，在暖心家园中开展集体活动50多次。中泰街道、瓶窑镇承接市计划生育协会“计划生育家庭帮扶项目”各1项。区计划生育协会指导镇（街道）开展“暖心家园”阵地建设并实现全覆盖。继续与区心理卫生协会合作开展心理健康关爱服务，完成50名心理关爱个案及10场心理团体辅导，为失独家庭成员提供心理帮扶。

【家庭健康促进】 2022年，区计划生育协会在“5·15”国际家庭日组织镇（街道）开展“育见美好、爱达未来”主题短视频征集活动，在“5·29”计划生育会员日组织镇（街道）开展“喜迎二十大优秀艺术作品”“暖心袋鼠爸爸”养育技能大赛短视频征集，3件作品获市级奖项。全年各镇（街道）、村（社区）开展家庭健康促进主题活动217场，参与者1.69万人次。“7·11”世界人口日期间，向全区居民发放《余杭区全生命周期健康服务手册》，在“健康余杭”微信小程序同步上线电子阅读模块。“七夕”期间区计划生育协会与区科协、径山镇联合开展“‘余’你携手——青春有Young”活动，助力大龄青年“脱单”。8月，开展新型婚育文化宣传优秀作品征集评选活动，上报市计划生育协会作品9件。9月，区计划生育协会组织镇（街道）开展“健康家·味道故事”和“健康好家风故事”征集活动，其中2件作品在市计划生育协会、市卫生健康委联合举办的“健康家·味道”美食大赛分获二等奖、优秀奖。

（潘亚权）

民政事务

【概况】 2022年，余杭区民政系统始终坚持以习近平新时代中国特色社会主义思想为指导，认真学习贯彻党的二十大精神，落实区委、区政府决策部署和上级民政部门工作要求，统筹疫情防控和民政高质量发展，余杭区获2022年度全市民政工作考核优秀和改革奋进奖。

【困境儿童扶助】 2022年，区民政局联合11家政府单位、社会组织、爱心企业共同开展“圆梦微心愿”活动，实现西部五镇182名困境儿童微心愿。联合区检察院开展“阳光救助”活动，为6名事实无人抚养儿童发放救助金6万元。实施“伴你成长”项目，开展线上线下家庭教育专题讲座，为50户家庭提供教育支持。邀请专家开展困境儿童个案帮扶服务。实施“双翼计划”，为12名困难家庭残疾儿童提供专业康复服务。实施“家庭康复师”项目，为20名残疾儿童家长提供系统的康复培训。截至年末，全区有困境儿童828人，其中，社会散居孤儿5人，事实无人抚养困境儿童62人，重度残疾儿童225人，贫困家庭重病、重残、罕见病及精神智力三级、四级儿童26人，低保家庭儿童307人，低保边缘家庭儿童203人。农村留守儿童12人。全年发放当年基本生活补贴518.30万元。

【“儿童之家”建设】 2022年，余杭区新增示范型“儿童之家”8家，基础型“儿童之家”5家，原基础型提升建设为示范型“儿童之家”23家，实现“儿童之家”建设全覆盖。制定区运营标准，重点推动已建成42家示范型、154家基础型“儿童之家”运营。全年开展主题宣传教育活动504次，志愿服务613次，惠及儿童1.11万人次。

【儿童友好社区建设】 2022年，余杭区成功创建以里窑社区、翡翠社区、玉鸟社区3个首批杭州市儿童友好社区。

【社会救助】 2022年，余杭区审批通过低保444户651人、低保边缘户67户222人、特困户11户11人。截至年末，全区在册低保对象4935户6359人、低保边缘家庭340户1141人、特困供养对象102户102人，发放救助金1.25亿元。实施困难群众探访制度，探访5.83万户次，探访关爱率和幸福清单送达率均为100%。

【残疾人“两项补贴”】 2022年，区民政局审批通过重度残疾人护理补贴628人、困难残疾人生活补贴503人。截至年末，全区在册享受重度残疾人护理补贴7952人，困难残疾人生活补贴4450人，发放残疾人“两项补贴”3903.04万元。

【助联体建设】 2022年，区民政局承接省民政厅“浙有众扶—余杭区助联体”标准化应用场景建设试点，10月，在“浙江省大救助信息系统”迭代升级上线，实现全省共用。开展示范型助联体创建市级试点，全区创建助联体228家，实现区、镇（街道）、村（社区）三级救助服务站点全覆盖，其中区级、余杭街道、良渚街道、中泰街道4个助联体被市民政局评定为星级助联体。《余杭区创新“三智三联”助联体打造精准救助新模式》在《浙江民政信息》刊发。余杭区“多元参与‘余你共富’——打造‘线上线下’三级智慧助联体”、良渚街道“安康良渚——深挖社会资源，创新共富机制”被市民政局评为优秀案例。

【慈善救助】 2022年，余杭区慈善总会开展“美好直播间”“伴你成长”“三个不让”“靓厨行动”等暖心关爱项目，募集善款2935.75万元，物资价值200多万元，使用善款1.23亿元，救助困难群众1.55万人次。开展第20个“送温暖·献爱心”捐款活动，收到捐款433.46万元。春节前慰问困难家庭，向低保、低边家庭（城市低保边缘群体）发放价值62.18万元的慰问物资。建设径山村“乡贤共富慈善基金”、瓶窑镇“朝夕美好共富”基金等，共筹集2580万元。发展慈善信托，建立“光信善”助残等信托5单，总额139.40万元。浙江省互联网慈善基地、余杭区丁丙慈善基地被评为2022年度浙江省示范性慈善基地；区慈善总会被授予余杭区“巾帼文明岗”称号；良渚慈善分会、仁和新桥慈善工作站分别被评为浙江省第三批省示范性慈善分会及慈善工作站。

【数字化慈善】 2022年，余杭区建设慈善募捐管理应用——“慈善透明度提升”应用场景，实现区、镇（街道）、村（社区）三级贯通，上线浙里办、浙政钉。基于该场景的理论标准成果，制定全省首个基于数字化的公益慈善指数团体标准，获区领导肯定。6月，省民政厅在余杭区智慧公益慈善综合体召开“浙里有善”应用场景建设调研座谈会。

【城乡社区建设】 截至2022年末，余杭区有城市社区106个，农村社区116个。调整良渚街道聚贤社区、仓前街道向往社区2个超大型社区规模，调整仓前街道龙潭社区、宋家山社区，中泰街道横溪社区3个社区规模。完成6家省级引领型农村社区建设，并通过省、市专家验收。五常街道社区“小灵通”被列入杭州市第三批社区智治示范点。围绕杭州市“三型社区”品牌建设，创建市级国际化社区2个、田园社区5个。制定《“五社联动”提质增效攻坚行动实施方案》和《城乡社区工作者能力提升专项行动实施方案》，推进现代社区建设工作。

【基层治理】 2022年，余杭区开展城乡社区“微自治”项目，侧重培育城乡社区居民骨干，建立微自治阵地，确定实施项目25个。围绕基层自治体系建设的实施方案，推进基层民主协商工作，径山镇“打造基层民主协商‘四议六步’工作法”入选中国社会治理研究会、浙江大学社会治理研究院公布的《全国社会治理创新案例（2022）》。

【社会工作人才队伍建设】 截至2022年末，余杭区社会工作从业人员3800多人，其中城市社区专职社区工作者1711人。全区社会工作专业人才（持有全国社会工作者职业水平证书人员）2806人，其中，初级2324人，中级482人。区、镇（街道）两级组织开展社工证考前培训班，培训1500多人次，城市社区专职社区工作者持证率61%。开展首期社会工作督导助理培训。全年，面向社会公开招聘专职社区工作者3批次700多人。落实专职社区工作者“三岗十八级”动态薪酬体系。组织村（社区）书记参加禹贤启航培训班。评出省级“社区工作领军人才”2人，市级“最美社工”4人，区级城乡社区工作领军人才12人。

【社会组织培育发展】 2022年，余杭区登记社会组织867家，其中，社会团体145家，民办非企业703家，基金会19家。备案社区社会组织

3295家。全年，新登记社会组织107家，变更91家，注销14家，年检560家。推进社会组织规范化建设，22家社会组织被评为AAA以上等级。余杭区开展社会企业创客大赛活动，以“加强社区基金会培育发展助力社区治理创新”为主题，入选第四批省级城乡社区治理和服务实验区。区民政局编制社会组织承接政府转移职能和购买服务推荐性目录，开展余杭区社会组织公益创投活动。

【殡葬管理服务】 2022年，余杭区推动节地生态安葬，中泰街道镇（街道）级骨灰存放室开工，闲林、余杭街道2家骨灰存放室被认定为省级节地生态安葬示范点。完成《杭州市余杭区殡葬设施布局专项规划（2021—2035年）》编制。全年享受殡葬惠民新政的居民3239户，补助440.20万元。完成“殡仪服务机构管理服务检查”“迎亚运‘两路两侧’”“活人墓”等专项整治工作。清明、冬至期间，接待祭扫群众70万余人。

【移民安置】 2022年，余杭区核定大中型水库移民4383人，发放直接补助资金262.74万元。补助水库移民后期扶持项目11个，拨付资金718.60万元。

【地名管理】 2022年，余杭区依法命名居住区、建筑物10个，道路（隧道）54个。开展杭州西站枢纽周边道路命名，之江实验室南湖总部门牌编制等重点项目。开展“迎亚运”地名文化进社区（村）、学校活动，邀请学者专家到瓶窑镇、径山镇等地，宣传地名文化，营造亚运氛围。完成区内20个村落的树牌立碑工作，拍摄《余杭地名之魅力仓前》宣传视频，宣传规范使用地名。清理整治城郊结合部门牌，新做并上门安装良渚、仁和街道13个片区的2009块门牌。

【婚姻和收养登记】 2022年，区民政局婚姻登记处办理结婚登记5434件、离婚登记996件，补发结婚证3.51万件、离婚证132件，出具无婚姻登记记录证明4件、收养评估4件，受理离婚申请1286件，查询档案3.5万人次，浙江省结婚生育户口“一件事”联办5121件，做到应办尽办。在12个镇（街道）开展集中补领（办）婚姻登记证巡回服务工作。余杭区婚姻登记中心被评为AAAAA级婚姻登记机关。全年婚姻辅导5055件，推出沉浸式婚前辅导，《新婚辅导从被拒绝到全覆盖》《致力护航家庭幸福》2篇文章被《中国社会报》刊发。印发《余杭区婚俗改革工作实施方案》，婚俗改革向镇（街道）延伸，完成闲林街道1处户外婚礼基地建设。

【流浪乞讨人员救助】 2022年，区民政局救助流浪乞讨人员351人次，由工作人员护送返乡46人次。

（杨　金）

退役军人事务

【概况】 2022年，余杭区退役军人事务局坚持以高质量发展为主题，以让退役军人获得感成色更足为主线，聚焦属地退役军人工作实际、聚焦热点难点问题、聚焦工作落实成效，退役军人年度考核居杭州市第二位，获优秀等次，全区17家基层服务站创建为省级新时代“枫桥式”退役军人服务站。

【退役军人事务重大活动】 2022年，区退役军人事务局组织开展“3·5”雷锋精神留心中活动暨“余小兵便民服务队”成立、“铭记英雄，致敬老兵”清明祭扫、“缅怀先烈，英灵归家”——管梅福烈士迁墓、浙江省庆祝中国人民解放军建军95周年八一文艺晚会（余杭专场）、建军95周年八一崇军灯光秀、“9·30”烈士纪念日公祭、“学习强国”知识竞赛退役军人专场、“余杭老兵”助力共富直播等活动，激发干事创业热情。

【退役军人权益保障】 2022年，区退役军人事务局完成余杭区“老兵码”一码通试点任务，发动崇军商家入驻“智慧老兵”平台。组建余杭区关爱退役军人协会、关爱基金，发展会员56家，筹集关爱退役军人基金88万元。

2022 年 4 月 2 日，管梅福烈士迁墓仪式现场

（区退役军人事务局　供图）

【军休服务】　2022年，区退役军人事务局按照“即交即接”工作要求，审核接收军休干部，为老干部办理落户，组织关系、供给关系转移工作。落实军休干部“两个待遇”，组织军休干部参加政治理论学习，做好重大节日走访慰问，开展座谈活动。组织军休干部开展体检疗休养活动、参观新四军休养地、“参观美丽乡村、助力西部富美”活动，开展杭州军休历史文化展馆素材征集工作，做好“两报一刊”（《人民日报》《解放军报》及《红旗》）订阅工作。

【拥军优抚】　2022年，区退役军人事务局开展春节、八一建军节期间拥军优属慰问活动，发放慰问金及物品；对全区退役军人和其他优抚对象开展普惠性慰问。开展立功受奖人员喜报送达及奖励金发放工作。加强困难现（退）役军人家庭帮扶和临时救助，发放慰问金、救助金。组织重点优抚对象开展疗休养和健康体检，对现役义务兵父母开展免费健康体检。组织清明节、“9・30”烈士纪念日向烈士纪念场所敬献花篮仪式；对区内23处烈士纪念设施开展检查。

【退役军人移交安置】　2022年，区退役军人事务局“一站式”完成2022年度军转干部、转业士官、军休干部和退役士兵报到接收工作。按计划完成滞留部队伤病残士兵接收安置。

【退役军人就业创业】　2022年，区退役军人事务局组织退役士兵参加学历教育和职业技能培训。联合区人力资源和社会保障等部门举办专场招聘会2场，80多家企业参加招聘。定向招录退役军人到社工岗位。召开就业创业推进会，发布相应惠军产品。

【建档立卡及优待证办理】　2022年，区退役军人事务局将建档立卡和优待证办理作为年度重点工作，组建任务专班，专题召开部署会下发任务清单，组织镇（街道）、村（社区）开展建档立卡与优待证申领工作，完成退役军人和其他优抚对象的建档立卡，申领颁发优待证。

（薛绮玉）

人才人事

【概况】　2022年，余杭区以“十四五”人才发展规划为纲领，坚持人才引领、创新驱动，打造“人才蓄水池”。全年引进高校毕业生5.5万人，举办2022杭州国际人才交流与项目合作大会（余杭分会场）暨“国际人才月”活动等国际人才赛事，建设“热带雨林式”人才生态最优区。

【高层次人才培养服务】　2022年，余杭区新建省级博士后工作站6家，省级及以上博士后工作站共25家，其中国家级2家。参与2022杭州国际人才交流与项目合作大会（余杭分会场）暨“国际人才月”活动，新认定市、区两级海外高层次人才9635人，为364名高层次人才提供健康体检服务。

【数字经济人力资源服务产业园】 浙江（余杭）数字经济人力资源服务产业园是全省首家数字经济人力资源服务产业园。2022年7月，加入杭州市“三园一站”创富发展联盟；12月，获全省人力资源服务产业园评估优秀等级，集聚人力资源服务机构95家，为余杭数字经济相关企业输送人才近8万人次。

【技能人才培养】 2022年，余杭区形成“政府引导、企业主导、大师指导”的“三方揭榜”技能人才培养渠道，全年培养技能人才2.60万人次，其中高级工以上4490人。新评区级技能大师工作室6家，复评区级技能大师工作室3家。完善技能人才保障体系，兑现技能大师工作室建室奖励80万元，高技能人才奖励1290.10万元，技能提升补贴2565.55万元，高技能人才租房补贴7695万元。新增拥有技能等级证书1.13万人，新增职业技能等级认定获批备案企业20家。开展竞赛活动10场，获得技能等级证书1319人。

2022年，余杭区举行中式烹调技能培训

（区人力资源和社会保障局　供图）

【职员等级晋升】 2022年，余杭区建立健全县以下事业单位管理岗位职员等级晋升制度，完成全区镇（街道）下属36家事业单位职员等级职数核定和初步确认工作，开展职员等级晋升工作。建立编外人员工资待遇定期调整机制，1月起，编外人员工资福利年度经费标准每人提高1.5万元，比上年增长23%。建立编外人员经费标准定期调整机制，一般每2年调整1次。

【人事招考】 2022年，区人力资源和社会保障局人事招考工作服务考生5.05万人，未发生考试安全事故。对家庭困难考生免于缴纳考试费用。规范组织全区人事招聘工作，全区招聘事业单位工作人员824人（其中，教育系统380人，卫生健康系统344人），统一招聘编外人员161人。打造杭州区县（市）首批样板人事考试保密标准库房，确保考试安全。

（汪运达）

就业创业

【概况】 2022年，余杭区坚持就业优先导向，稳定扩大就业。城镇调查失业率为4.7%，城镇新增就业3.84万人，引导和帮助1.00万名失业人员再就业。

【重点群体就业帮扶】 2022年，余杭区开发公益性岗位安置就业困难人员396人，基本实现困难家庭有一人就业和“零就业”家庭基数归零、动态归零。发放大学生创业项目无偿资助扶持资金348万元，经营场所房租补贴127.3万元；创业担保贷款1.07亿元，贴息517.91万元；组织SYB（START YOUR BUSINESS，创办你

2022年2月，余杭区“春风行动”专场招聘暨春季人才交流会举行　　（区人力资源和社会保障局　供图）

的企业）创业培训323人。开展“万朵浪花”助力大学生就业工作，认定大学生实训（社会实践）基地60家，实训334人。

【招聘平台搭建】　2022年，余杭区开展“春风行动”系列招聘会及“迎春余缺调剂云聘会”“余杭区直播带岗”“未来之星 一职为你”“余您携手 杭启未来”等招聘会69场次，4200多家次企业进场招聘，提供岗位5.10万余个次，投递简历或达成初步意向近1.60万人次。

【劳务扶贫】　2022年，区人力资源和社会保障局组织对接专员携区内25家重点企业的1240个岗位，到四川省苍溪县、安徽省歙县参与东西部劳务协作、山海协作专场招聘活动。9月26日，余杭和苍溪签订企业人才专项培养计划协议和项目投资协议。全年为197家企业推介岗位4531个。

【高质量就业社区（村）建设】　2022年，余杭区以充分就业城区建设工作为契机，开展高质量就业社区（村）建设活动，并以此为载体，深化对失业人员、就业困难人员、离校未就业高校毕业生等重点群体的就业帮扶。余杭街道文昌社区等10个社区（村）被认定为市级高质量就业社区（村），余杭街道毓溪社区等32个社区（村）为区级高质量就业社区（村）。

【就业数字化改革】　2022年，区人力资源和社会保障局完善灵活就业应用场景建设，打造集服务、监管、治理于一体的“新业态灵活就业服务”在线平台，从聚焦新就业形态灵活就业群体的1.0版本开发到整个灵活就业群体的2.0版本，掌握并分析3.4万名新业态灵活就业人员情况。“新业态灵活就业服务应用场景”入选全省数字社会第七批案例，“灵活就业场景服务应用助推共同富裕”获杭州市共同富裕重点专项课题和杭州市争当浙江高质量发展建设共同富裕示范区城市范例理论优秀课题。

（汪运达）

劳动关系

【概况】　2022年，区人力资源和社会保障局实施“和谐同行”三年行动计划，开展全区劳动关系协调从业人员培训工作。截至年末，全区受理欠薪类投诉、举报2.13万件，涉及3.10万人、4.30亿元，完成处置2.12万件。劳动人事争议仲裁案件结案率98%、调解率81.2%、终结率95.2%。

【劳动关系调处】　2022年，区人力资源和社会保障局开展“立案前”法律调解服务，委派专职律师在仲裁窗口提供法律咨询、法律援助与律师调解服务，调解成功案件366件，援助劳动者359人次。搭建“审理中”联合调解平台，调解成功案件97件。以“调解员驻点”的形式整合工伤管理、监察执法、仲裁维权三方力量，调处成功劳动纠纷67件，为劳动者挽回损失117.3万元。建立共享法庭服务站，开展“送法人企”进园区活动，通过钉钉直播等方式开展线上观摩庭审活动，吸引线上观看280多人次，点赞4000多次。

【首批“数字仲裁”】 2022年，余杭区在全省设立首批符合“浙江省劳动人事争议数字仲裁庭建设标准”的1个增强型、2个标准型的数字仲裁庭与调解室，配备高清数字影音系统、实时数字监控系统、证据展示系统，实现仲裁“一键开庭”、画面应用“一键保存”、分庭场景“一键切换”。全年，为超100名劳动者远程确定仲裁调解方案，出具调解协议，完成数字化案件庭审352件。

（汪运达）

社会保障

【概况】 2022年，余杭区养老保险参保71.30万人，城乡居民基本养老保险参保7.70万人，工伤保险参保72.60万人，养老保险参保率99.78%，实现本地户籍贫困人员养老保险参保率100%，社会保险全民参保登记率100%。

【社保提质增效】 2022年，余杭区调整企业退休人员基本养老金，调整后企业职工养老保险人均养老金为2960.60元/月，提升率4%，惠及12万余人。从2022年1月1日起，城乡基础养老金标准由每人每月310元调整到330元，每人每月提高20元，惠及4.50万人，涉及补发放0.11亿元。

【社保业务“全口径”下延】 2022年，余杭区提升社保二次分配层级。提出“政府主动预约服务”理念，以仁和街道为试点，推进社保业务全线下延。依托余杭农村商业银行实现五大类47项业务在53个网点办理，推出“社银合作电子地图”，实现双向监督，落实就近办。

（汪运达）

医疗保障

【概况】 截至2022年末，余杭区户籍人口基本医疗保险参保72.10万人，户籍人口参保率99.83%。2023年度“西湖益联保”参保、续保49.03万人，参保率50.11%。是年，市医疗保障局余杭分局上线全省统一医保系统，在全市各区县（市）中率先试运行医保小智“视频办”。医保经办服务体系建设成果被《人民日报》《健康报》《浙江日报》《杭州日报》等媒体报道。是年，市医疗保障局余杭分局被评为市智慧医保建设先进集体、浙江省医保县级局先进单位、杭州市医保市级先进单位，创建2022年度杭州市级“医银合作”医保服务示范点、基层服务示范点及定点医疗机构示范点。

【医保业务办理】 2022年，市医疗保障局余杭分局经办23项行政权力事项，收件40.04万件，其中浙江政务服务网收件20.98万件，通过APP、政务服务2.0等其他渠道收件19.06万件。全年，办理基本医疗保险参保人员享受门诊慢特病病种认定、历年账户家庭共济备案、出国

2022年11月，市医疗保障局余杭分局开展“西湖益联保”宣传
（市医疗保障局余杭分局　供图）

（境）带药备案和异地就医管理备案等行政确认事项9.20万次；办理住院费用报销、门诊费用报销和生育津贴支付行政给付事项2.20万次，给付3.18亿元。

【医保“两定”机构】 截至2022年末，余杭区有医保“两定”机构574家，其中，定点零售药店337家，定点医疗机构237家。定点医疗机构中公立医疗机构116家，其中，区级医院3家，社区卫生服务中心及服务站113家（含3家医务室）；民营医疗机构121家，其中，医院10家，门诊部和诊所111家。

【“智慧医保”系统】 2022年，余杭区上线“智慧医保”系统，推广医保电子凭证应用，区内定点医药机构电子凭证结算率48.74%。

【医疗服务价格改革】 2022年，市医疗保障局余杭分局督促定点机构执行中药饮片和医用耗材价格政策，追回中药饮片违约基金12.68万元，医用耗材违约基金9.67万元。配合落实符合中医药服务特点的医保支付政策，明确中医门诊辨证论治项目收费标准并入医保支付，将符合规定的部分自费中医诊疗项目纳入历年账户支付，调整800多个中药饮片医保支付限额。

【医保药品、耗材带量采购】 2022年，市医疗保障局余杭分局推动全区各批次药品、医用耗材带量采购工作，完成年度到期的4批次集采药品采购任务。落实政策解读、采购量核定及落地指导。落实全区公立医疗机构做好药品、医用耗材约定量采购及货款结算。承办2022年度杭州市生物医药企业政策培训会，为生物医药企业纾困解难提供政策保障。

【医保信息业务编码维护】 2022年，市医疗保障局余杭分局审核区内574家定点医药机构上传的机构、医保医师、药师等基础信息，该年度审核维护变更医师1026人次，药师548人次，护士69人次，定点医药机构470家次。全年，更新医保药品目录21次，项目目录6次，耗材目录5次，中药饮片2次，推进“智慧医保”建设。

【医保基金监管】 2022年，市医疗保障局余杭分局完成现场检查定点医药机构588家，协议处理41家次。其中，解除医保协议4家，暂停医保协议18家，责令整改19家，追回医保基金314.10万元，处违约金91.84万元；行政处罚3家，行政罚款35.24万元，处理医保医师药师17人。

（张慧敏）

老龄事业

【为老服务】 2022年，余杭区政府为全区14.73万名60岁以上老年人统一购买老年意外险，投入441.77万元。开展“温暖重阳”走访慰问活动，区四套班子领导走访慰问全区百岁老人代表，全年全区慰问百岁老人77人。开展“敬老月”活动，举办“喜迎二十大 老少共风采”老年艺术节风采大赛暨健康余杭老少共融文化活动。开展打击整治养老诈骗专项行动。

【老龄品牌创评】 2022年，余杭区创建老年友善医疗机构11家，累计创建22家，创建率88%。闲林街道翡翠社区创建为全国示范性老年友好型社区，累计创建市级老年友好型社区10家。开展敬老爱老助老“最美”系列先进选树活动，获得市级“最美”荣誉8个，评出区级“最美”典型37个。

【老年健康服务体系】 2022年，余杭区在区第二人民医院成立区老年健康指导中心，并作为市安宁疗护试点医院，推进安宁疗护工作。实施“老年健康服务专项行动”省级试点工作，完成老年人“光明”“口福”“营养改善”“失智老人关爱”和“智慧助老”五大行动年度工作任务。推进老年医学科建设，区第三人民医院开设老年医学科门诊和老年医学科病房，区二级及以上综合医院老年医学科设置率100%。组织开展“改善老年营养，促进老年健康”主题老年健康宣传周活动。

【老年人健康体检】 2022年，区卫生健康局出台余杭区城乡居民健康体检工作方案，为60周岁及以上户籍老年人提供免费体检服务。做好体检机构“体检前中后”全流程管理，督查全区老年人健康体检结果，结合家庭医生签约服务解读体检报告，完善居民健康档案，开展个体化健康教育服务和针对性干预，提供优先就诊、优先检查、优先住院等服务。全年全区应体检老年人13万人，实际体检10.02万人，体检率77.10%，其中65岁及以上城乡居民老年人应体检5.84万人，体检4.51万人，体检率77.22%。

【医养结合】 2022年，余杭区公立医疗机构签约养老机构81家，参与医养结合服务医务人员250人，服务2万余人次。推进医养结合机构服务质量提升行动，落实问题整改“回头看”。

（潘亚权）

【养老政策体系完善】 2022年，余杭区出台《关于进一步推进“舒心养老”工作的若干意见》，围绕“基本养老服务保障、政府养老机构供给、普惠型养老扩面提质、智慧养老”等8个方面，建立健全“舒心养老”政策体系。

【养老服务设施】 2022年，养老服务设施建设连续7年入选余杭区民生实事项目。年末，全区有居家养老服务（照料）中心144家，其中，镇（街道）级居家养老服务中心12家，村（社区）级居家养老服务照料中心132家。老年人助餐点位150家，其中，配送餐中心12家，老年食堂46家，助餐服务点92家。日均就餐1.35万人，其中入户配送1600多人。全区养老服务机构7家，其中，民营1家，公建民营1家，公办5家，全部实现医养结合。

【老年人能力评估】 2022年，余杭区被省民政厅确定为全省首个全区域常住老年人能力评估试点先行区以及长期照护保障制度试点区，探索建立全区老年人、机构、服务内容立体化评估机制，通过开展精细评估、需求调查，建立多维度服务供给体系，累计完成社区初筛14.5万人，完成专业评估9050人，形成老年人精准立体画像，掌握全区老年人身体能力和服务需求，推进保障机制建立，实现精细服务，形成服务闭环。

【居家养老服务】 2022年，余杭区出台《杭州市余杭区养老服务电子津贴实施办法（试行）》，全区享受政府购买居家养老服务补贴老年人1.45万人。购买资金3105.20万元，其中，区级1649.36万元，镇（街道）1455.84万元。余杭区按照每户1.2万元标准实施困难家庭适老化改造21户，累计改造600户。

【养老助餐服务】 2022年，余杭区继续建设以“配（送）餐中心集中配送、老年食堂合理布局、助餐服务点就近用餐”为主，“失能老年人送餐入户”为辅的助餐模式。“舒心养老”智慧助餐系统上线浙里办，注册1.88万人，提供助餐服务79万余人次。以余杭养老助餐工作为蓝本起草的《居家老年人送餐服务规范》省级地方标准对外发布，被列入《2022年民政部标准制定计划》。

2022年7月6日，余杭区举办首届“食暖夕阳 寻味余杭”老年食堂厨神争霸赛（区民政局 供图）

【养老队伍建设】 2022年，余杭区实施“千人培训”计划，组织养老护理员职业技能培训和家庭照护者培训，开展“百行百匠百赛”暨全区养老护理员职业技能竞赛，全年培训1100多人次，新增持证养老护理员174人，实现每万名老年人拥有持证养老护理员24.29人。

【养老资金】 2022年，余杭区民政养老服务领域资金投入2.1亿元，比上年度增加0.54亿元，为养老服务基础设施建设、智慧养老信息化系统建设、养老服务电子津贴普惠等工作提供资金支持和保障。其中，老年人生活补贴和节日慰问费标准从每人每年2200元提高至每人每年2800元。

（杨　金）

公积金管理

【概况】 2022年，余杭区新开户建制单位1.86万家，新增建缴职工12.28万人次，年缴存额49.43亿元，46.48万人次提取公积金31.38亿元，为2849户家庭发放个人公积金贷款19.79亿元。截至年末，全区正常缴存职工21.28万人，实现公积金缴存余额83.72亿元，贷款余额54.44亿元，增值收益0.74亿元。杭州住房公积金管理中心余杭分中心继续推进余杭公积金“建制规范、信贷扩充、信息运用、稽查监管、机能治理、品牌创建”及“头雁服务”“6+1”专项行动，优化房地产金融市场，助力营造宜业宜商宜居环境。公积金余杭分中心被评为2022年度全市住房公积金管理工作目标责任制考核优秀单位。

【按月转账合作银行】 2022年1月，杭州住房公积金管理中心余杭分中心还贷提取按月转账业务合作银行新增平安银行，全区住房公积金还贷提取按月转账业务合作银行增加到22家。

【公积金数字化服务】 2022年4月，杭州住房公积金管理中心余杭分中心推出公积金贷款期房转现房抵押线上办，实现数据共享、服务联办。全年，公积金贷款“期转现”抵押线上办989笔。8月，推出企业公积金缴存证明线上开服务。

【余公助企贷】 2022年4月18日，杭州住房公积金管理中心余杭分中心联合委贷银行在浙江省率先推出面向中小微企业的普惠金融产品“余公助企贷”。截至年末，212家企业申请“余公助企贷”11.55亿元。“余公助企贷”被评为第四届“新华信用杯”全国优秀信用案例。

【窗口管理负面清单出台】 2022年5月9日，杭州住房公积金管理中心余杭分中心印发行业首份住房公积金窗口管理负面清单，从负面服务、负面行为、负面仪表、负面用语、负面环境5个方面规范窗口服务质量，精细化管理窗口服务。

【公积金信贷规范管理】 2022年5月18日，杭州住房公积金管理中心余杭分中心联合区住建局、市规划和自然资源局余杭分局印发《关于进一步规范余杭区公积金市场信贷市场行为的通知》，实施提高服务质效、加强业务监管、增进部门协作等措施，实现2年~3年内公积金贷款规模扩大到100亿元、带动商业贷款新增100亿元“双百亿”目标，支持刚需和改善型购房人群的合理住房消费。5月19日，杭州住房公积金管理中心余杭分中心印发《余杭区二手房市场住房公积金信贷业务管理操作办法（试行）》，通过加强政策业务指导、提高贷款审批时效和适当倾斜放款资金等措施，扩大二手房市场的公积金制度惠及面，推动全区二手房市场健康发展。

【公积金阶段性支持政策】 2022年6月2日，杭州住房公积金管理中心余杭分中心实施公积金阶段性支持政策，对受新冠疫情影响的企业受理缓缴公积金申请、缴存人不能正常归还公积金贷款的受理不作逾期处理申请，无房租赁可按月提取且限额上浮25%。阶段性支持政策有效期至2022年12月31日。

【公积金业务政策调整】 2022年6月10日，杭州住房公积金管理中心余杭分中心提高无房职工家庭公积金贷款额度，无房职工家庭最高贷款限额标准上浮20%。8月1日，实施三孩家庭公积金优惠政策，首套房公积金贷款的，家庭贷款额度上浮20%；无房租赁提取公积金的，提取限额按规定额度标准上浮50%。

【余公农房贷】 2022年11月1日，杭州住房公积金管理中心余杭分中心联合委贷银行，在杭州市率先推出面向农村家庭改善居住环境的金融产品“余公农房贷”，为农村居民宅基地自住房建造、翻修、装修及庭院整治等提供专项资金。截至年末，14户农村家庭申请“余公农房贷”402万元。

（施慧萍）

民族与宗教事务

【概况】 截至2022年末，余杭区有宗教团体3个，宗教教职人员82人，登记宗教场所62处，编号民间信仰场所98处。

【民族统战阵地建设】 2022年，径山镇、仓前街道、余杭街道永安村被评为省级民族团结进步创建重点培育单位，良渚古城遗址公园被评为省级民族团结进步教育基地，禹上稻乡石榴红家园、榴梦仓石榴红家园被评为市级之江同心·石榴红引领单位。

【“浙宗宝”数字化应用】 2022年，区民族宗教局开发集宗教场所主体管理、强化自我教育于一体的“浙宗宝”数字化应用，项目被列为省民族宗教委“浙里宗教智治”迭代升级重要子场景。“浙宗宝”作为组成内容的“宗教中国化场所建设”项目被评为2022年度浙江省改革突破铜奖。

【“石榴籽党建联盟”成立】 2022年6月16日，余杭区成立全省首家县（市、区）级“石榴籽党建联盟”，建设和提升15个“石榴红”家园、驿站、服务队项目，实现镇（街道）民族特色阵地全覆盖。党建联盟涵盖党政机关、中高等院校、国有企业、民营企业，村（社区）等单位，以铸牢中华民族共同体意识为主线，传播民族团结意识，促进各民族交往、交流、交融。

（孙莎莎）

关心下一代工作

【概况】 2022年，区关工委完成“红船领航 浙里关爱”浙江省关心下一代基金会公益项目——余杭区瓶窑中小学生心理健康服务项目，落实杭州市关心下一代基金会对鸬鸟小学的资助项目。组建由全区农业、水利、科技等方面老专家、老教师、老模范等11名“五老”（指老干部、老战士、老专家、老教师、老劳模）志愿者组成的科技团和来自全区科技型、创新型企业的20名高学历、中高级职称专家组成的科技顾问团。为全区27名困难学生提供奋飞助学金3万元。完成原余杭区关心下一代基金会资金分割，划转资金208.25万元上交区财政局，区财政将每年拨付20万元专项资金用于全区困难青少年的帮扶。出台《余杭区关心下一代帮困助学专项工作经费管理办法》，发放2022年度帮困助学金20万元，受益困难青少年130人。区教育局关工委，12个镇（街道）关工委和129个村（社区）关工委被评为2022年度余杭区“五好”关工委。良渚博物院获评第四批浙江省关心下一代基地和第四批杭州市关心下一代教育基地。余杭街道、仓前街道、中泰街道、良渚街道和瓶窑镇关工委被评为杭州市关心下一代工作先进集体，张时良、张文君被评为杭州市关心下一代工作先进个人（在职干部），吴金顺、刘秀英、康烈华、叶香梅、赵炳荣、沈根松、李火松、付月仁、施锡佳、陈克荣和朱帮甫被评为杭州市关心下一代工作先进个人（“五老”）。

【青少年主题教育】 2022年，区关工委组织“五老”宣讲团、讲师团开展“红船领航

成长 强国复兴有我”、党史学习教育、“五老”弘扬好家风好家教等主题宣讲，引领青少年听党话，跟党走。结合快乐假日学校，各镇（街道）、村（社区）关工委开展主题教育课1391次。

【“家风家教大讲堂”活动】 2022年，区关工委举办“向未来”家风家教大讲堂，组建由区关工委讲师团、关爱团中的心理咨询师、心理教师、律师等20名专家组成的讲师团，提供家长课程和学生课程50节，为学校和镇（街道）、村（社区）提供点单授课服务。为全区家长、学生授课230多场次。联合区教育局，在余杭区大禹小学和仁和中学试点开展“陪跑未来”智慧家长成长营第一期工作，直接受益家长近200人，间接受益家长、学生近千人。

【青少年心理健康关爱】 2022年，区关工委联合浙江大学心理与行为科学系教授陈树林团队，成立区青少年心理关爱联盟，在仓前街道党群服务中心设立“心法助共富 银领护未来”青少年关爱联盟基地。采取每月15日固定坐班和个性化预约咨询服务相结合的方式，为20多名青少年提供咨询和服务。开展“五老”与特殊青少年帮教结对。仓前街道“五老”闻连法、吴山青、童松豪，中泰街道“五老”方连观、袁祖兴等主动结对帮教未成年人。

【快乐假日学校】 2022年，区关工委连续13年举办暑期青少年“快乐假日学校”，助力余杭争创儿童友好城区。全区12个镇（街道）200个村（社区）346个班次，为6941名青少年提供红色教育、主题教育、法治教育、劳动教育、家风家教等课程3864次，参与“五老”志愿者437人，参与教师、大学生、村（社区）居民、社会组织等志愿者1094人。全区7个中小学生科技劳动教育基地开设项目10多个，210名专兼职教师、65名志愿者为2万多名青少年提供课程。

【关心下一代教育基地建设】 2022年，区关工委推出余杭区关心下一代教育基地地图。截至年末，全区建有红色教育、法治教育、科技劳动教育、廉政教育等关心下一代教育基地31个，其中，省级2个、市级2个、区级27个，组织“五老”志愿者和“红领巾”宣讲团成员进基地参与活动。全年接待150多所学校近50万人次。联合区教育局、团区委验收通过瓶窑镇新东方烹饪学校科技劳动教育实践基地、百丈镇小巷三寻手织布科技劳动教育实践基地；审核3家到期老基地，其中2家通过。

（杨　旭）

收入消费

【概况】 2022年，余杭区居民人均可支配收入70394元，比上年增长3.9%。其中，城镇居民人均可支配收入79422元，增长2.9%；农村居民人均可支配收入51384元，增长5.5%。全区农村居民人均可支配收入绝对值连续4年居全市区县（市）第一位。城乡居民收入比为1.55∶1，继续保持全市最低。全体居民人均消费支出47568元，增长4.4%。其中，城镇居民人均消费支出51204元，增长3.6%；农村居民人均消费支出39913元，增长5.8%。

【工资性收入】 2022年，余杭区居民在各类经济单位劳动得到的人均工资性收入46050元，比上年增长3.0%。其中，城镇居民人均工资性收入52144元，增长1.9%；农村居民人均工资性收入33219元，增长5.1%。全年，区委、区政府加大援企稳岗稳就业力度，居民工资性收入占全部可支配收入的65.4%，仍是居民收入的第一来源，继续发挥增收“压舱石”作用。但经济下行压力下的就业困难、机关事业单位人员绩效奖金减少等因素对居民收入产生一定影响，居民工资性收入增速有所回落。

【经营净收入】 2022年，余杭区居民人均经营净收入9711元，比上年增长3.8%。其中，城镇居民人均家庭经营净收入10014元，增长3.0%；农村居民人均家庭经营净收入9074元，增长5.6%。全区居民经营净收入的恢复性增长巩固了收入增长态势，但第四季度以来，居民经营性收入增长势头有所减弱。

余杭区2022年城乡居民收入支出数据对比情况表

表9

指标名称	城镇			农村			全体		
	2022（元）	2021（元）	增长（%）	2022（元）	2021（元）	增长（%）	2022（元）	2021（元）	增长（%）
可支配收入	79422	77184	2.9	51384	48705	5.5	70394	67760	3.9
一、工资性收入	52144	51174	1.9	33219	31607	5.1	46050	44699	3.0
二、经营净收入	10014	9724	3.0	9074	8596	5.6	9711	9351	3.8
三、财产净收入	8379	7886	6.3	4241	3997	6.1	7047	6599	6.8
四、转移净收入	8885	8400	5.8	4850	4505	7.7	7586	7111	6.7
消费支出	51204	49426	3.6	39913	37727	5.8	47568	45555	4.4
一、食品烟酒	12759	12352	3.3	9451	8958	5.5	11694	11229	4.1
二、衣着	2302	2483	-7.3	2194	1986	10.5	2267	2319	-2.2
三、居住	13229	12882	2.7	11079	11190	-1.0	12537	12322	1.7
四、生活用品及服务	2283	3705	-38.4	1879	2168	-13.3	2153	3197	-32.7
五、交通通信	12183	8725	39.6	7768	6151	26.3	10761	7873	36.7
六、教育文化娱乐	3753	4192	-10.5	3019	2965	1.8	3517	3786	-7.1
七、医疗保健	3044	2510	21.3	3461	3720	-7.0	3179	2910	9.2
八、其他用品和服务	1651	2577	-35.9	1062	589	80.3	1461	1919	-23.9

【财产净收】 2022年，余杭区居民人均财产净收入7047元，比上年增长6.8%。其中，城镇居民人均财产净收入8379元，增长6.3%；农村居民人均财产净收入4241元，增长6.1%。稳定的房屋出租收益、居民红利收入和存款利息净收入，以及农村转让承包土地经营权收入的增加，加快了城乡居民财产性收入的增长。

【转移净收入】 2022年，余杭区居民人均转移净收入7586元，比上年增长6.7%。其中，城镇居民人均转移净收入8885元，增长5.8%；农村居民人均转移净收入4850元，增长7.7%。继续加大民生保障力度，做好困难群体基本生活保障，提高城乡居民基础养老金标准，促进居民转移收入继续稳定增长。

（本分目中收入相关数据按行政区划调整前余杭区口径统计）

（蒋　涛）

编辑：范雅君

镇·街道

Towns and Streets

余杭街道

【概况】 2022年，余杭街道下辖建制村11个，社区16个。年末总户数3.56万户，年末总人口10.34万人，区域面积100.40平方千米。全年，完成经常性财政收入11.29亿元，比上年增长16.0%；农业增加值5.63亿元，增长4.5%；规模工业增加值32.52亿元，下降9.2%；固定资产投资增长43.5%；社会消费品零售总额71.61亿元，增长15.3%；自营出口41.47亿元，下降26.1%。

【工业发展】 2022年，余杭街道96家规模工业企业产值均恢复同比正增长，实现总产值132亿元。新增规上制造业企业17家。规上数字经济核心产业增加值57.97亿元，增长24.0%。钱江年产3500万台制冷压缩机建设项目及2.18亿元技改项目完成。全年实现工业投资7.70亿元。星创·新里程、西溪商贸城、港郦中心等3个项目完工并投入使用，创建浙江省现代商贸特色镇。打造科技城产业化示范园区，全年招引企业25家，新引进税源经济企业21家。培育“未来工厂”数字化车间项目3个，制造业数字化攻关项目4个。

【城区建设】 2022年，余杭街道完成航岭路、太炎路（南湖明月段）、地铁16号线禹航路站周边提升改造。启动禹上未来社区创建。金源公寓4.50万平方米老旧小区改造工程开工。完成古城复兴综合规划编制，初步形成“杭州故城·禹上未来”主题定位。完成14宗52.93公顷区级征地任务和1宗5.33公顷经营性土地出让。实现文一西路西延项目478户、宝塔高层公寓安置地块51户征迁签约及城南三期高层公寓325户选房。

【城市治理】 2022年，余杭街道启用综合行政执法队办事服务新大厅，开展综合执法123次，实施整改1873项，拆除违章建筑3.67万平方米，完成“低散乱”点位整治564个，辖区内610家外卖商户实现“阳光厨房”建设全覆盖。

【民生实事建设】 2022年，余杭街道新增普惠幼儿园3所，增加学前学位750个。辖区义务教育段学校教育综合评价优秀，太炎中学中考成绩居全区第一位。新增0岁～3岁托位180个，建成婴幼儿成长驿站4家。禹上客厅重新起用，街道综合文化站重新开放。新建2家居家养老服务照料中心，提升改造街道级居家养老服务中心，中央厨房日均配送快餐1500多份；创建19家基础型、5家示范型“儿童之家”，实现“儿童之家”街道全覆盖。创建浙江省五星级“残疾人之家”。“禹上稻乡”模式入选杭州市共同富裕试点。禹上共富体项目开工，被评为全省强村富民乡村集成改革典型案例。

【基层治理】 2022年，余杭街道优化“村

2022年12月24日，余杭街道完成城南三期高层公寓项目（卧林居）回迁安置摇号抽签分房工作　　　　　　　　（王景冠　摄）

（社区）—网格—微网格”的三级治理体系，27个村（社区）调整划分网格182个、微网格1193个，配强“1+3+N”网格力量。实现“小脑+手脚”警网协同机制全域覆盖，成立禹合大队，全天候专职处理非警务类警情，推行全程数字化可追溯，处置非警务类警情4012件，现场办结率96%。落实安全生产、消防安全、交通安全整治、水旱灾害防御及防诈等工作。开展隐患曝光和敲门守护行动，整改消防隐患6258处，处置微型火警42起，未发生较大以上安全生产事故。继续打造“禹合调解”品牌，实现27个村（社区）共享法庭建设全覆盖。

【埃梯梯智慧水务入选国家级专精特新“小巨人”企业名单】　2022年8月，2022年度第四批工业和信息化部专精特新“小巨人”企业公示名单发布，余杭街道辖区企业埃梯梯智慧水务科技有限公司上榜。公司位于天目山西路360号鲲鹏产业园，从事给排水系统的智慧供水设备的研发和生产，主打产品包括无负压供水设备、大型一体化预制提升泵站等。

【陶杏娟被评为“浙江好人”】　2022年9月，余杭区“爱心姐姐”团队负责人陶杏娟被评为2022年第三季度“浙江好人”。陶杏娟20多年坚持公益事业，2012年在全区率先组建“爱心姐姐”志愿者团队，多年来开展困难群体帮扶、“五水共治”、疫情防控、平安守护等志愿服务工作。

【国际米食味品鉴大会中国赛区总决赛在余杭街道举行】　2022年12月20日，第三届国际米食味品鉴大会中国赛区总决赛在余杭街道禹上稻乡举行。国际米食味品鉴大会是全球大米领域最高评定赛事，被誉为“大米界的奥运会”。全国各地筛选出的81款米样现场角逐2022年度金奖和优秀奖，最终评选出2个组别共32个“米食味金奖”大米产品。会上，大会中国赛区组委会与余杭街道禹上稻乡进行战略合作签约。

（章宏昱）

闲林街道

【概况】　2022年，闲林街道下辖建制村8个，社区13个。年末总户数2.77万户，年末总人口7.64万人，区域面积54.73平方千米。全年，完成经常性财政收入4.30亿元，比上年增长10.5%；农业增加值2.56亿元，增长2.8%；规模工业增加值14.33亿元，下降9.5%；固定资产投资增长18.2%；社会消费品零售总额11.39亿元，下降10.5%；自营出口19.56亿元，下降5.0%。

【产业发展】　2022年，闲林街道新增工业和信息化部专精特新“小巨人”企业3家（杭州久益机械股份有限公司、杭州云山智控技术有限公司、杭州爱华仪器有限公司），全国“专精特新企业研学示范基地”企业1家（浙江华是科技股份有限公司），省级专精特新中小企业9家。培育入库市级智能工厂1家，市级数字化车间2家。新增省级工程研究中心1家，省级企业研究院3家，省级研发中心5家，市级企业技术中心5家，国家高新技术企业29家，省科技型中小企业66家。闲林街道浙江华是科技股份有限公司在深圳证券交易所创业板挂牌上市，实现闲林上市企业“零”的突破。

【交通建设】 2022年，五常大道（闲林段）提升改造项目全线贯通，闲林东路竣工通车。高教路、全丰站、绿汀路地铁站投入使用，绿汀路全线贯通，良睦路实现通车。

【民生事业】 2022年，闲林街道新增公共空间7000平方米。“林下书院”开馆。街道党群服务中心“聚贤里”开放，全区唯一户外亚运观赛空间——闲林老街亚运观赛开放，闲林街道被评为省数字生活新服务特色镇，闲林埠文化休闲步行街被评为杭州市高品质步行街、杭州市夜间经济集聚示范区，首届水乡婚礼民俗文化节举行，“鱼汤饭”“水乡婚礼”等闲林四大文化品牌全网发布。提升改造“儿童之家”3个，新建养老服务中心5家、老年食堂3家，建成20个数字化垃圾分类点，相关经验做法获省建设厅批示肯定。投用闲林中心小学（上和路校区），扩建闲林中学、普惠性民办幼儿园9所。闲林中心小学与杭州市学军小学、闲林和睦小学与杭州市长寿桥小学、闲林中心幼儿园与杭州市安吉路幼儿园开展合作办学。

林下书院（摄于2022年）　　（闲林街道　供图）

翡翠社区入选浙江省首批未来社区样板，“自造血、自运转”的“翡翠模式”得到省领导批示肯定，入选杭州市首批共富最佳实践案例。方家山社区入围首批省共富基本单元“一老一小”场景，静林山社区创建为杭州市示范型婴幼儿成长驿站。

【住房管理】 2022年，闲林街道全面启动安置房小区分房工作，5家村级物业公司全面接管农村多高层住宅安置房小区，城市社区组建杭州良睦社区服务有限公司、杭州翡萃社区服务有限公司、杭州古埠社区服务有限公司等3家“强社公司”，同步接管13个老旧小区。开展“闲安居”改革工程，建立116个小区“官方微信群”，实现59个城市住宅小区全覆盖，确保居民反映问题30分钟响应。万景村被列为全国自建房安全整治行动现场观摩点，出租房管理“10456X”工作法获住建部肯定。

【翡翠社区被评为全国示范性老年友好型社区】 2022年10月19日，翡翠社区被国家卫生健康委员会和全国老龄工作委员会评为“2022年全国示范性老年友好型社区”。闲林街道翡翠社区根据老年人群体身心健康需要，整合各类社会资源，建立智慧健康服务站、康养中心、余阅书吧、社区老年食堂、心理咨询室等为老助老服务场景，发挥社会组织杭州市余杭区流星社会服务发展中心作用，助力老年人享受“一站式”养老服务。

【闲林街道被评为省美丽乡村示范乡镇】 2022年12月11日，闲林街道被浙江省“千村示范、万村整治”工作协调小组办公室评为2022年度浙江省美丽乡村示范乡镇。自2013年以来，闲林街道先后开展美丽乡村精品村、全域环境扩面提升等美丽乡村建设。通过“别有洞山”创意文化村落等项目建设，以美丽产业发展推动三产融合，助推乡村振兴、共同富裕。

【闲林街道被评为省数字生活新服务特色镇】 2022年11月28日，省商务厅审定公布第二批84家浙江省数字生活新服务特色镇，余杭区闲林街道以数字文旅、数字健康创建领域特色入选。闲林街道以闲林埠老街为核心，打造“1+2+N”数字文旅格局（“1”即打造一条高品质数字步行街，“2”即搭建数字图书馆与“闲林埠”小程序2个数字平台，“N”即数字人民币及闲林底蕴文化推广等数字化场景探索应用），推进生活性服务业数字化转型，聚焦“数字文旅、数字健康”两大关键要点，打造数字生活新范式的“闲林样本”。

【闲林街道首届“水乡婚礼”民俗文化节】 2022年11月5日，闲林街道首届“水乡婚礼”民俗文化节活动在闲林街道民丰村文化礼堂举行。该次活动的举办重拾闲林水乡传统的婚礼习俗和非遗文化资源，倡导和推广优秀中华文化传统，培育积极向上的幸福家庭观，营造健康文明、简约适度的婚俗文化氛围。

（胡丽琼）

2022年11月5日，闲林街道首届“水乡婚礼”民俗文化节活动举行

（闲林街道　供图）

仓前街道

【概况】 2022年，仓前街道下辖建制村6个，社区10个。年末总户数1.76万户，年末总人口6.38万人，区域面积45.91平方千米。全年，完成经常性财政收入24.74亿元，比上年增长8.3%；农业增加值1.54亿元，下降7.2%；规模工业增加值40.02亿元，增长4.7%；固定资产投资增长23.7%；社会消费品零售总额128.23亿元，增长14.0%；自营出口56.83亿元，增长27.7%。村级集体经营性收入1.23亿元，增长9.30%。

【科技企业发展】 2022年，仓前街道成立专精特新赋能中心，新增浙江省专精特新企业6家。新认定总部经济企业6家。全年7家企业9个项目入选“尖兵”“领雁”研发攻关计划项目立项名单。打造“科技型中小企业—高新技术企业—创新型领军企业”科技企业培育链条，新认定国家科技型中小企业420家，杭州市“雏鹰计划”企业91家。

【城乡建设】 2022年，仓前街道保障杭州西站枢纽建设运行，重点抓好周边环境综合专项整治，杭州西站枢纽、“云门”成为仓前城市新地标。“梦想未来城市新区风貌区”被评为浙江省第三批城乡风貌样板区。开展美丽乡村建设，梦想小镇共富带被评为杭州市第一批共富带，高桥村被评为杭州市首批共富村。完成仓云美寓、仓梦合寓安置房小区居民回迁安置及交房工作。完成永乐多户多联二期、三期、三期南农居点回迁安置工作。推进征迁清零任务，完成征迁项目16个，征地39.69公顷。

【城乡管理】 2022年，仓前街道在余杭区率先完成“大综合一体化”行政执法改革，以街道名义处置一般程序违法案件55起，简易程序违法案件523起，减少入企检查2100多次。创建省级垃圾分类示范小区（村）2个，市级垃圾分类示范小区2个，生活垃圾回收利用率超50%。推进“河长制”“湖长制”社会化，开展“全民护水”志愿巡河护水行动122场，在市“斩污攻坚”大比拼检查中进入镇（街道）“零直排”红榜。

【民生设施建设】 2022年，仓前街道建成果岭卫生服务站，投入使用云帆幼儿园吴山园区，完成云溪幼儿园连具塘园区内部装修工程，开工建设海慧幼儿园宋家山分园、仓前中心小学文泽校区。新增婴幼儿托位备案268个，其中普惠托位96个，建成全区首家“公建民营”托育机构“橙享”托育园。全区范围内率先完成“15分钟养老圈”建设，新增助餐点9处，新建太炎、果岭、龙潭3处“百岁幸福家”（居家养老服务照料中心）。街道级8000多平方米综合性文体大楼工程基本完工。引进培育的彩虹人生理论宣讲工作室，获“浙江省首批理论宣讲名师工作室”称号。开展街道全域“文明有礼”基本单元创建，灵源村、葛巷社区等8个村（社区）被评为“文明有礼”基本单元建设示范村（社区）。葛巷社区被评为全市唯一的全国红十字模范单位。

【基层治理】 2022年，仓前街道优化“平安仓前”建设体系，开展全域风险隐患大排查大起底大整治专项行动，完成“平安护航党的二十大”系列工作。完善“1+2+X”（“1”指建立一个应急消防管理领导小组，“2”指安全生产委员会、防灾减灾救灾委员会，“N”指建立多个专委会）仓前街道应急管理体系，建立“1+1+N”［“1”指村（社区）应急消防管理工作组，“1”指1名应急消防管理员抓工作，“N”指网格长、网格员、兼职网格员、楼道长等网格力量抓落实］村（社区）应急消防管理体系，街道应急管理站被评为“杭州市达标应急消防管理站”。整体智治塑造变革，融合“141”（1个中心、4个平台、1个网格）基层治理体系，实现街道网事警情、主任热线、党员四联等系统平台与综合执法体系的机制联通、数据贯通，被杭州市委政法委评为“小脑+手脚”警网协同机制示范乡镇（街道）。

【葛巷社区、太炎社区被评为省未来社区】 2022年5月30日，葛巷社区被评为浙江省首批未来社区。葛巷未来社区规划单元57.38公顷，实施单元41.28公顷，社区总改造部分建筑面积约1万平方米，总投资约0.3亿元。葛巷未来社区关注“一老一小”民生关键小事，构建“5—10—15分钟”社区生活圈，推动“安置小区”建设。12月20日，太炎社区被评为全省第二批未来社区。太炎未来社区规划单元85.6公顷，实施单元33.4公顷，总投资约0.2亿元。

【大物业“一张网”工作机制】 2022年7月8日，仓前街道举行大物业“一张网”工作会议，发布《大物业统筹“一张网”建设白皮书》，通过实行“1+3+X”［“1”为建立园区物业联席工作机制，“3”为物业、经济体、园区运营方（业主）三方协调，“X”为联动多个

仓梦合寓（摄于2022年）　　（仓前街道　供图）

相关企业联系人]管理模式促进仓前街道住宅小区居住品质和公寓园区服务品质整体提升。全年举行物业联席会议200多次，解决处置物业服务、噪声扰民等问题580多个。

【创景社区、向往社区揭牌】 2022年8月24日，仓前街道创景社区、向往社区正式揭牌成立。创景社区管辖范围东至仓绿路北延伸段和景兴路，南至文一西路，西至汪桥港，北至余杭塘路，社区面积0.63平方千米，常住人口1.05万人。向往社区管辖范围东至五常街道永福社区，南至文一西路，西至仓绿路北延伸段和景兴路，北至余杭塘路，社区面积1.17平方千米，常住人口1.06万人。

【仓云美寓、仓梦合寓、永乐村多户多联分房摇号】 2022年11月24日，仓前街道梦想小镇安置房项目（仓云美寓、仓梦合寓）正式交房，该项目涉及305户回迁安置户，共13幢住宅，安置房源1342套、交房793套。12月10日，仓前街道永乐村多户多联分房摇号抽签活动举行，221户安置户通过公开摇号方式进行分房。永乐村多户多联农居点（长松雅苑）项目南至余杭塘河，西至长祥路，东至科技大道，北至长松街。

【第17届羊锅节】 2022年11月11日，仓前街道举行第17届羊锅节暨共富结对活动。现场投入共富资金90万元结对帮扶临安区河桥镇、太阳镇，联合辖区鲸灵云（杭州）智能有限公司、杭州遥望网络科技有限公司签订共富战略协议，通过电商直播、农旅融合、产业赋能拓展结对村农民就业、创业和增收渠道，节日期间销售农副产品135.9万元。2006年以来，“羊锅村”累计接待食客600多万人次，营业收入超6亿元，经营户年均纯收入80万元。

（张 懿）

2022年11月11日，仓前街道第十七届羊锅节开幕式现场

（仓前街道 供图）

中泰街道

【概况】 2022年，中泰街道下辖建制村10个，社区6个。年末总户数1.33万户，年末总人口3.89万人，区域面积71.21平方千米。全年，完成经常性财政收入3.26亿元，比上年增长6.0%；农业增加值2.39亿元，增长15.3%；规模工业增加值25.78亿元，下降9.5%；固定资产投资增长34.4%；社会消费品零售总额6.25亿元，增长1.8%；自营出口21.79亿元，下降2.3%。

【“三农”发展】 2022年，中泰街道整治优化粮食生产功能区396.44公顷，高标准农田建设任务66.8公顷。培育“强村公司+乡村文旅运营”业态，实现村级产业市场化运作、公司化管理，新增民宿（农家乐）7家、现代农业园1家、家庭农场1家、专业合作社1家。全年开展公益性技能培训56次，带动农村剩余劳动力就业800多人。紫荆笛音“共富工坊”获首届电商直播式共富工坊银奖，并在省级“共富工坊”建设工作现场推进会上作经验分享。推进以紫荆村为核心的“未来笛乡乡村示范带”创建，全面完成“中国竹笛第一村”二期项目建设，紫荆村被评为“2022年浙江省电子商务示范村”。

【工业发展】 2022年，中泰街道新增注册企业723家，共有企业

3048家。4个项目被列入全区重大项目集中签约，全年培育“小而美”项目20个，孵化项目6个，引进高层次人才20人。新泰工业园区有机更新启动建设，重点承接南湖科学中心创新产业成果转化。完成工业园区一期、杭泰北路以西区块11宗国有出让用地企业征收腾空拆除移交。全年新增发明专利69件，已宸创新谷被认定为2022年度省级科技企业孵化器，1个项目被列入未来工厂（数字化车间）培育，2个项目被列入未来工厂（数字化改造攻关）培育。

【城乡建设】 2022年，中泰街道完成“1510”中泰慢谷风光线建设项目，完成8个村“百路千里”全域扩面提升项目，新建成“四好农村路”6条，街道创建为2022年度浙江省美丽乡村示范乡镇。枫岭村被评为2022年浙江省美丽乡村特色精品村，新泰村、岑岭村、紫荆村被评为AAA级景区村庄。完成西险大塘达标加固工程等项目征迁工作，全年征迁、搬迁及租赁农户504户，征用土地100多公顷。鲍家畈、清水湾公租房项目开工。新南湖绿苑三期多高层公寓竣工验收。实施“靓城行动”，完成中泰路道路绿化提升及景观亮化三期建设，中泰街道创建为2022年度美丽城镇建设省级样板、省级森林城镇。新明半岛十里风荷、桃花源南区入选浙江省园林式居住区，横溪社区、幸福河社区入选杭州市2022年度绿色社区，德信早安金岸提香小区入选杭州市美好家园。实施城市精细化管理、市政绿化高品质等六大行动，打造“席地可坐”精品道路2条。完成新明社区部分小区、桃花源南区等小区二次供水改造项目，完成世纪广场小区电梯加装。

【基层治理】 2022年，中泰街道编制《中泰街道基层治理工作责任清单与工作指引》，探索访源治理体系。落实“律师驻队”模式，开展法治培训等活动13次，参与一线调解19起。制定中泰街道矛盾纠纷调处流程图，受理纠纷信息1210条，调处成功1167件，办结率96.5%。推进“大综合一体化”行政执法改革，开展执法监管一件事35次，以街道名义办理行政处罚案件84件，其中，一般程序48件，简易程序42件。以“泰和”基层治理研究所为平台，与杭州师范大学开展校地合作，围绕征地拆迁、共富建设等重点问题开展常态化论证活动。健全应急消防管理体系，街道及15个村（社区）应急消防管理站通过规范化建设验收，建成市级应急文化主题公园。推进反诈工作，开展反诈宣传活动167场，成功劝阻27起预警，挽回群众损失300多万元。

【民生保障】 2022年，中泰街道跳头幼儿园创建为省一级幼儿园，罗兰幼儿园创建为省二级幼儿园，中泰中学被评为省级现代学校。成立中泰教育联盟。家庭医生签约1.68万人。中桥村、枫岭村卫生服务站完成改建扩建。提升“一老一小”服务，建成基础型成长驿站1家，示范型成长驿站5家，泰峰村、岑岭村成长驿站被评为市级示范型成长驿站，街道妇女儿童综合服务驿站被评为市级二星驿站。新增村级养老服务照料中心2家，新明社区“百岁幸福家”创建为示范性居家养老服务照料中心；枫岭村、新泰村被评为省级引领型农村社区；中泰街道助联体服务站被评为杭州市星级助联体。处理稳岗援企类补助400多件，支持个人创业类项目21件，开展就业帮扶1057次，举办“春风行动”云聘会线上招聘活动3场。新泰村被评为市级高质量就业社区（村），枫岭村被评为省级2022年度返乡入乡合作创业村考核优秀单位。街道退役军人服务站创建为“浙江省新时代枫桥式退役军人服务站”。全年开展群众性文化惠民活动635场，惠及6.75万人，新增余阅空间3个，建成“浙惠享”15分钟文化圈5个，完成市级文物保护单位胡家祠堂修缮保护工程。新增省级体育运动场所2个，市级运动场所1个，街道级运动场所1个，村级运动场所1个。3名个人和1个团队被评为2022年度“美丽余杭人”，3人被评为余杭区劳动模范，1人入选余杭区道德模范，中泰竹笛入选浙江省农村文化礼堂“我们的村礼”名单。

【茶产业建设】 2022年，中泰街道围绕“茶产业、茶文化、茶科技”统筹发展目标，出台“中泰茶十条”扶持政策，茶园统防统治面积1045.53公顷，双联村、枫岭村建成村级茶产业配套用房。全年茶叶年产值1.80亿元，带动4600

多户茶农增收致富，“未来茶乡”品牌成效初显。

【岑岭石矿整治拆迁安置农居点项目】 2022年，该项目完成房屋主体收尾工作以及市政配套工作，11月底完成入住。该农居点地块是枫岭村张坞网格四组、五组的农田和花园里自然村拆迁安置区块，位于中泰街道岑岭村东西大道延伸段以西，石邱线以南。农居点为两户一联的户型，可安置90户。农居点房屋为拆迁户自行建造，建设遵循“六个统一原则”（统一规划、统一设计、统一报批、统一色彩、统一外观、统一高度及层高施工），打造中泰高标准样板农居点。

中泰竹笛展示馆（摄于2022年）　　（中泰街道　供图）

【中泰竹笛非遗工坊案例被评为全国典型案例】 2022年，中泰竹笛非遗工坊案例入选全国“非遗工坊典型案例”。中泰竹笛非遗工坊位于中泰街道紫荆村，是浙江省级非物质文化遗产项目中泰竹笛的主产地。工坊通过开展培训、完善标准、强化传播、建立大师工作室、举办技艺大赛、搭建销售展示平台等形式开展工坊建设，助力乡村振兴。建立“非遗工坊+传承人+协会”模式，每月开展竹笛制作技艺培训和竹笛演奏教学培训，年培训当地群众5100人次。推进竹笛文化带进机关、进企业、进校园、进村（社区）、进网格，吸引20多名本村村民回乡投身竹笛行业。

【省“百村万帐”露营首站活动在中泰举行】 2022年6月25—26日，2022年浙江省“百村万帐，向野而战”第一场活动在中泰街道紫荆村举行。本次活动由浙江省体育局指导，浙江省体育产业联合会主办，浙江省体育彩票管理中心冠名，余杭区文化和广电旅游体育局、中泰街道办事处等承办。“百村万帐”首场活动引入户外运动项目、俱乐部、冠军厨房、穿越乡村赛事，结合弓箭、棒垒球、足球、飞盘、智能骑行、蹦床、航模等赛事活动，以及悬崖速降、乡村市集等活动，通过多方合作的形式，推动乡村形成新业态。

【首届杭州户外休闲旅游节在中泰举行】 2022年11月4—6日，2022杭州户外休闲旅游节在中泰街道老虎山入坑艺术公园举行，活动由杭州市国家文化和旅游消费示范城市创建工作领导小组办公室、杭州市文化广电旅游局、余杭区人民政府、杭州日报报业集团主办，余杭区文化和广电旅游体育局、中泰街道办事处等承办。活动设置野趣大杭州、阳光运动趴、越野俱乐部、野营先锋派、稻田大玩咖、灯火音乐会、房车实验室、自然理想国八大主题线下展示板块，吸引上万人参与。

（潘　栎）

五常街道

【概况】 2022年，五常街道下辖8个撤村建居社区，12个城市社区。年末总户数1.74万户，年末总人口6.04万人，区域面积24.90平方千米。全年，完成经常性财政收入18.77亿元，比上年增长24.0%；农业增加值0.07亿元，增长81.2%；规模工业增加值8.28亿元，增长3.3%；固定资产投资下降24.4%；社会消费品零售总额404.19亿元，增长14.1%；自营出口57.80亿元，增长14.5%。

【工业发展】 2022年，五常街道招引绿发控股集团有限公司、杭州英华雷克萨斯汽车销售服务有限公司、浙江雅迪电动车销售有限公司等21家优质企业；聚焦“微改造 精提升”，完成辖区内友谊产业园、横板桥产业园、鸿雁产业园等园区提升改造，实现老旧园区“腾笼换鸟”。新增入规工业企业10家，打造国家级专精特新“小巨人”企业10家。智云健康科技集团在香港联交所主板挂牌上市，成为街道辖内第6家上市企业。链接“企业码”系统与“智慧园区”服务，完成辖内1.65万家企业数据归集，收到企业服务需求1396条，问题解决率98.14%。

【城市建设】 2022年，五常街道全面优化交通路网，辖内文一西路、五常大道改造项目通车，新增绿汀路、高教南路2条城市主干、次干道；钱潮花园、西溪小筑等26个生活小区“污水零直排”改造完成，总投资超1.80亿元。对西溪水岸、人和家园等列入计划的小区进行二次供水改造，惠及居民3233户。常态化开展“扮靓家园”行动，油田小区被评为杭州迎亚运城市环境品质提升“赛马”活动优良项目。2.70万平方米北部园区公园被评为省级优质综合示范公园和市级绿化“双最”最佳公园。

【民生保障】 2022年，五常街道完成南滕社区“百岁幸福家”、邱桥社区“百岁幸福家”和邱桥社区妇女儿童综合服务驿站、五常街道天空之城婴幼儿成长驿站建设；新增公办学位2160个，天空之城小学与浙师大附属五常第三幼儿园东园园区开班办学。海创社区创建为杭州市首批示范型社区服务综合体，云创社区被评为2022年度杭州市国际化社区示范点。建成各级体育民生实事项目9个，开放辖区内低免场地130多个，新增三级体育指导员126人，完成2022年国民体质监测工作；围绕“全民健身”主题，开展体育活动50多场。

【基层治理】 2022年，五常街道建立健全政务舆情回应工作机制。“小邻通”居民在线服务系统迭代升级，解决小区物业类、纠纷类矛盾问题350多个，成为全区唯一获批市级“社区智治”的试点应用。落实文物安全网格化与属地管理，按时签订文保责任书并落实专人完成每月文保单位检查。

【非遗保护传承】 2022年，五常街道装修完成水乡婚礼民俗文化馆，利用节假日等客流高峰联合西溪湿地举办水乡婚礼展演。挖掘“龙舟文化”，出版《五常龙首》特色非遗书籍。开展“非遗进校园”活动，在五常中心小学和万向职业技术学院开设十八般武艺特色兴趣班；开展非遗“四进”活动，举办非遗文化展示、展演活动30多场。

【亲清助企】 2022年，五常街道推进“企业码”五常专区2.0版本建设，继续归集企业数据，服务大中小微企业，问题解决率超95%。7月，挂牌成立亲清助企服务中心，针对企业痛点、难点问题，整合政府、园区、银行、律师事务所等资源力量，通过“包干”机制实现线上线下事项的流转和响应，打造“一站式”、全周期的为企服务闭环管理模式。五常街道与“企业码”五常专区第三方金融服务机构开发“五常云贷”专项金融服务项目，通过“智创五常+企业码+银行融资”模式，为街道中小微企业提供融资服务，缓解中小微企业融资难、融资贵、融资慢问题。打造2000多平方米余杭人才驿站“和润之家”，为辖区人才提供沙龙交流、共享办公、健身休闲等空间。全年举办大型人才路演活动3场，组织开展读书分享、圆桌讨论、青春交友等中小型人才活动40多场，汇聚高层次人才771人。

【产业社区建设】 2022年，五常街道通过党建引领、数字赋能、力量下沉等方式，打造“一轴一码一平台”（“党建”为轴心，企业码五常专区，打造“共融平台”）工作机制。提炼八方城产业社区、贝达梦工场产业社区等产业社区的组建方式、工作模式、服务形式，挖掘汇银中心园区、未来研创园鸿雁园区等党建品牌特色，打造“百园百品”样板品牌。全年走访服务企业107家、人才32人，解决党组织关系转接、人才申报、政策兑现等问题57个，开展主题党日活动42场次，举办企业服务、人才服务、文体活动等“梦”系列活动69场次。

【“小邻通”在线服务】 2022年，五常街道继续推进“小邻通”在线服务系统应用，处理办结率和群众满意率均超95%。搭建“悦邻亭”线上议事平台，完善配套的线下议事流程，实现“线上+线下”居民共商共治共享。线上再造社区组织体系与邻里场景，建立“居委会、业委会、物业、楼道长、业主”的线上小区组织架构，实现组织体系的数字孪生。完善“有事一键找”“通知一键达”“服务一键通”等功能模块，实现社区服务的数字赋能。打造文明积分、邻里群聊等线上生活圈，营造小区事务协商、小区环境共同打造的氛围。是年，“小邻通”居民在线服务平台在五常街道社区上线，登记居民10.6万人，解决问题1200多个。

（吴依仰）

良渚街道

【概况】 2022年，良渚街道下辖建制村24个，社区20个。年末总户数5.08万户，年末总人口16.84万人，区域面积110.59平方千米。全年，完成经常性财政收入15.34亿元，比上年增长3.3%；农业增加值3.01亿元，下降7.4%；规模工业增加值27.01亿元，下降5.3%；固定资产投资增长12.5%；社会消费品零售总额9780亿元，下降8.2%；自营出口30.80亿元，增长14.8%。截至年末，辖区内有规模以上企业444家。其中，工业101家，批发零售166家，住宿餐饮14家，服务业93家，房地产30家，建筑业40家。辖区内产值超亿元企业31家（工业18家，建筑业13家），贸易营收超亿元的65家，服务业营收超亿元的25家。新增市场主体7300家，其中企业2751家，居全区第一位。

【“三农”建设】 2022年，良渚街道完成783.37公顷“非粮化”耕地功能恢复工作和66.8公顷安溪村粮食功能区提升改造项目，完成良渚村等7个村建设用地复垦项目施工和初步验收项目，实施总面积3.09公顷。完成麟海蔬菜现代农业园高标准、智能化现代农业科技示范园提升工作，何林海在“大国农匠”全国技能大赛上获得种植能手类一等奖。杭州良渚麟海蔬果专业合作社被认定为2022年数字农业工厂，杭州优夫农产品有限公司被评为市级农业龙头企业，杭州冠杭食品有限公司、杭州亿玖实业有限公司被评为区级农业龙头企业，浙江杨大妈农副产品配送有限公司通过区级农业龙头企业复评。培育农村农创客70人，新增农村实用人才258人。新港村被评为浙江省第二批未来乡村、浙江省乡村振兴示范村、杭州市第二批共富村。

【农文旅融合发展】 2022年，良渚街道启用良渚遗址未来乡村公园游客中心。开展2022年良渚云上雅宋春耕节、“一带诗溪寻宋韵”——余杭区首届苕溪文化诗词诵读、嬴山四季会、稻田艺术节、安溪有机生活节等品牌活动。是年，良渚街道被评为浙江省AAAA级景区镇，荀山村、安溪村被评为AAA级景区村，“荀山家里”入选2022年省级“百县千碗”美食体验店。

【产业发展】 2022年，良渚街道深化“亩均论英雄”改革，开展“一厂多租”排查，清退“低质、低效”企业85家，优化利用空间1.50万平方米。完成低效工业用地提升改造39.80公顷，整治“高耗低能”企业13家，腾出土地约16公顷，实施有机更新工业用地项目15个，更新32.46公顷。建设产业管理服务平台，系统化、动态化管理区内重点企业、楼宇企业、园区企业。起梦科创园被评为浙江省级跨境电子商务产业园，中国（良渚）数字文化社区被评为市级文化产业园区、市文化创意资金区域性重点文化项目。余杭区良渚新城生命健康现代服务业创新发展区被评为第二批浙江省现代服务业创新发展示范区。辖区内101家规上工业全年完成规模工业总产值100.50亿元；全年完成制造业投资7.48亿元，增长106.6%。新增孵化器物理空间80万平方米，新增创新孵化载体12个，市级孵化器6个，市级研发机构8家，通过省级专家系统评审国家高新企业76家，新申报科技型中小微企业347家。建设余杭（良渚）院士村、玉鸟人才社区，院士村地铁盾构隧道洞内微扰动高压旋喷加固装备（TJS）项目入选区级领军人才重点项目。

【城乡建设】 2022年，良渚街道实施“未来社区+未来乡村”融合联动共建共富基本单元改革。《良渚北单元详细规划》完成区级审查。完成小洋坝家园、通运华庭小区安置房分配。好运路、西塘路、港虹西路、莫干山路高架、勾阳路、杭行路北延工程完工通车，良渚新城核心区“六纵六横”道路网络基本形成。成立良渚街道在建项目安全联盟。施家湾社区入选省级第六批未来社区创建名单，重点打造“全龄友好、颐乐养老、智慧共享”的花园式社区。完成总面积2.75万平方米的花苑新村南区、安溪教工宿舍等小区改造，花苑新村北区、南区加装电梯7台。完成水口头西街基础提升，完成勾庄老集镇24幢沿街建筑立面改造、道路和景观提升等工程，启动总投资1.88亿元的良渚街道施家湾未来社区创建项目——良渚老集镇提升改造项目。全年拆除违法建筑184宗，17.7万平方米；完成154宗违法用地整改，整改复耕土地41.49公顷。开展城区大提升行动，对4.67公顷土地进行综合环境整治，修复道路市政设施2.17万处。开展城郊接合部专项整治，检查出租房屋5.05万户，整改隐患1.15万处，开展全民环境卫生清洁行动200多次，对133.33公顷已征未用土地进行“低散乱”整治和清场平整。创建垃圾分类省级示范单位2个。查漏补缺推进“污水零直排”建设，9个续建小区全部竣工验收，企业类项目完成整改验收11个，河道清淤项目开工3个、完工1个，引配水项目完工3个。全域美丽扩面项目完成11个村39个组1800户农户。打造未来乡村示范带，完成纤石村市级精品村项目建设、新港村和东莲村数字乡村建设。良渚街道被评为省级森林康养名镇，荀山村、石桥村、崇福社区被评为省级森林人家，东莲村、杜城村、新港村被评为省级森林氧吧，东莲村、安溪村被评为浙江省“一村万树”示范村，新港村被评为省级低碳村。

【基层治理】 2022年，良渚街道建立法官进村（社区）制度，定期指导和联系村（社区），受理矛盾纠纷1974件，调解成功1963件，调解成功率99%。打造“1个中心、5个区队、43个分队”架构的应急消防救援网，建立基层应急消防管理体系，形成15分钟应急救援联动体系。开展涉违涉危企业违建专项整治工作，53家存在消防隐患的企业全部整改完毕。

【教育设施提升】 2022年，良渚街道新建学校项目7个，续建项目21个。金家渡小学、良渚新城第二小学、良渚新城第二幼儿园、棕榈湾幼儿园等8个新建、改扩建项目投入使用。开展与浙江师范大学、杭州外国语学校、杭州第二高级中学等院校全面合作项目3个，引进优质特色办学项目30个。创建浙江省现代化学校4所，省一级幼儿园8所，优秀教育集团（共同体）9所，实现公办省一级、省二级优质幼儿园全覆盖。良渚第二小学被评为首批浙江省清廉学校建设示范学校。

【民生保障】 2022年，良渚街道创建星级母婴室10个。玉鸟社区儿童驿站完成示范型婴幼

2022年5月27日，港虹西路提升工程（博园路—储运路）竣工通车

（良渚街道　供图）

儿成长驿站建设和验收。完成60岁以上老年人意外保险统计3.01万人。完成杜甫、昌运、勾庄、安溪4个村（社区）卫生服务站建设及良渚街道社区卫生服务中心1号~3号楼改造。启用浙江大学医学院附属第一医院良渚分院（余杭区第一人民医院），形成“1大+3中+18小”（1个中心、3个分中心、18个服务站）的医疗卫生服务网络，打造医疗卫生“15分钟服务圈”。启动“良渚·良助”项目，发放安康良渚惠老补助613.50万元，惠及老人1.20万人。提升改造良渚街道农村五保供养服务中心，建成并投入使用“百岁幸福家”3个，完成临时救助323人，发放救助金60.15万元。良渚街道慈善分会被评为第三批省级示范慈善分会，良渚街道未成年人保护工作站创建为杭州市示范型未成年人保护工作站，良渚文化村社区公益基金会被评为AAAAA级基金会、2022年余杭区“十佳社会组织”。

【文化惠民】 2022年，良渚街道建设改造完成文化家园20个、文化礼堂13个、新时代文明实践站43个。建成农村百姓健身房1个、“金角银边”工程2个、区级全面健身工程8个。打造“15分钟品质文化生活圈”6个，开展区级文化惠民活动20多场，支持“大陆花灯”完成省级非遗评估工作。举办“非同凡响·野趣端午”2022年良渚街道第二届非遗文化节、“文明圣地·良渚有礼”良渚街道文明实践品牌发布暨“玉见最美的你”褒奖礼等活动。良渚文化村社区被评为余杭区十大文明有礼典范社区，七贤桥村、玉鸟社区、铭雅社区被评为文明有礼示范村（社区）。

【良渚街道数字化改革】 2022年，良渚街道成立数字化专班，依托浙政钉宜搭应用打造良渚街道绩效管理系统，实现政府工作人员月计划、周实绩、休假申请、加班值班记录线上审批。实施清廉村居建设数字化监督，实现基层监督常态化、全领域、全过程。完善杭州农副产品物流园区数智大市场应用场景，改善物流园区的交通秩序，系统上线以来日均报备1150辆次、日均叫号538辆次，日均登记货物8485.30吨，规范登记三轮车7464辆，实现智能化管理。搭建良渚街道“村社共富”线上平台，推出“共享厨房”等项目。

【现代社区建设】 2022年，良渚街道对照“争星晋位”工作目标，组织北片薄弱村联合购买村集体资产，新增社区配套用房1700平方米，同步推进集体经济薄弱村转型增收、城市社区配套用房补足、农业农村现代化行动落地和城乡接合部共富基本单元建设。全年招录社工197人，创建四星级村（社区）26个，在良渚文化村社区成立全市首家社区企业，以该模式推广成立社区企业4家。组建良渚街道第一届物业联盟，推进“物居业网”，出台安置房小区配套用房管理办法，通过“一电话、二分析、三考核、四管理、五议事”的物业信访五步法，减少物业信访量。上元公寓等3个小区创建为2022年度市级美好家园。

【良渚街道综合行政执法一体化改革】 2022年，良渚街道制定“大综合一体化”“一支队伍管执法”改革实施方案。7月1日，物流综合行政执法队和良渚综合行政执法队挂牌成立，分别有32名、60名在编队员，分区域开展综合行政执法工作。9月4日，正式赋权以街道名义执法。10月，成立案审领导小组。全年开展“综合查一次”活动98次，以街道名义办理行政处罚案件804件。

【新溪社区成立】 2022年6月，良渚街道新溪社区启动筹备工作，7月29日，新溪社区成立。社区范围东至太璞山和五郎山，南至运溪路，西至东莲村，北至鸽宝山和大观山，总面积1.15平方千米，包括新湖香格里拉、溪谷岚湾2个小区，总户数5467户。截至年末，社区常住口约3050人，入住率31%，在册户籍497户、895人。

【良渚街道被评为省清廉村居建设示范街道】 2022年，良渚街道以清廉村居建设为抓手，运用AI监察系统，全过程闭环监督村级小微权力。新港村、七贤桥村、玉鸟社区被评为区级清廉村居示范点，良渚文化村社区的《夯实清廉根基，谱写“共建共治共享”篇章》被评为清廉杭州建设优秀实践案例。12月25日，良渚街道被评为浙江省清廉村居建设示范乡镇（街道），系全市唯一。

【丰平调解工作室被评为省级金牌调解工作室】 2022年2月，以“金牌调解员”姚丰平命名的良渚街道人民调解委员会丰平调解工作室成立。该人民调解工作室每年化解疑难复杂纠纷400多件，定期开展村（社区）调解员轮训，创新提出“四步调解工作法”，在全区推广运用。12月28日，工作室被浙江省人民调解协会命名为省级金牌人民调解工作室。

【良渚街道慈善分会被评为省级示范慈善分会】 2022年12月6日，良渚街道慈善分会被浙江省慈善联合总会评为第三批省级示范慈善分会。良渚街道慈善分会成立于2006年，由街道分管领导兼任分会会长，下设秘书长和具体工作人员，街道43个村（社区）全部设有慈善工作室。街道慈善分会及村（社区）慈善工作室成立以来累计筹集善款1180万元，运营“安康良渚·精准扶贫”“良渚良助”共同富裕、良渚城乡社区发展基金会等慈善项目。

（孔中华）

仁和街道

【概况】 2022年，仁和街道下辖建制村18个，社区4个。年末总户数1.90万户，年末总人口7.90万人，区域面积74.95平方千米。全年，完成经常性财政收入5.97亿元，比上年下降9.0%；农业增加值5.53亿元，增长5.6%；规模工业增加值47.08亿元，增长1.4%；固定资产投资增长13.5%；社会消费品零售总额18.07亿元，增长27.0%；自营出口40.68亿元，增长4.8%。

【农文旅融合发展】 2022年，仁和街道辖区内的浙江融合致远供应链管理有限公司、浙江蓝颂供应链有限公司、杭州康洁利农副产品有限公司、杭州稻夫农业科技有限公司入选2022年市级农业龙头认定企业名单。推出“仁和渔味”文旅品牌，整理仁和渔地图，提升一批渔味示范店、特色农家乐，推出“仁和百鱼宴”特色菜品，合力打造渔味品牌。街道农民合作经济组织联合会被评为全省第一批示范性乡镇农合联。引进研学、露营、水上运动等乡村产业，发展美丽经济。创建、认定共富工坊7个，带动农民就业增收。出台《仁和街道发展壮大村级集体经济实施细则（试行）》。借力社会资本开展多元化经营，推出“仁和有礼”伴手礼、“柒味鲜”咸茶、“南山茶”等品牌。引导村集体抱团发展，组建18个村联合公司，先行探索以物业管理为主的多元化经营。

【产业发展】 2022年，仁和街道实施规上工业企业“两清零两提升”，研发机构设置率、研发活动覆盖率分别比上年增长44.8%、57.9%。实施科技企业“双倍增”计划，新增国家高新技术企业73家，省科技型中小企业180家，省级企业研发机构1家。推进大孵化器“扩面提质”，完成孵化器备案7个，24.46万平方米。配合钱江经济开发区引进1亿元以上产业投资项目10个（其中10亿元以上5个），招引“小而美”项目23个，完成制造业投资13.35亿元。新增上市企业2家，新申报专精特新“小巨人”企业16家。开展“千名干部助千企”精准服务活动，组建专业服务小分队，走访服务企业4893家次，办结问题323件。新增区级以上高层次人才57人，其中省级24人。

【建设规划】 2022年，完成国土空间“三区三线”划定，仁和街道外移永久基本农田1733.33公顷，预留中长期发展空间。优化农村私人建房管理机制。启动《仁和单元详细规划》《钱开区单元详细规划》编制，开展三白潭湿地周边区域保护利用等规划研究。

【城乡建设】 2022年，仁和街道涉及征迁项目17个，签约农户451户，征地189.67公顷。完成启航路东延、獐山路西延、东山安置房等项目及周边产业区块征迁，为钱江经济开发区提供土地84.40公顷。完成320国道杭州博陆至仁和段（杭州中环余杭段）、余杭科技职业高级中学、杭德市域（郊）铁路、西险大塘达标加固、湖杭高铁涉河改造等省、市、区重点项目征迁。竣工“四好农村路”7.03千米，村组道路35千米。永泰安置房项目（联体）开工建设。完成11个泵闸站整治更新及豆腐桥闸站改建工程。项目办实施专班化运作，修订《仁和街道政府投资项目工程变更管理实施细则》，推行“红黄绿”三色预警机制。仁和街道创建为省美丽乡村示范乡镇、美丽城镇市级样板，云会村被评为省美丽乡村特色精品村，大世洋创建为2022年度浙江省美丽河湖。区“1510”示范村2个项目正式招商运营，永胜村古树公园完工，村庄绿化长效管理超52万平方米。完成耕地功能恢复546.67公顷，优化调整粮食功能区376公顷。试点实施农业面源污染治理，完成花园村农村污水改造及三白潭水质提升农田退水“零直排”项目。主要河道水质好于上年，河流交接断面考核良好，入选市“五水共治”（河长制）工作“二十佳”镇（街道）；空气优良率88.8%。开展“‘迎亚运’城市环境大整治、城乡面貌大提升”行动，督察整改问题2.37万个，整治“低散乱”74处，整治不雅建筑763处，拆除存量违法建筑7.75万平方米。推进城郊接合部专项整治。依托小区治理“赛马”活动，整治问题924个。出台《住宅小区物业管理工作考核办法（试行）》，建立物业管理联动响应机制。普宁村、金鼎华庭一期分获省级垃圾分类示范村、省级垃圾分类示范小区。永胜村被评为2021年度浙江省善治村，东风村、洛阳村被评为2021年度浙江省善治示范村，三白潭村被评为全省第二批低（零）碳村（社区），渔公桥村被评为省民主法治村，4个村（社区）被评为市民主法治村（社区）。

【基层治理】 2022年，仁和街道应急消防管理站获全区执法检查“大比武”一等奖，应急消防救援队在全区大比武中获得团体第一。仁和街道新建共享法庭2个，实现村（社区）全覆盖，调解涉法纠纷210件。新建村（社区）法治阵地14个。成立仁和街道综合行政执法队，探索出“一支队伍管全面”的仁和模式。承担全区“舒心安居”数字应用首批试点任务，实现社会端信息采集超14万人，形成“一户一档”层级式动态管理。开发“小额工匠项目全流程智管系统”，被列入区数字政府项目孵化库。

【民生保障】 2022年，仁和街道优化“一老一小”服务，建成示范型居家养老服务照料中心2家，22个村（社区）养老助餐实现全覆盖；创建示范型“儿童之家”5家，建成婴幼儿成长驿站3个，新增普惠性托位120个。实施“十大慈善计划”，为57户低保家庭和143名孤寡老人、困境儿童等提供个性化帮扶。云会小学完成省教育现代化学校评估，仁和第三幼儿园双陈园区创建为省二级幼儿园。余杭区中西医结合医院落户仁和。改造社区卫生服务中心，规范化提升急诊、发热门诊、体检中心。探索“互联网+就业”新渠道，举办就业招聘活动26场，提供岗位5030个。

仁和街道大世洋（摄于2022年）　　（陈连孝　摄）

【文化建设】 2022年，汪馥泉故居（五四运动纪念园）开工建设，完成仁和剧院提升改造、慈大桥修缮、122处体育设施更新，编制5个文物保护点保护和建设控制规划，入选省第二批乡村博物馆1家。成立街道文学艺术界联合会，启动仁和文化丛书编纂。依托文化礼堂（家园），开展文化走亲活动860多场。围绕“1+20+N”文明实践志愿服务体系，开展市民理论宣讲等活动1356场次。街道入选2022年度“杭州好人”1名，区第五届道德模范1名，“美丽余杭人”4期。

【于谦清廉文化陈列馆开馆】 2022年7月13日，于谦清廉文化陈列馆开馆仪式在仁和街道普宁村举行，成为余杭区新一处清廉文化阵地。2012年，仁和街道利用古牡丹园旁废旧厂房建立于谦纪念馆，弘扬于谦“忠”“廉”的品质。2021年在中国共产党成立100周年之际，街道启动提升改造工程，将纪念馆打造成于谦清廉文化陈列馆，陈列馆成为余杭区唯一入选“小莲清风廉运——清心之旅”路线的参观点。

【《高头竹马》非遗表演获“映山红奖”】 2022年7月，由浙江省文联、浙江省民协主办，宁波市文联和北仑区政府联合主办的第八届浙江民间文艺“映山红奖”颁奖典礼举行，传统舞蹈《高头竹马》获民间文艺表演类作品奖。高头竹马又名“竹马灯”“跑竹马”，属于马灯舞范畴，是汉族的一种民间舞蹈，主要流传于仁和街道永泰村一带。2009年6月，仁和“高头竹马”入选第一批浙江省非物质文化遗产名录。仁和街道成立“高头竹马”社团，邀请高头竹马传承人姚荣铨任团长。

【云会村获得浙江数字乡村“金翼奖”】 2022年8月31日，由浙江省委网信办、浙江省农业农村厅指导，浙江广播电视集团主办的首届浙江数字乡村“金翼奖”评选结果公布，仁和街道云会村入选“百优村”，获得数字乡村“金翼奖”。云会村推进“舒心安居”系统，保障流动人口信息采集和居住处所安全管理机制长效运行。利用共享法庭，建立日常联络机制，开展法律业务指导、诉调衔接等工作。运用智能平台优化服务，实现诉讼服务“最多跑一次”。引进智收宝垃圾分类回收业务端系统APP，实时了解村民垃圾分类的情况。加强食品安全监督，落实云会集镇区块餐饮店监控全覆盖。在辖区内建设广播站点14个，传达上级政策，发布应急通知，科普健康生活等知识，宣传平安余杭、反诈骗等信息。

【腌腊技艺成为市非物质文化遗产】 2022年9月，仁和传统食品腌腊技艺入选杭州市人民政府公布的第七批杭州市非物质文化遗产代表性项目名录。传统腌腊食品有800多年历史，经5个步骤，风干后成为成品酱鸭。“杭州酱鸭”主要分布在杭州市的余杭区和临平区，其中以仁和街道三白潭村一带为主。该技艺由杭州大康腌腊食品有限公司为保护单位，企业创始人严红兵是余杭区非物质文化遗产名录“禽类食品腌腊技艺”代表性传承人。

2022年7月13日，于谦清廉文化陈列馆开馆（仁和街道　供图）

【益民“醉”美稻田艺术节】 2022年11月12日，仁和街道益民“醉”美稻田艺术节在渔公桥村千亩粮食现代园举行，育种专家、浙江大学原农大校长夏英武，区农业农村局、区总工会等相关领导，街道班子成员，仁和商会、企业、市民、学生代表等参加。活动现场为仁和街道农文旅“智库”专家颁发聘书。杭州余杭益民农业生产服务专业合作社与杭州大地海洋环保股份有限公司、南方泵业股份有限公司、杭州山虎机械有限公司、杭州獐山钢瓶有限公司、申江集团有限公司的企业代表共同签订2023年艺术稻田认养意向合同。

【仁和街道首个婴幼儿成长驿站运营】 2022年11月24日，仁和街道首家示范型婴幼儿成长驿站正式运营。驿站位于仁良花苑居家养老照料中心，面积约280平方米，设游戏活动区、绘本阅读区、多媒体宣教区、辅食制作区、母婴室等功能区块，有专职育婴员1人，兼职人员2人，志愿者15人。为辖区婴幼儿及家庭提供持续、专业的服务和指导。

【余杭区新的社会阶层人士联谊会仁和分会成立】 2022年12月7日，余杭区新的社会阶层人士联谊会仁和分会成立大会举行。会议听取并审议通过《余杭区新的社会阶层人士联谊会仁和分会筹备工作领导小组筹备工作报告》《杭州市余杭区新的社会阶层人士联谊会章程》和《余杭区新的社会阶层人士联谊会仁和分会选举办法（草案）》，选举产生余杭区新联会仁和分会第一届会长、副会长、秘书长人选。

（孟宪菊）

瓶窑镇

【概况】 2022年，瓶窑镇下辖建制村13个，社区8个。年末总户数1.94万户，年末总人口6.49万人，区域面积127.80平方千米。全年，完成经常性财政收入5.29亿元，比上年增长9.7%；农业增加值5.95亿元，增长8.6%；规模工业增加值30.37亿元，增长2.5%；固定资产投资增长9.6%；社会消费品零售总额46.16亿元，增长15.2%；自营出口65.96亿元，增长41.8%。

【农业发展】 2022年，瓶窑镇山林面积6118公顷，耕地面积2576公顷，其中水田1730公顷。粮食作物播种面积2498公顷，增长0.87%，全年每公顷产9750千克，总量1.80万吨，增长0.98%；蔬菜复种面积14.59公顷，增长1.87%；油菜全年产量305吨，增长44.82%；水果全年产量6748吨，增长4.78%；茶叶全年产量1099吨，增长3.68%；中草药材全年产量424吨，下降5.78%。全镇生猪出栏量3.49万头，增长22.9%（生猪年末存栏量2.75万头，增长46.69%）；羊全年出栏量2552头，下降30.1%（羊全年饲养量4499头，下降12.21%）；家禽全年出栏量37.52万羽，增长3.1%（家禽饲养量48.37万羽，增长0.43%）；兔全年出栏量7.63万只，增长14%。福山家庭农场被省农业农村厅评为2022年度低碳生态农场，彭公数字化未来农场被评为第二批“未来农场”，骆驼九宇有机食品有限公司被评为浙江省2022年数字农业工厂。杭州大观山种猪育种有限公司被农业农村部评为非洲猪瘟无疫小区。瓶窑镇人民政府获杭州市粮食生产和高标准农田水利建设集体嘉奖。

【产业发展】 2022年，瓶窑镇新增“小升规”企业9家，国家高新技术企业58家，省科技型中小企业126家。规上工业企业缴纳税金6.11亿元，增长28.57%。全年9个项目纳入区级重大项目集中签约，引进重点项目15个，培育“小而美”项目30个，实际利用外资285.80万美元。建立工业企业分级服务管理制度。全镇规模以上第三产业单位52家，其中，服务业企业11家，商贸企业35家，规上个体户6家。

【农文旅融合发展】 2022年，瓶窑镇调整《瓶窑镇文旅融合发展财政政策实施细则》。新增民宿2家，乐朴山静被评为省级银宿；实现文化企业“小升规”1家；创建遗址村落省AAA级景区村庄2个，省AAA旅游厕所1个；入选“百县千碗”旗舰店1家，“百县千碗”示范店2家；举办“张堰茭白生活节”“北湖草荡观鸟节”“大过中国年”等特色主题活动，接待省、市、区旅游推介10多次，参加杭州市旅游推介2次，全年接待游客210万人次。举办余杭区第三届大观山蜜桃文化节。

【城乡建设】 2022年，瓶窑镇完成征地20.41公顷（其中良渚遗址公园核心区块3.66平方千米），拆迁农户22户。建成瓶窑镇崇化安置房一期项目，完成摇号分房；认定保障性租赁住房1553套（间）；推进8个小区共10.8万平方米老旧小区综合改造提升工程，其中苕溪苑等5个小区完工；加装电梯6台，创建“污水零直排”小区3个；建设南山安置点配套工程二期、三期配套用房等农居点配套用房4个；完成村级留用地额度换房产面积1.70万平方米，完成年度总投资3700万元。瓶窑镇连续4年获得省级小城市培育试点优秀，被列入省级第二批千年古城复兴试点。编制完成千年古城复兴规划及三年行动计划。瓶窑老街街区被评为省级高品质示范街区、浙江省街容示范街、浙江省城乡风貌样板区。实施“微改造、精提升”项目15个，新建1000平方米旧时光影音展示馆，其中瓶窑老街提升项目被评为省级优秀案例。

【基层治理】 2022年，余杭区矛调中心瓶窑分中心全年接待群众3800多人次，化解纠纷1100多件。组建及时雨工作站、和事佬工作室等专职队伍，强化警网联动，全年调处非警务类警情1825起，比上年下降20.2%。

【民生保障】 2022年，瓶窑镇获得“浙江省慈孝之乡”称号，瓶窑镇“残疾人之家”成为余杭区首个“浙江省五星级残疾人之家”，被评为杭州市示范性残疾人之家。余杭文化大楼按期交付使用；里窑社区创建为省级未来社区；增设城市书房1处、文化驿站1个，打造里窑社区等5个“浙文惠享”“15分钟品质文化生活圈”；举办“北湖生态健康跑”“农民丰收运动会”“世遗陀螺赛”等体育赛事和活动20多场次，免费开放全民健身场地100多个。

【区矛调中心瓶窑分中心成立】 2022年1月28日，区社会矛盾纠纷调处化解中心瓶窑分中心挂牌成立。分中心整合原有的瓶窑镇矛调中心，诉讼服务中心、信访接待中心、综合信息指挥中心、打造基层矛盾纠纷排查化解的综合性平台。全年，化解纠纷1100多件。

【瓶窑工业企业“综合查一次”】 2022年3月，由瓶窑镇人民政府牵头，协调城市管理、市场监督管理、生态环保、文化市场、交通运输、农业农村、应急管理、自然资源、卫生健康等9支专业执法队伍，初步形成“1+8”执法体系。制订《瓶窑镇工企业“诊疗式综合查一次”改革方案》，在凤都工业园区率先推行“综合查一次”联合执法模式，实现多跨协同联动响应，提升执法工作效能。全年开展工业企业“综合查一次”专项行动43次，检查规上企业117家，出动执法队员356人次，发现并整改隐患问题432处，处罚企业15家，处罚金额30多万元。

【“文明圣地·亭市有礼”文明实践品牌发布】 2022年6月9日，瓶窑镇举办“文明圣地·亭市有礼”文明实践品牌发布暨“宋韵知书礼”活动启动仪式，现场举行瓶窑苕溪雅集首发、“宋韵书礼学堂”共建签约等仪式。围绕“亭市有礼”文明实践品牌创建，瓶窑落实“6310”举措，即倡导6种时代新风，实施3个行动计划，开展10项主题活动，让“有礼”成为瓶窑镇建设“共同富裕示范区镇域样板”的标志，为全区精神文明和共同富裕示范先行区建设提供瓶窑样本。全年，瓶窑镇举办“宋韵知书礼”“文脉赓续礼”“五谷丰登礼”“开智启蒙礼”“新风褒奖礼”等活动10多场。

【余杭未来乡学院成立】 2022年6月24日，瓶窑镇举办余杭未来乡学院成立仪式暨乡创共同体主题沙龙活动，与浙江财经大学乡村振兴研究院共同成立余杭未来乡学院，启动余杭人才驿站（瓶窑站），聘用4名“智库”人才担任乡创共同体成员单位顾问。活动中乡村振兴学会联合体余杭基地落户瓶窑，成立五大科技服务站，开展乡创共同体主题沙龙，探索共富抱团发展新模式。

【瓶窑3个科普站点建成】 2022年7月，瓶窑镇溪东、里窑、凤都3个科普站点建设完成。为广泛普及科学知识、打造智慧新生活，落实民生实事项目任务，瓶窑镇建设溪东、里窑、凤都3个科普站点，其中溪东社区为精品站点，里窑社区、凤都村为普通站点。科普站点内设有旋转的银蛋、跳舞回形针、离心现象、“百发百中”、短期记忆测试等科普产品，吸引民众参与科普活动。

【瓶窑镇幸福乡里共同体启用】 2022年7月2日，瓶窑镇幸福乡里共同体正式启用。共同体位于瓶窑镇港渠路99号，总面积约2400平方米，涵盖居家养老服务中心、“儿童之家”、婴幼儿成长驿站等常态化服务阵地，因地制宜打造朝夕书房、戏曲剧场、舞蹈室等特色空间，提供养老、幼托、便民服务，旨在打造理念可持续、样本可复制的老幼“代际融合”生活场景。启用仪式现场，以共同体为依托发布“朝夕美好+”民生服务品牌，成立“朝夕美好”共富联盟、“朝夕美好”共富基金，授牌余杭区托育综合服务中心（瓶窑试点）、余杭区老年友好型社会试点。

【瓶窑老街传统风貌样板区入选省级样板区】 2022年10月10日，浙江省公布2022年度第二批城乡风貌样板区名单，其中瓶窑老街上榜“城市风貌样板区（传统风貌区类）”。瓶窑老街传统风貌区围绕“整体大美、浙江气质、全域彰显”的总体要求，制定“一山植底蕴，一水融古今，两街显风貌，三区塑功能”的风貌建设蓝图，以“渚上古窑址·创享文旅街”的风貌定位，样板先行、全域推进，高质量打造共同富裕城乡融合基本单元。

【2022苕溪话共富主题行动】 2022年11月12日，瓶窑镇2022苕溪话共富主题行动开幕式在北湖草荡举行。该次行动以“山水清远 富美苕溪”为主题，旨在保护苕溪及其两岸生态环境，利用并展示苕溪的富美资源，推动全镇农文旅深度融合发展。活动现场发布“五大主题行动”，包含“北湖草荡·野鸟天堂”——首届杭州北湖观鸟大赛、“半壁芦苇·一川苕溪”——60秒微视频大赛、“食指大动·寻味苕溪”——百县千碗窑山宴、“五谷丰登·秋晒苕溪”——农民丰收运动会、“绿色生态·赢跑苕溪”——北湖湿地生态健康跑。

【梦航智谷先导园区开园】 2022年11月15日，由瓶窑镇人民政府主办，北航杭州创新研究院（余杭）、天目山实验室协办的杭州·梦航智谷航创园开园仪式在瓶窑镇举行。梦航智谷位于余杭区瓶窑镇南部产业园区，规划面积约4平方千米，规划建设产业园区总面积百万平方米。梦航智谷聚焦科技创新，以航空航天研发和电子信息为主导，重点布局新制造、新能源、新材料等相关产业，是瓶窑镇着力打造的北航产学研转化首选地、城西科创大走廊成果承载地、杭州专精特新企业集聚地和浙江航空科技策源地。

【首届“梦航杯”硬科技创新创业大赛】 2022年11—12月，由瓶窑镇人民政府主办，北航杭州创新研究院（余杭）、天目山实验室协办的首届“梦航杯”硬科技创新创业大赛在瓶窑镇梦航智谷举行。大赛以“梦航科创 窑望未来”为主题，重点聚焦智能制造、新能源、人工智能、新材料等科技创新创业，聚焦“人才+平台+智造”，宣传推介瓶窑双创环境政策，营造创新创业氛围，吸引科技项目人才落户瓶窑。

【里窑未来社区通过省未来社区验收】 2022年12月8日，杭州市城乡风貌整治提升领导小组公布第一批杭州市未来社区验收通过名单，瓶窑镇里窑未来社区入选。12月20日，浙江省城乡风貌整治提升工作专班公布浙江省第二批未来社区验收通过名单，瓶窑镇里窑未来社区入

里窑社区（摄于2022年）　（瓶窑镇　供图）

选。里窑未来社区毗邻世界文化遗产良渚古城遗址，有瓶窑老街，规划单元72.78公顷，实施单元22.02公顷。里窑未来社区以“里窑——你YAO的未来”为发展图景，以瓶窑老街省级城乡风貌样板区为发展基础，创新“里窑3X”模式，推进有限空间迭代升级，打造生活型、文化型、景区型复合社区，共同富裕城乡融合基本单元。

【南山村未来乡村通过省未来乡村验收】 2022年12月10日，南山村省级未来乡村创建以“悠见南山，乡创未来”为主题定位，按照“一统三化九场景”，围绕“共同富裕”“数字乡村”“低碳发展”3个关键，形成以文创、文化、邻里、产业、健康为特色场景，以风貌、低碳、交通、智慧、治理为标准场景，打造“9+X”的未来乡村场景体系，创建集“经济美、全域美、人文美、乡风美、生活美”于一体的省级未来乡村。

（阎　沁）

径山镇

【概况】 2022年，径山镇下辖建制村13个，社区2个。年末总户数1.31万户，年末总人口3.90万人，区域面积144.10平方千米。全年，完成经常性财政收入1.72亿元，比上年增长33.6%；农业增加值9.70亿元，增长5.9%；规模工业增加值7.57亿元，下降6.4%；固定资产投资增长18.6%；社会消费品零售总额8.50亿元，下降3.6%；自营出口7.65亿元，增长13.5%。

【“三农”发展】 2022年，径山镇落实粮食安全责任制，实施800公顷耕地功能恢复，落实1333.33公顷粮食功能区“非粮化”整治优化。启动径山茶全产业链培育创建，“径山茶”品牌价值提升至27.34亿元。

【产业发展】 2022年，径山镇实施浙江星华新材料集团股份有限公司、杭州银泉茶业有限公司、杭州锦旭智能装备有限公司等3个新建工业项目，长乐、龙皇塘、俞家堰等3个工业园区有机更新方案通过区级评审。新增发明授权14件，专利授权150件，创建国家级高新技术企业17家，省科技型中小企业15家，宇航梦园创建成为省级企业研发中心。

【旅游业发展】 2022年，径山镇举办第21届中国茶圣节、宋韵风筝节等节庆活动，推出“径山有礼”“全茶宴”等文旅品牌IP，打造苕溪营地、四岭鱼鳞坝、镜潭湖湿地公园等网红景点，招引嘉佩乐国际酒店入驻，“禅茶一味·品茗问道之旅”被评为全国茶乡旅游精品线路，径山镇入选“中国民间文化艺术之乡”建设典型案例，径山省级旅游度假区通过旅游资源评估。

【城乡环境提升】 2022年，径山镇完成陆羽泉公园周边环境整治，径山镇创建为美丽城镇省级样板，被评为第二批浙江省自然保护地融合发展示范镇（村）。“禅径寻农·径鸬”县域风貌样板区被评为首批“新时代富春山居图样板区”。完成黄湖溪、径山南等12千米美丽绿道建设，建成启用全省环浙步道示范段“零号桩”，人均绿道千米数居全区第一位，径山镇被评为杭州市绿道建设最佳配合镇（街道）。开展美丽乡村、未来乡村精品创建行动，完成“1510”村庄环境提升、13个村全域环境扩面提升项目，实现省AAA级景区村庄全覆盖，径山村创建为省级未来乡村。协同推进“治水”“治废”“治污”“治气”等工作，生活垃圾治理工作在全省推进会作典型交流发言，创建为市级“水美乡镇”。开展“碳达峰碳中和”专项行动，承办“6·15”浙江省全国低碳日主会场活动，入选全省第二批低碳镇创建单位。

【民生保障】 2022年，余杭径山中学项目开工，径山镇成人文化技术学校建成启用，径山镇与杭州师范大学建立战略合作关系，提升优质教育资源供给。引进“云上养老”数字平台，打造“5181金色年华”养老服务品牌，新建依山郡和小古城村示范型婴幼儿成长驿站。改造启用社区卫生服务中心慢性病一体化门诊，被列入全省基层卫生现场会考察点并在全省推广。完成依山郡小区二次供水改造、14条15.2千米“四好农村路”建设，300多户天然气通气工程完工。发放低保、低边等社会救助金2100多万元，创建省五星级“残疾人之家”。

【共富建设】 2022年，径山镇推进“3×N”乡村新社区工作机制，挖掘13个典型案例，打造“绿生态”“红党建”“金田野”等“一社区一品牌”。发布径山镇“共富25条”。实体化运作共富发展基金会，募集700多万元用于创新创业扶持和困难群体帮扶。消除经营性收入110万元以下的集体经济薄弱村，20万元～60万元收入家庭占全镇的51.19%。《生态型乡镇的共同富裕指数创新建构研究的调研方案和权重测算实例》入选杭州市共同富裕“赛马”课题研究，代表余杭区选送案例“打造‘三三三’共富治理体系‘众人的事情由众人商量’”入选浙江省高质量发展建设共同富裕示范区最佳实践（第一批）。中央广播电视总台浙江总站共富示范区观察点落户径山，共同富裕建设成效被浙江省人民政府网站“共同富裕·浙江探索”专栏推广，在《浙江政研（共同富裕实践探索）》刊登。

【文化建设】 2022年，宋式点茶被《人民日报》（海外版）报道，“径山茶宴”入选人类非物质文化遗产。径山文化研究中心和径山镇文联成立，《中国径山“宋韵茶事”的世界影响》入选市级宋韵文化研究成果，文联组织建设和“艺术乡建”工作受到中国文联领导肯定。举办“大美径山”摄影展、“军旗飘扬·红心向党”建军95周年文艺演出等大型文化活动10多场，完成中共临余工委旧址布展，完成双溪村、小古城村等5个“15分钟品质文化生活圈”创建，径山村文化礼堂被评为省五星级文化礼堂。凌伟明、童兆民被评为“余杭工匠”，姜雅萍、林国荣、白洪奎被评为“最美余杭人”。

【基层治理】 2022年，径山镇上线运行“众人议事厅”场景应用，“打造基层民主协商‘四议六步’工作法”入选“全国社会治理创新案例（2022）”。推进共享法庭工作机制，调解矛盾纠纷300多件，小古城村共享法庭入选全省第二批示范共享法庭。落实“大综合一体化”改革，挂牌成立综合行政执法队、应急管理站。径山村被评为第九批全国民主法治示范村（社区），麻车头村被评为2022年度省级民主法治村（社区）。

【生态型乡村新社区共同富裕指标体系发布】 2022年1月3日，生态型乡村新社区共同富裕研讨会在径山镇举行。会上，全省“三农”、文旅等领域专家探讨共富乡镇建设，径山镇发布余杭首个生态型乡村新社区共同富裕指标体系。该指标体系围绕“生态底色程度”“产业发展程度”“精神自信程度”“宜居生活程度”“整体智治程度”五方面指标框架，包含16个一级指标和62个二级指标，并按照2022年和2025年两个时间节点制定不同阶段预期目标。

【“禅茶一味·品茗问道之旅”被评为全国茶乡旅游精品线路】 2022年5月19日，经中国农业国际合作促进会茶产业委员会评审，径山镇“禅茶一味·品茗问道之旅”被评为全国茶乡旅游精品线路。该线路是以茶事体验为主题，以径山禅茶文化为主要特色的2日游线路，行程包括大径山旅游集散中心体验宋代点茶，游览径山寺，在“禅茶第一村”径山村观赏茶道演艺，到小古城村体验慢生活，在陆羽泉公园沉浸式体验唐代煮茶。

【第21届中国茶圣节在径山镇举行】 2022年5月21日，第21届中国茶圣节开幕式在径山镇举行。该届茶圣节以“茶乡径山·宋韵生活”为主题，围绕径山禅茶文化“正、清、和、雅”的文化精髓展开，以“茶乡径山·四季风华”为主线，分为春迎、夏凉、秋韵、冬福四个篇章，推出陆羽“茶圣杯”抹茶新式茶饮大赛、“宋韵茶香·礼遇径山”第一届创新杯暨文创产品设计大赛以及“茶乡径山·共富共享”油画展、大美径山摄影展、“童聚径山·乐漫花海”径山花海动漫嘉年华等贯穿全年的活动和赛事。

【全省全国低碳日主会场活动在径山镇举行】 2022年6月15日，浙江省2022年“全国低碳日”主会场活动在径山镇径山村举行。活动中，与会领导和嘉宾考察了全省第一批低（零）碳试点村——径山村，实地了解余杭区“双碳”工作推进情况，王金南和高翔2名院士受聘成为浙江省减污降碳协同增效创新区建设特聘专家，王金南作“协同减污降碳建设美丽中国”主旨演讲；余杭区、台州市椒江区大陈镇、嘉兴市海宁市袁花镇长啸村分享低（零）碳试点经验；展示“人人1千克，助力亚运碳中和”阶段性成果并颁发数字纪念奖牌；发布浙江省减污降碳协同增效区域指数和减污降碳协同增效企业指数以及浙江省减污降碳协同增效场景应用。

2022年8月23日，径山镇争当“全域共富”先行地推进大会暨“共富25条”发布仪式举行（径山镇　供图）

【争当“全域共富”先行地推进大会暨“共富25条”发布仪式】 2022年8月23日，径山镇举行争当“全域共富”先行地推进大会暨“共富25条”发布仪式，为在共同富裕发展领域有重要贡献的个人、企业、科室、村（社区）颁发奖状，开展共同富裕发展基金会捐款活动，发布“2号课题”、共富产学研路线和径山“共同富裕25条”，并与贝莱特控股集团有限公司、杭州蚊子会数字营销有限公司签订全域共富战略协议，举办以“五化协同探索共富新路”为主题的圆桌论坛。径山镇“共富25条”涵盖农文旅产业培育、茶产业扶持、村集体经济壮大以及人才工匠新业态保障等四大块内容，提供真金白银的扶持政策，旨在激发全镇农文旅经济活力，推动茶产业振兴发展，促进村集体经济增收，打造人才工匠蓄水池。

【基层民主协商“四议六步”工作法入选全国案例】 2022年9月，中国社会治理研究会、浙江大学社会治理研究院公布“全国社会治理创新案例（2022）”，径山镇“打造基层民主协商‘四议六步’工作法”入选。基层民主协商“四议六步”工作法是以“议什么、谁来议、怎么议、议的效力”的“四议”明方向，以工作由“群众提”、议题由“支部审”、方案由“网格议”、决策由“代表决”、过程由“专人督”、结果由“群众评”的六步定步骤的全过程协商体系。十多年来，径山镇坚持围绕中心工作开展全域协商，实现了由“要我商量”向“我要商量”、由“干部干群众看”向“干部群众一起干”、由“政府主动、百姓被动”向“政府引导、百姓主动”三大转变。

（杨晨嫣）

黄湖镇

【概况】 2022年，黄湖镇下辖建制村5个，社区1个。年末总户数5032户，年末总人口1.35万人，区域面积57.74平方千米。全年，完成经常性财政收入0.42亿元，比上年下降13.2%；农业增加值3.09亿元，增长18.5%；规模工业增加值7.11亿元，下降11.7%；固定资产投资增长16.2%；社会消费品零售总额4.18亿元，下降4.9%；自营出口6.88亿元，下降33.9%。

【农文旅融合发展】 2022年，黄湖镇开展稳产保供、项目建设和产业招引工作。推进土地

“非农化”“非粮化”整治，恢复耕地96.67公顷，完成粮食功能区整治优化任务275.60公顷，粮食产量3850吨，生猪保供1.4万头，农业增加值增幅居全区第一位。加快美丽乡村项目建设，完成青山未来乡村配套项目、赐璧古树公园、龙兴桥水库提升、五村美丽乡村扩面等项目。注重招引培育农业产业，落地并启动建设爱多尔产业园，完成嘉源蔬菜园区提升工程，引进寿仙谷、稻道农业等优质园区。新增省级五星级民宿1家，四星级民宿2家，三星级民宿5家。是年，黄湖镇确立“人间青山 烟火黄湖”文旅宣传口号。优化完善旅游专项规划编制，建成镇级游客中心，具备全镇游客咨询、集散功能。制定《关于黄湖老街项目招引若干政策》《黄湖镇农文旅产业奖励扶持实施意见》，梳理闲置空间，启动核心区块黄湖老街招商工作，入驻产业4个。推进西湖绸伞工作室、1826摄影博物馆和融设计主题分馆建设。青山村被评为首批浙江省美育示范村。赐璧村、虎山村被评为省AAA级景区村庄。

【工业发展】 2022年，黄湖镇申报数字化改造攻关项目3项，通过高新技术评审企业16家，省科技型中小企业11家，省级研究院1家，市级研发中心1家，新增发明专利授权13件。编制清波工业园区、王位山工业园区有机更新实施方案，完成杭州加新橡胶制品厂和杭州宏图密封件科技有限公司等工业地块征迁，整合产业空间超过1.75万平方米。出台《黄湖镇招商引资“融汇”计划三年行动实施方案》，吸引寿仙谷药业、植物工厂项目等20多个优质企业（项目）签约落地，实现黄湖重大项目签约、人才项目申报“零”的突破。

【城乡建设】 2022年，黄湖大溪4.47公顷商住用地出让成功，余交蓝城·湖印晓庐项目开工。实施政府投资项目17个，总投资4.27亿元，投入2500万元实施省级美丽城镇补短板项目建设。2021年、2022年“四好农村路”建设项目基本完工，累计提升道路15.02千米，通达桥改扩建项目建成通车。完成门户公园提升改造。启动大径山绿道黄湖段项目。黄湖溪被评为2022年度杭州市“美丽河湖”。全年完成污水管网敷设7.8千米，新建污水终端2座，惠及农户390户，黄湖镇被评为省级“污水零直排”镇。推进“三改一拆”工作，拆除存量违法建筑25宗，1.34万平方米。拆除或修缮C级危房5户。探索农村集中建房青山试点，打造未来村居样板区。清波村被评为2022年度“浙江省‘一村万树’示范村”。完成省政府民生实事泵站机埠、堰坝水闸提升改造任务。

【共富建设】 2022年，黄湖镇实施“自然好邻居—产业共富计划”，帮助困难农户年增收超1万元。成立“青山艺坊”“绿水播坊”等实体阵地，开发黄湖镇手工艺研学、自然教育等精品游线，建立共享直播间等电商销售平台。黄湖镇“溪上播坊”电商直播式“共富工坊”入选浙江省《首批百家电商直播式“共富工坊”典型案例》，并获浙江省2022首届电商直播式“共富工坊”短视频大赛金奖。与闲林街道翡翠社区开展“未来乡村”“未来社区”联动共建，推动资源共享、产业联动。

【文体建设】 2022年，黄湖镇开展“相约周末、文化走亲”“我们的村晚”“送戏下乡”等群文活动200多场。举办青山村“端午游龙会”，清波村“老街年味节”、“粽香琥珀”端午民俗文化节、“书香小暑伴宋韵”等特色活动。清波村文化礼堂被评为省五星级文化礼堂。青山村“自然幸福夏令营”和文化礼堂理事会制度代表余杭入选浙江农村文化礼堂赋能共同富裕引领计划项目。青山村三三两两乐队受邀参加2022年“我们的村晚”省主场活动。黄湖镇创建为浙江省健康镇，镇残疾人康复之家入选杭州市首批示范型残疾人康复之家。投资600万元实施校园暑期维修项目，镇中心幼儿园被评为中国生态文明幼儿园实验园。新增篮球场、乒乓球场、健身路径等健身场地6个，新增嵌入式体育场地1000平方米。

【未来乡村建设】 2022年，“水基金促进市场化多元化生态保护补偿”案例入选全省自然资源系统改革创新优秀案例。完成青山村邻里中心、青山峭步道、青年人才公寓、“百岁幸福家”等省、市未来乡村场景建设，新增无人

青山村未来乡村邻里中心（摄于2022年）（黄湖镇　供图）

超市、村内Wi-Fi、共享单车、“邻里停”等便民设施，青山村被评为浙江省第二批未来乡村。成功争取6000万元区级未来乡村示范带创建项目。举办未来乡村分享会，承办中国自然科普教育高峰论坛、浙江省滑翔伞飞行锦标赛等活动。加强林业资源开发保护，休闲产业经济指标逐年增长，黄湖镇被评为省级森林康养名镇。

【区“新时代创客说”宣讲会在黄湖举行】 2022年4月1日，由浙江广电集团直属党委（团委）、中共余杭区委宣传部、共青团余杭区委、余杭区社科联主办的“青筑梦想 共创未来”余杭区“新时代创客说”宣讲会在黄湖镇青山村自然学校举办。会上，在青山村从事水环境保护、未来乡村建设的志愿者，青山村的职业经理人等分享了在青山村创业的心路历程。

【“小青苗”儿童议事协商品牌成立】 2022年7月21日，黄湖镇“小青苗”儿童议事厅揭牌仪式暨首期儿童圈谈营活动在“小青苗”儿童议事厅举行，“小青苗”儿童议事团作为建设未来乡村议事会的延伸和儿童友好乡村建设中的重要环节，将从儿童的1米视角出发，鼓励每名儿童向着“有话说、有提议、有思考、有方向”等方面谈自己的理解和看法，引导儿童培养独立思考、表达自己观点意见的能力，探索“1米高度看乡村”的儿童协商议事场景，助力推动儿童友好村落的创建。

【浙报集团首个共富观察点落地青山村】 2022年7月27日，浙江日报集团融媒共享联盟余杭微融站集中授牌暨共富观察点（青山村）揭牌仪式在黄湖镇青山村举行，黄湖镇微融媒体中心基本实现信息接收、选题布置、分派采访和信息互通的数字化、融媒化运作。以此次授牌仪式为契机，黄湖镇将依托浙江日报集团的平台、渠道、技术、生产优势，整合资源，围绕黄湖镇中心工作，结合发展亮点，共同策划和创新重大主题报道，提高制作水平，展现黄湖新形象，打造展现未来乡村发展成果的宣传窗口。利用青山村共富观察点，黄湖镇将规范化开展镇微融媒体建设运营；开展本土传统文化、特色产业、暖心事迹等主题传播；突出本地特色，以国际传播为重点，记录“老外”眼中的中国乡村故事，对外讲好黄湖故事。

【第四届中国自然科普教育高峰论坛在黄湖举行】 2022年11月7—9日，第四届中国自然科普教育高峰论坛在黄湖镇举行。本届论坛以“自然教育推动共同富裕的生态社区”为主题，围绕“为什么自然教育可以推动共同富裕的生态社区”“自然教育怎样通过乡村振兴、社会企业、学前教育社区化（生态文明幼儿园建设）、生态美育、生态阅读推广等路径推动共同富裕的生态社区”等论题，讨论作为生态文明教育初级形态的自然教育如何为中国生态文明社会建设在全社会传播人与自然和谐共生的理念，普及生态生活方式及生态生产方式。该活动分主论坛和分论坛，通过线上线下的方式进行集中讨论和宣传。

（杜世航）

鸬鸟镇

【概况】 2022年，鸬鸟镇下辖建制村6个，社区1个。年末总户数4415户，年末总人口1.18万人，区域面积69.81平方千米。全年，完成经常性财政收入0.39亿元，比上年增长107.8%；农业增加值3.02亿元，增长3.8%；规模工业增加值0.39亿元，下降7.9%；固定资产投资下降7.6%；社会消费品零售总额1.28亿元，下降9.9%；自营出口0.17亿元，增长62.1%。

【农业园区发展】 2022年，鸬鸟镇有现代农业园区9家、家庭农场34家，其中，省级示范家庭农场5家，区级示范家庭农场2家，三水果园被列入区现代农业园区提升项目。

【工业发展】 2022年，鸬鸟镇制定12宗国有工业用地有机更新方案，推进杭州太平针织时装有限公司、杭州达丰家居有限公司等一期5宗地块有机更新，新增产业空间1.80万平方米。新增国家高新技术企业11家、国家科技型中小企业8家、省级科技型中小企业11家、杭州达丰家居有限公司研发中心市级研发机构1家。新增发明专利8件，其中高价值发明专利1件。

【农文旅融合发展】 2022年，鸬鸟镇盘活105户农村闲置房发展民宿经济。培育省级五星、四星级民宿8家，新增“小、精、美”特色民宿7家。完成山沟沟村、太公堂村农家乐重点培育村项目建设。举办年货节、山花节、蜜梨节等品牌节展活动，借势小红书、抖音等新媒体宣传，推动旅游产业发展。全年接待游客140多万人次，带动旅游收入超2亿元。探索茅塘古村落“二十四节气”主题运营，招引山沟沟村鱼主题乐园项目。开发鳌梨给主题灯具、创意抱枕等10多款文创产品，“鳌鱼宝盒”获2022杭州市伴手礼大赛综合类铜奖。

【重大项目招引建设】 2022年，鸬鸟镇开展招商活动90多次，引进注册企业319家。鸬鸟汇林双创园开园，大麓宗盛数字茶园、浙利蓝建筑业总部经济园、慢性病健康管理平台等项目被列入区级重大项目集中签约。全年列入区委、区政府总体安排的政府投资项目12个，其中，新建项目5个，续建项目7个，总投资2.64亿元，包括学校建设、河道整治、美丽乡村、“四好农村路”等改善民生领域的公共服务项目和基础设施项目。完成西部访茶寻幽线综合提升、后观线骨干林道建设、太平溪及西摩岭溪河道整治项目。

【城乡建设】 2022年，鸬鸟镇建成“四好农村路”7.31千米，漕雅线入选全省首批“十大最美农村路”。“禅径寻农·径鸬”县域风貌样板区被评为浙江省首批“新时代富春山居图县域样板区”。实施全域美丽乡村扩面提升工程，完成四岭水库二级饮用水保护区农家乐专项整治，完成生活垃圾分类控量减量目标。利用美丽乡村长效管理平台，发现并整改问题点位1.80万个。建成全镇4292户农房“一户一档”地理信息系统，为建房审批、防违控违、违法用地防控整治提供支撑。全年拆除涉违建筑1.90万平方米，完成建房审批66户。山沟沟村入选首批浙江省美育村（社区）名单。

【基层治理】 2022年，鸬鸟镇建成镇级综合信息指挥室（应急消防管理站），全年处置联动警情78起，前庄村入选浙江省第二批未来乡村创建名单，鸬鸟镇市级数字乡村样板镇，山沟沟村、雅城村市级数字乡村样板村建成并通过验收评审。做优“山理”调解室品牌，改建镇级矛盾纠纷调处化解中心，调解处理纠纷106起。开展“除险保安”行动，聚焦平安护航党的二十大，守护辖区平安。推动安全生产、食品安全等安全检查全覆盖，发现并整改隐患问题897个，立案查处案件62件并处罚款47.70万元。完成全镇全部9处C级危房解危工作。搭建镇、村两级应急责任体系，组建54人综合应急消防救援队伍和各村（社区）应急突击队。余杭区森林火灾扑救实战演练大比武在鸬鸟镇仙佰坑村举行，鸬鸟镇获得第二名。推进“大综合一体化”行政执法改革，成立鸬鸟镇综合行政执法队。山沟沟村被评为2022年度省级“民主法治村（社区）”。鸬鸟蜜梨创新示范工作室被评为余杭区劳模工匠（示范）创新工作室。余杭区梨廉文化馆建成开馆，创建为杭州市廉洁文化教育基地，入选清廉杭州建设优秀实践案例。

【民生服务】 2022年，鸬鸟镇实施“乐享家”计划，建成镇级养老服务指挥中心，开通24小时公开电话。推出幸福养老接驳车，为孤寡独居、行动不便的老年人提供接送服务。全年为老年人开展配送餐服务5.25万人次，开展助医、代购等上门服务419人次。为辖区3800多名老年人开展健康管理服务，免费增设颈动脉B超及血浆半胱氨酸检查。开展认知症筛查及干预训练服务，推进全省首个认知症友好型乡镇创建。实施“梨享家”计划，开办“未来成长营”课堂，举办小候鸟暑期活动，为辖区及周边镇500多名学生提供课外兴趣教育，“未来成长营”被团区委授予“青少年活动中心西部教学点”。实施“明眸皓齿”健康行动，为510名孩子建立口腔和眼轴保健档案。鸬鸟镇被评为浙江省健康镇，启动社区卫生服务中心提升改造项目。实施智慧医疗项目，糖尿病及高血压规范管理率分别为78.52%、73.93%。启动鸬鸟中心幼儿园山沟沟分园改建工程，打造鸬鸟中心小学暑期维修劳动实践基地。鸬鸟中心幼儿园“山野童玩”课程被评为余杭区第三届幼儿园精品课程，山沟沟园区通过浙江省二级幼儿园复评。

【文化建设】 2022年，鸬鸟镇以“好家庭”“好邻里”“好家园”创建为载体开展“文明有礼”基本单元建设，6个村1个社区入选区级“文明有礼”基本单元典范村、示范村培育对象。余杭抗日战争纪念馆、新四军随军被服厂旧址入选浙江省乡村博物馆，打造形成雅城村、太公堂村、山沟沟村、前庄村4个“15分钟品质文化生活圈”。成立杭州三国水浒研究会，申报《凌统故事》为市级非物质文化遗产，完成凌统纪念馆主体建设。举办第四届鸬鸟镇人民运动会，更新维修体育健身场所29处，开展全民健身、文化下乡、“相约周末”、公益电影放映等文艺文体活动400多场，创作体育舞蹈《“鳌”游课间操》、音乐快板《亚运快板说》、小品《意思意思》、越歌《清风廉韵润万家》等原创文艺作品。

【村集体经济】 2022年，鸬鸟镇制定村级集体经济发展“一村一策”，通过购买优质房产，建设配套服务用房、食品观光工厂等举措，推动村均集体经济经营性收入达172万元，比上年增长81%。乡村产业发展有限公司全年营收超1000万元，带动合作企业、农户营收超3000万元。推出“鸬鸟味·道不完”系列农产品礼盒，农业特色产品销售额超350万元。

【鸬鸟镇党群服务中心启用】 2022年1月20日，鸬鸟镇党群服务中心正式启用。鸬鸟镇党群服务中心位于雅城村，建筑面积2600平方米，整合党群服务、新时代文明实践所、基层党校、群团服务等功能，涵盖“诗画甜源”党建主题展厅、远教讲习所、人才港湾、青鸬书房、“儿童之家”、志愿者之家、鸬力同心荟等区域，集服务、教育、展示、培训、交流等于一体。启用仪式现场，“健康鸬鸟”“文化鸬鸟”“红色鸬鸟”“活力鸬鸟”“和谐鸬鸟”“公益鸬鸟”六大品牌发布，高法根书法工作室成立，鸬鸟镇人民政府与杭州师范大学签订校地合作协议。

【鸬鸟镇第16届年货节】 2021年12月18日至2022年2月16日举行。年货节期间，每个周末先后开展公益助农直播、未来科技城人力资源团建体验、房车露营年会、乡村音乐会、非遗手作集市、剧本杀等系列活动。该次年货节采用“线上+线下”结合模式，开展“鸬鸟味·道不完，山沟沟里过大年”系列活动。邀请体育明星孙杨做客抖音直播间，线上推荐鸬鸟特色农产品。年货节带动年货销售营收超100万元。

【共富竹园绿色金融林认养签约】 2022年7月2日，“西部富美鸬力行 绿色金融促共富”鸬鸟镇共富竹园绿色金融林认养签约暨鸬鸟乡村产业运营有限公司分红仪式在鸬鸟镇党群服务中心举行。区发展改革局、杭州余杭交通投资集团有限公司、中国人民银行余杭支行、鸬鸟镇人民政府牵头，与多家金融机构共同成立“4+N”绿色金融党建联盟。杭州余杭农村商业银行股份有限公司、中国农业银行股份有限公司杭州余杭支行、中国工商银行股份有限公司杭州余杭支行、浙江余杭德商村镇银行股份有限公司、浙江泰隆商业银行股份有限公司、中国邮政储蓄银行股份有限公司杭州市余杭区支行6家联盟成员单位签约认养鸬鸟镇共富竹园一期·绿色金融林4公顷，成为首批“竹园主”。绿色金融党建联盟成员单位杭州余杭农村商业银行股份有限公司向鸬鸟镇全域的企业、农户授信10亿元，用于鸬鸟产业发展、乡村振兴。

【第19届余杭区蜜梨生活节】 2022年7月10日，“梨享生活·抖in鸬鸟”第19届余杭区蜜梨生活节开幕。现场，浙江大学校地合作项目蜜梨科技小院研究成果发布，浙江外国语学院暑期鸬鸟实践团队分享实践成果；鸬鸟镇与杭州巨量引擎网络技术有限公司进行巨量引擎、优选金地标全年合作签约，共建“一站式”文旅经营新生态；鸬鸟镇发布鸬鸟文创新品并推荐夏季游览路线，浙江外国语学院直播实训基地揭牌，鸬鸟镇首届文创大赛正式启动。生活节期间，鸬鸟镇线上发布短视频，线下开展“2022浙果飘香——鸬鸟蜜梨季”蜜梨促销试吃活动。8月31日，蜜梨生活节闭幕。

【余杭区梨廉文化馆开馆】 2022年7月15日，余杭区梨廉文化馆开馆暨鸬鸟镇“梨廉”文化品牌发布仪式在鸬鸟镇雅城村举行。余杭区梨廉文化馆坐落于雅城村，面积500多平方米，馆内用图文展示、多媒体影像、体感互动、研学答题等形式，展现梨廉文化的内涵、价值转化及清廉村居建设成果等内容。仪式现场，发布“忠诚、干净、清廉、担当”的“梨廉”文化品牌和“君子如梨 心正生廉”的品牌口号，举行“清风护苗、‘青’‘廉’同行”，年轻干部认养一棵梨树活动。

【汇林双创园开园】 2022年11月17日，鸬鸟镇举行余杭区首家乡创人才式“共富工坊”——汇林双创园开园暨重点招商项目签约仪式。现场，省商务厅、市委统战部、市工商联、区委等领导为双创园开园启幕。鸬鸟镇人民政府与杭州司墨网络科技有限公司、杭州路珐科技有限公司、杭州暖樱文化创意有限公司、杭州太上竹研实业有限公司、杭州广嵘科技有限公司、杭州七炅信息科技有限公司等6个重点招商项目企业签订入驻园区协议。鸬鸟汇林双创园运营负责人向参加活动的嘉宾做园区招商推介，欢迎企业家在鸬鸟投资。

（曹　睿）

百丈镇

【概况】 2022年，百丈镇下辖建制村6个，社区1个。年末总户数3404户，年末总人口1.05万人，区域面积60.24平方千米。全年，完成经常性财政收入0.39亿元，比上年下降13.0%；农业增加值1.42亿元，增长6.8%；规模工业增加值2.15亿元，下降16.4%；固定资产投资下降39.2%；社会消费品零售总额3.45亿元，下降9.1%；自营出口2.28亿元，下降16.4%。是年，百丈镇创建为中国圆竹产业重镇，建成林下经济示范基地5个，新增百晟、仙岩陆家坞、众悦余杭区现代农业园区。完成粮食功能区整治优化50.07公顷。新申报国家高新技术企业8家，省级科技型中小微企业22家。

【农文旅融合发展】 2022年，百丈镇创建为市级乡村旅游产业集聚区，双枪科技有限公司入选省级工业旅游示范基地，注册民宿（农家乐）313家，其中，省级银宿1家，市级示范民宿1家，区示范民宿3家，民宿集聚村2个，全镇首家高端民宿酒店——百丈山居度假酒店正式营业。与未来科技城、阿里巴巴集团合作打造“云上百丈产业园”，入驻电商及直播企业145家。小强书屋、传梭博物馆、农历博物馆等项目均建成并运营，余杭知行学院项目启动。浙江浙大教育科技有限公司、量心企业管理咨询（杭州）有限公司、杭州颐众建设发展有限公司、蓝之旅房车露营管理（杭州）有限公司等14家公司落户百丈。百丈镇创建为市级乡村旅游产业聚集区。

【城乡建设】 2022年，百丈镇被评为浙江省

"气候康养乡村"。全年全镇垃圾分类实现控量指标减量168.06吨，比上年下降7%。拆除违法建筑1.49万平方米。半山村、泗溪村分别被评为省级美丽乡村特色精品村、省级生态文化基地。设立农村建房驻镇规划设计师制度，完成全镇有效房屋设计106件。完成仙岩溪、金竹坞山塘综合整治，推进总里程12.58千米的8条"四好农村路"建设，完成郎养线、高塘骨干林道、森林古道仙岩村延伸段等项目建设，编制成完善市未来乡村溪口村、区数字乡村半山村建设和百丈镇未来乡村示范带初步规划方案。新增5G基站5座。

【基层治理】 2022年，百丈镇完善与瓶窑法庭的案件受理、分流、调解等机制。推进打击整治电信网络诈骗工作，探索"N+1+2"反诈队伍建设。初步建立"1+1+N"基层应急管理体系，镇应急消防管理站入选市首批达标应急消防管理站，泗溪村被推荐为市村（社区）应急体系改革试点单位。实现辖区共享法庭全覆盖，建立"543"信访工作机制，用好"百顺"调解队、"评理老杨"调解工作室等人民调解力量，协同开展矛盾纠纷化解工作。在溪口街区搭建"好竹意驿站"协商议事平台，相关做法得到省政协副主席批示肯定。

【民生建设】 2022年，百丈镇完成2户困难家庭适老化改造，新增临时救助9户，发放救助金321万元。投资100多万元完成石竹园村省级示范型"百岁幸福家"建设，与民进浙江省委"开明'乡村养老'关爱工程"团队合作，打造养老康复试点。由百丈发起制定的《浙江省老年人配送餐服务规范》成为省级地方标准。百丈镇"百岁幸福家"通过五星级验收。开展儿童精准化服务，做到"一人一档"，溪口村、半山村婴幼儿成长驿站建成并通过市级验收。投资3400万元建成镇文体服务中心并投入使用。投资300多万元完成百丈小学、溪口幼儿园、百丈镇成人学校暑期维修工程。继续与杭州学军小学开展城乡教育共同体建设，开设公益科学家"博物课堂"。百丈镇创建为省级健康镇，6个村创建为省级健康村。社区卫生服务中心慢性病一体化门诊、石竹园卫生服务站建成投入使用。

【公益活动】 2022年，百丈镇开展公益创投和政府购买服务项目7项。举行第二届"人人3小时"公益文化节、首届大学生低碳循环科技创新大赛浙江赛区、"为地球朗读"等公益活动21场，参与3000多人次，七彩百丈自然教育基地入选第三批浙江省自然教育基地。全域开展每月人人公益日活动，发动6000多人次参加。

【村集体经济】 2022年，百丈村、泗溪村、石竹园村、仙岩村、半山村、溪口村6个村共实现集体经济经营性收入943万元，比上年增长12%，全部达到四星以上标准。与杭州余杭文化旅游投资集团有限公司合作，引进杭州新航旅行社，与6个村共同成立乡村富美公司，作为百丈乡村运营主体。全年富美公司策划推出专题旅游线路7条，接待游客1万余人。以泗溪村为试点完成457.20公顷毛竹林流转。推动6个村到未来科技城购置办公楼，年内新增租金收入180万元。百丈镇6个村与赛银科技集团有限公司举行村级集体经济发展项目签约。

【宋代点茶培训活动】 2022年3月7日，百丈镇联合杭州余杭交通投资集团有限公司在百丈溪口异想竹家民宿开展2022年竹意百丈景区宋代点茶培训活动。百丈旅游企业以及民宿（农家乐）共25名从业者参加该次培训。

【"5·12"全国防灾减灾日科普活动在百丈举行】 2022年5月12日，"5·12"全国防灾减灾日主题科普活动在百丈镇小强公益书屋举行。该活动由杭州市科学技术协会主办，余杭区科学技术协会、百丈镇人民政府、绿色浙江等共同承办。活动以"减轻灾害风险，守护美好家园"为主题，现场防灾减灾和应急救援领域的专家为观众做应急科普知识讲座。

【清廉文化宣讲】 2022年5月22日，由浙江大学紫领清廉文化宣讲团、余杭区纪委区监委、百丈镇人民政府主办，杭州彩虹人生青年理论宣讲工作室、绿色浙江承办的"永葆青春的力量——中华民族的清廉血脉"浙江大学清廉文

传梭博物馆（摄于2022年）　　（百丈镇　供图）

化宣讲活动在百丈镇半山村文化礼堂举行，青年宣讲员讲述了中华民族从古至今的清廉事迹，诠释了亲民爱民、无私奉献的清廉精神。

【传梭博物馆开馆】　2022年5月26日，全国首个纺梭主题博物馆——传梭博物馆在百丈镇溪口村正式开馆。传梭博物馆由旧厂房改建，常态展区面积约1500平方米，共设4个常设展厅和1个开放展厅，展示全国各地及世界多个国家2.20万把梭及其背后故事。

【云上百丈产业园开园签约首批入驻企业】
2022年第二季度，百丈镇与余杭区供销联社合作打造云上百丈产业园，全年吸引5家企业入驻。云上百丈产业园采用“一址多照、住所托管”的电商产业集群注册新模式，吸引企业入驻。

【省公共数字文化农村文化社举行启动仪式在百丈举行】　2022年8月11日，“数字文化 结伴礼堂”——2022年浙江省公共数字文化农村文化礼堂行启动仪式在百丈镇举行，活动旨在利用公共图书馆和公共数字文化工程的资源，打造农村礼堂文化，通过文化演出、公益讲座、数字资源展览和VR交互式体验等系列活动丰富礼堂文化生活，实现城乡文化的共同进步和发展。

【百丈发布首个冬笋碳标签】
2022年12月12日，百丈镇发布行业内首个冬笋碳标签，该标签由浙江农林大学碳中和学院教授王懿祥的团队开发，标签上的0.316千克二氧化碳当量，意味在培育生产过程中每千克竹笋的碳排放量为0.316千克，比低碳理念改造之前的竹笋生产管理模式减少21.2%。百丈冬笋是余杭特产，以洁白鲜嫩而著称，产品主销杭州、嘉兴、湖州等地。据《嘉庆余杭县志》三十八卷“物产志”所载：“按猫笋孕于冬者为冬笋，余杭直北诸乡以山为业，资竹为生。”2012年，百丈镇被评为“中国竹笋之乡”。2022年，百丈镇有200多公顷毛竹基地、四季笋基地，建立了完整的冬笋生产、加工、包装、运输、储藏的规范流程及百丈冬笋管理系统和分级标准。全镇有冬笋加工企业15家，年产量3500多吨，年产值近7000万元。

【泗溪村入选省生态文化基地名单】　2022年12月22日，省林业局、省文化和旅游厅、省生态文化协会联合公布2022年浙江省生态文化基地名单，百丈镇泗溪村入选。泗溪村围绕农村生活垃圾源头自治，实行“户集、村收、镇运、区处理”的模式，对村内公共区域实行8小时动态保洁作业，垃圾实现“日产日清”。农村生活污水治理覆盖全村农户。经过“低小散”企业整治，关停全村所有的竹制品加工以及石料加工厂，引导农户转型从事旅游业态。

（方　园）

编辑：范雅君

产业平台

Industrial Platform

浙江杭州未来科技城（海创园）

【概况】 2022年，浙江杭州未来科技城围绕杭州城西科创大走廊高质量融合发展和余杭打造杭州城市新中心重点工作部署，实现规模企业营收8874亿元，税收506.22亿元，固定资产投资335.67亿元。截至年末，累计引进海外高层次人才5360人（新增600人），海归创业企业1293家（新增70家）；累计培育和引进中国科学院、中国工程院院士41人（新增9人），海外院士15人（新增3人），“国家特支计划”人才19人（新引进7人），国家级海外高层次人才190人（新引进13人），省级海外高层次人才285人（新引进26人），浙江省领军型创新创业团队17支（新增1支）。截至年末，累计培育有效国家高新技术企业1141家，有效科技型中小企业2286家；累计培育和引进国家重点实验室1个，省实验室4个，省重点实验室15个，省级重点企业研究院18家，省级企业研究院56家，省级研发中心194家；累计建设国家级孵化载体31家，省级孵化载体10家；累计打造国家级院士工作站1家，省级院士工作站6家；累计承接省级重点研发计划项目87个，其中“尖兵”“领雁”36个。

全年招引科兴中维华东总部项目、爱康集团总部项目、理想汽车杭州研发中心等重大项目88个，总投资超500亿元。新增上市企业4家，国家专精特新“小巨人”企业26家。未来科技城知识产权证券化（ABN）项目启动。全省首个数字安全产业基地在未来科技城揭牌成立。未来科技城入选省级高新区创建名单，实现余杭区省级高新区创建工作“零”的突破。余杭区人民法院共享法庭（知识产权创新产业园区服务站）入选全市首批示范共享法庭名单，未来科技城被评为国家级知识产权强国建设试点园区和国家知识产权局审查员实践基地。举行科技之巅·《麻省理工科技评论》“十大突破性技术”20周年主题峰会、2022世界科技青年论坛暨《麻省理工科技评论》“35岁以下科技创新35人”全球—亚太区发布仪式。长三角资本市场服务基地杭州分中心落地未来科技城。未来科技城管委会被评为市劳动模范集体。

【梦想小镇入选省级名单】 2022年1月，未来科技城梦想小镇入选第二批浙江省创建级文化和旅游IP名单、杭州市文化和旅游IP第一批培育名单。3月28日，以“梦想领跑未来”为主题的梦想小镇成立7周年活动在未来科技城举行。活动表彰2021年度梦想小镇新秀孵化机构，对优秀小镇企业分别授予“脉冲星奖”“超巨星奖”“中子星奖”“蓝巨星奖”“超新星奖”。12月底，梦想小镇连续3年获浙江省命名特色小镇优秀等级。

【中国未来健康论坛在未来科技城举行】 2022年7月22日，2022 CB Insights中国未来健康论坛暨数字医疗150企业峰会在未来科技城

未来科技大景图（摄于2022年）　　（未来科技城管委会　供图）

举行。论坛由余杭区人民政府任指导单位，未来科技城管委会联合《麻省理工科技评论》中国、CB Insights中国共同主办，DeepTech（北京演绎科技有限公司）、云樾科技（杭州）有限责任公司承办，以线上线下结合的形式进行。论坛汇聚专家学者、科技公司高管等，讨论数字健康领域的发展现状，展望数字技术和健康产业融合的发展图景。活动现场，“CB Insights数字医疗150”入选企业以及CB Insights中国生物计算入选企业相继发布，18家入选企业中，杭州市有4家，未来科技城的浙江荷湖科技有限公司入选。该次论坛还举行未来健康投融资对接会，是未来科技城创建人才“双向双创”新模式试点。

【未来科技城高新技术产业园区入选省级高新园区】　2022年3月7日，经省人民政府同意，省科技厅、省发展改革委联合批复，未来科技城高新技术产业园区入选省级高新园区创建名单，余杭区省级高新技术产业园区创建工作实现“零”的突破。园区规划面积23.66平方千米，依托未来科技城打造“一核一星”（“一核”即核心区，规划面积22.06平方千米，东至绕城公路西线，南至凤新路，西至云联路，北至老的宣杭铁路；“一星”即义桥工业功能区，规划面积1.6平方千米，东至经云路，南至新庙路，西至舟青公路，北至235国道）的空间格局，重点发展新一代信息技术、生命健康、智能制造等产业。

【全国医学人工智能高价值创新项目峰会在未来科技城举行】　2022年5月14—15日，全国医学人工智能高价值创新项目峰会暨第三届医学大数据与人工智能创新发展大会在未来科技城举行。峰会以“交叉、融合、创新、引领”为主题，设置主题报告、专题论坛、全国医学人工智能高价值创新项目大赛等环节，以线上线下双平台联动的形式举行。会上，医学装备人工智能联盟专家委员会、医学影像智能阅片及远程诊疗中心举行揭牌仪式并落地未来科技城。峰会期间，还举办医学人工智能高价值创新项目大赛，赛事依据国家医联体和“互联网+医疗健康”政策，以“医学大数据”和“医学人工智能”为切入点，聚焦医疗大健康产业，以路演的形式，展示医学人工智能助力国家“分级诊疗”的优秀项目。

【余杭区“科技人才周”活动启动仪式】　2022年6月17日，2022年度余杭区“科技人才周”活动启动仪式暨杭州未来科技城第五届“星耀未来”人才颁奖活动在未来科技城举行。活动现场，余杭区人才发展集团有限公司成立。

【余杭未来网络产业平台被评为“万亩千亿”新产业培育平台】　2022年6月24日，浙江省发展改革委发文公布第四批“万亩千亿”新产业平台培育名单，杭州市余杭未来科技城未来网络产业平台入选。该平台分为东西2个区块，规划总面积9.98平方千米，其中，东区6.39平方千米，西区3.59平方千米，重点发展智能网络芯片、未来网络软件以及各类应用终端产品，推进车（飞）联网、智能制造、数字商贸、智慧医疗在内的未来网络应用生态体系建设，打造集“研发设计—创新成果转化—终端制造—示范应用”于一体的智能网络产业链。

【全省首个数字安全产业基地在未来科技城成立】 2022年7月21日，2022数字安全与法治高峰论坛在未来科技城举行。会上，全省首个数字安全产业基地在未来科技城成立。基地位于未来科技城核心区，拥有2.5万平方米产业空间。

【数智物流高质量发展论坛】 2022年9月22日，由未来科技城管委会、菜鸟智谷联合主办的数智物流高质量发展论坛在未来科技城举行。论坛上，未来科技城与菜鸟智谷联合发布“菜鸟智谷产业加速计划”。该计划通过发挥菜鸟智谷数智物流聚合地的优势，以生态链接、专属政策、社群服务等形式，支持数智物流企业快速发展。

【杭州技术转移转化中心在未来科技城成立】 2022年10月26日，杭州技术转移转化中心有限公司注册成立。该公司由杭州市高科技投资有限公司、浙江火炬生产力促进中心有限公司牵头，西湖大学、杭州师范大学、中控科技集团有限公司共同出资。

【全国智慧制药学术产业大会在未来科技城举行】 2022年11月15日，第七届全国智慧制药学术产业大会在未来科技城举行，中国工程院院士张伯礼出席并作主旨演讲。该次学术会议采取线上线下结合的形式举行，重点讨论中药制剂工程科技发展战略，交流中药制药过程质控技术及装备发展现状和方向。线下来自全国百余家高校和企业的100多名代表参会，线上观看3万多人次。会议期间，还举行中国工程院战略研究与咨询项目“中药智能制造科技战略研究”专家座谈会，浙江寿仙谷医药股份有限公司、正大青春宝药业有限公司等30多家企业代表参加座谈。

【全球人工智能技术大会在未来科技城举行】 2022年11月26日，2022全球人工智能技术大会（GAITC 2022）在未来科技城举行。全球人工智能技术大会连续3年在余杭区举行，该次大会也是余杭区2022年国际人才月期间的重点活动之一。是日，还举行中国人工智能学会工业人工智能专业委员会、智能融合专业委员会授牌仪式，以及科创综合服务平台——“天堂e创”发布仪式。大会期间共举行7场主题报告，1场尖峰对话，26场专题论坛和2场同期活动，探讨人工智能科技创新进展和产业状况。

【城西科创大走廊未来科技城管理局揭牌】 2022年12月7日，杭州城西科创大走廊未来科技城管理局揭牌仪式在未来科技城举行。杭州市委常委、常务副市长，城西科创大走廊党工委书记柯吉欣，市委常委、区委书记刘颖为未来科技城管理局揭牌。未来科技城管理局主要负责落实大走廊发展战略、总体发展规划、年度发展计划，大走廊科技、人才、产业、招商等政策，大走廊重大规划；参与编制并组织实施未来科技城城市总体规划、控制性详细规划、

2022 年 12 月 7 日，杭州城西科创大走廊未来科技城管理局揭牌
（未来科技城管委会 供图）

城市设计等。

【全省首家金融顾问事务所在未来科技城成立】 2022年12月17日，浙江省首家金融顾问事务所——浙江金顾事务所在未来科技城成立。事务所以企业“金融家庭医生”为基本定位，推动浙江金融“以牌照为中心”的专项金融服务向“以客户为中心”的综合金融服务的转变。以合法合规、规范运作、服务实体、诚实守信为基本运营原则，以金融顾问制度服务实体经济为基本导向，整合各类持牌金融机构及第三方商业服务伙伴资源，以企业特别是民营经济主体、中小微企业为主要服务对象，立足余杭打造一支具备跨牌照视野的专业型、复合型专职金融顾问队伍。

【梦想未来城市新区风貌区入选省级样板】 2022年12月，未来科技城梦想未来城市新区风貌区入选浙江省2022年度第三批城乡风貌样板区名单。梦想未来城市新区风貌区占地152公顷，主要包含北部的梦想小镇，中部的葛巷未来社区，南部的中央商贸区三大主体部分，形成“北小镇，中宜居，南创城，水环城”的城市风貌格局，逐步打造成集行政办公、商业金融、创新创业、居住娱乐、文化旅游于一体现代化都市区。

（方　婷）

杭州良渚新城

【概况】 2022年，良渚新城完成固定资产投资129.2亿元，比上年增长12.3%。全年实现财政总收入37.34亿元；经常性财政收入15.34亿元，增长3.34%。

全年，参加区集中签约项目84个，总投资674.80亿元。其中，100亿元以上项目1个，50亿元以上项目3个。新引进及合作院士3人，国家级海外高层次人才1人，省级海外高层次人才1人，省级国内高层次人才1人。举办2022世界青年领导力研讨会、2022世界生命科技大会、第七届中国设计智造大奖（DIA）总决赛、第三届“慧谷杯”中国工业设计大赛等招商引才推介活动，挂牌成立“全球青年领导力创新中心”。全年新增创新物理空间超80万平方米；新增创新孵化载体12个，市级及以上孵化器7个，省级研发机构8家，国家高新技术企业75家，申报科技型中小企业347家；新增重点楼宇13幢，6家园区被评为杭州市示范（三星级）小微企业园。北京大学—杭州双创示范基地、千年舟科技文化创意园被认定为浙江省数字化示范小微企业园。全年，良渚新城安排投资项目99个，总投资786.13亿元，获杭州市人民政府“城乡基础设施综合能级提升工作集体嘉奖”。

【项目招引】 2022年，良渚新城引进培育数字文化企业700多家，招引纳斯达克上市企业思享无限控股有限公司，将其国内经营主体迁入良渚。生命科技小镇先导区14万平方米空间集聚大健康特色产业企业200多家，引进海内外院士项目4个，国家高新技术企业13家，估值1亿美元以上企业9家。招引海康智联等总部项目60多个。7月，华润万象城超高层写字楼结构封顶。

【基础设施建设】 2022年，良渚新城的好运路、西塘路、港虹西路、莫干山路高架、勾阳路、杭行路北延工程完工通车，新城核心区“六纵六横”［“六纵”：通益路、北软路、杭行路、小洋坝路、勾阳路、莫干山路；“六横”：通运街、金昌路、好运路、良运街、桥良路（杭行路以东段）、康良路］道路网络基本形成。玉湖公园、杭行路节点公园、金昌公园、良渚运动公园二期开工建设。位于西塘路东好运路北的市民共享花海项目全面开放。启动织网计划，在良渚街道杭州绕城高速范围内区域规划约50千米的绿道，其中中央公园绿道、郁宅港绿道、谢村港绿道、吴家厍港绿道、油车桥港绿道共22千米启动建设。全年，良渚新城有安置房、学校、保障房项目25个，其中，新建6个，在建19个，总投资241.76亿元。杜甫公租房成为2022年余杭区首个开工建设的公租房项目；杜甫二小（暂名）成为2022年余杭区首个开工的学校项目；良渚第一小学玉鸟校区、向阳幼儿园和美园区、杭行幼儿园运河园区等8所学校完工；交付安置房3702套，小洋坝家园小区获得杭州市“最美安置房”称号。

【良渚新城杭北科创园开工】 2022年2月26日，良渚新城杭北科创园项目开工建设，成为余杭区首个工业用地拿地88天开工的项目、良渚新城最快开工建设的项目。良渚新城探索转供地为供楼，由国有企业拿地开发建设产业园区，为招引优质项目提供空间保障。杭北科创园项目定位为生命科技产业集聚区，将引进国内外数智医疗、生命健康产业龙头企业，培育具备高成长潜力的新兴企业，推动杭北科创园形成全产业链式集聚效应。

【杭行路（地铁恢复）提升工程全线通车】 2022年4月6日，（杭行路地铁恢复提升）工程全线通车。该工程是168条“迎亚运”道路之一，也是杭州地铁10号线配套工程。该项目南起拱墅区界，北至勾良路，工程线路呈南北走向，道路全长3.5千米，道路等级为城市主干道，道路红线宽度40米，双向六车道，沿线涉及地铁10号线祥园路站、杭行路站和金德路站3个站点。项目用时136天，是余杭区首批完工的“迎亚运”道路之一，被评为2022年杭州市“迎亚运”道路“赛马”月度评比（三月）优胜项目。

【小洋坝家园一期安置房交房】 2022年5月23—25日，小洋坝家园一期安置房项目完成交房，成为是年余杭区首个交房的安置房项目。该项目位于良渚好运街以南，西塘路以西，勾阳路以东。小洋坝家园一期由3个地块组成，项目总用地面积11.46公顷，总建筑面积40.45万平方米，其中地上建筑面积27.94万平方米，建筑套数2596套。该项目于2018年8月开工，被评为2021年度杭州市“最美安置房”，是余杭区首个获该荣誉的安置房。

【世界青年领导力研讨会在良渚新城举行】 2022年5月26日，2022世界青年领导力研讨会在良渚新城良渚生命科技小镇举行。来自世界各地的专家，围绕“生命健康与青年领导力”主题，通过线上线下结合的方式开展交流互动。活动现场，成立全球青年领导力创新中心，发布《世界青年领导力良渚宣言》。

【高烯科技创始人获省自然科学奖一等奖】 2022年7月11日，杭州德烯科技集团有限公司及杭州高烯科技有限公司的创始人兼首席科学家、浙江大学教授高超的团队获得2021年度浙江省自然科学奖一等奖，获奖成果为氧化石墨烯液晶及可控宏观组装材料。杭州高烯科技有限公司位于良渚新城，是国家高新技术企业，拥有石墨烯领域专利200多件，其中发明型专利占比超90%。

【玉道良渚运动公园段绿道被评为市最美绿道】 2022年7月26日，2022年杭州市绿道建设工作现场会暨半年度工作会议举行。会上，玉道良渚运动公园段绿道被评为2021

良渚新城市民共享花海（摄于2022年）

（良渚新城管委会　供图）

年度“杭州市最美绿道”，杭州良渚新城管委会被评为2021年度“杭州市最美绿道”建设集体。玉道良渚运动公园段西至规划道路，东至京杭运河。沿途设驿站、健身步道、智能互动文化景墙等节点，融合京杭大运河、良渚文化与健身主题，提供游憩、休闲、健身的绿色空间。

【良渚新城生命健康现代服务业创新发展区】 2022年7月14日，在浙江省现代服务业发展工作领导小组办公室公布的第二批浙江省现代服务业创新发展区名单中，余杭区良渚新城生命健康现代服务业创新发展区上榜，成为杭州首个生命健康领域现代服务业创新发展区。良渚新城生命健康服务业创新发展区位于杭州大城北地区范围内，良渚新城东南端，处于城西科创大走廊的扩散区，规划面积4.97平方千米。

【中国设计智造大奖总决赛在梦栖小镇举行】 2022年11月3日，第七届中国设计智造大奖（DIA）总决赛在良渚新城梦栖小镇举行。总决赛采用线上线下结合的方式，海内外专家评审团通过线上视频会议同步参加。大奖收到来自全球44个国家和地区的报名作品8010件，经过中国主赛区及12个海外分赛区的初评评审，840件作品入围总决赛。

【通运华庭安置房项目交房】 2022年12月6—8日，通运华庭小区完成交房。该项目位于余杭区良渚街道祥园西路以东，金昌路以南，小洋坝路以西，通运路以北。项目建设用地面积4.4万平方米，总建筑面积约19万平方米。由11幢25层～27层高层住宅组成，共有住宅1542套。该项目获2020年度杭州市建设工程“西湖杯”结构优质奖、2022年度杭州市余杭区建设工程“综合优质工程”称号。

【世界生命科技大会在良渚新城举行】 2022年12月16—18日，2022世界生命科技大会在杭州良渚新城梦栖小镇举行。全国人大常委会副委员长陈竺等领导及中国科学院、中国工程院院士，国内外专家通过线上线下的方式参会，围绕生命科学和医疗创新等领域展开对话。大会设置主论坛峰会1场、平行论坛8场，210多名院士、专家为大会做报告。大会首次发布2022科学Talk“生命科学新力量年度人物榜单”。该榜单聚焦生命科学领域最新研究进展，从医学前沿、临床重大需求、临床科研进展等维度，评选生命科学与医学技术领域取得重大科学价值或突破性科技创新成果的青年科技工作者或项目团队，浙江大学贺永、复旦大学鲁伯埙等10名科学家入选榜单。大会还举行器官保护中国行2022+、科学Talk年度盛典、中国工程院重点咨询项目“‘互联网+’时代医学创新应用发展战略和机制研究”项目启动会、余杭良渚生命科技小镇企业入驻签约仪式等活动。

（董　琦）

杭州钱江经济开发区

【概况】 2022年，杭州钱江经济开发区规模以上工业产值176.95亿元，比上年增长3.3%；规模工业增加值40.65亿元，增长3.30%；完成固定资产投资29.54亿元，增长12.3%。其中，制造业投资13.23亿元，增长14.9%；民间项目投资10.76亿元，增长22.2%。

全年新增深圳证券交易所创业板上市企业2家，规上工业企业12家。东辰智能科技有限公司、通号万全信号设备有限公司被认定为国家级专精特新“小巨人”企业。东辰智能科技有限公司、杭州万全金属软管有限公司及杭州图软科技有限公司等15家企业入选2022年度第一批浙江省专精特新中小企业名单。

浙江大学先进电气装备创新中心院士工作站被认定为杭州市院士工作站，杭州卡涞复合材料科技有限公司与浙江大学宁波科创中心联合成立先进复合材料与结构联合实验室，杭州华光焊接新材料股份有限公司与浙江省电子学会电子智造专业委员会签署战略合作协议。

实施“大孵化器”战略，完成紫创未来智造谷重点工业楼宇认定，全年新增孵化创新空间7个24.64万平方米。智能制造创新创业产业园被认定为国家级科技企业孵化器，紫之众创空间被认定为2022年度省级备案众创空间，智能制造创新中心和紫创未来智造谷被认定为杭州市级孵化器。

建立人才库，推动“产业链+人才链”融合发展。全年新增顶尖人才2人，省级海外高层次人才2人，领军人才56人，全球名校毕业生83人，海外高层次人才28人。全年新增高新技术企业（含仁和街道）73家，省级及以上科技型中小企业188家；省级研发中心1家，市级研发中心6家。

【城市建设】 2022年，杭州钱江经济开发区管委会配合完成“三区三线”划定方案，推进34.65平方千米单元控规编制和南部片区城市设计编制工作。完成奉口港河道整治工程，建成1.5千米游步道、4.7公顷绿地。围绕“北智中居南创”空间开发格局，推进南部创新创业片区制造四路等主干道路建设，完成北部智能制造区块“三横三纵”主干路网建设。累计开通地铁接驳专线2条，加强与地铁10号线、杭州—德清城际铁路、杭州中环快速路等建设主体之间的沟通联系。

【项目招引】 2022年，杭州钱江经济开发区以智能智造为主导方向，围绕新装备、新能源、新材料三大产业，开展靶向招商。招引吉利科技集团有限公司、杭州东恒石油有限公司、浙江星空通用航空有限公司、柯富（杭州）半导体科技有限公司、真芯（北京）半导体有限责任公司等企业项目，集中签约重大产业项目53个，其中，50亿元以上项目4个，10亿元以上项目16个。落地总投资亿元以上制造业固定资产投资项目8个，其中10亿元以上3个，涵盖新能源、新材料、集成电路、人工智能等行业。杭州和顺科技股份有限公司、慧博云通科技股份有限公司在深圳证券交易所创业板上市，开发区上市企业共5家。

【新智造企业梯度培育】 2022年，钱江经济开发区建立健全新建项目数字化方案评审机制，通过“一企一策”，指导企业开展工厂物联网建设。实施杭州市数字化提升改造22家，其中13个项目入选杭州市数字化改造攻关项目库，6个项目被列入杭州市数字化车间培育，3个项目被列入杭州市智能工厂培育，南方泵业股份有限公司被认定为市级未来工厂“智能工厂”，杭州同创顶立机械有限公司被认定为市级未来工厂“数字化车间”。

【獐山安置房主体结顶】 2022年1月7日，杭州钱江经济开发区獐山安置房一期主体结顶，中间结构完成验收。獐山安置房项目东至余山，南至求学路，西至獐山路，北至沿山路，总投资13亿元，总用地面积6.79公顷，地上地下总建筑面积约26万平方米，可安置1524户拆迁家庭。

【骏跃科技成为北京冬季奥运会供应商】 2022年2月，杭州钱江经济开发区企业杭州骏跃科技有限公司成为北京冬季奥运会后方使用插座和网络电源系统的供应商，为25个场馆提供5000多个工位的安全插座、USB充电和网络接口。杭州骏跃科技有限公司是一家开发、生产和销售电气部件和智能家居系统的国家高新技术企业，产品包括人工智能插座、智能电气组件、智能电气软件和服务，多次获得德国IF设计奖和中国设计红星奖，销售覆盖美国、德国和印度等30多个海外市场。

【钱江经济开发区入选省开发区产业链“链长制”试点单位】 2022年2月，杭州钱江经济开发区入选2021年度浙江省开发区产业链“链长制”试点单位，产业链名称为新装备制造。装备制造业是国家重点战略性新兴产业之一，杭州钱江经济开发区是杭州市7个省级战略性新兴产业和先进制造业发展平台之一，是余杭区打造未来产业引领地的重要载体，拥有南方泵业股份有限公司、杭州米格电机有限公司等新装备产业链。

【仁良路南段通车】 2022年2月28日，杭州钱江经济开发区仁良路南段正式通车。仁良路是杭州钱江经济开发区规划构建“两横四纵”骨干网的四条纵道之一，也是钱江经济开发区“北智中居南创”的串联线。仁良路南段是仁良路的延伸段，北至和平路，南至树东路，全长370米。打通后的仁良路可连接树东路，沿东风路直通东西大道，缓解和旺街、奉欣路等东西向道路交通压力。

【优稳自动化产品被认定为浙江制造精品】 2022年2月，杭州钱江经济开发区企业杭州优稳自动化系统有限公司的产品被认定为浙江制造精品。杭州优稳自动化系统有限公司是一家集控制装备与控制系统产品的研发、制造、销售、集成于一体的控制系统产品制造企业。公司参与的“高端控制装备及系统的设计开发平台研究与应用”项目获得2013年度国家科技进步奖一等奖，“高安全成套专用控制装置及系统”项目获2016年度国家科技进步奖二等奖，“广域协同的高端大规模可编程自动化系统及应用”项目获2021年国家科学技术进步奖二等奖。

【和顺科技在创业板上市】 2022年3月23日，杭州钱江经济开发区企业杭州和顺科技股份有限公司在深圳证券交易所创业板上市。该公司成立于2003年，是一家从事于差异化、功能性双向拉伸聚酯薄膜的研发、生产和销售的高新技术企业，主要产品包括有色光电基膜、透明膜及其他功能膜，掌握生产电子产品、电工电气、汽车、建筑以及包装装饰等工业领域中所用聚酯薄膜的关键技术，获得授权专利49件，其中发明专利11件。

【智能制造创新创业产业园被认定为国家级科技企业孵化器】 2022年4月19日，杭州钱江经济开发区智能制造创新创业产业园（下称双创园）入选2021年度国家级科技企业孵化器名单，成为杭州钱江经济开发区首个国家级专业型科技企业孵化器。双创园位于钱江经济开发区核心规划区块，总规划面积近2万平方米，是开发区重点打造的创新孵化空间之一。截至年末，双创园累计孵化企业84家，其中，国家级高新技术企业10家，杭州市雏鹰企业5家，装备制造类企业占比90%，企业知识产权量370多件，7家企业累计获得投融资约7000万元。园区曾获得国家级科技企业孵化器、浙江省小微企业园、余杭区重点工业楼宇、余杭区创新发展优质服务平台、大学生实训基地等荣誉或资质。

【至地铁10号线逸盛路站通勤线开通】 2022年6月20日，杭州钱江经济开发区至地铁10号线逸盛路站通勤线开通。该线路从地铁逸盛路站A口始发，经港虹西路、储运路、仁河大道、和旺街、仁良路、洛阳路、仁康路至仁康公交中心站，途经地铁逸盛站、葫芦坝、仁河大道运溪路口、和旺街东风路口、仁良路奉欣路口、仁良路和燕路口、仁良路启航路口、仁良路洛阳路口、仁康路公交站。这是杭州钱江经济开发区继地铁2号线至开发区的数达2号线后开通的第二条专线，方便杭州钱江经济开发区内职工上下班通勤。

【余杭鲲鹏人才之家启用】 2022年6月24日，余杭鲲鹏人才之家启动仪式在杭州钱江经济开发区举行。余杭鲲鹏人才之家坐落于杭州钱江经济开发区智荟动力公园，是一个集人才服务、人才发展、人才创新成果展示于一体的多功能综合服务平台，将助力余杭区服务高端人才，实现以智引智、以才聚才，助力区域科技创新与产业发展。

【卡涞复合材料入选准独角兽企业榜单】 2022年6月27日，由中国科协指导，杭州市人民政府、民建浙江省委、中国投资发展促进会联合主办的第六届万物生长大会在杭州国际博览中心举行。大会发布“2022杭州独角兽与准独角兽企业榜单”，杭州钱江经济开发区企业杭州卡涞复合材料科技有限公司入选先进制造领域准独角兽榜单。杭州卡涞复合材料科技有限公司主要面向汽车零部件系统、储能系统（电池箱、碳纤维高压气瓶）、轨道交通、消费电子、大型无人机以及航空等市场，通过运用源于德国的高性能复合材料规模化设计和工艺制造技术、碳纤维回收再利用技术以及汽车复合材料部件规模化量产经验，提供定制化、轻量化解决方案。

【“我与开发区共成长”主题摄影展】 2022年7月4—25日，杭州钱江经济开发区举办“我与开发区共成长”主题摄影展。摄影展在仁和广场、钱江经济开发区规划馆、智荟动力公园3个点位展出，分为“我参与你的成长”“我见证你的精彩”“我憧憬你的未来”3个篇章，呈现了钱江经济开发区由老矿区发展为智能制造园区的历程，记录新老风貌对比，展望开发区未来面貌。

【首届“钱开工匠”发布会】 2022年9月22日，杭州钱江经济开发区举行首届“钱开工匠”发布会。杭州华光焊接新材料股份有限公司卜永周、杭州天翔新型建材股份有限公司施建琴、杭州康德权饲料有限公司王效、南方泵业股份有限公司董家龙、浙江盛唐环保科技有限公司吴宏彬被评为首届“钱开工匠”。

【宏盛粮油被评为国家级粮食应急保障企业】 2022年10月，国家粮食和物资储备局公布“第二批国家级粮食应急保障企业”名单，杭州钱江经济开发区企业杭州宏盛粮油贸易有限公司上榜。杭州宏盛粮油贸易有限公司是以粮油加工销售为主营业务的农产品供应链企业。2021年，公司打造“宏盛粮油”智能先进数字工厂，其中有数项技术设备突破外资企业垄断，形成“年产10万吨粮食+10万吨食用油”的集研发、生产、中转、储存、检验于一体的粮食产业基地，实现原料种植、生产加工、销售的完整布局。

【慧博云通科技在创业板上市】 2022年10月13日，杭州钱江经济开发区企业慧博云通科技股份有限公司在深圳证券交易所创业板上市。慧博云通科技股份有限公司成立于2009年，是从事信息技术服务的国家级高新技术企业，提供信息技术外包（ITO）服务，主营业务包括软件技术外包服务和移动智能终端测试服务，并与通信、互联网、金融、汽车、能源、制造等行业领域的客户建立合作关系。慧博云通拥有10项发明专利，1项实用新型专利，389项计算机软件著作权，获得“2020中国软件和信息服务业年度创新产品”“2020中国数字服务暨服务外包领军企业百强企业”“2020中国信息技术优秀服务商”“2021中国软件和信息服务业年度创新企业”等称号。

【杭州数智产业论坛在钱江经济开发区举行】 2022年11月24日，以“贯彻二十大 赋能新智造”为主题的杭州数智产业论坛在杭州钱江经济开发区举行。该活动由区委人才办、区科技局、杭州钱江经济开发区管理委员会主办。杭州钱江经济开发区发布“五位一体”卓越工程师培养计划，与浙江大学先进电气装备创新中心、杭州航启科技产业发展有限公司等单位签订“卓越工程师”联合培养战略合作、装备制造项目孵化技术服务平台战略合作协议，表彰2022年认定的首批5名杭州钱江经济开发区“卓越工程师”及5名“青年优秀工程师”。

【浙大先进电气装备创新中心院士工作站被认定为市级院士工作站】 2022年12月，杭州钱江经济开发区辖内浙江大学先进电气装备创新中心院士工作站被认定为2022年“杭州市院士工作站”。浙江大学先进电气装备创新中心于2021年1月16日正式挂牌，总建筑面积2.5万平方米，建有研究院5个，拥有中国工程院院士2

2022 年 12 月，紫之众创空间被评定为省级备案众创空间

（钱江经济开发区管委会　供图）

人，科研人员69人，其中，具有博士学位的20人，高级职称人员15人，博士后研究人员4人。2021年创新中心被评为省级新型研发机构、博士后科研工作站，2022年，被认定为院士工作站。获批浙江省“尖兵”研发攻关计划项目1项，国家重点研发项目2项。创新中心实验区域建有新能源汽车电功率等测试平台、电磁材料特性研究等实验室和集群计算中心。

2022 年 3 月 30 日，杭州西站枢纽管理委员会正式设立

（杭州西站枢纽管理委员会　供图）

【南方泵业入选市重点商标保护名录】 2022年12月，杭州钱江经济开发区企业南方泵业股份有限公司入选第一批杭州市重点商标保护名录。南方泵业股份有限公司成立于1991年，是全国最早研发并规模化生产不锈钢冲压焊接离心泵的高新技术企业，于2010年在深圳证券交易所上市，其商标“CNP”于2011年被国家工商行政管理总局商标局认定为“中国驰名商标”。

【紫之众创空间被评定为省级备案众创空间】 2022年12月，杭州钱江经济开发区紫之众创空间被省科技厅评定为2022年度省级备案众创空间，成为余杭区首家省级备案众创空间。紫之众创空间位于杭州钱江经济开发区紫创未来智造谷内，孵化场地628平方米，为创业者提供配套和教练式创业服务。全年，紫之众创帮助27家（个）创客企业或团队，其中，2家通过紫之众创对接获得种子轮投资，1家入驻杭州钱江经济开发区科技企业孵化器。

（俞建玉）

杭州西站枢纽

【概况】 杭州西站枢纽是2017年新一轮《杭州铁路枢纽规划》获批后杭州首个动工建设的高铁项目。杭州西站枢纽汇集高铁、地铁、公交、大巴、网约车、出租车、社会车辆等交通方式于一体，车站规模11台20线，站房综合体总建筑面积约58万平方米，其中，铁路相关功能约20万平方米，城市综合配套约31万平方米，相关地铁工程约7万平方米，属于特大型铁路客运车站。

自 2022 年 9 月 22 日正式投入运营到年末，杭州西站铁路客发班次 2852 趟、到发客流 53.51 万人次，其中 10 月 1 日到发客流 1.86 万人次，为开站以来最高；地铁到发客流 60.68 万人次，其中 10 月 1 日到发客流 1.96 万人次，为开站以来最高；出租车出场发车 1.78 万车次，发送旅客 2.09 万人；网约车发车 1.03 万次，发送旅客 1.52 万人；公交发送 2.13 万班次，发送旅客 5.56 人万次。

【杭州西站枢纽管理委员会正式设立】 2022年3月30日，杭州西站枢纽管理委员会正式设立。杭州西站枢纽管理委员会是余杭区委、区政府的派出机构，主要负责良睦路、云门大街、运溪路、振华西路围合而成的3.16平方千米范围内的交通协调管理、应急保障、社会综合治理、商务功能开发和经济发展等工作。下设副处级事业单位杭州西站枢纽综合服务中心，挂杭州西站枢纽联动指挥保障中心牌子，为杭州西站枢纽管理委员会的日常保障机构。

【杭州西站枢纽正式投入运营】 2022年9月22日，杭州西站枢纽正式投入运营。杭州西站位于余杭区内，是继杭州东站、杭州萧山国际机场之后的杭州城市第三大门户交通枢纽，也是杭州亚运会重点配套工程、“轨道上的长三角”重要节点工程。杭州西站的投入运营标志着杭州铁路枢纽“西翼”正式形成，助力浙江打造“省域一小时交通圈”。

【杭州西站枢纽入选余杭“十大工程”】 2022年9月23日，中共杭州市余杭区委宣布加快建设杭州城市新中心“十大工程”，西站枢纽工程位列其中。西站枢纽工程是建设高铁西站站房和杭州西站枢纽区域综合配套设施及疏解通道项目，打造以交通枢纽为基础、以创新产业为主体，公共服务发达，自然生态良好的宜居宜业活力新区，TOD导向（transit-oriented development，以公共交通为导向的开发）下集约高效发展的国际化轨道新城。

【杭州西站首次调图】 2022年10月11日，全国铁路实行新的运行图，杭州西站首次调图。杭州西站开行列车增加至104趟，其中，动车组38趟，高铁66趟，包含安徽、河南、湖北、江苏、江西、山东等22个省，涉及长春、银川、兰州、西安、太原、石家庄、郑州、成都、亳州、阜阳、合肥、黄山、南京、淮北、连云港等148个地级市。

【杭州西站枢纽站城综合体项目进入全面施工阶段】 2022年10月，杭州西站枢纽站城综合体项目进入全面施工阶段，计划2028年全面建成。杭州西站枢纽站城综合体项目以高铁站房为中心，在站房南北侧分别打造“金手指”和“金钥匙”两大城市综合体，涵盖商务办公、会展文化、美食住宿等业态。其中，北综合体“金钥匙”主塔楼规划设计高度399.80米，总投资约114亿元；南综合体“金手指”规划设计高度319.90米，总投资约116亿元。该项目的实施既有利于铁路运输功能与城市综合服务功能复合，提升城市空间品质。

【2个社区入选未来社区创建名单】 2022年11月15日，杭州西站枢纽区域的杭腾社区、云门社区入选省建设厅、省风貌办公布的浙江省第六批引领型未来社区创建名单。杭腾未来社区创建单元一期总面积约26公顷，距离杭州西站约800米，内有超重力实验室、浙江人才大厦、浙大校友总部经济园所形成的产业群，有龙湖天街、高品质住宅、天元公学校区等配套设施。云门未来社区创建单元总面积47.70公顷，目标定位是“服务门户枢纽创新和商务交往人群的未来社区”，将以未来交通、未来创业、未来建筑场景为基础，以未来治理、未来服务、未来低碳场景为特色。

（华　宵）

编辑：范雅君

全区组织机构及负责人名录

Directories of Organizations and Officials in Yuhang

中国共产党余杭区第十五届委员会

书　　记　刘　颖
副 书 记　王　牮
　　　　　朱红丹（女）
常　　委　王建平
　　　　　唐小辉
　　　　　袁水良
　　　　　邵雪荣（至6月）
　　　　　张　立（8月始）
　　　　　梅建胜
　　　　　汤丽玉（女）
　　　　　倪伟俊
　　　　　皇甫伟华

区纪律检查委员会

书　　记　唐小辉
副 书 记　范国权（至8月）
　　　　　翁　俊（10月始）
　　　　　丁银华（4月始）
常　　委　樊志彪
　　　　　傅丹妮（女）
　　　　　黄美芳（女）
　　　　　李晓鹏

区委巡察工作领导小组（办公室、巡察组）

办公室
主　　任　樊志彪
副 主 任　何建福（至4月）
　　　　　李　华（女，4月始）

第一巡察组
组　　长　沈伟功
副 组 长　康再永

第二巡察组
组　　长　朱法水
副 组 长　姬毓华

第三巡察组
组　　长　韩伟华
副 组 长　莫伟忠

第四巡察组
组　　长　陈文琴（女，3月始）
副 组 长　韩学标

区委办公室

主　　任　费跃建
副 主 任　王晓平
　　　　　徐　春（至4月）
　　　　　黄佩佩（女，10月始）
　　　　　张宇晓（4月始）
　　　　　汪燕萍（女）
　　　　　吴振国
　　　　　高宜生（兼）
　　　　　毛坚勇（兼）

政策研究室

主　　任　孙　路

保密局

局　　长　费跃建
台　　办
主　　任　王晓平

副 主 任　　李有森（至10月）

全面深化改革委员会办公室

主　　任　　孙　路
副 主 任　　马　驰（至10月）
　　　　　　姚　垚
　　　　　　胡建华（10月始）
　　　　　　盛　洁（女，至10月，兼）
　　　　　　张中文（10月始，兼）

组织部

部　　长　　邵雪荣（至6月）
　　　　　　张　立（8月始）
常务副部长　洪建良
副 部 长　　徐来莹（女，至10月）
　　　　　　闫伟光（兼）
　　　　　　吴文星（兼）

直属机关工作委员会

书　　记　　邵雪荣（至6月）
　　　　　　张　立（8月始）
常务副书记　（空缺）
专职副书记　卢勤荣

宣传部

部　　长　　倪伟俊
常务副部长　陈　宏
副 部 长　　邵文鸿（女，至3月）
　　　　　　罗伟娟（女）
　　　　　　王乐芬（女，10月始）

区文化创意产业发展中心

主　　任　　王乐芬（女，至10月）
副 主 任　　陈　杰
　　　　　　陈　峰（10月始）

新闻办公室

主　　任　　罗伟娟（女）
副 主 任　　唐文薇（女，至12月）

精神文明建设委员会办公室

主　　任　　邵文鸿（女，至3月）
　　　　　　王乐芬（女，3月始）
副 主 任　　（空缺）

统战部

部　　长　　袁水良
常务副部长　赵　楠（女，3月始）
副 部 长　　郑妙元
　　　　　　赵　楠（女，至3月）
　　　　　　吕火良
　　　　　　姚克萍（兼）

侨办

主　　席　　赵　楠（女）
副 主 席　　（空缺）

归国华侨联合会

主　　席　　赵　楠（女）
专职副主席　戴燕萍（女）

政法委员会

书　　记　　朱红丹（女）
副 书 记　　王建平
　　　　　　高宜生
　　　　　　陈富强
　　　　　　黄　璐（4月始）
　　　　　　周汝琴（女，至10月）

区社会治理中心（11月更名为区社会治理综合服务中心）

主　　任　　周汝琴（女，至10月）
副 主 任　　成文娟（女，11月始）
　　　　　　陈明辉
　　　　　　束庆波（10月始）

机构编制委员会办公室

主　　任　　周黎明（6月始）
副 主 任　　林中鹂（女）
　　　　　　余江海（至4月）
　　　　　　陈怡贞（女，4月始）

信访局

党组书记、局长
　　　　　　毛坚勇
副书记、副局长（空缺）
副 局 长　　姚志华（至10月）
　　　　　　高雪峰
　　　　　　郑云锋
　　　　　　赵　凯（10月始）

老干部局

局　　长　　闫伟光
副 局 长　　姚冬琴（女）

党史研究室、地方志办公室

党组书记、主任
　　　　　　徐娟妹（女）
副 主 任　　蒋旭东（至3月）
　　　　　　梁慧娟（女，3月始）

市委党校余杭区分校

校　　长　邵雪荣（至8月）
张　立（8月始）
常务副校长　俞建新
副 校 长　毛展宏
石翼飞
王　峰

行政学校

校　　长　梅建胜
常务副校长　俞建新
副　校　长　毛展宏
石翼飞
王　峰

社会主义学院

校　　长　袁水良
常务副校长　俞建新

中华文化学院

院　　长　袁水良
常务副院长　俞建新

余杭区第十六届人民代表大会常务委员会

党组书记　阮文静（女）
党组副书记　金国平
主　　任　阮文静（女）
副 主 任　金国平
曾　宏
沈洪相
楼建平
朱红耀
朱幼群（女）

人大常委会办公室

主　　任　王　铮（女）
副 主 任　任文远
朱晨希（女）

监察和法制司法工作委员会

主　　任　章雪梅（女）
副 主 任　王　先（女）

财政经济工作委员会

主　　任　范海坚
副 主 任　汤惠英（女）

教育科技文化卫生（民族宗教侨务）工作委员会

主　　任　卢松岳
副 主 任　罗立中（至4月）

代表工作委员会

主　　任　倪满芬（女）
副 主 任　李新玲（女）

城建环保工作委员会

主　　任　张长永
副 主 任　俞朝军

农业和农村工作委员会

主　　任　王利群（女）
副 主 任　刘　英（女）

社会建设工作委员会

主　　任　张立广
副 主 任　林星荣

余杭区人民政府

党组书记、区长
王　垈
党组副书记、副区长
梅建胜
副 区 长　顾国煜（挂职）
姚文华
许玲娣（女）
吴伟强
胡　彪
顾　斌（挂职）
吴远东

区政府办公室

党组书记、主任
李　华
副 主 任　庞蔚燕（女，至10月）
钱　俊
莫虓威
张志伟
宓鹏远（至10月）
胡灵锋
叶庆平

章吕君（女，3月始）
汪仁娣（女，兼）
盛　洁（女，至10月，兼）
张中文（10月始，兼）

外事办公室

主　　任　李　华
副 主 任　庞蔚燕（女，至10月）
章吕君（女，10月始）

发展和改革局

党委书记、局长
郭云伟
副 局 长　田梅咏
杨春龙
高　扬（至11月）
钟　燕（女，11月始）

对口支援和区域合作局

局　　长　郭云伟

区政府金融工作办公室

主　　任　郭云伟
专职副主任　张文杰

经济和信息化局

党委书记　朱旭成（至4月）
吴宏伟（4月始）
局　　长　罗建强
副 局 长　李　威
喻　婷（女，10月始）
陈　康
汤江波（至10月）

教育局

党委书记、局长
徐伟龙
党委副书记、副局长
张同华
副 局 长　鲍志法
罗永明
王方鸣

科技局

党组书记、局长
周　坚
副　局　长　李　巍（女，至10月）
楼杭杰
章志宏
汤江波（10月始）

民族宗教事务局

局　　长　郑妙元
副 局 长　（空缺）

杭州市公安局余杭区分局

党委书记、局长
王建平
党委副书记、政治委员
叶利杰
党委副书记、常务副局长
沈仕飞
副 局 长　赵林康
童志淳
余忠明
许华良（至10月）
蔡海洲
庞金龙（10月始）

民政局

党委书记、局长
廖洪星
副 局 长　钱慈祥（至10月）
陆佳婧（女，10月始）
章一川
沈夏萍（女）

司法局

党委书记、局长
俞丽月（女）
副 局 长　葛连军
陈佳颖（女）

财政局

党委书记、局长
姜根军
副 局 长　朱　方
于　俊
周云虎
支小红（女）

国家税务总局杭州市余杭区税务局

党委书记、局长
童旭明
副局长　杨水江
王少华
林　健
赵利民
胡敏芳（至10月）

纪检组长　郭呈福
总经济师　兰永红
总会计师　梁　新

人力资源和社会保障局

党委书记、局长
　吴文星
副 局 长　陈　斌
　缪建宏（女）
　励　波

市规划和自然资源局余杭分局

党委书记、局长
　陈　勇
副 局 长　段　丽（女，兼）
　冯天松
　王君耀
　叶　欣

住房和城乡建设局

党委书记、局长
　华建林
党委副书记　陈晓强（4月始）
副 局 长　陈晓强
　郑　云
　杨跃蒸
　邵建国
　林继钢

交通运输局

党委书记、局长
　姚国华
副 局 长　谢巨波
　徐　科
　孙志良（至10月）

农业农村局

党委书记、局长
　吴建中
党委副书记　胡　边（10月始）
副 局 长　郑　浩
　何　峰（女）
　陆　霞（女）

林业水利局

党委书记、局长
　王　辉
副 局 长　沈勤忠
　戴岳军
　周伟元
　江爱秋（11月始）

商务局

党委书记、局长
　汪仁娣（女）
副 局 长　沈芳明
　包晓云（女）
　潘峰锋
　周贤华（10月始）

招商局/投资促进局

局　　长　汪仁娣（女）

文化和广电旅游体育局

党委书记、局长
　邵素萍（女）
党委副书记、副局长
　陶　晨
副 局 长　张建华
　唐立春
　朱　芸（女）
　陈　霏（女，11月始）

卫生健康局

党委书记、局长
　陆永林
党委副书记　柴仕增
副 局 长　沈勇敏
　范力强
　谭　轲

审计局

党组书记、局长
　吴月华
副 局 长　何洪明
　林丹琴（女，至10月）
　高　扬（10月始）
总审计师　滕云雯（女）

统计局

党组书记　蔡志祥
局　　长　胡水元（至10月）
　林丹琴（女，10月始）
副 局 长　蔡志祥
　余幼平
　吴忠良
　陈　超

国家统计局余杭调查队

党组书记、队　长
池　波（兼，至3月）
占予沸（3月起）
党组成员、副队长
赵萧清
党组成员、纪检组长
刘利华

市生态环境局余杭分局

党委书记、局长
沈汉平
党组副书记、副局长
阮建军（至10月）
副 局 长　张丽莉（女）
陈佩月（女）
郑　悦（11月始）

市场监督管理局

党委书记、局长
谢德庆（2023年3月，涉嫌严重违纪违法，主动投案）
副 局 长　徐全伟
蒋月华
李杭川
周贤华（至10月）
邓　帅（女，10月始）

城管局/综合行政执法局

党委书记、局长
刘立翔
党委副书记、副局长
李广华
副 局 长　盛忠明
周伟建

应急管理局

党委书记、局长
裘　望
副 局 长　徐　琳
倪其勇
余文权

退役军人事务局

党组书记、局长
留　正
副 局 长　应新林
程江峰

市医疗保障局余杭分局

党组书记、局长
杭建飞
副 局 长　周海军
曹盛艳（女）

数据资源管理局

党组书记、局长
陶　奇（至10月）
周汝琴（女，10月始）
副 局 长　蔡军兵
俞志川
陈　雄

中国人民政治协商会议第十二届杭州市余杭区委员会

党组书记　沈　昱
党组副书记　黄德伟
主　　席　沈　昱
副 主 席　黄德伟
李玉美（女）
傅丽华（女）
周忠诚
斯建刚
张　瑾（女）
秘 书 长　吴忠云

区政协办公室

主　　任　吴忠云
副 主 任　王　琦（女）

区政协文史和教文卫体委员会

主　　任　郭青岭（女）
副 主 任　王巧前（女，至4月）
何建福（4月始）

区政协提案委员会

主　　任　丁迎九
副 主 任　章海峰

区政协社会法制和港澳台侨委员会

主　　任　陈宏萍（女）
副 主 任　邱永年（至4月）
李晓琦（4月始）

区政协经济科技委员会
主　　任　　范文涛
副 主 任　　汪业成

区政协城建和人口资源环境委员会
主　　任　　倪大炜
副 主 任　　葛连福

区政协委员工作委员会
主　　任　　李　宾（女）

监察委员会

主　　任　　唐小辉
副 主 任　　范国权（至10月）
　　　　　　翁　俊（10月始）
　　　　　　丁银华
委　　员　　黄美芳（女）
　　　　　　李晓鹏
　　　　　　丁渭江
　　　　　　马世亮

杭州良渚遗址管理区

党工委书记　王　姝（女）
党工委副书记（空缺）
党工委委员　蒋卫东
　　　　　　叶维军
　　　　　　杨晓萍（女）
　　　　　　斯建刚（兼）
　　　　　　汤丽玉（女，兼）
管委会主任　王　姝（女）
管委会副主任
　　　　　　蒋卫东
　　　　　　叶维军
　　　　　　杨晓萍（女）

办公室
主　　任　　周黎明（至4月）
　　　　　　陶　豫（4月始）
副 主 任　　郭　麒
　　　　　　陈道亮

规划建设局
局　　长　　朱曙峰
副 局 长　　陈旭强

文化产业局
局　　长　　马东峰（至3月）
　　　　　　邵文鸿（女，3月始）
副 局 长　　楼凯华

文物与遗产管理局
局　　长　　陶　豫（至4月）
　　　　　　陶文龙（10月始）
副 局 长　　沈红华

财政局
局　　长　　朱　方
副 局 长　　（空缺）

杭州良渚遗址遗产监测管理中心
主　　任　　孙海波
副 主 任　　王智刚
　　　　　　黄　莉（女，至3月）
　　　　　　冯　倩（女，4月始）

浙江省杭州良渚遗址管理局
局　　长　　王　姝
副 局 长　　蒋卫东
　　　　　　叶维军
　　　　　　杨晓萍

良渚博物院
院　　长　　马东峰（3月始）
副 院 长　　梁慧娟（女，至3月）
　　　　　　黄　莉（女，3月始）

钱江经济开发区

党工委书记　姚文华
党工委副书记
　　　　　　孟志刚（至10月）
　　　　　　李晓琦（兼，至4月）
　　　　　　江新渊（兼，4月始）
　　　　　　陶　奇（10月始）
管委会主任　孟志刚（至10月）
　　　　　　陶　奇（10月始）
管委会副主任
　　　　　　肖　军

杨　峰
沈志军
金　果（女，兼）

浙江杭州未来科技城（海创园）

党工委书记　李　洁（女）
党工委副书记
沈友忠
党工委委员　李树平（女，兼）
徐　钦
陆建友
赵晓军
李冰石（至10月）
傅　蓉（女）
管委会主任　李　洁（女）
管委会常务副主任
徐　钦（至12月）
管委会副主任
沈友忠
陆建友（至12月）
赵晓军
傅　蓉（女，12月始）

办公室

主　　任　（空缺）
副主任　唐　桥（女）

财政局

局　　长　李冰石（至10月）
沈　岚（女，10月始）
副局长　（空缺）

招商局

局　　长　傅　蓉（女）
副局长　屈永辉

创新经济促进局

局　　长　陆建友
副局长　沈顺豪

规划建设局

局　　长　段　丽（女，兼）
副局长　王利挺

城市发展局

局　　长　（空缺）
副局长　王晓晟

人才和金融服务中心

主　　任　冯敏敏（女）
副主任　沈　慧（女，兼）
褚　楚（女，11月始）

创新发展服务中心

主　　任　王峥嵘（兼）

法院　检察院

区人民法院

党组书记、院长
王文柱
党组副书记、常务副院长
孔　政
副院长　李如兴
陈清亮
夏敏诙（女）

区人民检察院

党组书记、检察长
鲍　键
党组副书记、常务副检察长
葛淑芳（女）
副检察长　胡　军
陈利明
丁灵敏（女，6月始）

群众团体

总工会

主　　席　沈洪相
党组书记、常务副主席
余海根
副主席　陈　丽（女）
姚志华（10月始）

共青团余杭区委

书　　记　张哲明（至3月）
罗昕璐（女，3月始）
副书记　谢　楠（女）

朱佳凌

妇女联合会

党组书记、主席

曹海英（女）

副主席　方　琼（女）

颜　彦（女，10月始）

科学技术协会

党组书记、主席

黄庆芳

副主席　黎德峰

杨　帆（女）

工商业联合会（总商会）

党组书记　姚克萍（女）

主席（会长）丁列明

常务副主席　姚克萍（女）

副主席（副会长）

郎情樱（女）

蒋旭东（3月始）

文学艺术界联合会

党组书记、主席

陈文琴（女，至3月）

朱旭成（3月始）

副主席　朱卫民

徐　青（女）

残疾人联合会

党组书记、理事长

梁松英（女）

副理事长　韩世忠

红十字会

会长　朱红丹（女）

党组书记、常务副会长

张　瑗（女）

副会长　庞蔚燕（女，至10月，兼）

章吕君（女，10月始，兼）

其他区直属单位

区融媒体中心（余杭广电台）

党委书记、主任（台长）

冯旭东

党委副书记、副主任、总编辑

方宇明

副主任　周金火

贾国勇

郑淑萍（女）

机关事务服务中心

主任　庞蔚燕（女，10月始）

副主任　庞蔚燕（女，至10月）

朱　军

吕建斌

良渚新城

党工委书记　曾　宏

党工委副书记

何建刚（至10月）

李飞翔（10月始）

吴宏伟（至4月）

俞天寅（4月始）

管委会主任　何建刚（至10月）

李飞翔（10月始）

管委会副主任

杨国平

王贤铭

沈何刚

楼　寅（10月始）

吕　航（10月始）

行政审批管理办公室

党组书记　（空缺）

党组副书记、主任

盛　洁（女，至10月）

张中文（10月始）

副主任　姚荣亮

夏群升（至10月）

张姚斌

李　巍（女，10月始）

供销合作社联合社

党委书记、主任

俞天寅（至4月）

陈炳鑫（10月始）

党委副书记、副主任

于孟良

副主任　黄毕雄

档案馆

党组书记、馆长

黄佩佩（女，10月始）

副 馆 长　　李益强

住房公积金管理分中心

主　　任　　刘　康

杭州余杭绿色产业发展集团有限公司（11月更名为杭州余杭文化旅游投资集团有限公司）

党委书记、董事长

陈炳鑫（至10月）

徐来莹（女，10月始）

党委副书记、副董事长、总经理

施　展

党委副书记、董事、副总经理

徐明华（10月始）

监事会主席　叶晓福（至10月）

董事、副总经理

陈　国

张理华（至10月）

杨嘉宾（至10月）

王　刚（10月始）

杭州余杭交通集团有限公司（10月更名为杭州余杭交通投资集团有限公司）

党委书记、董事长

谈震鸿

党委副书记、副董事长、总经理

李飞翔（至10月）

陈　波（10月始）

监事会主席　冯鸿法（至10月）

董事、副总经理

徐文国（至10月）

徐明华（至10月）

韩建荣

张理华（10月始）

丁　杰（10月始）

余杭区金融控股集团有限公司（10月更名为杭州余杭国有资本投资运营集团有限公司）

党委书记、董事长

孟志刚（10月始）

董事长　　　陈国建（至10月）

副书记、副董事长、总经理

高　磊（至10月）

副董事长、总经理

陈国建（10月始）

监事会主席　陈建忠

董事、副总经理

陈丽兰（女）

马　驰（10月始）

杨　敏（女，10月始）

镇　街道

余杭街道

党工委书记　　吕复春

党工委副书记　何　彦（至10月）

盛　洁（女，10月始）

黄佩佩（女，至10月）

周林伟

办事处主任　　何　彦（至10月）

盛　洁（女，10月始）

办事处副主任　孙国平

姜祖锋

胡海涛

姚永安

王　波（10月始）

人大工委主任　　吴明强

人大工委副主任　吴文虎

闲林街道

党工委书记　　王洪银

党工委副书记　姜万博

孙　垚（至10月）

张哲明（11月始）

办事处主任　　姜万博

办事处副主任　蔡建芳（女）

徐　浩

林少芳（女）

胡伟全（10月始）

人大工委主任　陈锦秋（女）

人大工委副主任

张晓东

仓前街道

党工委书记　　宋　亮

党工委副书记　徐　锋

张宇晓（至4月）

朱建华（4月始）

沈　慧（女）

办事处主任　　徐　峰

办事处副主任　董淑娟（女）
孙　卫
张俊俏
人大工委主任　冯鹏飞
人大工委副主任　吴春仙（女）

中泰街道

党工委书记　陈小平
党工委副书记　陈　波（至10月）
高　磊（10月始）
胡　边（至10月）
阮建军（11月始）
办事处主任　陈　波（至10月）
高　磊（10月始）
办事处副主任　马峻峰
钟　燕（女，至11月）
丁泽佳
徐攀峰
人大工委主任　宋国平（女）
人大工委副主任　陈建农（至4月）
穆建忠

良渚街道

党工委书记　斯建刚
党工委副书记　吴宏伟（至4月）
俞天寅（4月始）
陶文龙（至10月）
应如萍（女）
石笑峰（10月始）
办事处主任　吴宏伟（至4月）
俞天寅（4月始）
办事处副主任　褚国敏（女）
楼　寅（至10月）
郑　悦（至11月）
沈一斌
戚超群
周鉴建（11月始）
人大工委主任　郭迎辉（女）
人大工委副主任　邵建富

五常街道

党工委书记　沈　清
党工委副书记　许正良
冯　刚
办事处主任　许正良
办事处副主任　周　骐
陆佳婧（女，至10月）
石　磊
高　建（4月始）
张成俊（10月始）
人大工委主任　张建东
人大工委副主任　殷国忠（至4月）

仁和街道

党工委书记　李晓琦（至4月）
江新渊（4月始）
党工委副书记　邢　斌
陈旭平（至6月）
沈　涌（6月始）
办事处主任　邢　斌
办事处副主任　石笑峰（至10月）
董学海（10月始）
金　果（女）
王再良
张晶灿
人大工委主任　段南京
人大工委副主任　张　玮

瓶窑镇

党委书记　汤丽玉（女）
党委副书记　江新渊（至4月）
徐　春（4月始）
严建武
于　蕾（女）
人大主席　沈标华
人大副主席　顾剑方
镇　长　江新渊（至4月）
徐　春（4月始）
副镇长　洪雪峰
徐洪芳
吴袁庆（至11月）
费洁羚（女）
陶　冶（11月始）
陈祥斌

径山镇

党委书记　沈　萍（女）
党委副书记　徐　盛
邱惠良（至10月）
宓鹏远（10月始）
朱建华（至4月）
人大主席　何建民

人大副主席 吴建永
镇　长 邱惠良（至10月）
宓鹏远（10月始）
副镇长 徐建华
郑江松
章晓明
钟　俊
赵冰川

黄湖镇

党委书记 陈国强
党委副书记 李　琴（女）
王　琪
人大主席 李国强
镇　长 李　琴（女）
副镇长 白洪森（至4月）
余国华
俞洲洋
张静宜（女）

鸬鸟镇

党委书记 郭　健
党委副书记 沈海涌
戴飞飞
人大主席 张中文（至10月）
邱惠良（10月始）
镇　长 沈海涌
副镇长 董学海（至10月）
喻　婷（女，至10月）
全玎丽（女）
倪技锋
张　敏（10月始）

百丈镇

党委书记 陈时忠
党委副书记 王　哲
章　玮
人大主席 陈源杰
镇　长 王　哲
副镇长 金　弋（至4月）
胡春丽（女）
褚　超
钱哈诺（女）

（区委组织部干部综合科）

编辑：范雅君

先进人物·先进集体

Honored Figures and Units

先进人物

【2022 年“余杭工匠”】

罗寿根　杭州华光焊接新材料股份有限公司

陈建明　浙江日风电气股份有限公司

吕剑峰　微泰医疗器械（杭州）股份有限公司

王光思　杭州盛嘉达电机有限公司

金国庆　杭州叙简科技股份有限公司

李朝辉　杭州邦顺制药有限公司

顾朝光　北控（杭州）环境工程有限公司运营分公司

时　斌　中国邮政集团有限公司杭州市余杭区分公司

李健全　浙江大合检测有限公司

金晓东　杭州华亭科技有限公司

何廷英　杭州一味茶文化科技有限公司

周有财　杭州余杭区百丈镇周有财竹制品经营部

童兆民　杭州余杭车坑坞茶厂

李映峰　杭州余杭良渚街道李映峰工艺品设计工作室

张俊晔　杭州余杭区黄湖不离口食品厂

黄卫东　杭州竹韵乐器有限公司

郑东方　杭州少匠科技有限公司

姚国忠　余杭区农业行政执法队

凌伟明　杭州埃科赛环境科技股份有限公司

孙耀春　杭州余杭区仁和街道仁玉轩工艺品设计工作室

【2022年余杭区劳动模范】

王艺博　杭州恒立制造科技有限公司车间副主任

王正鹏　杭州市余杭区机关事务服务中心房产节能科科长

王亚东　杭州图软科技有限公司软件研发员

王超凡　浙江百能科技有限公司技术中心副总经理

叶　庆　杭州凯达电力建设有限公司承装分公司工程部经理

叶　凯　杭州未来科技城建设有限公司办事员

冯　魏　杭州衡美食品科技有限公司董事长

朱丽君　杭州市余杭区文化馆副馆长

刘长春　浙江正元智慧科技股份有限公司高级数据库开发工程师

江日臻　浙江日风电气股份有限公司研究院副院长

江保力　中电海康集团有限公司第五十二研究所电路技术研发部主任

汤立洋　浙江康成新材料科技有限公司技术工程师

杜礼会　杭州申昊科技股份有限公司工会主席

李科强　杭州市余杭区中泰街道办事处党政综合办公室主任
李素文　杭州市余杭区闲林街道良睦社区居民委员会党总支书记、居委会主任
李健强　杭州市余杭区野生动植物保护协会会长
杨　华　杭州一楠五金工具有限公司技术工程师
杨　芸　杭州万瑞达新材料有限公司财务经理
肖　虹　杭州中艺实业股份有限公司行政专员
吴永忠　杭州持正科技股份有限公司车间副主任
何文平　浙江华是科技股份有限公司技术员
余葆春　杭州奥默医药股份有限公司研发经理
汪思洋　华立集团股份有限公司总裁
沈闻遥　杭州市余杭区数据资源管理局大数据服务中心办事员
张　莉　杭州逗酷软件科技有限公司高级技术战略规划经理
张高立　浙江恒泽生态农业科技有限公司研究中心主任
陈玉佳　杭州市余杭区第二人民医院党委书记
周　晨　中国电信股份有限公司杭州余杭区分公司未来科技城支局经理
俞　杰　杭州市余杭区融媒体中心记者
祝康康　杭州隆基生物技术有限公司生产调试员
秦　丽　杭州市余杭区农产品质量安全检验检测站副站长
桂玉红　杭州普晶电子科技有限公司总经理
贾伟灿　杭州星华反光材料股份有限公司研发经理
钱　高　杭州诠世传动有限公司质量工程师
倪进庄　杭州满山红蔬果专业合作社社长
徐坤明　中共杭州市余杭区委政法委反邪教协调科科长
凌丽霞　杭州余杭鹿山茶厂质检员
黄　华　杭州市余杭区市场开发服务中心职工
章永根　杭州市余杭区第三人民医院心血管内科主任
葛永起　杭州沪宁电梯部件股份有限公司电焊工
董子龙　阿里巴巴达摩院（杭州）科技有限公司（湖畔实验室）高级算法专家
蒋阳阳　归创通桥医疗科技股份有限公司专业技术员
程文中　杭州腾力工具有限公司班组长
傅迪亮　杭州通利电器工具有限公司安全生产员
童亚玲　浙江纳德科学仪器有限公司车间主任
曾福坤　杭州凯贝奈特科技有限公司工程部经理
温作荣　杭州余杭区余杭嫩芽家庭农场负责人
谢琴琴　杭州市余杭区径山镇潘板中心小学教师
谭治平　浙江诺尔康神经电子科技股份有限公司技术开发员
魏　巍　杭州余杭区径山镇老方家庭农场负责人

（区总工会）

【2021年“美丽余杭人”】

敬业奉献42人（团队）

鲍伟杰　市公安局余杭分局刑侦大队良渚中队民警
曹　华　区第二人民医院骨科副主任医师
沈建峰　闲林街道蒙卡岸虎哥服务站站长
邹赞斌　市医疗保障局余杭分局医疗保险事务中心主任
王正鹏　区机关事务服务中心公共资产管理科科长
陈　杭　区金硕农机专业合作社理事长
忻　皓　浙江省绿色科技文化促进会秘书长

孙林江　区瓶窑环境保护监察所所长
陈　瑛　市生态环境局余杭分局工会副主席
陈　杰　余杭街道办事处副主任
沈国忠　未来科技城供排水公司职员
张夏根　仁和街道办事处区域发展办公室科员
胡晓燕　良渚街道办事处区域发展办公室主任
金　甬　仁和街道清合嘉园东区居民
沈永亮　闲林街道绿野春天滴翠苑居民
区绿色中泰自然体验中心　中泰街道
俞晓娟　区第三人民医院肿瘤内科护士
陈　波　区三水果业有限公司副总经理
郑志杭　区环境卫生保障中心副主任
许小良　区公共交通有限公司二车队司机
徐　曜　区乾仓社会组织服务中心理事长
徐燕敏　仓前街道太炎社区党总支书记、居委会主任
许雪娇　瓶窑镇第二小学教师
刘彩凤　杭州绿丰竹笋专业合作社理事长
叶秀芳　中泰街道中桥村杨桥老年助餐点管理员
陈铁群　区人民检察院第三检察部副主任
朱铝达　市公安局余杭分局余杭派出所辅警
沈英哲　区审管办审批协调科科长
杨国娣　南方泵业股份有限公司员工
李胜宏　区第三人民医院良渚分院副院长
邵　娜　良渚街道玉鸟社区党总支书记、居委会主任
鹿燕青　区疾病预防控制中心科员
徐　侠　区公安局治安大队民警
许城红　瓶窑镇崇化村村务工作者
孙　杰　区财政局企财科科长
周　峰　区公安局交通警察大队机动中队民警
凌文丹　区信访局接访科科员
李金华　区交通运输行政执法队良渚中队中队长
余锦有　浙江星月生物科技股份有限公司工会主席
陈春晓　闲林街道区域发展与治理中心科员
孟建良　文昌高级中学老师
余杭二院隔离带“四朵金花”团队　区第二人民医院护士

见义勇为25人（团队）

朱剑华　杭州吉米空间设计工作室负责人
南山村消防志愿者团队
俞　舟　黄湖派出所巡防队员
曾　骏　杭州双金机械厂员工
洪园社区“洪哥”应急队
合景映月台秩序队团体
栅庄桥村救火英雄团体
王建强　仓前街道连具塘村4组冲天陡门村村民
龙新辉　浙江森楷新材料有限公司职工
朱红强　仁和街道永胜村朱家埭人
王志强　中铁四局湖杭高铁大圩岭特大桥工地员工
韩建仁　瓶窑镇奇鹤村骑坑2组骑坑外村
孙克敏　杭州市第七人民医院护士长、党支部书记
杜　翔、蒋世豪　径山镇上作服装店店主、瓶窑镇凤都村人
李小林　杭州西景物业管理有限公司秩序主管
余杭街道金盾救火团队
黄湖派出所见义勇为义务队
汤文杰　区巡（特）警大队机动一中队辅警
何全辉　五常街道友谊社区西溪雅苑保安队长
郑云坤　毛张昊　五常街道党政办科员
白永永　区水务有限公司生产管理员
付金林　杭州富阳鼎立管桩有限公司职工
沈美连　瓶窑镇窑北村三仙角村民

助人为乐26人（团队）

张程鹏　杭州万通汽车教育培训学校教师
“风栖益家”老伙计帮帮团
蒋菊妹　百丈镇仙岩村九东山村民
何云东　良渚二小副校长
张祺鑫　瓶窑镇瓶窑社区下金村农场组村民
周学来　仁和街道永泰村胡家角自然村

村民
陈　刚　鸬鸟楼永福针织厂生产经理
金纪宁　区二院“广济之舟”志愿者团队志愿者
陈敏佼　大自然保护协会龙坞水源保护项目志愿者
邱金连　良渚街道西塘河村7组西斗村民
郑洪广　杭州玉渚农业科技有限公司总经理
沈　佳　区交通广告有限公司职工
徐金良　仁和街道东塘中心小学退休教师
钱亚男　诺瓦特伦（杭州）电子有限公司董事长
宋国燕　杭州益媛家农业开发有限公司首席执行官
贾杏财　闲林街道华丰社区天和华丰苑居民
蔡燕萍　中泰街道南湖村2组市坞村民
童　昀　余杭“12355”青少年服务站负责人
朱琴飞　鸬鸟镇前庄村村民
袁士德　仓前街道灵源村23组严公桥村民
梁中平　良渚街道良渚文化村探梅里居民
曹逸然　径山镇求是村村民
陈　浩　仁和街道仁爱公益服务中心
徐红梅　瓶窑镇六和社会组织服务中心“六和公益”负责人
王　铿　区公共交通有限公司三车队司机
俞元福　仁和街道九龙村烘荡洋自然村村民
孝老爱亲11人
斯云峰　径山镇潘板桥村村民
冯雪梅　黄湖镇人民政府退休干部
许永美　良渚街道荀山村14组木桥头自然村村民
林美华　区南湖幼儿园保育员
黄婷婷　余杭街道中南村五组村民
唐克成　闲林街道山水社区山水居紫薇苑居民
张丽娟　五常街道邱桥社区西溪润景大厦居民
王芳琴　百丈镇百丈村村民
金凤花　仓前街道宋家山社区居民
沈仙南　仁和街道花园村计家斗自然村村民
陈一辉　鸬鸟镇前庄股份经济合作社社管会成员
诚实守信3人
金梅德　瓶窑镇崇化村村民
林佳佳　闲林街道方家山社区居民
严红兵　杭州大康腌腊食品有限公司总经理

（区文明办）

【2022年获得二等功及以上功臣模范人员】

王灵　五常街道友谊社区　二等功

（区退役军人事务局）

【第五届余杭区道德模范】

敬业奉献4人
李盼盼　国家残疾人越野滑雪队运动员
鲍伟杰　刑侦大队责任区一中队民警
赵永军　区融媒体中心视听编辑部主任
吴敏红　区第一人民医院急诊护理负责人
孝老爱亲2人
施云娣　瓶窑镇张堰村村民
周君佳　鸬鸟镇中心小学教科室主任
见义勇为2人
朱红强　仁和街道朱家埭自然村村民
张丹丹　良渚街道越秀社区白洋港城居民
诚实守信1人
邢建东　杭州东东汽修店老板
助人为乐1人
叶秀芳　中泰街道中桥村养老助餐员

（区总工会）

先进集体

【余杭区获得的省部级荣誉】

一星平安金鼎

浙江省2021年高质量发展建设共同富裕示范区工作考核优秀等次

2021年度浙江省实施乡村振兴战略实绩考核优秀单位

推动高质量发展建设共同富裕示范区成效明显的县（市、区）

实施乡村振兴战略、高水平推进农业农村现代化成效明显的县（市、区）

全省发展数字经济成效明显督查激励县（市、区）

科技创新鼎

2021 年度市县党政领导科技进步目标责任制考核优秀单位

国家知识产权强县建设示范县

2019—2021 年全省无偿献血先进集体

2021—2025 年度第二批全国科普示范县（市、区）

红十字会 2022 年度报刊宣传先进集体二等奖

浙江省长江保护修复攻坚战工作成绩突出集体

2021 年度法治浙江（法治政府）建设优秀单位

健康浙江优秀县（市、区）

2021 年度高质量森林浙江建设目标责任制考核优秀单位

2021 年度全省中小微企业公共服务绩效优秀县（市、区）

2021 年度市县人才工作述职评议考核优秀县（市、区）

2021 年度浙江省实施乡村振兴战略实绩考核优秀

2021 年度无信访县（市、区）

2011 年度结对帮扶专评优秀单位

2021 年度浙江省产粮大县

关于农业“双强”“行动赛马”激励地区

（区委办）

【2022年区直部门所获省部级荣誉】

区委办（区委改革办）《今日浙江》发行工作成绩突出集体、浙江省改革创新成绩突出集体

区委组织部　2021 年度市县人才工作述职评议考核优秀县（市、区）

区委宣传部（区委网信办）　全省网信战线先进集体、2021 年度浙江省网络生态“瞭望哨”工程建设成绩突出集体

区委政法委　平安护航建党 100 周年成绩突出集体

区信访局　全省信访系统先进集体

区融媒体中心　全省广播电视新闻融合传播协作特等奖（电视）、全省广播电视新闻融合传播协作特等奖（广播）、全省广播电视新闻融合传播协作特等奖（新媒体）

区政府办　2021 年度全省政务公开工作成绩突出集体

区经信局　2021 年度全省中小微企业公共服务绩效优秀县（市、区）

区教育局　浙江省民办义务教育规范专项工作成绩突出集体

市公安局余杭区分局　浙江省 2021 年度平安建设工作先进集体

区人力资源和社会保障局　2021 年度浙江省人社系统绩效考评优秀等级

区交通运输局　“十三五”全省干线公路养护管理突出集体、2020—2021 年度全国交通运输行业精神文明建设先进集体

区农业农村局　全省农村宅基地工作成绩突出集体、省数字乡村建设工作突出贡献集体

区林业水利局　全省护林先进单位、全省林业科技工作成绩突出集体、全省湿地保护修复工作成绩突出集体

区商务局　促消费和批发零售业改造提升成绩突出集体

区文化和广电旅游体育局　2021 年度浙江省竞技体育突出贡献奖，杭州亚运会、亚残运会筹办工作突出贡献集体

市消防救援大队余杭支队　2021 年度全省消防救援先进基层单位

区市场监督管理局　浙江省市场监管系统集体二等功、浙江省市场监督监管卫士先进集体、浙江省优化营商环境工作成绩突出集体

区检察院　2021 年度全省检察工作先进院、2022 年度全国检察宣传先进单位

区工商联　2022 年度民营企业调查点工作先进示范单位

市医疗保障局余杭分局　2021 年度县局级先进单位

【2022年镇（街道）、平台所获省部级荣誉】

余杭街道　2022 年度浙江省农村文化礼堂

建设示范镇（街道）、浙江省现代商贸特色镇、2022年度浙江省戏曲之乡、第二轮浙江省疫情防控执行力指数评价优秀乡镇、2021年度省级健康乡镇

闲林街道　浙江省数字生活新服务特色镇、2022年浙江省四星级乡镇（街道）食安办、浙江省美丽乡村示范乡镇

仓前街道　浙江省数字生活新服务特色镇、第六批全省“扫黄打非”进基层示范点

中泰街道　浙江省美丽乡村示范乡镇、浙江省森林城镇、2022年度新时代美丽城镇建设省级样板、第三轮浙江省疫情防控执行力指数评价优秀乡镇

五常街道　浙江省数字生活新服务特色镇、2022年度新时代美丽城镇建设省级样板、浙江省第三批现代商贸特色镇、浙江省森林城镇

良渚街道　浙江省清廉村居建设示范乡镇（街道）、2022年度浙江省森林康养名镇

仁和街道　2022年度浙江省美丽乡村示范乡镇、2021年度省级健康乡镇

瓶窑镇　2021年度浙江省“五水共治”工作考核优秀乡镇、第一轮浙江省疫情防控执行力指数评价优秀乡镇、省级小城市培育试点2021年度考核优秀单位、浙江省慈孝之乡

径山镇　2021年度浙江省园林城镇、全省新时代乡村集成改革工作突出集体、第二轮浙江省疫情防控执行力指数评价优秀乡镇、2022年度新时代美丽城镇建设省级样板、第二批“浙江省自然保护地融合发展镇（村）、浙江省高质量发展建设共同富裕示范区最佳实践（第一批）

黄湖镇　2021年度省级健康乡镇、2022年度浙江省森林康养名镇

鸬鸟镇　第二批浙江省自然保护地融合发展镇（村）、2021年度省级健康乡镇

百丈镇　2021年度省级健康乡镇、2022年度第一批浙江省节水型单位、2022年浙江省四星级乡镇（街道）食安办、2022年度浙江省气候康养乡村

【杭州良渚遗址管理区管理委员会】　杭州良渚遗址管理区管理委员会是良渚古城遗址保护管理的专门机构，成立于2001年。20多年来，良渚遗址管委会树立“保护文物也是政绩”的理念，做好良渚古城遗址的保护工作，2019年完成中国良渚古城遗址在第43届世界遗产大会上获准列入《世界遗产名录》的目标，在奋进良渚遗址保护、传承、利用和申遗事业中闯出了新天地。先后获得浙江省“人民满意的公务员集体”、浙江省“良渚古城遗址申报世界文化遗产工作先进集体”等荣誉。2022年4月28日，获得全国五一劳动奖状。

（张钰晨）

【余杭区模范集体】

杭州大地海洋环保股份有限公司

杭州市余杭区卫生健康局

杭州怡斯宝特面包工业有限公司

北控（杭州）环境工程有限公司

微泰医疗器械（杭州）股份有限公司闭环人工胰腺系统研发中心

浙江利尔达物联网技术有限公司无线传感网技术团队

杭州市余杭区仓前街道朱庙社区居民委员会

杭州市余杭区互联网宣传指导中心

杭州市余杭区建筑工程质量安全监督站

杭州诚品实业有限公司生产部生产中心

杭州安费诺嘉力讯连接技术有限公司自动化项目部

杭州米格电机有限公司定子车间

杭州利富豪科技股份有限公司研发中心

杭州市余杭区农业行政执法队

杭州宏盛粮油贸易有限公司

（区总工会）

编辑：范雅君

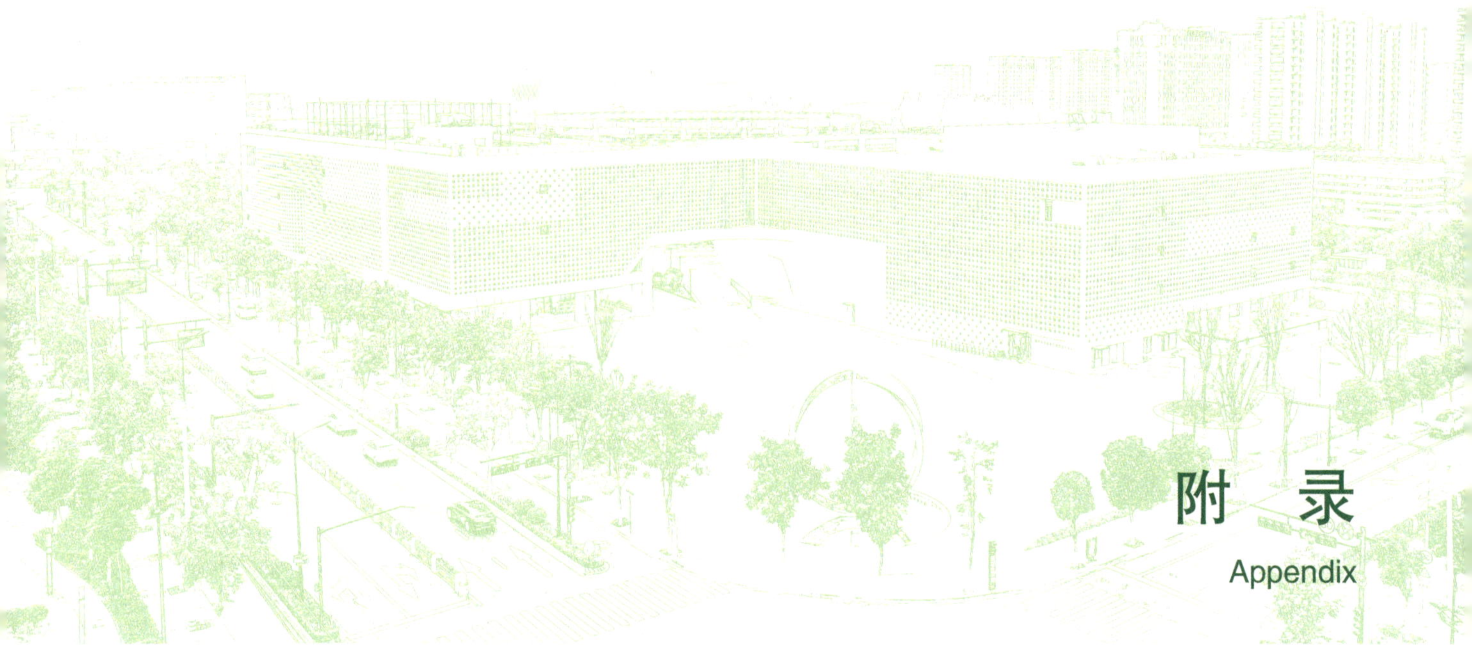

附　录

Appendix

文件辑录

中共余杭区委办公室 余杭区人民政府办公室关于印发《余杭区2021—2025年度创建全国科普示范区实施方案》的通知

区委办〔2022〕6号

各镇党委、政府，街道党工委、办事处，区直有关单位：

《余杭区2021—2025年度创建全国科普示范区实施方案》已经区委、区政府同意，现予以印发，请认真贯彻执行。

中共余杭区委办公室

余杭区人民政府办公室

2022年3月2日

余杭区2021—2025年度创建全国科普示范区实施方案

为全力创建全国科普示范区，切实补短板、强弱项、固优势、树典型，不断提升基层科普公共服务能力，为高水平建设创新余杭、品质之区、文明圣地提供有力支撑，对照《2021—2025年度全国科普示范县（市、区）标准》，结合我区实际，制订本实施方案。

一、指导思想

坚持以习近平新时代中国特色社会主义思想为指导，深入贯彻党的十九大和十九届二中、三中、四中、五中、六中全会精神，深刻领会和落实习近平总书记关于“把科学普及放在与科技创新同等重要的位置”等科学普及的重要论述，按照《科学技术普及法》《全民科学素质行动规划纲要》要求，围绕区委区政府中心工作，着力构建以区域为重点，镇、街道和村、社区为主阵地的全域科普体系，着力提升基层科普公共服务能力，着力提高全民科学文化素质，通过基层科普工作提质增效，推动余杭经济社会全面协调可持续发展。

二、创建目标

推动《全民科学素质行动规划纲要》落地见效，重点在提高重点人群科学素质、增强基层科普服务能力、优化科普工作的社会环境等方面发挥示范带动作用。构建“党委统领、政府推动、全民参与、提升素质、区域覆盖”的工作格局，推动科普工作制度化、群众化、社会化、经济化，促进全区科普设施完善，科普手段先进，科普组织网络健全，科普志愿者队伍壮大，科普工作实效性不断增强；促进各级领导干部牢固树立以人民为中心的发展思想，显著提高自身科学素养和科学管理、决策水平；推动科技进步与创新，加快科技成果的转化，改善经济增长质量和效益，使科技对全区经济发展的贡献大幅上升。

三、工作任务

根据《2021—2025 年度全国科普示范县（市、区）标准（2020 年修订）》要求，将工作任务分解至各有关部门和镇（街道）。

四、工作步骤

根据中国科协办公厅《关于深入开展全国科普示范县（市、区）有关工作的通知》精神，创建分四个阶段组织实施。2022 年创建全国科普示范区。

创建阶段划分：

（一）创建准备阶段（2021 年 7 月至 2021 年 12 月）

1. 完成创建基础条件评估工作，提交创建申请；

2. 拟制创建工作方案，成立创建工作领导小组；

3. 做好向区委区政府汇报的前期准备工作。

（二）创建实施阶段（2022 年 1 月至 2022 年 5 月）

召开创建工作动员大会，部署创建工作任务。对照《2021—2025 年度全国科普示范县（市、区）标准（2020 年修订）》要求，根据实施方案和任务分解，全面完善科普设施、健全科普网络、开展科普活动等各项创建工作，并对创建工作资料进行整理、分类和归档。

（三）自查迎检阶段（2022 年 5 月至 2022 年 6 月）

采取自查自评和查漏补缺，做好迎接省科协对全国科普示范区创建单位的实地检查和评审验收。

1. 召开迎接创建工作会议，小结示范期工作完成情况；

2. 加强宣传工作，营造良好创建氛围；

3. 对照创建标准、测评标准与实施方案等，完善各项创建工作，巩固创建成果。

（四）检查及抽查阶段（2022 年 7 月至 2022 年 10 月）

制定迎接检查工作方案，召开专题会议，全力做好迎接中科协对全国科普示范区创建单位的检查及抽查、验收各项工作。

（五）示范引领阶段（2022 年 11 月至 2025 年 12 月）

待中国科协公布 2021—2025 年度第二批全国科普示范县（市、区）名单后，总结提炼余杭区科普工作特色亮点，探索提高公民科学文化素质的有效手段和方式，创新开拓基层科普组织、科普队伍、科普阵地建设体系，形成可复制可推广的、有示范作用的典型经验和模式，树立有一定影响力的科普品牌，在促进科技创新、经济社会发展及和谐社会建设等方面发挥示范引领作用。

五、工作要求

（一）提高思想认识，加强组织领导。开展创建全国科普示范区，是提升全区公民科学文化素质水平的重要举措，为推动科技文化兴区强区建设提供有力支撑。区委、区政府成立创建工作领导小组，全面督促检查各相关部门和镇（街道）落实创建工作，领导小组办公室要制定具体的实施细则和考评办法，严格按照标准进行检查验收，确保创建工作的顺利开展。

（二）上下联动推进，形成工作合力。创建全国科普示范区是系统工程，涉及全区社会各个方面创建工作。区科协要充分发挥科学技术普及工作主力军的作用，扎实开展经常性、群众性的科普活动，落实好各项创建日常工作；各相关部门和镇（街道）要将创建工作同本单位中心工作有机结合起来，建立健全各项科普工作制度，充分发动广大群众积极投身到创建活动中去，上下联动、密切协同，形成工作合力。

（三）加大要素保障，完善科普实施。区级财政落实创建专项经费，用于科普设施建设和保障重大创建活动开展。区创建工作领导小组要加强创建专款的严格管理使用，创建科普专项经费要及时、足额划拨到位。各相关部门和镇（街道）要确保人员配备到位、责任落实到位，同时立足自身条件，加大对基层科普设施和科普活动的投入，切实为创建工作创造良好的条件和环境。

（四）强化宣传力度，营造创建氛围。结合贯彻落实科学技术普及法、全民科学素质行动规划纲要，践行科技为民服务的理念，打造全民参与的社会化大科普格局。要推动普惠创新，增强基层科普服务能力，使科技服务党和政府工作大局。要加强对创建活动的动态报道，积极宣传创建工作重大意义和实施成效，及时总结和推广创建典型的先进经验，推动形成讲科学、爱科学、学科学、用科学的良好氛围。

附件：1. 余杭区创建全国科普示范区工作任务分解表

2. 余杭区创建全国科普示范区重点工作安排表

附件 1

余杭区创建全国科普示范区工作任务分解表

表10

一级指标（A）	二级指标（B）	三级指标（C）	各责任单位完成相关指标任务提供依据材料	责任单位	完成时限
深入贯彻落实党的十九大精神和习近平总书记“把科学普及放在与科技创新同等重要的位置”等关于科普的重要指示精神（A1）			区委办公室、区政府办公室提供深入贯彻落实党的十九大精神和习近平总书记“把科学普及放在与科技创新同等重要的位置”等关于科普的重要指示精神有关会议纪要、文件、照片	区委办公室、区政府办公室	2022 年 3 月
党政对科学素质建设的领导与重视程度（A2）	党政领导重视公民科学素质建设（B1）	将公民科学素质建设纳入当地经济社会发展总体规划（C1）	区发改局负责提供把全民科学素质建设纳入余杭区“十四五”规划的相关文件	区发改局	2022 年 3 月
		制订公民科学素质建设和科普工作规划、年度计划（C2）	1. 由区政府办公室负责下发文《余杭区提升全民科学文化素质行动实施方案（2021—2025 年）》文件； 2. 区提升全民科学素质领导小组各成员单位，各镇（街道）负责提供 2019 年以来本单位科普工作年度计划	区政府办公室、区提升全民科学素质领导小组各成员单位、各镇（街道）	2022 年 3 月
		纳入党政工作重要议事日程（C3）	区委办公室、区政府办公室负责提供党委政府办公会或常务会议纪要中研究确定科普相关工作证明材料	区委办公室、区政府办公室	2022 年 3 月
		党政领导积极参加科普活动，党政领导每年听取科普工作汇报（C4）	区委办公室、区政府办公室、区科协负责提供 2019 年以来党政领导参加科普活动的有关照片、讲话稿、新闻稿，党政领导每年听取工作汇报，形成的会议纪要、新闻稿等材料	区委办公室、区政府办公室、区科协	2022 年 4 月底

续表 10

一级指标（A）	二级指标（B）	三级指标（C）	各责任单位完成相关指标任务提供依据材料	责任单位	完成时限
党政对科学素质建设的领导与重视程度（A2）	健全协调领导制度（B2）	建立动员社会力量参与实施《科学素质纲要》和开展科普工作的有效机制（C5）	区政府办公室、区民政局、区科协负责提供动员社会力量参与实施《科学素质纲要》和开展科普工作的有关机制性文件	区政府办公室、区民政局、区科协	2022 年 4 月底
	建有考核管理与表彰奖励制度（B3）	将实施《科学素质纲要》工作纳入党政领导机关目标责任考核体系，并纳入年度工作目标考核、表彰、奖励范围（C6）	区委办公室（考评办）、区政府办公室负责提供将实施《科学素质纲要》工作纳入党政领导机关目标责任考核体系，并纳入年度工作目标考核、激励范围有关文件。区人力社保局、区科协配合	区委办公室（考评办）、区政府办公室	2022 年 4 月底
		定期表彰和奖励作出突出贡献的组织和个人（C7）	区政府办公室、区人力社保局、区科协负责落实提供正向激励组织和个人的有关文件及证明材料	区政府办公室、区人力社保局、区科协	2022 年 4 月底
基层科普服务能力不断增强（A3）	组织机构健全（B4）	县（市、区）科协独立建制，依照章程民主办会（C8）	区委编办、区科协负责落实提供区科协独立建制，依照章程民主办会的有关文件和相关证明材料	区委编办、区科协	2022 年 3 月
		乡（镇、街道）、村（社区）两级科普组织健全，并有专人负责科普工作（C9）	镇（街道）负责落实提供镇（街道）科协和所属每个村社科普协会组织有关文件。区科协负责进行指导	各镇（街道）	2022 年 3 月底
		80% 以上的乡镇建有农村专业技术协会（C10）	余杭街道、良渚街道、仁和街道、瓶窑镇、径山镇、黄湖镇、鸬鸟镇、百丈镇必须建有一个农村专业技术协会，闲林、仓前、中泰、五常街道根据本街道的特点，鼓励建有一个农村专业技术协会。区民政局、区科协负责进行指导	各镇（街道）、区民政局、区科协	2022 年 4 月底
	基层科普队伍发展壮大（B5）	建立由专家组成的科技服务团（讲师团）（C11）	区科协负责牵头调整和完善余杭区科技服务团（讲师团）成员，区提升全民科学素质领导小组各成员单位和镇（街道）配合提供科技服务团候选人名单，特别是高科技企业要有科技人参加员	区科协	2022 年 3 月底
		县（市、区）、乡（镇、街道）、村（社区）建有科普志愿者队伍（C12）	在中国科技志愿服务 APP 上注册科技志愿者，余杭、闲林、仓前、五常、良渚街道不少于 150 人，中泰、仁和街道和瓶窑、径山镇不少于 100 人，黄湖、鸬鸟、百丈镇不少于 50 人，各镇（街道）要重点吸收所属高科技企业科技人员加入科技志愿者队伍。其他成员单位根据本单位人员的多少注册一定数量的科技志愿者队伍。各单位需要提供科技志愿者队伍花名册，开展志愿服务方案、活动照片等相关资料	各镇（街道）、区提升全民科学素质领导小组各成员单位	2022 年 4 月底
		经常开展各种科普活动（C13）	各镇（街道）需要提供 2019 年以来每年不少于 4 次，其他成员单位提供每年不少于 1 次的不同主题科普宣传活动总结、新闻稿、活动方案、照片、签到表等证明材料	各镇（街道）	2022 年 4 月底
		80% 以上的行政村有科技示范户、科技带头人、科普员，形成以科技致富能手为主体的农民科普队伍（C14）	各镇（街道）需要提供所属行政村科技示范户、科技带头人、科普员花名册，建有以科技致富能手为主体的农民科普队伍有关统计数据及材料。区农业农村局、区科协负责配合指导	各镇（街道）	2022 年 4 月底
	科普经费有保障（B6）	科普专项经费列入本级政府财政预算，并明显高于同等地区的平均水平，老少边贫地区最低不能低于人均 0.50 元，且年科普工作经费不得少于 10 万元（C15）	区财政局负责提供 2019 年以来余杭区科普专项经费列入本级政府财政预算且明显高于同等地区的平均水平的依据	区财政局	2022 年 4 月底
		全国科普日、科技活动周等重大主题科普活动另有专项财政经费保障（C16）	区财政局、区科技局、区科协负责提供 2019 年以来余杭区全国科普日、科技活动周等重大主题科普活动的财政经费保障情况资料	区财政局、区科技局、区科协	2022 年 4 月底

续表 10

一级指标（A）	二级指标（B）	三级指标（C）	各责任单位完成相关指标任务提供依据材料	责任单位	完成时限
基层科普服务能力不断增强（A3）	基层科普设施建设具有一定规模（B7）	县（市、区）建有综合性科普活动场所，活动经费列入财政预算，或科普场馆、设施建设已经纳入当地经济社会发展规划和基本建设计划，所需经费列入同级财政预算（C17）	区发改局、区科技局、区财政局、未来科技城负责提供余杭区科技馆建设纳入余杭区经济社会发展规划和基本建设计划，所需经费列入财政预算的有关文件和依据	区发改局、区科技局、区财政局、未来科技城	2022 年 4 月底
		所有城市街道和 80% 的乡镇建有科普活动室（站）、科普画廊（宣传栏）等设施，配有科普宣传设备（C18）	各镇（街道）需要提供镇（街道）本级科普活动室（党群服务中心、新时代文明实践中心、文化礼堂等科普活动角）照片和展品清单、科普画廊（科普宣传栏）照片等资料	各镇（街道）	2022 年 3 月底
		60% 以上的社区、村有专用或合用科普活动站（室）、科普画廊（宣传栏）等（C19）	各镇（街道）所属 60% 以上村社需要建有专用或合用科普活动站（室）、100% 村社建有标准科普画廊（宣传栏），并提供村社科普活动站、科普宣传栏的照片和统计数据及建设情况说明。良渚街道需要打造 4 个不同主题精品村社科普阵地，仁和、余杭、仓前、五常、闲林街道和瓶窑镇需要打造 3 个不同主题精品村社科普阵地，中泰街道和径山镇、黄湖镇、百丈镇、鸬鸟镇需要打造 2 个精品村社科普阵地。区科协负责帮助指导各镇（街道）做好村社科普活动室和科普宣传栏建设	各镇（街道）、区科协	2022 年 5 月底
		有地市级以上科普教育基地、青少年科技教育基地、农村科普示范基地或科普特色学校 2 处（所）以上（C20）	区教育局、区科技局、区农业农村局、区科协负责提供地市级以上科普教育基地、青少年科技教育基地、农村科普示范基地或科普特色学校的建设数量和相关证明材料	区教育局、区科技局、区农业农村局、区科协	2022 年 3 月底
		在县（市、区）属中、小学建有科技活动室（C21）	区教育局负责提供全区所属中、小学的科技活动室数量统计、照片及科技活动室开展活动的照片等资料	区教育局	2022 年 3 月底
	开展科普工作的能力和手段得到加强（B8）	县（市、区）科协开展科普工作的办公、通信、宣传、网络等设备和科普宣传车辆配置齐全完好（C22）	区科协负责落实全区开展科普工作的办公、通信、宣传、网络等设备和科普宣传车辆配置情况照片等资料	区科协	2022 年 3 月底
		有计划地开展对科普专兼职工作人员的业务培训（C23）	区科协、各镇（街道）负责提供 2019 年以来对科普专兼职工作人员的业务培训并收集培训相关证明资料，区提升全民科学素质领导小组各成员单位进行配合	区科协、各镇（街道）	2022 年 5 月上旬
围绕重点人群的科学素质工作成效显著（A4）	主题突出，内容丰富（B9）	每年能够结合当地实际情况，确定重点内容、开展形式多样的活动（C24）	各镇（街道）和区提升全民科学素质领导小组各成员单位提供 2019 年以来各单位结合实际情况，明确重点内容、开展形式多样的科普宣传活动方案、报道、照片等资料	各镇（街道）、区提升全民科学素质领导小组各成员单位	2022 年 4 月底

续表 10

一级指标（A）	二级指标（B）	三级指标（C）	各责任单位完成相关指标任务提供依据材料	责任单位	完成时限
围绕重点人群的科学素质工作成效显著（A4）	积极开展提高未成年人科学素质的工作，推动实施未成年人科学素质行动（B10）	青少年科技传播行动或科技竞赛等校外科技活动有成效、有特色，在校参与科普活动的学生不少于 90%（C25）	1. 区教育局负责提供近几年来全区中小学组织开展各类青少年科技活动、科技竞赛以及开展校外科技活动的文件、方案、总结，照片和新闻稿等资料； 2. 团区委、区科协、区科技局提供开展各类青少年科技活动有关证明资料	区教育局、区科技局、团区委、区科协	2022 年 4 月底
		整合校外科普教育资源，利用科技类博物馆、科研院所、青少年科技活动中心和社区科普活动室等资源为提高青少年科学素质服务（C26）	区教育局、区科技局、团区委、区科协各镇（街道）提供 2019 年以来组织学生到科技类博物馆、科研院所、青少年科技活动中心和社区科普活动室开展青少年科普活动的方案、总结、照片、新闻稿等资料	区教育局、区科技局、团区委、区科协各镇（街道）	2022 年 4 月底
		加强中小学科学教育教师、科技辅导员队伍建设（C27）	1. 区教育局提供全区各中小学科学教育教师、科技辅导员队伍花名册； 2. 区教育局、区科协提供近几年组织对全区中小学科学教育教师、科技辅导员进行培训的文件、方案、照片等资料	区教育局、区科协	2022 年 4 月底
	积极开展提高农民科学素质的工作，推动实施农民科学素质行动（B11）	开展多种形式的农民适用技术培训和科学文明生活等方面的科学素质教育，制订有培训规划、年度计划和教学大纲（C28）	区农业农村局、各镇（街道）提供 2019 年以来开展农民适用技术培训和科学文明生活等方面的科学素质教育年度培训计划、培训花名册、培训签到册、培训方案、通知、照片等证明资料	区农业农村局、各镇（街道）	2022 年 4 月底
		90% 以上乡镇（含乡镇企业）干部，80% 以上村干部和农民党员劳动力每年接受科技培训（C29）	区委组织部、市委党校余杭区分校、区农业农村局、区科协及各镇（街道）分别提供 2019 年以来开展镇（街道）干部、村干部、农民党员接受科技方面培训的通知、照片、培训新闻稿或活动总结等证明资料	区委组织部、市委党校余杭区分校、区农业农村局、区科协、各镇（街道）	2022 年 4 月底
		能够充分发挥好农广校、农函大等科技教育机构在农民科技培训中的作用（C30）	区教育局、区农业农村局、区科协、各镇（街道）分别提供 2019 年以来依托农广校、农函大等科技教育机构开展农民科技培训的方案、通知、花名册、签到表、照片、新新闻稿等证明资料	区教育局、区农业农村局、区科协、各镇（街道）	2022 年 5 月底
	积极开展提高城镇劳动者科学素质的工作，推动实施城镇劳动人口科学素质行动（B12）	每年 90% 以上的街道、社区干部接受各类科技培训和科普教育，城镇 80% 以上的各类从业人员接受在岗培训、继续教育（C31）	1. 市委党校余杭区分校、区民政局、区科协，各镇（街道）分别提供 2019 年以来组织街道、社区干部接受各类科技培训和科普教育方案、通知、花名册、签到表、总结、照片、新闻稿等证明资料； 2. 区人力社保局、区总工会、各镇（街道）分别提供 2019 年以来组织城镇各类从业人员接受各类科技培训和科普教育的方案、通知、花名册、签到表、总结、照片、新闻稿等证明资料	市委党校余杭区分校、区民政局、区人力社保局、区总工会、区科协、各镇（街道）	2022 年 4 月底
		积极开展各种形式的劳动预备制培训、再就业培训、创业培训、进城务工人员培训等（C32）	区人力社保局、区总工会、各镇（街道）分别提供 2019 年以来组织开展劳动预备制培训、再就业培训、创业培训、进城务工人员培训的方案、通知、花名册、签到表、总结、照片、新闻稿等证明资料及数据统计	区人力社保局、区总工会、各镇（街道）	2022 年 4 月底
		城镇失业人员通过培训掌握适合再就业的生产技能，其中一批人走上工作岗位（C33）	区人力社保局、区总工会、各镇（街道）分别提供 2019 年以来城镇失业人员参加培训情况及培训后再就业情况统计资料	区人力社保局、区总工会、各镇（街道）	2022 年 4 月底
		能够充分发挥好社区科普学校等在科普教育中的作用（C34）	各镇（街道）提供 2019 年以来依托社区科普学校开展科普教育的方案、通知、花名册、签到表、总结、照片、新闻稿等证明资料	各镇（街道）	2022 年 4 月底

续表 10

一级指标（A）	二级指标（B）	三级指标（C）	各责任单位完成相关指标任务提供依据材料	责任单位	完成时限
围绕重点人群的科学素质工作成效显著（A4）	积极开展提高领导干部和公务员科学素质的工作，推动实施领导干部和公务员科学素质行动	开展领导干部和公务员的科普教育，制订培训教育计划和方案，配发科普读本（C35）	区委组织部、市委党校余杭区分校、区科协提供2019年以来面向领导干部和公务员开展的科普教育相关培训教育计划、方案、总结及发放科普读本等材料	区委组织部、市委党校余杭区分校、区科协	2022年4月底
		积极组织公务员参与各项科普教育活动，提高领导干部和公务员科学决策和管理水平（C36）	区委组织部、市委党校余杭区分校、区科协提供2019年以来组织公务员参与各项科普教育活动的总结、新闻稿及相关数据统计资料	区委组织部、市委党校余杭区分校、区科协	2022年4月底
	积极开展提高社区居民科学素质的工作，推动实施社区居民科学素质行动（B14）	开展形式多样的社区科学素质教育活动，重点面向老年人、妇女、少年儿童开展科学、安全、健康生活等科普宣传和教育活动（C37）	区卫生健康局、区应急管理局、团区委、区妇联、区科协、各镇（街道）提供2019年以来每年不少于2次在社区面向老年人、妇女、少年儿童开展科学、安全、健康生活等主题科普宣传和教育活动方案、通知、签到表、总结、照片、新闻稿等证明资料	区卫生健康局、区应急管理局、团区委、区妇联、区科协、各镇（街道）	2022年4月底
		充分依托社区公共服务场所和设施，建立完善社区科普活动室、青少年科学工作室、科普图书室、科普画廊等基础设施（C38）	各镇、街提供所属社区现有科普活动室、青少年科学工作室、科普图书室、科普画廊等基础设施的数量。重点提供2019年以来利用上述科普设施开展科普活动的照片等相关数据统计	各镇（街道）	2022年3月底
		健全街道科协、社区科普协会或科普小组等科普组织（C39）	各镇、街提供社区科普组织数量及组织架构人员情况资料	各镇（街道）	2022年3月底
		实施社区科普益民计划，提升社区科普服务能力，提高社区居民科学素质，服务民生，促进社会和谐（C40）	各镇、街提供2019年以来每年在社区开展科普益民计划方案、经费使用情况及相关总结材料	各镇（街道）	2022年3月底
形成科普工作的良好社会环境（A5）	开展群众性、社会性和经常性科普活动（B15）	每年围绕“节约能源资源、保护生态环境、保障安全健康”工作主题开展科普周（月）、科普日、科普之冬（春）等活动，并覆盖所有乡镇、街道（C41）	区提升全民科学素质领导小组各成员单位、各镇（街道）提供2019年以来每年围绕“节约能源资源、保护生态环境、保障安全健康”工作主题结合相关业务工作开展科普周（月）、科普日、科普之冬（春）等科普活动方案、签到表、总结、新闻稿、照片等证明材料	区提升全民科学素质领导小组各成员单位、各镇（街道）	2022年4月底
		每年开展科技下乡和“科教进社区”活动（C42）	区提升全民科学素质领导小组各成员单位、各镇（街道）提供2019年以来开展科技下乡和“科教进社区”活动的方案及报道、总结、照片等证明材料	区提升全民科学素质领导小组各成员单位、各镇（街道）	2022年4月底
	充分利用大众传媒和现代信息技术手段开展科技传播（B16）	有效利用互联网、移动互联等新媒体以及电台、电视台和报刊等大众传媒开展科普宣传（C43）	区委宣传部、区融媒体中心提供2019年以来依托新媒体、电台、电视台和报刊等大众传媒开展科普宣传的情况和相关证明材料	区委宣传部、区融媒体中心	2022年4月底
	广泛动员社会资源开展科普活动（B17）	吸引社会各方面力量兴办科普事业或参与科普活动（C44）	1. 区提升全民科学素质领导小组各成员单位、各镇（街道）提供社会各界开展科普工作或参与科普活动的证明材料； 2. 区民政局、区科协提供不少于5个社会力量兴办科普事业的实例	区民政局、区科协、区提升全民科学素质领导小组各成员单位、各镇（街道）	2022年4月底
		利用学校等企事业单位、公共场所、科技园区、示范基地等公共资源，面向公众开展科普活动（C45）	区教育局、区科技局、区科协提供2019年以来所属学校等企事业单位、公共场所、科技园区、示范基地等公共资源面向公众开展科普活动的方案、总结、新闻稿、照片、签到表等证明材料	区教育局、区科技局、区科协	2022年4月底

续表 10

一级指标（A）	二级指标（B）	三级指标（C）	各责任单位完成相关指标任务提供依据材料	责任单位	完成时限
形成科普工作的良好社会环境（A5）	形成全社会共同参与科普工作的氛围，扩大科普宣传覆盖面（B18）	各党政部门、社会团体和企事业单位各方面力量积极结合各自特点开展科普活动（C46）	区提升全民科学素质领导小组各成员单位、社会团体和企事业单位等各方力量积极配合区科协和镇（街道）开展科普活动。同时提供不同单位开展活动的方案、总结、新闻稿、照片、签到表等证明材料	区提升全民科学素质领导小组各成员单位	2022 年 4 月底
		科普工作与精神文明建设紧密结合，辖区内无影响恶劣的愚昧迷信、伪科学活动，公众科学素质逐年提高，形成科学、文明、健康的社会风尚，社会综合环境良好（C47）	区委宣传部、区科协、各镇（街道）提供本辖区内科普工作与精神文明建设紧密结合，无影响恶劣的愚昧迷信、伪科学活动有关证明材料。以科普赋能形成科学、文明、健康的社会风尚情况，社会综合环境良好、治理能力提升的证明材料	区委宣传部、区科协、各镇（街道）	2022 年 4 月底
	形成科普示范体系（B19）	开展科普示范乡（镇）、街道、村、社区创建活动（C48）	1. 区委办公室（考评办）、区人力社保局、区科协落实提供科普示范镇、街道、村、社区创建活动的文件、标准、实施办法等相关材料； 2. 区科协提供科普示范镇、街道、村、社区创建名单	区委办公室（考评办）、区人力社保局、区科协	2022 年 5 月上旬
		培育科普示范基地、农村科技示范户，评选城市社区科普示范家庭（C49）	1. 区委宣传部、区民政局、区科协提供 2019 年以来城市社区科普示范家庭相关文件、标准、办法、名单等材料； 2. 区农业农村局提供 2019 年以来农村科技示范户相关评选文件、标准、办法、名单等材料； 3. 区科协提供 2019 年以来科普示范基地相关创建文件、标准、办法、名单等材料	区委宣传部、区民政局、区农业农村局、区科协	2022 年 5 月上旬
	科普工作具有特色并形成活动品牌（B20）	科普工作具有创新性，在提高公民科学素质，促进科技与经济结合、产业结构调整、科技创新、经济社会发展和和谐社会建设等方面发挥积极作用（C50）	区提升全民科学素质领导小组各成员单位、各镇（街道）提供开展具有创新性的科普工作的有关材料（每个单位必须上报不少于 1000 字的具体做法）	区提升全民科学素质领导小组各成员单位、各镇（街道）	2022 年 5 月底
		探索提高公民科学素质的有效手段和方式，形成可推广的、有示范作用的典型经验（C51）	区提升全民科学素质领导小组各成员单位、各镇（街道）提供开展科普工作、提升公民科学素质的优秀典型经验材料（每个单位必须上报不少于 1500 字的经验做法）	区提升全民科学素质领导小组各成员单位、各镇（街道）	2022 年 5 月底

附件 2

余杭区创建全国科普示范区重点工作安排表

表11

序号	工 作 安 排	责任单位	完成时间
1	准备申报材料，向省科协提出创建申请	区科协	9 月中旬前
2	制定区创建工作实施方案，成立创建工作领导小组	领导小组	10—12 月
3	召开区全民科学素质工作领导小组暨创建工作动员会议，明确任务分解与责任	领导小组	1 月中旬
4	汇总各单位创建工作具体落实计划与措施，建立各部门、各镇（街道）工作协调机制	领导小组办公室	2 月中旬
5	各成员单位围绕创建测评标准和任务，按计划落实各项工作	各成员单位	1—5 月

续表 11

序号	工 作 安 排	责任单位	完成时间
6	举办一期各成员单位创建工作联络员培训班，并进一步细化任务，统一标准	领导小组办公室	2月下旬
7	组织有关成员单位外出学习考察活动	领导小组	3月上旬
8	围绕重点人群科学素质工作，以各牵头部门为主，开展各类科普创建活动	各牵头单位	2—5月
9	开展“基层科普服务能力重点落实月”活动	区科协	4月
10	结合科技工作者日和科技人才周活动，各单位开展重大科普活动，大力营造科普工作的良好社会环境	各成员单位	5月
11	对各成员单位创建工作进行一次检查，督促落实各项创建工作任务	领导小组	4月中旬
12	召开领导小组办公室会议，对各成员单位创建工作任务落实情况进行初步评估	领导小组办公室	5月下旬
13	各成员单位查漏补缺，进一步完善工作，并上报创建工作总结和工作台账	各成员单位	6月上旬
14	召开创建工作领导小组会议，总结工作，部署迎接省科协科普示范区验收工作	领导小组	6月下旬

中共杭州市余杭区委 杭州市余杭区人民政府关于印发《关于完整准确全面贯彻新发展理念做好碳达峰碳中和工作的实施意见》的通知

区委〔2022〕28号

各镇党委、政府，各街道党工委、办事处，区直各单位：

现将《关于完整准确全面贯彻新发展理念做好碳达峰碳中和工作的实施意见》印发给你们，请认真贯彻落实。

中共杭州市余杭区委
杭州市余杭区人民政府
2022年8月25日

关于完整准确全面贯彻新发展理念做好碳达峰碳中和工作的实施意见

为贯彻落实党中央、国务院关于碳达峰、碳中和重大战略决策部署，推动全区“双碳”工作落到实处，根据中央、省委、市委文件精神，提出如下意见。

一、总体目标

到2025年，全社会绿色低碳转型发展成效明显，能源结构进一步优化，能源利用效率走在全市前列，全区单位GDP能耗、单位GDP二氧化碳排放降低率均完成市下达目标；非化石能源消费比重力争达到25%左右；森林覆盖率提高至41%，森林蓄积量达到128万立方米，全区碳达峰基础逐步夯实。

到2030年，高质量实现碳达峰，能源利用效率、碳排放水平达到国际先进，绿色低碳产业体系和现代治理体系基本建成，零碳、负碳科技创新策源能力显著增强。单位GDP二氧化碳排放较2020年下降超25%，非化石能源消费比重力争达到32%左右，可再生能源发电装机总量达25万千瓦以上；森林覆盖率和森林蓄积量保持2025年水平不下降。

到2060年，碳中和目标顺利实现，绿色低碳循环经济体系、清洁低碳安全高效能源体系及碳中和长效机制全面建立，整体能源利用效率达到世界领先水平，零碳、负碳技术广泛应用，非化石能源消费比重达80%以上，甲烷等非二氧化碳温室气体排放得到有效管控。

二、推动经济社会发展绿色变革

（一）构建融合绿色低碳理念的规划体系

将碳达峰、碳中和目标要求融入全区经济社会发展中长期规划，加强与国土空间规划、专项规划的衔接协调，确保各领域发展方向协调一致。推进国土空间规划编制、实施和动态管理，打造有利于低碳发展的紧凑型、集约型空间格局。（区发改局、市生态环境局余杭分局、市规划和自然资源局余杭分局，列第一的为牵头单位，下同）

（二）构建碳达峰、碳中和数字治理体系

提升数字化控碳能力，建立完善覆盖各领域、各部门的数据衔接、共享及协同机制，打造全范围、全过程的双碳数字化管理平台，构建闭环管理体系。提高温室气体清单编制质量，加强重点企事业单位温室气体排放监控。（区发改局、市生态环境局余杭分局、区数管局）

（三）构建资源循环利用体系

贯彻落实循环经济“991”行动升级版，优化工农复合循环经济产业链，完善资源回收利用体系。以未来科技城、钱江经济开发区等绿色低碳园区建设为重点，加快产业与基础设施绿色升级，发展高端智能制造产业。（区发改局、区经信局、区农业农村局、区商务局、区综合行政执法局、市生态环境局余杭分局、未来科技城、钱江经济开发区）

三、打造绿色低碳产业体系

（一）强化绿色低碳产业发展导向

严格项目准入，落实上级最新产业导向目录，将碳排放强度纳入“亩均论英雄”“标准地”指标体系。贯彻落实乡村振兴战略，发展生态增汇型农业。重点打造“四高地一基地”为引领的产业体系，促进低碳高效产业集聚发展。推动数字技术在制造业生产、研发、设计、制造、管理等领域的深化应用。（区发改局、区经信局、区农业农村局）

（二）推动产业结构优化升级

实施传统制造业改造提升计划2.0版，加快传统制造业数字化、智能化、低碳化改造。推进“腾笼换鸟、凤凰涅槃”行动，深化工业用

地有机更新，鼓励企业兼并重组，以市场化方式推进落后产能退出。（区经信局、区发改局、区科技局）

（三）打造高能级绿色产业平台

制定产业平台单位能耗“投入—产出”考核制度，鼓励产业平台优化调整产业发展导向。推进产业平台循环化改造、绿色低碳园区建设等工作。深入开展钱江经济开发区绿色园区建设，打造“一智三新五链”产业体系。加快未来科技城万亩千亿新产业平台、杭州云城（余杭片区）数字变革策源地核心区、良渚新城全国数字文化创新引领地、长三角生命科技成果转化高地建设。（区经信局、区发改局、区科技局、钱江经济开发区、未来科技城、良渚新城）

四、构建绿色低碳的现代能源体系

（一）深入实施能耗“双控”制度

严格控制能耗强度、二氧化碳排放强度，合理控制能源消费总量。全面推行用能预算化管理，建立能效和碳排放对标监管体系，完善动态预警机制。严格实施节能审查，强化节能监察和执法，加强事中事后监管。加强重点用能单位节能主体责任落实和节能目标责任考核。（区发改局、区经信局、市生态环境局余杭分局）

（二）着力扩大非化石能源供给

实施可再生能源倍增计划，持续推进光伏开发利用，因地制宜发展氢能等新型可再生能源。加快储能设施建设，鼓励“源网荷储”一体化、多能互补等应用。加强智能配电网建设，推动电力系统向适应高比例新能源方向转型。（区发改局、区供电公司）

（三）大力推进能效提升

推动数据中心绿色节能技术创新及迭代升级。瞄准国际先进水平，加快工业领域节能降碳改造升级，培育工业企业能效领跑者。实施重大平台区域能评升级版，全面实施“区域能评＋产业能效技术标准”联动机制。（区发改局、区经信局）

（四）加快构建现代能源服务体系

支持发展微电网、多能耦合等能源供应和交互模式，持续优化合同能源管理。开展园区型综合能源服务试点，优化区域电网、气网、水网和热网布局。创新能源服务合作机制，培育区域能效服务供应商团队。（区发改局、区经信局、区供电公司）

五、推进交通运输体系低碳化

（一）构建绿色低碳交通运输体系

推进全区新能源公交车全覆盖，提升出租、环卫、配送、公务等领域新能源车辆比例。鼓励社会车辆新能源替代，加快充（换）电设施建设。构建多层级客运、货运枢纽体系，建成长三角南翼西进通道的核心枢纽，加快内河水运基础设施建设，促进大宗货物运输“公转铁”“公转水”。发展智慧交通，建设多式联运信息交换共享“数字枢纽”，加强运力整合、车货匹配及供应链与物流链融合。（区交通运输局、市公安局余杭分局、区住建局、区商务局、区综合行政执法局、区机关事务服务中心、区邮政管理局）

（二）优化绿色公共出行体系

强化公共交通资源供给，重点发展“轨道＋公交＋慢行”为主体的绿色交通模式，稳妥发展智能共享出行，加快绿道网络建设。完善公交场站建设布局，形成“快—干—支—微”分级公交线网。结合城市空间拓展和TOD场站建设，完善绿色出行基础设施体系。（区交通运输局、区住建局、市规划和自然资源局余杭分局、区交通集团）

六、推进建筑全过程绿色低碳化

（一）提升新建建筑绿色化水平

严格落实建筑节能设计标准，适度控制大型商业综合体建设。培育高星级绿色建筑标识项目，推动政府投资项目率先示范。鼓励建设绿色住宅小区，重点支持未来社区建设。发展装配式建筑，推广绿色低碳建材。（区住建局、区发改局、区交通集团）

（二）推动既有建筑节能低碳改造

有序推进既有建筑节能改造和设备更新。完善建筑能耗及碳排放信息服务平台，加强建筑用能智能化管控，实现精细用电和能效实时监测，落实建筑能耗定额制度，开展碳排放限

额管理。开展商业楼宇节能改造，构建商业楼宇能效评价体系。（区住建局、区发改局）

（三）加强可再生能源建筑应用

加强建筑可再生能源应用力度，推进太阳能、空气源热泵等多种能源耦合技术应用。推广光伏—建筑一体化技术，提高新建建筑可再生能源应用比例，大力推广超低能耗、零（近零）能耗建筑。（区住建局、区发改局、区交通集团）

七、推进农业减排增汇统筹发展

（一）大力发展生态增汇型农业

推进粮食高产创建和高标准农田建设，深化“肥药两制”改革，提高农业废弃物资源化利用，发展余杭特色生态农业。加快先进适用、节能环保的农机和农产品加工设备推广应用，推广“光伏 + 农业”模式，合理利用生物质能。（区农业农村局、区发改局）

（二）巩固提升林业湿地碳汇能力

持续推进“林长制”，推进平原绿化和山地造林工程，创建森林城镇，完成“千万亩森林质量精准提升工程”“百万亩国土绿化”任务。加大增汇技术研发应用，试点镇（街道）、村级尺度碳汇核算。实施湿地河湖系统治理与保护，实施“万顷湿地、万里碧水”工程。优化湿地生态环境，提升湿地水质、生物多样性水平，合理开发湿地资源。（区林水局）

八、推行绿色生活新风尚

（一）倡导绿色低碳生活方式

践行绿色消费理念，制止餐饮浪费，反对过度包装，减少一次性物品使用，倡导节水节电节材，鼓励绿色出行。常态化开展“无废余杭”、塑料污染治理等行动，开展绿色家庭等的建设。探索建立余杭碳普惠平台，完善低碳消费评价指标体系和减碳行为量化考核机制，形成全民参与的良好格局。（区发改局、区经信局、区农业农村局、区商务局、区文广旅体局、区市场监管局、区综合行政执法局、区机关事务服务中心、区邮政管理局、市生态环境局余杭分局、区妇联）

（二）扩大绿色低碳产品供给

加强绿色产品认证，加大政府绿色采购力度，积极引导企业、居民购买使用绿色低碳产品。强化宾馆、办公楼、商场等机构的低碳化管理运营。鼓励大型活动、大型会议开展碳中和工作。（区市场监管局、区发改局、区商务局、区文广旅体局、区机关事务服务中心、市生态环境局余杭分局）

九、建设绿色低碳技术创新策源地

（一）强化基础研究和前沿技术布局

支持双碳相关前沿基础研究和关键技术研发，重点聚焦可再生能源、储能、氢能、碳捕集利用与封存等领域。鼓励之江实验室、湖畔实验室、良渚实验室、天目山实验室等围绕节能降碳和新能源技术建设国家重点实验室、国家技术创新中心、重大科技创新平台。吸引国际绿色低碳科技机构和产业组织落户，建设绿色低碳技术领域国际人才蓄水池。［区科技局、区委组织部（人才办）、区发改局］

（二）推进绿色低碳技术推广应用

鼓励企业联动科创平台、高校院所、科研机构，打造高能级绿色技术创新平台，开展协同创新，推动绿色低碳重大技术成果应用。支持首台（套）绿色技术创新装备应用，鼓励装备制造业开展氢能、可再生能源、碳捕集和利用装备研发与生产，推进二氧化碳在肥料生产、混凝土养护、生物燃料、塑料生产等领域的资源化利用。（区科技局、区发改局、区经信局）

十、着力强化支撑能力

（一）强化市场支撑能力

支持余杭企业参与全国碳排放权市场、省用能权市场、省电力市场等市场交易。鼓励重点用能企业开展碳资产管理。培育壮大能源管理、低碳产品认证、碳排放及碳资产管理等服务产业，推进合同能源管理等市场化节能模式，探索市场化减碳模式。（区发改局、市生态环境局余杭分局）

（二）强化数字支撑能力

结合数字化改革引领区建设，推广工厂物

联网、工业互联网等应用。推进服务业数字化转型，推动数字技术与能源消费、低碳生活等双碳领域的融合创新。（区经信局、区发改局、区科技局、区数管局、市生态环境局余杭分局）

（三）强化金融支撑能力

鼓励金融机构探索以碳汇、绿证、碳排放权等为标的物的绿色金融信贷，推动绿色领域信贷产品和服务模式创新。加大对能源、建筑、工业、交通等领域低碳转型投融资支持力度，推动碳减排支持工具落地，拓宽绿色直接融资渠道。（人民银行余杭支行、区发改局、市生态环境局余杭分局、银保监局余杭监管组）

（四）强化政策支撑能力

制定碳达峰行动方案，动态构建若干配套政策，建立完善涵盖能耗、碳排放、环保、资源利用、经济产出的准入标准体系及亩均评价体系。拓宽资金渠道，落实相关税收优惠政策，设立双碳专项资金，推广“善水基金”模式。（区发改局、区经信局、区科技局、区财政局、区住建局、区交通运输局、区农业农村局、区林水局、区市场监管局、区税务局、市生态环境局余杭分局）

十一、着力强化试点建设

（一）开展各类低（零）碳试点

有序推进重点领域低（零）碳试点建设。以镇（街道）、园区、企业、村社等为主体，重点在碳排放总量控制、碳排放数字治理、碳汇能力建设、零碳技术等方面，广泛开展碳试点，支持各主体申报各级试点。（区发改局、区经信局、区科技局、区住建局、区交通运输局、区农业农村局、区林水局、区市场监管局、市生态环境局余杭分局）

（二）强化试点宣传推广

强化低（零）碳试点项目评估考核，总结提炼试点经验和模式，将试点场景整合成展示场景，加强宣传推广。围绕双碳知识普及、理念宣传、成果展示等主题，深化案例挖掘，丰富宣传形式，拓展宣传平台，加大宣传力度。（区发改局、区委宣传部）

十二、保障措施

（一）加强组织保障

区“双碳”工作领导小组指导和统筹碳达峰、碳中和工作，区“双碳”工作领导小组办公室加强工作谋划和督促协调。加大财政资金支持力度，加强能力培训。各部门要强化人员配备、落实职责分工，制定落实相关领域的目标任务和举措。

（二）加强监督考核

将双碳相关指标纳入经济社会发展综合评价体系，作为党政领导班子和领导干部评价的重要内容。建立碳达峰目标责任考核清单化、闭环化管理机制，强化督查激励和考核问责。

（三）加强宣传推广

运用多种形式，全面展示余杭双碳建设经验和典型案例，结合节能宣传周、全国低碳日等开展绿色低碳生活理念宣传教育活动，加强有关政策宣传，形成绿色低碳循环发展新风尚。

（区委办）

余杭区各级非物质文化遗产名录项目名录

人类非物质文化遗产一览表

表12

序号	联合国教科文组织非遗名录项目名称	国遗项目名称	保护地（相关单位）
1	中国传统制茶技艺及其相关习俗	径山茶宴	径山万寿禅寺（径山镇）

中国非物质文化遗产一览表

表13

序号	门类	项目名称	保护单位	公布时间
1	民俗	端午节（五常龙舟胜会）	五常街道	第一批国家扩展项目名录（2008 年 6 月公布）
2	传统体育、游艺与杂技	十八般武艺	五常街道	第三批国家名录（2011 年 5 月公布）
3	传统技艺	伞制作技艺（西湖绸伞）	杭州宋记绸伞有限公司（黄湖镇）	第二批国家名录（2008 年 6 月公布）

浙江省级非物质文化遗产一览表

表14

序号	门类	项目名称	保护单位	公布时间
1	民间文学	杨乃武与小白菜传说	余杭街道	第二批浙江省名录（2007 年 6 月公布）
2	传统舞蹈	鸬鸟鳌鱼灯	鸬鸟镇	第二批浙江省名录（2007 年 6 月号公布）
3	传统技艺	余杭纸伞制作技艺	瓶窑镇	第二批浙江省名录（2007 年 6 月号公布）
4	传统舞蹈	竹马（仁和高头竹马）	仁和街道	第一批浙江省扩展项目名录（2009 年 6 月公布）
5	传统技艺	雕版印刷术（余杭木刻雕版多色套印术）	余杭街道	第二批浙江省扩展项目名录（2009 年 6 月公布）
6	传统美术	殿堂壁画	余杭街道	第三批浙江省名录（2009 年 6 月公布）
7	传统舞蹈	大陆花灯（石濑花灯）	良渚街道、瓶窑镇	第四批浙江省名录（2012 年 6 月公布）
8	传统技艺	中泰竹笛制作技艺	中泰街道	第四批浙江省名录（2012 年 6 月公布）
9	民俗	传统婚礼（水乡婚礼）	五常街道	第四批浙江省名录（2012 年 6 月公布）
10	传统技艺	绿茶制作技艺（径山茶炒制技艺）	径山镇	第四批浙江省名录（2012 年 6 月公布）

杭州市非物质文化遗产一览表

表15

序号	门类	项目名称	保护单位	公布时间
1	民间文学	朱三刘二姐长篇叙事诗	闲林街道	第一批杭州市名录（2006年12月公布）
2	传统美术	灶头画	闲林街道	第二批杭州市扩展名录（2008年12月公布）
3	民俗	吃咸茶	仁和街道	第二批杭州市扩展名录（2008年12月公布）
4	传统舞蹈	龙舞（长乐草龙）	径山镇	第三批杭州市名录（2009年6月公布）
5	传统技艺	红曲酒酿造技艺	百丈镇	第三批杭州市名录（2009年6月公布）
6	传统美术	刺绣（余杭刺绣）	仁和街道	第三批杭州市名录（2009年6月公布）
7	传统音乐	梅花锣鼓	中泰街道	第三批杭州市名录（2009年6月公布）
8	传统医药	田氏妇科	良渚街道	第三批杭州市名录（2009年6月公布）
9	民俗	百丈草灯	百丈镇	第三批杭州市名录（2009年6月公布）
10	民间文学	骆思贤故事	仁和街道	第四批杭州市名录（2011年2月公布）
11	传统体育、游艺与杂技	拳灯	仓前街道	第五批杭州市名录（2014年9月公布）
12	传统体育、游艺与杂技	流星	闲林街道	第五批杭州市名录（2014年9月公布）
13	传统技艺	风筝制作技艺	瓶窑镇	第五批杭州市名录（2014年9月公布）
14	传统戏剧	余杭越剧	杭州市余杭小百花越剧艺术中心	第七批杭州市名录（2022年公布）
15	曲艺	杭州摊簧	杭州市余杭区文化馆	第七批杭州市名录（2022年公布）
16	传统美术	良渚玉雕	瓶窑镇	第七批杭州市名录（2022年公布）
17	传统技艺	良渚陶器烧制技艺	余杭街道党群服务中心	第七批杭州市名录（2022年公布）
18	传统技艺	茶筅制作技艺	径山镇	第七批杭州市名录（2022年公布）
19	传统技艺	传统食品腌腊技艺	杭州大康腌腊食品有限公司（仁和街道）	第七批杭州市名录（2022年公布）

余杭区非物质文化遗产一览表

表16

序号	门类	项目名称	保护单位	公布时间
1	民间文学	防风神话	区文化馆	第二批余杭区名录（2008 年 7 月公布）
2	传统音乐	车水号子	良渚街道	第二批余杭区名录（2008 年 7 月公布）
3	传统舞蹈	五谷龙	余杭街道	第二批余杭区名录（2008 年 7 月公布）
4	传统舞蹈	中泰狮子	中泰街道	第二批余杭区名录（2008 年 7 月公布）
5	传统体育、杂技与竞技	竹偶人	中泰街道	第二批余杭区名录（2008 年 7 月公布）
6	传统体育、杂技与竞技	掮炉子	余杭街道	第二批余杭区名录（2008 年 7 月公布）
7	传统美术	百丈竹刻	百丈镇	第二批余杭区名录（2008 年 7 月公布）
8	传统美术	根雕	余杭街道、瓶窑镇	第二批余杭区名录（2008 年 7 月公布）
9	传统美术	泥塑	黄湖镇	第二批余杭区名录（2008 年 7 月公布）
10	传统技艺	木船制造技艺	仓前街道	第二批余杭区名录（2008 年 7 月公布）
11	传统医药	姚梦兰中医内科	仁和街道	第二批余杭区名录（2008 年 7 月公布）
12	传统医药	巴氏中医药	仓前街道	第二批余杭区名录（2008 年 7 月公布）
13	民俗	蚕桑生产习俗	仁和街道	第二批余杭区名录（2008 年 7 月公布）
14	民俗	掏羊锅	仓前街道	第二批余杭区名录（2008 年 7 月公布）
15	传统技艺	余杭清水丝绵制作技艺	余杭街道	第二批余杭区名录（2008 年 7 月公布）
16	传统舞蹈	百子地戏	余杭街道	第三批余杭区名录（2009 年 6 月公布）
17	传统体育、游艺及竞技	拳船	仁和街道	第三批余杭区名录（2009 年 6 月公布）
18	传统技艺	捻竿（罱）制作技艺	仓前街道	第三批余杭区名录（2009 年 6 月公布）
19	传统技艺	笋干制作技艺	瓶窑镇	第三批余杭区名录（2009 年 6 月公布）
20	传统美术	剪纸	仓前街道	第三批余杭区名录（2009 年 6 月公布）
21	传统医药	百丈中草药	百丈镇	第三批余杭区名录（2009 年 6 月公布）

续表 16

序号	门类	项目名称	保护单位	公布时间
22	民间文学	径山民间传说	径山镇	第四批余杭区名录（2011 年公布）
23	传统音乐	苕溪撑排号子	余杭街道	第四批余杭区名录（2011 年公布）
24	曲艺	余杭小锣书	仁和街道	第四批余杭区名录（2011 年公布）
25	传统技艺	传统米烧酒酿制技艺（酒药制作技艺）	鸬鸟镇、瓶窑镇、径山镇、黄湖镇	第四批余杭区名录（2011 年公布）
26	民俗	鱼汤饭习俗	闲林街道、五常街道	第四批余杭区名录（2011 年公布）
27	民俗	径山庙会	径山镇	第四批余杭区名录（2011 年公布）
28	传统美术	刺绣（饰物刺绣）	仓前街道、中泰街道	第二、三批扩展名录（2011 年公布）
29	传统舞蹈	荷花锣鼓	闲林街道	第五批余杭区名录（2016 年 8 月公布）
30	传统舞蹈	板龙灯	鸬鸟镇	第五批余杭区名录（2016 年 8 月公布）
31	传统美术	灯彩扎制	瓶窑镇	第五批余杭区名录（2016 年 8 月公布）
32	传统技艺	竹器具制作技艺	百丈镇	第五批余杭区名录（2016 年 8 月）
33	传统技艺	木亭廊营造技艺	径山镇	第五批余杭区名录（2016 年 8 月公布）
34	传统技艺	越窑青瓷烧制技艺	仓前街道	第五批余杭区名录（2016 年 8 月公布）
35	民俗	七月三十点岁烛	仓前街道	第五批余杭区名录（2016 年 8 月公布）
36	民俗	古白庙会	五常街道	第五批余杭区名录（2016 年 8 月公布）
37	民俗	普宁牡丹花会	仁和街道	第五批余杭区名录（2016 年 8 月公布）
38	传统技艺	圆木技艺（箍桶）	仓前街道	第四批扩项目名录
39	民间文学	凌统故事	鸬鸟镇	第六批余杭区名录（2019 年公布）
40	传统音乐	放排号子	鸬鸟镇	第六批余杭区名录（2019 年公布）
41	传统舞蹈	南山舞狮	瓶窑镇	第六批余杭区名录（2019 年公布）
42	传统舞蹈	观花马灯	鸬鸟镇	第六批余杭区名录（2019 年公布）

续表 16

序号	门类	项目名称	保护单位	公布时间
43	传统技艺	铁铸农具锻造技艺	良渚街道	第六批余杭区名录（2019 年公布）
44	传统技艺	花烛制作技艺	良渚街道	第六批余杭区名录（2019 年公布）
45	传统技艺	书画装裱与修复技艺	瓶窑镇	第六批余杭区名录（2019 年公布）
46	传统技艺	径山抹茶制作技艺	径山镇	第六批余杭区名录（2019 年公布）
47	传统技艺	木结构房屋营造技艺	良渚街道	第六批余杭区名录（2019 年公布）
48	传统技艺	尺八制作技艺	中泰街道	第六批余杭区名录（2019 年公布）
49	传统技艺	韩瓶制作技艺	瓶窑镇	第六批余杭区名录（2019 年公布）
50	传统技艺	绿茶制作技艺（桦树旗枪茶炒制技艺）	闲林街道	第六批余杭区名录（2019 年公布）
51	民俗	径山茶祖祭典	径山镇	第六批余杭区名录（2019 年公布）
52	传统舞蹈	百丈竹节龙	百丈镇	第七批余杭区名录（2022 年公布）
53	传统美术	闲林绸塑	闲林街道	第七批余杭区名录（2022 年公布）
54	传统技艺	余杭传统布艺制作技艺	余杭街道	第七批余杭区名录（2022 年公布）
55	传统技艺	黄湖糕点制作技艺	黄湖镇	第七批余杭区名录（2022 年公布）
56	传统技艺	毛腌鸡制作技艺	黄湖镇	第七批余杭区名录（2022 年公布）
57	传统技艺	“良渚家宴”传统菜烹饪技艺	良渚街道	第七批余杭区名录（2022 年公布）
58	传统技艺	余杭蓝染技艺	余杭街道	第七批余杭区名录（2022 年公布）
59	传统技艺	传统木造技艺	仁和街道	第七批余杭区名录（2022 年公布）
60	传统技艺	传统米烧酒酿制技艺	良渚街道	第七批余杭区扩展名录（2022 年公布）
61	传统技艺	瓶窑蹄霸烹饪技艺	瓶窑镇	第七批余杭区名录（2022 年公布）
62	传统技艺	传统石拱桥营造技艺	五常街道	第七批余杭区名录（2022 年公布）
63	传统技艺	灰汤粽制作技艺	径山镇、黄湖镇	第七批余杭区名录（2022 年公布）

续表 16

序号	门类	项目名称	保护单位	公布时间
64	传统技艺	闲林行之鱼圆制作技艺	闲林街道	第七批余杭区名录（2022 年公布）
65	传统技艺	径山红茶制作技艺	径山镇	第七批余杭区名录（2022 年公布）
66	传统技艺	余杭清水丝绵制作技艺	仁和街道	第七批余杭区扩展名录（2022 年公布）
67	传统技艺	竹编	黄湖镇	第七批余杭区名录（2022 年公布）
68	传统医药	野茅山俞氏中医内科	仁和街道	第七批余杭区名录（2022 年公布）
69	民俗	三白潭冬捕习俗	仁和街道	第七批余杭区名录（2022 年公布）
70	民俗	五常洪氏家训	五常街道	第七批余杭区名录（2022 年公布）
71	民俗	吃咸茶	瓶窑镇	第七批余杭区扩展名录（2022 年公布）

（区文化和广电旅游体育局）

统计公报

杭州市余杭区2022年国民经济和社会发展统计公报

2022年是党的二十大召开之年，也是余杭发展史上极具考验和极不平凡的一年。全区上下踔厉奋发、笃行实干，紧紧围绕“建设杭州城市新中心、争当‘两个先行’排头兵”的战略目标，统筹落实“疫情要防住、经济要稳住、发展要安全”三件大事，付出了最大努力，争取了最好结果，以优异成绩向党的二十大献礼。

一、综合实力

（一）经济总量

初步核算，2022年全区实现地区生产总值（GDP）2651.25亿元，可比价增长1.0%。从GDP构成看，第一产业增加值41.83亿元，增长2.2%；第二产业增加值339.25亿元，增长0.1%；第三产业增加值2270.16亿元，增长1.1%。全区三次产业结构由2021年的1.6 ∶ 13.5 ∶ 84.9调整为1.6 ∶ 12.8 ∶ 85.6。其中全区数字经济核心产业增加值1698.7亿元，占地区生产总值比重为64.1%。

（二）财政收支

全区实现财政总收入671.50亿元；其中地方一般公共预算收入352.93亿元，总量均列全市第一位。从收入结构看，税收收入占地方一般公共预算收入比重为95.2%，保持较高占比；从主要税种看，增值税、企业所得税、个人所得税占地方一般公共预算收入比重分别为26.1%、28.7%、14.0%。

全年完成一般公共预算支出334.49亿元，预算内用于民生支出239.13亿元，占一般公共预算支出的71.5%。在支出结构中，一般公共服务、社会保障和就业、教育、卫生健康、公共安全、节能环保占比分别为6.1%、9.3%、15.1%、9.1%、2.9%、3.2%。

二、农业和农村

全区实现农林牧渔业增加值43.93亿元，增长2.4%。农业总产值67.14亿元，增长3.0%，其中，种植业产值35.55亿元，增长2.6%；林业产值9.50亿元，增长6.2%；畜牧业产值3.92亿元，增长13.4%；渔业产值12.12亿元，下降0.6%；农林牧渔服务业产值6.05亿元，增长8.3%。全域推进未来乡村建设，启动创建未来乡村示范带5条、示范村5个，成功创建省级未来乡村5个，省级美丽乡村示范乡镇3个、特色精品村3个、水美乡镇1个。打造农文旅融合精品游线2条，“径山茶溯源之旅”入选全国茶乡旅游精品线路，乡村振兴战略实绩考核蝉联省、市优秀。

三、工业和建筑业

（一）工业

全年实现工业增加值294.44亿元，其中规模工业增加值242.62亿元，下降0.4%。规模工业实现高新技术产业增加值205.48亿元，增长1.8%，占规模工业比重为84.7%。规模工业新产品产值率43.3%，居全市前列。装备制造业增加值143.19亿元，下降0.6%；战略性新兴产业增加值121.06亿元，增长4.0%。健康制造业增加值36.33亿元，增长2.8%。规模工业营业收入1073.69亿元，下降0.7%；利润总额104.11亿元，增长19.2%。企业成本费用利润率为10.62%，较上年提升1.80个百分点。

（二）建筑业

全年实现建筑业增加值45.08亿元，占地区生产总值总量的1.7%。截至年末，全区有在库建筑业企业218家。全年核发建筑工程施工许可证200件，竣工备案157件。

四、固定资产投资和房地产业

（一）固定资产投资

全区固定资产投资增长9.7%。其中，项目投资增长4.3%，房地产开发投资增长19.2%。高新技术产业投资下降10.9%，交通投资增长2.7%，生态环保城市更新和水利设施投资增长21.2%，工业投资增长9.9%，民间投资增长14.3%，新开工项目（含房地产开发项目）294个。

2022年余杭区固定资产投资情况表
表17

指　标	2022年增长（%）
固定资产投资	9.7
其中，项目投资	4.3
房地产开发投资	19.2
其中，交通投资	2.7
生态环境、城市更新和水利设施投资	21.2
高新技术产业投资	-10.9
民间投资	14.3
工业投资	9.9

（二）房地产业

全年新建商品房成交面积220.7万平方米，增长2.6%。成交金额681.1亿元，增长1.7%，成交均价30858元/平方米，下降0.9%。其中住宅成交15696套，增长4.2%，面积201.9万平方米，增长10.3%，成交均价31715元/平方米，下降2.5%。非住宅成交18.8万平方米，下降41.1%。

五、国内贸易

全年实现社会消费品零售总额801.10亿元，增长10.2%，增速居全市首位。新零售引领增长，限上单位通过公共网络实现零售额476.48亿元，增长13.0%，增速快于社会消费品零售总额2.8个百分点。全年实现汽车类商品零售额98.60亿元，占限上社会消费品零售总额比重15.0%，其中限上汽车销售企业实现新能源汽车零售额13.83亿元，增长78.1%。石油及制品类零售额16.88亿元，增长18.9%。

2022年余杭区社会消费品零售总额情况表
表18

指标名称	2022年实绩（亿元）	2022年增长（%）
1. 社会消费品零售总额	801.10	10.2
2. 限额以上社会消费品零售总额	656.98	13.8
其中，通过公共网络实现的商品零售额	476.48	13.0
其中，批发零售业	631.17	14.0
住宿餐饮业	6.73	-5.0
其中，汽车类	98.60	2.9
粮油、食品类	136.04	19.0
日用品类	125.92	18.9
石油类	16.88	18.9

六、对外经济

（一）外贸出口

全年实现货物进出口总额376.75亿元，增长7.5%，其中进口额24.88亿元，增长2.5%；出口额351.88亿元，增长7.9%。从出口产品看，高新产品、机电产品和家具休闲用品出口分别增长16.1%、8.7%、4.1%。从出口地区看，对美国、金砖国家、中东地区、“一带一路”国家出口分别增长4.3%、38.1%、25.7%、18.7%。

（二）招商引资

全年实际利用外资10.17亿美元。全区重点围绕“五大产业生态圈”积极招引，全年集中签约科兴中维、爱康科技、中建三局等276个重大项目，总投资超1770亿元。

（三）境外投资

全年共办理境外投资项目备案52个，新增境外投资额1.09亿美元，规模位居全市前列。完成“一带一路”投资项目32个，涉及境外投资额7580.40万美元；完成并购项目4个，涉及境外投资额3210.33万美元。

七、金融和上市

全年实现金融业增加值70.61亿元，增长17.0%。截至年末，全区金融机构本外币存款余额2979.74亿元，较年初增加1040.69亿元；金融机构本外币贷款余额2132.95亿元，较年初增加614.27亿元。截至年末，全区不良贷款率0.39%，低于全省平均水平。深入实施“凤凰行动”计划，当年新增上市企业7家，数量全市第一，累计上市企业29家。

八、交通和旅游

（一）交通运输

全年营运客车客运量47.96万人次，港区完成货运吞吐量2743.24万吨。高质量推进104国道改建工程、320国道改建工程、东西向快速通道下穿杭徽高速段工程等交通重点工程。东西向快速通道文一西路互通、良祥路互通、杭徽高速老余杭互通改建等项目有序推进，国省道大中修及县道大中修及危桥改造项目如期完工，完成国省道大中修G104京岚线、G235新海线、G320沪瑞线、G329舟鲁线合计20.12千米。

（二）旅游经济

全年共接待国内外游客790.6万人次，增长22.0%；实现旅游总收入119.9亿元，增长12.9%。创建AAA级以上景区镇（街道）2个、A级以上景区村庄15个，被评为浙江省文旅产业融合试验区验收优秀单位，入选2022—2024年浙江省体育现代化县（市、区）创建单位名单，入选“浙江省戏曲之乡（县级）”。新改建绿道31.05千米，玉道良渚运动公园段被评为“杭州市最美绿道”。持续高质量推进“四好农村路”三年行动，建成“四好农村路”147千米。

九、教育、科技和人才

（一）教育素养

全区中小学、幼儿园共177所，在校生150651人（增长7.4%），专任教师10959人。其中，高中（含十二年一贯制学校）15所，在校学生12885人，专任教师1214人；初中（含九年一贯制学校）22所，在校学生23295人，专任教师1989人；小学37所，在校学生70501人，专任教师4037人；幼儿园103所，在校生43970人，专任教师3719人。全面推进教育奋进计划，投用学校项目19个、新增学位1.38万个，引培区级以上名优教师547名，推动53所学校开展名校集团化办学，杭州第二中学余杭学校（余杭第一中学）、杭州学军中学余杭学校（余杭中学）揭牌运转，瓶窑中学被授予中国美术学院生源基地，成功通过国家学前教育普及普惠区省级评估，入选省义务教育作业改革试验区。

（二）科技创新

新入选科技部公示的国家级高新技术企业591家，新增国家级专精特新“小巨人”企业33家，数量全省第一。入选省级研发机构59家。新增国家知识产权优势企业5家、有效发明专利3230件，其中高价值专利800件，列入全国首批商业秘密保护创新试点区，被评为国家知识产权强县建设示范县。强化亲企、亲橙、亲禾办服务对接，成立亲之办，落户之科智慧、量安科技等12家科创成果转化企业，引进杭州技术转移转化中心。

全年新设市场主体44943户，增长19.9%，其中新设企业主体18960户，增长15.9%。之江实验室纳入国家实验室体系，天目山实验室顺利揭牌，10家省实验室余杭占4席。中电海康获批建设全国重点实验室，脑机智能全国重点实验室入驻良渚实验室。浙大余杭脑机交叉研究院成功落户，北航中法航空学院主体工程完工。杭州未来科技城省级高新技术产业园区获批创建。

全区 R&D 经费投入达 112.9 亿元，R&D 经费投入相当于地区生产总值比重的 4.51%，“创新总指数”跃居全省第二位，成功创建全国科普示范区。之江、湖畔实验室等 13 家单位 19 项成果获省科学技术奖，蝉联“自然科学”“技术发明”“科技进步”三大奖项大满贯。截至 12 月末，全区规模以上工业中，有高新技术企业 537 家，占规模工业企业家数的 76.9%。

（三）人才引进

出台实施人才政策“黄金 20 条”，全年新引进顶尖人才 20 人，领军人才 231 人，累计引进海外高层次人才 5400 余人，人才总量突破 35 万人，人才总量、增量持续领跑全省。成功举办国际人才月、全球人工智能技术大会、世界生命科技大会等重大活动，新增国家级博士后工作站 2 家，省、市院士工作站 10 家。建成浙江创新馆，推进浙江人才大厦、国际人才园等载体建设。新增国家级孵化载体 9 家，数量全省第一。

十、文化、卫生和体育

（一）文化兴盛

高站位谋划启动良渚文化大走廊建设，建成开放杭州国家版本馆、老虎岭遗址公园，良渚古城遗址列入中华文明探源工程，“世界遗产 + 文化地标”展示体系加快呈现。径山茶美誉度和知名度显著提升，成功冠名中华茶奥会等重大活动，“径山茶宴”入选人类非物质文化遗产。大运河文化国家公园（余杭段）、大运河省级文化传承生态保护区建设持续深化。“茶道之源”“中泰竹笛”分别获评省级传统工艺工作站、省级非遗工坊，新增市级非遗名录项目 6 个。余杭故城遗址入围浙江考古重要发现，文博事业发展水平评估指数列全省第一位。余杭文化中心投入使用，全省首发文化保障卡，入选省公共文化服务现代化先行区培育名单。新增城市书房 4 个、文化驿站 2 个、余阅空间 31 个。打造“15 分钟品质文化生活圈”58 个，被评为省级公共文化服务高质量发展典型案例。余杭区入选浙江省戏曲之乡，黄湖青山村入选省级美育示范村。文艺戏剧作品获“映山红奖”“群星奖”等省、市奖项 90 多个。2022 年，举办文体惠民活动 255 场、文化体育公益培训 145 场，惠及线下群众 50 余万人次。

（二）卫生医疗

截至年末，全区有各类医疗卫生机构 465 家，其中区属医院 3 家，社区卫生服务中心 12 家。全区各医疗机构实际开放床位 2897 张，其中区属医院 1533 张。区属医院、社区卫生服务中心共有卫生技术人员 3754 人，其中，执业医师 1624 人，注册护士 1394 人。全年家庭医生为 29.51 万人开展签约服务。浙大一院良渚分院（区第一人民医院）顺利投用，基层就诊率和县域就诊率居全市第一，复评通过国家级健康县，被评为健康浙江建设先进县（市、区）。

（三）体育健康

全年新增体育场地面积 23 万平方米，嵌入式体育场地 76983 平方米，推动 66 片中小学校体育场馆和 1291 片社会体育场地低免开放，完成区内 74 千米环浙步道主线建设，建成环浙步道西线零起点和 6.8 千米的径山示范段，开展 994 场群众体育赛事活动、700 场课后服务专项体育课进校园、60 场全民健身大讲堂，新注册余杭籍青少年运动员 1029 人，新成立体育协会 5 个，参加第二十届市运会，获得奖牌 221 枚，其中金牌 105.8 枚，总分 2333.75 分，奖牌和总分均列全市第四位。

十一、人民生活和社会保障

（一）人口就业

截至年末，全区户籍人口 72.91 万人，比上年末增加 2.77 万人。年末总户数 22.68 万户，比上年末增加 0.98 万户。全区人口出生率 12.3‰，人口自然增长率 7.6‰。户籍出生婴儿性别比为 105.30。全年城镇新增就业人员 38405 人，引导和帮助 10067 名失业人员再就业。城镇调查失业率为 4.7%。新增高校毕业生 5.5 万人。

（二）收入支出

全年城镇和农村常住居民人均可支配收入分别达到 79422 元、51384 元，增长 2.9%、5.5%。城乡居民收入差距继续缩小，比值由 2021 年的 1.58 缩小为 1.55。全年城镇常住居民消费支出为51204元，增长3.6%；农村常住居民消费支出为39913元，增长5.8%。

（三）社会保障

截至年末，全区基本医疗保险参保人数99.29万人，其中，职工医保70.73万人。生育保险参保人数59.22万人。全区企业职工基本养老保险参保人数达71.28万人，比上年末净增4.54万人，工伤保险参保人数72.56万人，比上年末净增3.03万人，城乡居民养老保险参保7.71万人，全区养老保险参保率99.78%。建立健全全区社保待遇发放相关机制，确保全区养老金按时足额发放，月平均发放养老金3.88亿元。实现企业职工基本养老保险全国统筹平稳过渡。

（四）社会福利

全年新增示范型居家养老服务照料中心12家，实施生活困难老年人适老化改造21户，发放老年人生活补贴，端午节、中秋节慰问费1.15亿元。建成示范型儿童之家78家（2022年新增36家），新增社区婴幼儿成长驿站31家，每千人拥有三岁以下婴幼儿托位数3.6个。发放各类救助资金1.64亿元。

十二、公共事业、安全生产和环境保护

（一）城市供水

全年完成销售水量1.19亿吨，完成污水处理量7835.02万吨，供排水出厂水质合格率、水质抽检合格率均为100%。

（二）安全生产

全区各类事故起数、死亡人数同比分别下降20%、25%。未发生滑坡、泥石流、地震等自然灾害。全区安全生产形势总体平稳，保障了较大事故的“零发生”。

（三）生态环境

稳步实施“流域共治”护航亚运专项督查考核行动。深化“五水共治”，启动“五水共治”提质攻坚三年建设行动，开工建设治水项目156个、完工59个，建成省级“美丽河湖”2条，重点控制断面水质达到Ⅲ类及以上。新创建省级生活垃圾分类示范片区1个（仁和街道）、省级高标准生活垃圾分类示范小区14个、示范村4个；全区生活垃圾进场量41.68万吨，减少1.77%，资源化处置易腐垃圾20.17万吨，“虎哥”回收利用生活垃圾7.04万吨。“虎哥数字城市生活垃圾治理服务”入选生态环境部《“无废城市”建设先进适用技术汇编》（第二批）。全年环境空气质量优良天数306天，优良率84.5%，同比上升0.2个百分点；PM2.5平均浓度为30.4微克/立方米，同比下降5.3%。

说明：

1. 本公报数据为初步统计数

2. 人口数为公安部门统计的户籍人口数

3. 本文使用的增长速度，除“生产总值”、一、二、三产业“增加值”以及涉及增加值相关指标按可比价计算外，其余均按现价计算

4. 数据来源于统计及各部门

5. 游客及旅游总收入数据根据浙江省文化和旅游厅预测算

（区统计局）

统计资料

省、市、区主要指标完成情况表

表19

指标名称	2022年目标%		1—12月			
	市下达目标	区人民代表大会目标	实绩（亿元）	增幅（%）	全省增幅（%）	全市增幅（%）
地区生产总值	7	7	2651.25	1	3.1	1.5
农林牧渔业增加值	1.5	2	43.93	2.4	—	1.9
规上工业增加值	8.5	8以上	242.62	—0.4	4.2	0.3
服务业增加值	7	7以上	2270.16	1.1	2.8	2
数字经济核心产业增加值	13	7以上	1698.7	0.7	—	2.8
建筑业增加值	—	7	45.08	4	—	0.1
金融业增加值	—	7	70.61	17	8.3	7.5
财政总收入	—	10	671.5	—	—	—
地方一般公共预算收入	—	10	352.93	—	-2.7	2.7
自营出口（亿元）	—	6	351.88	7.9	14	10.9
实际利用外资（亿美元）	8.5	10	9.55	-1.2	—	—
固定资产投资	7	7	—	9.7	9.1	6
其中，民间投资	快于面上投资增速	快于面上投资增速	—	14.3	4.7	8.6
其中，项目民间投资			—	11.5	—	14.1
高新技术产业投资			—	-10.9	22.9	30.7
交通投资	正增长		—	2.7	—	-26.8
生态环保、城市更新和水利设施投资	快于面上投资增速		—	21.2	27.3	23.1
工业投资			—	9.9	—	21.1
其中，制造业投资	12	15	—	12	17	26.4
社会消费品零售总额	7	8	801.1	10.2	4.3	5.8
城镇居民人均可支配收入	高于GDP增速	与经济增长基本同步	79422元	2.9	4.1	3.1
农村居民人均可支配收入	正增长	与经济增长基本同步	51384元	5.5	6.6	5.8

说明：1.地区生产总值、第三产业增加值相关指标按季度发布

2.居民收入数据由国家统计局余杭调查队按季度发布。自营出口、到账外资数据由区商务局提供

规模工业分行业增加值一览表

表20

行业名称	累计（亿元）	增长（%）
农副食品加工业	2.05	-1.6
食品制造业	4.54	-8.8
酒、饮料和精制茶制造业	0.47	-8.2
纺织业	5.74	-11.9
纺织服装、服饰业	5.76	13
皮革、毛皮、羽毛及其制品和制鞋业	1.11	18.5
木材加工和木、竹、藤、棕、草制品业	3.96	6.9
家具制造业	1.46	-15.9
造纸和纸制品业	3.21	-1.4
印刷和记录媒介复制业	2.26	-16.7
文教、工美、体育和娱乐用品制造业	0.46	-28.6
石油、煤炭及其他燃料加工业	0.55	-38.1
化学原料和化学制品制造业	4.13	-13.5
医药制造业	31.65	32.2
橡胶和塑料制品业	6.09	-7.1
非金属矿物制品业	16.72	-18.8
黑色金属冶炼和压延加工业	0.63	-3.9
有色金属冶炼和压延加工业	4.49	-4.4
金属制品业	16.49	-8.2
通用设备制造业	31.6	-5.3
专用设备制造业	14.51	-23.2
汽车制造业	5.54	-12.4
铁路、船舶、航空航天和其他运输设备制造业	1.52	-1.2
电气机械和器材制造业	23.94	-10.8
计算机、通信和其他电子设备制造业	30.29	34.5
仪器仪表制造业	19.29	12.3
其他制造业	0.85	-4.9
废弃资源综合利用业	1.35	37.7
电力、热力生产和供应业	1.72	-20.4
水的生产和供应业	0.23	-41

规模以上工业企业效益情况一览表

表21

主要指标	计量单位	累计	增长（%）
企业家数	家	698	—
营业收入	亿元	1073.69	-0.7
利税总额	亿元	129.94	15.6
利润总额	亿元	104.11	19.2
亏损企业家数	家	180	25.9
亏损企业亏损额	亿元	11.61	18.5
应收账款	亿元	310.55	9.7
产成品	亿元	58.9	8.5
			± 百分点
总资产贡献率	%	10.38	-0.12
资本保值增值率	%	110.39	-16.61
资产负债率	%	47.87	-3.46
工业成本费用利润率	%	10.62	1.8
流动资产周转次数	次	1.18	-0.21
企业亏损面	%	25.79	5.3

规模以上服务业企业效益情况一览表

表22

主要指标	累计	增长（%）
一、企业单位数（个）		
批发和零售业	476	—
住宿和餐饮业	55	—
交通运输业	33	—
信息传输、计算机服务和软件业	173	—
租赁和商务服务业	41	—
科学研究和技术服务业	43	—
其他	85	—
二、营业收入（亿元）		
批发和零售业	2901.28	9.5

续表 22

主要指标	累计	增长（%）
住宿和餐饮业	9.68	-7.7
交通运输业	92.86	3.5
信息传输、计算机服务和软件业	5369.16	-1.8
租赁和商务服务业	766.94	14.4
科学研究和技术服务业	88.26	7.2
其他	65	4.7
三、营业利润（亿元）		
批发和零售业	41.76	-14.4
住宿和餐饮业	-0.28	（-0.51）
交通运输业	-1.24	-1.14
信息传输、计算机服务和软件业	940.19	27.3
租赁和商务服务业	-1	（-8.9）
科学研究和技术服务业	5.41	-16.2
其他	1.32	-80.1
四、经营税金（亿元）		
批发和零售业	23.04	46.2
住宿和餐饮业	0.24	79.7
交通运输业	2.33	22.6
信息传输、计算机服务和软件业	104.27	37.5
租赁和商务服务业	8.28	42.5
科学研究和技术服务业	3.18	1.1
其他	3.18	-3

说明：1.以上数据为各单位1—12月财务结算数据，（ ）内数据为上年同期数
2.以上数据不含房地产开发经营类数据
3.经营税金为税金及附加应交增值税

固定资产投资情况一览表

表23

主要指标	单位	累计	增长（%）
一、固定资产投资	亿元	—	9.7
项目投资	亿元	—	4.3

续表 23

主要指标	单位	累计	增长（%）
房地产开发投资	亿元	—	19.2
二、结构投资			
交通投资	亿元	—	2.7
生态环保城市更新和水利设施投资	亿元	—	21.2
高新技术产业投资	亿元	—	—10.9
民间投资（含房地产）	亿元	—	14.3
工业投资	亿元	—	9.9
其中，制造业投资	亿元	—	12
三、省市县长 152 项目			
项目个数	个	5	—
项目开工率	%	80	—

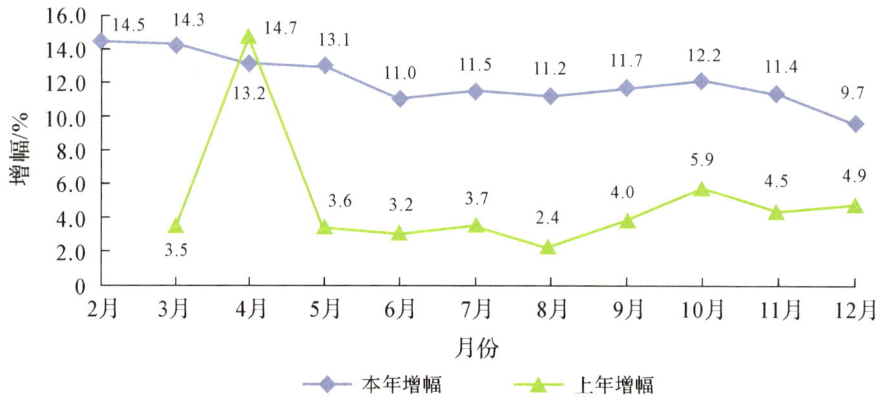

图1　固定资产投资月度累计增速趋势图

财政、金融情况一览表

表24

主要指标	累计（亿元）	增长 %
一、财政总收入	671.5	—
增值税	92.02	—
企业所得税	151.69	—
个人所得税	74.06	—

续表 24

主要指标	累计（亿元）	增长（%）
二、地方一般公共预算收入	352.93	—
三、地方一般公共预算支出	334.49	—
其中，一般公共服务	20.42	—
公共安全	9.6	—
教育	50.49	—
科学技术	29.13	—
社会保障和就业	30.98	—
卫生健康	30.38	—
节能环保	10.69	—
城乡社区	47.3	—
四、本外币存款余额	2979.74	—
五、本外币贷款余额	2132.95	—
六、不良贷款率（%）	0.39	—

创新创业、双招双引情况表

表25

主要指标	累计	增长（%）
一、专利		
专利授权量（项）	15081	-2.6
其中，发明专利（项）	3505	61.0
有效发明专利（项）	—	—
PCT 国际专利申请（项）	391	109.1
二、创业		
新设市场主体（户）	44943	19.9
其中，新设企业主体（户）	18960	15.9
三、双招双引		
新增高校毕业生（万人）	5.50	—
实际利用外资（亿美元）	9.55	-1.2

说明:到账外资数据由区商务局提供

国内贸易基本情况一览表

表26

主要指标	累计（亿元）	增长（%）
一、社会消费品零售总额	801.10	10.2
二、限额以上社会消费品零售总额	656.98	13.8
其中，通过公共网络实现的商品零售额	476.48	13.0
其中，批发零售业	631.17	14.0
住宿餐饮业	6.73	–5.0
其中，粮油、食品类	136.04	19.0
日用品类	125.92	18.9
其中，可穿戴智能设备	1.81	128.4
汽车类	98.60	2.9
其中，新能源汽车	13.83	78.1
通信器材类	49.19	32.1
家用电器和音像器材类	37.95	36.5
石油及制品类	16.88	18.9

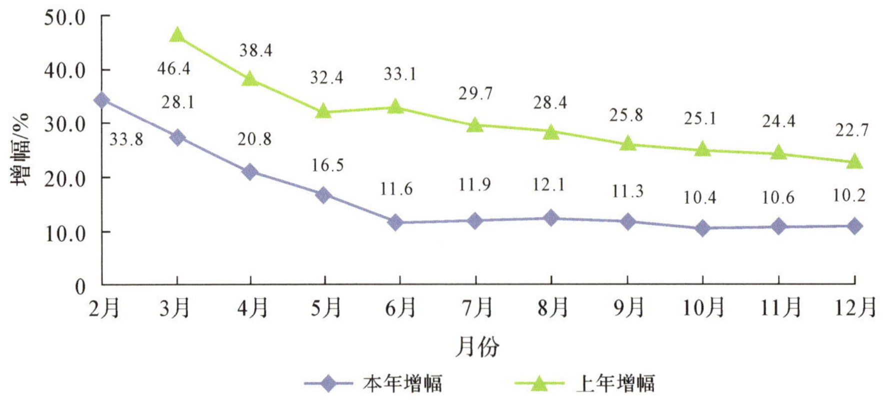

图2　社会消费品零售总额月度累计增速趋势图

对外贸易情况表

表27

主要指标	累计（亿元）	增长（%）
进出口总额	376.75	7.5
其中，进口额	24.88	2.5
出口额	351.88	7.9
出口分贸易方式		
一般贸易	342.31	6.9
加工贸易	9.33	53.8
其他贸易	0.23	169.1
主要出口产品		
高新产品（六部委口径）	38.91	16.1
机电产品	154.47	8.7
化工医药	81.93	-6.7
纺织品	40.04	-0.7
家具休闲用品	45.33	4.1
主要出口经济体		
美国	61.43	4.3
欧盟 27 国	110.61	-16.6
金砖国家	28.98	38.1
中东地区 16 国	24.59	25.7
独联体 12 国	9.28	106.8
“一带一路”国家	108.17	18.7
其中，东盟 10 国	37.95	9.8

说明：进出口数据为1—12月数据，由区商务局提供

人民生活情况表

表28

主要指标	累计	增长（%）
一、全体居民人均可支配收入（元）	70394	3.9
城镇居民人均可支配收入	79422	2.9
城镇居民人均消费支出	51204	3.6
农村居民人均可支配收入	51384	5.5
农村居民人均消费支出	39913	5.8
二、劳保就业（万人）	累计	人数增减
城镇登记失业人员数	0.87	—
城镇新增就业人数	3.84	—
帮助失业人员再就业人数	1.01	—
基本养老保险参保人数	71.28	—
基本医疗保险参保人数	—	—
失业保险参保人数	55.09	—
参加工伤保险人数	72.56	—
参加生育保险人数	—	—

说明：居民收入按季度发布

房地产、旅游情况表

表29

主要指标	累计	增长（%）
一、商品房供应情况		
商品房可售数（套）	6849	56.4
商品房可售面积（万平方米）	99.6	48.6
二、商品房成交情况		
商品房成交量（套）	16830	-8.1
成交面积（万平方米）	220.7	2.6
成交金额（亿元）	681.1	1.7

续表 29

主要指标	累计	增长（%）
商品房成交均价（元/平方米）	30858	-0.9
三、旅游总收入（亿元）	—	—
其中，国内收入（亿元）	—	—
外汇收入（万美元）	—	—
总游客（万人次）	—	—
其中，国内游客（万人次）	—	—
入境游客（万人次）	—	—

说明：商品房供应销售数据、旅游数据分别由区住建局、区文化和广电旅游体育局提供

杭州地区交流资料表

表30

县（市、区）	财政总收入		地方一般公共预算收入		社会消费品零售总额		规上工业增加值		战略性新兴产业增加值增长（%）	装备制造业增加值增长（%）	高新技术产业增加值增长（%）	实际利用外资（亿美元）
	实绩（亿元）	增长（%）	实绩（亿元）	增长%	实绩（亿元）	增长（%）	累计（亿元）	增长（%）				
全市	4590.08	0.6	2450.61	2.7	7293.56	5.8	4197.53	0.3	4.2	0.4	1.2	78.1
上城区	405.63	7.4	210.56	4.6	1073.09	8.8	479.84	3	21.1	-9.9	3	10.9
拱墅区	340.14	5.6	184.29	2.6	1312.93	2	109.21	2.4	8.3	6.9	5.8	2.7
西湖区	463.4	34.1	233.49	32.9	845.73	5.8	111.25	0.1	-1	0.6	2.2	7
滨江区	433.62	6.5	214.65	5.8	546.96	6.2	756.38	1.5	1.7	0.9	1.8	8.2
萧山区	515.12	-8.8	318.31	-7.2	905.68	9.7	573.66	-1.9	7.6	2.6	-0.3	10.6
余杭区	671.5	—	352.93	—	801.1	10.2	242.62	-0.4	4	-0.6	1.8	9.55
临平区	229.93	-6.9	135.57	-10.4	373.6	5.7	414.71	-1.5	0.9	-0.4	-1.5	2.1
钱塘区	230.45	-4.2	116.63	-0.6	337.95	-3.3	722.94	-1.9	9	-0.7	-0.5	10.6
富阳区	153.19	-12.3	91.74	-12.6	438.17	5	285.65	0.3	1.5	-0.3	2.6	3.5
临安区	131.99	-11.4	83.99	-7.1	224.28	5.5	251.93	5.6	2.2	-0.4	8.4	2
桐庐县	71.22	5.4	41.49	8	166.99	5.3	123.27	6.4	20	16.1	9.9	1.9
淳安县	43.66	-8.6	23.92	-7.8	94.04	4.5	34.71	5.5	6.1	3.7	14.5	0.6
建德市	80.53	20.9	52.02	35.1	129	2.3	159.1	3.3	-5.3	6.5	1.6	1.4

全区营业收入前百强工业企业一览表

表31

序号	企业名称	序号	企业名称
1	杭州五星铝业有限公司	26	杭州衡美食品科技有限公司
2	杭州鼎福铝业有限公司	27	浙江盛唐环保科技有限公司
3	南方泵业股份有限公司	28	浙江八方电信有限公司
4	浙江华正新材料股份有限公司	29	杭州市沥青拌和有限公司
5	杭州隆基生物技术有限公司	30	杭州新恒裕不锈钢制品有限公司
6	杭州益利素勒精线有限公司	31	杭州仓前钱潮商品混凝土有限公司
7	杭州博拓生物科技股份有限公司	32	杭州钱潮商品混凝土有限公司
8	杭州钱江制冷压缩机集团有限公司	33	浙江瑞银电子有限公司
9	杭州泰熙生物技术有限公司	34	杭州钱神商品混凝土有限公司
10	杭州迪安生物技术有限公司	35	杭州知味观食品有限公司
11	杭州炬华科技股份有限公司	36	杭州新坐标科技股份有限公司
12	杭州华光焊接新材料股份有限公司	37	杭州建筑构件集团有限公司
13	杭州比亚迪汽车有限公司	38	杭州申昊科技股份有限公司
14	杭州杭锅工业锅炉有限公司	39	浙江达峰科技有限公司
15	杭州恒立制造科技有限公司	40	杭州国光旅游用品有限公司
16	杭州赛凯生物技术有限公司	41	浙江杭真能源科技股份有限公司
17	杭州余杭恒力混凝土有限公司	42	杭州国瑞混凝土有限公司
18	杭州盈江机械制造有限公司	43	杭州精工机械有限公司
19	杭州永耀科技有限公司	44	杭州土星动力科技有限公司
20	杭州安费诺嘉力讯连接技术有限公司	45	杭州同创顶立机械有限公司
21	千年舟新材科技集团股份有限公司	46	申江集团有限公司
22	杭州杭丝时装集团有限公司	47	杭州弘通线缆有限公司
23	浙江星华新材料集团股份有限公司	48	杭州明云华睿科技有限公司
24	杭州建工建材有限公司	49	杭州汉特建材有限公司
25	鸿星科技（集团）股份有限公司	50	杭州洲钜电子科技有限公司

续表 31

序号	企业名称	序号	企业名称
51	杭州恒基混凝土有限公司	76	杭州鸿光浪花豆业食品有限公司
52	杭州天农生物营养技术有限公司	77	杭州凯贝奈特科技有限公司
53	杭州三星工艺玻璃有限公司	78	杭州华聚复合材料有限公司
54	杭州沪宁电梯部件股份有限公司	79	浙江双金机械集团股份有限公司
55	杭州伊蓓佳护理用品有限公司	80	浙江麦迪制冷科技股份有限公司
56	杭州联生绝缘材料有限公司	81	杭州牡丹面粉有限公司
57	杭州申江新型材料科技有限公司	82	杭州高特电子设备股份有限公司
58	浙江利尔达物联网技术有限公司	83	杭州斯诺康技术有限公司
59	光大环保能源（杭州）有限公司	84	浙江日风电气股份有限公司
60	杭州舟桥建材有限公司	85	杭州顿力电器有限公司
61	浙江恒强科技股份有限公司	86	杭州瀚真电器制造有限公司
62	杭州西子混凝土有限公司	87	杭州盛泽服饰有限公司
63	杭州早川电线有限公司	88	杭州天创环境科技股份有限公司
64	杭州台霓混凝土有限公司	89	威腾斯坦（杭州）实业有限公司
65	杭州宇谷科技有限公司	90	杭州华创高科有限公司
66	杭州高新橡塑材料股份有限公司	91	杭州久益机械股份有限公司
67	浙江正裕科技股份有限公司	92	杭州赛微电机有限公司
68	浙江宜顿家具有限公司	93	杭州余杭獐山钢瓶有限公司
69	杭州诚品实业有限公司	94	杭州微慕科技有限公司
70	浙江新迪嘉禾食品有限公司	95	浙江鹏远新材料科技集团股份有限公司
71	杭州杭氧低温容器有限公司	96	杭州通宇实业有限公司
72	杭州万瑞达新材料有限公司	97	杭州彭公包装有限公司
73	杭州力澳商品混凝土有限公司	98	杭州蓝然技术股份有限公司
74	杭州米格电机有限公司	99	普昂（杭州）医疗科技股份有限公司
75	杭州富义仓米业有限公司	100	杭州持正科技股份有限公司

说明：仅单家法人企业营业收入排名前100位的单位参与排序

全区营业收入前五十强服务业企业一览表

表32

序号	企业名称	序号	企业名称
1	杭州阿里妈妈软件服务有限公司	26	浙江同花顺智富软件有限公司
2	浙江天猫技术有限公司	27	慧博云通科技股份有限公司
3	杭州菜鸟供应链管理有限公司	28	杭州康晟健康管理咨询有限公司
4	淘宝（中国）软件有限公司	29	浙江大搜车融资租赁有限公司
5	浙江阿里巴巴通信技术有限公司	30	浙江菜鸟传橙网络技术有限公司
6	杭州巨量引擎网络技术有限公司	31	杭州友电科技有限公司
7	杭州今日头条科技有限公司	32	杭州万科物业服务有限公司
8	浙江菜鸟供应链管理有限公司	33	浙江正元智慧科技股份有限公司
9	浙江心怡供应链管理有限公司	34	德信盛全物业服务有限公司
10	杭州拣值了软件有限公司	35	天尚设计集团有限公司
11	中移（杭州）信息技术有限公司	36	阿里巴巴达摩院（杭州）科技有限公司
12	浙江驿栈网络科技有限公司	37	杭州淘鲜达网络科技有限公司
13	杭州玩心不止网络科技有限公司	38	鲸灵云（杭州）智能有限公司
14	杭州今日卖场供应链管理有限公司	39	杭州澳比网络科技有限公司
15	浙江游菜花网络科技有限公司	40	卓越际联科技有限公司
16	浙江阿里商旅旅行社有限公司	41	浙江同花顺智能科技有限公司
17	钉钉（中国）信息技术有限公司	42	浙江杭徽高速公路有限公司
18	阿里健康科技（杭州）有限公司	43	杭州菜鸟橙运供应链管理有限公司
19	浙江飞猪网络技术有限公司	44	杭州同花顺数据开发有限公司
20	维沃移动通信（杭州）有限公司	45	杭州杭港地铁五号线有限公司
21	杭州溪鸟物流科技有限公司	46	浙江挚云信息科技有限公司
22	浙江鸟潮供应链管理有限公司	47	同盾科技有限公司
23	杭州炫步网络科技有限公司	48	苏柏科技有限公司
24	仁励家网络科技（杭州）有限公司	49	杭州向上信息网络有限公司
25	杭州小电科技股份有限公司	50	浙江臻善科技股份有限公司

全区零售额前五十强企业一览表

表33

序号	企业名称	序号	企业名称
1	杭州昊超电子商务有限公司	26	杭州新七天网络科技有限公司
2	浙江天猫供应链管理有限公司	27	杭州天猫校园技术服务有限公司
3	浙江森马电子商务有限公司	28	浙江杨大妈农副产品配送有限公司
4	杭州洋橙电子商务有限公司	29	杭州喵满分电子商务有限公司
5	杭州盒马网络科技有限公司	30	杭州农副物流加油站有限公司
6	浙江星杭汽车有限公司	31	浙江绿而康农副产品有限公司
7	杭州元麦汽车有限公司	32	杭州骏驰电子商务有限公司
8	杭州认养一头牛生物科技有限公司	33	杭州漫轩电子商务有限公司
9	杭州淘菜菜信息技术有限公司	34	浙江一汽汽车销售服务有限公司
10	浙江猫享电子商务有限公司	35	杭州天猫车站科技有限公司
11	浙江一锭橙网络科技有限公司	36	杭州宏盛粮油贸易有限公司
12	杭州卡路里体育有限公司	37	杭州跃马森创信息科技有限公司
13	杭州金昌至宝汽车销售服务有限公司	38	杭州广瑞食品有限公司
14	美的（杭州）电子商务有限公司	39	可靠福祉（杭州）科技有限公司
15	杭州德奥城西汽车有限公司	40	杭州广成零溪新能源汽车有限公司
16	杭州中升雷克萨斯汽车销售服务有限公司	41	杭州吉客汽车销售服务有限公司
17	浙江彩食鲜供应链管理有限公司	42	麦德龙商业集团有限公司杭州金家渡商场
18	杭州朗硕农产品有限公司	43	杭州众祺汽车销售服务有限公司
19	杭州余杭杭石交通能源有限责任公司	44	浙江裕旗汽车有限公司
20	杭州商旅知味观电子商务有限公司	45	浙江万友汽车有限公司
21	杭州蔚车汽车销售有限公司	46	杭州大搜车汽车服务有限公司
22	浙江新世纪汽车销售服务有限公司	47	汉易和捷（杭州）文化传媒有限公司
23	杭州岛屿星空信息科技有限公司	48	泊雅高级时装（杭州）有限公司
24	浙江豪众汽车销售服务有限公司	49	浙江余燃燃气配送有限公司
25	杭州杭石文一村加油站有限公司	50	杭州联华华商集团余杭世纪联华超市有限公司

（区统计局）

统计分析

2022年余杭区数字经济核心产业简要分析

2022 年，余杭区贯彻落实省、市经济稳进提质系列决策部署，锚定“建设杭州城市新中心”目标，奋力争当“两个先行”排头兵。贯彻落实省、市决策部署，发挥产业先发优势，深化数字化改革，实施数字经济“一号发展工程”，打造引领支撑“两个先行”关键力量。2022 年，全区数字经济发展呈现总量占优、增速回升态势，但仍存在结构不均衡、龙头企业增长乏力等问题，需要优化发展。

一、产业基本运行情况

（一）总量规模全市第二，增速稳步回升提正

2022 年，全区实现数字经济核心产业增加值 1698.7 亿元，增长 0.7%（按可比价计算），总量居全市第 2 位，增速居全市第 11 位。余杭区数字经济核心产业增加值占全区地区生产总值比重为 64.1%，高于全市平均 37.0 个百分点，占全市比重为 33.5%，占比较 2021 年提高 0.8 个百分点。

2022年全市分区县（市）数字经济核心产业增加值情况表

表34

地区	增加值（亿元）	总量排名	增速（%）	增速排名	占 GDP 比重（%）	占比排名
杭州市	5076.0	—	2.8	—	27.1	—
上城区	100.0	7	29.9	1	3.9	11
拱墅区	80.4	9	-3.5	12	4.0	10
西湖区	663.9	3	-5.2	13	33.7	3
滨江区	1723.0	1	3.5	8	78.9	1
萧山区	227.1	4	18.5	2	11.0	7
余杭区	1698.7	2	0.7	11	64.1	2
临平区	65.6	10	3.4	9	6.5	9
钱塘区	134.8	5	7.4	5	11.0	8
富阳区	105.8	6	3.0	10	11.5	6

续表 34

地区	增加值（亿元）	总量排名	增速（%）	增速排名	占 GDP 比重（%）	占比排名
临安区	84.3	8	5.7	6	12.5	4
桐庐县	51.6	11	3.8	7	12.0	5
淳安县	8.1	13	8.6	4	3.0	13
建德市	16.1	12	18.2	3	3.7	12

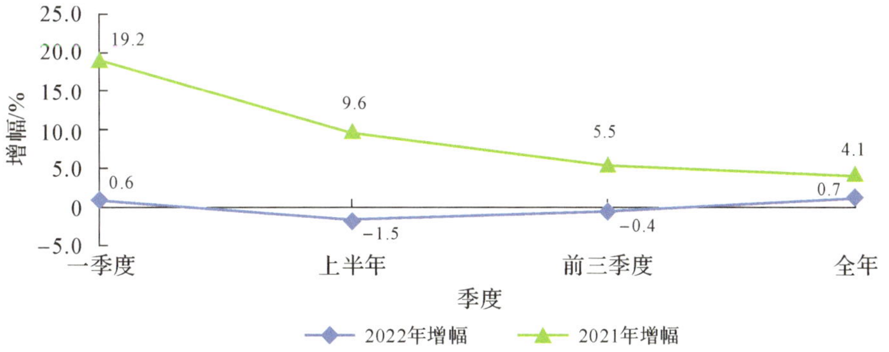

图 3　数字经济核心产业增加值增速趋势图

2022 年一季度、上半年、前三季度、全年，全区数字经济核心产业增加值增速分别为 0.6%、-1.5%、-0.4%、0.7%，全年稳步回升转正。

（二）企业数量快速增加，产业结构略有改善

2022 年末，全区有 334 家规上数字经济核心产业企业，比 2021 年增加 72 家，增长 27.5%。全年实现营业收入 5660.7 亿元，下降 1.4%。分企业类型看，规上服务业 202 家，实现营业收入 5396.72 亿元，下降 1.8%，占规上数字经济核心产业营收总量的 95.3%；规上工业企业 132 家，实现营业收入 263.95 亿元，增长 7.1%，占规上数字经济核心产业营收总量的 4.7%，占比较上年同期提升 1.9 个百分点。

表35　2022年全区规上数字经济核心产业指标情况表

指标名称	2022 年营业收入			2021 年营业收入		
	总量（亿元）	增幅（%）	占比（%）	总量（亿元）	增幅（%）	占比（%）
全区规上数字经济核心产业企业	5660.67	-1.4	100.0	5426.11	14.0	100.0
其中，规模工业	263.95	7.1	4.7	150.76	27.5	2.8
规模服务业	5396.72	-1.8	95.3	5275.35	13.6	97.2

（三）营收贡献高度集中，阿里系总量占主导

截至12月末，全区334家数字经济核心产业企业中，营收规模超百亿元以上企业6家，比上年增加1家，共实现营业收入4806.65亿元，贡献全区规上数字经济核心产业企业营业收入的84.9%。其中，百亿元以上企业中阿里系占4家。全区规上数字经济核心产业企业中，阿里系企业37家，比上年增加6家，37家企业全年营业收入占全区规上数字经济企业营收比重超80%。阿里系企业发展情况直接影响全区数字经济核心产业发展。

（四）优势产业总量占优，营收多数负增长

分产业细类来看（交叉不剔重），数字内容和信息软件分别实现营业收入5364.88亿元、5409.75亿元，占全市比重分别为54.1%、45.3%。余杭区数字经济主要集中在信息软件、数字内容等领域。从营收增速来看，9个细类中，仅物联网、电子信息制造业实现正增长，其中物联网产业营收增长较快，比上年增长16.1%，电子信息制造业营收增长6.7%；其余电子商务、云计算与大数据、集成电路、机器人等营收增速均有不同程度下滑。从横向比较来看，余杭区全年规上数字经济核心产业营业收入增速低于全市平均0.9个百分点，产业细类中，除物联网、数字内容、电子信息制造外，其他产业营业收入增速均低于全市平均水平，其中机器人、集成电路、云计算与大数据产业营业收入增速分别低于全市26.1个、12.6个、10.5个百分点。

表36

2022年全区数字经济产业规上营业收入情况表

产业名称	营业收入（亿元）	增幅（%）	全市增幅（%）	增幅较全市（百分点）	占全市比重（%）	2021年增幅（%）	增幅比2021年（百分点）
数字经济核心产业	5673.48	-1.4	-0.5	-0.9	34.6	14.0	-15.4
其中，信息软件	5409.75	-2.0	-1.7	-0.3	45.3	13.2	-15.2
数字内容	5364.88	-2.0	-2.6	0.6	54.1	13.6	-15.6
电子商务	2299.96	-5.4	-3.5	-1.9	55.0	6.6	-12.0
云计算与大数据	1332.96	-6.9	3.7	-10.6	30.8	24.4	-31.3
电子信息制造	325.04	6.7	4.2	2.5	5.5	26.9	-20.2
物联网	62.50	16.1	0.3	15.8	2.2	-2.8	18.9
集成电路	18.39	-3.7	8.9	-12.6	4.1	22.6	-26.3
机器人	6.34	-10.8	15.3	-26.1	3.6	17.7	-28.5

说明：以上业务不剔重，相互交叉

二、需关注的主要问题

（一）结构不均工业薄弱

截至12月末，规上数字经济产业中规上工业企业132家，企业家数占比39.5%，占比较上年同期提高3.6个百分点。132家规上工业企业全年实现数字经济制造业增加值56.17亿元，下降0.1%，仅占全区数字经济核心产业增加值总量的3.3%（滨江区占比为36.3%，余杭区占比低于滨江33.0个百分点），占全区规模工业比重为23.2%。与周边区县（市）比较，滨江区数字经济制造业增加值625.71亿元，增长2.0%，占规模工业比重为82.7%，占比高于余杭区59.5个百分点，余杭区数字经济制造业基础较为薄弱。

（二）中间断层后劲不足

从企业规模看，结构分布不均，腰部企业不多，全区334家数字经济规上企业中，营收规模1亿元以下有188家，1亿元～5亿元107家，5亿元～10亿元18家，10亿元～100亿元15家，100亿元以上6家。全年营收不足1亿元单位占全部单位家数的56.3%；营收不足10亿元单位占比93.7%。企业户均规模体量偏小，中间力量亟待提升。从营收总量看，百亿元以下企业实现营收854.02亿元，仅占全区数字经济规上企业营收总量的15.1%。

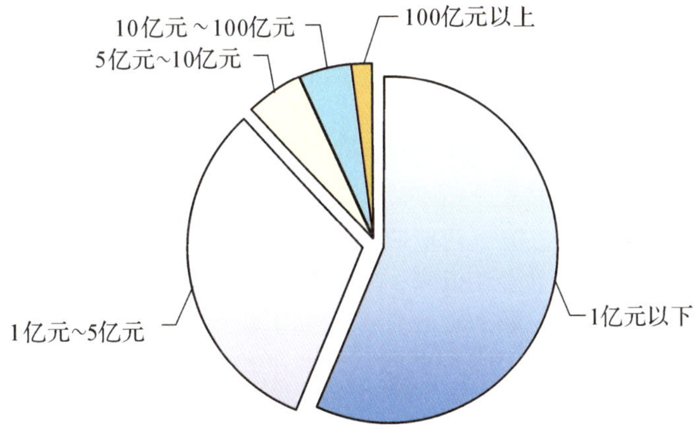

图4　2022年余杭区数字经济核心产业企业营收规模分布情况图

余杭区规上数字经济核心产业企业营业收入规模分布情况表

表37

营收规模	1亿元以下	1亿元～5亿元	5亿元～10亿元	10亿元～100亿元	100亿元以上
一、企业数（家）	188	107	18	15	6
家数占比（%）	56.3	32.0	5.4	4.5	1.8
二、营业收入（亿元）	83.28	240.21	121.41	409.13	4806.65
营收占比（%）	1.5	4.2	2.1	7.2	84.9

（张雁飞）

2022年规模工业效益运行分析

2022年，面对复杂严峻的国内外环境和疫情等因素冲击，余杭区全面贯彻落实“疫情要防住、经济要稳住、发展要安全”要求，统筹疫情防控和经济社会发展，加快落实稳经济一揽子政策，持续增强创新动能，全区规模工业顶住压力，利润总额突破百亿元，产业结构不断优化，部分经济质量指标得到改善。但也存在盈利能力分化、传统制造业增长乏力、工业发展基础薄弱等问题，需要在新的一年补齐短板。

一、规模工业效益总体情况

2022年，全区698家企业实现利润总额104.11亿元，比上年增长19.2%，高于全市平均19.7个百分点，增速排名全市第二位。营业收入1073.69亿元，下降0.7%。亏损企业180家，亏损面25.9%，全年亏损面逐月下降，较6月末收窄8.7个百分点，但高于全市平均1.5个百分点。

图5 余杭区规模工业营业收入情况图

二、规模工业效益主要特点

1. 九成行业实现盈利，百强企业拉动大。一是从行业看，30个行业中有28个行业实现盈利，17个行业利润总额实现增长，12个行业利润总额增速超过全区规模工业平均增速。医药制造业、通用设备制造业、仪器仪表制造业利润总额超10亿元，分别为38.42亿元、14.68亿元、12.21亿元，增速分别达到58.1%、11.7%、22.0%。30个行业中有10个行业的营业收入实现增长，8个行业营业收入超过50亿元，其中通用设备制造业、计算机/通信/其他电子设备制造业、非金属矿物制品业营业收入分别为156.31亿元、151.63亿元、103.71亿元。二是从企业看，507家企业实现盈利，盈利面72.6%，348家企业利润总额同比增长。利润总额超过1亿元的企业22家（比同期增加3家），5000万元～1亿元的16家（比同期减少1家），1000万元～5000万元的107家（比同期增加3家）。296家企业营业收入实现增长，增长面42.4%。营业收入40亿元以上企业2家（比同期增加1家），30亿元～40亿元1家，10亿元～30亿元13家，亿元以上企业213（比同期减少12家）。百强企业合计利润总额85.45亿元，占规模工业总量的82.1%，增长21.5%，高出规模工业平均水平2.3个百分点，拉动增长17.3个百分点。百强企业合计营业收入692.69亿元，占规模工业营业收入总量的64.5%，增速3.8%，高出全区规模工业平均增速4.5个百分点。

2. 新兴产业带动明显，产业结构不断优化。一是新兴产业得到发展。高技术产业（制造业）带动大，实现营业收入319.40亿元，增长15.8%，拉动营收增长4.0个百分点；实现利润总额56.52亿元，增长47.7%，营收利润率17.7%。高新技术产业占比高，实现营业收入836.74亿元，占规模工业总量的77.9%；实现利润总额95.51亿元，占规模工业总量的91.7%，增长25.7%。健康制造业增长快，实现营业收入98.11亿元，增长18.5%，高出全区平均水平19.2个百分点；利润总额40.47亿元，增长62%，高出全区规模工业平均水平42.8个百分点，营收利润率高达41.3%。新动能逐渐发挥作用，促进产业结构优化。二是传统制造业效益占比下降，17个重点传统制造业营业收入下降6.6%，营业收入占全区规模工业总量的比重下降 3.5 个百分点。利润总额下降 0.1 个百分点，占全区规模工业总量的比重由 2021 年的 43.8% 降至 36.7%。

2022年全区规模工业主要效益指标一览表

表38

指标名称	企业数（家）	营业收入（亿元）	增速（%）	利润总额（亿元）	增速（%）
全区规模工业	698	1073.69	-0.7	104.11	19.2
（一）营业收入前 10 行业	—				
通用设备制造业	88	156.31	-5.9	14.68	11.7
计算机、通信和其他电子设备制造业	56	151.63	12.3	3.92	2.0
非金属矿物制品业	45	103.71	-21.0	4.55	-42.7
电气机械和器材制造业	68	90.81	-7.1	7.47	-16.0
医药制造业	12	82.00	23.2	38.42	58.1
金属制品业	56	74.84	-6.7	5.02	0.9
仪器仪表制造业	51	61.73	15.8	12.21	22.0
专用设备制造业	68	53.47	-2.2	3.55	93.4
有色金属冶炼和压延加工业	6	46.21	24.0	0.76	19.3
橡胶和塑料制品业	43	34.47	-3.4	1.87	28.1
（二）新兴产业	—				
高新技术产业	226	469.94	3.0	64.50	22.2
装备制造业	537	836.74	1.4	95.51	25.7
战略性新兴产业	403	621.92	0.0	47.91	9.3
高端装备产业制造业	132	263.95	7.1	18.10	-7.5
节能环保制造业	236	313.90	2.6	39.64	53.3
数字经济核心产业制造业	85	217.31	-5.2	20.44	0.8
健康制造业	31	98.11	18.5	40.47	62.0
（三）传统制造业	387	581.95	-6.6	38.17	-0.1

3. 经济质量指标改善，研发投入持续增长。一是从经济质量指标看，2022 年规模工业营收利润率 9.70%，高于全市平均 2.5 个百分点，比上年提高 1.62 个百分点；成本费用利润率 10.62%，比上年提高 1.80 个百分点；每百元营业收入中的生产成本 77.38 元，比上年下降 1.00 元；户均利润 1491.55 万元 / 户，比上年提高 240.59 万元 / 户。二是从研发投入看，研发费用支出比上年增长 12.4%，高于营业收入增速 13.1 个百分点，研发费用占营业收入比重为 4.6%，比上年度提高 0.5 个百分点。高新技术产业、装备制造业、战略性新兴产业研发费用投入较大，分别为 47.67 亿元、36.96 亿元、28.21 亿元，占营业收入的比重分别达到 12.0%、13.7%、18.2%。健康制造业、高技术产业（制造业）、数字经济核心产业制造业研发费用增幅较大，分别达到 30.7%、24.4%、22.6%，为余杭区工业经济注入创新活力。

2022年全市规模工业主要效益指标一览表

表39

区县（市）	企业家数（家）	营业收入（亿元）	增幅（%）	出口交货值（亿元）	增幅（%）	利润总额（亿元）	增幅（%）	亏损面（%）	亏损额（亿元）	增幅（%）
杭州市	6612	20422.80	2.3	2620.54	7.9	1464.99	-0.5	24.3	159.48	37.4
上城区	95	990.09	4.2	84.14	90.8	115.54	39.5	22.1	2.73	79.9
拱墅区	91	312.33	4.5	12.18	-8.6	42.78	3.4	23.1	0.69	-13.7
西湖区	146	451.71	7.7	58.26	-23.6	47.11	-15.1	19.9	2.51	16.3
滨江区	254	3322.89	4.4	466.94	0.4	286.86	-10.7	26.0	29.49	39.1
萧山区	1638	3917.68	3.1	422.49	7.8	175.60	-14.8	22.0	28.21	88.3
余杭区	698	1073.69	-0.7	185.46	-2.9	104.11	19.2	25.8	11.61	18.5
富阳区	709	1916.10	3.9	148.47	-0.7	78.54	-11.5	21.7	8.67	0.4
临安区	711	1388.34	2.6	219.63	44.4	102.63	13.7	23.9	11.04	1.2
临平区	696	1660.72	-4.5	246.62	5.7	120.05	-3.5	29.7	17.03	44.4
钱塘区	682	4003.09	0.7	541.79	2.9	255.12	2.1	26.1	34.44	33.6
桐庐县	395	561.13	5.8	142.32	50.0	47.70	5.4	24.6	4.98	12.8
淳安县	97	132.60	2.3	4.63	7.7	12.13	-4.2	28.9	1.30	-21.1
建德市	399	689.54	3.9	87.60	1.3	75.22	15.2	24.8	6.79	181.6

三、规模工业效益面临的问题

1. 部分行业收入下降，传统制造业增长乏力。一是从行业看，部分行业收入存在下行。营业收入排名前十的行业，增速呈现四升六降的局面，其中汽车制造业、纺织业、金属制品业分别下降 13.5%、8.0%、6.7%，降幅较大。另外，食品制造业、造纸和纸制品业、废弃资源综合利用业 3 个行业营业收入增长，但利润总额比同期减少较多，出现增收不增利的现象。二是从产业看，传统制造业增长乏力。17个重点传统制造业合计营业收入581.95亿元，增速-6.6%，仅有5个产业营业收入实现正增长。营业收入在传统制造业中排前五的产业，有色金属加工产业增长24%，其他4个产业营业收入下降。17个重点传统制造业全部实现盈利，但非金属矿物制品、低压电气、农副食品加工利润总额比上年减少3.39亿元、1.08亿元、0.34亿元。

2. 企业盈利分化明显，亏损面有所扩大。2022年，余杭区规模工业利润总额呈两极分化，主要靠头部企业拉动。一是多数企业盈利较难。利润总额排名前十的企业占全区规模工业企业利润总额达51.5%，其中排名前三的企业均为医药制造业，利润总额合计超过30亿元，占到全区规模工业利润总额的29.1%。若扣除上述3家企业，则利润总额增速只有11.3%，低于全区规模工业平均增速7.9个百分点。有351家企业利润总额出现下降，企业数量超过规模工业数量的一半。企业盈利面虽达到74.2%，但较多企业利润微薄，248家企业利润总额少于50万元，201家企业利润总额少于10万元。营收利润率虽然达到9.0%，但463家企业不足5%，200家企业不足3%。二是亏损面较大。虽然规模工业亏损面逐季下降，但到年末仍有180家企业呈现亏损，亏损面25.8%，比上年扩大5.3个百分点。全年亏损额达到11.61亿元，比上年同期增加3.25亿元，增长18.5%。

3. 工业生产盈利能力不足，成本费用压力大。一是非生产因素增利部分比例比上年扩大。利润总额构成中，营业外利润7.69亿元、投资收益4.98亿元、其他收益5.55亿元，三项合计占规模工业利润总额的17.5%，占比较上年同期提高7.6个百分点。实际全区规模工业企业自身利润总额为85.89亿元，相当于只有八成的利润总额来自于企业的工业生产活动，企业主营业务的盈利能力亟待加强。二是成本费用压力大。全区每百元营业收入中的成本为77.38元，虽比上年降低1元，但若扣除5家重点医药企业，该指标则上升到80.19元。从行业看，30个行业中有21个行业每百元营业收入中的成本高于全区平均水平，如有色金属冶炼和压延加工业、水的生产和供应业、黑色金属冶炼和压延加工业，指标高达97.33元、96.77元、94.05元，营业成本占比大，导致企业利润极其微薄。

（吴云歆）

2022年余杭区固定资产投资情况简析

2022年，余杭区贯彻落实省、市经济稳进提质系列决策部署，锚定“建设杭州城市新中心”目标，奋力争当“两个先行”排头兵，促进全区固定资产投资平稳增长。但下半年交通投资增速大幅下滑，高新技术产业投资持续负增长等问题需引起重视。

一、基本情况

2022年，全区实现固定资产投资比上年增长9.7%，增速高于全市平均3.7个百分点。增速居全市各区县（市）第9位，低于滨江（16.4%）、萧山（10.1%），好于临安（7.0%）、上城（5.5%）、西湖（2.5%）、建德（-17.7%）。

（一）两项投资齐增长，增速发展一升一落。房地产开发投资比上年增长19.2%，全年增速前低后高，增速拉升较快，支撑全区固定资产投资平稳增长。项目投资（除房地产开发项目，下同）增长4.3%，全年增速高开低走，整体回落明显，成为影响全区固定资产投资增速的主要因素。

（二）“4+1”结构性投资四增一降，排名进位不甚理想。民间投资（含房地产民间投资）、交通投资分别增长14.3%、2.7%，增速均居全市第3位；其中民间投资（含房地产民间投资）位次比上半年前进2位，交通投资退2位。生态环保城市更新和水利设施投资增长21.2%，增速居全市第9位，位次比上半年进1位；制造业投资增长12.0%，增速居全市第12位，位次比上半年退4位；高新技术产业投资下降10.9%，增速居全市末尾，位次与上半年持平。

（三）“152”省市县长项目有序推进，开工率完成市级任务。5个“152”项目中除了杭州心血管医疗科技全球创新中心项目外，其余4个项目已开工建设（开工率80%）。

二、投资运行中的亮点

（一）房地产开发投资增长迅速。2022年，全区完成房地产开发投资增长19.2%，增速高于杭州市平均12.0个百分点，总量占全区固定资产投资的39.1%，拉动全区固定资产投资增速6.9个百分点。从投资构成看，土地款贡献率高。2022年，全区房地产开发投资中土地款投资增长30.0%，占全区房地产开发投资的48.3%，拉动全区房地产开发投资增速13.3个百分点，对全区房地产开发投资增速贡献率达69.3%。从项目看，新开工项目投资表现佳。全年新开工房地产开发投资项目26个，比2021年多18个，增长225.0%；完成投资为2021年的2.03倍，拉动全区房地产开发投资增速22.1个百分点。

（二）公共服务领域投资增势强劲。2022年，全区公共服务领域投资增长60.1%，高于全区固定资产投资增速50.4个百分点，拉动全区固定资产投资增速3.6个百分点。从构成看，教育设施投资拉动作用明显。2022年，教育设施投资增长40.9%，总量占全区公共服务领域投资的75.4%，拉动全区公共服务领域投资增速35.0个百分点；文化艺术业、卫生设施、体育设施投资占全区公共服务领域投资比重分别为13.1%、11.4%、0.1%，分别拉动全区公共服务领域投资增速15.4个、9.6个、0.1个百分点。从项目看，重点项目支撑有力。2022年，亿元以上项目47个，比2021年多14个，增长42.4%，完成投资占公共服务领域投资94.4%，拉动全区公共服务领域投资增速58.1个百分点，为全区公共服务领域投资增长提供有力支撑。

（三）民间投资较快增长表现活跃。随着惠企政策成效逐渐显现，营商环境不断优化，民间投资的积极性有效调动，发展势头向好。2022年民间投资（含房地产）增长14.3%，高于全区固定资产投资增速4.6个百分点，快于2021年增速0.5个百分点，总量占全区固定资产投资44.0%，比2021年提高1.8个百分点。从投资结构看，房地产开发投资表现较好。2022年房地产开发投资民间投资增长15.2%，总量占全区民间投资的76.8%，拉动全区民间投资增速11.6个百分点；项目投资民间投资增长11.5%，拉动全区民间投资增速2.7个百分点。从产业看，服务业民间投资增势良好。2022年服务业民间投资增长15.0%，总量占全区民间投资的90.1%，拉动全区民间投资增速13.4个百分点；制造业民间投资增长9.0%，仅拉动全区民间投资增速0.9个百分点。

（四）生态环保城市更新和水利设施投资增速平稳。2022年全区生态环保城市更新和水利设施投资增长21.2%，总量占全区固定资产投资的12.5%，拉动全区固定资产投资增速2.4个百分点。从发展趋势看，全年增速保持高位运行态势。2022年生态环保城市更新和水利设施投资增速高于全区固定资产投资平均11.5个百分点，增速虽呈波浪下行态势，但增速均保持在20%以上的高增速。从产业看，公共设施管理业为拉动生态环保城市更新和水利设施投资增长主力。2022年公共设施管理业投资同比增长16.6%，占全区生态环保城市更新和水利设施投资的88.9%，拉动全区生态环保城市更新和水利设施投资增速15.3个百分点。

三、存在的问题

（一）项目投资增速放缓增长疲软。2022年，全区项目投资增长4.3%，低于全区固定资产投资增速5.4个百分点，比1—3月、1—6月、1—9月分别下滑11.8个、11.2个、5.5个百分点，对全区固定资产投资增速的拉动力比1—3月、

1—6月、1—9月分别低5.6个、6.6个、3.3个百分点。从是年新建项目看，项目数量减少推进速度偏慢。2022年项目投资新建项目268个，较2021年减少21个；计划总投资下降4.9%；完成投资下降15.2%，平均推进速度（本年完成投资占项目计划总投资的比重，下同）16.0%，比2021年下降1.9个百分点。从项目看，亿元以上项目支撑不足。项目投资中计划总投资亿元以上项目349个，比2021年多61个，完成投资增长4.9%，低于全区固定资产投资增速4.8个百分点，平均推进速度18.0%，比2021年下降2.5个百分点。

（二）交通投资增速大幅下滑动能不足。2022年交通投资增长2.7%，比1—3月、1—6月、1—9月分别回落562.6个、469.2个、33.0个百分点，出现断崖式下滑，为是年以来交通投资增速的最低点。从是年新建项目看，建设规模偏小支撑有限。2022年新建交通项目22个，较2021年增加16个；计划总投资下降92.7%；完成投资下降92.9%。从项目看，重点项目建设进度放缓。余杭区东西向快速通道下穿杭徽高速段工程、杭州西动车所盖板项目（一期）、杭州西站枢纽站房区域综合配套设施及疏解通道项目等重点交通项目2022年完成投资下降47.2%。

（三）高新技术产业投资持续负增长重点项目支撑乏力。2022年高新技术产业投资下降10.9%，降幅比半年度扩大1.8个百分点，总量占全区固定资产投资总量的16.3%，拉低全区固定资产投资增速2.2个百分点。从产业看，高新技术服务业投资贡献不足。2022年高新技术产业制造业投资增长25.7%，拉动全区高新技术产业投资增速3.7个百分点；高新技术服务业投资下降17.0%，拉低全区高新技术产业投资增速14.6个百分点。从重点项目看，阿里系服务器采购项目投资下降明显。2022年阿里系服务器采购项目实现投资下降54.4%，总量占全区高新技术产业投资的21.4%，拉低全区高新技术产业投资增速22.7个百分点；剔除阿里系服务器采购项目外，其他高新技术产业项目完成投资增长20.3%，总量占全区高新技术产业投资的78.6%，拉动全区高新技术产业投资增速11.8个百分点。

（谢璇璇）

2022年余杭区消费品市场运行情况分析

2022年，区委、区政府坚持统筹疫情防控和经济社会发展，积极应对疫情对消费的冲击，全力实施稳经济一揽子政策举措，加快制定出台促消费政策，以超常规举措助力消费回暖提质，进一步刺激消费回补和潜力释放。

一、消费品市场基本概况

（一）社零增幅排名全市第一

2022年，全区实现社会消费品零售总额（以下简称社零）801.10亿元，比上年增长10.2%。从增速看，全区社零增速连续四季度保持全市第一位，高于全市4.4个百分点；从总量看，排名第五位，前四位分别为拱墅区、上城区、萧山区、西湖区。

2022年杭州各区县（市）社零总量及增幅情况表

表40

地区	累计（亿元）	增速（%）	增速排名	总量排名
杭州市	7293.56	5.8	—	—
余杭区	801.10	10.2	1	5
萧山区	905.68	9.7	2	3
上城区	1073.09	8.8	3	2
滨江区	546.96	6.2	4	6
西湖区	845.73	5.8	5	4
临平区	373.60	5.7	6	8
临安区	224.28	5.5	7	10
桐庐县	166.99	5.3	8	11
富阳区	438.17	5.0	9	7
淳安县	94.04	4.5	10	13
建德市	129.00	2.3	11	12
拱墅区	1312.93	2.0	12	1
钱塘区	337.95	-3.3	13	9
名胜区	44.05	-4.1	14	14

（二）限上批零整体运行良好

2022年，全区限额以上社会消费品零售总额656.98亿元，占社零总额的82.0%，增长13.8%，高于全市4.3个百分点。其中，批发业、零售业分别实现社零额27.72亿元、622.28亿元，增长59.1%、11.1%，分别占限上零售额比重为4%、94.8%，是全区限上社零额增长的主要发力点。住宿业、餐饮业分别实现社零额1.00亿元和5.98亿元，下降22.8%、1.2%。

2022年全区限上四大行业社零额情况表

表41

行业	累计零售额（亿元）	增幅（%）	占限上比重（%）
限额以上社会消费品零售总额	656.98	13.8	100.0
批发业	27.72	59.1	4.0
零售业	622.28	11.1	94.8
住宿业	1.00	-22.8	0.2
餐饮业	5.98	-1.2	1.0

二、消费品市场运行特点

（一）龙头企业支撑有力

从重点零售企业看，全区零售额排名前十企业共实现累计零售额457.62亿元，比上年增长13.1%，高于全区社零增速2.9个百分点，占社零总额比重达57.1%。限上单位中有64家企业累计零售额突破亿元，实现零售额591.55亿元，增长16.1%，总量占社零总额比重为73.8%，拉动全区社零额11.3个百分点。

（二）线上消费增势良好

受余杭区数字消费券和“双11”促销活动的双重拉动，全区第四季度线上消费需求旺盛，电商行业继续发挥拉动消费增长主力军作用。2022年，全区限上单位通过公共网络实现零售额476.48亿元，增长13.0%，占限上单位零售额比重为72.5%。

（三）新增单位拉动显著

从年度新增单位看，全区2021年年度新增入库的136家单位全年累计实现零售额62.42亿元，增长91.0%，拉动全区社零额增长4.1个百分点。从年度入库企业分行业看，批发零售业实现零售额61.95亿元，增长92.3%，住宿餐饮业实现零售额0.47亿元，增长4.0%。

（四）消费需求持续释放

2022年，全区限额以上单位按类别分的20类商品零售中有16类实现正增长，其中，文化办公用品类和家具类零售额增长超2倍。其中，日用品类、饮料类、粮油食品类、服装类分别增长18.9%、6.3%、19.0%和11.8%。升级类消费需求持续释放，体育娱乐用品类增长96.7%。智能电子产品需求扩大，可穿戴智能设备增长128.4%。

（五）住宿餐饮逐步复苏

下半年以来，伴随市场环境变暖，疫情不利影响减弱，同时受文旅消费券和节庆促销活动拉动，全区住宿业、餐饮业零售额降幅较上半年均有所回升。2022年，全区限上住宿业和餐饮业分别实现零售额1.00亿元、5.98亿元，增速下降22.8%、1.2%，降幅较上半年分别收窄13.9和7.0个百分点。

三、需关注的问题

（一）收入增速放缓制约消费力提升

据国家统计局余杭调查队住户抽样调查显示，2022年余杭城乡居民人均可支配收入增速小幅上涨，其中城镇居民人均可支配收入79422元，比上年增长2.9%，增速较上半年回落0.4个百分点；农村居民人均可支配收入51384元，增长5.5%，增速较上半年回落0.9个百分点。收入决定消费，收入增速的放缓对部分居民消费能力和预期提升可能有所制约，对消费的支撑作用有所减弱。

（二）汽车零售中新能源占比较低

2022年，汽车类商品累计实现销售额98.60亿元，增长2.9%。其中，新能源汽车累计实现零售额13.83亿元，增长78.1%，仅占全区限上零售额的2.1%，占比低于全市平均10.2个百分点。相较于其他区县（市）均有头部汽车企业的品牌加持，余杭区新能源汽车企业家数少、体量小，品牌竞争力明显不足。

（吴媛媛）

基于“共同富裕”的浙江省进城务工人员工资收入分析

党的二十大报告将实现全体人民共同富裕纳入中国式现代化的本质要求，并对扎实推进共同富裕作出重要战略部署。作为高质量发展建设共同富裕的示范区，浙江省率先构建“全面覆盖＋精准画像”基础数据库，研究群体结构特征，精准识别“扩中”“提低”重点对象，为高质量发展建设共同富裕示范区提供坚实基础。余杭区统计局以分析企业工资收入为突破口，开展“进城务工人员”群体调查试点，取得初步分析结果。

一、基本情况

（一）调查对象界定

进城务工人员定义：户籍地在农村，工作地在余杭区，常住在非户籍地（余杭区及周边），主要从事非农产业，以工资为主要收入来源的人员。具体包括三类：外省（不含直辖市、省会城市），省内杭州市外，杭州市内户籍在农村的务工人员。

（二）调查样本情况

本次调查共抽选30家企业样本，覆盖余杭区所有重点行业，其中规上工业及服务业各12家、规下企业6家，规上、规下企业调查比例为4 ：1。经清洗、比对、分析，确认务工人员样本2773人的个人信息、工作信息及收入情况符合要求，为有效样本。

二、基本特征

调查数据显示，2021年度务工人员年平均工资11.29万元，其中进城务工人员的年平均工资为9.60万元，非进城务工人员的年平均工资15.23万元。受样本数量、中小微企业样本少等因素影响，本次调查的工资水平比实际情况偏高，仅用于本次精准画像分析。

调查显示，进城务工人员的工资收入与其个体特征和社会属性相关联。因从业者群体间差异，收入分配存在差距，且存在进一步扩大趋势。主要表现为“四高一中两低”，即省外户籍数高于省内户籍数、男性人数高于女性人数、男性务工人员收入高于女性务工人员、从事基层工作的人数高于中高层人数、中青年是主力军、收入水平整体偏低和文化水平整体较低。

表42

进城务工人员基本情况表

按个人信息分		平均工资（万元）	人数占比（%）
户籍	杭州市内	8.98	22.1
	省内市外	10.93	17.0
	省外（不含直辖市、省会城市）	9.41	61.0
性别	男	10.86	58.7
	女	7.77	41.3
学历	研究生（含博士、硕士）	19.33	1.2
	大学本科	12.76	35.0
	大学专科	10.12	24.6
	高中、中专或技校	6.98	16.5
	初中及以下	5.49	22.7
年龄	25岁以下	6.67	10.0
	25岁～30岁	10.09	28.4
	30岁～35岁	11.61	24.7

续表 42

按个人信息分		平均工资（万元）	人数占比（%）
年龄	35 岁 ~ 40 岁	9.79	13.9
	40 岁 ~ 45 岁	8.92	9.1
	45 岁 ~ 50 岁	7.54	7.2
	50 岁 ~ 55 岁	7.17	4.2
	55 岁 ~ 60 岁	6.85	2.3
	60 岁 ~ 65 岁	6.61	0.3
职位	高层	28.62	3.6
	中层	18.16	16.1
	基层	7.02	80.4
职业	中层及以上管理人员	20.07	11.0
	专业技术人员	10.41	33.4
	办事人员和有关人员	8.19	5.8
	社会生产服务和生活服务人员	9.07	19.5
	生产制造及有关人员	5.50	30.3

三、简要分析

（一）省外人员主要源于中部地区

省外进城务工人员主要来源中部地区，占六成左右，西部地区 23%、东部地区 13%、东北地区 6%。占比居前省份分别是河南 18%、安徽 15%、江西 9%、湖北 7%、湖南 5% 和山西 4%。结合年龄看，随着年龄的增加省外进城务工人员占比逐渐减少。从职业看，在 45 岁 ~50 岁之前，专业技术人员、生产制造及有关人员都以省外为主。

年龄、户籍和职业（部分）关系表

表43

	专业技术人员		生产制造及有关人员	
	浙江省外（人数占比 %）	杭州市内（人数占比 %）	浙江省外（人数占比 %）	杭州市内（人数占比 %）
25 岁以下	35.3	1.6	16.8	1.6
25 岁 ~ 30 岁	32.5	4.1	14.2	1.5
30 岁 ~ 35 岁	26.2	6.0	22.3	3.8
35 岁 ~ 40 岁	8.0	4.2	26.1	12.5

续表 43

	专业技术人员		生产制造及有关人员	
	浙江省外（人数占比 %）	杭州市内（人数占比 %）	浙江省外（人数占比 %）	杭州市内（人数占比 %）
40 岁 ~ 45 岁	6.4	2.3	28.3	15.6
45 岁 ~ 50 岁	2.9	3.6	25.4	21.0
50 岁 ~ 55 岁	0.0	2.5	15.0	25.0
55 岁 ~ 60 岁	0.0	2.3	9.1	45.5
60 岁 ~ 65 岁	0.0	16.7	0.0	16.7

（二）男女进城务工人员差异性明显

学历差异：女性进城务工人员学历在初中及以下占 35.4%。受过高等教育不足五成，男性进城务工人员近七成受过高等教育。择业差异：男性进城务工人员，专业技术人员为主，占 44.6%；生产制造及有关人员其次，占 21.5%。另外，中层及以上管理人员占 14.9%。女性进城务工人员，生产制造及有关人员为主，占 42.8%，社会生产服务和生活服务次之，占 25.2%，中层及以上管理人员最少 5.3%。这是男性与女性平均收入拉开的重要原因。

性别与职业关系表

表44

职业	男性占比（%）	女性占比（%）
中层及以上管理人员	14.9	5.3
专业技术人员	44.6	17.5
办事人员和有关人员	3.5	9.2
社会生产服务和生活服务人员	15.5	25.2
生产制造及有关人员	21.5	42.8

（三）职业类型不同、专业技能高低导致工资差异明显

进城务工人员以专业技术人员和生产制造及有关人员为主要职业，分别占总体的 33.4% 和 30.3%，薪酬水平因职业类型不同和专业技能高低产生明显差异。其中，年平均工资（除中层及以上管理人员外）专业技术人员最高，生产制造及有关人员最低。专业技术专业中工程技术人员占总体的 29.9%，占比最高，年平均工资也相对较高，列所有职业类型的第三位。在生产制造及有关人员中，机械制造基础加工人员占比最高，但年平均工资以 5.01 万元列倒数第二位。

工作信息与工资基本情况表

表45

职业		平均工资（万元）		人数占比（%）	
中层及以上管理人员		20.07		11.0	
专业技术人员	工程技术人员	10.41	10.57	33.4	29.9
	经济和金融专业人员		8.91		2.9
	文学艺术、体育专业人员		5.07		0.2
	新闻出版、文化专业人员		12.99		0.4
办事人员和有关人员	办事人员	8.19	8.00	5.8	4.4
	安全和消防人员		7.17		0.1
	其他办事人员		8.93		1.3
社会生产服务和生活服务人员	批发与零售服务人员	9.07	9.90	19.5	13.3
	交通运输、仓储和邮政业服务人员		6.19		0.1
	住宿和餐饮服务人员		5.01		0.2
	信息传输、软件和信息技术服务人员		13.69		1.3
	房地产服务人员		9.45		0.1
	租赁与商务服务人员		7.11		1.0
	技术辅助服务人员		5.08		3.5
生产制造及有关人员	医药制造人员	5.50	5.36	30.3	4.5
	非金属矿物制品制造人员		7.22		1.1
	金属冶炼和压延加工人员		9.58		0.9
	机械制造基础加工人员		5.01		6.2
	通用设备制造人员		5.10		5.9
	专用设备制造人员		4.80		4.9
	电气机械和器材制造人员		5.58		1.9
	计算机、通信和其他电子设备制造人员		5.98		2.0
	生产辅助人员		6.59		2.9

（何　勇）

编辑：范雅君

索引

Index

说明：

一、本索引采用分析索引法，按索引条目第一字汉语拼音（同音字按声调）顺序排列，第一字相同，按第二字音序排列，依次类推。

二、标引词后的阿拉伯数字表示内容所在的页码。

三、本年鉴的“特载”“特辑”“大事记”“全区组织机构及负责人名录”“先进人物·先进集体”“附录”均未作索引。

主题索引

A

B

C

D

E

F

G

H

J

K

L

N

P

Q

R

S

T

W

X

Y

Z

0—9

图表索引